Dieser Band ist der erste von [illegible] Bänden über die altorientalischen Reiche im Rahmen der FISCHER WELTGESCHICHTE. *Er behandelt in chronologischer Folge die ältesten Kulturen der Menschheit im Vorderen Orient und in Ägypten in der Epoche von etwa 10000–1500 v. Chr. Neben den politischen Ereignissen werden die geistigen und religiösen Strömungen sowie die sozialen und wirtschaftlichen Verhältnisse dargestellt und als wirksame Kräfte geschichtlichen Lebens beschrieben. Unter der wissenschaftlichen Leitung von Prof. Dr. Jean Bollack verfaßten vier bedeutende Gelehrte die einzelnen Kapitel über die Staatenbildungen der Sumerer, Akkader und Babylonier, über die geschichtliche Entwicklung des Nillandes zur Zeit des Alten und Mittleren Reiches und während der Fremdherrschaft der Hyksos. Prof. Adam Falkenstein (Universität Heidelberg) schrieb den einleitenden Abschnitt über die Vorgeschichte des Nahen Ostens. Prof. Dietz Otto Edzard (Universität München) ist der Autor der Kapitel über die frühdynastische Zeit, das Reich der III. Dynastie von Ur, dessen Nachfolgestaaten und die altbabylonische Zeit. Prof. Jean Bottéro (École Pratique des Hautes Études, Paris) zeichnet für die Geschichte des Ersten Semitischen Großreiches in Mesopotamien. Prof. Jean Vercoutter (Universität Lille) ist für die ägyptologischen Beiträge verantwortlich. Der Band ist in sich abgeschlossen und mit Abbildungen, Kartenskizzen und einem Literaturverzeichnis ausgestattet. Ein Personen- und Sachregister erleichtert dem Leser die rasche Orientierung. — Die Geschichte des Alten Orients findet in Band 3 u. 4 der* FISCHER WELTGESCHICHTE *ihre chronologische Fortsetzung.*

DIE HERAUSGEBER DIESES BANDES

Elena Cassin,

geb. 1909 in Italien, studierte an der Universität Rom Religionsgeschichte und erwarb dort 1933 den Doktortitel. Sie beschäftigte sich mit dem Recht und mit der Wirtschaft des alten Babylonien, vor allem in Nuzi (›L'Adoption à Nuzi‹, Paris 1939; ›Symboles de cession immobilière dans l'ancien droit mésopotamien‹, Paris 1954). Madame Cassin war Mitarbeiterin der ›Revue d'Assyriologie‹ und der ›Annales‹. Sie arbeitete als Maître de recherche am Centre National de la Recherche Scientifique.

Jean Bottéro,

geb. 1914, war von 1947 bis 1958 Chargé de recherche am Centre National de la Recherche Scientifique in Paris; seit 1958 Professor für altorientalische Geschichte an der École Pratique des Hautes Études in Paris. Prof. Bottéro beschäftigt sich seit 1949, zusammen mit französischen und belgischen Gelehrten, mit der Entzifferung der königlichen Archivalien von Mari. Seine bekannteste Publikation erschien 1952 unter dem Titel ›La Religion Babylonienne‹.

Jean Vercoutter,

geb. 1911, war von 1939 bis 1950 Mitglied des Institut Français d'Archéologie Orientale in Kairo; 1953 Promotion zum Docteur ès Lettres; 1956 ›L'Égypte et le Monde Egéen Préhellenique‹; 1958 Ernennung zum ordentlichen Mitglied des Deutschen Archäologischen Instituts in Berlin; 1955–60 Directeur de Service des Antiquités de la République du Soudan in Khartum und Herausgeber des ›Kush‹ Journal of the Sudan Antiquities Service; ab 1960 war er Professor an der Philosophischen Fakultät der Universität Lille; Leiter der französischen Ausgrabungen in Mirgissa (Sudan). Prof. Vercoutters Hauptwerk, ›L'Égypte Ancienne‹, erschien 1947. Es wurde inzwischen auch in Italien, Spanien und Japan veröffentlicht.

Fischer Weltgeschichte

Band 2

Die Altorientalischen Reiche I

Vom Paläolithikum bis zur Mitte des 2. Jahrtausends

Herausgegeben von
Elena Cassin
Jean Bottéro
Jean Vercoutter

Fischer Taschenbuch Verlag

Umschlagentwurf: Wolf D. Zimmermann
unter Verwendung des Fotos ›Herrscher der Dynastie von Akkade,
um 2250 v. Chr.‹ (Foto Marburg)
Harald und Ruth Bukor zeichneten die Abbildungen 1, 7, 9, 10, 14, 20, 26, 35
H. J. Nissen zeichnete die Abbildungen 2, 3, 4, 5, 6, 11, 12

Illustrierte Originalausgabe
mit 35 Abbildungen
Veröffentlicht im Fischer Taschenbuch Verlag GmbH,
Frankfurt am Main, Februar 1965

98.–99. Tausend: Dezember 1991

Wissenschaftliche Beratung: Jean Bollak, Paris

Druck und Bindung: Clausen & Bosse, Leck
Printed in Germany
ISBN 3-596-60002-2

INHALTSVERZEICHNIS

MITARBEITER DIESES BANDES

Dr. Elena Cassin
(Centre National de la Recherche Scientifique, Paris)
Vorwort

Prof. Dr. Jean Bottéro (Hautes Études, Paris)
Vorwort, Kapitel 3

Prof. Dr. Dietz Otto Edzard (Universität München)
Kapitel 2, 4, 5. Übersetzung von Kapitel 3 aus dem Französischen

Prof. Dr. Adam Falkenstein (Universität Heidelberg)
Kapitel 1

Prof. Dr. Jean Vercoutter (Universität Lille)
Vorwort, Kapitel 6–11

Leopold Voelker (Berlin)
übersetzte das Vorwort und die Kapitel 6–11 aus dem Französischen.

Vorwort

Zur Rechtfertigung einer neuen historischen Synthese genügt es, den Leser, der sich über deren Vielzahl wundert, daran zu erinnern, daß ihre trotz der Einheit und des Zusammenhangs der Ereignisse, die sie beschwören, ständig zunehmende Zahl zunächst ihren Grund in der Vielzahl der Historiker hat – in der Vielzahl nicht nur der ›professionellen‹ Historiker, sondern auch in der Mannigfaltigkeit der Gesichtspunkte, unter denen man die Geschichte betrachten kann.
Es handelt sich hier zudem um eine Epoche der ›Alten Geschichte‹ – und keine könnte es mehr sein als die in diesem Band erzählte, da sie an der Geburtsstätte der ›Geschichte‹ an sich, im Alten Orient, spielt –, um eine Epoche also, deren Dokumente im Verhältnis zur Länge der verflossenen Zeit allzu spärlich sind, zudem schwer zu verstehen und der ständigen Kritik und Revision von Gelehrten unterworfen, die nicht aufhören, sie zu studieren, um sie besser auszuwerten. Und es handelt sich um eine Epoche, für die eine unermüdliche Forschung und immer neue Grabungen aus der Tiefe der Zeit ständig neue Daten zutage fördern, die manchmal die Vorstellung, die man sich von einem mehr oder weniger großen Teil der Vergangenheit gemacht hatte, bestätigen, manchmal präzisieren und manchmal zerstören und dazu zwingen, die Dinge ganz anders zu sehen. So ist es nicht nur nützlich, sondern unerläßlich, selbst für die Historiker von Beruf, von Zeit zu Zeit auf diesem grenzenlosen Ozean der Erforschung der Vergangenheit eine neue Ortsbestimmung vorzunehmen.
Man findet in diesem und den beiden folgenden Bänden eine nach unserem Willen möglichst aktuelle Synthese der ältesten Geschichte des Nahen Ostens, in dem unsere Zivilisation geboren wurde.
Anstatt die gesamte Aufgabe einem einzigen Autor zu überlassen auf einem Gebiet, auf dem es jedem, sei er auch ein Genie, unmöglich wäre, so viele verschiedenartige und schwierige Schriften und Sprachen zu meistern und Hunderttausende von Dokumenten aller Art zu studieren, deren Verständnis und Auswertung die Anwendung höchst heterogener Techniken erforderte, erachteten wir es für richtiger, einer Reihe von Spezialisten die Bereiche und Epochen anzuvertrauen, die jeder von ihnen gründlich und aus erster Hand kennt.
Bei der Vorbereitung dieser Arbeit haben diese Spezialisten eng zusammengearbeitet, indem jeder die Beiträge seiner Kollegen

las und kritisierte, ohne sich jedoch zur Konformität verpflichtet zu fühlen. Außer dem Ernst der Methoden, zu dem uns unser Beruf seit langem verpflichtet, und der Berücksichtigung aller Daten, einschließlich der Resultate der letzten Grabungen und der neuesten Analysen, war unser einziges gemeinsames Anliegen das Streben nach einem Gleichgewicht in der Fixierung und Bewertung einerseits der Ereignisse, also der Aufeinanderfolge der Völker, der Monarchen und der Wechselfälle ihrer Regierungen, und andererseits der Fortschritte der Kultur, die von diesen Ereignissen bewirkt oder angeregt wurden. Auf dieser doppelten Ebene haben wir versucht, das Wesentliche zusammenzufassen und den Weg deutlich zu markieren. Dabei verweisen wir den Leser, der die Originalquellen kennenlernen oder viele Einzelheiten erfahren will, auf die in der Bibliographie aufgezählten Spezialwerke.
Wir hoffen, daß unsere Arbeit so dem Sinn der Sammlung, in der sie ihren Platz finden soll, entspricht: dem Gebildeten ein *Vademecum*, einen einfachen und sicheren Führer durch die endlose Flucht von Sälen des gewaltigen Museums, das die Geschichte darstellt, an die Hand zu geben.

Paris, im Dezember 1964

Elena Cassin
Jean Bottéro
Jean Vercoutter

Bemerkungen zur Transkription

Für die Umschrift türkischer, sumerischer und semitischer Bezeichnungen in den Kapiteln 1–5 wurde das in der Turkologie und Semitistik geläufige System angewendet.

š (= türk. ş)	sch
ḥ	gepreßtes ch (in europ. Sprachen nicht vorhanden)
ḫ	ch wie in Lachen
ḍ, ṣ, ṭ (auch q)	sog. ›emphatische‹ Konsonanten (in europ. Sprachen nicht vorhanden)
ǧ (= türk. c)	dsch wie in Dschungel
ç	tsch wie in Tschechisch
ı	dunkles türkisches i
ā	auszusprechende Länge

1. Die Ur- und Frühgeschichte des Alten Vorderasien

DIE QUELLEN ZUR GESCHICHTE DES ALTEN VORDERASIEN

Bis zum Ende des 18. Jahrhunderts beschränkten sich die Quellen zur Geschichte des Alten Vorderasien auf die Nachrichten des Alten Testaments und die Überlieferung der klassischen Antike. Der entscheidende Schritt, der zur Erschließung der Originaldokumente des Alten Orients führte, war getan, als es G. F. Grotefend 1802 gelungen war, Inschriften in der altpersischen Keilschrift wenigstens teilweise zu entziffern. Die Texte, die C. Niebuhr 1765 in den Palästen von Persepolis getreu abgeschrieben hatte, stammten von den aus der griechischen und alttestamentlichen Überlieferung bekannten Achämenidenkönigen Dareios und Xerxes. Sie waren in drei Schriftarten und ebenso vielen Sprachen abgefaßt. Nachdem die altpersische Fassung, die die Sprache der Herrscher wiedergab, entziffert war, hatte man den Schlüssel zur Lesung und Deutung der zwei anderen Versionen in der Hand. Die eine war in elamischer Sprache, der Sprache des Gebietes um Sūsa, verfaßt, die andere babylonisch-assyrisch geschrieben. Die letztere Schrift setzte der Entzifferung durch ihr besonders kompliziertes System die größten Schwierigkeiten entgegen. Erst um 1857 konnte diese Aufgabe als im großen ganzen gelöst gelten. Die Entzifferung der babylonisch-assyrischen Fassung erwies sich als folgenreich. Denn in dieser Sprache, die zur Familie der semitischen Sprachen gehört – man nennt sie heute nach der einheimischen Bezeichnung Akkadisch –, ist weitaus der größte Teil der altorientalischen Schriftüberlieferung abgefaßt.
Schon vor der Mitte des 19. Jahrhunderts hatte das Interesse, das die Entzifferungsversuche geweckt hatten, zu großen Ausgrabungen in den alten Hauptstädten des neuassyrischen Reiches, in Ninive gegenüber dem heutigen Mōṣul, in Ḫorsābād, der ephemeren Residenz Sargons II. (722–705), und in Nimrūd, dem alten Kalḫu, geführt. Französische und englische Forscher wie P.-E. Botta, E. Flandin und A. H. Layard brachten erste Kenntnis von den monumentalen Palästen und Tempeln, deren Reliefschmuck und deren Kolossalfiguren bald wertvoller Besitz des Louvre und des British Museum wurden. Ein besonderer Glücksfall war es, daß man in Ninive die Bibliothek des letzten großen Assyrerkönigs Aššurbānipal (669–627) wiederfand, in der dieser Herrscher alle ihm erreichbaren literarischen und religiösen Werke der Babylonier und Assyrer, aber auch die der älteren Sumerer, gesammelt hatte.

Die Ruinen Babyloniens, des südlichen Nachbarlandes, erwiesen sich zunächst als weit weniger ertragreich. Unter der Leitung von E. de Sarzec grub man seit 1877 in Tellō, dem alten Girsu, wo die ersten Funde aus sumerischer Zeit gemacht wurden. Darunter befanden sich die Statuen des Stadtfürsten Gudea (etwa 2143–2124) und die zwei Zylinderinschriften, die ältesten großen literarischen Kompositionen auf babylonischem Boden. Diese Denkmäler boten die Möglichkeit, diese alte Sprache aus echtsumerischer Überlieferung wiederzugewinnen. Amerikanische Untersuchungen von 1889 an hatten das Glück, in Nippur in einem Wohnquartier des 18. Jahrhunderts den noch heute umfangreichsten Bestand an sumerischen literarischen Texten zu entdecken. Seit 1899 waren auch deutsche Ausgräber an den Forschungen beteiligt, R. Koldewey in Babylon und ab 1903 W. Andrae in Assur. Ihr Ziel war, die beiden großen Hauptstädte wiedererstehen zu lassen. 1913 kamen schließlich die Grabungen in Uruk, der größten Ruine im südlichen Babylonien, unter J. Jordan in Gang.

Inzwischen waren auch Untersuchungen außerhalb des babylonisch-assyrischen Raumes begonnen worden. In Susa erschloß J. de Morgan die Kultur Elams, die trotz der engen Beziehungen zum babylonischen Nachbarland ihre Sonderart bewahren konnte. Ein Glücksfall besonderer Art hatte schon 1887 im mittelägyptischen Amarna die in Keilschrift geschriebene politische Korrespondenz der großen und kleinen Herrscher des gesamten Vorderen Orients mit Amenophis III. und IV. (1400–1344) zu Tage gebracht. 1907 entdeckte H. Winckler in Boğazköy, der alten hethitischen Hauptstadt Ḫattuša, im zentralen Anatolien ein Keilschriftarchiv, das die Erschließung der hethitischen Sprache und Überlieferung ermöglichte.

Neben den aus regulären Grabungen gewonnenen Tafeln gelangten auch ungezählte aus Raubgrabungen stammende Urkunden aus den verschiedenen Gebieten des Alten Orients und aus allen Zeitstufen in die Sammlungen der Museen in aller Welt.

Nach der Unterbrechung durch den Ersten Weltkrieg setzte bald eine rege Grabungstätigkeit ein. Hier kann nur weniges darüber berichtet werden: Die Grabungen in Ur unter L. Woolley erbrachten die sensationellen Funde aus dem Königsfriedhof in Ur, die der späten frühdynastischen Zeit (um 2450 v. Chr.) zugehören. In Uruk erstand die frühgeschichtliche Zeit (etwa 3000 bis 2700) vor unseren Augen. In amerikanischen Grabungen im Gebiet der unteren Dijāla wurden unter der Leitung von H. Frankfort vor allem Tempelanlagen aus der gesamten frühdynastischen Zeit wiedergewonnen. In Nuzi, beim heutigen Kirkūk, wurde eine Siedlung des 15. und 14. Jahrhunderts entdeckt, die eine sonst nur schwach erhellte Epoche deutlich faßbar werden ließ. Aus Mari am mittleren Euphrat, wo A. Parrot die Grabungen leitete, kamen wichtige Funde der frühdynastischen Zeit, die die Ergebnisse im Dijāla-Gebiet ergänzten. Ein großer Palast brachte das über 10 000 Tafeln umfassende königliche Archiv, das die bewegte Zeit, als Hammurabi von Babylon ein geeintes Reich aufzubauen bemüht war, in hellem Licht erscheinen läßt. Schon vorher hatte Cl. F. A. Schaeffer die Arbeit in Rās Šamra am Mittelmeer, dem alten Ugarit, begonnen. Ihm dankt man den Fund von Tontafeln mit einer bis dahin unbekannten Alphabetschrift. Mit den darin aufgezeichneten Mythen und Epen erschloß sich die Welt der kana'anäischen Dichtung und Mythologie. Die in Boğazköy unter K. Bittel wieder aufgenommenen Grabungen klärten die Geschichte der Hauptstadt des hethitischen Reiches. An der Spitze einer amerikanischen Expedition untersuchten E. Herzfeld und E. Schmidt die monumentalen Ruinen der achämenidischen Paläste in Persepolis. Großes Interesse fanden damals Untersuchungen in urgeschichtlichen Siedlungen des Vorderen Orients, in denen man die frühesten Entwicklungsstufen zu fassen suchte.

Wie nach dem Ersten Weltkrieg kamen auch nach dem Zweiten die Grabungen wieder in Gang. Zu den Arbeiten in den alten Grabungsstellen wie Boğazköy, Ugarit, Mari, Nimrūd, Nippur, Uruk und Susa gesellten sich vorzugsweise Expeditionen, die urgeschichtlichen Problemen, in Sonderheit der Frage des Übergangs zum Neolithikum, in systematischem Bemühen nachgingen. Bedeutsam ist jetzt, daß sich auch die Antikenverwaltungen der verschiedenen Länder des Vorderen Orients mit eigenen Mitarbeiterstäben an der Grabungsarbeit beteiligen.

Diese gedrängte Aufzählung mag als eine stolze Bilanz der umfangreichen und von Erfolgen begünstigten Bemühungen um die geschichtliche Rekonstruktion erscheinen. Auf zweierlei ist aber noch hinzuweisen: Schon seit längerer Zeit fällt es der Forschung schwer, mit dem dauernden Zustrom an neuem Material Schritt zu halten. Trotzdem weist aber die geschichtliche Landkarte noch vielerorts und in vielen Zeitabschnitten weiße Flecke auf, die noch ausgefüllt werden müssen, soll es gelingen, die Geschichte des Alten Vorderasien getreu wiederzugewinnen.

DER RAUM DER GESCHICHTE DES ALTEN VORDERASIEN

Der Raum, in dem sich die vielfältigen Entwicklungen von der Zeit der frühesten Zeugnisse menschlicher Existenz bis zum Ende der selbständigen Geschichte des Alten Vorderen Orients vollzogen haben, deckt sich nicht immer mit dem Gebiet, das wir heute als Vorderen Orient zu bezeichnen gewohnt sind. Im Stadium der frühen dörflichen Gemeinschaften ist er weitgehend auf den Bezirk des ›Fruchtbaren Halbmonds‹, womit man den weiten Gebirgsbogen, der von den iranischen Bergen im Osten Babyloniens und Assyriens und den Ketten des Taurus, Amanus und Libanon gebildet wird, samt den am Fuße dieser Gebirge gelegenen Ebenen meint, begrenzt. Wichtige Teile der türkischen Küstenlandschaften wenden sich der Ägäis zu und sind daher vorzugsweise im Rahmen der Entwicklung Griechenlands und des Balkan zu sehen. Die Schwarzmeerküste war in der Zeit vor der griechischen Kolonisation wohl nur schwach besiedelt. Nord- und Südarabien, wo zwar verschiedene Stufen der urgeschichtlichen Epochen bis zum Neolithikum und Chalkolithikum[1] nachgewiesen sind, treten erst im 1. Jahrtausend v. Chr. in der Zeit der neuassyrischen Herrschaft ins Blickfeld. Die Grenzen gegen den Iran und vor allem im iranischen Hochland blieben fließend.

Das Kernland, von dem gegen Ende der urgeschichtlichen Periode und in der geschichtlichen Zeit die entscheidenden Impulse ausgingen, ist das geologisch junge Tiefland zwischen Euphrat und Tigris etwa vom heutigen Baghdad bis zur Mündung der beiden Flüsse in den Persischen Golf, der in der Frühzeit wohl etwas weiter nach Norden reichte als heute. Klimatisch ist dieses Gebiet, das spätere Babylonien, durch extreme Hitze in langen Sommermonaten und geringe und unregelmäßige Regenfälle im Spätherbst und Winter bestimmt, so daß dort der Ackerbau von Anfang an auf künstliche Bewässerung angewiesen war.

An diesen Raum, der nur auf einer relativ begrenzten Fläche landwirtschaftlich nutzbar gemacht werden konnte, grenzt nach Südosten das heutige Ḫūzistān, die alte Susiana, an, wo ähnliche klimatische Gegebenheiten vorliegen, nur daß in den gebirgsnahen Teilen günstigere Aussichten auf ausreichende Regenfälle bestehen. Den Hang der iranischen Bergketten säumt ein Gürtel kleinräumiger Landschaften, in denen Regenfeldbau möglich ist. Durch Gebirgszüge sind sie aber vielfach gegeneinander abgesperrt, so daß sie kaum jemals zu größeren politischen Einheiten zusammengewachsen sind. Die Verbindung nach dem iranischen und armenischen Hochland wird durch wenige gute Pässe ermöglicht. Sie führen von Sūsa nach Fārs, vom Gebiet der oberen Dijāla nach Hāmadān und Kermānšāh, vom ostassyrischen Raum über den Paß von Rōwāndūz nach dem Gebiet um den Urmia-See. Über sie sind immer wieder Völker aus dem weiten iranischen Raum in die assyrische Ebene und das babylonische Tiefland eingeströmt.

Das Gebiet des späteren Assyrien, das nördlich des Ǧebel Ḥamrīn beginnt und im Osten und Norden bis zum Gebirge reicht,

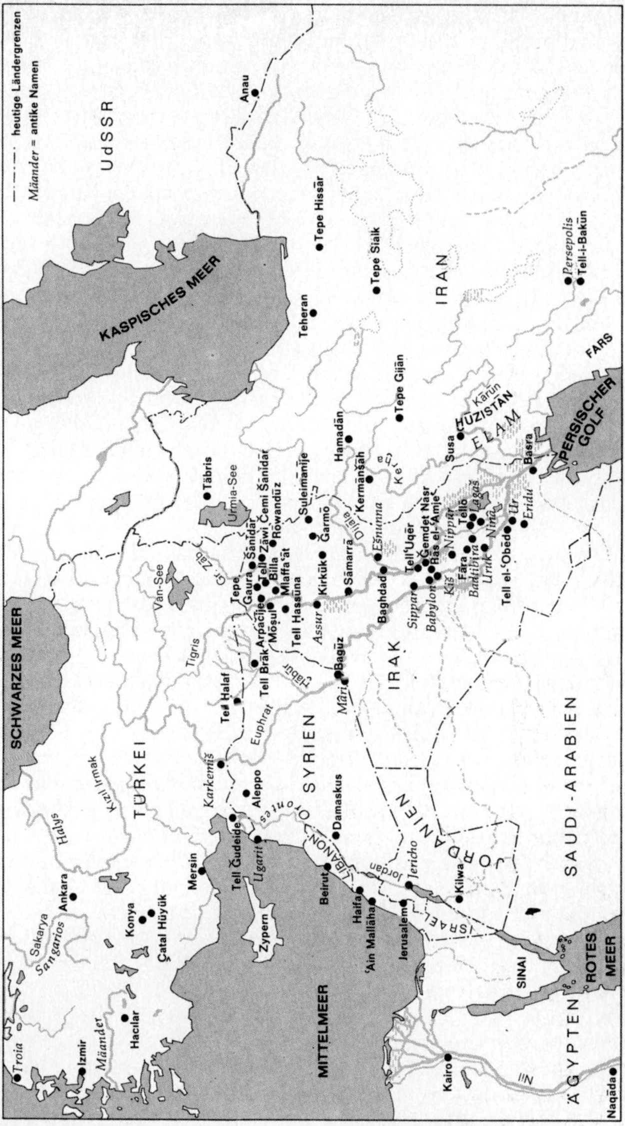

Abb. 1: Vorderasien in der vor- und frühgeschichtlichen Zeit (bis ca. 28. Jahrhundert)

ist verhältnismäßig großräumig. Auf der rechten Tigrisseite ist das kultivierbare Land allerdings nur schmal, es weitet sich in der Gegend des heutigen Mōṣul, von wo aus ein bequemer Zugang zum mesopotamischen Gebirgsvorland gegeben ist.
Westlich und nordwestlich von Babylonien war die nicht kultivierbare Randzone, die bis in die späte geschichtliche Zeit erheblich breiter war als heute, da der Euphrat erst verhältnismäßig spät seinen Lauf nach Westen näher an den Steilabfall der Arabischen Tafel gegen das Tiefland verlagert hat, nur für Hirtennomaden bewohnbar. Solange aber das Kamel noch nicht domestiziert war, d. h. bis zum Ende des 2. Jahrtausends v. Chr., konnten sich diese nur wenige Tagereisen vom Kulturland entfernen. Euphrataufwärts engt sich das besiedelbare Land von beiden Seiten her, von der steppenhaften Arabischen Tafel und den wegen seiner Gipsböden zum Teil wüstenartigen Landstrichen im Osten, so ein, daß nur eine Kette von Flußoasen wie das heutige 'Āne Platz findet. Erst in der Gegend des alten Mari und längs der Nebenflüsse des Euphrat Ḫābūr und Baliḫ sind größere Distrikte bebaubar, die den Anschluß an die mesopotamische Randzone am Fuße des Taurus mit ihrer Möglichkeit zu dichter Besiedlung herstellten.
Aus vielen kleinräumigen Landschaften setzt sich das Gebiet südlich des Taurus zwischen der Mittelmeerküste und dem Euphrat und der Raum des mittleren Syrien und Palästinas zusammen. Die Küste, die besonders im späteren Phönikien eine Anzahl guter Häfen aufweist, ist nach dem Meer hin orientiert. Die früher waldreichen Ketten des Amanus, weiter südlich die des Libanon und Antilibanon, waren für Ägypten, aber auch für das ferne Babylonien und später auch Assyrien der wichtigste Lieferant wertvoller Bauhölzer und aromatischer Harze. Im Gilgameš-Zyklus der Sumerer und den dadurch bestimmten akkadischen und hethitischen Dichtungen hat dies im Bericht über den Kampf des heldenhaften Königs von Uruk gegen den gewaltigen Ḫuwawa, den Herrn des Zedernwaldes, seinen Niederschlag gefunden. Die Senke zwischen Libanon und Antilibanon, die sich im Jordan-Graben fortsetzt, bot einen in beiden Richtungen vielbeschrittenen Verbindungsweg. Dem Osthang des Antilibanon sind einige Oasenstädte vorgelagert, von denen die weitaus bedeutendste Damaskus mit der fruchtbaren Gūṭa war.
Palästina ist eine Landschaft für sich mit relativ fruchtbaren Zonen an den Westhängen der Judäischen und Galiläischen Berge, Wüstengebieten in den Judäischen Bergen und im Negev, subtropischem Wachstum im Jordan-Graben. Nach Ägypten zu war das Land zum mindesten bis in die Zeit kurz vor 3000 v. Chr. durch die Wüstengebiete des Sinai und des südlichen Negev abgeriegelt. Östlich des Jordan liegen Gebiete, die in

früher Zeit ebenso wie während der römischen Herrschaft relativ dicht besiedelt waren.
Von der mesopotamischen Ebene und von Kilikien führen gute Paßstraßen nach dem zentralen anatolischen Hochland. Das Kerngebiet war der Raum um den Halys (Kızıl Irmak). Daneben spielte nur das Land um den oberen Sangarios (Sakarya) und die Ebene von Konya als Zentrum dichter Besiedlung eine Rolle. Die Pontischen Berge waren wenigstens zur Zeit des hethitischen Reiches nur von nomadischen und halbnomadischen Stämmen bewohnt. Der Westen und Südwesten der Türkei war vorzugsweise nach dem Meer hin ausgerichtet. Die ostanatolische Gebirgslandschaft ist durch hohe Gebirgszüge so sehr in kleinräumige Bezirke aufgesplittert, daß der Zusammenschluß zu einer größeren Gemeinschaft nur in seltenen Fällen gelingen konnte.
Der Raum Vorderasiens setzt sich somit aus einer Vielzahl von Landschaften zusammen, die meist nur begrenzten Umfang besaßen. Als Folge erscheinen kleinräumige ethnische und politische Gebilde, die sich vor allem in den durch Gebirgsschranken umschlossenen Gebieten zeigen. Die natürlichen Voraussetzungen zu großräumigen Einheiten waren dagegen gewährt im späteren Babylonien, vor allem im assyrischen und mesopotamischen Raum, im zentralen Anatolien und auf der iranischen Hochfläche. Ein Sonderfall ist der innere Gürtel, der sich zwischen den ›Fruchtbaren Halbmond‹ und die Trockenzone der Arabischen Tafel legt, zu allen Zeiten, die wir zu übersehen vermögen, das Wandergebiet semitischsprechender Hirtennomaden. Es mag aber schon hier der Hinweis angebracht sein, daß viele Völker, denen wir im Laufe der Geschichte des Alten Vorderasien als den Gründern großer Territorialreiche begegnen, den Hethitern, den indoarischen Mitanni, Medern und Persern, ihre ethnische Einheit und ihre Volkszahl in den weiten Räumen Südost- und Osteuropas erlangt hatten, lange bevor sie im Vorderen Orient erschienen sind.
Der Tendenz zur Abkapselung der einzelnen Landschaften wirkte vor allem die ungleichmäßige Verteilung wichtiger Rohstoffe entgegen. Der Rohstoffbedarf war natürlich in den verschiedenen Abschnitten der Geschichte unterschiedlich in der Intensität, verschieden auch in den Objekten, die man zu erwerben bemüht sein mußte. Waren es zuerst Obsidian, Feuerstein und Asphalt, so kamen später Steine für Gefäße und vor allem die Metalle hinzu. Schon in den frühesten dörflichen Siedlungen findet sich Material, das von weither beschafft worden ist. Nach der Besiedlung Babyloniens muß sich der Güteraustausch beträchtlich verstärkt haben. Zum mindesten seit der Zeit, in der sich die städtische Hochkultur Babyloniens ausgebildet hatte, ist sogar ein Raum in diesen Austausch einbezogen gewesen, der über

das Gebiet des Vorderen Orients weit hinausreicht. Wichtige und begehrte Rohstoffe lieferten die Länder am Persischen Golf und das ferne Gebiet des westlichen Industals, Afghanistan mit seinen Lapislazuli-Vorkommen und die Länder, die das für die Bronzeherstellung erforderliche Zinn anbieten konnten.

ZUR CHRONOLOGIE

Vgl. Zeittafel I auf S. 56.

Eine absolute Chronologie, die exakt auf unseren Kalender beziehbare Daten angibt, ist für viele Abschnitte der altorientalischen Geschichte noch nicht zu erstellen. Die Liste der assyrischen Jahreseponymen[2] führt nur bis 910 v. Chr. zurück. Die Königslisten geben uns etwa bis 1450 v. Chr. für Babylonien und Assyrien Datierungsmöglichkeiten, die mit einer Fehlergrenze von ungefähr zehn Jahren noch einigermaßen genau sind. Für Syrien und Kleinasien sind wir auf Synchronismen mit Babylonien und Assyrien, vor allem aber mit Ägypten, dessen Chronologie für diesen Abschnitt einigermaßen gesichert ist, angewiesen. Einen wichtigen chronologischen Fixpunkt liefert das Datum des Friedensvertrages zwischen Ramses II. und dem hethitischen König Ḫattušili III. im Jahre 1270 v. Chr. Vor 1450 v. Chr. liegt für den gesamten Vorderen Orient ein Abschnitt mit so dürftiger Überlieferung, daß der Anschluß an die in sich chronologisch durchaus gefestigte Zeit von der Dynastie von Akkade bis zum Ende der Hammurabi-Dynastie von Babylon noch nicht geklärt werden konnte. Davon, wie lange man die Dauer dieses ›dunklen Zeitalters‹ abschätzt, hängt es ab, welche Daten man für das Ende der I. Dynastie von Babylon und den Beginn der kassitischen Oberherrschaft über Babylonien anzusetzen hat. Im folgenden wird die sogenannte ›mittlere Chronologie‹ (nach S. Smith und M. Sidersky) zugrunde gelegt, nach der das Ende der I. Dynastie von Babylon auf 1595 v. Chr., Hammurabi von Babylon auf 1792–1750 v. Chr. zu stehen kommt. Der Beginn der Dynastie von Akkade ist dann etwa mit 2340 v. Chr. anzugeben. Die ›Minimalchronologie‹ (nach W. F. Albright und F. Cornelius) bietet dagegen Daten, die um 64 Jahre, das ist eine Venusperiode, niedriger liegen[3].
Für die Zeit vor der Dynastie von Akkade können wir nur für die Endphase der frühdynastischen Zeit auf Grund der Folge der Herrscher von Lagaš, Urnanše bis Urukagina, die etwa 120 Jahre regiert haben, noch ungefähre Daten angeben. Die sumerische Königsliste, die zwar eine Folge der Herrscher Babyloniens von der Zeit an, »als die Königsherrschaft vom Himmel herabkam«, bis zum Ende der Dynastie von Isin (1794 v. Chr.) bietet, ist für die Zeit vor der Dynastie von Akkade leider keine

zuverlässige Quelle. Die Herrschernamen sind zwar, von Versehen infolge wiederholten Abschreibens abgesehen, zuverlässig überliefert; einige der in der Königsliste genannten Herrscher der frühdynastischen Zeit sind durch Originalurkunden bezeugt. Was aber den Wert dieser Kompilation entscheidend beeinträchtigt, ist die Art, wie sie die ihr vorliegenden Nachrichten für die Frühzeit verwertete. Ihr liegt die Annahme zugrunde, daß in Babylonien jeweils nur eine Dynastie geherrscht habe. Zusammen mit dem Bestreben der Kompilatoren, nichts von dem überkommenen Namensbestand wegzulassen, hat dies dazu geführt, daß nebeneinander stehende Dynastien hintereinander angeordnet wurden. So ergab sich, daß für die Spanne von Meškalamdug von Ur bis Lugalzagesi von Uruk, dem letzten Herrscher der frühdynastischen Zeit vor Sargon von Akkade, 45 Herrscher angeführt sind, während in Lagaš, wo uns die Reihe der Könige lückenlos bekannt ist, in derselben Zeit nur etwa acht Fürsten regiert haben, darunter mehrere, deren Regierungszeit gewiß nur wenige Jahre betragen hat. Ein weiterer Mangel der Liste ist, daß ihre Unterlagen nicht vollständig waren, was bei dem langen Abstand der endgültigen Redaktion von der frühdynastischen Zeit nicht wundernehmen kann. So fehlen alle Fürsten von Lagaš, von denen mindestens einige verdient hätten, in die Zahl der Könige Babyloniens aufgenommen zu werden.
Die Dauer der vor Urnanše von Lagaš liegenden Stufen der frühdynastischen Zeit und die der frühgeschichtlichen Abschnitte läßt sich nur nach den Grabungsbeobachtungen zu den Bauschichten der einzelnen Perioden und mit Hilfe der schriftgeschichtlichen Entwicklung in Babylonien grob abschätzen. Da aber in Ägypten aus einer Phase, die kurz vor der sogenannten ›Reichseinigung‹ (Negade II) liegt und ungefähr auf 3000 v. Chr. angesetzt wird, Fundstücke geborgen worden sind, die eine unbestreitbare Verwandtschaft mit Schöpfungen der frühgeschichtlichen Zeit Babyloniens bezeugen, kann man einen ungefähren Synchronismus zwischen den beiden Kulturen gewinnen.
Für einen Abschnitt der frühgeschichtlichen Zeit, Schicht Uruk IV a, liegt jetzt auch ein Datum vor, das mit Hilfe der ›Radiocarbon-Methode‹ (C^{14})[4] gewonnen ist. Es gibt für Holzreste aus dem Tempel C dieser Schicht die Zeit 2815 $\pm$ 85 Jahre v. Chr. an. Das ist nur wenig niedriger als das Datum für den frühen babylonisch-ägyptischen Synchronismus, der ebenfalls in die frühgeschichtliche Zeit Babyloniens fällt.
Für die urgeschichtlichen Stufen des Alten Vorderen Orients gibt jetzt eine ständig wachsende Zahl von C^{14}-Daten für Fundschichten in Siedlungen in Palästina, Kilikien, Anatolien, im Iraq und Iran in Verbindung mit entsprechenden Daten aus Ägypten und dem Balkan ein einigermaßen tragfähiges chrono-

logisches Gerüst, so daß die zeitlichen Abstände der einzelnen Entwicklungsstufen und damit auch die Entwicklungsgeschwindigkeit abzuschätzen möglich wird.

ZUR URGESCHICHTE DES ALTEN VORDERASIEN

Die frühesten Zeugnisse des Daseins von Menschen und ihrer materiellen Hinterlassenschaft sind im Raum des Vorderen Orients lange Zeit spärlich gewesen, sie sind es auch heute noch, wenn man vergleicht, was durch die umfangreichen Forschungen auf europäischem Boden geborgen worden ist. Planvolle Untersuchungen aus neuerer Zeit, die sich auch der Unterstützung durch die verschiedensten naturwissenschaftlichen Disziplinen erfreuten, haben aber ein einigermaßen deutliches Bild von den Phasen der alt- und jungsteinzeitlichen Entwicklungen erbracht. Von den Höhlen am Karmel bei Haifa und im Judäischen Bergland über die syrischen Küstengebiete bis zur südlichen Türkei, der türkischen Westküste, Zentralanatolien, von Jordanien, der Arabischen Tafel bis zum Euphrat und bis ins westliche Kurdistan erstrecken sich Fundplätze mit Erzeugnissen menschlicher Hand von der Altsteinzeit an. Ebenso wie am Karmel fanden sich in Šānīdār im iraqischen Kurdistan Skelette vom Typ des Neandertal-Menschen, in Moustérien-Schichten, deren Alter mit 60 000 und 40 000 Jahren angegeben wird. Darüber liegen dort Schichten des oberen Paläolithikums, deren Alter auf 35 000 Jahre geschätzt wird, des Mesolithikums und des keramiklosen Neolithikums. Diese Abfolge, die mit der jüngsten Schicht bis unter 9000 v. Chr. heraufreicht, enthält gewiß nicht alle Stufen der langen Entwicklung. So liegt eine Lücke hinter der Moustérien-Schicht vor, an deren Ende, wohl durch einen katastrophalen Klimawechsel, die Menschen des Neandertal-Typus für immer aus diesem Raum vertrieben worden sind[5].

Die hauptsächlichen Ergebnisse systematischer Untersuchungen der letzten anderthalb Jahrzehnte betreffen eine der entscheidenden Phasen der urgeschichtlichen Zeit überhaupt, die, in der der Übergang von der Stufe des Nahrungsammelns *(food-collecting stage)* zu der der Nahrungserzeugung *(food-producing stage)* erfolgt ist. Dieses Geschehen ist mit Recht als die ›neolithische Revolution‹ bezeichnet worden, die eine Entwicklung eingeleitet habe, die – mit Blick auf die Naturbeherrschung des Menschen – erst vor rund zweihundert Jahren durch die ›industrielle Revolution‹ abgelöst worden sei. ›Revolution‹ meint dabei aber nicht ein plötzlich eingetretenes Ereignis, sondern den Prozeß der Ausbildung des vollen Neolithikums, der sich über mehrere Jahrtausende erstreckte.

Nachdem in der Zeit zwischen 9000 und 6750 v. Chr., einer Periode, in der im Vorderen Orient schon annähernd die jetzigen klimatischen Verhältnisse bestanden haben, eine Stufe der beginnenden Domestizierung von Tieren und des wohl nur wenig später einsetzenden Anbaus wichtiger Kulturpflanzen durchschritten war, tritt ab 6750 v. Chr. die neue Phase in ausgebildeter Form vor uns. Die wichtigsten Leistungen sind die Domestizierung von Schaf, Ziege, Schwein und Rind und die Auslese und der Anbau von Weizen (Emmer), Gerste und Flachs. Der Anbau von Getreide führte, sobald er in einem Umfang betrieben wurde, daß er die menschliche Ernährung in einem ins Gewicht fallenden Maße bestreiten konnte, zwangsläufig zur Seßhaftigkeit und zur Ausbildung dörflicher Gemeinschaften.
Der Übergang zur Nahrungserzeugung konnte nur in bestimmten Räumen ansetzen, dort nämlich, wo die domestizierbaren Tiere und die späteren Kulturpflanzen in wildlebenden Arten existierten. Das sind die Gebirgstäler und die grasbestandenen Randzonen der Gebirge des Iran, des Iraq, der Türkei, Syriens und Palästinas. In diesem Gebiet fällt genügend Regen für den Regenfeldbau, der unter den heutigen klimatischen Verhältnissen im Vorderen Orient nur dort möglich ist, wo die durchschnittliche Niederschlagsmenge im Jahr über 200 mm liegt.
Die Veränderungen, die die ›neolithische Revolution‹ mit sich gebracht hat, lassen sich noch nicht in vollem Umfang erkennen. Was allein die weitgehende Umstellung der menschlichen Ernährung auf Getreideerzeugnisse für Folgen hatte, ist schwer abzuschätzen. Sicher ist, daß mit der Seßhaftwerdung eine rasche Zunahme der Bevölkerung einsetzte, da die Kindersterblichkeit längst nicht mehr so hoch sein mußte wie in den vorangegangenen Epochen und sich auch das Lebensalter der Menschen erhöhen konnte. Wir sehen das in unbezweifelbarer Weise daran, daß in wenigen Jahrtausenden, einem Zeitraum, der in der Altsteinzeit meist kaum spürbare Veränderungen mit sich gebracht hatte, das ursprüngliche Siedlungsgebiet von den Gebirgshängen so weit in die Ebenen hinab ausgedehnt worden ist, wie der Winterregen einen einigermaßen sicheren Ertrag des Ackerbaus gewährleistete, und daß dort ein dichtes Netz von Dörfern entstand. Wir dürfen ferner annehmen, daß sich damals, ausgehend von den Errungenschaften der frühesten Dorfgemeinschaften und in Anlehnung an diese, das Kleinnomadentum mit Schaf- und Ziegenherden ausgebildet hat, das auch in Gebieten wie den hohen Gebirgen oder dem Raum außerhalb der Regenfeldbau-Zone, die dem Ackerbauer verschlossen waren, ein bedingtes Auskommen fand. Gerade diese Kleinnomaden dürften in der späteren Entwicklung eine wichtige Rolle gespielt haben, nachdem sie zu einer zahlenmäßig starken Bevölke-

rungsschicht herangewachsen waren. Man könnte sich gut vorstellen, daß gerade sie den Vortrupp bildeten, als es galt, neuen Siedlungsraum für den Ackerbauer zu erschließen.
Für die ältesten Dorfbewohner bedeutete weiter das Zusammenrücken in den neuen Siedlungen, daß man neue Sitten und Rechtsgrundsätze finden mußte, die das Zusammenleben auf engem Raum erst ermöglichten. Auch im religiösen Bereich werden sich schwerwiegende Veränderungen ergeben haben. Denn die Ackerbauer und Viehzüchter haben sich bemühen müssen, die Mächte, denen sie die Fruchtbarkeit der Herdentiere oder die Gewalt über den lebenspendenden Regen zuschrieben, für sich zu gewinnen. Magische Praktiken, die dem Jägerdasein entsprachen, konnten allein nicht mehr genügen.
Die Phase der beginnenden Nahrungserzeugung, die von 9000 v. Chr. an anzusetzen ist, ist in ganz Palästina, der zum Mittelmeer zugewandten Zone ebenso wie in den daran nach Osten anschließenden trockeneren Gebieten (Natufien), im Libanon und Syrien und im iraqischen und iranischen Kurdistan bezeugt. Damals wurden noch wie früher Höhlen als Wohnplätze benutzt, daneben, vielleicht nicht nur in den warmen Jahreszeiten, auch offene Stationen. In Palästina (ʿAin Mallāḥa) und im kurdischen Gebiet (Mlaffaʿāt und Zāwi Čemi Šānīdār) fanden sich Reste runder Hütten, die man als Nachbildungen von Rundzelten deuten darf. Mühlen verraten den Anbau von Getreide. Als Haustiere hielt man sicher Ziegen und Schafe.
Repräsentativ für die frühesten dörflichen Siedlungen ist Ǧarmō östlich von Kirkūk im kurdischen Bergland. In zwölf Schichten, die aber eine im wesentlichen einheitliche Entwicklungsstufe bezeugen, fanden sich einfache Häuser mit mehreren rechteckigen Räumen. Sie waren aus gestampftem Lehm gebaut und hatten zum Teil ein Fundament aus unbehauenen Steinen. Insgesamt mögen es jeweils 20 bis 25 Häuser gewesen sein, so daß die Einwohnerzahl des Dorfes auf 150 Personen geschätzt werden kann. Als Kulturpflanzen waren angebaut eine großkörnige zweizeilige Gerste, die aus der Wildform *Hordeum spontaneum* gezüchtet war, und zwei Weizenarten (Emmer). Haustiere waren in den jüngsten Schichten Ziegen, Schafe und Schweine; bei den sonstigen Tierresten ist noch nicht deutlich, ob es sich schon um Haustiere handelt. Unter den Steinwerkzeugen, vorwiegend Mikrolithen, war ein beträchtlicher Teil aus Obsidian, das ist vulkanisches Glas, das weither gebracht worden war, da die nächsten Vorkommen rund 400 km entfernt liegen. Bezeichnend für diese Phase, auch außerhalb von Ǧarmō, sind sorgfältig bearbeitete Steingefäße. Im oberen Drittel der Schichtablagerungen fanden sich die ersten transportablen Tongefäße. Tonfiguren, darunter die einer hockenden schwangeren Frau, reihen sich in eine

lange Kette urgeschichtlicher Schöpfungen ein, die in den Bereich des Fruchtbarkeitszaubers gehören. C^{14}-Daten lassen den Beginn der ältesten Schicht auf etwa 6750 v. Chr. ansetzen.

Zur selben Zeit, ja sogar schon früher, ist an anderen Orten der Stand, der in Dörfern wie Ǧarmō erreicht worden ist, erheblich übertroffen worden. In Jericho, das schon wegen seiner tiefen Lage (200 m unter dem Meeresspiegel) und als wasserreiche Oase in einer Trockenzone am Fuß der Judäischen Hügel eine Sonderstellung einnimmt, weist die ältere keramiklose Siedlung, für deren Beginn auf Grund einer C^{14}-Messung ein Datum um 7000 v. Chr. geschätzt wird, schon eine Umfassungsmauer auf, die ein Gebiet von mehr als 3,6 ha umschlossen haben dürfte. Diese aus Stein gebaute Mauer, die 1,75 m dick ist, ist an manchen Stellen noch bis zu 3,55 m hoch erhalten. An einer Innenseite erhebt sich ein runder Turm, den man über eine im Innern befindliche Treppe besteigen konnte, bis über 8 m[6]. Die aus Lehmziegeln errichteten Häuser zeigen runden Grundriß. Eigenartig ist die Sitte, die Schädel Verstorbener getrennt von den unter dem Hausfußboden beigesetzten Skeletten aufzubewahren, eine Sitte, die sich aber auch an anderen Stellen im Vorderen Orient belegen läßt. In einer jüngeren Phase der ummauerten Siedlung wurden diese Schädel mit Gips gefüllt und die Gesichtsknochen von den Schläfen abwärts mit Gips modelliert, die Augen durch Muscheleinlagen bezeichnet[7]. Die Häuser zeigen in dieser Schicht große rechteckige Räume. Anscheinend konnten in den verschiedenen Schichten auch schon Kultstätten beobachtet werden.

Befestigt war auch die keramiklose Siedlung in Ugarit am Mittelmeer. Dort war ein Erd- und Kieswall auf der Außenseite mit großen Steinen verkleidet[8].

Etwa um 5500 v. Chr. zeigen sich die Früchte der vorangegangenen Abschnitte in einer wesentlichen Ausweitung der jetzt voll entwickelten dörflichen Kultur. Vereinzelte Funde bearbeiteten Metalls lassen diese Stufe teilweise schon der sogenannten Chalkolithischen Zeit, in der neben der überwiegenden Verwendung von Steingeräten auch schon Metallerzeugnisse aus gehämmertem reinem Kupfer gebraucht wurden, zuweisen. Die Siedlungen erscheinen jetzt auch in den niedrigen Ebenen vor den Gebirgsketten und füllen wohl schon den ganzen Raum aus, der im Regenfeldbau zu bestellen war. Bezeichnende Fundstellen sind Çatalhüyük und Hacılar in der südwestlichen Türkei, Mersin und Tell Ǧudeide im kilikisch-nordsyrischen Raum, Tell Ḥalaf im zentralen Mesopotamien, Tell Ḥassūna bei Mōṣul, Tepe Sialk auf der iranischen Hochebene und Tell-i Bakūn in Fārs. In dem weiten Verbreitungsgebiet hat sich eine Anzahl lokaler Kreise ausgebildet, die sich vor allem in der jetzt überall

verbreiteten Keramik bekunden. Die Gefäße sind vielfach noch grob, die Verzierung besteht aus Ritz- und Kerbmustern, Inkrustation mit weißer Farbe und beginnender Bemalung. Die Hausformen zeigen rechteckige Räume; das Baumaterial ist Stampflehm, aber auch der ungebrannte Lehmziegel. In Çatalhüyük in der Ebene von Konya fand sich ein Wandgemälde mit einer großangelegten Jagdszene auf dem Putz eines Hauses[9]. In dieselbe Zeit, jedoch in eine kulturell noch ältere Stufe, gehören wohl die großartigen Felsbilder von Kilwa im südlichen Jordanien, in denen die Jagd auf Steinböcke dargestellt ist. Zahlreiche weibliche Tonfiguren aus Hacılar, die schon durch ihre Größe auffallen (bis zu 24,5 cm), sind in ihrer naturalistischen Formgebung wichtige Zeugnisse sowohl der Kunst als auch der religiösen Vorstellungswelt ihrer Schöpfer.
Der Bestand an Haustierarten ist anscheinend vermehrt. Nachgewiesen sind, wobei allerdings die einzelnen Kreise Unterschiede aufweisen mochten, Ziege, Schaf, Schwein, Rind und Hund. Als Kulturpflanzen waren neben den schon vorher angebauten Getreidearten noch Linsen, Erbsen, bittere Wicken und Flachs bekannt. Leider haben wir noch keine sicheren Anhaltspunkte, wann die Zucht der Weinrebe, des Ölbaums und der verschiedenen Obstbäume eingesetzt hat. In der geschichtlichen Zeit galten gerade diese als für das Gebiet des ›Fruchtbaren Halbmonds‹ bezeichnend. Da alle die genannten Gewächse dort in Wildformen vorkommen, ist mit einer frühen Kultivierung zu rechnen.

Eine etwas jüngere Stufe ist durch das Aufblühen der Gefäßbemalung gekennzeichnet, die die sonstigen Verzierungsmöglichkeiten weitgehend verdrängt hat. Ihr Verbreitungsgebiet ist noch weiter gespannt als das des vorhergehenden Stadiums, insofern als auch das südwest-turkestanische Anau einbezogen ist,

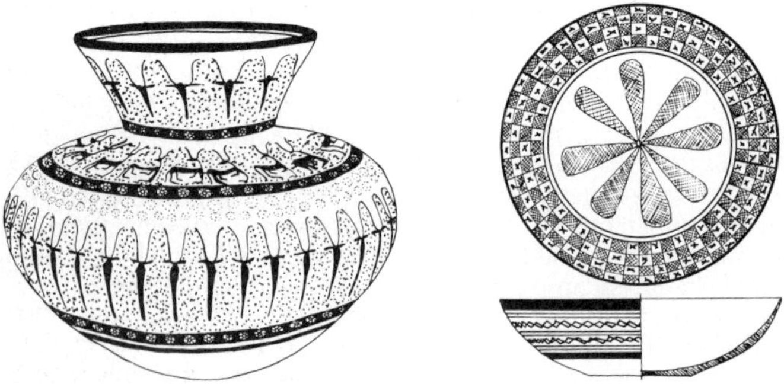

a b

Abb. 2: Tongefäße der Tell Ḥalaf-Stufe

das offensichtlich von einem iranischen Zentrum aus besiedelt worden ist. Erstmals wurden damals in Baġūz am mittleren Euphrat und in Sāmarrā am Tigris Siedlungen gegründet, die außerhalb des Gebietes liegen, in dem Regenfeldbau möglich ist. Die wichtigsten Kreise dieser ›Buntkeramik-Epoche‹ sind nach den ersten Fundstellen benannt: Tell Ḥalaf im Quellgebiet des Ḫābūr, das eben genannte Sāmarrā, Tepe Sialk und

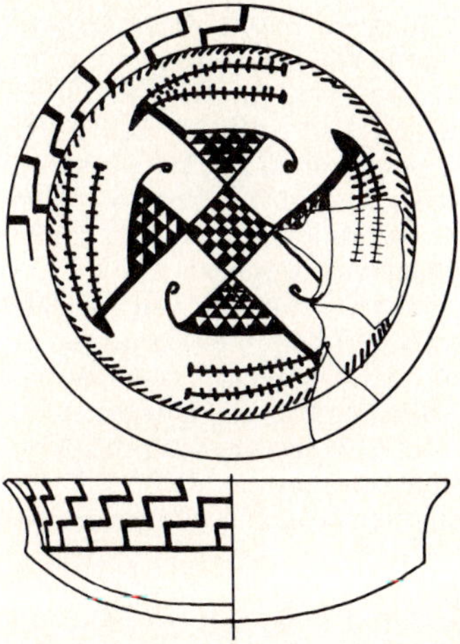

Abb. 3: Tonschale der Sāmarrā-Stufe

Tell-i Bakūn im Iran. Die bemalte Keramik erreichte damals einen ungewöhnlichen Hochstand. Die Gefäßverzierung, die überwiegend aus geometrischen, aber auch aus naturalistischen und davon abgeleiteten Mustern bestand, zeugt von erstaunlichen künstlerischen Fähigkeiten der Töpfer. Am weitesten verbreitet war die Tell Ḥalaf-Ware, die von ihrem mesopotamischen Zentrum aus bis Syrien und Kilikien, den ostassyrischen Raum und sogar bis nach Armenien reichte. Auf dem Höhepunkt ihrer Entwicklung ist sie polychrom bemalt, und die Malfarben ergaben im hohen Brand firnisartigen Glanz. Enger umschrieben war der Bereich der Sāmarrā-Ware, deren Mittelpunkt im ostassyrischen Raum lag, die aber über den Tigris nach Westen ausgriff und in Baġūz am Euphrat einen weit vorgeschobenen Außenposten hatte. Die Unterschiede im Gefäßdekor, die abweichenden Symbolzeichen, denen gewiß ein religiöser Gehalt zukam – der Stierkopf in Vorderansicht, das sogenannte Bukranion, und das Malteserkreuz im Tell Ḥalaf-Kreis einerseits, das Hakenkreuz, das für sich und als Kompositionsprinzip erscheint, im Sāmarrā-Kreis –, erweisen verschiedene religiöse Vorstellungen, die wohl auch für unterschiedliche ethnische Gegebenheiten sprechen.

Neben Hausformen, die sich aus rechteckigen Räumen zusammensetzen und darin einer alten Überlieferung folgen, erscheinen im Tell Ḥalaf-Kreis Rundbauten, denen zum Teil ein rechteckiger Vorraum angefügt ist. Diese Hausform hat ihre Entsprechung in den modernen ›Bienenkorb-Häusern‹ Nordsyriens, sie ist aber schon auf neuassyrischen Reliefdarstellungen bezeugt. Da solche Hausgrundrisse in Tepe Gaura, Arpačije und Tell Ḥassūna bei Mōṣul und in Jūnus bei Karkemiš am mittleren Euphrat aufgedeckt worden sind[10], waren sie damals in Mesopotamien so weit verbreitet, daß man in ihnen, besonders angesichts der starken Traditionsgebundenheit der Hausformen, ein wichtiges Element sehen muß. Zusammenhänge mit den Rundbauten, die in der Zeit des keramiklosen Neolithikums verschiedentlich bezeugt sind, können wohl bestehen.

Wertvolle Zeugnisse für die religiösen Vorstellungen im Tell Ḥalaf-Kreis sind bemalte Figuren weiblicher Gestalten, die in hockender Stellung wiedergegeben sind. Die Brüste, unter denen sich die Arme vereinigen, sind überbetont, die Oberschenkel massiv dargestellt. Der Kopf ist nur schwach ausgeformt. Von Tierfiguren waren besonders Rinderterrakotten, die wohl mit dem Bukranion-Zeichen der bemalten Gefäße zusammenzusehen sind, beliebt.

Erst während der chalkolithischen Zeit, als die Tell Ḥalaf-Kultur in Mesopotamien blühte, ist das südiraqische Alluvialland, das spätere Babylonien, besiedelt worden. Von einer älteren Stufe, in der dort Hirtennomaden, die sich von den frühen Ackerbauern abgespaltet hatten, gezeltet haben könnten, liegen noch keinerlei Zeugnisse vor, obwohl ein solches Stadium vor der Entstehung dörflicher Gemeinschaften durchaus zu erwarten wäre. Daß dieser Raum, der sich in kurzer Zeit zum Kern der vorderasiatischen Kulturen entwickeln sollte, erst so spät von Ackerbauern besiedelt worden ist, liegt an einer Anzahl geographischer und klimatischer Gegebenheiten: Das babylonische Tiefland mit seinem extrem trockenen Klima konnte für den frühen Menschen nicht verlockend sein. Die beiden Flüsse, besonders der Tigris, sind unberechenbar. Wenn sich nach der Schneeschmelze in den Gebirgen die Wasser zu Tal ergießen, sind sie nur mit den größten Anstrengungen zu bändigen, da sie vom Eintritt ins Alluvialland auf der 350 km langen Strecke bis zur Mündung nur 34 m Gefälle haben. Sie haben daher immer wieder ihren Lauf geändert. Kein Zufall ist es, daß in diesem Land der Mythos von der Sintflut zu Hause ist. Noch stärker als heute war damals das Land von schilfbestandenen Sümpfen bedeckt, so daß sich die frühen Siedler, selbst in Nordbabylonien, vielfach erst durch Schilfschüttungen Platz für ihre Wohnstätten schaffen mußten, wie das die Ma'dān-Araber in den Überschwemmungsgebieten noch heute machen. Entscheidend war aber, daß in Babylonien Regenfeldbau, die wichtigste Grundlage des seßhaften Lebens in den Nachbargebieten, nicht möglich ist, da es weit außerhalb der Gebiete liegt, in denen mit 200 mm Regen im Jahresdurchschnitt gerechnet werden kann. Zwischen die Regenfeldbau-Zone und Babylonien schiebt sich vielmehr ein bis zu 200 km breiter Gürtel, in dem der Erfolg des Regenfeldbaus so unsicher war, daß dort nur Platz für wandernde Viehhalter war. Somit mußten die frühesten Ackerbauer, die sich in Babylonien niederließen, den wichtigen, aber auch schwierigen Schritt vom Regenfeldbau zur Bewässerungswirtschaft tun. Auch wenn zu Anfang nur lokal begrenzte Bewässerungssysteme errichtet wurden, erforderten diese doch gemeinsame Anstrengungen, die der frühe Bauer im Nachbarraum nicht zu leisten hatte. Bis aber aus Babylonien der *»ager totius orientis fertilissimus«*[11] werden konnte, mußte das Bewässerungssystem in mühevoller und planmäßiger Arbeit ausgebaut, vervollkommnet und vor allem dauernd instand gehalten werden.

Die Intensität der Arbeit an den Bewässerungsanlagen hing natürlich vor allem von der Zahl der Siedler und ihrer Organisation ab. Leider läßt sich aber die Besiedlungsdichte des Landes in den urgeschichtlichen Abschnitten kaum abschätzen. Wir wissen zwar, daß damals alle Teile Babyloniens bewohnt waren. Aber weder die Größe der einzelnen Siedlungen noch deren Streuung ist sicher zu bestimmen. Das liegt vor allem daran, daß die Reste der ältesten Schichten in den Ruinen, die bis in die geschichtliche Zeit bewohnt waren, so tief liegen, daß sie nur schwer und auf zu geringer Fläche zu erreichen sind, während die nur über kurze Zeit bewohnten Stätten so niedrig geblieben sind, daß sie unter den Alluvialschichten, die sich seit der Frühzeit bis heute um rund zwei Meter aufgehöht haben, begraben sind.

Die urgeschichtliche Epoche Babyloniens gliedert sich in drei Hauptphasen, für die jeweils die Keramik die Leitfunde liefert:

1. Eridu-Stufe: Die bis jetzt als die älteste Phase des von Seßhaften bewohnten Babyloniens nachgewiesene Eridu-Stufe ist in einer langen Schichtfolge in Eridu, im äußersten Süden des Landes, bezeugt. Sie wurde aber auch in Ur, Tell el-'Obēd bei Ur, bei der Qal'a[12] des Ḥağği Moḥammed westlich von Uruk, im südlichen Babylonien, ferner im mittelbabylonischen Nippur und im nordbabylonischen Rās el-'Amjā beobachtet[13]. Die Ke-

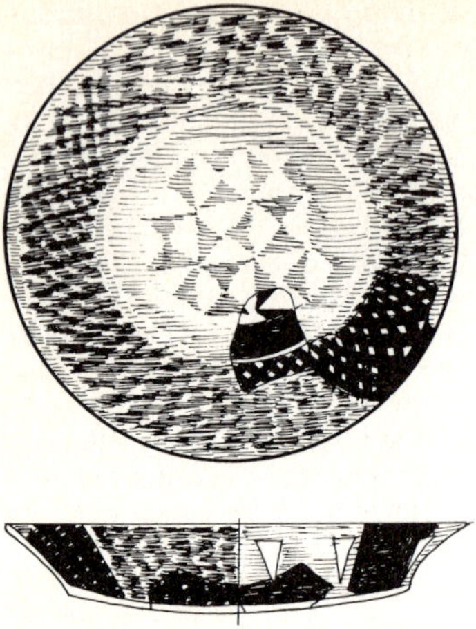

Abb. 4: Tonschale der Eridu-Stufe

ramik ist auf der langsam drehenden Scheibe gearbeitet und vorwiegend einfarbig, gelegentlich auf weißem Farbgrund, mit geometrischen Mustern in einer Wasserfarbentechnik bemalt. Naturalistische Darstellungen sind selten. Die Farben schwanken je nach dem Brand erheblich; besonders häufig sind dunkelviolette und grünliche Töne. Die Leitform ist eine große Trichterrandschale mit dichter Innenbemalung. Tüllen sind selten, Henkel fehlen.

2. 'Obed-Stufe: Wiederum in Eridu, wo sie eine lange Zeit neben der Eridu-Ware einhergeht, aber auch in Ur und Uruk ist die

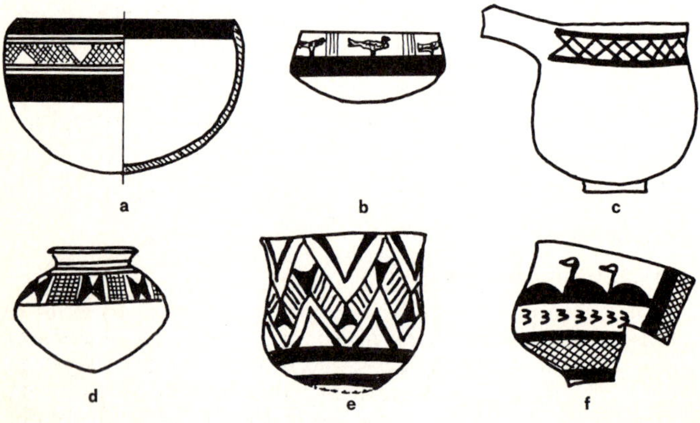

Abb. 5: Tongefäße der 'Obēd-Stufe

zweite Phase der urgeschichtlichen Entwicklung Babyloniens in einer langen Folge von Schichten beobachtet worden. Sie war aber vom Süden an bis in das Gebiet der unteren Dijāla nordöstlich vom heutigen Baghdad verbreitet[14]. Bezeichnend ist für sie eine Tonware mit schwarzbrauner Bemalung auf meist grünlichem hochgebranntem Ton. Die Muster sind wie bei der Eridu-Ware überwiegend geometrisch; nur vereinzelt finden sich naturalistische Darstellungen, am häufigsten in Girsu und im nordbabylonischen Tell 'Uqēr. Im Laufe der Entwicklung wurden die Muster immer motivärmer und deren Ausführung immer unsorgfältiger, so daß man einen echten Verfall der Buntkeramik beobachten kann. Die Gefäßformen sind dagegen vielfältiger als vorher. Tüllengefäße sind zahlreich, Henkel dagegen noch selten. Obwohl sich ein Übergang von der Eridu- zur 'Obēd-Ware feststellen läßt, dürfte die neue Stufe doch auf besondere Impulse zurückgehen. Ihr Ausgangspunkt ist aber noch nicht auszumachen.

3. Uruk-Stufe: In dieser Entwicklungsstufe, die vor allem in Uruk beobachtet worden ist, die aber in ganz Babylonien verbreitet war und, wie wir sehen werden, weit darüber hinaus reichte, zeigt sich erstmals die Abkehr von der Buntkeramik,

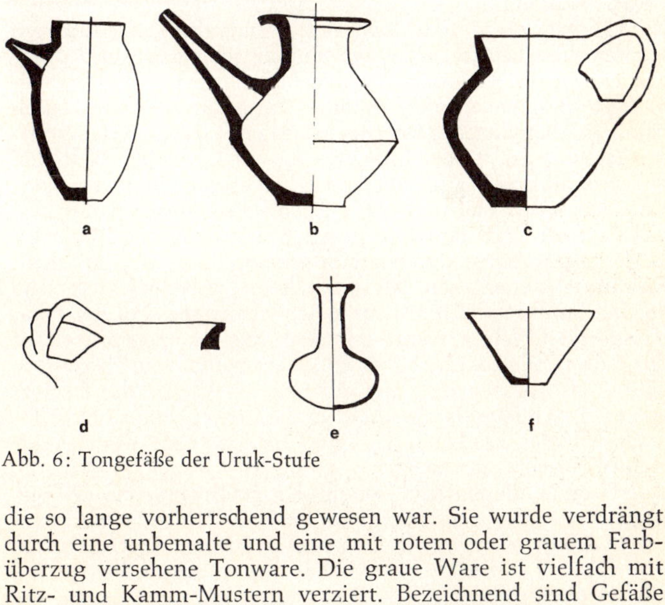

Abb. 6: Tongefäße der Uruk-Stufe

die so lange vorherrschend gewesen war. Sie wurde verdrängt durch eine unbemalte und eine mit rotem oder grauem Farbüberzug versehene Tonware. Die graue Ware ist vielfach mit Ritz- und Kamm-Mustern verziert. Bezeichnend sind Gefäße mit gedrehten Henkeln und Kannen mit Tüllen, die nach unten gebogen sind. Die Keramik ist schon überwiegend auf der schnell drehenden Töpferscheibe gearbeitet. Auch die Tonware der Uruk-Stufe erscheint schon in einer Zeit, in der noch die ʻObēd-Ware überwog, bis schließlich die bemalte Ware verdrängt wurde.

Die drei urgeschichtlichen Phasen Babyloniens haben eine lange Zeit ausgefüllt. In Uruk, wo in einer Tiefgrabung nur die späten ʻobēdzeitlichen Schichten erreicht worden sind, haben sich bis zum Ende der urgeschichtlichen Epoche Schichten in einer Mächtigkeit von 16 m angehäuft. Eine ähnliche Aufhöhung des Geländes ist auch in Eridu beobachtet. Dabei ist allerdings zu berücksichtigen, daß man damals sehr bemüht war, die Siedlungen rasch in die Höhe wachsen zu lassen, um sie aus der durch Überschwemmungen gefährdeten Zone zu bringen. Für die tiefste Schicht in Uruk liegt ein C^{14}-Datum vor: 4115 ± 160 Jahre v. Chr. Für alle drei urgeschichtlichen Abschnitte Babyloniens wird man daher in Verbindung mit den Daten für die Tell Ḥalaf-Stufe etwa 5000—3100 v. Chr. ansetzen dürfen.

Die urgeschichtlichen Siedlungen Babyloniens zeigen uns dörfliche Gemeinschaften, die von Ackerbau, Gartenkultur, Viehzucht, Fischfang und Jagd lebten. Als Haustiere waren bekannt Rind, Schaf, Ziege und Hund, sicher auch der Esel. Angebaut wurden dieselben Getreidearten und die sonstigen Kulturpflanzen wie in den Gebieten des Regenfeldbaus, nur daß der Ölbaum in Babylonien nicht gedeiht. Dazu kam noch die Dattelpalme. Die babylonische Überlieferung nennt als deren Herkunftsort Tilmun, das ist die Insel Baḥrain im Persischen Golf und das benachbarte Festland. Diese Überlieferung mag eine alte Kunde bewahrt haben. Denn auch die Erinnerung daran, daß das Getreide nach Babylonien aus den benachbarten Gebirgsländern gekommen ist, hat sich erstaunlicherweise gehalten: In einem sumerischen Mythos, dessen Abschrift aus dem 18. Jahrhundert v. Chr. stammt, wird berichtet, daß der Himmelsgott An Weizen, Gerste und Hanf vom Himmelsinneren auf die Erde herabgebracht habe. Enlil, der sumerische Reichsgott, häufte das alles im Bergland auf und »versperrte das Gebirge wie mit einer Tür«. Da beschlossen die Götter Ninazu und Ninmada, »Sumer, das Land, das kein Getreide kennt, das Getreide kennen lernen zu lassen«[15].

Das Wagnis, die zunächst nur in den gebirgigen und gebirgsnahen Teilen des ›Fruchtbaren Halbmonds‹ beheimateten Pflanzen in das ganz andere Klima der Alluvialebene zu verpflanzen und dort auf künstlich bewässertem Boden anzubauen, gelang mit erstaunlichem Erfolg. Die Gerste, die im Gebiet des ›Fruchtbaren Halbmonds‹ zunächst nur in der zweizeiligen

Form angebaut worden war, mutierte unter den völlig veränderten Gegebenheiten des Tieflandes zur sechszeiligen Form, und diese hat dann einen Siegeszug durch die ganze Alte Welt angetreten. Auch bei Leinsamen zeigt sich eine beträchtliche Vergrößerung der Samen im Bereich der Bewässerungswirtschaft, die eine entsprechende Steigerung des Ertrags an Leinöl und wohl auch an Fasern mit sich brachte[16].

Die Wohnhäuser, aus Stampflehm oder ungebrannten Ziegeln errichtet, gewannen nach primitiven Anfängen schon in der 'Obēd-Stufe größere Regelmäßigkeit. Vielfach dienten schilfgedeckte Hütten in einer Hürde, wie sie noch heute im südlichen Iraq, vor allem in den Sumpfgebieten, anzutreffen sind, als Wohnstätten. Wesentlich rascher vollzog sich die Entwicklung der Kultbauten, die in Eridu mit kleinen einräumigen Bauten beginnen, in der 'Obēd-Zeit mit einem Bautyp erscheinen, der sich bis an das Ende der frühgeschichtlichen Zeit gehalten hat. Auf einer künstlichen Terrasse steht ein langrechteckiger Bau (bis 24 × 12,5 m), bei dem zwei Seitentrakte einen Mittelraum mit Altar und Postament flankieren. Darin können wir die Vorstufe des ›Tempel-Turms‹, der Ziqqurrat, der für Babylonien bezeichnendsten Form des Sakralbaus über-

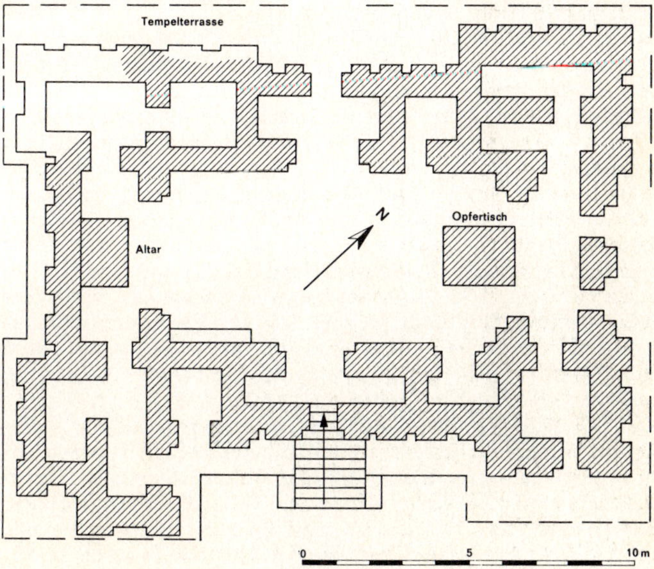

Abb. 7: Tempel in Eridu Schicht VII

haupt, erkennen. Spätester Nachfolger ist der gewaltige Stufenturm Nebukadnezars in Babylon (605–562). Da die Tempelanlagen in Eridu an der Stelle stehen, an der sich die aus der Zeit der III. Dynastie von Ur (um 2050 v. Chr.) stammende Ziqqurrat des Enki, des sumerischen Gottes der Weisheit, erhebt, wird eine von der Frühzeit an durchgehende Kulttradition sichtbar.
Das Inventar der urgeschichtlichen Dörfer Babyloniens enthält alle die Geräte, die dem damaligen Stand entsprechen. Außer der Keramik, die in zunehmendem Maße Gebrauchsware wurde, sind vertreten Feuerstein- und Obsidianklingen, Sägen aus denselben Materialien, Tonsicheln, gekrümmte Tonnägel, deren praktische Verwendung noch nicht deutlich ist. Vieles sonstige ist, da aus vergänglichem Material erstellt wie Holz, Leder und Fasern, verlorengegangen. Wichtig ist, daß man damals keineswegs ausschließlich auf einheimische Rohstoffe angewiesen war. Feuerstein kommt aus der Arabischen Tafel, Obsidian aus Mesopotamien; Asphalt, unentbehrlich zum Fassen von Geräten und vor allem im Schiffbau, mußte vom mittleren Euphrat bei Hīt[17] oder aus der Gegend der heutigen Ölfelder von Kirkūk und Mōṣul besorgt werden. Metall fehlt zwar in den babylonischen Ruinen der 'Obēd-Zeit; da es aber schon in der Tell Ḥalaf-Stufe bekannt war, war es gewiß auch in Babylonien von frühester Zeit an gebraucht. Das Modell eines Segelbootes aus Ton in einem Grab der ausgehenden 'Obēd-Zeit[18] läßt annehmen, daß damals schon die Randgebiete des Persischen Golfes erschlossen waren. Babylonien war somit in einen recht beträchtlichen Güteraustausch einbezogen. Worin die Gegenleistungen bestanden haben, ist deshalb noch fraglich, weil diese, wenn nicht ausschließlich, so doch überwiegend, sich aus verderblichen Gütern zusammensetzten. Von den landwirtschaftlichen Erzeugnissen kommen Getreide, wobei sich vor allem die sechszeilige Gerste als wertvolles Tauschobjekt anbieten mußte, und Datteln in Betracht. Vielleicht sind aber auch schon damals wie in der geschichtlichen Zeit Stoffe geliefert worden. Denn auch für Babylonien wird der Satz gelten, daß eine reine Bauernwirtschaft ohne Exportgewerbe und Außenhandel nur begrenzt eine stetig wachsende Bevölkerung aufnehmen kann.
Von den religiösen Anschauungen der frühen Bewohner Babyloniens zeugen die bedeutenden Tempel, die der Hauptgottheit in Eridu errichtet worden sind. Die vorzugsweise aus Fischen bestehenden Opfer weisen ebenso wie die Lage der Tempel unter der späteren Ziqqurrat des Gottes Enki auf eine durchgehende Tradition bis in die geschichtliche Zeit; denn Enki wird in späteren Kunstwerken dadurch gekennzeichnet, daß von seinen Schultern Wasserstrahlen ausgehen, in denen Fische schwimmen.

Abb. 8: Männliche und weibliche Terrakotte der Obēd-Stufe

Aufschlußreich sind auch die Tonfiguren, die in allen ʿobēdzeitlichen Siedlungen vorkommen. Eine in Uruk entdeckte Tonfigur einer knienden Frau in Gebärstellung gehört noch der Eridu-Stufe an und zeigt eine gewisse Verwandtschaft mit den hockenden Frauenfiguren der Tell Ḥalaf-Zeit[19]. Die Tonfiguren der ʿObēd-Stufe geben durchweg stehende weibliche und männliche Wesen wieder. Die Köpfe sind nach hinten zu einer langen Spitze ausgezogen. Durch schräg aufgesetzte Augen erhalten die Gesichter einen reptilartigen Ausdruck. Bei den männlichen Figuren sind die Arme meist wie Flügel gestaltet. Unter den Tierfiguren sind wie schon in der Tell Ḥalaf-Stufe am häufigsten die von den Rindern, es kommen aber auch solche von wilden Tieren vor. Gelegentlich hat man Terrakotten den Toten ins Grab mitgegeben.

Beigaben in Gräbern, hauptsächlich Tongefäße, bezeugen den Glauben an ein Weiterleben nach dem Tod, ohne uns natürlich Näheres über die Art dieses Glaubens zu sagen. Eine deutlichere Sprache spricht, daß man einem Toten quer über die Brust einen Jagdhund gelegt und auch dem Hund einen Teller mit einem Fleischstück mitgegeben hat[20]. Auch das oben erwähnte Tonmodell eines Segelbootes in einem Grab weist darauf hin, daß man geglaubt habe, man könne mit magischen Mitteln dazu kommen, den irdischen Beruf in der anderen Welt weiter auszuüben. Von dieser Vorstellung mag eine Brücke zu dem in der frühdynastischen Zeit vereinzelt bezeugten Brauch führen, hervorragenden Toten ihr Gesinde mit ins Grab zu geben (s. S. 70 ff.). Sie unterscheidet sich aber wesentlich dadurch, daß der Tote in der ʿObēd-Zeit im Jenseits seine irdische Tätigkeit offensichtlich nicht im Dienste einer übergeordneten Person fortsetzen sollte.

Über die anthropologischen Gegebenheiten in der urgeschichtlichen Zeit Babyloniens wissen wir noch wenig. Skelette aus einem Friedhof der späten ʿObēd-Zeit in Eridu, in dem die Toten in Kistengräbern aus Lehmziegeln ausgestreckt auf dem Rücken liegend beigesetzt waren, zeigen eine überraschende Körpergröße, während Skelette aus der frühdynastischen Zeit durchweg von einer kleinwüchsigen Bevölkerung zeugen[21]. Ebenso wie die älteren Skelette aus Tell Ḥassūna bei Mōṣul und die aus Tepe Gaura der frühesten Tell Ḥalaf-Stufe werden sie der mediterranen Rasse zugeschrieben[22], der damit die Schaffung der frühesten Kultur Babyloniens und wohl überhaupt der dörflichen Kultur im Vorderen Orient zu danken sein wird.

Über die ethnische Zusammensetzung der urgeschichtlichen Bewohner des Landes können wir keine Aussagen machen. Nur im Rückschluß aus den Gegebenheiten der frühgeschichtlichen Zeit, in der mit genügender Sicherheit die Sumerer als die tragende Schicht dieser Epoche erwiesen sind, können wir folgern, daß diese mindestens einige Zeit vorher, also spätestens in der Uruk-Stufe, ins Land gekommen sein müssen, ohne daß aber der in der Keramik sichtbare Bruch, das Aufhören der bemalten Tonware, mit ihrer Ankunft verknüpft werden dürfte. Die Möglichkeit, daß die Sumerer schon einen Teil der frühesten Siedler gestellt haben, ist aber nicht auszuschließen.

Sieht man auf den Kulturbesitz der urgeschichtlichen Bewohner Babyloniens, so zeigen sich deutliche Verbindungslinien nach dem Osten und Südosten, nach der Susiana, wo in Tell Ǧōwi und Ǧa'farābād mit der Eriduware identische Stücke gefunden worden sind, aber auch nach der iranischen Hochebene, speziell nach Fārs. Andererseits sind auch Beziehungen zur Tell Ḥalaf-Stufe in Mesopotamien unverkennbar[23]. So gewinnt man den Eindruck, daß das babylonische Alluvialland von Ackerbauern aus dem Osten und Norden besiedelt worden ist. Man wird dann weiter annehmen dürfen, daß der rasche Bevölkerungsanstieg in den Gebieten, in denen Regenfeldbau betrieben werden konnte, Teile der Bevölkerung dazu gezwungen hat, sich neues Ackerland zu erschließen.

Während der Zeit, in der Babylonien die drei Stufen seiner urgeschichtlichen Entwicklung überschritt, vollzogen sich sowohl in den östlichen als auch in den nördlichen und nordwestlichen Nachbargebieten Veränderungen, die merkwürdig eng mit dem in Babylonien zu beobachtenden Geschehen zusammengehen. Nach der Blütezeit der Tell Ḥalaf-Keramik zeigt sich in deren weitem Verbreitungsgebiet ein deutlicher Verfall der Gefäßbemalung, und anschließend wird überall der Bruch sichtbar, der im Süden mit dem Aufkommen der unbemalten und engobierten Uruk-Ware gegeben ist. Die Gleichläufigkeit der Entwicklung ist so ausgeprägt, daß man auch in den Nachbargebieten Babyloniens mit Recht von einer 'Obēd- und Uruk-Stufe sprechen kann, auch wenn keine völlige Identität des gesamten Kulturgutes in diesem weiten Raum erreicht worden ist[24].
So deutlich sich auch diese großräumigen Entwicklungen im Fundmaterial abzeichnen, so schwierig ist es, die Geschehnisse zu deuten. Sicher ist zunächst nur, daß damals enge Beziehungen zwischen den einzelnen Gebieten des Vorderen Orients bestanden haben, die besonders durch den wechselseitigen Güteraustausch gefördert wurden. Aber genügt das, um das so enge Zusammengehen völlig zu erklären? Auf alle Fälle warnt uns das, was wir über die frühgeschichtliche Zeit und die späteren Abschnitte wissen, wo wir es nur mit ethnischen Einheiten, die auf begrenztem Raum siedelten, zu tun haben, mit wiederholten gewaltigen Völkerwanderungen zu rechnen. Sie könnten zu-

dem nicht aus den Räumen kommen, in denen der Übergang zur dörflichen Kultur noch nicht vollzogen war, da dort die Bevölkerungsdichte noch auf dem niedrigen Stand zur Zeit des Jäger- und Sammlerdaseins oder dem der Hirtennomaden verblieben sein muß. Gerade umgekehrt muß das Kernland der dörflichen Kultur, der ›Fruchtbare Halbmond‹, mit seiner rasch zunehmenden Bevölkerung zur Expansion gezwungen gewesen sein. Die Besiedlung Babyloniens ist das klarste Beispiel. Aber auch in Anatolien und im Iran wurden immer weitere Gebiete von Bauern besiedelt. Selbst in klimatisch so benachteiligten Gebieten wie dem nördlichen Negev in Palästina entstanden damals Siedlungen.
Umstritten ist zur Zeit noch, wie weit die dörflichen Kulturen des Vorderen Orients über ihren Bereich hinaus gewirkt haben, vor allem, ob sie an der Entwicklung der neolithischen Dorfkulturen in Europa maßgebend beteiligt waren oder ob diese eine bodenständige Schöpfung im Gebiet der mittleren und unteren Donau waren.

DIE FRÜHGESCHICHTLICHE ZEIT BABYLONIENS

Im Laufe der langen Urgeschichte Babyloniens hat sich dort eine Entwicklung angebahnt, deren Ausgangspunkte und Triebkräfte uns im archäologischen Denkmälerbestand noch nicht faßbar sind, deren Ergebnis aber als etwas ganz Neues vor unsere Augen tritt: die städtische Kultur der Sumerer. Ihre Kennzeichen sind die sakrale Großarchitektur, hohe Leistungen in Plastik und Glyptik und schließlich die früheste Schrift. Dabei wuchs die neue Epoche ohne sichtbaren Bruch aus dem letzten Abschnitt der urgeschichtlichen Zeit, der ausgehenden Uruk-Stufe, hervor. In den Siedlungen setzten sich die alten Dörfer fort, nur daß eine Anzahl von ihnen sich zu echten Städten entwickelt hatte. Die Tempel folgen dem Grundrißschema, das bis tief in die 'Obēd-Zeit zurückreicht. Die Keramik ist zunächst nur die Weiterbildung der urukzeitlichen Tonware.
In Uruk, wo die früheste Stufe der frühgeschichtlichen Kultur mit allen ihren Ausprägungen am deutlichsten erfaßt werden konnte, fanden sich in Schicht VI in Eanna, dem heiligen Bezirk der Göttin Inanna, der Göttin des Venussternes, des Kampfes und der Liebe, ausgedehnte Lager von Tonstiften, die zu Wandverkleidungen gehörten, wie sie sich nur an bedeutenden Sakralbauten finden. Bis mindestens in diese Bauschicht reicht die Umfassungsmauer dieses großen Heiligtums zurück. Dort kommen auch schon Siegelabrollungen eines Typs vor, der vor allem in Schicht IV b verbreitet war. Der älteste erhaltene Tem-

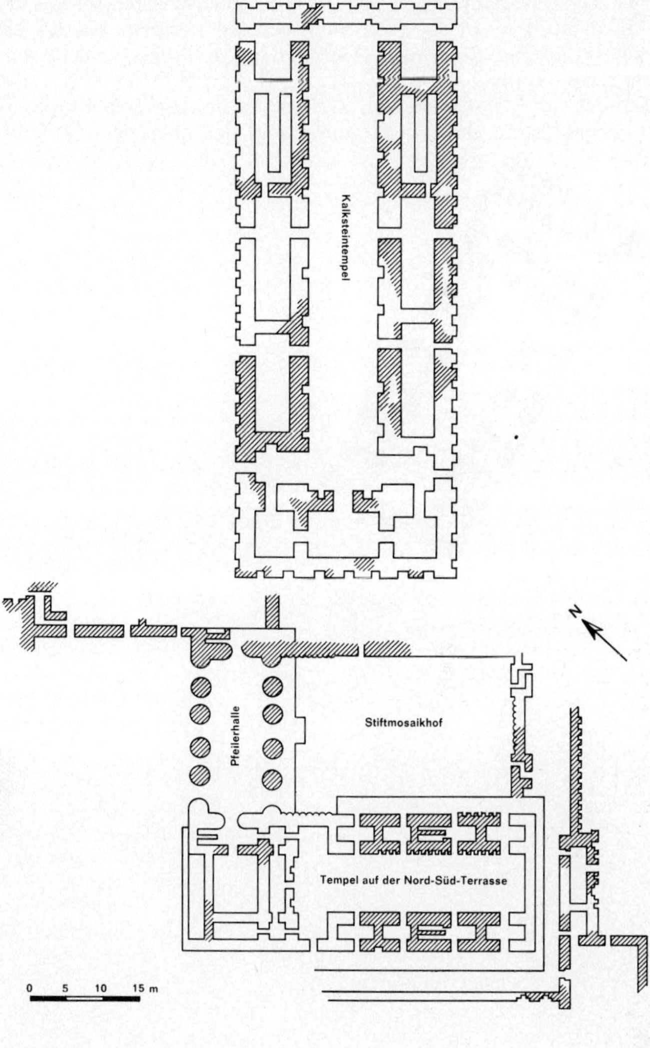

Abb. 9: Tempel in Uruk Schicht V-IV

pel gehört der Schicht V–IV b an. Auf einem Kalksteinsockel, der ihm einen langen Bestand sichern sollte, errichtet, mißt er 75×29 m, ist damit siebenmal so groß wie der letzte Tempel der 'Obēd-Stufe in Eridu. Das Steinmaterial mußte etwa 60 km weit vom Steilabfall der Arabischen Tafel hergebracht werden. Der Tempel folgt im Grundriß dem Schema der Eridu-Tempel mit Mittelraum und zwei Seitentrakten. Neu ist die T-förmige Gestalt des Mittelraumes und der querliegende Kopf-

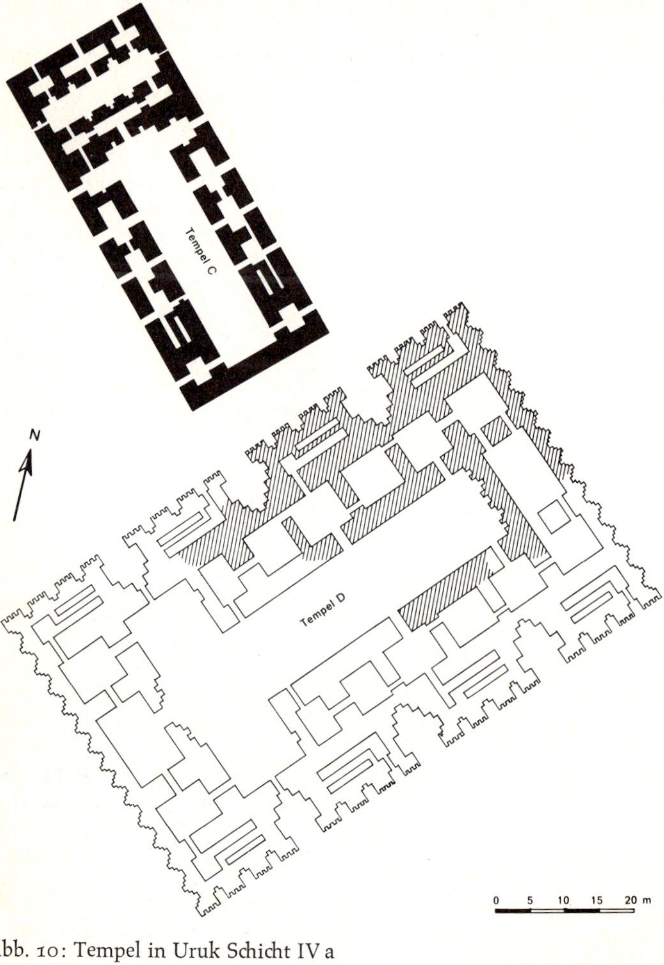

Abb. 10: Tempel in Uruk Schicht IV a

bau mit drei Räumen, von denen der mittlere wohl der Hauptkultraum war. Zu diesem monumentalen Bauwerk, dessen genau durchgeführte symmetrische Planung ein hohes Maß an architektonischem Können bezeugt, gehört ein zweiter, etwas kleinerer Tempel, der senkrecht zum ›Kalksteintempel‹ auf einer niedrigen Terrasse steht. Dazwischengeschaltet ist ein Hof, dessen Wände zum Teil mit einem dreifarbigen Tonstift-Mosaik verziert waren. Von diesem Hof hatte man Zugang zu einer Pfeilerhalle und zu der Terrasse. In der nächstjüngeren Schicht, IV a, stehen wiederum zwei Tempel zusammen, von denen der eine, allerdings stark rekonstruiert, 83×53 m mißt. Der zweite, vollständig erhalten, hat die Maße 55×22 m. Mit einem Eingangsgebäude fügen sie sich zu einem großzügig geplanten Komplex zusammen. Ein weiterer Tempel der Schicht IV ist etwa 300 m nordwestlich des ›Kalksteintempels‹ gefunden worden. Seine Mauern sind auf einem Kalksteinfundament aus reinem Gips in einer Gußtechnik ausgeführt, einer in diesem Land ganz ungewöhnlichen Bauweise. Die Außenwände, der Mittelraum und die Hofmauer sind mit Stein- und Tonstiftmosaik verziert. Welch einen Arbeitsaufwand ein solches Gebäude erforderte, ist leicht zu ermessen.
In Schicht III sind im Bereich der Tempel der Schicht V—IV unter dem späteren Mittelpunkt des Eanna-Heiligtums, der von Urnammu und Šulgi um 2100 v. Chr. errichteten Ziqqurrat, zunächst recht bescheidene Vorstufen einer Ziqqurrat beobachtet, die aber in rascher Entwicklung zu einer großen Anlage heran-

Abb. 11: Rekonstruktion der Anu-Ziqurrat in Uruk

wuchsen. Zu den Terrassen und Tempeln in Eridu analoge Kultanlagen sind in Uruk in einem Gebiet gefunden, in dem in der Spätzeit der sumerische Himmelsgott An, der oberste Gott des babylonischen Pantheons, verehrt wurde. Eine genau entsprechende Anlage wurde in dem nordbabylonischen Tell ʻUqēr aufgedeckt. An den Wänden dieses Tempels waren noch Spuren einer Malerei, Tierfiguren und Reste einer kultischen Prozession erhalten[25].

Aus der Zeit der eben beschriebenen Tempel stammen wichtige Zeugnisse der Siegelschneidekunst. Während in der urgeschichtlichen Zeit in Babylonien ebenso wie in den Nachbargebieten ausschließlich Stempelsiegel gebraucht worden waren, beginnt in Uruk spätestens in Schicht VI das Rollsiegel, das in Babylonien und weit darüber hinaus bis in die Spätzeit die Vorherrschaft behalten sollte. Gegenüber dem Stempelsiegel mit seinem beschränkten Format bot es dem Steinschneider eine wesentlich größere Bildfläche, auf der er auch umfangreiche Themen darstellen konnte. Verwendet wurde das Rollsiegel vor allem dazu, Gefäße mit wertvollem Inhalt, die man mit einer Tonplombe verschlossen hatte, vor unbefugtem Öffnen zu bewahren. Später siegelte man auch beschriftete Tontafeln.
Die Rollsiegel der frühgeschichtlichen Zeit Babyloniens gliedern sich in vier recht unterschiedliche Gruppen. Da deren inhaltliche und stilistische Unterschiede und auch ihr Verbreitungsgebiet einige historisch belangreiche Schlüsse zulassen, muß hier näher darauf eingegangen werden: Die erste Gruppe enthält meist große Siegelrollen, bei denen der Steinschneider bemüht war, plastische Gestalten zu schaffen. Neben Kultszenen vor Tempelfronten und Postamenten, kultischen Bootfahrten erscheinen Kampfdarstellungen, wobei einmal auch eine Wagenszene gezeigt wird; Jagd und Kampf mit wilden Tieren zum Schutze der Herdentiere, dazu Tiere, die miteinander kämpfen; die ›heilige Herde‹ und Tierreihen. Szenen aus dem täglichen Leben sind verhältnismäßig selten. Wichtigste Gestalt ist der Herrscher, der an seiner überragenden Größe und seiner Tracht, dem durch ein Band zusammengehaltenen Haar, Bart und einem von der Hüfte bis zu den Knöcheln reichenden Netzrock, kenntlich ist. Er wird sowohl bei kultischer als auch bei profaner Tätigkeit dargestellt. Siegel dieser Gattung sind in Uruk weitaus in der Mehrzahl, in Nordbabylonien selten und im Dijāla-Gebiet kaum bezeugt. Die nächsthäufige Gruppe in Uruk stellen ›heraldische‹ Kompositionen, in denen vielfach antithetische Gruppen erscheinen. Bezeichnend sind Schlangen oder Mischwesen, deren Hälse sich verschlingen. Zur dritten Gruppe, die besonders im Dijāla-Gebiet, aber auch in Nordbabylonien verbreitet war, in Uruk aber nur mit vereinzelten Stücken erscheint, gehören kleine gedrungene Siegelrollen, die sich schon dem Material nach von den Siegeln der ersten Gruppe unterscheiden. Die Muster, schematisierte Tiere, die vielfach in Striche aufgelöst sind, Fische, Gefäße, zopftragende Gestalten und Gebilde, die wie Spinnen aussehen, sind meist in grober Kugelbohrtechnik ohne hinreichende Überarbeitung ausgeführt. Ein vierter Typ, der ebenfalls vor allem im Dijāla-Gebiet und in Nordbabylonien verbreitet war, der aber wohl erst gegen Ende

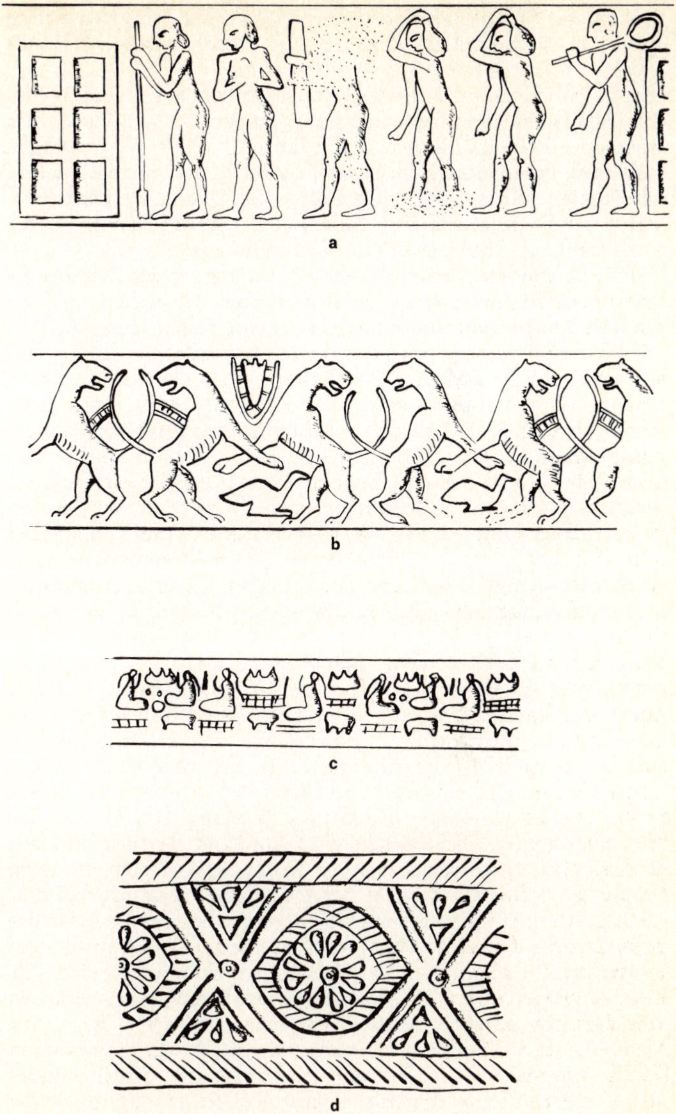

Abb. 12: Frühgeschichtliche Rollsiegel

der frühgeschichtlichen Zeit ausgeprägt worden ist, zeigt tiefgeschnittene abstrakte Ornamente wie Vierblatt und Malteserkreuz.

An die Siegelrolle der ersten Gruppe schließen sich die Werke der Reliefkunst an. Dort begegnet uns wieder der Herrscher, wie er mit Pfeil und Bogen gegen Löwen kämpft, oder als Führer einer Prozession, die einer Priesterin der Göttin Inanna oder dieser selbst Gaben überbringt. Besonders weitverbreitet waren reliefverzierte Steingefäße, auf denen die Künstler ihrer Vorliebe für das hohe Relief nachgeben konnten[26].

Die Reste rundplastischer Werke sind noch gering. Das Bruchstück einer Statuette zeigt anscheinend den Herrscher, wie wir ihn von den Siegeln und den Reliefs kennen. Ein leider äußerst schlecht erhaltener Kopf einer überlebensgroßen weiblichen Figur wird als die früheste Darstellung einer Gottheit in Menschengestalt anzusehen sein, da sich Reste eines Polos' und einer doppelten Hörnerkrone erhalten haben; denn die Hörnerkrone ist in der babylonischen Kunst das Hauptmerkmal von Gottheiten[27]. Weitaus das bedeutendste Werk ist ein Frauenkopf aus Uruk, der noch in dem beschädigten Zustand, in dem er auf uns gekommen ist, einen Eindruck von der hohen und reifen Kunst der frühgeschichtlichen Zeit Babyloniens vermittelt[28]. Hervorragendes haben die Künstler dieser Zeit auch bei kleinen Tierplastiken geleistet, die zum Teil wohl als Amulette gedient haben[29].

Vielleicht die bedeutendste Schöpfung der frühgeschichtlichen Zeit, sicher diejenige, die diese Epoche am stärksten von den urgeschichtlichen Stufen abhebt und die die weitesten Kreise gezogen hat, ist die Schrift. Erste Zeugnisse aus Uruk Schicht IV a stellen offensichtlich die früheste Stufe alles Schreibens in Babylonien dar. Die einzelnen Schriftzeichen wurden mit einem feinen Griffel aus Rohr in den noch feuchten Ton kleiner Tafeln eingedrückt. Die Zeichen sind zum Teil deutlich bildhaft, sie finden Entsprechungen bei den Reliefs und Siegeln der oben erwähnten ersten Gruppe, in bezeichnender Weise nur bei dieser. Die Mehrzahl der Schriftzeichen zeigt aber das Dargestellte oder Gemeinte in bewußten Abkürzungen, wie sie nicht dem Bildvorrat der gleichzeitigen Künstler angehören konnten. Als Beispiel sei genannt, daß als Zeichen für ›Weib‹, ›Frau‹ nur das Schamdreieck gesetzt wurde. Komplizierte Zeichen wie etwa Menschen in bestimmter Haltung, wie sie in der ägyptischen Schrift sehr häufig sind, werden vermieden; die Schrifterfinder waren vielmehr von Anfang an bestrebt, ein im täglichen Gebrauch zu handhabendes Verständigungsmittel zu gewinnen. Die Schrift wurde daher rasch zu einer kursiven Gebrauchsschrift, in der die Zeichen kurz nach dem Ende der früh-

Abb. 13: Tontafeln der Schicht Uruk IVa als Zeugnisse der frühgeschichtlichen Schrift

geschichtlichen Zeit kaum noch etwas von der ursprünglichen Bildhaftigkeit verrieten. Die Zahl der Zeichen war zunächst recht hoch; man kann sie auf etwa 2000 schätzen. In der Zeit bis zur vollen Ausbildung der Schrift gegen Ende der frühdynastischen Zeit wurden davon etwa zwei Drittel ausgeschieden, natürlich nicht ohne daß man den Verlust durch neuentwickelte Möglichkeiten ausgeglichen hätte.

Dem inneren System nach ist die babylonische Schrift eine Wortschrift, das heißt, jedem Zeichen oder jeder Zeichengruppe entspricht ein Wort. Eine ausschließlich auf diesem Prinzip beruhende Schrift muß sich sehr bald nach Mitteln umsehen, die die Ausdrucksmöglichkeiten und die Eindeutigkeit erhöhen. Sie bestehen vor allem in der Verwendung von Wortzeichen für gleichlautende, bedeutungsmäßig aber verschiedene Wörter und in der damit zusammenhängenden Ausbildung von Silbenzeichen. Ein Beispiel dafür bietet der Personenname *en-líl-ti* auf einer Tafel aus Ǧemdet Naṣr in Nordbabylonien, die mit den Urkunden aus Uruk Schicht III b zeitlich gleichzuordnen ist. Dieser Name ist auf Grund jüngerer Entsprechungen als »Gott Enlil [das ist der Hauptgott des mittelbabylonischen Nippur], erhalte am Leben!« zu deuten. Das Zeichen für ›leben, am Leben erhalten‹ ist das Bild eines Pfeiles. Dieses gehört von Haus aus zu sumerischem *ti* ›Pfeil‹, ist aber dann auf das bildhaft nur schwer zu schreibende Homonym *ti(l)* ›leben‹ übertragen worden. Auf dieselbe Weise hat die ägyptische Schrift aus dem Bild des Mistkäfers *(ḫpr)* das Zeichen für ›werden‹ *(ḫpr)* gewonnen, nur daß dabei entsprechend dem ägyptischen Schriftsystem allein das Konsonantengerippe dargestellt wird, der Vokalismus offenbleibt. Der Ansatzpunkt für die Ausbildung von Silbenzeichen ist die Betonung des mit einem Zeichen verbundenen lautlichen Elements, das dann zum Sinnträger gemacht wurde. Die Verbindung von Wort- und Silbenzeichen ist für die Schrift Babyloniens, die sogenannte Keilschrift, bis an ihr Ende im 1. Jahrhundert n. Chr. bezeichnend geblieben. Sie wurde auch dann beibehalten, als andere Völker wie die Akkader, Hurriter und Hethiter die Schrift Babyloniens übernahmen und damit ihre eigenen Sprachen darstellten.

Die ältesten Schriftzeugnisse sind Verwaltungsurkunden, die sich auf die großen Tempelwirtschaften bezogen. Historische Mitteilungen und literarische Kompositionen sind erst später, nicht vor der Mitte der frühdynastischen Zeit, niedergeschrieben worden. Dagegen hat man schon in der frühesten Schriftstufe dafür Sorge getragen, daß die Kunst des Schreibens im Tempel in Schulen an Hand von Wortlisten erlernt werden konnte. Diese Wortlisten, die mit identischem Text auch in Ǧemdet Naṣr in Nordbabylonien gefunden sind, sind noch lange, bis in die Zeit der Dynastie von Akkade (ab 2340 v. Chr.), tradiert worden. Sie stellten somit die Lehrbücher dar, die in ganz Babylonien, später auch in Elam und Assyrien, dem Unterricht zugrunde gelegt wurden.

Welche Sprache steht hinter den Schriftdenkmälern der frühgeschichtlichen Zeit, und wer waren die Schrifterfinder, die dann auch die Schöpfer der frühgeschichtlichen Kulturstufe Babyloniens im ganzen sein müssen? Da Wortzeichen über die lautliche Form der damit bezeichneten Wörter nichts aussagen, können nur die Fälle eine Auskunft geben, in denen Wortzeichen für homonyme Wörter gebraucht sind oder Silbenzeichen vorliegen. Für die Stufe Uruk III b ist durch den oben erwähnten Namen *en-líl-ti* »Enlil, erhalte am Leben!« erwiesen, daß die Sprache Sumerisch ist, denn nur im Sumerischen sind *ti* ›Pfeil‹ und *ti(l)* ›leben‹ homonym. Für die Uruk IV a-Stufe ist bisher leider kein sicherer Fall der Verwendung eines Wortzeichens für ein gleichlautendes Wort anderer Bedeutung oder einer Silbenschreibung aufzufinden. Da aber zwischen Uruk Schicht IV a und III b im sonstigen Denkmalbestand keinerlei Anzeichen für einen Bevölkerungswechsel zu erkennen sind, dürfen die Sumerer als die Erfinder der Schrift und auch als die Schöpfer der frühgeschichtlichen Kultur Babyloniens gelten.

Die vielfach gestellte Frage, woher die Sumerer nach dem iraqischen Alluvialland gekommen sind, wird kaum jemals eine Antwort finden. Denn die Einwanderung muß in urgeschichtlicher Zeit erfolgt sein, urgeschichtliches Fundmaterial läßt aber nur in seltenen Fällen eine Antwort auf Fragen zu, die ihrer Natur nach historisch sind. Das Sumerische zählt zu den agglutinierenden Sprachen, einem Typ, bei dem unveränderliche Wörter nach festen Gesetzen zusammengefügt werden. Zu diesen gehören von den aus dem Alten Orient überlieferten Sprachen das Elamische, Protohattische und das Hurritisch-Urartäische, die aber alle nicht mit dem Sumerischen verwandt sind. Auch mit den sonstigen agglutinierenden Sprachen, dem Finnisch-Ugrischen, dem Mongolischen, den Turksprachen, dem Baskischen und einigen Kaukasussprachen wie dem Georgischen, sind keine näheren Beziehungen festzustellen, so sehr man auch danach gesucht hat. Zwar lassen sich die agglutinierenden Sprachen unschwer danach in Gruppen einteilen, ob sie die grammatischen Bildungselemente vor- oder nachstellen oder beide Möglichkeiten nutzen, aber der sumerische Typ, der Voraus- und Nachstellung kennt, ist im Georgischen und einigen verwandten Sprachen sowie im Baskischen vertreten, also zu weit verbreitet, als daß daraus für unsere Frage sichere Ergebnisse gewonnen werden könnten. So steht das Sumerische isoliert vor uns.

Mit der Feststellung, daß die Sumerer in der frühgeschichtlichen Zeit die kulturell und gewiß auch die politisch führende Schicht in Babylonien gewesen sind, ist aber nicht gesagt, daß sie damals die einzige dort lebende ethnische Gruppe gewesen wären. Wir haben sicher mit der Anwesenheit semitischsprechender Siedler zu rechnen, denen wir einige sehr alte Lehnwörter im Sumerischen zuschreiben können (s. S. 66). Leider ist der Versuch, weitere sprachliche Schichten im Sumerischen auszusondern, äußerst schwierig, ja nicht einmal die Tatsache, daß zahlreiche Ortsnamen Babyloniens nicht mit sumerischem Sprachmaterial zu deuten sind und überhaupt einen nichtsumerischen Eindruck machen, läßt zur Zeit sichere Schlüsse zu (s. S. 70).
Deutlich ist dagegen, daß das Sumerische nicht über die Grenzen des eigentlichen Babylonien hinaus verbreitet war. Im benachbarten Elam ist die sumerische Schrift nicht aufgenommen worden, die Kenntnis dieser Leistung hat dort vielmehr dazu geführt, daß man gegen Ende der frühgeschichtlichen Zeit Babyloniens eine eigene Schrift ausbildete, die sogenannte ›protoelamische Schrift‹. Daß der assyrische Raum bis zur Zeit der Dynastie von Akkade (von 2340 v. Chr. an) schriftlos geblieben ist, beweist, daß dieses Gebiet nach seiner ethnischen, wirtschaftlichen und wohl auch politischen Struktur wesentlich vom sumerischen Süden abwich. Die Unterschiede in der frühgeschichtlichen Glyptik und die Verbreitung der einzelnen Siegelgruppen belehren uns weiterhin, daß schon das Dijāla-Gebiet nicht vollen Anteil an der sumerischen Kultur genommen hat. Der im Osten und Norden unmittelbar an Babylonien angrenzende Raum war also damals, wie zum Teil noch in der geschichtlichen Zeit, von Völkern bewohnt, die nur relativ kleine Bezirke ausfüllten. Ähnlich wird es sich auch in der urgeschichtlichen Zeit verhalten haben, auch wenn damals anscheinend großräumige Kulturprovinzen bestanden haben.
Die Geschichte der Sumerer als Volk war offensichtlich dadurch bestimmt, daß sie sich nicht durch Zuwanderer des eigenen Volkes oder verwandter ethnischer Gruppen verstärken und ergänzen konnten. Sie waren darin den semitischsprechenden Bewohnern der westlichen und nordwestlichen Steppengebiete unterlegen, die sich in dauerndem Nachschub ergänzten. So mußten die Sumerer als Volk in einer neuen Gemeinschaft, in der die semitischsprechende Schicht das Übergewicht hatte, aufgehen, ihre Sprache als gesprochene Volkssprache aussterben. Das ist etwa um 1900 v. Chr. eingetreten. Die Leistung der zahlenmäßig schwachen Schicht, die die Kultur Babyloniens bis in die Spätzeit entscheidend prägte und den ganzen Vorderen Orient in ihren Bannkreis zog, tritt dadurch nur um so leuchtender hervor.

Die Zeit der frühgeschichtlichen Kultur war eine Epoche hoher Blüte in Babylonien. Die Zentren waren Städte, die sich zum Teil durch das Zusammenwachsen mehrerer Siedlungen gebildet hatten. Wie viele Städte damals bestanden, ist schwer auszumachen. Wahrscheinlich waren aber alle Orte, die in der nächstfolgenden Geschichtsepoche eine wichtige Rolle spielten, schon in der frühgeschichtlichen Zeit dem dörflichen Status entwachsen. Das wären, von Süden nach Norden aufgereiht, Eridu, Ur, Uruk, Badtibira, Lagaš (heute al-Hibā), Ninâ (heute Surġul), Girsu (heute Tellō), Umma (heute Ǧōḫa), Nippur und die nordbabylonischen Zentren Kiš, Sippar und Akšak. Der Schwerpunkt lag deutlich im Süden, wo Uruk den höchsten Rang einnahm. Bezeichnend ist noch, daß die Städte damals offen waren, während doch schon aus dem frühen Neolithikum ummauerte Siedlungen bekannt sind. Daraus kann man entnehmen, daß die politischen Verhältnisse der frühgeschichtlichen Epoche in Babylonien verhältnismäßig stabil waren.
Die Basis des Lebens stellte der Getreidebau auf Grund eines schon entwickelten Bewässerungssystems und die Zucht von Rindern und Kleinvieh dar. Auf einer Kultvase aus Uruk ist das im Bilde festgehalten: Über einer Wellenlinie, die das Wasser bezeichnet, wachsen Getreidearten, und in der nächsten Reihe schreiten Schafe hintereinander[30]. Die Themen der Siegel und der reliefierten Steingefäße sind weitere Zeugnisse dafür, wie sehr das Bauerntum im Mittelpunkt stand. Für die Arbeit auf dem Felde standen vielfältige Geräte, Lastwagen, Schlitten und vor allem der Pflug zur Verfügung. Die bildlichen Darstellungen, noch mehr die Schrift, die zum Beispiel von dem Grundzeichen ›Schaf‹ 31 weitere Zeichen für verschiedene Kleinvieharten abgeleitet hat, zeigen die Zuchterfolge der Hirten. Das Schwein war noch nicht wie in späterer Zeit tabuisiert.
In den Städten sorgte eine große Anzahl von Handwerkern für die Herstellung der erforderlichen Güter. Besonders zahlreich waren offensichtlich die Steinarbeiter, die die Blöcke für die großen Sakralbauten, die Steinstifte für die Mosaikwände und die vielen Steingefäße zu schaffen hatten. Auch die Metallarbeiter verfügten über hohe handwerkliche und künstlerische Fähigkeiten, die sich in formschönen Gefäßen und eindrucksvollen Tierfiguren bekunden. Für die immer wieder zu erneuernden großen Kultanlagen mußte dauernd eine hohe Zahl von Arbeitern die Ziegel und die Tonstifte für die Mosaiken schaffen. Den Handwerkern stand, wie uns die Funde zeigen, reiches Material an eingeführten Rohstoffen zur Verfügung. Da wir die Herkunftsorte der importierten Materialien dort suchen dürfen, woher sie in geschichtlicher Zeit kamen — Gold aus Meluḫḫa, dem westlichen Indusgebiet, Lapislazuli aus Badaḫšān

in Afghanistan, Steine für die Gefäße aus den östlichen iranischen Randgebirgen, Silber wohl aus dem ›Silbergebirge‹ im kilikischen Taurus, Kupfer aus Magan, dem Küstengebiet beiderseits des Indischen Ozeans, wertvolle Bauhölzer aus den östlichen Gebirgen, die damals gewiß noch nicht in dem Maße verkarstet waren wie in späterer geschichtlicher Zeit –, werden die weiten wirtschaftlichen Verflechtungen des frühgeschichtlichen Babylonien sichtbar. Anscheinend war der Handel vorzugsweise nach Osten und Südosten ausgerichtet, was zum Teil nur durch Ausnutzung der Monsunwinde für die weiten Schiffstransporte möglich war. Vielleicht als Zeugnis für den Versuch, die Handelswege im zentralen Mesopotamien zu kontrollieren, ist die frühgeschichtliche Station in Tell Brāk am Ǧaǧǧaġa, einem Nebenfluß des Ḫābūr, zu deuten, wo echtsumerisches Kulturgut in einer andersgearteten Umgebung erscheint.

Die Mittelpunkte des wirtschaftlichen Lebens waren in der frühgeschichtlichen Zeit die Tempel des Landes, auch wenn sicher nur wenige Kultzentren die Bedeutung des Eanna-Heiligtums in Uruk, das nach vorsichtiger Schätzung eine Fläche von 9 ha bedeckte, erreicht haben werden. Aus den Bedürfnissen der Tempel war die frühe Schrift erwachsen, die dazu dienen sollte, die großen, kaum noch zu überblickenden Wirtschaftsbetriebe fest in der Hand zu behalten. Daß die ältesten Tontafeln ausschließlich im Bereich der Tempelanlagen gefunden wurden, beweist zusammen mit der Tatsache, daß die Urkunden durchweg wirtschaftliche Transaktionen aufzeichnen, daß die Schrift nur für die Tempelwirtschaft bestimmt war. Für Gebiete mit anderer Wirtschaftsstruktur war sie, wenn nicht unbrauchbar, so doch unnötig. Auf den Siegelbildern und den Reliefs sehen wir immer wieder Herden, die durch Symbolzeichen als Eigentum der Götter und damit ihrer Tempel ausgewiesen sind. In diesem Zusammenhang ist weiter wichtig, daß im Eanna-Bezirk in Uruk Anlagen bestanden, die die Arbeitsstätten von Töpfern, Steinarbeitern und Metallgießern darstellten. Mit der Menge der handwerklichen Erzeugnisse und ihrer Qualität zeigt uns das Fundmaterial, daß schon damals ein hoher Grad von Spezialisierung, eine weitgehende Arbeitsteilung erreicht war, bei der, wie es das Kennzeichen der städtischen Kultur ist, ein beträchtlicher Teil der Bevölkerung von der Nahrungsmittelerzeugung freigestellt war. Dieser hatte den eigenen Bedarf zu befriedigen, aber auch die Güter zu erstellen, die die umfangreichen Importe aus dem Ausland aufwiegen konnten.

An der Spitze der Tempelwirtschaft stand der Herrscher, der ›Mann im Netzrock‹ in den Werken der bildenden Kunst. Welchen Titel er damals trug, ist ungewiß. Wahrscheinlich hieß er *ēn*, was wir nur unzulänglich mit ›Herr‹ wiedergeben können;

denn dabei kommt nicht zum Ausdruck, daß das Wort den Rang eines obersten Priesters oder einer Priesterin mitbezeichnet. Aber gerade die Verbindung von priesterlicher und profaner Tätigkeit, wobei diese Scheidung wohl nur aus unserem Blickwinkel berechtigt ist, ist das, was uns die Bildüberlieferung über den ›Mann im Netzrock‹ aussagt. Nur einmal begegnet auf einer Urkunde der Schicht III b das in geschichtlicher Zeit für ›König‹ gebräuchliche Wort *lugal,* das wörtlich ›großer Mann‹ heißt. Als der ›gute Hirte‹, dies ein Titel, den die späteren Könige Babyloniens häufig trugen, erscheint der ›Mann im Netzrock‹ auf einem Rollsiegel, auf dem zwei hochspringende Mähnenschafe von den Blättern zweier Zweige fressen. Daß diese Szene religiösen Gehalt hat, beweisen die Symbolzeichen der Göttin Inanna, das sogenannte Schilfringbündel, die die symmetrische Gruppe einfassen.

Nach allem, was uns das frühgeschichtliche Material, die archäologischen Funde wie die Schriftdenkmäler, zeigt, dürfen wir die Organisationsform der ›sumerischen Tempelstadt‹, die in unseren schriftlichen Quellen erst gegen Ende der frühdynastischen Zeit deutlich faßbar wird, in die frühgeschichtliche Epoche zurückführen[31]. In diesem System ist der Leiter der Tempelwirtschaft der irdische Vertreter der Gottheit. Er sorgt für die Errichtung und Instandhaltung der Tempel, für die Durchführung aller Kultfeiern. Ihm oblag die Planung der Bewässerungseinrichtungen, die die Bestellung der Tempelländereien erst ermöglichten, und die Lenkung der vielfältigen Tätigkeit der Tempelangehörigen. Dazu hatte er noch seinen Bereich nach außen zu verteidigen. Näheres dazu ist im Zusammenhang der frühdynastischen Zeit auszuführen (s. S. 73 ff.).

Wie groß in der frühgeschichtlichen Zeit die politischen Einheiten waren, die sich auf der Grundlage der einzelnen Tempelwirtschaften ausgebildet hatten, verraten uns die recht spröden Quellen noch nicht. Daß die Schrift schon in der frühesten Stufe, Uruk IV a, im nordbabylonischen Kiš bezeugt ist, daß sie in Schicht III im ganzen Land geläufiges Verständigungsmittel im Dienste der Tempelwirtschaften war, daß auch die Wortlisten, nach denen man die Schrift erlernte, in Babylonien einheitlich waren, spricht zwar für einen engen Zusammenhalt der verschiedenen Landesteile, erweist aber nicht, daß ein einziger Ort die Herrschaft über Babylonien ausgeübt habe. In der historischen Erinnerung der späten Babylonier war anscheinend von der so entscheidenden Phase der frühgeschichtlichen Zeit keine direkte und zuverlässige Kunde erhalten. Die sumerische Königsliste weist der Zeit vom Anbeginn, »als das Königtum vom Himmel herabkam«, bis zur »Sintflut« fünf Dynastien zu. Diese verteilen sich auf die Städte Eridu, Badtibira, Larak, eine noch

nicht wiedergefundene Stadt in Mittelbabylonien, Sippar in Nordbabylonien und schließlich Šuruppak, das heutige Fāra, in Mittelbabylonien. Der letzte Herrscher mußte Ziusudra aus Šuruppak sein, der Held des sumerischen Sintflutberichtes. Denn die Überlieferung über die ›Zeit vor der Sintflut‹ ist der sumerischen Königsliste vor allem aus dem sumerischen Sintflutmythos zugewachsen, der genau dieselben fünf Städte als die Zentren der Urzeit aufführt. Dabei ist aber von Belang, daß die Grabungen in Šuruppak keine Anzeichen dafür erbracht haben, daß dort eine auch nur entfernt mit Uruk vergleichbare frühgeschichtliche Siedlung bestanden habe, während die ausgedehnten Ruinen von Badtibira eine bedeutende Stadt dieser Zeit verbergen können. Uruk und auch Lagaš sind in der Liste nicht erwähnt, obwohl beide Städte ein gutes Anrecht gehabt hätten, genannt zu werden. Uruk erscheint erst als zweite Dynastie der ›Zeit nach der Sintflut‹ hinter einer Dynastie von Kiš, deren Herrscher überwiegend akkadische Namen tragen und darin den Unterschied zwischen dem sumerischen Süden und dem damals schon stark akkadisierten Nordbabylonien bezeugen. Beide Dynastien, die nachweislich gleichzeitig nebeneinander bestanden haben, gehören aber schon der frühdynastischen Zeit an.
Vielleicht hat sich in der religiösen Überlieferung der Sumerer eine getreuere Erinnerung an die Frühzeit erhalten, als sie uns in der Königsliste geboten wird. Daß sich in Eridu, sicher auch an anderen Orten, die Kulturtradition von der ʿObēd-Stufe bis in die geschichtliche Zeit ungebrochen fortsetzte, war schon zu erwähnen. Damit ist zwar nicht gesagt, daß dort stets dieselben Gottheiten mit denselben Namen verehrt worden seien, noch weniger, daß sich die Vorstellungen von den Göttern im Laufe der langen Entwicklung nicht wesentlich verändert hätten. Für die frühgeschichtliche Zeit gilt allgemein, daß die göttlichen Gestalten in weitaus den meisten Fällen, bei den Denkmälern der bildenden Kunst ebenso wie in der Schrift, durch Symbole dargestellt wurden. Am häufigsten sind stangenartige Gebilde, von denen die bekanntesten das ›Schilfringbündel‹ der Inanna von Uruk und der ›Bügelschaft‹ des Mondgottes Nanna von Ur sind. Anthropomorphe Darstellungen von Göttern waren aber damals schon möglich, wie das erwähnte Bruchstück eines Statuenkopfes mit einer doppelten Hörnerkrone, dem häufigsten Kennzeichen göttlicher Gestalten im späteren Babylonien, zeigt (s. S. 44). Der Text einer Urkunde aus Uruk Schicht III b vereinigt in einem Fach die Zeichen ›Fest‹, ›Stern‹, ›Inanna‹, ›Tag‹ und ›untergehen‹, bedeutet also »Fest am Tage, an dem der Stern der Inanna (heliakisch) untergeht«. Hier kann man nicht umhin, in Inanna schon die astrale Gottheit zu sehen, die sie in geschichtlicher Zeit als Göttin des Venussterns gewesen ist.

Das heißt aber, daß die entscheidende Entwicklung von älteren, wohl totemistischen Auffassungen zur anthropomorphen Göttervorstellung in der frühgeschichtlichen Zeit Babyloniens schon vollzogen war, auch wenn man weiterhin die alten Symbolzeichen beibehielt und sie als Hinweise auf die gewandelten Numina verstand.
Die spätere sumerische Überlieferung kennt einige Gottheiten, denen sie die Bezeichnung ›alt‹ beilegte. Bei ihnen mag sich altes Gut bewahrt haben. Als ›alt‹ galten Gatumdu, ›die Mutter von Lagaš‹, Nisaba von Ereš, Nunbaršegunu von Nippur, Belili, die Schwester Dumuzis, und Bilulu. Es sind dies ausschließlich Göttinnen; ihre Namen sind, soweit deutbar, sumerisch. Nisaba ist ein Wort für Getreide, Nunbaršegunu enthält das sumerische Wort für die ›scheckige Gerste‹ *(Hordeum rectum nigrum)*. Ob ihre Verehrung bis in die frühgeschichtliche Zeit zurückreicht, ist zunächst ungewiß. Es ist aber zu beachten, daß in einer Anzahl alter Siedlungen eine Göttin an der Spitze des lokalen Pantheons stand. Ihnen sind Gatten zugeordnet, die deutlich nur geringeren Rang hatten. In Lagaš ist es Gatumdu-Baba mit Ningirsu, in Ninâ Nanše mit Nindara, in Keši Nintu mit Šulpa'ea. Hierher gehören wohl auch Inanna und Dumuzi, nur daß in diesem Fall der Partner der Göttin ein Sterblicher war. Das Bedeutsame ist nun, daß diese Götterpaare nicht der patriarchalen Familie entsprechen, die in Babylonien in geschichtlicher Zeit die normale Familienform war. Daß aber einmal andere Verhältnisse bestanden haben, zeigt eine Inschrift Urukaginas von Lagaš (etwa 2350 v. Chr.), der von einer in der Frühzeit erlaubten, zu seiner Zeit aber abgelehnten Dyandrie spricht (s. S. 84). In einer Kultur, in der die primäre Grundlage des Lebens der Ackerbau und die Viehzucht war, erscheint es durchaus verständlich, daß das übernatürliche Prinzip, nachdem die Stufe der anthropomorphen Göttervorstellung erreicht war, zuerst in Göttinnen gefunden wurde, die wie Nisaba das Getreide oder Turdur das Mutterschaf waren oder die die Fruchtbarkeit auf dem Felde, bei den Haustieren und beim Menschen gewährleisten konnten.

Während der Zeit, in der sich in Babylonien die städtische Kultur ausbildete und zur vollen Blüte gelangte, verblieb der Nachbarraum weitgehend auf dem früheren Stand. Nur im elamischen Bereich zeigt sich im Gefolge der babylonischen Entwicklung ein Fortschreiten analoger Art. Aber schon wegen der weitgespannten Handelsbeziehungen Babyloniens zu einem weiten Nachbarraum mußte sich das kulturelle Gefälle geltend machen. Spuren der weiten Kontakte zeigen sich mit einiger Deutlichkeit im archäologischen Denkmälerbestand. Dauernde Verbindungen bestanden mit dem Gebiet der unteren Dijāla, dessen Zentrum in Ešnunna, dem heutigen Tell Asmar, lag. Von dort aus ist verschiedenes Kulturgut wie zum Beispiel einige Rollsiegeltypen nach Nordbabylonien und in geringerem Umfang auch nach dem Süden verbreitet worden. In Sūsa machte sich der babylonische Einfluß so deutlich geltend, daß die Möglichkeit einer vollständigen Unterwerfung unter die Herrschaft der Sumerer erwogen worden ist. Aber daß man dort etwa zur Zeit von Uruk Schicht III eine selbständige Schrift, wenn auch auf Grund einer von Babylonien kommenden Anregung, schuf, beweist doch einen Grad von Unabhängigkeit, wie er mit politischer Unterwerfung schlecht vereinbart werden kann. In Sūsa sind auch die Siegeltypen Babyloniens mit Jagdszenen und vor allem die heraldischen Siegel verbreitet gewesen, aber auch Typen, deren Heimat wohl im Dijāla-Gebiet zu suchen ist. Daneben entwickelte sich aber auch ein eigener Stil. Enge Verwandtschaft mit babylonischen Schöpfungen zeigen auch kleine Tierfiguren aus Stein.

Zum assyrischen Raum waren die Beziehungen anscheinend lokkerer. Ein in Tell Billa gefundenes Rollsiegel mit einer kultischen Bootfahrt, das in Uruk Schicht IV und III genaue Entsprechungen findet, ist sicher ein Importstück[32]. Im benachbarten Tepe Gaura erscheinen in Schichten, die zeitlich der frühgeschichtlichen Epoche Babyloniens entsprechen, Tempel, die sich auf eine lange örtliche Tradition stützen. Sie mögen zwar mit den Tempelanlagen, die erstmals in den 'Obēd-Schichten Babyloniens bezeugt sind, verwandt sein, zeigen aber deutlich eigene Züge. Der nächste Verwandte ist merkwürdigerweise der um rund 1500 Jahre jüngere Inanna-Tempel des kassitischen Königs Kara'indaš in Uruk (um 1430 v. Chr.). Das Stempelsiegel war damals noch nicht wie im Süden durch das Rollsiegel ersetzt; dieses erscheint in Tepe Gaura erst in den Schichten, die mit der frühdynastischen Zeit Babyloniens und der Epoche der Dynastie von Akkade gleichzeitig sind. Bei den Stempelsiegeln ist das Hauptmotiv der Steinbock; Haustiere sind nur selten dargestellt. Ganz vereinzelt erscheinen menschliche Gestalten. Die sumerische Schrift ist unbekannt[33].

Nur in Tell Brāk[34] im zentralen Mesopotamien sind zahlreiche Fundstücke aus der ausgehenden frühgeschichtlichen Zeit von echt babylonischer Prägung entdeckt worden, darunter ein Tonstiftmosaik an der Außenwand eines Tempels, der wesentliche Züge mit den Tempeln von Uruk gemein hat. Brillenförmige Symbole, wie sie auch in Babylonien und im Dijāla-Gebiet vorkommen, haben sich dort zu Formen entwickelt, in der der Oberteil zu großen Augen umgestaltet worden ist. Damit gewinnen diese Symbole, die zum Teil hohe Mützen oder Poloi

tragen, menschenähnliches Aussehen und nähern sich den dort gefundenen Alabasterköpfen, die mit dem Bruchstück des Kopfes einer Götterfigur aus Uruk verwandt erscheinen. Die Umgestaltung der Symbole steht gewiß in Zusammenhang mit dem Aufkommen der anthropomorphen Götterauffassung. Mit babylonischen Typen gehen auch die zahlreichen Tierfiguren zusammen, die vielfach wie ihre südlichen Gegenstücke auf der Unterseite als Stempelsiegel gearbeitet sind.
Verglichen mit Ruinen wie Nineve und Tepe Gaura, wo gleichzeitige Schichten freigelegt worden sind, ist die Häufigkeit von Kulturgütern, die nach Babylonien verweisen, in Tell Brāk ganz ungewöhnlich. So wird man darin eine babylonische Enklave sehen müssen, wobei sich sofort ein Vergleich mit den Bauwerken einstellt, die dort über der frühgeschichtlichen Ruine stehen, ein ›Palast‹ Narāmsîns von Akkade (2260–2223 v. Chr.) und die Ruine eines Neubaus dieser Anlage aus der Zeit der III. Dynastie von Ur (um 2100 v. Chr.). Während der ›Palast‹ Narāmsîns zur Sicherung der Herrschaft über Mesopotamien und der Kontrolle über die dort verlaufende Handelsstraße errichtet war, zögert man, den frühgeschichtlichen Anlagen in Tell Brāk, die über eine längere Zeitspanne bestanden haben müssen, eine ähnliche Zweckbestimmung zuzuweisen. Hätte das doch zur Folge, daß man schon in so früher Zeit mit einer militärisch-politischen Expansion der Sumerer rechnen müßte. Immerhin darf man an die häufigen Szenen der Rollsiegel der frühgeschichtlichen Zeit erinnern, in denen Gefangene dem ›Mann im Netzrock‹ vorgeführt werden. Dabei ist kaum an innerbabylonische Auseinandersetzungen zu denken, da dann schwer zu verstehen wäre, daß man die Städte ohne den Schutz von Mauern belassen hätte.
Auch im nördlichen und mittleren Syrien, in Palästina und in Kleinasien zeugen vereinzelte Fundstücke deutlich für Beziehungen zur sumerischen Kultur Babyloniens. Ja selbst in Ägypten fand sich in der Negade II-Zeit, das heißt kurz vor der ›Reichseinigung‹, unbestreitbar auf Babylonien zurückzuführendes Kulturgut. Dieses gibt uns einen erfreulichen chronologischen Halt, da diese Epoche in Ägypten mit guten Gründen auf die Zeit um 3000 v. Chr. festzulegen ist. Aber die Anregungen aus dem Gebiet der sumerischen Kultur haben keinen bestimmenden Einfluß auf die ägyptische Entwicklung genommen. Daher hat die gelegentlich vertretene Auffassung, die ägyptische Schrift danke ihren Ursprung der Bekanntschaft mit der sumerischen Schrift, wenig für sich.

Am Ende der frühgeschichtlichen Zeit zeigt sich in Babylonien ein deutlicher Zusammenbruch. Schon in der letzten Stufe bekundet sich bei den Werken der bildenden Kunst, besonders bei den Rollsiegeln und den Tieramuletten, ein unverkennbarer Verfall. Sorglosigkeit in der technischen Ausführung, Abgehen von dem Bemühen nach rundplastischen Formen und Ersatz durch grobe Figuren, die nur durch eingeritzte Umrißlinien bezeichnet sind, sind so häufig, daß sie nicht als das Werk einzelner ungeschickter Handwerker hingestellt werden können. Das vielfältige Neue, das die folgende Epoche, die frühdynastische Zeit, bringt, verbietet im übrigen grundsätzlich eine derartige Deutung. Wie sich der Zusammenbruch im einzelnen vollzog, wissen wir nicht, wohl aber, was die Ursache war: der massive Zustrom semitischsprechender Gruppen aus dem Norden und Nordwesten nach Babylonien.

Für Katastrophen aller Art, auch für die Störungen, die die Zuwanderung fremder Völker im Gefolge hatte, verwendet die sumerische Dichtung vielfach das Bild der ›Flut‹, wobei sie auf ein in Babylonien nur zu häufiges Naturereignis verweist. Wenn die Kompilatoren der sumerischen Königsliste die ›Flut‹ in die Zeit verlegen, in die der Bruch zwischen der frühgeschichtlichen Epoche und der frühdynastischen Zeit fällt[35], meinen sie mit diesem Bild den Zustrom der akkadischen Schicht. Es ist zwar schwer zu ermessen, wie den Verfassern der Königsliste noch Kunde von den Ereignissen dieser frühen Zeit erhalten geblieben sein konnte, es liegt auch nahe, anzunehmen, daß für sie die eigene Erfahrung der Zuwanderung kana'anäischer Stämme nach Babylonien zu Beginn des 2. Jahrtausends, der zweiten großen Welle semitischsprechender Bevölkerungsteile, bei der Deutung auch des frühen Geschehens mitbestimmend gewesen ist: Auf alle Fälle hätten sie für die Ereignisse, wie sie sich in den Augen der Sumerer abzeichnen mußten, die Überflutung ihres Landes durch Fremde, schwerlich ein besseres Bild finden können.

Zeittafel I. Die Ur- und Frühgeschichtliche Zeit

Šanīdār: Neandertaler	60 000 – 40 000
Oberes Paläolithikum, Mesolithikum, Neolithikum	35 000 – 9 000
Beginn der Haustierdomestizierung und Nahrungsmittelerzeugung	ca. 9 000 – 6 750
Älteres keramikloses Jericho	ca. 7 000
Früheste Siedlung in Garmō	ca. 6 750
Beginn des Chalkolithikum	ca. 5 500
Eridu-, 'Obēd-, Uruk-Stufe	ca. 5 000 – 3 100
Frühgeschichtliches Uruk	ca. 3 000 – 2 750
»Tempel C« in Uruk	2 815 ± 85 (?)

2. Die frühdynastische Zeit

EINLEITUNG

Mit dem Terminus ›frühdynastisch‹ ist die Periode vom Ende der Frühgeschichte Mesopotamiens bis zur Gründung des Reiches von Akkade gemeint. Sie steht im Zeichen der Einwanderung und Seßhaftwerdung jener semitischen Schicht, die wir, auf das 24. Jahrhundert vorgreifend, anachronistisch als ›akkadisch‹ bezeichnen. Wir betreten mit der frühdynastischen Periode die eigentliche geschichtliche Zeit Mesopotamiens. Doch ist damit nicht gesagt, daß der Forscher sich nunmehr bereits voll und ganz auf die Aussage inschriftlicher Quellen stützen kann. Nach wie vor ist er darauf angewiesen, auch die Aussage der archäologischen Quellen für die Interpretation des historischen Befundes zu verwerten. Er kann nicht umhin, etwa dem künstlerischen Verfall nach dem Ende der Schicht Uruk III, wie er sich am deutlichsten am Stil des Rollsiegels verfolgen läßt, sein Gewicht beizumessen. Die Glyptik Babyloniens erhob sich im Verlaufe der frühdynastischen Periode gleichsam von einem Nullpunkt aus zu einem neuen Hochstand der Form und Technik. Neben dem Neuen aber weist der Tempel auf der Terrasse, die Vorform der Ziqqurrat, zurück in die frühgeschichtliche Zeit, ist also ein Merkmal der Kontinuität. Aufgabe der folgenden Abschnitte ist es, die nun einsetzende Symbiose von Sumerern und Akkadern zu beschreiben und zu versuchen, den Beitrag der akkadischen Schicht zur Geschichte und Kultur Mesopotamiens herauszuarbeiten.
Archäologischen Momenten trägt die zeitliche Einteilung der frühdynastischen Zeit Rechnung, die sich — ausgehend von den Entdeckungen im Dijāla-Gebiet — als praktisch erwiesen hat[36]. ›Frühdynastisch I‹ ist der Zeitraum vom Ende der Frühgeschichte Babyloniens bis zur Zeit der archaischen Tontafeln von Ur. ›Frühdynastisch II‹ setzt ein mit dem Aufkommen von Stadtmauern in Babylonien. ›Frühdynastisch III‹ rechnet von der Zeit der Archive von Šuruppak an (moderner Ruinenname Fāra). Diese Einteilung bezieht sich also nicht auf uns etwa erkennbare entscheidende Einschnitte in der politischen Geschichte. Neben ›frühdynastisch‹ ist in Geschichtsdarstellungen auch der Ausdruck ›präsargonisch‹ üblich. Während der Ausdruck ›frühdynastisch‹ sich auf die Vielzahl der ›Dynastien‹ Babyloniens bezieht, die sich in der sumerischen Königsliste widerspiegeln, spielt ›präsargonisch‹ bereits auf die bedeutende Rolle des Reiches von Akkade mit seinem ersten König Sargon an. Das Jahr

Abb. 14: Das Gebiet des ›Fruchtbaren Halbmondes‹ in der frühdynastischen, Akkade-, Ur III- und altbabylonischen Zeit (ca. 27. bis 17. Jahrhundert)

ca. 2340 ist der erste klar erkennbare entscheidende Wendepunkt in der frühen Geschichte Mesopotamiens.
Die Schwierigkeit, ein exaktes chronologisches Gerüst für die Geschichte vor Akkade zu errichten, wurde schon oben in Kapitel 1 angedeutet. Ausgehend vom Ansatz der Regierung Hammurabis von Babylon als 1792–1750[37] gewinnen wir folgende Fixpunkte: Beginn der III. Dynastie von Ur 2111; Beginn der Dynastie von Akkade um 2340[38]. Die Überschneidung der letzten Könige von Akkade mit den ersten Gutäerherrschern läßt sich noch nicht aufs Jahr genau errechnen. Lugalzagesi von Umma und Uruk hat um 2350 regiert, Urnanše von Lagaš um 2520. Alle höher liegenden Daten lassen sich nur noch grob einschätzen und sind als Arbeitshypothesen zu betrachten. Mesalim von Kiš regierte etwa am Anfang des 26. Jahrhunderts, vielleicht zwei Generationen vor Urnanše, Mebaragesi von Kiš etwa um die Wende vom 28. zum 27. Jahrhundert. Die Zeit der Archive von Šuruppak läßt sich nur schwer in Beziehung zu Urnanše setzen. Urnanšes Inschriften sind auf Stein geschrieben; wir kennen keine Tontafeln, die sich mit Sicherheit der Zeit seiner Regierung zuordnen ließen. Der paläographische Vergleich von Stein- und Tontafelinschriften – in Šuruppak liegen Tontafeln vor – bietet wegen der ganz verschiedenen Schreibgrundlage keine sicheren Anhaltspunkte. Auf jeden Fall ist Šuruppak mehrere Generationen älter als Eannatum von Lagaš, der ein Enkel Urnanšes war. Nach vorsichtiger Schätzung wird man die Archive von Šuruppak an den Beginn oder in die Mitte des 26. Jahrhunderts einordnen. Die archaischen Tontafeln von Ur dürften ein, höchstens anderthalb Jahrhunderte älter sein als die von Šuruppak. Zu dem mit der Radiokarbon-Methode (C^{14}) gewonnenen Datum 2815 ± 85 für den Tempel ›C‹ der Schicht Uruk IV s. oben S. 21.
Die Möglichkeit annähernd sicherer chronologischer Rechnung endet also oberhalb Sargons von Akkade, die Berechnung von Herrschergenerationen oberhalb Urnanšes von Lagaš. Seit Urnanše gibt es eine ununterbrochene Kette von Königsinschriften mit Angabe der Filiationen (›NN, Sohn des NN‹). Einen vagen Anhaltspunkt für die Datierung bieten Schriftkriterien (Zeichenformen, Zeichenanordnung), wenn wir vergleichbares Material vor uns haben. Behutsam ausgewertet kommen schließlich Kriterien des archäologischen Befundes zu Hilfe: Die Berechnung von Schuttschichten in Ruinenhügeln; der Stilwandel des Rollsiegels.
Die sumerische Königsliste, die bis zum Ende der I. Dynastie von Isin hinabreicht (1794), ist, wie schon oben erwähnt, auf der Fiktion aufgebaut, daß der Raum von Babylonien, Dijāla-Gebiet und mittlerem Euphrat (Mari) stets nur e i n maßgeb-

*Zeittafel II. Die frühdynastische, Akkade- und Gutäerzeit**

2800						
75						
50						
25	UR					
2700				URUK	KIŠ	
75	Archaische Tafeln			Gilgameš	Mebaragesi	
50					Aka	
25			LAGAŠ			
2600					(Mesalim)	
75			Enḫengal (Mesalim)		ŠURUPPAK	
50					Archive	
25		UMMA				
2500		*Uš*	Urnanše ca. 2520			
75	Mesanepada	*Enakale*	Akurgal ca. 2490			
50	Meskiangnuna		Eanatum ca. 2470			
25	Balulu	*Urlumma*	Entemena ca. 2430	*Lugalkingeneš-*		
2400			Enanatum II. ca. 2400	*dudu*		
75			Lugalanda ca. 2370		ADAB	ELAM
50	AKKADE	*Lugalzagesi*	Urukagina ca. 2355	*Lugalzagesi*	*Meskigala*	
25	Sargon 2340–2284					
2300	Rīmuš 2283–2275					*Luḫiššan*
75	Maništūšu 2274–2260					*Epirmupi*
50	Narāmsîn 2259–2223					*Ḫita*
25	Šarkališarrī 2222–2198					
2200						
75	6 Könige 2197–2159					*Kutik-*
50	(s. S. 92)					*Inšušinak*
25				Utuḫengal		
2100			(s. S. 92)	2116–2110		

* Namen ohne Jahreszahlen sind nach grober Schätzung eingeordnet; kursivierte Namen nach Synchronismen mit anderen Herrschern.

liches Königtum gekannt habe. Sie ordnet ›Dynastien‹ hintereinander an, von denen viele nachweislich nebeneinander regiert haben. Mythisch hohe Zahlen von Regierungsjahren zu Beginn der Königsliste (›I. Dynastie von Kiš‹) sowie im sekundär vorgespannten ›vorsintflutlichen‹ Teil der Liste lassen erkennen, daß man sich des unermeßlich hohen Alters der Zivilisation im Lande bewußt war. Trotzdem hat die Königsliste nicht nur als Ausprägung einheimischer Geschichtsauffassung ihren Wert für uns. Sie wird da, wo sich ihre Angaben über Herrscherfolge und Regierungsdauer an anderen Quellen nachprüfen lassen, zu einem wichtigen zusätzlichen Hilfsmittel für die Zeitbestimmung.
Das innere Gefüge der Chronologie ist also von Urnanše an, d. h. während des größten Teils der Periode Frühdynastisch III, einigermaßen gewährleistet. Solange es nicht darauf ankommt, die Geschichte Mesopotamiens mit der von Ägypten zu synchronisieren – die historische Begegnung der beiden Kulturkreise fand erst um die Mitte des 2. Jahrtausends v. Chr. statt –, vermag eine wenigstens relativ gesicherte Chronologie den Ablauf eines Teils der frühdynastischen Geschichte in den zeitlichen Proportionen sinnvoll darzustellen.

SUMERER UND SEMITEN IN DER FRÜHDYNASTISCHEN ZEIT

Nur wenige Mosaiksteine liefern das Material für die Beschreibung der Geschichte Babyloniens zu Beginn der frühdynastischen Zeit. Es sind dies an schriftlichen Primärquellen Königsinschriften, Verträge, Verwaltungsurkunden und die Erzeugnisse der Schreiberschulen, an schriftlichen Sekundärquellen die sumerische Königsliste, die Epen der Könige von Uruk und Reflexe frühdynastischer Herrscher in der akkadischen Omenliteratur. Der Leser sei vor der oft spekulativen Art der Darstellung gewarnt und bedenke, daß der Zuwachs an Textfunden zu völlig neuen Erkenntnissen und zur Revision bisher vertretener Meinungen führen kann. Skepsis wegen lückenhaften Wissens darf uns aber nicht davon abhalten, immer wieder die vorläufige Synthese zu ziehen.
Kapitel 1 hat bei der Frage nach der ethnischen Identität der ersten Besiedler der Landschaft Babylonien die hervorragende Rolle der Sumerer herausgestellt. Die Sumerer haben mit der Erfindung der Schrift ein Ausdrucksmittel geschaffen, das uns die Geschichte Mesopotamiens im 3. und 2. und zu Beginn des 1. Jahrtausends erst verstehen und mit Persönlichkeiten verbinden läßt. Darstellung der Geschichte als politischer Geschichte wird mit den ältesten Königsinschriften möglich. Insofern ist

die Regierungszeit des Mebaragesi von Kiš (Ende des 28. oder Anfang des 27. Jahrhunderts, Frühdynastisch II) der älteste Fixpunkt. Die sumerische Königsliste nennt Mebaragesi als den 22. König in der Herrscherreihe der ›I. Dynastie von Kiš‹, mit der die Liste beginnt. Diese Könige haben überwiegend semitische Namen. Die Historizität der Vorgänger des Mebaragesi nachzuweisen, wird kaum je gelingen. Wir wissen nicht, ob sie samt und sonders authentische Herrscher von Kiš waren. Auch fragt man sich, ob dem Kompilator der Königsliste denn überhaupt zuverlässige Überlieferung aus einer Zeit vorliegen konnte, in der sich die Schreiber noch längst nicht zur Fähigkeit durchgerungen hatten, kompliziertere Sachverhalte darzustellen. Aber wir dürfen auch die Vorliebe und Fähigkeit des Semiten, lange Ahnenreihen zu memorieren und zu tradieren, nicht unterschätzen. Daß übrigens Mebaragesi selbst einen sumerischen Namen trug, spricht nicht unbedingt gegen semitische Abkunft. Das sumerische Onomastikon muß sich auch außerhalb der eigentlichen sumerischen Siedlungsgebiete eines hohen Prestiges erfreut haben. Auf jeden Fall tritt von Anfang an das semitische Element Babyloniens hervor, und das Verhältnis von Sumerern und Semiten zueinander zu würdigen, ist für das Verständnis des späteren Geschichtsablaufes unerläßlich. Dies gilt um so mehr, als schon oben (S. 56) die Vermutung ausgesprochen wurde, daß die Verfallserscheinungen am Ende der frühgeschichtlichen Zeit mit dem geballten Vordringen einer Bevölkerung mit semitischer Sprache zusammenhängen. Das Zusammenleben von Sumerern und Semiten hat die mesopotamische Geschichte bis zum Aussterben des Sumerischen als gesprochener Sprache zu Beginn des 2. Jahrtausends bestimmt. Die Ergebnisse der Symbiose haben weit darüber hinausgewirkt. Sie haben die babylonische Kultur mit dem Stempel einer zweisprachigen Kultur geprägt.

Der Zustrom semitischer Nomaden nach dem Iraq, den wir in der Überschau über die Jahrtausende vereinfachend als ›Wanderwellen‹ bezeichnen, ist bis heute ein charakteristisches Element der Geschichte dieses Landes geblieben. Er hat von Zeit zu Zeit zur sprachlichen Umschichtung geführt. Von der ersten Erwähnung arabischer Nomadenstämme in assyrischen Königsinschriften des 9. Jahrhunderts v. Chr. führt der Weg zur vollständigen Arabisierung des Landes in der Zeit der islamischen Eroberung. Aramäische Nomaden dringen seit dem 14. Jahrhundert v. Chr. nach Mesopotamien ein. Knapp ein Jahrtausend später war Mesopotamien weitgehend aramaisiert; das Akkadische bestand nur als Schriftsprache noch bis zur Zeit Christi fort. Eine von den Seßhaften Martu (sumerisch) bzw. Amurrum (akkadisch) genannte semitische Nomadenschicht, die wir heute, sei es als ›Amurriter‹, sei es wegen der engen Verwandtschaft ihrer Sprache mit dem kanaanäischen Sprachzweig des Semitischen als ›Kanaanäer‹ im weiteren Sinne bezeichnen[39], wird erstmals in der Zeit der Akkade-Dynastie erwähnt. Anderthalb Jahrhunderte später gefährden Martu den Bestand des Reiches von Ur III. In der altbabylonischen Zeit gelingt es Angehörigen dieser Schicht, vielerorts in Mesopotamien die Herrschaft zu usurpieren. Die akkadische Sprache war um diese Zeit aber noch lebendig genug, die Neuankömmlinge zu assimilieren, so daß die Umgestaltung der Landessprache ausblieb.

Die ›amurritische‹ bzw. ›kanaanäische‹ Wanderung hat auch die westlichen Teile des ›Fruchtbaren Halbmondes‹ erfaßt. Jedoch lassen sich die historischen Vorgänge in Syrien — abgesehen von Mari — und Palästina um die Wende vom 3. zum 2. Jahrtausend viel schwerer begreifen als in Babylonien, da die Quellenlage sehr ungünstig ist.

Die Akkader selbst, die sich und ihre Sprache nach der Hauptstadt des von Sargon begründeten Reiches benannten, stellen nun die älteste für uns faßbare semitische Bevölkerungsschicht Mesopotamiens dar. Aber es ist gut möglich, daß sie nicht die ältesten Semiten im Lande sind. Vielleicht haben sie eine noch ältere Schicht überlagert, die im 5. Jahrtausend mit an der ersten Besiedlung Babyloniens teilhatte. Doch hier verlieren wir uns im Dunkel der Urgeschichte. Die ältesten sicheren Zeugen für die Anwesenheit von Akkadern in Babylonien sind Personennamen in den archaischen Texten von Ur und die ältesten semitischen Lehnwörter im Sumerischen. Wir können in der Periode Frühdynastisch II mit einer weitgehend semitischen Besiedlung Nordbabyloniens und des Dijāla-Gebietes rechnen und damit einen Gegensatz ›semitischer Norden — sumerischer Süden‹ annehmen.

Woher kamen die Akkader? Diese Frage läßt sich mit einiger Sicherheit beantworten, wenn man den Verlauf späterer semitischer Wanderungen betrachtet, vor allem der ›amurritischen‹. Danach liegt die Annahme nahe, daß sich die akkadische Schicht von Norden, von Syrien her, nach Süden vorgeschoben hat. Sie faßte im Dijāla-Gebiet Fuß und im nördlichen Teil Babyloniens mit dem Zentrum Kiš. Am mittleren Euphrat war seit spätestens der Periode Frühdynastisch II die Stadt Mari ein wichtiges Zentrum akkadischer Bevölkerung, dessen Bedeutung bis in die Zeit Hammurabis erhalten blieb. Während inschriftliche Funde, Personennamen und Lehnwörter eine eindeutige ethnische Zuordnung gewährleisten, ist der Versuch, den archäologischen Befund zu deuten, schwieriger. Die Plastik der Periode Frühdynastisch II im Dijāla-Gebiet fällt durch eine betonte Strenge, durch Eckigkeit der Form und eine Tendenz zur Abstraktion auf. Sie steht damit im Gegensatz zur frühgeschichtlichen sumerischen

Plastik und der – möglicherweise auf den Formenbestand der Frühzeit zurückgreifenden – sumerischen Plastik der Periode Frühdynastisch III mit ihren runden, naturnahen Formen. Besonders stark vertreten ist in der ›nichtsumerischen‹ Plastik der Typus der Votivstatuette, des sog. ›Beters‹. Er greift in der Periode Frühdynastisch III auch auf den sumerischen Süden Babyloniens über. Beterfiguren sind auch in Mari, Assur und neuerdings in Tell Ḫuēra im Quellgebiet des Ḫābūr belegt, d. h. es besteht eine Verbindung zum Norden Mesopotamiens. Eine weitere Neuerung sind – ebenfalls im Dijāla-Gebiet am besten bezeugt – große rechteckige Votivplatten mit nur wenig aus der Grundfläche herausgehobenem Relief. Der Stil der dargestellten Personen ähnelt dem der Beterfiguren. Ferner tritt im Dijāla-Gebiet der Periode Frühdynastisch II ein aus dem Norden stammender Tempeltyp auf, der als Herdhaustempel bezeichnet wird. Das Kultpodest befindet sich an einer der Schmalseiten der Tempelzella, der Eingang an der Längsseite nahe der dem Kultpodest gegenüberliegenden Schmalseite. Dieser Grundriß entspricht nicht dem symmetrischen Grundriß des sumerischen Tempels der Frühzeit. Neuerdings ist eine Zella vom Herdhaustyp in einem Tempel der Periode Frühdynastisch II in Nippur bezeugt. Aber das ist bisher der einzige Beleg dieser Zeit für Babylonien, während wiederum eine Verbindung nach Norden, zu den archaischen ›Ištar‹-Tempeln von Assur, besteht.
Eine scharlachrot bemalte und mit figürlichen Darstellungen verzierte Keramik (sog. *scarlet-ware*) ist im Dijāla-Gebiet ein weiteres Merkmal, das seine Eigenständigkeit und Unabhängigkeit vom sumerischen Süden betont. Dagegen läßt sich mit einer Tempelanlage in Ḫafāǧī (moderner Ruinenname der Stadt Tutub) wieder eine Verbindung zu Südbabylonien ziehen. Innerhalb eines doppelten ovalförmigen Zingels erhebt sich in Ḫafāǧī eine Tempelterrasse. Reste eines solchen ›Tempelovals‹ sind im frühdynastischen Tell el-ʿObēd bei Ur erhalten. Doch wir wissen nicht, von wo der Typ dieser ovalförmigen Einfriedigung ausgegangen ist. Vollends rätselhaft ist die Herkunft des für die frühdynastische Zeit typischen, über das Dijāla-Gebiet wie ganz Babylonien verbreiteten Baumaterials, des sog. ›plankonvexen‹ Ziegels. Dieser Ziegel ist nicht wie üblich quaderförmig, sondern er hat eine gewölbte Oberfläche. Der Ziegel wurde im Mauerverband schräg aufgerichtet, so daß der Querschnitt durch die Ziegellagen einer Mauer eine Art Fischgrätenmuster ergab.
Diese Neuerungen stehen ohne Zweifel mit der Ankunft einer neuen Bevölkerung im Zusammenhang. Die Frage ist, ob sie samt und sonders den Akkadern zuzuschreiben oder ob sie vor einem ethnisch komplizierten Hintergrund entstanden sind. Wenn nach dem bisherigen Grabungsbefund die Übereinstim-

mungen zwischen Dijāla-Gebiet und Nordmesopotamien die nach Süden weisenden Verbindungen bei weitem übertreffen, so ist in der Beurteilung des Befundes immerhin Vorsicht geboten; denn die Periode Frühdynastisch II ist in Babylonien, was Plastik und Tempelarchitektur anbetrifft, noch sehr schlecht bezeugt. Aber der sumerische Stil der Periode Frühdynastisch III setzt sich deutlich gegen den ›nördlichen‹ Stil Frühdynastisch II ab; vielmehr könnte man an eine Reaktion, eine Wiederanlehnung an Formen der frühgeschichtlichen Zeit denken. Ein sumerischer Anteil an den Neuerungen der Periode Frühdynastisch II ist also ausgeschlossen. Dagegen macht sich sumerischer Stileinfluß im Dijāla-Gebiet wieder in der Periode Frühdynastisch III geltend.

Den Neuerungen auf dem Gebiet der bildenden Kunst war an der Schwelle von der frühgeschichtlichen zur frühdynastischen Zeit ein Verfall der Form, vor allem in der Siegelkunst, vorhergegangen. Für diesen Verfall dürfte die Ankunft der ersten Schübe der akkadischen Wanderung verantwortlich sein (vgl. oben S. 56). Man möchte daher auch bei dem Aufschwung zu künstlerischen Neuschöpfungen, der auf die Verfallsperiode folgte, die akkadische Bevölkerungskomponente als Urheber ansehen. Aus dieser Zuordnung ergeben sich gewichtige Konsequenzen für die Beurteilung der sozialen Struktur der Akkader in der Periode Frühdynastisch II. Eine noch überwiegend nomadische Bevölkerungsschicht, die erst im Laufe mehrerer Jahrhunderte zur seßhaft-dörflichen und städtischen Lebensweise überging — dies ist der Fall bei den ›Amurritern‹ bzw. ›Kanaanäern‹ und bei den Aramäern —, läßt sich mit dem archäologischen Befund nicht vereinbaren. Die Seßhaftwerdung der Akkader muß schon in der Periode Frühdynastisch I zum Abschluß gekommen sein. Im übrigen stellt sich die Frage nach der Lebensweise der Akkader in ihren nordmesopotamischen Ausgangsgebieten. Nur wenn wir hier schon vor der Periode Frühdynastisch II mit seßhafter semitischer Bevölkerung rechnen, läßt es sich erklären, daß man in Mari bereits in dieser Periode begann, die sumerische Schrift für die Darstellung akkadischer Sprache zu verwenden. Wir müssen noch einen Schritt weiter gehen und annehmen, daß die Seßhaftwerdung der Akkader in Nordmesopotamien der im Dijāla-Gebiet und in Babylonien vorherging. Ist dem so, dann wäre möglicherweise der Stil der Plastik der Periode Frühdynastisch II, wie er uns in den Beterstatuetten aus dem Norden begegnet, nicht etwa als ›Ableger‹ des Dijāla-Gebietes zu beurteilen, sondern wir hätten es umgekehrt mit der von einer nordmesopotamischen Kulturprovinz nach Süden reichenden Ausstrahlung zu tun. Zwei Fragen bleiben in dieser noch von vielen Unsicherheitsfaktoren belasteten

Diskussion offen: Geht die Kunst Nordmesopotamiens letzthin auf Anregungen zurück, die aus dem sumerischen Süden stammten? Wir erinnern uns an die frühgeschichtlich-›babylonische‹ Enklave von Tell Brāk im Quellgebiet des Ḫābūr. Und welches waren die Völker, die in Nordmesopotamien neben den Semiten einen eigenen Anteil an den kulturellen Leistungen hatten? Auf den assyrischen Raum geht der Typ des Herdhaustempels zurück, der in der Periode Frühdynastisch II im Dijāla-Gebiet erscheint. Assyrien war im Gegensatz zum Gebiet am mittleren Euphrat in der frühdynastischen Zeit noch gar nicht oder erst spärlich von Semiten besiedelt. Denn daß hier die Schrift erst in der Akkade-Zeit rezipiert worden ist, hat gewiß ethnische Hintergründe. In der Tat finden wir noch im 20. Jahrhundert v. Chr. in Assyrien Spuren einer vorsemitischen, ›autochthonen‹ Bevölkerung.

Wenden wir uns nach diesem Exkurs wieder Babylonien zu. Das Zusammentreffen der Sumerer und Semiten hat, wie stets bei der Begegnung zweier Völker und Sprachen, auch zur wechselseitigen Übernahme von Lehnwörtern geführt. Dabei blieb das Sumerische der vorwiegend gebende Teil. Kultbegriffe, Ausdrücke für mancherlei technische Errungenschaften (*apin* ›Pflug‹, akk. *epinnum*) und allerhand Gebrauchsgegenstände (*banšur* ›Tisch‹, akk. *paššūrum*) sind sumerische Lehnwörter im Akkadischen. Auch unter den akkadischen Bezeichnungen für Berufe, für Kult- und Beamtenfunktionen gibt es zahlreiche sumerische Lehnwörter. Daß das Akkadische die Wörter für den ›Bewässerungsobmann‹ (*kungal*, akk. *kuggallum*), für die Gerste (*še*, akk. *še'um*) und für den ›Emmer‹ (*zīz*, akk. *zīzum*) sowie ein Wort für den ›Ackerbauern‹ (*engar*, akk. *ikkarum*) aus dem Sumerischen übernommen hat, läßt Rückschlüsse auf den hervorragenden Anteil der Sumerer am Bewässerungswesen und an der Landwirtschaft zu. Andererseits sind die Wörter ›Knoblauchzwiebel‹ (akk. *šūmum*, sum. *śum*), ›kaufen‹ (akk. *ša'āmum*, sum. *śâm*) und ›Sklave‹ (akk. *wardum*, sum. *urd-* oder *ird-*) alte akkadische Lehnwörter im Sumerischen. Es tritt aber auch der Fall auf, daß Sumerer und Semiten Wörter aus einer dritten, uns unbekannten Sprache entlehnt haben. Das ist beim ›Kupfer‹ der Fall (sum. *urudu*, akk. *werium*) oder beim ›Stuhl‹ (sum. *guza*, akk. *kussī'um*). Hier liegt aus lautlichen Gründen die Herleitung aus einer ›Fremdsprache‹ nahe. Beim Kupfer wird man an Import des Wortes mit der Sache denken.

Zu der Frage, ob und wieweit die Begegnung der Sumerer und Semiten einen regelrechten Antagonismus gezeitigt hat, sind einander stark widersprechende Hypothesen geäußert worden, von dem Versuch, einen Gegensatz zwischen den beiden ›Völkern‹ ganz zu leugnen, bis zu der vor allem in älteren Ge-

schichtsdarstellungen vorkommenden überspitzenden Darstellung eines sumerisch-semitischen Konfliktes. Es wäre freilich voreilig, das emotionelle Verhältnis von Sumerern und Semiten an einem bestimmten Punkt auf einer Geraden fixieren zu wollen, die zwischen rabiatem Völkerhaß und wechselseitiger Verachtung auf der einen und der Idylle friedlicher Nachbarn auf der anderen Seite verlief. In der Tat sind, wie noch öfters zu betonen, die Sumerer und die Semiten ganz verschiedenen Traditionen, ganz verschiedenen Kulturmustern verhaftet. Und daß innerbabylonische Auseinandersetzungen zwischen Städten mit sumerischer und semitischer Bevölkerung stattgefunden haben, ist ebenfalls unleugbar. Allerdings fügen sich solche Kämpfe in das allgemeine Muster babylonischer Vielstaaterei und der damit verbundenen Rivalität ein, so daß Städtekonflikte auf sumerischer, auf akkadischer Ebene, aber auch zwischen Sumerern und Akkadern ausgetragen wurden. Die historische Tradition, die sich in der sumerischen Königsliste niedergeschlagen hat, kennt keinen sumerisch-semitischen Konflikt. Stärker jedenfalls als ein bewußter sumerisch-semitischer Gegensatz ist zu allen Zeiten der Gegensatz zwischen Seßhaften und Nomaden gewesen. Die Scheu vor der unheimlichen Unstetigkeit der Nomaden ist allen Seßhaften gemein, wie seinerseits der Nomade mit begehrlichem Auge wohl auf die Güter, nie aber auf die Lebensform der Seßhaften geschaut hat. Der im sumerischen Epos und Mythos häufige Ausdruck *kur* meint zugleich das Bergland wie schlechthin das Fremd- und Feindesland und umfaßt den Gebirgsbewohner Irans wie den Nomaden im Westen und Nordwesten, praktisch jeden Nichtbabylonier. Eine für die Seßhaften befriedigende Lösung des Nomadenproblems konnte nur die Assimilierung des jeweils drohenden Nomadenstammes an die Lebensweise des Seßhaften sein. Abwehr und Isolierung der Nomaden erwiesen sich immer nur auf kurze Frist durchführbar. Eine Form der Lösung, Nomaden als Söldnertruppen in den Dienst seßhafter Herrscher zu nehmen und durch Landzuweisung zufriedenzustellen, bot sich den Sumerern wie den seßhaften Semiten an.
Im Ganzen gesehen hat sich, wie so oft in der Geschichte, die Begegnung zweier ›Völker‹ für beide Teile befruchtend ausgewirkt. In der akkadischen Zivilisation möchte man bis zur Zeit ihres endgültigen Niederganges den sumerischen Faktor nicht missen; und die letzte Hochblüte sumerischer Zivilisation im Reiche von Ur III ist nicht denkbar ohne die Errungenschaften des semitischen Reiches von Akkade.

Im sumerischen Epos und in der Hymnenliteratur ist ein Konflikt überliefert, der zwischen Mebaragesi von Kiš (die spätere Namensform lautet Enmebaragesi; der Titel *ēn* ist in den Namen einbezogen worden) bzw. dessen Sohn Aka und Gilgameš von Uruk ausgetragen wurde. Der Herrscher von Kiš habe nach vorheriger Aufforderung, sich zu unterwerfen, Uruk mit seinen Truppen belagert. Eine andere Version lautet, daß Gilgameš sich der Belagerung durch einen erfolgreichen Ausfall entledigt habe. Wenn dieses Ereignis verewigt worden ist – für uns der älteste Hinweis auf eine innerbabylonische Auseinandersetzung –, so liegt das an dem besonderen Interesse, das die Nachwelt an der Heroengestalt des Gilgameš genommen hat. Gilgameš ist der Held eines sumerischen Epenzyklus, den die Akkader zu dem großartigen Werk des Gilgamešepos umgestaltet haben. Die altbabylonische Überlieferung kennt Gilgameš als den Erbauer der Stadtmauer von Uruk, und das Epos schildert ihn als den Tyrannen, der seine Untertanen beim Mauerbau scharwerken ließ. Nach dem archäologischen Befund (plankonvexe Lehmziegel) ist die Entstehung der über 9 km langen Mauer von Uruk im Jahrhundert des Gilgameš und des Mebaragesi gut denkbar. Sie ist im übrigen das älteste Zeugnis für die Existenz von Stadtmauern in Babylonien.

Sonst befaßt sich die Tradition der Epen um Gilgameš und seine Vorgänger Lugalbanda und Enmerkar mit Zügen dieser Herrscher in außerbabylonisches Gebiet (›Zedernwald‹, ›Bergland Ḫurrum‹). Wie sehr wir aber bei der historischen Ausdeutung auf der Hut sein müssen, zeigt die anachronistische Erwähnung des ›Berglandes Ḫurrum‹, d. h. des Hurriterlandes, im Epos von Gilgameš und Ḫuwawa. Ḫurrum ist aus der Sicht des Reiches von Ur III mit seinen ständigen Militärexpeditionen gegen die hurritischen Grenzlande dem Epos aufgepfropft worden. Nach einer sumerischen Dichtung, die den immer wiederkehrenden Verfall und Aufbau des Ninlil-Heiligtums Tummal in Nippur beschreibt, hätte Gilgameš auch über Nippur geherrscht.

Eine ›Geschichte‹ der Stadt Uruk in der frühdynastischen Zeit können wir nicht schreiben. Überhaupt ist Gilgameš im Gegensatz zu seinem Rivalen Mebaragesi noch nicht als authentische historische Gestalt greifbar. Der älteste inschriftliche Beleg für den Namen findet sich in einer Götterliste aus Šuruppak (26. Jahrhundert); sie führt Gilgameš und seinen Vater Lugalbanda als posthum vergöttlichte Heroen auf. Die sumerische Königsliste kennt Namen von Urukherrschern nur bis zur vierten Generation vor Gilgameš und bleibt damit hinter der viel längeren Überlieferung der Herrscher von Kiš zurück. Der Vorrang von

Kiš wird in der Königsliste auch darin ausgedrückt, daß die I. Dynastie von Uruk hinter der von Kiš genannt ist. Die monumentalen ›Tieftempel‹, d. h. die nicht auf einer Terrasse errichteten Heiligtümer, fanden in der frühgeschichtlichen Zeit ihr Ende — ein bei der sonst zu beobachtenden Kontinuität der Kultstätte sehr auffälliges Phänomen. Dagegen setzte sich die Ziqqurrat als bauliches Kontinuum in die frühdynastische Zeit fort. Ebenso ist die Tradition der Schreiberschule ein Band, das über alle politischen Unruhen hinweg die beiden Perioden miteinander verbindet. Wenn trotzdem ein ›Bruch‹ in der Tradition eingetreten ist, der die Erinnerung an die Blütezeit der Schichten Uruk VI bis IV aus dem Gedächtnis hat schwinden lassen, dürfte das mit den Umwälzungen zusammenhängen, die die Zuwanderung der Akkader zu Beginn der frühdynastischen Zeit hervorgerufen haben muß. Wir wissen über die historischen Begleitumstände nichts. Doch sei daran erinnert, daß der Einbruch einer anderen Semitenschicht, der ›Amurriter‹ bzw. ›Kanaanäer‹, indirekt für den Zerfall des Reiches von Ur III verantwortlich war.

Etwas klarere Vorstellungen als von Uruk gewinnen wir von der Stadt Kiš in der frühdynastischen Zeit (Ende Frühdynastisch II und Frühdynastisch III). Die beiden von Mebaragesi bekannten Inschriften stammen aus dem Gebiet östlich des Tigris und südlich der Dijāla. Die eine Inschrift ist genauer lokalisiert; sie wurde im Tempeloval von Ḫafāǧī gefunden. Die sumerische Königsliste erwähnt in einer Notiz zum Namen Enmebaragesi einen siegreichen Feldzug dieses Königs gegen Elam. Das wäre der älteste Hinweis auf einen babylonisch-elamischen Konflikt. Auch hier ist zwar der Befund sehr geringfügig; aber die authentischen Inschriften gestatten den Rückschluß auf einen nordbabylonischen ›Staat‹ von Kiš, der auch das Dijāla-Gebiet einschloß und dessen Herrscher — so die Königsliste — in kriegerische Auseinandersetzung mit dem elamischen Osten eingetreten ist.

Vor allem aber tritt die Bedeutung von Kiš durch den seit der Zeit des Mesalim[40] belegbaren Brauch hervor, daß sich Herrscher, die nicht in Kiš residierten, trotzdem ›König von Kiš‹ nannten. Von den bedeutenderen sind außer Mesalim selbst zu nennen Mesanepada von Ur und Eanatum von Lagaš. Der Titel vererbte sich in die Akkade-Zeit hinein und blieb auch später in Gebrauch, kommt allerdings in Ur III nicht vor. Es handelt sich um einen Prestigetitel, der auf die Zeit zurückgreift, in der Kiš das Zentrum der Vorherrschaft über weite Teile Babyloniens und auch wohl über das Dijāla-Gebiet war. Es ist nicht ausgeschlossen, daß man sich hierbei vor allem an die Zeit des Mebaragesi erinnerte.

Schon mehrfach war von der bedeutenden Rolle des Dijāla-Gebietes als einer vom sumerischen Süden in beträchtlichem Maße unabhängigen Kunstprovinz die Rede. Das Gebiet war ebenso wie Nordbabylonien schon zu Beginn der frühdynastischen Zeit urbanisiert. Der in historischer Zeit dem Mondgott Su'en geweihte Tempel, der in der Nähe des Tempelovals von Ḫafāǧī lag, reicht mit seinen Bauschichten bis in die Ǧemdet-Naṣr-Zeit, d. h. die mit Uruk III etwa gleichzeitige Periode am Ende der frühgeschichtlichen Zeit. Neben der semitischen Bevölkerungskomponente des Dijāla-Gebietes, die zu Beginn der frühdynastischen Zeit einwanderte, müssen wir mit einer nichtsemitischen Schicht rechnen, die möglicherweise Beziehungen zu Iran hatte. Die älteste Toponymie des Dijāla-Gebietes ist weder sumerisch noch semitisch, etwa Ortsnamen wie Išnun oder Tutub. Der Name Išnun wurde in der Ur III-Zeit volksetymologisch zu sumerisch Ešnunna, ›Heiligtum des Fürsten‹, umgedeutet. Das Problem der Toponymie besteht im übrigen auch in Nordbabylonien, wo sich ebenfalls die Namen der größeren Städte weder sumerisch noch semitisch deuten lassen. Der Ortsname Babilla wurde akkadisch zu Bāb-ilim, ›Tor des Gottes‹, umgedeutet; die gräzisierte Form lautet Babylon.
Unbekannt ist bisher, aus welcher Stadt der erste uns bekannte Träger des Prestigetitels ›König von Kiš‹, Mesalim, stammt. Der Name Mesalim ist wahrscheinlich semitisch. Die Königsliste führt Mesalim nicht unter den Königen der I. Dynastie von Kiš auf. Mesalims Schutzgott war der in Dēr an der iranischen Grenze (beim heutigen Bedre) verehrte Istaran oder Sataran. Daraus läßt sich allerdings nicht mit unbedingter Sicherheit ableiten, daß Mesalim selbst aus einem Gebiet der iranischen Randzone kam. Inschriften des Königs sind aus Adab in Mittel- und Lagaš in Südbabylonien bekannt. Da dort zugleich lokale Herrscher mit dem Titel *ensi* regierten, müssen wir annehmen, daß Mesalim die Oberherrschaft über diese Städte ausübte. Als Schiedsrichter hat Mesalim in einen Grenzstreit zwischen den Rivalenstädten Lagaš und Umma eingegriffen, ein Ereignis, das noch bei Eanatum und Entemena von Lagaš seinen Widerhall findet.
Herrscher des südbabylonischen Ur treten uns zuerst in der Schicht der berühmten Königsgräber dieser Stadt entgegen. Die Gräber sind jünger als die archaischen Tafeln von Ur, die wiederum älter sind als Mebaragesi und deren Schrift eine Mittelstellung zwischen der Schrift von Uruk III-Ǧemdet-Naṣr und der von Šuruppak einnimmt. Inschriften auf Grabbeigaben nennen die Könige Meskalamdug und Akalamdug und die Königin Pū'abi[41]. Die Königsgräber von Ur beweisen, daß die frühdynastische Zeit die Sitte kannte, den Herrscher oder ein Mit-

Abb. 15: Standarte von Ur: ›Friedensseite‹

glied des Herrscherhauses zusammen mit seinem Anhang zu bestatten. In einer der Grabkammern fanden sich nicht weniger als 80 Gefolgsleute. Die einzige bisher bekannte Parallele stammt aus Kiš; hier läßt die Beisetzung mehrerer Personen in einem Grabe wohl ebenfalls auf Dienerbestattungen schließen. Die Namen der Könige in den Gräbern von Ur sind gut sumerisch. Man wird daher kaum – trotz der Seltenheit des Phänomens – an den Import landesfremder Sitte denken. Das Grabinventar ist von außerordentlicher Pracht: Gefäße, Siegel, Möbel mit Einlegearbeiten, Musikinstrumente, Gespanne u. a. m., und mit Gold und Silber ist nicht gespart. Für die Kenntnis von Kunst und Kunsthandwerk der Periode Frühdynastisch III sind die Gräber von Ur daher eines der bedeutendsten Zeugnisse.

Die Erinnerung der sumerischen Königsliste reicht, was Ur betrifft, nicht bis in die Zeit der Königsgräber zurück, ist also, mit Kiš oder Uruk verglichen, nicht sehr alt. Mesanepada (ca. 2490) eröffnet die erste in der Königsliste genannte Dynastie von Ur. Er war, wie seine Inschriften zeigen, ›König von Kiš‹ und trat folglich – vielleicht als erster Herrscher des Südens – mit dem Anspruch auf die Hegemonie in Babylonien auf. Ur zählt dank seiner günstigen geographischen Lage zu den bedeutendsten Städten Babyloniens. Als Hafen an einer dem Persischen Golf vorgelagerten Lagune gebot die Stadt über den südlichen Überseehandel und damit über reiche Einnahmequellen. Importgüter kamen aus Tilmun (griech. Tylos, das heutige Baḥrain, möglicherweise mitsamt dem gegenüberliegenden arabischen Küstenland), einem uralten Umschlaghafen, und weiter aus Magan und Meluḫḫa (s. oben S. 49 f.). Der Besitz von Ur lag daher im Bestreben aller anspruchsvollen Staatenbildungen in Babylonien. Auf Mesanepadas Söhne folgten in Ur zwei Könige mit akkadischen Namen, Elulu und Balulu. Ihre Regierung fällt etwa in die Zeit von Eanatum bis Entemena von Lagaš.

Stadtgeschichte und babylonische Geschichte aus der Sicht eines der zahlreichen Stadtstaaten der Periode Frühdynastisch III können wir bisher nur – mit Einschränkung – im Falle von Lagaš schreiben. Nur hier ist eine längere Herrscherreihe, von Urnanše bis Urukagina, mit ausführlicheren authentischen Inschriften bezeugt, und nur die Wirtschaftsarchive von Lagaš sind umfangreich genug, um einen näheren Einblick in die Struktur des Staates zu vermitteln. Es ist daher wenig sinnvoll, all die sonst aus den beiden Jahrhunderten vor Sargon bekannten Herrschernamen im einzelnen anzuführen und mehr oder weniger zufällig überlieferte Einzelfakten aneinanderzureihen. Zunächst wollen wir versuchen, die eigentümliche politische Situation Babyloniens während des historisch faßbaren Teils der frühdynastischen Zeit auf einen Nenner zu bringen.

Babylonien ist ein Land ohne natürliches Zentrum, das den Anspruch auf die Stellung einer Metropole hätte erheben können. Die einstmalige Hegemonie von Kiš läßt sich, wie oben gezeigt, vor allem aus dem Titel ›König von Kiš‹ erschließen. Die Vorrangstellung von Uruk gehört einer historisch kaum noch greifbaren Zeit an. Sie äußert sich vor allem im archäologischen Befund der Endzeit der frühgeschichtlichen Periode und in der Traditionsschwere des Titels *ēn* (s. unten S. 73 ff.). Zwar besaß Babylonien mit Nippur als Kultort des Gottes Enlil ein religiöses Zentrum, dessen Prestige niemals angefochten wurde; aber Nippur hatte als ruhender Pol keine eigene politische Macht. Nicht selten war es Zankapfel rivalisierender Stadtstaaten. Die geographische Beschaffenheit Babyloniens war dem Partikularismus in hohem Maße zuträglich. Die großen Städte, entstanden aus kleinen isolierten Siedlungen der vorgeschichtlichen Zeit, sind Bewässerungsoasen, getrennt durch Striche unbewässerten Landes, das, obwohl potentiell äußerst fruchtbar, ohne Wasserzufuhr Steppe blieb. Zwar wirkten die Hauptverkehrsadern und Verbindungswege zwischen den Städten, die Flüsse und großen Kanäle, der Tendenz zur Isolierung entgegen. Aber sie haben sich stets in höherem Maße als Handels- und im Kriegsfalle als Heeresstraßen bewährt denn als Mittel zum administrativen Zusammenschluß. So ist für Babylonien die Vielstaaterei bezeichnend, in der das Verhältnis der ›Staaten‹ zueinander sowohl die Form der Gleichberechtigung (›Bruderschaft‹ im Falle des Vertragsschlusses) wie der Über- und Unterordnung (Mesalims Oberherrschaft über Adab und Lagaš) hatte. Kurzbefristete Koalitionen ließen die politischen Konstellationen von Jahrzehnt zu Jahrzehnt wechseln. Dieses Bild läßt sich mit der Situation in der altbabylonischen Periode vergleichen, wenn auch vielleicht die Aufspaltung des Landes nicht die bisweilen grotesken Ausmaße des Jahrhunderts vor Hammurabi angenommen hat. Wir werden noch auf die Geschichte von Lagaš gleichsam als Musterfall der Periode Frühdynastisch III zurückkommen.

HERRSCHERTITEL, HERRSCHAFTSFORMEN UND SOZIALE VERHÄLTNISSE IN DER FRÜHDYNASTISCHEN ZEIT

Die Herrschertitulatur läßt in den historisch gut bekannten Perioden gewisse Rückschlüsse auch auf den Status zu, den ein Staatsgebilde einnahm. Zur Diskussion stehen drei Titel: *lugal*, sumerisch ›großer Mann‹, nach der akkadischen Entsprechung *šarrum* als ›König‹ wiederzugeben; *ēn*, etwa ›(Priester)herr‹; und *ensi*, konventionell mit ›Stadtfürst‹ übersetzt (das Wort enthält das eben genannte *ēn*, doch ist die exakte Bedeutung des Kompositums unklar). *Ensi* stand im Rang niedriger als *lugal* und *ēn*. *Ensi* nannte sich, sei es ein selbständiger Herrscher, der über eine Stadt samt ihrer näheren Umgebung regierte, sei es der in mittelbarer Abhängigkeit stehende Fürst. Die regionale Beschränkung des Titels *ensi* geht aus einer Inschrift Eanatums von Lagaš hervor, der sagt, daß er »zusätzlich zum Ensitum von Lagaš das Königtum von Kiš« besessen habe. Die Herrscher von Umma nannten sich in ihren eigenen Inschriften *lugal*, wurden aus der Sicht von Lagaš aber nur als *ensi* betitelt. Auch hier zeigt sich die Abstufung. *Lugal* ist der Herrschertitel *par excellence*, wie ihn die sumerische Königsliste kennt. *Nam-lugal* ist das ›Königtum‹ als Herrschaftsform. *Lugal* mit einem Namen verbunden begegnet uns zuerst in Kiš und Ur (Mebaragesi, Meskalamdug); aber die Zeichenverbindung ist schon in der Uruk III-Ǧemdet-Naṣr-Zeit belegt. Im Gegensatz zu *lugal* und *ensi* ist der Titel *ēn* als Herrschertitel (zum Priestertitel *ēn* s. unten) auf die Stadt Uruk beschränkt. Enmerkar, Lugalbanda und Gilgameš werden in der Epen- und Hymnenliteratur als ›*ēn* von Kulaba‹ (Kulaba ist ein Teil von Uruk) bezeichnet, ebenso in der Königsliste Meskianggašer, der Ahnherr der I. Dynastie von Uruk, und wieder Gilgameš. Bezeichnend für die Assoziation von *ēn* und Uruk ist die Aussage des Königs Lugalkingenešdudu (etwa Anfang des 24. Jahrhunderts), daß er das ›En-tum‹ *(nam-ēn)* über Uruk und das ›Königtum‹ *(nam-lugal)* über Ur ausgeübt habe. Nur einmal, bei Enšakušana von Uruk (etwa Ende des 25. Jahrhunderts) kommt ›*ēn* von Sumer‹ vor. Epigraphisch ist *ēn* älter bezeugt als *lugal*. Das Schriftzeichen findet sich bereits in den Texten der Schicht Uruk IV a, d. h. zur Zeit der archaischen sumerischen Hochkultur. Dafür, daß der *ēn* außerhalb von Uruk ein hohes Prestige genoß, spricht ein Personenname in Satzform, »Der-*ēn*-erfüllt-Kulaba«, auf einer Tafel aus dem archaischen Ur.

Als Priester-, nicht als Herrschertitel erscheint *ēn* dagegen häufig in Ur (seit der Akkade-Zeit). Hier handelt es sich um die oberste Priesterin des Mondgottes Nanna, des Stadtgottes von Ur. Wenn der *ēn* von Uruk Herrscher in einer Stadt mit Hauptgöttin, Inanna, war, so ergibt sich daraus folgendes: *En* stand in einem polaren Verhältnis zum Geschlecht der Stadtgottheit[42]. Der *ēn* von Uruk-Kulaba dürfte denn auch ursprünglich stärker einer kultischen Funktion verhaftet gewesen sein als der *lugal*. So ist der ›Mann im Netzrock‹ auf den Rollsiegeln der Schicht Uruk IV, der in priesterlicher Funktion dargestellt wird, mit dem *ēn* zu identifizieren (s. oben S. 55). Bedeutsam für Uruk ist aber, daß das oberste Priesteramt mit dem des Stadtherrschers zusammenfiel, so daß dem *ēn* zugleich auch die Führung des Heeres oblag.

Gerade der ›weltliche‹ Aspekt des *ēn* tritt in den Epen von Lugalbanda und Gilgameš hervor. In einer Stadt wie Ur oder Girsu (Hauptort des Staates Lagaš) vereinigten *lugal* oder *ensi* vielleicht nicht von vornherein die oberste kultische und ›weltliche‹ Funktion in einer Person. Unter Entemena von Lagaš kennen wir in Girsu einen *sangu* genannten obersten Priester des Stadtgottes Ningirsu, der neben dem *ensi* stand. Allerdings ist das ein relativ später Beleg (Ende des 25. Jahrhunderts).

Für den ursprünglichen Vorrang von *ēn* vor *lugal* (und damit für das höhere Alter des Titels *ēn* in Uruk) spricht wohl, daß unter sumerischen Götternamen solche, die mit *ēn* zusammengesetzt sind (z. B. Enlil ›Herr Windeshauch‹), älter sind als mit *lugal* zusammengesetzte Namen. Weiter kompliziert wird die Frage nach der Abgrenzung der Bereiche von *ēn* und *lugal* nun dadurch, daß die Tradition der sumerischen Literatur (Königsliste, Epos, Hymnus) bei einem Herrscher wie Mebaragesi von Kiš (Stadtgott Zababa) nachträglich den Titel *ēn* in den Königsnamen eingefügt hat: Enmebaragesi. Diese Frage läßt sich vorläufig nicht beantworten.

Auf der anderen Seite lehren die Texte und Bilddenkmäler der historischen Zeit aber auch, daß der *lugal* oder *ensi* genannte Herrscher im kultischen Geschehen keineswegs abseits stand. Eine Reliefplatte des Urnanše von Lagaš (Titel *lugal*) zeigt den König mit dem Tragkorb auf dem Haupt, der seine Prärogative beim Tempelbau symbolisiert. Von den Königen von Ur III gibt es zahlreiche Kanephorenstatuetten als Gründungsbeigaben in Tempeln. Nach der Tempelbauhymne des Gudea von Lagaš (etwa 2144–2124) legte der *ensi* den ersten Ziegel für den zu erbauenden Tempel in die Ziegelform.

Im Gegensatz zur Akkade-Zeit gibt es für die frühdynastische Periode noch keinen Beleg für die Vergöttlichung des Herrschers, wenn wir den Fall der posthumen Vergöttlichung (Lugalbanda und Gilgameš von Uruk) ausnehmen. Dagegen findet sich bei Mesalim und bei Eanatum von Lagaš das älteste Zeugnis für die sog. Gotteskindschaft: Mesalim nennt sich in einer Inschrift »geliebter Sohn der Ninḫursanga« (Name der sumerischen Muttergöttin) und Eanatum »hat die rechte Milch der Ninḫursanga getrunken«. Das bedeutet aber nicht, daß der Herrscher sich selbst als göttliches Wesen ansah. Ebensowenig haben wir den sicheren Beweis dafür, daß die frühdynastische Zeit schon das Ritual der Heiligen Hochzeit *(hieros gamos)* gekannt hat. Der älteste literarische Beleg stammt erst aus der Zeit des Iddindagan von Isin (1974–1954). Dieses Ritual wurde vom Herrscher und der Königin oder der *ēn*-Priesterin vollzogen und bezweckte, Fruchtbarkeit des Landes, Gedeihen der Ernte, Herdenreichtum und günstige Flutwasserverhältnisse für die Bewässerung her-

Abb. 16: Urnanše-Relief

abzubeschwören. Allerdings setzt die sumerische literarische Überlieferung erst spät ein (ältester Mythentext aus der Akkade-Zeit), und ein hohes Alter des Rituals liegt durchaus im Bereich des Möglichen.
Zusammenfassend läßt sich zu dem schwierigen Komplex der Herrschertitulatur sagen: Anfangs sind ortsgebundene Titel anzunehmen, *ēn* im Uruk der Blütezeit der sumerischen Hochkultur und bis in die Periode Frühdynastisch II hinein, *lugal* oder *ensi* in anderen Städten. Die stärker kultisch gebundenen Funktionen des *ēn* griffen auch auf den *lugal* und *ensi* über, wie umgekehrt der *ēn* von Uruk-Kulaba als Herrscher auch ›weltliche‹ Aufgaben zu versehen hatte. In der Periode Frühdynastisch III setzt sich auch in Uruk der Titel *lugal* durch, und *ēn* ist von nun an nur noch Priestertitel.
Sitz des *lugal* und *ensi* war der ›Palast‹ (sum. älter *hai-kal*, jünger *ê-gal*), wörtlich das ›große Haus‹. Der älteste Beleg für das Wort stammt aus den archaischen Texten von Ur. Archäologisch sind die ältesten, ihres Grundrisses wegen sicher als Palast, nicht als Tempel zu identifizierenden Gebäude in Eridu (Frühdynastisch II/III) und Kiš (Frühdynastisch II) nachzuweisen. Sitz des *ēn* von Uruk war, wenn wir der literarischen Überlieferung folgen, ein *gipar* genannter Teil des Tempels. Das *gipar* war in anderen Städten Wohnsitz der *ēn*-Priesterin. Diese Wohnung trägt der kultischen Funktion des *ēn* Rechnung. Sie muß allerdings auch den ›weltlichen‹ Bedürfnissen entsprechend ausgebaut gewesen sein. Nach dem Epos ›Enmerkar von Uruk und der *ēn* von Aratta‹ empfing der Herrscher von Uruk seinen Boten in dem Hof, der zum Thronsaal des Tempels gehörte. Das akkadische Wort für den ›Palast‹, *êkallum*, ist ein Lehnwort aus dem Sumerischen. Es wurde um die Wende vom 3. zum 2. Jahrtausend auch von den Semiten Syriens rezipiert. Wenn das Wort im Ugaritischen, Hebräischen und Aramäischen bald ›Palast‹, bald ›Tempel‹ bedeutet, ist das allerdings eine außermesopotamische Bedeutungsentwicklung, die keinerlei Rückschluß auf die Bedeutung von sumerisch *hai-kal* zuläßt.
Unsere – noch in vieler Hinsicht mangelhafte – Kenntnis der inneren Struktur eines frühdynastischen ›Staates‹ und seiner sozialen Verhältnisse beruht auf Tontafelarchiven sowie außerhalb von Archiven gefundenen Tafeln, die bisher aus folgenden Städten Babyloniens bekannt sind: Ur, Šuruppak, Lagaš, Umma, Adab, Nippur und Kiš. Allerdings wird die nähere Ausdeutung dieser Schriftdenkmäler um so schwieriger, je weiter wir uns von den Lagaš-Archiven der Zeit zwischen Entemena und Urukagina und den mit ihnen zeitgenössischen Tafeln aus Umma und Adab in die Vergangenheit zurückbegeben. Viele der Schriftzeichen harren noch der Deutung. Der Sinneszusammenhang

wird um so schwerer verständlich, je weniger die Schrift grammatische Elemente ausdrückt, die es erst ermöglichen, die syntaktischen Verhältnisse im Text zu erkennen. Denn die sumerische Schrift hat eine Entwicklung mehrerer Jahrhunderte gebraucht auf dem Wege von einem Anfangsstadium, in dem man nur den Wortstamm ohne Präfixe und Suffixe schrieb, bis zur vollen Ausbildung einer Schreibweise, die alle grammatischen Elemente berücksichtigte. Die dem Wortstamm voran- oder nachgesetzten Präfixe und Suffixe sind es, die in einer ›agglutinierenden‹ Sprache wie dem Sumerischen die grammatischen Verhältnisse ausdrücken: Kasus, Numerus, Zeitlage, Person usw. Noch im Archiv von Šuruppak (26. Jahrhundert) kann das Wortzeichen für ein Nomen jeden beliebigen Kasus implizieren. Für den, der mit den aufgezeichneten Vorgängen vertraut war, genügte eine so knappe Darstellung des Gesprochenen; für uns zieht sie aber erhebliche Interpretationsschwierigkeiten nach sich.

Der älteste identifizierbare Urkundentypus, von dem einige Exemplare noch aus der Periode Frühdynastisch II stammen, sind Feldkaufverträge, die auffälligerweise nicht auf Ton-, sondern auf Steintafeln geschrieben sind. Man bediente sich der wertvolleren und schwer zu beschädigenden Schreibunterlage offenbar entsprechend der Bedeutung, die man der Transaktion zumaß. In der überwiegenden Mehrzahl stammen diese Urkunden aus dem akkadischen Sprachbereich. Es kommen häufig akkadische Personennamen vor, und wir finden Ansätze, akkadische Sprache zu schreiben. Verkäufer sind zumeist nicht Einzelpersonen, sondern Familien oder Clans. Die Steinurkunden sind nicht im Archivzusammenhang gefunden worden, was sich aus ihrem privatrechtlichen Charakter erklären läßt. Das älteste mit einigem Vorbehalt ausdeutbare Archiv ist das von Šuruppak in Mittelbabylonien (Anfang Frühdynastisch III). Hier können wir u. a. Personenlisten identifizieren, die den Empfang von Rationen oder die Zuweisung von Landparzellen (Dienstentschädigung) registrieren, oder Listen über den Viehbestand. An privatrechtlichen Urkunden sind – diesmal auf Tontafeln – Haus- und Feldkaufverträge bezeugt. Auffällig ist in bestimmten Verwaltungsurkunden die häufige Nennung von Personen aus anderen Städten Babyloniens und die mehrfache Erwähnung des Wortes ›Schlacht‹. Man hat daher vermutet, das Archiv habe hauptsächlich die militärische Verwaltung eines Palastes zum Gegenstand[43]. Aus der Produktion der Schreiberschule von Šuruppak liegen Wortlisten vor (eine Textkategorie, die sich bis auf die archaischen Tafeln der Schicht Uruk IV zurückverfolgen läßt), mehrere Götterlisten, die religionsgeschichtlich sehr aufschlußreich sind, und Schreiberübungen. Diese können wir z. T.

als eine Vorform von ›Literatur‹ bezeichnen (Sprichwörter, Beschwörungen, Sätze aus mythischem Zusammenhang).
Ein nach dem heutigen Stand der Sumerologie befriedigend interpretierbares Material liefern aber erst die Archive von Girsu (Bezirk Lagaš). Aus ihrem Befund hat man weitgehende Rückschlüsse auf die Organisation anderer gleichzeitiger wie älterer sumerischer Städte gezogen. Sie führen uns das Bild einer umfangreichen, komplizierten und bürokratisch durchorganisierten Verwaltung vor Augen. Sie haben den Kult in den Tempeln zum Gegenstand: Opfer, Feste; die Bewirtschaftung der Tempeldomänen: Getreidewirtschaft und Gemüsebau, Tempelherden, Einlieferung von Opfervieh, Schafschur; das Fischereiwesen: Binnen- und Meeresfischerei; das Handwerk und den Handel: Lieferung ausländischer Erzeugnisse durch in staatlichem Auftrag handelnde Kaufleute; schließlich Abrechnung über die Entlohnung des Personals. Oberste, häufig als Empfänger von Leistungen genannte Instanz war der *ensi* bzw. beim Tempel der Stadtgöttin die Gemahlin des *ensi*. Texte, die über die privatwirtschaftlichen – nicht privatrechtlichen – Verhältnisse Auskunft geben, sind bisher nicht bekannt. Archive über größere Gutsbetriebe in privater Hand gibt es erst in der altbabylonischen Zeit.
An privatrechtlichen Urkunden der Periode Frühdynastisch III sind außer den oben erwähnten Steintafeln bezeugt: Kaufurkunden (Häuser, Sklaven, Felder), Immobilientausch, Erbteilung, Schenkung, Verpflichtungsschein (Darlehenswesen), Bürgschaft, Protokolle über das Flußordal (der älteste Hinweis auf das Ordal als Mittel der Rechtsentscheidung), Gerichtsurkunden (Anfechtung einer Schuld; gerichtliche Feststellung einer Schuld). In ihrer Mehrzahl stammen diese Urkunden ebenso wie die Archive von Girsu aus den letzten zwei oder drei Generationen vor der Akkade-Zeit.
Der ständige Bezug der Verwaltungsurkunden auf die Tempel und die stattliche Anzahl von Personen, die als Kultpersonal, Handwerker, Arbeiter, aus der Bevölkerung rekrutierte Dienstverpflichtete genannt sind, haben für ein Staatswesen wie Lagaš den Begriff ›sumerische Tempelstadt‹ prägen lassen[44]. Die Schätzungen über den Umfang der Ländereien, die zu einzelnen Tempeln gehörten, sowie des Gesamtterritoriums eines Staates wie Lagaš (ca. 3000 km^2)[45] gehen ziemlich weit auseinander und lassen noch keine wirklich sichere Vorstellung gewinnen. Immerhin wird klar, daß ein beträchtlicher Teil des bewirtschaftungsfähigen Landes in der Hand der Tempel war. Zu diesem Befund paßt, daß im Gegensatz zum semitischen Norden Babyloniens im Süden nur sehr vereinzelt Verträge über den Kauf von Ackerland überliefert sind. Die wenigen aus dem Süden

bekannten Beispiele sind Kontrakte aus Girsu, in denen Herrscher oder Mitglieder des Herrscherhauses als Käufer auftreten. Das bedeutet nicht, daß Landeigentum in privater Hand ausgeschlossen war; aber die Seltenheit der Kontrakte ist ebenso bezeichnend wie – zumindest nach dem bisherigen Befund – der Käuferkreis. Handelt es sich doch nicht um die Eigentumsübertragung von einer Privatperson an eine andere. Nicht als Privateigentum gelten Ackerparzellen, die als Dienstentschädigung vergeben wurden, aber unveräußerlich waren (sog. ›Nahrungslos-Felder‹). Erst in der Zeit nach Lipiteštar von Isin (1934 bis 1924) finden wir auch in Südbabylonien Landkaufverträge in größerer Zahl. Wenn wir uns in der Beurteilung der Urkundenüberlieferung nicht gründlich täuschen – angesichts der großen Zahl bisher entdeckter präsargonischer Tontafeln möchte man den Befund nicht für rein zufällig halten –, besagt das wohl, daß einer der wesentlichen Traditionsunterschiede zwischen Sumerern und Semiten im Zweistromland in der Verbreitung des privaten Landeigentums bestand.

Das sumerische Tempelland befand sich *idealiter* im Eigentum der Stadtgottheit. Daß Beanspruchung von Tempelland durch den Herrscher, Säkularisierung, verpönt war, lehren die sog. Reformtexte des Urukagina von Lagaš (um 2360). Es heißt, daß Urukagina »im Hause des *ensi*, auf dem Felde des *ensi*, den Eigentümer Ningirsu (wieder) einsetzte« (entsprechende Vermerke über die Stadtgöttin Baba und den Sohn des Stadtgötterpaares, Šulšagana). Urukaginas Restauration bot Übergriffen früherer Herrscher Einhalt, die sich am Gottesvermögen bereichert hatten. Leider ist über die Stellung Urukaginas zu der bis Urnanše hinaufreichenden Dynastie nichts bekannt. Es ist nicht ausgeschlossen, daß sein Reform- und Restaurationsbestreben dem Rechtfertigungsbedürfnis eines Usurpators entsprang.

Aussagen über die Zusammensetzung und soziale Schichtung der Bevölkerung in einem weitgehend tempelgebundenen Staatswesen sind schwer. Mit Begriffen wie ›Freie‹, ›Minderfreie‹ (die in den Texten nicht als solche benannt sind!) werden wir der Ordnung kaum gerecht. Das zuerst bei Urukagina bezeugte sumerische Wort, das wir mit ›Freiheit‹ wiedergeben, weil es in Verträgen den Zustand eines von seinem Herrn freigelassenen Sklaven kennzeichnet, heißt *ama-r-gi*, wörtlich ›zur Mutter *(ama)* zurückkehren (lassen)‹. Vielleicht bezog es sich ursprünglich auf die Freilassung einer Person, die in Schuldsklaverei geraten war. Urkundlich ist der Kindsverkauf zuerst in der Akkade-Zeit nachzuweisen. Charakteristikum für die ›Freiheit‹ wäre also das Leben im eigenen Familienverbande, das ja dem im fremden Haushalt arbeitenden Sklaven vorenthalten war. Dagegen bedeutet Weisungsbefugnis des Staates in der Person

des Herrschers keine Herabminderung zur Minderfreiheit oder Unfreiheit. Wir dürfen nicht unsere modernen Maßstäbe anlegen. Über eine solche Weisungsbefugnis aber gebot der Herrscher. Ein Passus aus der Tempelbauhymne des Gudea von Lagaš beschreibt, wie der *ensi* seine Stadt »wie einen Mann« zur Arbeit beim Neubau des Ningirsu-Tempels aufbot. Bei wörtlicher Interpretation würde das bedeuten, daß der Herrscher bei Arbeiten von großem Umfang, die im gemeinsamen Interesse der Stadt lagen, wie Monumentalbauten, Befestigungen, Anlage und Pflege der Bewässerungskanäle, die gesamte Bevölkerung rekrutieren konnte, wenn man die Priesterschaft und die Verwaltungsbeamten ausnimmt. Über eine Bevölkerungsschicht mit privilegierter Sonderstellung ist aus Texten nichts bekannt.
Sumerische Termini für beruflich nicht spezialisierte Gruppen, die wir aber nicht ohne weiteres als soziale Klassen bezeichnen dürfen, sind *eren*, *guruš* und *šub-lugala*. *Eren* ist der Dienstverpflichtete, der zu öffentlichen Arbeiten oder zum Kriegsdienst herangezogen wurde. Die aus der altbabylonischen Zeit bekannte akkadische Entsprechung *ṣābum* hat den gleichen Bedeutungsbereich. *Guruš* ist von Hause aus Altersbezeichnung und meint den erwachsenen, voll leistungsfähigen Mann. Sodann kommt das Wort auch in der allgemeineren Bedeutung ›Arbeiter‹ vor; es wechselt im Anwendungsbereich z. T. mit *eren* und war vielleicht der weitere, umfassendere Begriff. *Šub-lugala* ist bisher nur in den Reformtexten Urukaginas belegt. Aus der wörtlichen Übersetzung ›dem König Unterworfener‹ läßt sich nichts Spezifisches entnehmen, solange bezeichnende Belege fehlen. Es wäre voreilig, hier an Personen von minderem Freiheitsstatus zu denken.
Vorstellungen über das Ausmaß, in dem man auf die Arbeit von Sklaven zurückgriff, geben erst die Girsu-Archive vom Ende der frühdynastischen Zeit. Der Tempel der Göttin Baba beschäftigte nach einer Urkunde 188 Sklavinnen, der der Nanše 180. Die sumerischen Wortzeichen für ›Sklave‹ und ›Sklavin‹, ›Mann + Fremdland‹ bzw. ›Frau + Fremdland‹, deuten an, daß die Sklaven zunächst Landesfremde, also Kriegsgefangene oder Verschleppte waren. Bei den Personen, die in den Sklavenkaufverträgen genannt sind, handelt es sich, wie aus den Namen zu ersehen, dagegen um Landeskinder. Sklavinnen wurden mit Vorliebe in der Wollindustrie (Weberei) und in den Mühlen angestellt. Belege für das Sklavinnenkonkubinat gibt es erst aus der altbabylonischen Zeit. Das uns überlieferte sumerische Wort für den ›Sklaven‹ ist ein semitisches Lehnwort, das für die ›Sklavin‹ dagegen echt sumerisch (das Wortzeichen für ›Sklavin‹ ist schon in den Texten der Schicht Uruk IV a belegt). Weshalb wurde ein doch wohl anzunehmendes älteres sumerisches Wort

›Sklave‹ durch das Lehnwort verdrängt? Vielleicht hat man das Lehnwort zu Beginn der frühdynastischen Zeit übernommen, als Angehörige der einwandernden akkadischen Schicht als Sklaven in sumerisches Milieu verpflanzt wurden. Von Interesse ist, daß die Selbstbezeichnung des Untertanen gegenüber dem Herrscher oder des Gläubigen gegenüber der Gottheit als ›Sklave‹ auf semitische Vorstellungen zurückzugehen scheint. Die Sklaven stellen die einzige Bevölkerungsklasse dar, die wir mit Sicherheit als ›Unfreie‹ definieren können — insofern, als sie einen Eigentümer hatten, der sie verkaufen, verschenken oder vererben konnte.

Wir dürfen bei der Besprechung von Herrschertiteln und Herrschaftsformen die in den letzten beiden Jahrzehnten aufgekommene Diskussion der Frage nicht übergehen, ob die frühdynastische Zeit neben der Autokratie des Herrschers auch Institutionen gekannt hat, die die Bevölkerung oder bestimmte Schichten der Bevölkerung an der Herrschaft teilnehmen, mitbestimmen ließ. Ausgangspunkt der Diskussion ist das Vorkommen von Ausdrücken für die ›Versammlung‹ und für die ›Stadtältesten‹, besonders ein Passus im sumerischen Epos von Gilgameš und Aka. Gilgameš legte, als Boten von Kiš erschienen, die Frage ›Krieg oder Unterwerfung‹ nacheinander der ›Versammlung der Stadtältesten‹ und der ›Versammlung der jungen Männer *(guruš)*‹ vor. Die Alten rieten zum Nachgeben, die Jungen drängten zum Kampf. Man hat versucht, den Vorgang als ein Plebiszit zu deuten[46]. Aber es handelt sich wohl um einen Topos, der die königliche Hybris beschreibt[47]. Daß es Versammlungen gab, ist aber nicht zu bezweifeln; nur dürfen wir sie nicht als irgendeine Vorform der Demokratie auffassen. Die mythologische Ratsversammlung der Götter war sicher ein in die himmlische Sphäre projiziertes Bild der irdischen Versammlungen. Doch zeigt gerade das Funktionieren der Götterversammlung, daß es üblich war, Vorschlägen des Versammlungsleiters, der allerdings bemüht sein müßte, die Meinung der Mehrheit zu treffen, mit einem »so sei es!« zu akklamieren. Man wird die Versammlung also zumindest als ein gewisses Regulativ der öffentlichen Meinung betrachten. Sinn und Zweck der ›Versammlung‹ dürfte es vor allem gewesen sein, Fragen der Organisation und der Rechtsprechung vorzubringen und Weisungen entgegenzunehmen. In der Ur III-Zeit wurde das sumerische Wort *unken*, ›Versammlung‹, durch ein akkadisches Lehnwort, *puḫrum*, mit gleicher Bedeutung, ersetzt.

LAGAŠ UND UMMA. LUGALZAGESI ALS VORBOTE DES REICHES VON AKKADE

Glückliche Fundumstände setzen uns in die Lage, einen Teil der frühdynastischen politischen Geschichte auf dem lokalen Sektor zweier benachbarter Territorien, Lagaš und Umma, genauer zu verfolgen. Auf der Seite von Lagaš liegen seit Urnanše zahlreiche Königsinschriften vor, die z. T. sehr ausführlich gehalten sind und Synchronismen mit den Königen von Umma ermöglichen. Vor König Urnanše ist ein König Enḫengal aus einer Steintafel bekannt, einem Kontrakt, demzufolge der König Ländereien aufkaufte. Eine Inschrift Mesalims nennt einen *ensi* von Lagaš, der eine oder zwei Generationen vor Urnanše regiert haben dürfte. Die Geschichte des Konfliktes zwischen Lagaš und Umma ist, da aus der Sicht von Lagaš beschrieben, natürlich tendenziös gefärbt. Der Streit der Rivalenstädte um den Verlauf der gemeinsamen Grenze, die Nutzung der gemeinsamen Wasserader und um den Besitz des Steppen- und Weidegebietes Gu-edena, ›Rand des Eden‹[48], geht in die Zeit vor Mesalim zurück. Mesalim hat als Oberherr beider Städte erstmals den Streit geschlichtet und den Grenzverlauf diktiert. Mit wechselndem Kriegsglück ausgefochten, pflanzte sich der Streit von Generation zu Generation fort, bis zur Zeit des Lugalzagesi von Umma Lagaš von den feindlichen Truppen verheert und seine Heiligtümer geplündert wurden. Erst im Reich von Akkade war die Rivalität erloschen.

Eine hervorragende Gestalt der Urnanše-Dynastie ist Eanatum (um 2460), der den Titel ›König von Kiš‹ annahm, sich in einigen Inschriften aber auch nur ›*ensi* von Lagaš‹ nennt. Das Bild seiner Kämpfe mit Ur, Uruk, Kiš, Akšak (Nordbabylonien) und sogar Mari, das einen Vorstoß nach Babylonien unternommen hatte, bietet zwar nur einen Ausschnitt aus dem Spiel von Koalition und Gegeneinander babylonischer Staaten. Eanatums über den Durchschnitt hinausragende Stellung, die seinen Anspruch auf den Titel von Kiš begründete, wird jedoch aus dem Gesamtbild seiner Inschriften deutlich. Für seinen Gott Ningirsu (die Idee des im Auftrage der Gottheit handelnden Herrschers) unterwarf er Elam, den traditionellen Feind der Babylonier, und er nahm den Titel ›der alle (Fremd)länder unterwirft‹ an. Hauptdenkmal der Siege Eanatums ist die berühmte Geierstele, eine zweiseitig bearbeitete Reliefstele. Die eine Seite stellt den König auf seinem Streitwagen und seine Phalanx dar, die andere Seite den Gott Ningirsu, der in einem riesigen Netz die gefangenen Feinde in der Hand hält. Bezeichnend für die Kurzlebigkeit der ›Königtümer von Kiš‹ ist es, daß die Nachfolger Eanatums wieder den Titel *ensi* führten. Immerhin sind Inschriften Eanatums I. in Ur und Uruk und von dessen Nachfolger Entemena in Ur und Badtibira gefunden worden. Diese Städte befanden sich also weiter unter der Botmäßigkeit von Lagaš. Sonst beschränkte sich die ›Außenpolitik‹ auf den Kampf gegen Umma. Ein für die Koalitionspolitik der Epoche bezeichnendes Dokument ist eine Bauinschrift Entemenas, in der erwähnt wird, daß Entemena und der *ensi* Lugalkingenešdudu von Uruk (die sumerische Königsliste führt ihn als *lugal*, ›König‹) Bruderschaft miteinander schlossen.

Ein rechts- und sozialgeschichtlich höchst bedeutendes Werk sind die schon erwähnten Reformtexte des Urukagina von Lagaš. In teilweise voneinander abweichender Redaktion sind sie in verschiedene Bauinschriften des Königs eingefügt. Konfrontiert werden alte verworfene Bräuche und die von Urukagina »auf Geheiß Ningirsus« durchgeführte neue Ordnung. Hauptanliegen ist, Prärogativen rückgängig zu machen, die sich der Herrscher und seine Familie gegenüber dem Stadtgott angemaßt hatten: Beanspruchung von Tempelland für den Palast; Beschäftigung von Tempelpersonal im Palast. Ferner wird Übergriffen der Beamtenschaft gesteuert. So werden Gebühren für Amtshandlungen (z. B. Bestattungen) reduziert und neu festgesetzt. Die Ausbeutung des sozial Schwachen und im Rang Untergeordneten durch den Wohlhabenden oder Vorgesetzten (Zwang zu ungünstigem Verkauf von Hausgrundstücken oder Vieh) wird verboten. Die Bewohner von Lagaš werden aus einer Reihe von Schuldverhältnissen befreit, und es wird ihre ›Freiheit‹ dekretiert. Unter die Reformen, die die Familienverhältnisse betreffen, fällt die Abschaffung der Dyandrie (einer Ehe einer Frau mit zwei Männern). Hier spielt Urukagina wohl auf Relikte der in der sumerischen Gesellschaft einmal vorhandenen Polyandrie an, die den Zeitgenossen als anstößig galt. Schließlich begegnen wir bei Urukagina der in den Rechtsdekreten der folgenden Jahrhunderte immer wiederkehrenden Selbstprädikationen des Herrschers als Schützers der Witwen und Waisen. Die Reformtexte stehen mit einer Reihe von Maßnahmen, vor allem der Steuererleichterung und – wenn der betreffende Passus richtig gedeutet ist – der Schuldentilgung am Anfang einer großen Anzahl königlicher Edikte, die eine durch Spekulation oder infolge unglücklicher wirtschaftlicher Verhältnisse periodisch wiederkehrende drohende Verarmung und hoffnungslose Verschuldung großer Teile der Bevölkerung aufzuhalten suchte, teils mit einmaligen, teils mit für die Dauer bestimmten Schutzmaßnahmen. Leider ist gerade über die privaten Verhältnisse der Bevölkerung, auf die die Reformtexte anspielen, aus sonstigen zeitgenössischen Urkunden nichts bekannt.

Die letzte große Gestalt des sumerischen Südens vor seiner Eroberung durch Sargon von Akkade ist Lugalzagesi. Nach dem

Namen seines Vaters, Bubu, zu schließen, war er akkadischer Herkunft. Bubu war ›Ekstatikerpriester‹ (konventionelle Deutung des sumerischen Wortes) der Göttin Nisaba von Umma gewesen, und dieses Amt hatte auch sein Sohn inne. Lugalzagesi hat zunächst die Herrschaft in Umma usurpiert. Wie Urukagina in Lagaš schließt Lugalzagesi genealogisch nicht an die vor ihm regierende Dynastie an.
Lugalzagesi versetzte dem Staat von Lagaš einen schweren Schlag, als er die Stadt Lagaš zerstörte und die Tempel verwüstete. Sein Gegner Urukagina führt in einer Inschrift bewegte Klage über diesen Kultfrevel. Mit den Worten »Diese Vergehen, die Lugalzagesi, der *ensi* von Umma, begangen hat, möge seine Göttin Nisaba auf ihrem ›Nacken‹ tragen« richtet Urukagina seinen erbitterten Vorwurf an die Stadtgöttin von Umma. Durch seinen Sieg schuf sich Lugalzagesi die Ausgangsbasis für seinen Aufstieg. Von Umma aus usurpierte er die Herrschaft in Uruk, wo er den Titel ›König von Uruk und König des Landes Sumer‹ annahm. Aus der großen Inschrift Lugalzagesis, der einzigen Quelle für seine Karriere, spricht ein neuer Geist. Mit seinen Epitheta bezieht sich der König auf die Hauptgötter der von ihm beherrschten größeren Städte in Sumer; er überschreitet damit den Horizont des Stadtstaates in viel eindeutigerer Weise, als es frühere Herrscher mit dem ideellen Titel ›König von Kiš‹ taten. So nennt er sich ›Reinigungspriester des An‹ (Uruk), ›Alt-ensi des Enlil‹ (Nippur), ›Großwesir des Su'en‹ (Mondgott von Ur; akkadischer Name des Nanna), ›Statthalter des Utu‹ (Sonnengott von Larsa). Auch Adab und Eridu fielen in seinen Herrschaftsbereich. »Vom Unteren Meer (= Persischer Golf) entlang dem Euphrat und Tigris bis zum Oberen Meer (= Mittelmeer) ließ Enlil alle Länder geradewegs zu ihm gehen.« Hier ist zum ersten Mal die Weite der den Sumerern bekannten Welt in Worte gefaßt. Die Könige von Akkade haben dieses ›All‹ beherrscht. Die Formulierung bei Lugalzagesi ist dagegen nicht in dem Sinne zu verstehen, daß sich sein politischer Einfluß bis an das Mittelmeer erstreckt hätte. Gemeint ist die Erschließung direkter Handelswege. Aus einer Inschrift des *ensi* Meskigala von Adab, eines Zeitgenossen des Lugalzagesi, stammt der älteste Beleg für den Import von Bauholz aus dem ›Zedernbergland‹, d. h. dem Amanus am Mittelmeer. Hier ist *expressis verbis* gesagt, was bei Lugalzagesi in eine allgemeine Formel gekleidet ist. Auch der Vergleich mit ähnlichen Wendungen in den Inschriften Gudeas von Lagaš spricht für die vorgeschlagene Deutung der Lugalzagesi-Stelle.
In der Titulatur und Phraseologie seiner Inschrift, der ältesten literarisch ausgeformten sumerischen Königsinschrift, hat Lugalzagesi manche Züge der sargonischen Königsinschriften vor-

weggenommen. Sein Reich können wir aber noch nicht als eine Vorstufe des akkadischen Imperiums bezeichnen. Der Versuch, den weiten überregionalen Bereich unter einer einheitlichen Verwaltung zusammenzufassen, ist erst Leistung der Herrscher von Akkade, deren erster, Sargon, sich nach längeren Kämpfen mit einem Sieg über Lugalzagesi den sumerischen Süden erschloß.

BABYLONIEN UND DAS ›AUSLAND‹

Kapitel 1 hat gezeigt, daß die zivilisatorische Kraft Babyloniens schon in der frühgeschichtlichen Zeit umliegende Länder befruchtet hat. An der Wende zur frühdynastischen Zeit hat Babylonien das im Osten benachbarte Elam, das zu eigener geistiger Leistung in hohem Maße fähig war, und das bis in die neubabylonische Zeit in einem Spannungsverhältnis zu Babylonien stand, zur Erfindung einer eigenen Schrift angeregt. Über kriegerische Berührung zwischen Elam und Babylonien berichtet zum ersten Male die sumerische Königsliste in einer Notiz zum Namen (En)mebaragesi. Eanatum rühmt sich, wie wir gesehen haben, der Unterwerfung Elams. Die ältesten für uns sichtbaren Spuren der Oberherrschaft eines mesopotamischen Staates stammen jedoch erst aus der Akkade-Zeit, als eine akkadische Garnison in Sūsa stationiert war. Aus dieser Zeit datiert auch die Übertragung der Keilschrift auf iranisches Gebiet und die Verdrängung der sog. protoelamischen Schrift.
Entscheidenden Einfluß auf die Geschichte Babyloniens hat in der frühdynastischen Zeit der syrische Raum genommen, das Ausgangsgebiet der akkadischen Wanderung. Obwohl in der frühgeschichtlichen Zeit von Ausläufern der sumerischen Kultur erreicht und befruchtet, ist dieses Gebiet in hohem Grade eigenständig. Wenn die oben geäußerten Vermutungen zutreffen, sind die Neuerungen, die wir im archäologischen Befund der Periode Frühdynastisch II vor allem im Dijāla-Gebiet antreffen, dem Norden verpflichtet. Königsinschriften aus Mari, die nach dem Kriterium der Schriftform zu urteilen bis in die Zeit des Mesalim zurückreichen (etwa Anfang des 26. Jahrhunderts), sind bereits in akkadischer Sprache abgefaßt. Überträgt man die sprachlichen Verhältnisse des Akkadischen in der altbabylonischen Zeit auf die Perioden Frühdynastisch II und III, wäre mit einer weitgehend homogenen semitischen seßhaften Bevölkerung in Nordbabylonien, im Dijāla-Gebiet und am mittleren Euphrat zu rechnen. Die sumerische Königsliste trägt der Tatsache, daß das Gebiet am mittleren Euphrat in der Periode Frühdynastisch III in engem Zusammenhang mit Babylonien stand, dadurch Rechnung, daß sie eine Dynastie von Mari aufführt. Die Ver-

bindung wurde durch die Wasserstraße des Euphrat und den von natürlichen Hindernissen freien euphrataufwärts führenden Landweg begünstigt.
Ganz anders ist das Verhältnis zum Gebiet am mittleren Tigris, dem späteren Assyrien. Durch den Gebirgszug des Ǧebel Ḥamrīn und die südlich davon liegende Wüste als natürliche Barrieren war die Verbindung mit Babylonien erschwert. Das wirkte sich auch in den sprachlichen Beziehungen aus. Der seit Beginn des 2. Jahrtausends bekannte assyrische Dialekt des Akkadischen unterscheidet sich beträchtlich von dem babylonischen Dialekt (Babylonien selbst, Dijāla, mittlerer Euphrat). Noch die Dialektstreuung des heutigen Iraqarabischen entspricht ganz der des Akkadischen im 2. Jahrtausend v. Chr. Infolge seiner stärkeren Isolierung ist Assyrien sehr viel später von der Schriftkultur erfaßt worden. Erst in der Akkade-Zeit treten in Assur vereinzelte akkadische Texte auf. Ebenso wie Assyrien blieb auch Kleinasien in der frühdynastischen Zeit außerhalb des Gesichtskreises von Babylonien. Lugalzagesi und Meskigala von Adab erwähnen um die Mitte des 24. Jahrhunderts zum ersten Mal das Mittelmeer und das Amanus-Gebirge. Von den beiden Ländern am anderen, östlichen, Ende der Welt: Magan und Meluḫḫa, d. h. den Küstenstrichen von Makrān und ʻOmān und dem südlichen Indusgebiet, falls diese in jüngster Zeit mit guten Argumenten vorgeschlagenen Indentifizierungen stimmen[49], wird in der frühdynastischen Zeit nur einmal Magan bei Urnanše von Lagaš genannt.
Der Handel hat aber schon in der frühgeschichtlichen und erst recht in der frühdynastischen Zeit weit über den hier beschriebenen Bereich hinausgegriffen. Die Zugangswege zu den Ursprungsländern der in Babylonien nicht heimischen Rohstoffe (Gold, Silber, Kupfer, Zinn, Edel- und Halbedelsteine) waren schon am Ende des 4. Jahrtausends bekannt, wenn auch vermutlich die Waren nicht durch unmittelbar zwischen Babylonien und dem Ursprungsland verkehrende Karawanen, sondern im Etappenhandel herbeigeschafft wurden. Ein besonders eindrucksvolles Zeugnis für den Reichtum an importiertem Edelmetall sind in der frühdynastischen Zeit die Beigaben in den Königsgräbern von Ur.

RÜCKBLICK

Am Anfang der frühdynastischen Zeit steht der Niedergang der großen sumerischen Hochkultur, an ihrem Ende der Versuch, ganz Babylonien und darüber hinaus weite Teile des ›Fruchtbaren Halbmondes‹ zu einem Großreich zu vereinigen. Die Einwanderung der Akkader nach Babylonien und ihr Weg zur Kulmination akkadischer Herrschaft im Reiche Sargons füllt diese Periode aus. Hand in Hand mit dem Entstehen der ersten semitischen Staaten in Babylonien – die ältesten, die wir nachweisen können, aber wohl nicht die ältesten überhaupt, sind die Königreiche des Mebaragesi und des Mesalim – ging eine immer stärkere gegenseitige Annäherung von Sumerern und Semiten. Der Beitrag der akkadischen Schicht zur Kultur Babyloniens und des Dijāla-Gebietes ist bedeutend. Wir haben die für die Periode Frühdynastisch II charakteristische Plastik auf sie zurückgeführt. In der Glyptik ist ein neues Stilelement, das sogenannte ›Figurenband‹, eine akkadische Schöpfung. Der Typ des ›Herdhaustempels‹ fand durch die Vermittlung der Akkader Eingang im Dijāla-Gebiet und in Babylonien (Nippur). Akkadische Lehnwörter drangen ins Sumerische ein. Aber trotz der hervorragenden Rolle, die die Akkader bereits in der frühdynastischen Zeit spielen, steht doch außer Frage, daß in der sumerisch-semitischen Symbiose die Sumerer der stärkere und überwiegend gebende Teil geblieben sind. Der Stil der sumerischen Plastik aus der Periode Frühdynastisch III, bei dem man sich womöglich auf Formen der frühgeschichtlichen Zeit besann, hat in seiner Ausstrahlung nach Norden gewirkt. Am besten zeigt sich das sumerische Übergewicht auf dem sprachlichen Sektor. Die sumerischen Lehnwörter im Akkadischen übertreffen um das Vielfache die akkadischen Lehnwörter im Sumerischen. Ja sogar das ›gemeinsemitische‹ Lautsystem der akkadischen Sprache hat Veränderungen durchgemacht, die man als Substratwirkung des Sumerischen erklären möchte.

Sumerisch ist die Sprache der Schriftdenkmäler der frühdynastischen Zeit; die zaghaften Ansätze, in Verträgen und Königsinschriften mit den Mitteln der sumerischen Schrift akkadische Sprache zu schreiben, sind der Schriftäußerung der Sumerer in keiner Weise ebenbürtig. Erst die Zeit der Könige von Akkade hat dem Akkadischen endgültig zum Durchbruch als Schriftsprache verholfen. Sumerisch ist das für Südbabylonien bezeichnende Staats- und Verwaltungssystem: die ›Tempelstadt‹ mit ihrer in die frühgeschichtliche Zeit zurückreichenden Schreibertradition. Auf ihr fußt die spätere akkadische Verwaltungsbürokratie. Sumerisch sind die Schreiberschulen als Pflanzstätten der ›Bildung‹. Auch in der Religion hat sich das Sumerertum als überlegen erwiesen. Das zahlenmäßig sehr beschränkte akkadische Pantheon wurde vom sumerischen überlagert. Nippur mit seinem Hauptgott Enlil wurde auch für die Akkader zum anerkannten Kultzentrum.

Die geistige Auseinandersetzung hat sich natürlich nicht nur zwischen Sumerern und Semiten abgespielt. Es liegt auf der

Hand, daß die Institution des Tempels mit seinem Reichtum an Ländereien und seiner Fülle an Personal, das im Dienst der Gottheiten stand, zu Spannungen führen konnte. Wie die Reformtexte Urukaginas zeigen, haben Säkularisierungstendenzen eingesetzt, die einen Verstoß gegen die Idee vom Gottesstaat bedeuteten. Der Herrscher suchte sich unabhängig von Tempel und Priesterschaft durch Schaffung persönlichen Landeigentums seine Macht zu sichern. Die Beamtenschaft gebärdete sich überheblich und selbstherrlich, wie die Auswüchse im Gebührenwesen zeigen, denen Urukagina Einhalt gebot. Von den dahinter zu vermutenden sozialen Spannungen erfahren wir aus den Texten allerdings nur andeutungsweise etwas. Zudem befinden wir uns auch mit den Reformtexten bereits in der letzten oder vorletzten Generation der frühdynastischen Zeit. Für den Verfall des Systems der sumerischen ›Tempelstadt‹ war gewiß auch – aber nicht ausschließlich – die Zuwanderung der Akkader verantwortlich.

Eine reichhaltige Auskunft über geistige Strömungen in der frühdynastischen Zeit läßt sich aus den Keilschriftdenkmälern nicht gewinnen. Grund dafür ist, daß die Literatur im engeren Sinne, die wir als hauptsächliche Aussagequelle erwarten würden, in Babylonien eine im Verhältnis zum Alter der Schrift ziemlich späte Erscheinung ist. Ganz vereinzelte, noch kaum sicher deutbare Textexzerpte literarischen Inhalts liegen im Archiv von Šuruppak vor. Der älteste zusammenhängend überlieferte sumerische Mythentext stammt erst aus dem 23. Jahrhundert. Aber die große Masse der sumerischen literarischen Texte kennen wir erst aus der Zeit, als sich die gesprochene sumerische Sprache in ihrem Endstadium befand: Gudea-Zeit, Ur III und die ersten zweieinhalb Jahrhunderte nach Ur III. Das besagt nicht, daß Kompositionstätigkeit und Freude an der Dichtung erst so spät eingesetzt hätten; spät ist nur die schriftliche Gestaltung.

Deshalb müssen wir uns an andere Quellen halten, wenn wir etwas über die religiösen Anschauungen erfahren wollen: An Wirtschaftstexte, die mit Opferangaben Aufschluß über die Kultpraxis geben; an die Satzinhalte der theophoren Personennamen (z. B. »Der-Sonnengott-entscheidet-das-Recht«); an Götterepitheta, wie sie gelegentlich in Königsinschriften vorkommen; oder an magische Praktiken, wie sie in der Beischrift zur Geierstele des Eanatum von Lagaš beschrieben werden. Eine wertvolle Ergänzung unserer Kenntnis der religiösen Anschauungen bietet die bildende Kunst. Wenn der Herrscher mit dem Tragkorb auf dem Haupte dargestellt wird (Urnanše-Platte), kommt seine sakrale Verantwortlichkeit beim Tempelbau zum Ausdruck. Statuetten, die einen Menschen in Gebetshaltung abbilden, vermitteln einen Eindruck von Kultgebräuchen. Bei dem löwenköpfigen Adler, der zwei Herdentiere in seinen Klauen gepackt hält, wissen wir auf Grund jüngerer literarischer Texte, daß er als das Emblemtier des Gottes Ningirsu von Lagaš gedacht wurde. Aber viele Bilder geben ihren geistigen Hintergrund nicht ohne weiteres preis. So wird z. B. der Tierbezwinger, ein häufiges und beliebtes Rollsiegelmotiv, zwar konventionell mit ›Gilgameš‹ in Verbindung gebracht; aber es fehlen — auch in späterer Zeit — sichere literarische Belege, die diese Deutung bestätigen können. Ließ sich schon für das Ende der frühgeschichtlichen Zeit eine anthropomorphe Göttervorstellung nachweisen, so gilt das auch für die frühdynastische Periode. Die gelegentliche Darstellung der Gottheit durch ein Symbol oder ein Emblemtier steht hierzu nicht grundsätzlich im Widerspruch.

Spätestens seit der Zeit der Archive von Šuruppak hat sich ein überregionales theologisches System herausgebildet. Die große Götterliste von Šuruppak führt an ihrer Spitze die Götter An, Enlil, Inanna, Enki, Nanna und Utu auf. Es sind dies die großen kosmischen Götter Sumers (nur der Wettergott und die ›Muttergöttin‹ fehlen; sie erscheinen in der Liste an späterer Stelle). Wenn altbabylonische Götterlisten in etwa die gleiche Anordnung am Anfang aufweisen, kann man von einer durchgehenden Tradition sprechen. Diesem System des sumerischen ›Reichspantheons‹, das über den lokalen Götterkreisen schwebte, entsprach die allseitig anerkannte zentrale Stellung der Kultmetropole Nippur mit ihrem Stadtgott Enlil. Enlil ist in einem für die Religionen Mesopotamiens typischen Prozeß der Abfolge zweier Göttergenerationen an die Stelle seines Vaters, des Himmelsgottes An, getreten, der selbst zum *deus quiescens* wurde. Ob dieser Vorgang politische Hintergründe gehabt hat, läßt sich nicht mit Sicherheit sagen. Man könnte daran denken, daß die Vorrangstellung Uruks, der Kultstadt des An, in der Periode Frühdynastisch II im Schwinden begriffen war.

Trägerin des geistigen Lebens war die Schule, das ›Tafelhaus‹, in dem man die Schreiber in die schwierige Handhabung der Schrift und ihren Anwendungsbereich einführte. Oben (S. 46 f.) wurde darauf hingewiesen, daß bestimmte Zeichenlisten, die in ihrer ältesten Form in der Schicht Uruk IV a auftreten, sich in ähnlicher, nur meist erweiterter Form in den Archiven von Ǧemdet Naṣr und Šuruppak wiederfinden. Die Schultradition ist das geistige Band, das über alle Zeitläufe und Verheerungen hinweg bis ins 2. und 1. Jahrtausend v. Chr. weitergewirkt hat, und sie hat auch bei der Vermittlung der geistigen Kultur Babyloniens in die umgebenden Länder die Hauptrolle gespielt.

3. Das Erste Semitische Großreich

Um die Mitte des 24. Jahrhunderts v. Chr. unterscheidet sich das Kartenbild des Nahen Ostens, wie es der Historiker sieht, beträchtlich von dem uns heute geläufigen. Nur ein Kerngebiet, Südmesopotamien, liegt nämlich in klarem Lichte vor uns. Die unmittelbar im Südosten und Nordwesten angrenzenden Landschaften, Elam und das Gebiet am Mittleren Euphrat mit dem Zentrum Mari, erscheinen nur im Halbdunkel. Und überall sonst herrscht noch gänzlich Finsternis, die allenfalls einmal hier und da von einem flüchtigen Lichtstrahl erhellt wird. Denn nur der Süden Mesopotamiens, nach wie vor das Zentrum einer eigenständigen Hochkultur, verwendet — und zwar in einem immer mehr verfeinerten System — die Schrift, jene so überaus fruchtbringende Errungenschaft, die man ein halbes Jahrtausend zuvor gemacht hatte (s. oben S. 44). Ohne Schriftdenkmäler wäre uns die Vergangenheit auf alle Zeiten verschlossen. Elam und Mari kennen wir im wesentlichen aus der Sicht der Schriftzeugnisse Babyloniens. Zwar haben diese beiden Gebiete mit der Übernahme der Kultur des mesopotamischen Südens auch dessen Schrift — und sogar die Schriftsprache — rezipiert; aber die Quellen beginnen dort erst langsam zu fließen.

Ausschließlich sind wir auf die Schriftdenkmäler des Südens angewiesen, wenn es um periphere Gebiete geht, von der Ostküste Arabiens bis nach Iran und vom Zagros bis nach Assyrien und Syrien. Wir dürfen hier freilich, Mesopotamien selbst nicht ausgenommen, die archäologischen Zeugnisse nicht vergessen. Aber gemessen an dem, was wir gern wüßten, sind sie nur allzu spärlich. Auch hat man bisher erst eine Anzahl Fundstätten ›provinziellen‹ Charakters erforscht. Im übrigen sind die archäologischen Denkmäler, verglichen mit den inschriftlichen, schwer zu interpretieren, und sie geben oft nur ungenaue Auskunft.

Wir müssen uns also für die hier zu behandelnde Periode mit einer ›babylozentrischen‹ Darstellungsweise begnügen. Das ist zu berücksichtigen, wenn wir gleichsam die ›Optik‹ der historischen Rekonstruktionen korrigieren wollen. Aber die Beschränkung der Quellen auf Babylonien ist für die Beurteilung der Geschichte auch wieder bezeichnend. Spiegelt sich darin doch die Ausstrahlung Mesopotamiens auf die umliegende Welt, den gesamten Vorderen Orient, wider!

*Zeittafel III**

AKKADE	GUTIUM	URUK	LAGAŠ
Sargon:			
2340–2284			
Rīmuš:			*Ki-KU-id:*
2284–2275			ca. 2280
Maništūšu:			*Engilsa:*
2275–2260			ca. 2270
Narāmsîn:			*Ur'a:*
2260–2223			ca. 2250
Šarkališarrī:			*Lugalušumgal:*
2223–2198	*(Erridupizir)*	(Urnigin)	ca. 2215
	(Imta')	(Urgigir)	(Puzurmama)
	(Inkišuš)	(Kudda)	(Urutu)
	Sarlagab	(Puzurilī)	
	ca. 2210		
	(Šulme')	(Lugalmelam?)	(Urmama)
Igigi } 2198–2195			
Nanum } 2198–2195			
Imi } 2198–2195			(Lubaba)
Elulu } 2198–2195	*Elulumeš*	(Urutu)	(Lugula)
Dudu:	(Inimabakeš)		(Kaku)
2195–2174			
Šu-DURUL	(Igeša'uš)		*Urbaba:*
2174–2159			ca. 2164–2144
	(Iarlagab)		
	(Ibate)		
	(Iarlangab)		
	(Kurum)		*Gudea:*
	(Ḫabilkîn?)		ca. 2144–2124
	(La'erabum)		
	(Irarum)		*Urningirsu:*
	(Ibranum)		ca. 2124–2119
	(Ḫablum)		*Pirigme:*
			ca. 2119–2117
	(Puzursîn)		*Ur-GAR*
	(Iarlaganda)	*Utuḫengal:*	ca. 2117–2113
		2116–2110	
	(Si'um)		
	Tiriqan:		*Nammaḫani:*
	2116		ca. 2113–2109

* Die kursivierten Namen sind solche von Personen, die bekannt sind durch zeitgenössische Inschriften. In Klammern gesetzte Namen können überhaupt nicht datiert werden. Namen, deren Datum ein ›ca.‹ vorangeht, sind nur *grosso modo* datierbar, sei es durch Synchronismus mit einer anderen bekannten Persönlichkeit, sei es auf Grund von Mutmaßungen.

MESOPOTAMIEN

1. Die Quellen für die Geschichte der zwei oder drei Jahrhunderte, mit denen wir uns befassen, bestehen im wesentlichen aus der auf uns gekommenen einheimischen Schriftproduktion.

Die sumerische Königsliste (s. oben S. 60f.) bietet mit der Abfolge der Regierungen und ›Dynastien‹ den allgemeinen chronologischen Rahmen für die Epoche. Es ist dies kein vollständiges Quellenwerk. Es will behutsam ausgewertet werden; doch können wir annehmen, daß für eine Zeit, die der Entstehungszeit der Liste nicht sehr fern stand, die Königsliste immerhin ein gewisses Maß grundsätzlicher Wahrscheinlichkeit bietet. Übereinstimmungen zwischen der Liste und zeitgenössischen, altakkadischen, Dokumenten bestätigen das.

Die altakkadischen Schriftdenkmäler, mit denen wir die Lücken der Königsliste ergänzen und die allzu vereinfachte Skizze, die sie bietet, ausfüllen, bestehen in erster Linie aus Königsinschriften: Siegesstelen und Bau- und Weihinschriften, deren geographische Streuung schon aufschlußreich ist. Denn aus ihr erfahren wir etwas über den Machtbereich des jeweiligen Inschriftenverfassers. Dazu kommen die sog. ›Jahresnamen‹. Da es keine allgemein verbindliche ›Ära‹ gab, führte man eine Datierung nach bestimmten Ereignissen des jeweiligen Jahres ein und legte damit die einzelnen Regierungsjahre eines Königs fest (vgl. unten Anm. 63). Es sind jedoch nicht alle diese Inschriften im Original erhalten, und selbst wenn das der Fall ist, sind sie oft nicht mehr vollständig.

Was nun die Könige von Akkade anbetrifft, so hat die Umsicht von Schreibern späterer Jahrhunderte bisweilen gerettet, was sonst dem Zahn der Zeit anheimgefallen wäre. In der altbabylonischen Zeit begann man, bestimmte Königsinschriften der Vergangenheit zu kopieren, wobei man gewöhnlich sehr sorgfältig verfuhr. Möglicherweise steht hinter dieser Tätigkeit eine politische Tendenz. Mitunter ordnete man die Vorlagen in einer Reihenfolge an, die die Vorstellung widerspiegelt, die sich der Kopist vom Ablauf der Ereignisse machte. Eine Anzahl solcher Kopien wurde in Nippur und Ur entdeckt; sie können als authentisch gelten. Daneben aber gibt es auch weniger zuverlässige Arbeiten, die eher von der Einbildungskraft zehren, als daß man sagen könnte, sie gingen auf Originale oder deren Kopien zurück. Aber auch die Kopien selbst reichen bei weitem nicht aus, den chronologischen Rahmen zu füllen. Beträchtliche Lücken bleiben bestehen, die überdies sehr unregelmäßig verteilt sind, und schwerwiegende Fragen harren noch der Antwort.

Der moderne Historiker ist daher gezwungen, sich in weiterem Umkreis nach Quellenmaterial umzutun. Das hat freilich den Nachteil, daß er auf Texte mitunter sehr viel jüngeren Datums zurückgreifen muß, deren Auswertung heikel ist und voller Fallstricke. Zwei Textgattungen kommen zunächst in Betracht: Einmal sog. Chroniken, die bemerkenswerte Ereignisse aufreihen; sodann sog. Omentraktate, die man als Kommentare von Omensammlungen ansehen kann. Diese Texte wahren zumindest den Anschein der Historizität. Was ihnen zugrunde liegt, kann eine gute Tradition haben und bis auf die Ereignisse selbst zurückgehen. Man kann diesen Quellen bei kritischer Ausdeutung sogar wichtige Gegebenheiten entnehmen, die aus keiner anderen Quelle bekannt sind. Da aber das literarische Genre dieser Texte zu märchenhafter Ausschmückung neigte, sind sie wohl im Laufe der Zeit mit phantasiehaften Details angereichert worden.

Die Phantasie waltet eindeutig in einer anderen literarischen Gattung vor, die seit dem Anfang des 2. Jahrtausends bezeugt ist. Die alten Babylonier dürften sich sehr früh der Tatsache bewußt geworden sein, daß die glorreiche Zeit, als sich zum ersten Male der Ruf ihres Landes in alle Welt verbreitete, einer der Höhepunkte ihrer Geschichte bleiben würde. An diese heroische Zeit und ihre Vorkämpfer hat sich sehr bald, vielleicht schon unmittelbar nach dem Fall von Akkade, eine folkloristische Tradition angeknüpft, die sich dann zur Literatur verdichtete. Wir verdanken dieser Tradition die Existenz von Heldengedichten und Epen, die häufig aus dem Schicksal so außerordentlicher Gestalten wie Sargon oder Narāmsîn eine Moral oder eine ›theologische‹ Ausdeutung ableiten. Einige dieser Werke schildern Akkade auf dem Höhepunkt seines Ruhmes, andere betonen das schreckliche Ende, das die Dynastie nahm — ganz als hätte die Nachwelt nicht recht gewußt, welchen endgültigen Sinn sie denn nun jener Aventüre der Frühzeit geben sollte. Das gibt auch dem modernen Historiker noch zu denken! Schon zu Anfang und desto stärker, je mehr die Erinnerung an das, was geschehen war, verblaßte, hat sich die authentische Tradition mit Sagenstoff vermischt. Es ist eine verzwickte und oft verzweifelte Aufgabe, Wahrheit und Dichtung auseinanderzuhalten, zumal wir kein einziges eindeutiges Zeugnis besitzen, das dabei helfen könnte. Nur bei den großen, aller erfundenen Details baren Peripetien besteht die Möglichkeit, daß sie mehr oder weniger geradlinig auf die ursprünglichen Ereignisse zurückgehen. Aber wie schwer ist es, im Gewirr der Legenden den richtigen Faden zu erhaschen! Da ist ein gesunder, aber doch nicht verbohrter Skeptizismus vielleicht die am ehesten ratsame Haltung für den Historiker.

Festeren Boden betreten wir, wenn wir versuchen, die Sozial-, Wirtschafts- und Geistesgeschichte der Akkade-Zeit aufzuklären. Zu den Quellen der Zeit gehören nämlich noch eine beträchtliche Zahl von Verwaltungsakten aller Art, von Briefen, Rechts- und Geschäftsurkunden; dann auch die — allerdings noch sehr seltenen — literarischen Texte im engeren Sinne; nicht zu vergessen schließlich der reiche Schatz von Personennamen.

Diese enthalten nicht nur den Hinweis auf die ethnische Zugehörigkeit des Namensträgers, sondern sie sind auch ein unschätzbares Zeugnis für die Kenntnis der religiösen Gefühle und theologischen Vorstellungen der Zeit. Leider ist diese Art von Primärquellen bei weitem nicht so häufig, wie man wünschen möchte; außerdem sind die Textfunde zeitlich, räumlich und ihrer Tragweite nach höchst unregelmäßig verteilt. So kommt es vor, daß für die Regierungszeit des Herrschers X, für den Ort Y oder für einen bestimmten Bereich des täglichen Lebens reichliches Quellenmaterial zur Verfügung steht, während wir an anderer Stelle kaum etwas wissen oder unsere Information überhaupt gleich Null ist, wie wichtig der Gegenstand auch immer sein mag.

Kurz und gut, wir können mit diesen Quellen noch keine Geschichte im eigentlichen Sinne des Wortes schreiben, d. h. eine hinreichend klare und zusammenhängende Folge wohlweislich verbürgter Ereignisse bieten; aber die Rekonstruktion dürfte sich trotzdem als viel vollständiger und sicherer erweisen als für die vorangehenden Jahrhunderte. Das gilt sowohl für den allgemeinen geschichtlichen Werdegang als auch für die zeitliche Einordnung der einzelnen Regierungen samt ihren Geschehnissen, die der Zeit ihr Gepräge gegeben haben.

2. Aus methodischen Gründen empfiehlt es sich, zunächst die Abfolge der Regierungszeiten zu beschreiben, mit anderen Worten, die relative und die ›absolute‹ Chronologie der Periode aufzustellen, mit der wir uns beschäftigen. Da uns die sumerische Königsliste dabei als Leitfaden dient, geben wir mit ihren eigenen Worten wieder, wie sie die Geschichte des Landes in der Zeit nach Lugalzagesi sieht:

»Uruk wurde mit der Waffe geschlagen; sein Königtum ging über auf Akkade[50]. In Akkade wurde Sargon König, der Adoptivsohn eines Palmgärtners, (später) Mundschenk des Urzababa. Er erbaute Akkade und regierte als König 56 Jahre. Dann regierte Rīmuš, Sohn des Sargon, 9 Jahre. Dann regierte Maništūšu, der ältere Bruder des Rīmuš und Sohn des Sargon, 15 Jahre. Dann regierte Narāmsîn, Sohn des Maništūšu, 37 Jahre. Dann regierte Šarkališarrī, Sohn des Narāmsîn, 25 Jahre. Wer war dann König? Wer war nicht König? War Igigi König? War Nanum König? War Imi König? War Elulu König? Die vier übten gleichzeitig das Königsamt aus und regierten 3 Jahre. Dann regierte Dudu 21 Jahre. Dann regierte Šū-DURUL[51], Sohn des Dudu, 15 Jahre. Im ganzen: 11 Könige, die 181 Jahre regierten.

Als Akkade besiegt war, ging das Königtum über auf Uruk. In Uruk wurde Urnigin König und regierte 7 Jahre. Dann regierte Urgigir, Sohn des Urnigin, 6 Jahre. Dann regierte Kudda 6 Jahre.

Dann regierte Puzurilī 5 Jahre. Dann regierte Urutu 5 Jahre. Im ganzen: 5 Könige, die 30 Jahre regierten.
Als Uruk besiegt war, ging das Königtum auf die Horde von Gutium über. In der Horde von Gutium gab es zunächst einen König ohne erhaltenen Namen[52]. Dann wurde Imta' König und regierte 3 Jahre. Dann regierte Inkišuš 6 Jahre. Dann regierte Sarlagab 3 Jahre. Dann regierte Šulme' 6 Jahre. Dann regierte Elulumeš 6 Jahre. Dann regierte Inimabakeš 5 Jahre. Dann regierte Igeša'uš 6 Jahre. Dann regierte Iarlagab 15 Jahre. Dann regierte Ibate 3 Jahre. Dann regierte Iarlangab 3 Jahre. Dann regierte Kurum 1 Jahr. Dann regierte Ḫabilkīn (?) 3 Jahre. Dann regierte La'erabum 2 Jahre. Dann regierte Irarum 2 Jahre. Dann regierte Ibrānum 1 Jahr. Dann regierte Ḫablum 2 Jahre. Dann regierte Puzursîn, Sohn des Ḫablum, 7 Jahre. Dann regierte Iarlaganda (?) 7 Jahre. Dann regierte Si'um 7 Jahre. Dann regierte Tiriqan 40 Tage. Im ganzen: 21 Könige, die 91 Jahre und vierzig Tage regierten.
Als die Horde von Gutium besiegt war, ging das Königtum auf Uruk über. In Uruk wurde Utuḫengal König und regierte 7 Jahre, 6 Monate und 15 Tage . . .[53].«
Zu bemerken ist, daß der Passus über die Gutäerkönige in einigen Exemplaren der Königsliste fehlt. Es handelt sich um eine andere Version des Textes. Sie fügt zwischen der Dynastie von Akkade und der von Ur III nur eine Dynastie von Uruk ein, deren Dauer sie dann allerdings auf ein ganzes Jahrhundert bemißt.
Wir haben für dieses chronologische Schema als Ganzes zwar keine Bestätigung durch zeitgenössische Texte; doch deutet manches darauf hin, daß es auf seine Weise den Tatsachen entspricht. Wir werden dem näher nachgehen, indem wir (a) die ›relative‹ und (b) die ›absolute‹ Chronologie diskutieren.
a) Die ›relative‹ Chronologie: Liste der Herrscher und Abfolge ihrer Regierung. Fest stehen zunächst die Namen der ersten fünf Könige von Akkade, die auch aus anderen Quellen hinreichend belegt sind. Man könnte zwar an der Einordnung des einen oder anderen zweifeln und sich fragen, ob — was aber theoretisch durchaus möglich ist — Maništūšu, der ältere Bruder des Rīmuš, wirklich dessen Nachfolger war. Aber alle übrigen Quellen bestätigen ausnahmslos die von der Königsliste angenommene Reihenfolge. Das gilt auch für die unmittelbaren Nachfolger der ersten fünf Könige. Einige Exemplare der Königsliste führen zwar nur drei an. Aber alles läßt darauf schließen, daß Akkade nach einer Periode der Vorherrschaft, die im großen und ganzen durch die fünf ersten Könige repräsentiert wird, der Anarchie anheimfiel, wobei die vier Rivalen um den Thron stritten. Es folgte eine längere Zeit scheinbarer Rückkehr

zu Ordnung und Macht; aber der endgültige Verfall und die politische Liquidation des Reiches ließen sich nicht mehr aufhalten.
Wir wissen dagegen absolut nichts von den fünf Königen von Uruk, die in der Königsliste als Nachfolger von Akkade genannt sind, geschweige denn von einer damaligen Vorherrschaft Uruks über »das Land«. Die historische Tradition macht einmütig die Gutäer für den Niedergang Akkades verantwortlich. Von den ersten in der Königsliste genannten Gutäerkönigen sind mindestens zwei noch Zeitgenossen der Könige von Akkade gewesen. Nr. 4, Sarlagab, ist wohl identisch mit dem Sarlag, den Šarkališarrī besiegte, und in Nr. 6, Elulumeš, darf man wohl lediglich eine ›gutäisierende‹ Schreibung für Elulu, einen der vier Thronprätendenten nach Narāmsîn, vermuten. Das bedeutet, daß die ›Dynastie‹ der Gutäer nach längeren Kämpfen die Nachfolge der Dynastie von Akkade angetreten hat.
Weshalb aber fügt die Königsliste dann eine ›Dynastie‹ von Uruk ein? Vielleicht haben wir es hier mit Systemzwang zu tun. Es fällt nämlich auf, daß die Kompilatoren der Königsliste immer wieder Dynastien des Nordens und des Südens bei der »Herrschaft über das Land« einander ablösen ließen. So könnte es sein, daß nach Akkade (Norden) Uruk (Süden) folgen mußte. Da man aber – zumindest in der besser tradierten Fassung der Königsliste – die Gutäerherrschaft nicht gut ignorieren konnte, spaltete man die ›IV. Dynastie‹ von Uruk gleichsam in zwei Teile auf, fügte zunächst die Barbaren aus dem Norden ein und kam dann mit Utuḫengal auf den Süden zurück. Es war ja kein Geheimnis, daß Utuḫengal die Gutäer endgültig vertrieben hatte.
Die Nennung Uruks in der Königsliste könnte immerhin nicht unmotiviert sein. Möglicherweise ist es Uruk noch unter Šarkališarrī, d. h. noch vor dem Niedergang Akkades, gelungen, sich durch eine Revolte, die er selbst anzettelte, eine gewisse Eigenständigkeit zu verschaffen. Allerdings dürfte eine solche Vorherrschaft Uruks kaum über Südbabylonien hinausgereicht haben. Nordbabylonien war um diese Zeit bereits von den Gutäern abhängig. Wir erinnern daran, daß die Königsliste häufig Dynastien aufeinander folgen läßt, die in Wirklichkeit nebeneinander regierten (s. oben S. 60 f.). Wie dem auch sei, wenn es zutrifft, daß Uruk eine Zeitlang die Vorherrschaft innehatte, so war sie doch von kurzer Dauer. Bezeichnend ist, daß die ›Normalfassung‹ der Königsliste der IV. Dynastie von Uruk nur 30 Jahre zuschreibt, gegenüber 90 Jahren, die die Gutäer regiert hätten. Wie immer der Status der ›befreiten‹ Städte von Sumer gewesen sein mag – Abhängigkeit von Uruk oder nicht –, schließlich kamen sie unter die Oberhoheit einer Stadt, die die Königsliste mit keinem

Wort erwähnt, nämlich von Lagaš[54]. Zwischen Rīmuš und Utuḫengal kennen wir mehr als fünfzehn *ensis* von Lagaš, von denen einige ein ziemlich umfangreiches Inschriftenmaterial hinterlassen haben. Nammaḫani, der letzte in der Reihe, fiel Urnammu, dem Begründer der III. Dynastie von Ur, zum Opfer, demselben Urnammu, der auch Utuḫengal von Uruk verdrängte. Vor Nammaḫani regierten in Lagaš Ur-GAR und dessen Vater Pirigme, beide nur sehr kurze Zeit in einem kaum mehr bedeutenden Staat. Dagegen haben Pirigmes Vater Urningirsu, vor allem aber dessen Vater, der berühmte Gudea sowie Gudeas Schwiegervater Urbaba, fast fünfzig Jahre lang eine regelrechte Hegemonie Lagaš's über ganz Sumer ausgeübt. Schwieriger ist es, die Vorgänger Urbabas chronologisch genau einzuordnen. Auch wissen wir nicht, ob sie politische Bedeutung hatten. Auf jeden Fall aber hätte an Stelle der ›IV. Dynastie‹ von Uruk eigentlich Lagaš mit der Herrscherreihe Urbaba bis Nammaḫani in der Königsliste genannt werden müssen. Vielleicht wagten es die Kompilatoren der Königsliste nicht, eine Stadt mit aufzunehmen, die als erbitterte Gegnerin der ersten Herrscher von Ur, der Auftraggeber der Liste, galt.

Auf jeden Fall befinden wir uns am Ende des Zeitraumes, den wir hier behandeln, mit Utuḫengal wieder auf sicherem Boden. Die historische Tradition besagt ausdrücklich, daß dieser und niemand sonst der Gutäerherrschaft ein Ende gesetzt hat.

b) Die ›absolute‹ Chronologie betrifft die Länge der einzelnen Regierungszeiten, deren Abfolge nunmehr festliegt, und ihre Einordnung in unsere Zeitrechnung. Es sieht so aus, als müßten wir bei den Daten der Königsliste die für die Könige von Akkade und die für Utuḫengal genannten Zahlen auseinanderhalten von denjenigen, die sie für Uruk IV und für die Gutäer angibt.

Wenn die Königsliste, was möglich ist, nicht allzu lange nach Utuḫengal verfaßt worden ist (vgl. oben S. 93), besteht keine Veranlassung, die Angabe über Utuḫengals Regierung: »7 Jahre, 6 Monate, 15 Tage« anzuzweifeln, zumal diese Zahl genauer ist als die sonst überlieferten. Ferner ist es sehr wahrscheinlich, daß die durchaus plausiblen Jahreszahlen der Könige von Akkade, die die Liste bietet, auf die königlichen Archive selbst zurückgehen und insofern verbürgt sind. Die Verwaltung war ja angewiesen, die Liste der ›Jahresnamen‹ sorgfältig auf dem laufenden zu halten. Stellen wir vorsichtshalber eine Fehlerquote von einigen Jahren in Rechnung, so können wir den Angaben der Königsliste vertrauen, vor allem in Anbetracht ihrer zuverlässigen Textüberlieferung. Vom Aufstieg Sargons bis zum Ende des Šū-DURUL wären demnach etwa 180 Jahre verstrichen.

Ganz anders liegt die Frage bei den Dynastien von Uruk und Gutium. Die Zahlen für die einzelnen Regierungen sind niedrig und bewegen sich um die Zahl 6 (Grundzahl des sumerischen Sexagesimalsystems). Vielleicht sind das runde, künstliche Zahlen. Wie dem auch sei, man beachte, daß die beiden Fassungen der Königsliste — diejenige, die die Gutäer einbezieht, und die andere, die sie ausläßt — für die auf Akkade folgende Periode praktisch auf dieselbe Summe von Jahren kommen, nämlich etwa 100 Jahre. Darin wären im Norden Babyloniens die Gutäer und im Süden Uruk IV und Lagaš II enthalten. Diese Zahl 100 geht zweifellos auf den Prototyp der beiden Fassungen der Liste zurück. Wenn also die Zahlen, durch deren Addition man auf 100 kommt, im einzelnen auch sehr fragwürdig sind, dürfte doch die Summe stimmen.

Wir haben oben einen Synchronismus zwischen den ersten Gutäerherrschern (die ihrerseits Zeitgenossen von Uruk IV waren) und Šarkališarrī von Akkade festgestellt. Von der Summe, die sich aus den 180 Jahren Akkade und den 100 Jahren Gutium-Uruk IV-Lagaš II ergibt, wären also die etwa 50 Jahre abzuziehen, die — grob gerechnet — Šarkališarrī von Šū-Durul, dem letzten König von Akkade, trennen. Dadurch wird die Zeit, die von Sargon bis zum Siege Utuḫengals über die Gutäer verfloß, auf etwa 230 Jahre reduziert. Wir haben damit eine runde, bis auf zehn oder zwanzig Jahre genaue Zahl vor uns. Ein besseres Ergebnis läßt sich auf Grund der heute verfügbaren Quellen nicht erzielen.

Wenn wir nun, um diese Chronologie in unsere eigene Zeitrechnung einzufügen, von 2110, dem Jahr der Thronbesteigung von Utuḫengals Nachfolger Urnammu, ausgehen und das in dieser Arbeit zugrunde gelegte chronologische Gerüst beibehalten (s. oben S. 20), dann erhalten wir das am Anfang dieses Kapitels dargestellte Schema einer ›absoluten‹ Chronologie.

Es sei noch einmal betont, daß die Daten nur einen gewissen Wahrscheinlichkeitsgrad haben und approximativ sind. Sie stehen und fallen mit dem System, aus dem wir sie herleiten. An sich haben sie übrigens nur zweitrangige Bedeutung. Vom Standpunkt des Historikers kommt es in erster Linie auf den chronologischen Rahmen an; die von uns eingefügten absoluten Daten setzen diesen Rahmen lediglich in Beziehung zu unserer Zeitrechnung. Wesentlich ist folgendes: Von den etwa 230 Jahren, die in diesem Kapitel behandelt werden, entfällt etwa die Hälfte auf die Entstehungszeit, den Höhepunkt und den Untergang des Reiches von Akkade. Die zweite Hälfte wird ausgefüllt von Ereignissen in Nord- und Südbabylonien, die zwar zeitlich parallel zueinander, jedoch unabhängig voneinander verlaufen.

3. Das Reich von Akkade (etwa 2340–2198) ist die Leistung einer Dynastie im wahrsten Sinne des Wortes. Bei den fünf Königen, die das Reich gezimmert haben, sind anderthalb Jahrhunderte lang immer Väter und Söhne aufeinander gefolgt. Es unterliegt keinem Zweifel, daß eben diese Kontinuität Symptom und zugleich Ursache für das lange Bestehen des imposanten politischen Gebildes war. Allerdings ließ sich diese Kontinuität nicht ohne Not aufrechterhalten. Die Überlieferung weiß zu berichten, daß Rīmuš und Maništūšu bei einer Palastrevolution den gewaltsamen Tod fanden und ebenso Šarkališarrī. Dieser letzte Schlag war der Todesstoß für die Dynastie.

Von den Namen selbst abgesehen sind diese Nachrichten eigentlich das einzig wirklich Sichere, was über die Persönlichkeit der fünf Herrscher auf uns gekommen ist. Biographische Angaben fehlen in den uns erhaltenen zeitgenössischen Inschriften praktisch ganz, wenn wir vereinzelte Nachrichten über nächste Familienangehörige und den Hof ausnehmen. Sargon (akk. *Šarru-kīn*) bedeutet ›legitimer König‹; das ist ebenso wie wohl auch *Šar-kali-šarrī,* ›König aller Könige‹, ein Thronname, kein Geburtsname.

Selbst über den ersten und bedeutendsten Herrscher in der Reihe, *Sargon* (2340–2284), über seine Herkunft und über die Umstände, wie er zur Regierung kam, können wir nicht viel berichten. Schon am Ende des 3. Jahrtausends wußte man nur noch, daß er aus heiterem Himmel in die Geschichte eingetreten sei. Später bildete sich die Legende, daß sein Vater Nomade und seine Mutter eine Art Vestalin war, die ihn im Fluß aussetzte. Der Fluß trug ihn dann zu seinem Adoptivvater, einem Bauern. Es ist dies das von Moses bis zu Romulus und Remus gut bezeugte Märchenmotiv, das die dunkle Herkunft großer Männer vertuschen sollte, die alles nur sich selbst verdankten. Doch verdient die Legende eine nähere Betrachtung, denn sie scheint einige interessante Angaben zu enthalten. Die Stadt, in der der spätere König geboren bzw. aufgezogen wurde, war — so heißt es — Azupirānu »Safranstadt« und lag »an den Ufern des Euphrat«. Wir kennen diese Stadt sonst nicht. Die Heimat der Vorväter Sargons sei das ›Gebirge‹ gewesen, in dem sie umherstreiften. Mit dem ›Gebirge‹ ist nun oft der Wüstenrand gemeint und mit den »Ufern des Euphrat« ein genau umrissenes Gebiet, nämlich zwischen den Mündungen von Ḫābūr und Baliḫ. Hier wohnten damals Semiten, die zumeist noch Halbnomaden und Viehzüchter waren. Seit der frühgeschichtlichen Zeit haben die Semiten immer wieder ihre höher gelegenen Steppen verlassen, ihr unstetes Leben aufgegeben und sind, teils einzeln, teils in Stammesverbänden, in die Ortschaften am Flußufer, vor allem aber in die reichen Städte Südmesopotamiens eingesickert.

Zumal der Norden Babyloniens war seit langem von Semiten besetzt, die dort in mehr oder weniger bedeutenden Siedlungen lebten, deren größte wohl die Stadt Kiš war. Bislang hatte diese Bevölkerung in enger kultureller, oft aber auch politischer Abhängigkeit von Sumer gestanden (s. oben S. 61 f.).
Die Herkunftssage hebt Sargon also bewußt als Semiten hervor. Er gehörte zu jener langen Generationsfolge von Einwanderern, die bis dahin noch im Dunkel geblieben waren. Diesem ihrem Vertreter verdankten es die Semiten Nordbabyloniens, daß man sie nach der Blütezeit, die sie unter ihm und seinen vier Nachfolgern erlebten, nur noch als »Akkader« bezeichnete, ausgehend vom Namen der Hauptstadt, Akkade. Auch wurde der Norden Babyloniens fortan »Land Akkad« genannt im Gegensatz zum Süden, der weiterhin »Land Sumer« hieß. Mit Sargon treten die Semiten aus dem Dunkel hervor: Die Könige von Akkade haben semitische Namen; ihre Sprache, das »Akkadische«, überlagert sich nach und nach dem Sumerischen; in den Reliefs treten bärtige Köpfe mit Haupthaar an die Stelle der zumeist kahlen Rundschädel der Sumerer. Diese ganze Entwicklung ist von größter Bedeutung für die Geschichte Mesopotamiens, die ja durch das Nebeneinander, bis zu einem gewissen Grade sogar durch die kulturelle Rivalität von Sumerern und Semiten bestimmt ist. Wir werden hierauf noch zurückkommen.
Die Sargonlegende besagt aber wohl auch, daß der König in einem Milieu seßhaft gewordener semitischer Bevölkerung zur Welt kam. Womöglich waren auch seine Vorfahren schon keine Nomaden mehr. Seine politische Karriere begann Sargon in der großen semitischen Stadt Kiš; aber die näheren Umstände kennen wir nicht. Nach der Königsliste war er »Mundschenk« des Urzababa, des zweiten Königs der ›III. Dynastie‹ von Kiš. Sargon hat sich vermutlich gegen seinen Schutzherrn aufgelehnt, vielleicht zu einem Zeitpunkt, als Urzababa einen Krieg verloren hatte und Kiš darniederlag. Das Glück verließ Sargon nun nicht mehr; die Überlieferung schreibt das der besonderen Zuneigung zu, die die große semitische Göttin Ištar für ihn hegte. Sargon schuf sich ein eigenes Gebiet im Umkreis der Stadt Akkade, die er selbst erbaute bzw. zu seiner Hauptstadt machte — aus Hybris, wie es später hieß. Wo Akkade genau lag, ist noch unbekannt. Nach einer zeitgenössischen Urkunde befand sich die Stadt in der Nähe von Kiš, und nach der späteren Überlieferung war sie nicht weit von Babylon entfernt. Am ehesten werden wir sie etwa in der Gegend der alten Stadt Sippar und vermutlich am Euphrat zu suchen haben.
Wir kennen leider nicht die einzelnen Etappen auf dem Wege, der zur Schaffung des Reiches von Akkade, Sargons Hauptlei-

stung, führte. Genauer gesagt, es fehlt uns bei den einzelnen überlieferten Geschehnissen der rote Faden, durch den wir der Entstehung des Reiches auf die Spur kommen könnten. Sollen wir uns einfach an die Reihenfolge halten, in der die Schreiber von Nippur ihre Inschriftenkopien anordneten? Dürfen wir uns, wenn kein anderes Mittel bleibt, auf die ›Logik‹ berufen? Jedermann weiß freilich, wie oft sie einen in Belangen der Geschichte im Stich läßt.

Eins steht aber fest: Ausgangsbasis und Mittelpunkt des Reiches war und blieb die Stadt Akkade. »König von Akkade« steht an der Spitze von Sargons Titulatur. Dem fügte er »König von Kiš« hinzu; denn Kiš, Hauptstadt von alters her, hatte selbst im Verfall noch sein Prestige bewahrt. Sargons erste Sorge mußte es sein, diese Stadt zu erobern, um sich dadurch die Vorherrschaft über ganz Nordbabylonien zu sichern. Möglicherweise tat er es unter dem Vorwand, Kiš aus dem Einflußbereich von Uruk herauszulösen und die Stadt zu ›restaurieren‹.

Herr im Norden und im Vollgefühl seiner Kraft konnte Sargon der Versuchung nicht widerstehen, Lugalzagesi in seinem eigenen Land heimzusuchen. Ein Feldzug allein hat kaum genügt, Lugalzagesi und die mit ihm verbündeten »fünfzig *ensis*« zu unterwerfen. Die zeitgenössischen Inschriften sprechen von einem dreimaligen Vorstoß und von »34 Schlachten«. Schließlich aber unterlag der König von Uruk; er wurde gefangen und mit dem Hals in einer Nackengabel vor dem Enlil-Tempel, dem Nationalheiligtum von Nippur, zur Schau gestellt. So wurde Sargon Herr über Uruk, Ur, Eninmar, Lagaš und Umma, kurz, über den gesamten sumerischen Süden »bis zum Ufer des Meeres«. Der König von Akkade und Kiš konnte seiner Titulatur nunmehr den Titel »König des Landes« hinzufügen.

Was war das Motiv für die weiteren Unternehmungen Sargons? Wollte er Lugalzagesi nachahmen oder zunächst nur seine Nachbarn einschüchtern, die ihn bedrohten oder auch provozierten, weil sie sich durch den Aufstieg des jungen Staates in ihrer unmittelbaren Nähe beunruhigt fühlten? Wir können das schwer entscheiden. Auf jeden Fall, scheint es, hat sich Sargon, als er »das gesamte Land« unter seiner Herrschaft vereinigt hatte, zunächst nach Westen gewandt. Nach den Chroniken hätte er die Eroberung des Nordwestens, diese seine größte Tat, auf zwei ausgedehnten Feldzügen erreicht, die in sein drittes und elftes Regierungsjahr fielen. Möglicherweise begnügte er sich auf dem ersten Feldzug damit, Tuttul am Euphrat (das heutige Hīt) und weiter flußaufwärts Mari zu unterwerfen. Auf jeden Fall ist er dann aber auf seinem zweiten Feldzug bis nach Nordsyrien (Ebla), ans Mittelmeer (? Jarmuti), zum Libanon bzw. Amanus (›Zedernwald‹) und zum Taurus vorgestoßen oder doch mindestens bis an dessen östliche Ausläufer (›Silberberge‹?). Die Legende, deren historischen Kern wir allerdings nicht mehr genau fassen können, hat dieses gewaltige Abenteuer schon sehr bald weiter ausgesponnen. Nicht nur fügt sie die Namen angeblich eroberter Städte hinzu, die in den zeitgenössischen Inschriften gar nicht vorkommen, wie zum Beispiel Karkemiš. Sie läßt Sargon auch das Mittelmeer überqueren, um das »Zinnland« (vielleicht Zypern oder ein Küstengebiet im Süden Kleinasiens) und Kreta zu erobern. Sie läßt ihn bis ins Herz Anatoliens vorstoßen, bis nach Burušḫanda südlich vom Großen Salzsee. Solange keine zuverlässigeren Quellen vorliegen, sollte man sich hüten, derlei Aussagen für bare Münze zu nehmen. Wenn der Bericht über Sargons Zug nach Kleinasien akkadische Kaufleute erwähnt, die sich – ganz wie ein paar Jahrhunderte später die berühmten asyrischen *tamkarū* »Kaufleute« – in Anatolien niedergelassen hätten, liegt der Gedanke nahe, daß die Sage aus der bloßen Entsendung von Handelskarawanen eine Eroberung gemacht hat. Immerhin hat Sargon zu guter Letzt ein Herrschaftsgebiet zusammengebracht, das auf einer Luftlinie von über 1500 km das »Untere Meer« (Persischer Golf) und das »Obere Meer« (Mittelmeer) miteinander verband.

Anlaß zu noch weiterer Ausdehnung seiner Eroberungen könnte Sargon darin gesehen haben, daß sich seine Nachbarn im Osten, Elam und Waraḫše, zu einem Defensivbündnis zusammentaten, das wohl der Abschreckung des gefährlichen Rivalen in Mesopotamien dienen sollte. In zwei Inschriften, denen möglicherweise zwei Feldzüge entsprechen, rühmt sich Sargon des Sieges über die beiden Verbündeten. Stolz zählt er dabei die besiegten Könige samt ihren Statthaltern und hohen Würdenträgern auf sowie die Städte, aus denen er reiche Beute heimbrachte.

In den Omentexten wird überliefert, daß Sargon das »Land Subartu« erobert habe. Das ist ein geographischer Begriff, den wir nur unzulänglich umreißen können. Gemeint ist wahrscheinlich Nordmesopotamien vom Zagros bis zum Ḫābūr und Balīḫ, vielleicht auch noch weiter nach Westen. Es ist gut möglich, daß der Begründer der Dynastie von Akkade noch selbst begonnen hat, dieses Unternehmen in die Tat umzusetzen. Eine Heerfahrt nach Norden hat sich vielleicht in einem ›Jahresnamen‹ Sargons niedergeschlagen, der von einem Feldzug gegen Simurrum im Vorland des Zagros spricht. Da sich kurz nach Sargon die Gegend um Kirkūk einerseits und Assyrien andererseits nachweislich in der Hand der Akkader befanden, ist es gut denkbar, daß bereits Sargon selbst während seiner außerordentlich langen Regierung die Herrschaft über diese Gebiete ausgedehnt hatte.

Man mag darüber streiten, ob die »56 Jahre«, die die Königsliste Sargon zuschreibt, die Zeit mit einbegreifen, als er noch ganz am Anfang seiner Laufbahn stand und eine bescheidene Rolle am Hofe Urzababas spielte, oder wenigstens die Zeit, als er noch dabei war, ein kleines Fürstentum um Akkade zu errichten. Jedenfalls bietet seine Regierung Raum genug für ungezählte Taten, selbst wenn sie nicht mehr alle im einzelnen überliefert sind. Sargon hat sich selbst als »einen, der die Vier Weltgegenden durchzog« (akkadische Wendung für das Weltall) bezeichnet. Die gewaltige Größe seines Werkes und die riesige Ausdehnung seiner Eroberungen beflügelten die Phantasie des Volkes und der Dichter. Man hat sicher an Sargon gedacht, als man einige Zeit später die Großtaten des Gilgameš beschrieb. In einem Traktat des 1. Jahrtausends werden die 65 Länder und großen Städte des gewaltigen Sargon-Reiches aufgeführt und die Entfernungen (Tausende von km) angegeben, die es vom Zentrum und der Hauptstadt aus nach allen vier Himmelsrichtungen maß. Es gibt sogar eine mythologische »Weltkarte«, deren Begleittext die fernen wunderbaren Länder beschreibt, die nur Sargon und mit ihm zwei Sagengestalten betreten hätten.
Da sich die Herrschaft Sargons auf so viele unterdrückte Völker gründete, blieben ihr Erschütterungen, Rückschläge, selbst Katastrophen nicht erspart, die die spätere Überlieferung seiner Maßlosigkeit zuschrieb. Auch hinterließ Sargon seinem Nachfolger wahrhaft kein leicht zu erhaltendes Erbe. Bis ans Ende wurde das Sargon-Reich immer wieder von Aufständen heimgesucht, die seinen Umfang und seinen Zusammenhalt in Frage stellten. Sargons Nachfolger mußten das Reich sozusagen immer von neuem gewinnen, um es zu besitzen.
So sah sich *Rīmuš* (2284–2275) gleich bei Regierungsantritt durch ›Kettenreaktion‹ ausgelösten Aufständen im Lande Sumer gegenüber: Ur, Lagaš, Umma, Adab, Uruk und Kazallu erhoben sich. In seinem »dritten Jahr« hat er dann in einem erbarmungslosen Kriege Ströme von Blut vergossen, Städte geschleift und dem Erdboden gleichgemacht und hat die Rechnung mit den beiden ›Kumpanen‹ im Osten beglichen. Elam und Waraḫše hatten sich nämlich aufs neue zusammengetan, um die Bevormundung durch die Akkader abzuschütteln. Auch nördlich von Ninive zeigt sich die Anwesenheit des Rīmuš. Er hat dort eine Stadt gegründet und nach sich benannt.
Maništūšu (2275–2260) erging es wie Rīmuš. Auch er mußte zunächst einem Aufstand seiner Satelliten im Osten, Anšan und Šeriku, die Stirn bieten. »32 Städte« bezwang er, um seine Oberherrschaft über Elam aufrechtzuerhalten. Sodann bemächtigte er sich (zum erstenmal oder von neuem?) der Basalt(?)-steinbrüche (»schwarzer Stein«) am Westufer des Persischen

Abb. 17: Narāmsîn-Stele

Golfes. Daß sich Maništūšu auch um den nördlichen Teil seines Erbes kümmerte, zeigt eine Inschrift aus Assur sowie die Tatsache, daß man ihn noch ein halbes Jahrtausend später als den Gründer der Ištar-Tempel von Ninive kannte.

Vom Anfang des 2. Jahrtausends stammt ein Text, der von einem Massenaufstand zu Beginn der Regierung *Narāmsîns* (2260–2223) spricht. An ihm waren beteiligt die babylonischen Städte Kiš, Kutha, Kazallu, Marad, Umma, Nippur, Uruk und Sippar; das Land Magan im Süden; Elam, Waraḫše, Mardaman und Simurrum im Osten und Nordosten; Namar und Apišal im Norden und Mari im Westen. Wenn hier von einem geradezu erschrecklichen Zusammenwirken aller Kräfte die Rede ist, so ist das wohl dichterische Freiheit. Aber es besteht kein Zweifel, daß all diese Städte und Länder – und noch andere mehr – sich zu verschiedenen Zeiten während der 37jährigen Regierung des Sargon-Enkels empörten. Narāmsîn spricht in seinen eigenen Inschriften davon. Dadurch, daß Narāmsîn überall den Spuren seines ehrwürdigen Vorfahrs folgte, daß er die Erde von Nord nach Süd und von West nach Ost womöglich noch weiter durchzog als Sargon und weil er nach Ländern griff, »die vor ihm kein anderer jemals erobert hatte«, deshalb schien er der Nachwelt mehr als irgendein anderer aus seinem Geschlecht würdig, mit dem großen Sargon verglichen zu werden – nicht nur in seinem Ruhm sondern auch in seinem unheilträchtigen Stolz. Sein schlechthin ›caesarenhafter‹, bis dahin unerhörter Titel »König der Vier Weltgegenden« zeigt uns, daß er sich mehr noch als Sargon in der Rolle des Siegers und Weltenherrschers sah.

Narāmsîns Königsinschriften berichten nur von Siegen, wie es die Art dieser Texte ist. Aber liest man zwischen den Zeilen, dann ergreift einen trotz all der Triumphe, von denen man da hört, ein Vorgefühl der Katastrophe. So mußte Narāmsîn zum Beispiel letzten Endes mit dem König von Elam einen Vertrag schließen (s. unten S. 124), d. h. er sah sich gezwungen, ihn gewähren zu lassen, und fühlte sich nicht mehr stark genug, ihm seinen Willen zu diktieren. Daß Narāmsîn tief im Zagros-Gebirge Krieg führte (man glaubt, bei Darband-i-Gaur Spuren seines Durchzuges gefunden zu haben), geschah wohl nicht unbedingt aus Ehrgeiz oder weil er sich viel davon versprach, wenn er den elenden Lullubäern einen vernichtenden Schlag versetzte. Vielmehr waren die Unverfrorenheit und die Ausschreitungen der wilden Gebirgsstämme allmählich zu einer ernsten Gefahr für die Stadtbewohner in den reichen Ebenen Mesopotamiens geworden. An solchen Beispielen zeigt sich – trotz allem glorreichen Anschein – die zunehmende Empfindlichkeit des akkadischen Reiches. Daran konnte auch ein so tatkräftiger Führer

wie Narāmsîn nichts ändern. Es kann sein, daß die Auflösung schon vor dem Tode Narāmsîns begann.
Jedenfalls führte Narāmsîns Sohn und Nachfolger *Šarkališarrī* (2223–2198) nicht mehr den Titel ›König der Vier Weltgegenden‹; er begnügte sich – wohl nicht ohne Grund – mit dem bescheideneren Titel ›König von Akkade‹. Uruk suchte unter Šarkališarrī abermals die akkadische Herrschaft abzuschütteln, diesmal vielleicht mit Erfolg. Elam fand seine Unabhängigkeit wieder. Die westsemitischen Amurrum, wohl noch Halbnomaden, »wurden im Gebirge Basar (= Ǧebel Bišrī) besiegt«, vermutlich bei einem Vorstoß, den sie gegen die Nordwestflanke des Reiches richteten. Und schließlich drohte im Nordosten noch eine weitere Gefahr: Es waren die Gutäer, die dem Erbe Sargons endgültig den Garaus machten.
4. Bisher haben wir uns nur mit der Entstehung und der Ausdehnung des Reiches von Akkade befaßt. Bevor wir es aus den Augen verlieren, wollen wir näher auf seinen Aufbau und seine innere Struktur, seine Besonderheit und seine historische Bedeutung eingehen.
Eins ist von vornherein klar, auch wenn es nirgends *expressis verbis* eingestanden wird, sondern in den zeitgenössischen Urkunden nur zwischen den Zeilen zu lesen ist: All die Kriege und Eroberungen, die das Reich hochkommen ließen und seinen Bestand garantierten, die eigentliche Daseinsberechtigung des Reiches waren wirtschaftlicher Natur. Gewiß hat Sargon nach Macht und Ruhm für sich und sein Land gestrebt, aber mehr noch nach Reichtümern, der unerläßlichen Voraussetzung dafür. Die zu beschaffen, gab es ein Mittel, das so alt ist wie der Krieg selbst. Man nahm dem besiegten Feind Beute ab und legte seinem Lande hohen Tribut auf. Noch sicherer und einträglicher aber war Sargons Bestreben, den Import der Rohstoffe, an denen es Babylonien am meisten fehlte – vor allem Holz, Stein und Metall –, mit einem Staatsmonopol zu belegen. Am Ende des Berichtes über die siegreiche Eroberung der Küstengebiete des Persischen Golfes steht: »Nunmehr konnten die Schiffe von Meluḫḫa, Magan und Tilmun frei am Flußhafen von Akkade anlegen.« Mit anderen Worten, Akkade hatte den gesamten Seehandel mit Indien und 'Omān in der Hand und wurde zum Umschlagplatz für das importierte Metall und Gestein. Als Endpunkt seiner Feldzüge nach Nordwesten gibt Sargon den »Zedernwald« und das »Silbergebirge«[55] an, gleich als wollte er hiermit das eigentliche Ziel der Expeditionen deutlich vor Augen stellen, nämlich das Holz und Metall, das jene fernen Gegenden ebenso im Überfluß zu bieten hatten wie das Gestein. Vielleicht müssen wir sogar annehmen, daß die Könige von Akkade bestimmte Feldzüge von vornherein nur in der

Absicht unternahmen, ganz bestimmte Rohstoffe zu beschaffen. Man hat festgestellt, daß die damalige Bronze weniger Zinn aufweist und folglich spröder und weniger gut war als Legierungen aus der vorhergehenden Zeit. Wahrscheinlich waren die herkömmlichen Zinnquellen erschöpft oder doch am Versiegen, so daß die Könige von Akkade sich nach neuen Reserven umsehen mußten. Da liegt vielleicht der Ursprung der Sage von der »Eroberung des Zinnlandes« (s. oben S. 103).

Unter diesen Bedingungen war es nicht nötig und angesichts der geographischen Gegebenheiten (s. S. 15 ff.) nicht einmal ratsam, ein Reich im politischen Sinne zu errichten; man konnte sehr wohl die ethnische Struktur, die Verwaltung und die Regierungsinstanzen der eroberten Länder auf sich beruhen lassen, ohne sie als neue Provinzen dem Reiche anzugliedern. Es genügte, daß man überall die Anwesenheit des Eroberers unmißverständlich zu spüren gab. Dann hatte man die Garantie, daß die Unterworfenen die ihnen auferlegten Tribute an einheimischen Erzeugnissen auch wirklich lieferten, daß sie den akkadischen Händlern den freien Zugang zu den Rohstofflagern des Landes nicht verwehrten und schließlich den Abtransport nach Akkade nicht sabotierten. Kurz, in einem derartigen Handelsimperium genügte es, neben der einheimischen Regierung und Verwaltung eine respekteinflößende Militärgarnison zu installieren. Es geht aus den Inschriften der Könige von Akkade denn auch klar hervor, daß die eroberten Städte und Länder ihre Herrscher und hohen Beamten behielten, abgesehen natürlich von wirklich gefährlichen Gegnern wie Lugalzagesi, die beseitigt oder kaltgestellt wurden. In Ur herrschte nach dem Sieg Sargons weiterhin König Kaku; er tritt später als Rebell gegen Rīmuš auf. Gleichfalls als Gegner des Rīmuš treffen wir jenen Sidga'u wieder an, der sich zuvor Sargon unterworfen hatte.

Wenn Sargon sagt, daß »vom Unteren Meer bis zum Oberen Meer Bürger von Akkade die Statthalter*(ensi)*-Ämter ausübten«, gibt er damit möglicherweise eins der Prinzipien zu erkennen, nach denen er eroberte Territorien organisierte. Mit den »Bürgern von Akkade« dürften nebenbei bemerkt nicht nur Vertrauensleute des Königs gemeint sein, sondern in erster Linie Angehörige der Königsfamilie. So wurde später ein Sohn des Narāmsîn, Lipitilī, zum *ensi* von Marad ernannt. Die Königstöchter hatten kultische Ämter inne, die ihnen im übrigen auch regelrechten politischen Einfluß verschafften. Zu nennen wären Enḫeduana, die ihr Vater Sargon als Hohepriesterin des Mondgottes Nanna in Ur einsetzte, oder ihre Nachfolgerin Enmenana, die Tochter des Narāmsîn.

Die Eroberer setzten also in den annektierten Gebieten keine neuen politischen Führer ein, sondern nur eigene Beamte, die

den König bei den einheimischen Behörden vertraten. Natürlich hatten diese Statthalter allesamt eine mehr oder weniger starke – gleichfalls akkadische – Streitmacht zur Seite, um Achtung und Gehorsam zu erzwingen. Hierfür gibt es ein beredtes Zeugnis. 1937 wurde in Tell Brāk am Oberen Ḫābūr, einem Platz, der die Handelsstraßen des Nordwestens beherrschte und einen vorzüglichen Wachposten über das ›Hochland‹ darstellte, ein umfangreicher Gebäudekomplex von einem Hektar Grundfläche entdeckt, den Narāmsîn oder vielleicht schon einer seiner Vorgänger angelegt hatte. Das solide Mauerwerk sowie die zahlreichen großen Innenräume (Magazine) lassen auf eine größere Garnison schließen, der es u. a. oblag, die verschiedenen Waren zu sammeln und einzulagern, bevor man sie nach der Hauptstadt weiterleitete.
Ein Reich von der Struktur, wie wir sie hier beschrieben haben, setzt alles in allem eine intensive Machtkonzentration und eine vermehrte Anzahl von Beamten voraus. Letztlich übte der König allein die Macht aus. Neben ihm gab es nur gewöhnliche »Statthalter« *(ensis)*[56], an die er nach Gutdünken einen Teil seiner Befugnisse delegierte. Diese außergewöhnliche Erhöhung des Herrschers, der nunmehr allein die Verantwortung für die »Vier Weltgegenden« trug, ist eine der wesentlichen Neuerungen der Akkade-Zeit. Nicht nur wurde mit einem Male der alte sumerische Brauch abgeschafft, nach dem die Autorität auf der Stadt und dem Tempel beruhte (s. oben S. 79 ff.), und in Mesopotamien ein für allemal durch das monarchische Prinzip ersetzt. Der König in eigener Person wurde nun zu einer kosmischen Macht und umgab sich mit einer Aura des Übermenschlichen, wie sie nur noch den Göttern eigen war. So nimmt es nicht wunder, wenn es in der Ur III-Zeit Belege für eine kultische Verehrung des Sargon, Rīmuš, Maništūšu und Narāmsîn gibt und wenn sich vollends Narāmsîn in seinen Inschriften die Titel »Gott von Akkade«, »Gemahl der Ištar Annunītum« zulegt und vor seinem Namen das ›Gottesdeterminativ‹ (vgl. Anm. 66) schreiben ließ.
Versuchen wir, diese ›Vergöttlichung‹ in unsere Begriffe zu übertragen, so können wir etwa sagen, daß sie für den König keineswegs eine Wesenswandlung, sondern nur eine Änderung der Funktion bedeutete. Er spielt seinen Untertanen gegenüber jetzt dieselbe Rolle des Schöpfers, Ordners, des Herrn im Guten und im Bösen wie die Götter gegenüber den Menschen. Auch hatte er nunmehr mit der Menschheit schlechthin zu tun. Wenn die Könige von Akkade zum Beispiel in den Schwurklauseln von Verträgen nicht mehr nur bei der Gottheit, sondern auch noch bei sich selbst den Eid leisten ließen, so taten sie das ganz bewußt, um zu zeigen, daß sie eben diese ›funktionelle Göttlich-

keit‹ ausübten. Sie übernahmen auf diese Weise die Garantie für die vertraglich eingegangenen Verbindlichkeiten und – als Folge davon – für die Verbindlichkeiten überhaupt, die das soziale Leben beherrschten. So gelangte die Domäne des Rechtes, die die Semiten immer gern den Göttern zugeschrieben haben, unter die Autorität des Königs. Für die Entwicklung des mesopotamischen Rechtswesens ist diese Tatsache von schwerwiegender Konsequenz; sie wirft bereits ihre Schatten auf die königlichen ›Erlasse‹ späterer Jahrhunderte voraus.

Wir haben zwar keine unmittelbaren Belege dafür, daß im Reich von Akkade ein umfangreiches, weitverzweigtes Beamtentum existierte; aber es ergibt sich eigentlich von selbst aus den neuen politischen Gegebenheiten. Sargon rühmt sich, er habe täglich »5400 Menschen ›zu Tische‹ gehabt«; darunter sind Dienerschaft, Kanzlei und Kriegsvolk zu verstehen, die allein den Palast Sargons in Akkade bevölkerten. Man braucht sich nur die Organisation des Sargon-Reiches zu vergegenwärtigen, um einzusehen, daß sie ein riesiges Personal erforderte, um den Verkehr zwischen dem König als Alleinherrscher und all seinen Territorien und den von ihm abhängigen Institutionen aufrechtzuerhalten. Zivile und militärische Beamte, Schreiber und Aufseher, Kanzlisten und Lagerverwalter, Händler und Buchhalter, Inspektoren und Expedienten, Offiziere und Soldaten, Handwerker, Facharbeiter, Mietlinge ... zumindest in der Hauptstadt selbst dürfte ein Großteil der Bevölkerung Glied der gewaltigen und komplizierten Staatsmaschinerie von Akkade gewesen sein.

Das Personal wurde zweifellos nach altem mesopotamischen Brauch mit Konsumgütern entlohnt. Wer im Dienste des Königs stand, wurde auf dessen Kosten mit Nahrung und Kleidung versehen. Es waren dies Ausgaben neben ungezählten anderen, als da sind Bauvorhaben aller Art, Städtebau, Unterhaltskosten für Gebäude, zweckdienliche und Luxusausgaben. All das setzte eine gewaltige Kapitalfluktuation voraus und verlangte, daß der König äußerst umfangreiche Mittel zur Verfügung hatte. In der Tat war der König der größte ›Kapitalist‹ des Landes und nicht der Tempel oder die Stadt wie in der sumerischen Zeit.

Dieses Kapital bestand nicht nur aus beweglichen Gütern, sondern auch aus Liegenschaften. In der Akkade-Zeit hat der König offensichtlich den Brauch eingeführt – oder doch in erweitertem Umfang praktiziert –, seine Diener nicht allein durch Viktualien, sondern auch durch die Zuweisung von Ackerland zu entlohnen. Ob der Nutznießer seine Parzelle nun selbst bearbeitete oder weiterverpachtete, er konnte über den Ertrag verfügen mit Ausnahme eines bestimmten Anteils, den die Krone als Verpächterin einbehielt. Von dieser Praxis zeugt möglicherweise der berühmte Obelisk des Maništūšu, der von Landkäufen in größtem Stil berichtet. Der König hätte nach diesem Monument zu urteilen für etwa drei Zentner Silber Ackerland im Umfang von ungefähr 330 Hektar erworben. Es handelt sich um vier große Parzellen, die sich aus den Äckern verschiedener Eigentümer (insgesamt treten 98 Verkäufer auf) zusammensetzten. Das Land wurde an 49 neue Besitzer, sämtlich Bürger von Akkade, verteilt. Unter ihnen befinden sich ein Neffe des Königs und die Söhne von Herrschern ehemals selbständiger Städte. Diese Nachkommen waren nach Nordbabylonien umgesiedelt worden, ob als Geiseln oder im Dienste des neuen Souveräns, wissen wir nicht. Gut möglich also, daß es sich um die Zuwendung von Ländereien handelt, an denen der König das reine Eigentumsrecht behielt, während er Nutzung und Ertag den Dienern der Krone überließ. Wie dem auch sei, der Maništūšu-Obelisk bestätigt nicht nur die Existenz von privatem Eigentum an Grund und Boden in der Akkade-Zeit, eine Praxis, die sich nach und nach auf ganz Babylonien ausdehnte; er beweist auch die absolute Vorzugsstellung, die der König in Fragen des Landeigentums beanspruchte, übrigens abermals ein Zeichen für seinen unermeßlichen Reichtum.

Die Errichtung des Reiches von Akkade hat nicht nur eine Neuverteilung der Besitztümer herbeigeführt, sondern auch einer neuen Art der Eigentumsverhältnisse zum Durchbruch verholfen. Das Privateigentum weitete sich nach und nach aus, führte zu einer tiefgreifenden sozialen Umschichtung und schließlich zur Ausbildung von ›Klassen‹, die sich auf Reichtum und wirtschaftliche Unabhängigkeit gründeten. Diese Neuerungen hatten ihre Ursache in der Struktur des Reiches.

Aber auch andere, nicht minder bedeutsame Neuerungen treten auf, für die wir wohl die Tatsache verantwortlich machen können, daß die Regenten und ihre Völker, die mit ihnen die Führung der damaligen Welt antraten, Semiten waren. Wenn wir einmal von der Übertragung der babylonischen Kultur auf das nördliche Assyrien absehen (s. S. 125 f.), so sticht als wichtigste Errungenschaft der Zeit die Ausbildung einer akkadischen Schriftsprache hervor. Das geschah auf Kosten des Sumerischen. In den offiziellen Schriftdenkmälern wurde es meist nur noch zusammen mit einer akkadischen Übersetzung verwendet, vor allem im Norden Babyloniens, wenn man sich nicht überhaupt auf das Akkadische beschränkte. Als Umgangssprache hielt sich das Sumerische nur im Süden. Das Akkadische wurde nach und nach zur alleinigen Volkssprache, und einige Generationen später war das Sumerische nur noch Kult- und Gelehrtensprache. Die Könige von Akkade haben die schon vor ihrer Zeit angebahnte große geistige Leistung fortgeführt, die von den Sumerern für ihre völlig anders geartete Sprache erfundene Schrift für eine semitische Sprache nutzbar zu machen. Wenn wir hier, ohne vom Thema abzuschweifen, eine das Ästhetische betreffende Bemerkung einfügen dürfen, so sei gesagt, daß die Keilschrift um diese Zeit einen Höhepunkt an Eleganz und kalligraphischer Perfektion erreichte, wie sie ihn während ihres dreitausendjährigen Bestehens nie wieder erklommen hat.

In der Religion der Akkade-Zeit trugen neue semitische Gottheiten wie Aba (geschrieben A.MAL), Annunītum, Dagan und — wenn auch mit sumerischem Namen — Ea zur Erweiterung des alten semitischen Pantheons bei. Neu und zugleich von höchster Bedeutung für die weitere Entwicklung ist aber vor allem der Synkretismus akkadischer Gottheiten mit Göttern des sumerischen Pantheons. Das hatte zur Folge, daß sich im Laufe der Zeit der Grundcharakter oder doch einzelne Wesenszüge bestimmter Gottheiten beträchtlich wandelten. Ein Beispiel: Auf Inanna, die Göttin der Liebe und die Frau *par excellence* in der sumerischen Götterwelt, wurden Züge der kriegerischen, nahezu männlichen semitischen Ištar übertragen. Vor allem aber ging von den Semiten ein neuer Geist aus, der nach und nach die religiösen Formen der Sumerer von Innen her veränderte, ebenso wie neue Vorstellungen einen Wandel in der Anschauung der Götterwelt herbeiführten. Waren die Götter bei den alten Sumerern zunächst nur ortsgebundene Personifikationen der Naturgewalten, so wurden sie jetzt insgesamt zu kosmischen Mächten, die die Verantwortung für den geordneten Lauf der Natur, aber auch der Geschichte trugen. Und gleichzeitig entwickelten sich die Götter zu ›sittlichen‹ Wesen, die sich um die soziale Ordnung und die Wahrung des Rechts kümmerten. Kurz, sie wurden Herren der Welt im wahrsten Sinne des Wortes. Denn wenn die akkadischen Herrscher an der Göttlichkeit teilnahmen, so übertrugen sie ihrerseits Züge des Königs und Herrschers auf die Götter. Sie stellten sich die Götter nach ihrem Bilde vor, dachten sich die Organisation der Götterwelt als ein Abbild der irdischen Herrschaft, die immer mehr zur Monarchie und Hierarchie tendierte. Analog zum Hofzeremoniell änderte sich auch das Ritual. Das geht ganz besonders aus dem Fragment einer Rīmuš zugeschriebenen Inschrift hervor. In ihrer vollen Konsequenz traten diese tiefgehenden Veränderungen freilich erst zwei oder drei Jahrhunderte später zutage; in der Akkade-Zeit können wir sie mangels ausreichender und eindeutiger Quellen zwar schon erahnen, aber meist noch nicht im einzelnen nachzeichnen.

Die Zahl der religiösen und eigentlich literarischen Texte der Akkade-Zeit ist zwar noch verschwindend klein. Aber die wenigen Texte, die wir haben, lassen nicht nur auf ein lebhaftes geistiges Leben schließen, sondern auch erkennen, daß die Literatur ebenso wie jeder andere Bereich an den Umwälzungen der Zeit teilnahm. Ein sumerischer Text aus Nippur – wahrscheinlich der älteste für Mesopotamien bezeugte religiöse Text – zeigt, obwohl er nur teilweise erhalten und noch nicht befriedigend bearbeitet ist, daß die Mythologie – die Vorläuferin unserer Metaphysik und Theologie – damals in voller Blüte stand. Einige Beschwörungen, teils in sumerischer, teils in akkadischer Sprache, vermitteln die Kenntnis eines eher praktischen Aspektes der Religion. Schließlich geht aus dem bündigen Stil und dem übersichtlichen und kunstvollen Aufbau der Königsinschriften hervor, daß man die Sprache meisterhaft zu handhaben wußte und ganz offensichtlich literarischen Ehrgeiz an den Tag legte.

›Lexikalische‹ Texte zum Gebrauch der Schreiber und Schreibübungen von Keilschriftadepten beweisen denn auch, daß ein reger Schulbetrieb herrschte. Es hat in Babylonien zu allen Zeiten eine Klasse von Menschen gegeben, die wohl im Bereiche des Palastes oder des Tempels wirkten und die sich von Berufs wegen nicht nur dem Lesen und Schreiben widmeten, sondern eigentliche Bildung vermittelten, indem sie sich geistig und literarisch betätigten. Es liegt auf der Hand, daß etwa durch die weitreichenden Expeditionen des Königs und seiner Truppen die ›Gelehrten‹ zur geographischen Spekulation angeregt wurden. Ebenso gewiß ist es, daß die ungezählten Taten Sargons und seiner Nachfolger nicht nur das Bedürfnis nach einer Chronologie erweckten, wie sie übrigens für eine so straff organisierte Verwaltung unerläßlich war, sondern auch das Interesse an der Geschichtsschreibung[57].

Wenden wir uns nunmehr der Kunst der Akkade-Zeit zu. Die Architektur ist uns noch weitgehend unbekannt, und Akkade selbst, die Hauptstadt, ist noch nicht entdeckt und ausgegraben worden. Die Plastik und vor allem die Glyptik sind in der Kunst dieser Zeit dagegen ausgezeichnet belegt. In beiden zeigt sich etwas so völlig Neues und eine so meisterhafte Beherrschung des Stoffes, daß man die Akkade-Zeit mit Fug und Recht als den eigentlichen Höhepunkt der mesopotamischen Kunstgeschichte betrachtet. Der hierarchischen Strenge der sumerischen Kunst setzten die Akkader einen lebendigen, phantasievollen Stil entgegen; dabei verstanden sie es, nur das Wesentliche hervortreten zu lassen und in bewundernswerter Komposition darzustellen. Die Macht und die Majestät der Könige von Akkade spiegelt sich in der Stein- und Bronzeplastik wider. Es sind Werke einer wahrhaft königlichen Kunst. Das gleiche gilt sogar für die Kleinkunst der Siegelschneider; hier sind Schnitt und Modellierung schlechthin vollkommen. Die Figuren sind so realistisch und voller Suggestionskraft, daß man sie für wahre

Skulptur halten könnte. Und dort, wo man zuvor nur rein dekorative Elemente zur Verzierung der Siegelzylinder verwendete, haben die Akkader Mythenszenen eingeführt, deren Komposition und Vielfalt nebenbei gesagt eine gute Vorstellung von der regen Mythenbildung der Zeit vermitteln. »Wie es in der bildenden Kunst nach der Zeit der Dynastie von Akkade auch in Zeiten mit sumerischer Vorrangstellung kein Kunstwerk gibt, in dem nicht wenigstens eine Spur der großen Kunst der Dynastie von Akkade zu entdecken ist . . .«[58]. Dieses Urteil gilt praktisch für alle Bereiche der Kultur. Das semitische Reich Sargons hat dem künftigen Verlauf der Entwicklung in Mesopotamien eindeutig die Richtung gewiesen und der Zivilisation des Landes seinen unauslöschlichen Stempel aufgedrückt.

5. Wie groß auch immer Leistung und Einfluß des Reiches von Akkade gewesen sein mögen, das Riesengebilde war in hohem Maße anfällig. Wir wissen nicht genau, wann und wie die Auflösung begann; vermutlich hat sie sich etappenweise vollzogen. Gegen Ende von Narāmsîns Regierung begannen Teile des Reiches sich loszulösen und nacheinander das akkadische Joch abzuschütteln. Vielleicht war das eine Folge großer Völkerbewegungen im Vorderen Orient. Wir haben gesehen, daß die Königsliste mit einem wieder selbständig gewordenen Uruk rechnet, das wohl auch Teilen vom übrigen Sumer zur Unabhängigkeit verhalf. Möglicherweise stand eine Unternehmung Šarkališarrīs »gegen Uruk und Naksu«, von der ein Jahresdatum berichtet, im Zusammenhang mit diesen Vorgängen im Süden. Auf der anderen Seite kennen wir von dem ersten in der Königsliste genannten Gutäerkönig, Erridupizir, eine Inschrift, in der er sich »König der Vier Weltgegenden« nennt. Damit wollte er wohl seine Anwartschaft auf das Reich und seinen Anspruch auf die Nachfolge Narāmsîns zur Geltung bringen. Die historische Tradition weiß jedenfalls zu berichten, daß Narāmsîn gegen die Gutäer zu Felde gezogen ist. Die Angriffswut der Gutäer steigerte sich noch unter der wohl nicht mehr sehr starken Regierung des Šarkališarrī. Wenn dieser auch noch so sehr versichert, er habe Sarlag bzw. Sarlagab, den dritten Nachfolger des Erridupizir, geschlagen, so hat er sich vermutlich doch während seiner gesamten Regierungszeit mit den Eindringlingen auseinandersetzen müssen. Ein Privatbrief aus dieser Zeit schildert uns die Gutäer als eine permanente Gefahr: Die Untertanen des Königs mußten für ihre Herden und ihre sonstige Habe fürchten und konnten ihre Felder nicht mehr ungehindert bestellen. Alles in allem möchte man annehmen, daß Šarkališarrī ständig durch die Barbaren bedroht war, nur noch über ein verhältnismäßig bescheidenes und ziemlich schwankendes Reich gebot und nur noch kämpfte, um zu überleben.

Der tragische Tod dieses Herrschers (2198) war ein schwerer Schlag für Akkade. »Drei Jahre lang« (2198–2195) herrschte Anarchie, und vier Rivalen, die vielleicht alle ein Stück heimischen Bodens in Besitz hielten, stritten um die Macht. Wie sehr auch die Gutäer in diesem Streit engagiert waren, zeigt die Tatsache, daß einer der vier, Elul bzw. Elulu – der einzige übrigens, den wir auch außerhalb der Königsliste belegt finden – unter seinem heimischen Namen Elulumeš in der Reihe der Gutäerkönige erscheint. In einer seiner Inschriften maßt er sich den Titel »Mächtiger, König von Akkade« an[59]. Ein gewisser Dudu (2195–2174) hat dann wahrscheinlich die Ordnung im Lande wiederhergestellt, hat Akkade wohl wieder befreit und einige Macht wiedererlangt. Wir kennen von ihm eine Weihinschrift aus Nippur und zwei weitere aus Adab. Das zeigt, daß Dudu zumindest den Norden Sumers wieder in der Gewalt hatte. Nach Dudu regierte von 2174 bis 2159 sein Sohn Šū-Durul. Diese Erbfolge ist gewiß ein Zeichen dafür, daß sich die Machtverhältnisse wieder ein wenig stabilisiert hatten. Auch von ihm gibt es einige Inschriften, die besagen, daß er über Kiš und das etwa 100 km weiter nördlich gelegene Tutub (Ḫafāğī) herrschte. Wir wissen nicht genau, ob die Chroniken und die Leberomina mit der ›Zerstörung‹ *(šaḫluqtum)* von Akkade das Ende des Šū-Durul meinen. Wenn wir der Tradition folgen, die zu Beginn des 2. Jahrtausends einsetzte, dann wäre hierunter die Zerstörung der Stadt Akkade zu verstehen – sie wird in der berühmten sumerischen Dichtung ›Fluch über Akkade‹ beschrieben; aber welches Datum ist gemeint? Die Stadt könnte auch schon zu einem früheren Zeitpunkt, nach dem Ende des Narāmsîn, dem Feinde zum Opfer gefallen sein. Verstehen wir unter *šaḫluqtum* das endgültige Verschwinden Akkades von der politischen Bühne, dann bezieht sich der Ausdruck ohne Zweifel auf den Abgang des Šū-Durul um 2159. In dem einen wie in dem anderen Falle besagt die Tradition aber ausdrücklich, daß die Haupturheber der Katastrophe die Gutäer waren. Sie sind die eigentlichen Nachfolger der akkadischen Könige, zumindest im Norden des Landes, das man fortan in Erinnerung an die verflossene Größe »Land Akkad« nannte.

6. Die Gutäerzeit. Es gibt nur wenige Quellen, die eine Vorstellung von der Machtausdehnung, der Herrschaftsdauer der Gutäer und von den politischen Geschehnissen während ihrer Herrschaft in Akkade vermitteln, vom übrigen Mesopotamien ganz zu schweigen. Vermutlich war der Einfluß der Gutäer den Wechselfällen der Zeit unterworfen. Erridupizir, dem ersten Gutäerkönig, gelang es, sich mit einem Sprung für eine gewisse Zeit im Süden festzusetzen. Er hat in Nippur eine lange Inschrift hinterlassen, die allerdings noch nicht veröffentlicht

ist. Der Text, in dem die endgültige Vertreibung der Gutäer gefeiert wird, macht keinen Hehl daraus, daß sie eine ernste Gefahr für Sumer bedeuten. Aber zugleich gibt es gute Gründe anzunehmen, daß die Gutäer auf die Dauer nur den Norden besetzt gehalten haben, vielleicht sogar nur bestimmte neuralgische Punkte, an denen sie einige Truppeneinheiten oder auch ein paar Garnisonen unterhielten. Die Gutäer haben viel Zerstörung angerichtet, so in Assur; dagegen haben sie, soweit wir sehen, nichts Positives hinterlassen, nichts gebaut und nichts Eigenes nach Mesopotamien gebracht. Ganz im Gegenteil, sie konnten sich dem Einfluß des Landes wohl nicht entziehen. In der zweiten Hälfte ihrer Ära finden wir Könige mit semitischen Namen (Kurum, Ḫabilkīn, Ibrānum, Ḫablum, Puzursîn, Si'um) oder mit gutäischen Namen in semitisierter Form (La'erabum, Irarum). Andererseits sind die uns erhaltenen Inschriften (Erridupizir, Elulumeš, La'erabum, Jarlagan und Si'um) in Keilschrift und akkadischer Sprache geschrieben. Letzteres zeigt, daß die Gutäer ihre kulturellen Einflüsse von Akkade und nicht unmittelbar von Sumer bezogen. Möglich ist auch, daß sie bestimmte akkadische Gottheiten rezipiert (mit gutäischen Gottheiten gleichgesetzt?) haben; denn La'erabum ruft Ištar und Sîn als die »Götter von Gutium« an. Aber das ist schon beinahe alles, was wir über diese rätselhaften Barbaren aussagen können. Hinzuzufügen wäre allenfalls noch, daß sich La'erabum und kurz nach ihm Jarlagan nur noch als »Mächtiger, König von Gutium« betitelten. Die Gesamtdauer der Gutäerherrschaft können wir, wie oben gesagt, auf etwa hundert Jahre ansetzen (2200?—2116).

7. Was das Land Sumer betrifft, so kennen wir aus der Zeit der Herrschaft von Akkade und aus den Jahren kurz danach lediglich die Namen einer Reihe von ›Königen‹ und *›ensis‹*, die in der einen oder anderen größeren Stadt regierten: In Ur war Ur'utu Zeitgenosse Sargons und Kaku Zeitgenosse des Rīmuš; E.LI + LI von Ur gehört wohl schon in die Gutäerzeit. In Adab haben wir Meskigala (unter Rīmuš), in Kazallu Ašarid (dgl.); in Marad Lipitilī, den Sohn Narāmsîns; in Isin einen König mit unbekanntem Namen (unter Maništūšu); in Umma Mes'e (unter Sargon), Ludamu (unter Rīmuš), Ašarid (unter Maništūšu) und dessen Sohn Šuruškīn; dann als Zeitgenossen des Gutäers Jarlaganda Nammaḫani und unter Si'um Lugalanatum. Dazu kommen noch einige andere Namen, die wir hier nicht eigens aufzählen.

Wie schon gesagt, hat Uruk von etwa Šarkališarrī an wahrscheinlich eine Zeitlang die Vorherrschaft über Sumer ausgeübt; aber abgesehen von den nur in der Königsliste genannten fünf Königen wissen wir nichts Näheres.

Die einzige Stadt, deren Geschichte wir — zumal in der Gutäerzeit — in etwas geschlossenerer Form beschreiben können, ist Lagaš. Ihr fiel um diese Zeit eine recht bedeutende Rolle in Sumer zu. Wir kennen, um von vorn zu beginnen, zumindest dem Namen nach mehrere *ensis* von Lagaš, die Zeitgenossen und Vasallen von Akkade waren: KI-KU-id unter Rīmuš, Engilsa unter Maništūšu, Ur'a unter Narāmsîn sowie Lugalušumgal unter Narāmsîn und Šarkališarrī. Aus der folgenden Zeit stammen einige Herrscher, die wir noch nicht in chronologischer Reihenfolge anordnen können: Puzurmama, Ur'utu, Urmama, Lubaba, Lugula und Kaku. Sie gehören in eine Periode, in der Lagaš wohl keine glänzende Rolle spielte, sondern als Kleinstaat dahinvegetierte oder, nachdem der akkadische Einfluß weggefallen war, von einer mächtigeren anderen Stadt — etwa Uruk? — abhing. Dann aber, unter den letzten sechs *ensis*, holte Lagaš wieder auf. Die Reihenfolge dieser Herrscher ist heute einigermaßen gesichert: Urbaba, Gudea, Urningirsu, Pirigme, Ur-GAR, Nammaḫani, und wir können sie sogar mit einiger Sicherheit datieren (s. die Zeittafel). Es handelt sich um e i n e Familie, in der der Thron vom Vater auf den Sohn bzw. vom Schwiegervater auf den Schwiegersohn überging. Wir bezeichnen sie als die ›II. Dynastie‹ von Lagaš, analog zur ›I. Dynastie‹ (s. oben S. 83 f.), unter der Lagaš ebenfalls eine der sumerischen Metropolen gewesen war.

Wir sprechen nach wie vor von Lagaš, müssen aber betonen, daß nicht Lagaš (heute al-Hibā), sondern Girsu (heute Tellō) die eigentliche Hauptstadt war. Das Gebiet des Staates Lagaš umfaßte nach einem zwar nicht vollständig erhaltenen, aber noch gut interpretierbaren Text etwa 160000 ha. Auf diesem Gebiet lagen 17 ›große Städte‹ und 8 ›Kreisstädte‹, nicht eingerechnet die Dörfer und Weiler, von denen aus dieser Zeit mindestens 40 dem Namen nach bekannt sind. Mit dieser Statistik über Lagaš gewinnen wir übrigens auch eine etwas klarere Vorstellung davon, was man sich geographisch unter einem sumerischen Stadtstaat vorzustellen hat. Es sind kleine Königtümer.

Spätestens seit der Zeit des Urbaba (ca. 2164—2144) haben die Herrscher dieses kleinen Staates ihren Einfluß auf einen größeren Teil Sumers ausgedehnt. Besagter Urbaba hätte seine Tochter Enanepada kaum in Ur als Hohepriesterin des Nanna einsetzen können, wenn ihm diese Stadt nicht wie seinerzeit Sargon (s. oben S. 108) untertan gewesen wäre. Eridu, das damals von Ur abhing, hat wohl ebenfalls die Oberhoheit von Lagaš anerkannt. Jedenfalls berichtet Gudea (um 2144—2124) von einer Prozessionsfahrt des Ningirsu, des Hauptgottes von Lagaš, nach den Tempeln von Eridu, und zwar so, wie wenn es sich um eine Reise innerhalb seines eigenen Staates handelte. Von Gudea stammen auch zahlreiche Inschriften über Tempelbauten, und zwar aus folgenden Städten: Ur, Nippur, Adab, Uruk, Badtibira. In der Tat ist Lagaš unter Gudea zur vorherrschenden Macht und zur Metropole von Sumer aufgestiegen. So kann man mit Fug und Recht behaupten, daß die *ensis* von Lagaš die eigentlichen sumerischen Nachfolger der Könige von Akkade waren. Sie saßen in ihrem eigenen Land und waren auch ihrem Stil und Gebaren nach Sumerer.

Zunächst einmal vollzog Lagaš die Rückwendung zum System der ›Stadtstaaten‹, wie es in Babylonien, zumal in Sumer, vor der Akkade-Zeit gang und gäbe gewesen war. Immerhin dürften die Herrscher von Lagaš unter dem Deckmantel ihres altangestammten – bescheideneren – Titels *ensi* (s. oben S. 73 f.) Züge der Könige von Akkade bewahrt haben: Gudea nennt sich einmal »Gott von Lagaš«. Aber sie waren nicht gar so sehr vom Ehrgeiz besessen, bewahrten kühleres Blut, waren umsichtiger als ihre illustren Vorbilder und haben offenbar niemals Krieg geführt, um außerbabylonisches Gebiet zu erobern und zu kolonisieren. Wenn Gudea sagt, daß er einen Feldzug gegen Anšan und Elam unternommen habe, so hat er sich wohl lediglich einem Angriff des ungestümen Nachbarn entgegengestellt, ohne daß sein Sieg die Besetzung von Feindesland nach sich gezogen hätte.

Alles deutet darauf hin, daß die großen *ensis* von Lagaš zwar dasselbe Ziel verfolgt haben wie schon Sargon und seine Nachfolger, die Erlangung weitgehender wirtschaftlicher Autarkie durch das staatliche Handelsmonopol, daß Lagaš dieses Ziel aber mit ganz anderen Mitteln zu erreichen versuchte; nicht durch Eroberung, sondern durch den traditionellen Handel. Überall wo die Truppen der Akkader als Eroberer durchgezogen waren, treffen wir auch Gudea bzw. seine Abgesandten wieder, doch nur als gewöhnliche Handelsleute, ohne jede machtpolitische Absicht. Von überall schaffte Gudea Stein, Metall und Holz heran: Aus dem Süden von Meluḫḫa, Magan und Tilmun und von Gubin (vermutlich Ǧebel al-Aḫḍar an der Südküste des Golfes von ʿOmān); aus dem Osten von Anšan, Elam und selbst aus Adamdun und Aratta im noch weiter östlich gelegenen Baḫtijār-Gebirge; aus Kimaš und Kagalad nördlich vom Ǧebel Ḥamrīn sowie aus Madga und Barme in der Gegend des heutigen Kirkūk; vom Mittleren Euphrat und aus dem nördlicheren Syrien, von Basalla (dem Basar Šarkalisarrīs) sowie von Tidan, das wohl in der gleichen Gegend zu suchen ist; von Uršu und Ebla am Oberen Euphrat; vom Amanus; von Menua, Ḫaḫḫum und dem Gebirge Uringeraz, die wohl alle drei in den Taurus, wenn nicht gar bis nach Kappadokien hineinreichten. Die Wirtschaftskarte von Lagaš deckte sich somit genau mit der von Akkade.

Aber statt der Krieger waren es bei Gudea Gesandte und Kaufleute, die man ausschickte. Es scheint sogar, daß Gudea mit den Gutäern Vereinbarungen über freien Durchzug durch ihr Gebiet getroffen hat.

Was auf diese Weise an Reichtümern nach Lagaš kam, konnte sich vielleicht nicht gerade mit denen messen, die einst nach Akkade geflossen waren; aber sie kamen auch weniger teuer zu stehen. Denn Gudea brauchte keine Truppen zu entsenden und auch nicht jene zahllosen Garnisonen zu unterhalten; ferner konnte er auf den gewaltigen und komplizierten Verwaltungsapparat verzichten, auf den sich das Reich von Akkade stützte. Der Herrscher von Lagaš war nicht der gewaltige Monarch wie Sargon oder einer seiner Nachfolger; er war schlicht und einfach der Stadtfürst früherer Zeiten. Und doch war seine Stadt nicht minder reich, dabei aber weniger bedroht.

Nichts zeigt das besser als die große Anzahl öffentlicher Arbeiten, die Urbaba und zumal Gudea verrichten ließen, und zwar sowohl in der Hauptstadt Girsu und anderweitig im Staate Lagaš als auch in den von Lagaš beherrschten Stätdten. Die ›Jahresnamen‹ von Lagaš, von denen wir eine ganze Anzahl kennen, sind in dieser Hinsicht äußerst instruktiv. Vom Krieg ist da nirgends die Rede; statt dessen werden erwähnt die Anlage von Kanälen sowie Bewässerungs- und Drainagearbeiten (Urbaba Jahr 2 und 3, Gudea 4, anonymer Herrscher 3); städtebauliche Arbeiten (Urbaba Jahr 4, Gudea 3?); Tempelbau, teils auf dem Gebiet von Lagaš (Urbaba Jahr 5, Gudea 2, 10, 14, 15), teils außerhalb von Lagaš (Urbaba Jahr 6); Herstellung von Weihgegenständen (Gudea Jahr 5, 6, 7?, 9, 11, 12); Einsetzung von Beamten und Priestern (Gudea Jahr 8, 13, Urningirsu 3, 4, 5, Pirigme 2, anonymer Herrscher 2). Auch die Inschriften der Herrscher von Lagaš können sich nicht genug tun mit der Aufzählung solcher friedfertiger, nützlicher, großartiger Vorhaben. So hat Gudea die Erneuerung und Weihe des Eninnu, des Heiligtums des ›Nationalgottes‹ von Lagaš, Ningirsu, in einer großen, aus zwei Teilen bestehenden Hymne verherrlicht, die er auf zwei Tonzylinder schreiben ließ.

Aber die Zeit der ›II. Dynastie‹ von Lagaš, zumal die unter Urbaba und Gudea, war nicht nur eine Zeit der Fülle und des Wohlstandes für die Hauptstadt und für das ganze Land Sumer, dessen Repräsentantin Lagaš war. Es war auch eine Zeit, in der Wissenschaft und Künste blühten, wie es uns so manche Texte und Bilddenkmäler bezeugen; eine Zeit hoher Kultur, und zwar sumerischer Kultur. Das sieht man bereits an der Toponymie, zuallererst aber an der Sprache, in der die Inschriften verfaßt sind, seien es nun Prunkinschriften oder Tontafeln mit alltäglichem Inhalt. Es handelt sich um ein Sumerisch, das sich zwar

Abb. 18: Gudea von Lagaš

seit seiner präsargonischen Stufe weiterentwickelt hat, aber immer noch um die reine, ›klassische‹ Sprache. Die Inschriften sind zum Teil ziemlich umfangreich, zum Beispiel die auf bestimmten Weihstatuen Gudeas. Zusammen mit den beiden Gudea-›Zylindern‹ sind es die ersten wirklich ausführlichen Kompositionen in sumerischer Sprache. Die literarische Form gleicht noch in vielem der einst in Sumer entwickelten. Und auch die Statuen haben etwas vom starren Hieratismus der frühen Künstler bewahrt. Aber zugleich spürt man überall den Einfluß der Akkader. So im sumerischen Wortschatz, der sich seit der Akkade-Zeit um eine ganze Reihe semitischer Fremdwörter bereichert. Auch wird ganz deutlich, daß man bestimmte literarische Wendungen aus dem Norden übernommen und dem Sumerischen einverleibt hat. Im Können und im Formgefühl der Bildhauer und Steinschneider macht sich schließlich ebenfalls das Vorbild der akkadischen Meister bemerkbar. Man spürt, wenn auch noch kaum merklich, daß die schöpferische Periode vorüber war und daß der Künstler fortan eher nachahmte, als daß er Neues erfand.

Aber auch noch auf anderen Gebieten verrät sich im Sumerertum von Lagaš der Nachhall Akkades. Zwar blieben Pantheon und religiöse Formen typisch sumerisch; doch gibt es alle möglichen Anzeichen dafür, daß zumindest bestimmte Tendenzen im religiösen Empfinden und bestimmte ›theologische‹ Anschauungen – etwa die Auffassung der göttlichen Macht und die Herrscherrolle der Götter – sich unter semitischem, akkadischem, Einfluß einem Wandel unterzogen.

Kurz und gut, Lagaš ist einerseits noch ganz sumerisch, andererseits ist es bereits stark mit dem Kulturgut der Akkader durchsetzt, das ihr Reich überlebt hatte und im Begriff war, den Siegeszug durch ganz Mesopotamien anzutreten.

Nach Urningirsu (ca. 2124–2119) und Pirigme (ca. 2119–2117) gerieten Macht und Einfluß von Lagaš anscheinend in Verfall, vielleicht, weil Uruk wieder erstarkte. Utuḫengal von Uruk (2116–2110) jedenfalls hat seiner Stadt zur Vorherrschaft im Süden verholfen, sicher zum Teil auf Kosten von Lagaš. Zu Anfang seiner Regierung hat er, wie wir wissen, Ur wiedergewonnen und dort einen seiner Feldherrn, Urnammu, als Statthalter eingesetzt, denselben Urnammu, der fünf Jahre später seinem Herrn den Rang ablief.

8. Utuḫengal rühmt sich in einer ›Inschrift‹ – in Wirklichkeit wohl einer literarischen Komposition vom Anfang des 2. Jahrtausends –, daß er die Gutäer endgültig vertrieben habe, indem er ihren letzten König Tiriqan besiegte. Es sieht so aus, als habe die Entscheidungsschlacht im Norden Sumers stattgefunden, d. h. an der Südgrenze des Gebietes, von dem wir an-

Abb. 19: ›Zylinder‹ des Gudea von Lagaš

nehmen, daß es die Gutäer damals fest in der Hand hatten. Allerdings müssen wir zugeben, daß der Bericht für uns nicht gerade klar ist. Utuḫengal nennt die Gutäer »Drachen des Gebirges« und beschuldigt sie, daß sie das Land Sumer aufs Spiel gesetzt hätten. Vielleicht bezieht er sich auf einen von Tiriqan geführten Vorstoß nach Süden, der das Ziel hatte, dem unter Ur-GAR (ca. 2117–2113) und Nammaḫani (ca. 2113–2109) geschwächten Lagaš das seiner Verteidigung entblößte Land abzunehmen, noch bevor sich Uruk dessen bemächtigen konnte. Aber mit Sicherheit können wir eigentlich nur sagen, daß die Gutäer um 2110 endgültig aus Sumer verjagt wurden. Freilich blieb auch der Befreier nicht lange an der Macht. Sein ehemaliger ›General‹ Urnammu verdrängte ihn bald, ebenso den letzten *ensi* von Lagaš II, Nammaḫani, um so eine neue Geschichtsperiode in Mesopotamien und im ganzen Vorderen Orient einzuleiten.

DER VORDERE ORIENT AUSSERHALB BABYLONIENS

Wir haben schon zu Anfang dieses Kapitels (S. 91) darauf hingewiesen, daß die Gebiete außerhalb Babyloniens in den Quellen der Akkade-Zeit fast nur in ›babylozentrischer‹ Sicht erscheinen und daß die Quellen überdies sehr wenig ergiebig sind. Der Leser wird das auch daran merken, daß wir diesem Thema nur noch wenige Seiten widmen.

1. *Der Süden: die Ostküste Arabiens.* Sehen wir einmal von dem praktisch nur dem Namen nach bekannten Meluḫḫa (wohl die Westküste Indiens) ab, so sind drei Länder zu nennen, die in den Texten der Akkade-Zeit unter den Namen Gubin, Magan und Tilmun erscheinen. Gubin ist wahrscheinlich das Küstengebiet am Golf von ʼOmān, Magan ʼOmān selbst, und mit Tilmun sind die Baḥrain-Inseln gemeint. Aus diesen Ländern importierte man »schwarzen Stein« (Basalt?), »Edelmetall« (Gold?) und Kupfer, das aus »Löchern«, d. h. Minen gewonnen wurde. An Herrschern dieser Länder kennen wir nur einen: Magan stand zur Zeit Narāmsîns wahrscheinlich unter der Herrschaft eines »Herrn« *(ēn)* namens Manium.

2. *Der Osten.* Besser sind wir über das alte Westiran (Elam), den Erbfeind und zugleich Gegenpol des südlichen Mesopotamien, unterrichtet. Es bildete weder geographisch noch politisch eine Einheit. Am Persischen Golf lag Šeriḫu bzw. Šeriku, höher und mehr im Landesinneren Anšan. Elam im engeren Sinne lag unmittelbar im Osten von Babylonien. Noch weiter im Norden, in den Bergen von Luristan, lagen Zaḫara und vor allem Baraḫše bzw. Waraḫše (das spätere Marḫaši), ein Gebiet, das zumindest politisch eine Größe für sich gewesen zu sein scheint. Jedes die-

ser Länder umfaßte eine Anzahl Städte, deren Oberhäupter sich teils »König«, teils »*ensi*« nannten. Die Städte, so scheint es, bildeten Konföderationen mit der jeweils mächtigsten Stadt an der Spitze. In der Akkade-Zeit war offenbar Awan (wahrscheinlich das heutige Šuštar) die Anführerin. Die historische Tradition vom Anfang des 2. Jahrtausends nennt eine ›Dynastie von Awan‹ mit zwölf Königen, die ein gewisser Peli(?) begründet hatte. Einige Könige der Dynastie kennen wir aus zeitgenössischen Quellen. Der achte, Luḫḫiššan (um 2300), war Zeitgenosse Sargons von Akkade; Sargon bezeichnet ihn als »König von Elam« und erwähnt auch mehrere seiner elamischen Vasallen sowie seiner Bundesgenossen im Lande Waraḫše, das ebenfalls von einem »König« regiert wurde.
Luḫḫiššan mußte die Oberhoheit Sargons anerkennen, und Elam blieb bis zur Zeit Narāmsîns von Akkade abhängig. Es kam mehrfach zu Aufständen, die die Könige von Akkade im Blut erstickten. Wahrscheinlich gegen Ende seiner Regierung sah sich Narāmsîn aber gezwungen, mit dem wieder erstarkenden Elam, das er nicht mehr bändigen konnte, zu paktieren. Eine zwölfkolumnige Tafel enthält den elamischen Text eines Vertrages zwischen Narāmsîn und einem König von Awan; vielleicht war es Ḫita (um 2220), der vorletzte Herrscher der Dynastie. Das akkadische Exemplar des Vertrages dürfte sich in den Archiven von Akkade befunden haben. Kutik-Inšušinak[60], der letzte König von Awan, ist uns am besten bekannt, vor allem aus seinen eigenen Inschriften. Er hat seinem Land zur Zeit Šarkališarrīs (wohl um 2200) endgültig die Freiheit wiedergeschenkt. Seine Kriege und Eroberungen, Bauten und Verwaltungsmaßnahmen lassen Kutik-Inšušinak als den markantesten Politiker Elams zu seiner Zeit erscheinen. Vielleicht ist sein Reich – direkt oder indirekt – den Angriffen der Gutäer zum Opfer gefallen. Jedenfalls schließt die Liste der Könige von Awan mit ihm ab. Es folgt eine weitere Liste, diesmal mit Königen von Simaš im Norden der Susiana, nicht weit von Waraḫše. Aber abgesehen von einem Feldzug nach Elam, den Gudea kurz erwähnt, wissen wir über die Geschichte des Landes in der Gutäerzeit nichts weiter.
Von der elamischen Kultur mit ihren zahlreichen Besonderheiten erhalten wir einen Begriff durch die oben erwähnten Königsinschriften und durch zahlreiche Verwaltungsurkunden aus Susa; hinzu kommen archäologische Denkmäler in großer Zahl. Elam hatte eine eigene Sprache, die wir zu keiner uns sonst bekannten Sprache in Beziehung setzen können. Wortschatz und Grammatik des Elamischen sind erst teilweise erschlossen. Geschrieben wurde das Elamische anfangs in einem piktographischen System, das durch die Schrifterfindung der Sumerer inspiriert war. Aber unter dem Einfluß von Akkade gab man diese ältere

Schrift auf und übernahm die Keilschrift Mesopotamiens, wobei man ihr System für den einheimischen Gebrauch leicht modifizierte. Das älteste Keilschriftdokument in elamischer Sprache ist ein Fragment, das in der Nähe von Būšīr gefunden wurde; es liegt möglicherweise ein Jahrhundert vor der Zeit Sargons. Dann folgt der Vertrag zwischen Ḫita und Narāmsîn. Kutik-Inšušinak verwendete als letzter noch vereinzelt die alte einheimische, ›lineare‹ Schrift; vielleicht wollte er damit ganz bewußt die nationale Erneuerung betonen. Aber auch er zog offensichtlich die Keilschrift vor und verfaßte seine Inschriften sogar auf akkadisch. Das zeigt, wie erheblich der Einfluß Akkades auf Elam war.

Auch auf anderen Gebieten macht sich dieser Einfluß bemerkbar, wenn auch die elamische Substanz nicht angegriffen wurde. In dem oben erwähnten Vertrag finden wir neben den Gottheiten des elamischen Pantheons, an dessen Spitze offenbar eine Göttin, Pinikir, stand, auch akkadische Götter aufgezählt. Der Name des Stadtgottes von Sūsa selbst, Inšušinak, ist sumerischen Ursprungs. Die Tempelarchitektur und das Ritual sind in mancher Hinsicht ebenfalls von Mesopotamien beeinflußt worden. Elam war also kulturell von seinem mächtigen Nachbarn im Westen abhängig, und diese Abhängigkeit hatte in der Akkade-Zeit noch an Umfang zugenommen. Die Eroberer, Sargon und seine Nachfolger, haben dem Lande gleichsam ein Maximum ihrer Kultur aufzudrängen versucht.

3. *Der Nordosten: der Zagros.* Wir haben bereits das wenige zusammengetragen, das wir über eins der Zagrosvölker, die Gutäer, wissen. Noch weniger ist über die Lullubäer[61] bekannt, die in der Nachbarschaft der Gutäer lebten und diesen möglicherweise nahe verwandt waren. Sie hatten wie die Gutäer »Könige«. Wenn wir hier auf die Inschrift des Anubanini vorgreifen, obwohl sie aus einer etwas späteren Zeit stammt als die hier behandelte, so deshalb, weil diese Inschrift zeigt, daß auch die Lullubäer dem akkadischen Einfluß erlegen sind. Sie haben von Mesopotamien nicht nur die dortige offizielle Sprache, das Akkadische, entlehnt, sondern auch ein Gutteil des Pantheons. Die Lullubäer waren Feinde des Reiches von Akkade. Wahrscheinlich hat Narāmsîn sie besiegt; jedenfalls ist dessen berühmte Stele zur Erinnerung an einen Sieg aufgerichtet worden.

4. *Der Norden: Assyrien.* Die Könige von Akkade haben ganz Nordmesopotamien bis zu den kurdischen Bergen besetzt und so weitgehend ›akkadisiert‹, daß der bisher auf den Süden beschränkte Kulturkreis nunmehr auch den Norden als aktiven Bestandteil einschloß. Das war ein überaus folgenschwerer Wendepunkt der Geschichte. Denn Sargon und seine Nachfolger

haben durch diese ihre Eroberung den Aktionsradius babylonischer Zivilisation und damit auch ihre Ausstrahlungskraft gewissermaßen verdoppelt. Assur und Ninive haben, wie wir sahen, von der Bautätigkeit der Könige von Akkade profitiert. Rīmuš hat nördlich von Ninive eine Stadt gegründet, die seinen Namen trug. Weiter östlich, in der Gegend von Kirkūk, zeigen die Archive von Gaśur, dem späteren Nuzi, daß auch hier akkadische Bevölkerung wohnte.
Semitische Nomaden lebten vermutlich Seite an Seite mit den Seßhaften. Aus Assur stammt eine dem Maništūšu gewidmete Dolchklinge mit der Inschrift eines gewissen Abazu, der sich »Sklave« des Königs nennt. Denselben Namen trägt der dreizehnte der siebzehn assyrischen Könige, von denen die Königsliste von Ḫorsābād behauptet, sie hätten »in Zelten gelebt« (s. unten S. 179). Daß diese beiden Abazu identisch seien, wird bestritten und vielleicht mit gutem Grund. Sollten sie es aber doch sein, hätten wir den Beweis dafür, daß die Vorfahren der späteren Assyrer, die in der Akkade-Zeit in der Umgebung der von ›Sumero-Akkadern‹ bewohnten Städte lebten, noch Angehörige nomadisierender Stämme waren.
5. *Der Nordwesten.* Hier handelt es sich um ein sehr weites und in keiner Hinsicht einheitliches Gebiet. Es empfiehlt sich daher, zwei geographische Bereiche zu unterscheiden.
a. *Mari.* Diese alte Stadt und Hauptstadt gehörte mit ihrer vorwiegend semitischen Bevölkerung schon seit langem zum Einflußgebiet der Zivilisation Babyloniens. Man sprach in Mari Akkadisch und schrieb Keilschrift, und in allen Bereichen, Kunst und Religion nicht ausgenommen, war und blieb Mari als nehmender Teil dem Einfluß der Kulturzentren Babyloniens verpflichtet. Die Könige von Akkade waren sich der großen strategischen und politischen Bedeutung Maris wohl bewußt und waren deshalb darauf bedacht, die Stadt an sich zu reißen und unter ihrer Herrschaft zu behalten. Es kann sein, daß Mari dem ersten Ansturm Sargons Widerstand entgegengesetzt hat; die Verheerung und Zerstörung eines Teils der präsargonischen Stadt könnte jedenfalls auf Sargon zurückgehen. Wie dem auch sei, nach der Eroberung setzten die Akkade-Könige dort ihre Statthalter ein. Erwähnt werden auch zwei Töchter Narāmsîns, ME-KIB-BAR und Šumšāni; die letztere war Priesterin — und zwar höchstwahrscheinlich Hohepriesterin — des Šamaš von Mari. Tuttul am Euphrat, südlich von Mari, war vielleicht schon damals so wie auch später ein Teil jenes Königreiches von Mari, das Sargon eroberte. Sargon erwähnte Tuttul als ein bedeutendes Kultzentrum des semitischen Gottes Dagan. Aus den Worten Sargons, daß er dem Dagan von Tuttul »das gesamte ›Hochland‹ als Geschenk« verdankte, kann man schließen, daß das

Gebiet von Tuttul bis nach Nordsyrien in den Augen des Eroberers eine gewisse Einheit darstellte, nicht nur was die Bevölkerung, sondern auch was die Religion anbetraf.

b. *Das ›Hochland‹*, d. h. das Gebiet vom Oberen Ḫābūr bis ans Mittelmeer, war weitgehend von Semiten besiedelt. Wir haben darauf schon oben hingewiesen (S. 100), als wir von der Heimat Sargons sprachen. Nach der Einnahme von Mari haben die Könige von Akkade das gesamte ›Hochland‹ erobert. Wir finden ihre Denkmäler in Tell Brāk und Šāġir Bāzār sowie 50 km weiter nördlich in Dijārbekir, nordwestlich von Mardīn. Die Königsinschriften zählen die wichtigsten Städte auf, die unter die Oberhoheit von Akkade fielen. Am Oberen Euphrat waren es Ebla, Arman und zweifellos auch Apišal; dann Jarmuti und Ullis, wahrscheinlich am Mittelmeer. Hinzufügen können wir auch noch einige Städte, die bei Gudea genannt werden, nämlich Uršu, Menua und Ḫaḫḫum, von denen die beiden letzten, wie wir gesehen haben, vermutlich am weitesten nach Osten hin lagen. Diese Liste von Städten ist aber auch schon so gut wie alles, was wir an Nachrichten über das ›Hochland‹ besitzen. Narāmsîn nennt einen »König« von Arman, Rīšadad. Bei all diesen Städten handelte es sich wohl um Verwaltungszentren von mehr oder weniger ausgedehnten Territorien, die sich abwechselnd bekämpften und zu Koalitionen zusammenschlossen.

Etwas besser steht es um die Kenntnis der Ethnographie in diesen Gebieten. Abgesehen von einer oder mehreren Schichten einer nicht näher definierbaren vorsemitischen Bevölkerung, von der die ältesten Ortsnamen zeugen, war der Grundstamm der Bevölkerung sicher seit langer Zeit semitisch. Die Vorfahren Sargons kamen, wie wir gesehen haben, aus dem Nordwesten und mit ihm alle Semiten, die sich als »Akkader« in Babylonien niederließen. Es kündigt sich aber auch schon ein neue Schicht semitischer Einwanderer an, die Vorboten der Amurrum, die in Ur III und in der altbabylonischen Zeit eine so gewichtige Rolle spielen sollten. Šarkališarrī berichtet in einem ›Jahresnamen‹, daß er sich im Ǧebel Bišrī mit den Amurrum auseinandergesetzt habe. Das war sicher eine Präventivmaßnahme gegen drohende Invasion. Die Amurrum waren – wenigstens in ihrer großen Mehrzahl – gewiß noch Halbnomaden. Wir sehen sie hier am Anfang der Wanderbewegung, die sie nach Sumer und Akkad führte, wo sie einige Jahrhunderte später eine Bedeutung erster Ordnung erlangten.

Ein weiteres Volk von großer Zukunft waren die Hurriter, die vor allem im 2. Jahrtausend im gesamten Vorderen Orient von sich reden machten. Sie tauchten zum erstenmal gegen Ende der Akkade-Zeit auf. Wahrscheinlich sind sie aus dem Norden oder auch aus dem Osten zugewandert. Zunächst machten sie am

Nordrand des ›Hochlandes‹ halt, wo sie eine Reihe von Städten einnahmen bzw. gründeten, vor allem Urkiš, Nawar und Karaḫar in der Gegend von Mardīn. Das geht aus Inschriften hervor, die hurritische Personennamen enthalten und die zum Teil sogar in hurritischer Sprache abgefaßt sind. Eine der Inschriften ist akkadisch, und geschrieben sind sie alle in Keilschrift. Das zeigt abermals, wie stark die Zivilisation Mesopotamiens nach außen wirkte. Denn schon ganz am Anfang ihrer Geschichte sahen sich die von weither stammenden Hurriter in ihren Bann geschlagen. Daß das geschehen konnte, war zweifellos eine Folge der akkadischen Eroberung.
Mehr noch. Es ist zugleich Symptom und Symbol der Zeit, gültig für den gesamten Bereich des Vorderen Orients. Das Reich von Akkade hat die babylonische Zivilisation nicht nur umgeschmolzen; es hat in weitem Umkreis eine Art ›Koine‹ geschaffen, die jahrhundertelang für die Entwicklung der Kultur im Vorderen Orient bestimmend geblieben ist.

4. Das Reich der III. Dynastie von Ur und seine Nachfolgestaaten

DIE AUSGANGSSITUATION DES REICHES VON UR III

Das erste Großreich auf mesopotamischem Boden, das Reich Sargons von Akkade, hatte seinen Herrschern Aufgaben gestellt, die von einer verhältnismäßig schmalen Ausgangsbasis aus und mit geringem Menschenpotential nur mühsam zu bewältigen waren und mangels Erfahrung in ganz neuen administrativen Notwendigkeiten auch nur unvollkommen gelöst werden konnten: Die Zusammenfassung eines Gebietes, in dem Partikularismus herkömmlich und dessen Geschichte vom Wechselspiel einigender und entzweiender Kräfte[62] geprägt war; die Regierung des Monarchen über eine keineswegs homogene Bevölkerung, Sumerer und Akkader, Seßhafte und Nomaden mit ihren ganz verschiedenen Traditionen; die militärische Sicherung eines Areals von nicht geringerer Größe als der heutige Iraq gegen innere und äußere Feinde. Die Abwertung des *ensi*-Ranges zum abhängigen Lokalfürsten und die Besetzung der Ensitümer mit ›Söhnen von Akkade‹ war ein bewußter Schritt,

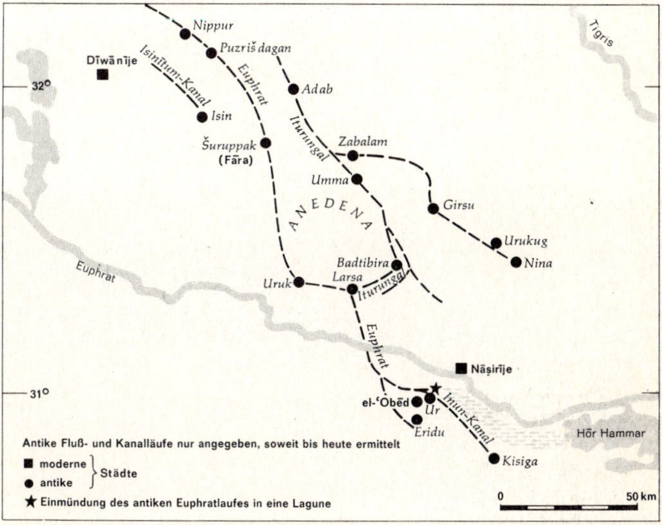

Abb. 20: Mittel- und Südbabylonien Ende des 3. und Anfang des 2. Jahrtausends

Zeittafel IV. Ur III, Isin, Altbabylonische Zeit

	UR III							
2100	Urnammu							
	2111–2094							
80	Šulgi 2093–2046							
60	Amarsuena							
	2045–2037							
40	Šūsîn		LARSA				EŠNUNNA	
	2036–2028							
20	Ibbisîn	ISIN	Naplānum				Itūrija	
	2027–2003		2025–2005					
2000		Išbierra	Emiṣum	DER			Ilšuilija	
		2017–1985	2004–1977					
80		Šū'ilišu				ASSUR		
		1984–1975						
60		Iddindagan	Samium	Nidnuša		Puzuraššur I.		
		1974–1954	1976–1942	Anum-				
40		Išmedagan	Zabāja	muttabbil		Šalimaḫum		
		1953–1935	1941–1933	20. Jh.				
20		Lipiteštar	Gungunum			Ilušuma	15 Herrscher	
		1934–1924	1932–1906					
1900	URUK	Urninurta	Abisarē	BABYLON		Irišum I.		
		1923–1896	1905–1895					
80		Būrsîn	Sumu'el	Sumuabum		Ikūnum		ELAM
		1895–1874	1894–1866	1894–1881				
60	Sînkāšid	Lipitenlil	Nūradad	Sumula'el	MARI	Šarrumkēn		Eparti ca. 1860
	ca. 1865/60–1833	1873–1869	1865–1850	1880–1845				
40	Anam	Enlilbāni	Sîniddinam	Sabium		Puzuraššur II.	Ipiqadad II.	
	ca. 1821–1817	1860–1837	1849–1843	1844–1831				
20	Irdanene	Zambīja,	Sînerībam	Apilsîn	Jaggidlim	Narāmsîn	Narāmsîn	Šilḫaḫa ca. 1830
	ca. 1816–1810	Iterpīša,	Sîniqīšam	1830–1813	ca. 1830			

1800	Sînmāgir 1827–1817	Waradsîn 1834–1823		Jaẖdunlim ca. 1825–1810	Irišum II. Šamšīadad	Dāduša	
80		Rīmsîn 1822–1763	Sînmuballit 1812–1793	(Jasmaẖadad) Zimrīlim	1815–1782		
60			Hammurabi 1792–1750	1782–1759	Išmedagan 1781–1742	Ibālpī'el II.	
40		Rīmsin II.					
20		›MEERLAND‹	Samsuiluna 1749–1712	ẖANA			Kutir-Naẖ- ẖunte ca. 1730
1700		Ilīman	Abī'ešuẖ 1711–1684		Adasi ca. 1700		
80							
60			Ammīditana 1683–1647	6 Könige			
40							
20			Ammīṣaduqa 1646–1626				
1600			Samsuditana 1625–1594				
80							
60							
40			KASSITEN				
20							

das Land unter Kontrolle zu halten. Die Schwäche des Staatsgebildes von Akkade hat sich zwar in immer wiederkehrenden Revolten gezeigt. Aber die Idee des Großreiches war geboren. Zunächst haben freilich wieder der sumerische Süden und die Gutäer aus der nicht endgültig gelungenen Synthese den Nutzen gezogen.

Die Bürokratie der sog. III. Dynastie von Ur (Zählung nach den ›Dynastien‹ der sumerischen Königsliste) verdankt vieles der jahrhundertealten Erfahrung der Schreiber und Verwaltungsbeamten in den Wirtschaftskomplexen der sumerischen ›Tempelstaaten‹. Die Akkader standen vor der Aufgabe, die Verwaltung über den engeren Bereich des Stadtstaates hinaus zu organisieren und zu koordinieren. Da für die Akkade-Zeit noch nicht genügend Urkundenmaterial vorliegt, läßt sich allerdings nicht sagen, ob der straffe Zentralimus von Ur III in seiner Perfektion bereits in Akkade vorgebildet war. Allem Anschein nach war die Organisation vor Ur III noch sehr viel lockerer.

Die Erhebung des regierenden Königs zum ›Schutzgott seines Landes‹ (s. oben S. 109 f.) ist eine Neuerung der Akkade-Zeit, die im Reich von Ur III wieder aufgegriffen wurde und zur Apotheose des Königtums führte.

Während sich der sumerische Süden, teils wieder in eine Vielzahl von Stadtstaaten zerfallend, teils unter der Hegemonie von Lagaš stehend, mit den Gutäern arrangieren konnte, scheint der akkadische Norden in starkem Maße den Gutäern erlegen zu sein. Die Reaktion gegen die Fremdherrschaft ging von der sumerischen Stadt Uruk aus. Nachdem Utuḫengal den Gutäer Tiriqan und dessen Generäle Urninazu und Nabi'enlil besiegt hatte, ist von den Gutäern als politischem Faktor in der mesopotamischen Geschichte nicht mehr die Rede.

Die politische Aspiration Utuḫengals zeigt zwar der von Akkade übernommene Titel ›König der Vier Weltgegenden‹, aber die sieben Regierungsjahre dieses Königs werden ganz und gar von der folgenden III. Dynastie von Ur in den Schatten gestellt.

URNAMMU

Ur wurde in der Gutäerzeit von *ensis* regiert, die zeitweise unter der Oberherrschaft von Lagaš standen. Unter Utuḫengal wurde Urnammu als *šagin* (›Militärgouverneur‹ oder ›Statthalter‹) in Ur eingesetzt. Der Aufstieg Urnammus von einem Militärposten zum Königtum (2111–2094) erinnert an die Karriere des Išbierra von Isin. Denn Urnammu hat sich noch zur Regierungszeit des Utuḫengal in Ur selbständig gemacht. Die sumerische Königsliste bezeichnet den Übergang der Herrschaft von Uruk

an Ur mit der Formel »Uruk wurde mit der Waffe geschlagen, sein Königtum ging über auf Ur«. Aber das ist ein Topos, den die Liste bei jedem Dynastiewechsel anwendet.
Die Familie Urnammus suchte ihrer Legitimität Ausdruck zu verleihen, indem sie ihre Beziehung zu Uruk mit seinen berühmten Herrschern der Frühzeit betonte. Die Könige von Ur bezeichnen sich als »Sohn, den Ninsun geboren hat« (Ninsun ist die Mutter des Gilgameš) oder als »Bruder des Gilgameš«. Ebenso wurde Lugalbanda von Uruk, der Vater des Gilgameš und in Gottesrang erhobene Gemahl der Göttin Ninsun, als mythischer Vater der Könige von Ur angesehen. Hinter dieser Titulatur steht wohl mehr als nur das Prestige von Uruk, das von seiner großen Vergangenheit zehrte, mehr als die Anlehnung an Utuḫengal, den ehemaligen Gebieter Urnammus. Wahrscheinlich spricht sie für die Herkunft der Familie Urnammus aus Uruk. Auffällig ist auch, daß Uruk zeitweilig Residenz der Königin von Ur III war. Verwaltungstexte mit dem Liefervermerk »zum Ort der Königin« beziehen sich auf Uruk. König Šūsîn war als Kronprinz Militärgouverneur von Uruk. Auch das betont die gewichtige Stellung, die man dieser Stadt zubilligte.
Der Aufstieg eines Königsuntergebenen zur Herrschaft in einer neugewählten Residenz ist häufiges Muster in der Geschichte Babyloniens: Der ehemalige Mundschenk eines Königs von Kiš, Sargon von Akkade; Išbierra von Isin, der gegen Ibbisîn von Ur rebelliert hatte. Das Ende von Utuḫengals Regierungszeit hat sich noch mit den ersten Jahren Urnammus überschnitten. Das Datum[63] Urnammu 3: »Von ›unten‹ nach ›oben‹ lenkte König Urnammu geradewegs den Schritt« entspricht dem Jahr Utuḫengal 8 oder 9. Es gibt das Programm des neuen Herrschers kund, von Ur aus seinen Einfluß nach Norden auszudehnen. Das folgende Jahr »Der Sohn des Urnammu wurde als *ēn*-Priester der Inanna in Uruk berufen« ist *terminus ad quem* für die Einbeziehung Uruks in den Staat des Urnammu. In die Frühzeit von Urnammus Regierung fällt »die Rückkehr der Schiffe von Magan und Meluḫḫa in die Hand des Nanna«. Damit ist die Wiedererschließung des Südhandels über den Persischen Golf gemeint, den zuvor Lagaš innehatte. Sie dürfte mit einem Sieg zusammenhängen, den Urnammu über den *ensi* Nammaḫani von Lagaš errang. Das Ereignis wird im Prolog des Kodex Urnammu erwähnt. Inschriften des Urnammu, die allerdings nicht datiert sind, stammen aus Ur, Eridu, Uruk, Lagaš, Larsa, Adab und Nippur. Aber auch Gebiete nördlich von Nippur, im akkadischen Bereich, waren in der Hand Urnammus; das lehrt der ›Katastertext‹ (s. unten S. 134). Wenn literarische Texte davon berichten, daß Urnammu auch die Gutäer botmäßig gemacht habe,

steht man dieser Angabe skeptisch gegenüber. Allerdings ist Urnammu über die Grenzen Babyloniens hinausgestoßen. Sein Name ist auch in Tell Brāk, im Quellgebiet des Ḫābūr, bezeugt.

Urnammu hat den Titel ›König von Sumer und Akkad‹ als neuen Bestandteil der Herrschertitulatur eingeführt. Zum ersten Mal kommt hier die Idee der Herrschaft über eine zweifach zusammengesetzte Bevölkerung zum Ausdruck. ›Sumer und Akkad‹ ist zugleich geographisch und ethnisch ein Sammelbegriff für Nord- und Südbabylonien und das Dijāla-Gebiet. Zwar war die semitische Bevölkerung längst nicht mehr auf den Norden beschränkt; aber nach wie vor war der Süden Babyloniens von einem Gros sumerischsprachiger Einwohner geprägt.

Von der organisatorischen Leistung Urnammus zeugen zwei wichtige Dokumente. Sie sind zwar nur als Abschriften der altbabylonischen Zeit überliefert, aber ohne Zweifel authentisch. Der sog. *Kodex Urnammu* ist nur sehr fragmentarisch erhalten. Wie in den späteren ›Kodizes‹ bilden Bedingungssätze nach dem Muster »Wenn A, dann Rechtsfolge B« den Kern des Werkes. Voran geht ein ausführlicher Prolog, der u. a. die Sorge des Königs um die Rechtssicherheit im Lande preist, aber auch historische Anspielungen enthält. Schlüsselsatz ist die Formel »Gerechte Ordnung im Lande setzen«. Sie kehrt wieder im Kodex Lipiteštar (Isin), im Kodex Hammurabi und in zahlreichen Jahresdaten der altbabylonischen Könige. Ob sich bereits bei Urnammu hinter dieser Formel ein Edikt betreffs Schuldenerlaß verbirgt, wie wir es am deutlichsten beim Edikt des Königs Ammīṣaduqa von Babylon (1646–1626) nachweisen können, ist nicht sicher. Die wenigen erhaltenen ›Paragraphen‹ des Kodex Urnammu stimmen auffällig mit Angaben späterer Kodizes überein (Flußordal, Körperverletzung). So ist der Kodex Urnammu, sei es Anfang einer Tradition der Rechtsverordnung, sei es Glied einer Traditionskette. Man wird sich freilich hüten, von einer Rechtskodifizierung im modernen Sinne zu sprechen.

Der sog. *Katastertext* Urnammus beschreibt den Grenzverlauf von vier Distrikten nördlich von Nippur: ŠID-tab, Abiak, Marad und Akšak (?)[64]. Jeder der vier Abschnitte endet mit der Feststellung: »Das Feld des Gottes NN hat König Urnammu für Gott NN bestätigt«. Es handelt sich um die Garantierung des Umfangs von Stadtstaatenterritorien, die zugleich Verwaltungseinheiten bildeten. Dabei hält der König an der alten Vorstellung fest, daß der Stadtgott der eigentliche Herr des Territoriums sei. Vielleicht bestand auch die Notwendigkeit, unklare Territorialverhältnisse als Folge der Gutäerwirren zu beseitigen. Man beachte, daß die Bezirke bei Urnammu scharf umrissen werden. Die Grenze folgte teils dem Lauf von Flüssen und Ka-

Abb. 21: Urnammu-Ziqqurrat in Ur nach der Rekonstruktion

nälen, teils imaginären Linien zwischen markanten Punkten wie Kastellen und Feldheiligtümern. Ohne Zweifel sind bei den Distrikten Urnammus die Verwaltungsbezirke der *ensis* gemeint. Ob der Katastertext Parallelen im gesamten Bereich von Urnammus Staat hatte, ist noch nicht bekannt.
Hand in Hand mit der Neugliederung der Verwaltung ging ein eifriges Bemühen um die Pflege und Erweiterung des Kanalsystems. Die Wasserstraßen hatten ja abgesehen von ihrem lebensnotwendigen Zweck als Versorgungsadern für die Feldbewässerung auch die Funktion von Verkehrswegen. Größere Transporte und Truppenbewegungen fanden zu Schiffe statt.
Mit am eindrucksvollsten stellt sich der Nachwelt Urnammus Leistung als Bauherr dar. Seine Regierung war erfüllt von emsiger Neubau- und Rekonstruktionstätigkeit. Zahlreiche Kultgebäude, scheint es, waren verfallen, da nur starke Regime für die mühevolle Instandhaltung der in der Mehrzahl aus Lehmziegelmauerwerk bestehenden Bauten sorgen konnten. Urnammus Arbeiten, die sein Nachfolger Šulgi mit gleichem Eifer fortführte, ersehen wir aus den zahlreichen Bauinschriften. An erster Stelle stand die Ausgestaltung der Residenz Ur, der Stadt Uruk und der Kultmetropole Nippur. Die Ziqqurrat des Mondgottes Nanna in Ur gewann unter Urnammu ihre endgültige monumentale Gestalt, ebenso die Ziqqurrat von Uruk. Ist die Ziqqurrat, der aus mehreren übereinander gelegenen Ziegelmassiven und von einem Hochtempel bekrönte ›Tempelturm‹, an sich ein organisch gewachsenes Gebilde, dessen Typus seinen Ursprung im archaischen Terrassentempel hat[65], so tritt sie uns spätestens seit Ur III als Bautypus entgegen, der nunmehr aus einem Guß entworfen wurde. Es ist übrigens möglich, daß die Ziqqurrat als Monumentalbau schon in der Akkade-Zeit vorgeprägt war. Doch läßt sich dies bisher nicht anhand eines eindeutigen Ausgrabungsbefundes nachweisen.
Ein wichtiges Denkmal der bildenden Kunst ist das aus Ur stammende Urnammu-Relief. Hier finden wir ein in der Rollsiegelkunst der neusumerischen Zeit unendlich oft sich wiederholendes Motiv, die sog. Einführungsszene. Der Herrscher (oder ein beliebiger Adorant) wird von einer fürbittenden Schutzgottheit vor die thronende große Gottheit geführt. Die Glyptik erreicht einen neuen Hochstand der technischen Ausführung, ermangelt aber, verglichen mit der Glyptik der Akkade-Zeit, der schöpferischen Frische und Vielfalt des Motivrepertoires.
Urnammu hat ebenso wie die ihm folgenden Könige einen reichen Nachhall in der sumerischen Literatur gefunden. ›Urnammus Höllenfahrt‹ beschreibt den Eintritt des verstorbenen Herrschers in die Unterwelt, wo er die Unterweltsgottheiten, unter ihnen den göttlichen Gilgameš, mit Geschenken begütigt.

Mit der Königshymne haben wir eine neue Literaturgattung vor uns. Sie unterscheidet sich von der etwas älteren, zuerst bei Gudea von Lagaš bezeugten Götterhymne mit eingefügter Bitte für den regierenden Herrscher.

ŠULGI UND SEINE NACHFOLGER

a) Die Stellung des Königs.
Das System von Ur III ist absolutistisch. Einschränkungen der Königsgewalt gab es nicht. Die Beeinflussung des Herrschers durch Ratgeber war natürlich zu jeder Zeit denkbar. Dagegen stand es dem Herrscher frei, seine Entscheidungen der Kontrolle durch das Leberomen zu unterwerfen. Die Wahl und Ernennung bestimmter hoher Priester war sogar, wie es Jahresdaten seit dem Lagaš der Gutäerzeit bestätigen, offenbar überhaupt nur nach dem Leberschaubefund üblich. Omina der altbabylonischen Zeit zeigen, daß sich der Herrscher (wie auch der gemeine Mann) in praktisch allen Lebenslagen Auskunft, Bestätigung oder Warnung durch den Opferschaupriester erbitten konnte. Der Monarch war oberster Richter, Oberhaupt aller Verwaltungszweige und entschied allein über Krieg und Frieden. Sein Amt war erblich, der Herrscher war Dynast. Mit seiner absolut zentralen Stellung war die streng zentralistisch organisierte Verwaltung des Reiches von Ur III verbunden. Waren zwar in der Praxis weitgehende Befugnisse, wie z. B. die Aufsicht über die lokale Rechtsprechung, an die *ensis* delegiert, blieb doch dem *ensi* jegliches eigenmächtige Handeln in der Politik untersagt. Er war Beamter und der Ernennung durch den König unterworfen. Der Tempelbau war Prärogative des Königs. Nur Heiligtümer, in denen der vergöttlichte König selbst verehrt wurde, konnten durch den *ensi* errichtet werden.
Ihren höchsten Ausdruck fand die Stellung des Herrschers in seiner Vergöttlichung. Der unter Narāmsîn von Akkade erstmals bezeugte Brauch (s. oben S. 109 f.) setzte sich unter Šulgi erneut durch, und Könige, die ihren Namen mit dem Gottesdeterminativ[66] schreiben ließen, gab es bis in die Hammurabi-Zeit hinein. Dabei ist mit Vergöttlichung nicht eigentlich die Gleichsetzung mit den großen Göttern des Pantheons gemeint, sondern die Erhebung zum Schutzgott des Landes. Sumerisch ›Gott‹ in der Einzahl bezieht sich gewöhnlich auf den ›persönlichen‹ Gott eines Menschen als dessen Vermittler zur oberen Götterwelt. Aber selbst, wenn wir die Göttlichkeit des Herrschers mit dieser Einschränkung definieren, erscheint sie doch in Ur III in nicht weniger imposanter Form. Es wurden Kapellen für den Kult des Königs errichtet, man opferte ihm und ver-

ehrte lokale Erscheinungsformen des königlichen Schutzgottes wie etwa den ›Šulgi von Umma‹ oder den ›Amarsu'ena von Kidingira‹. Auch fand der Königsname als theophores Element Eingang in die Personennamen; d. h. der Name des Herrschers vertrat den Namen eines Gottes, z. B. »Šulgi-ist-das-Leben-des-Landes-Sumer«.

Neben der Schutzgottidee steht der schwierige und noch bei weitem nicht voll geklärte Fragenkomplex der Gleichsetzung des vergöttlichten Königs mit Dumuzi (Tammuz), dem göttlichen Geliebten der Inanna, und zwar im Zusammenhang mit dem Ritual der Heiligen Hochzeit (vgl. oben S. 75 f.). Ein eindeutiger Beleg findet sich erst bei Iddindagan von Isin (1974—1954), und zwar heißt es, daß sich der König als Ama'ušumgal (Name des Dumuzi) zum Beischlaf mit der Göttin Inanna begab. Aber wenn in Litaneien der altbabylonischen Zeit hinter Namen und Epitheten des Dumuzi auch die Namen der Könige von Ur III und Isin aufgeführt werden, so möchte man daraus schließen, daß die Vorstellung vom König, der bei der Heiligen Hochzeit Dumuzi verkörperte, schon in Ur III galt[67].

Noch nicht voll geklärt ist die Rolle, die neben dem König der *sukkal-maḫ* ›Großwezir‹ spielte. Die Übersetzung ist konventionell; *sukkal* bezeichnet ursprünglich einen ›Boten‹ oder ›Kurier‹. Die imposante, aber mit ihrer Ämterhäufung wohl nicht für den *sukkal-maḫ* typische Gestalt des Urdunanna (unten S. 149) ist der am besten bekannte Fall. Der *sukkal-maḫ* konnte in eine Gerichtsverhandlung eingreifen. Er war in Ur III eine vom Ensisystem unabhängige, dem *ensi* neben- oder gar übergeordnete Instanz. Doch spricht nichts für eine neben dem Königtum fest verankerte und das Königtum etwa kontrollierende Institution. Aus der Zeit des selbständigen *ensi* Nammaḫani von Lagaš, den Urnammu besiegte, kennen wir einen *sukkal-maḫ* Urabba, der später unter Urnammu auftritt. Ob das Amt ursprünglich in Lagaš beheimatet war und von den Königen von Ur übernommen wurde, läßt sich nach diesem vereinzelten Beleg jedoch nicht sagen.

b) Militär- und Außenpolitik des Reiches.

Es hat zunächst den Anschein, als habe im Gegensatz zu den Königen von Akkade in Ur III nicht jeder Herrscher bei der Thronbesteigung erneut um den Bestand seines Reiches zu kämpfen gehabt. Die Militärpolitik von Ur war nach den vorliegenden Quellen ausschließlich auf die Grenzländer gerichtet. Von inneren Unruhen haben wir vor Ibbisîn keine Nachricht. Aber hat Šulgi wirklich von seinem Vater Urnammu ein gefestigtes Reich übernommen, das zu verwalten und zu erweitern er sich 48 Jahre lang (2093—2046) höchst würdig erwies?

Die Textüberlieferung ist vor dem Jahre Šulgi 22 äußerst dürftig. Das Bild einer der seltenen ungetrübten Blüteperioden des babylonischen Raumes unter Šulgi beruht auf den Quellen aus der zweiten Hälfte seiner Regierungszeit. Das Jahresdatum Šulgi 20 lautet: »Die Söhne von Ur wurden zu den Bogenschützen verpflichtet.« Hinter dieser lakonischen Angabe verbergen sich möglicherweise Unruhen, die Babylonien in Šulgis erster Regierungshälfte heimsuchten und die den König zwangen, die Bürgerschaft der Hauptstadt zum Militärdienst aufzubieten. Auf jeden Fall aber lassen die vom Jahre Šulgi 22 an reichlich fließenden Quellen erkennen, daß der König seinen Staat nunmehr fest in der Hand hatte.
Šulgi griff auf den Titel ›König der Vier Weltgegenden‹ zurück, den er dem Titel ›König von Sumer und Akkad‹ hinzufügte, und er wurde vergöttlicht. Der Name Urnammus wird zwar in der sumerischen Literatur ebenfalls mit dem Gottesdeterminativ geschrieben. Dies ist aber ein posthumer Brauch. Die Kriegführung unter Šulgi richtete sich gegen die nördlichen und nordwestlichen Randgebiete des Reiches: Simurrum, eine Landschaft zwischen dem Fluß 'Aḏēm und dem Unteren Zāb, Karaḫar in der Gegend von Kirkūk, das Land der Lullubäer um Sulaimānīja, Anšan in Iran östlich von Kermānšāh und Ḥusainābād, Urbilum oder Arbilum, das heutige Erbil, Kimaš, eine Nachbarlandschaft von Simurrum, und noch weitere Städte und Länder sind das Ziel von Militärexpeditionen, von denen wir begreiflicherweise nur Siegesmeldungen hören. Sie galten der Sicherung der Handelswege – Babylonien als Importland war ja auf Gedeih und Verderb auf geregelte Rohstoffeinfuhr angewiesen –, aber zugleich auch der Abwehr drohender Invasionen. Vor allem die hurritische Wanderung, die sich seit dem Ende der Akkade-Zeit auf das nördliche Mesopotamien auszuwirken begann, war ein ernst zu nehmender Faktor. So ist es mit das Hauptverdienst der Abwehrkämpfe Šulgis und seiner Nachfolger, daß er ein Vordringen der Hurriter nach Süden verhindern konnte und Babylonien vor einer neuen Fremdherrschaft bewahrte.
Die Hurriterkämpfe haben sich auch in der sumerischen Literatur niedergeschlagen. Ein Mythos berichtet vom Kriegszug der Göttin Inanna gegen das Bergland Ebeḫ (= Ǧebel Ḥamrīn). Auch die anachronistische Erwähnung des Berglandes Ḫurrum im Epos vom Zuge des Gilgameš gegen Ḫuwawa im Zedernbergland ist wohl ein Reflex der Situation in der Ur III-Zeit. Sind für die Kriege Šulgis die Jahresdaten unsere Hauptquelle, die nur in knappster Form melden: »Jahr: Urbilum wurde zerstört« u. ä., so vermitteln Inschriften von Šulgis zweitem Nachfolger Šūsîn (2036–2028) deutlichere Vorstellungen von seinen

Feldzügen. Ausländische Könige und *ensis* (hier sind selbständige Herrscher gemeint, auf die man den sumerischen Titel übertrug) wurden gefangengenommen. Gold wurde abtransportiert (Eselkarawanen) und in den Heiligtümern von Nippur deponiert. Hier wird der handelspolitische Charakter der Expeditionen recht deutlich. Zum ersten Male hören wir auch von der Umsiedlung ausländischer Bevölkerung. So entstand eine Gefangenensiedlung in der Nähe von Nippur, deren Bewohner vermutlich zu öffentlichen Arbeiten herangezogen wurden.

Daß mögliche Rückschläge verschwiegen werden, darf nicht wundernehmen. Solange sie nicht katastrophale Ausmaße annahmen, waren sie für die Historiographie ohne Interesse. Ernsthafte Anzeichen für eine Bedrohung des Reiches melden sich unter Šūsîn. Dieser König erbaute eine Mauer, die sich vom Abgal-Kanal in Nordbabylonien aus 26 ›Doppelstunden‹ in die Länge zog. Über ihren genauen Verlauf wissen wir nichts[68], wohl aber über ihren Zweck. Sie wird teils schlicht »Martu-Mauer«, teils ausführlicher »Martu-Mauer, die die Tidnum fernhält« genannt. Die Tidnum (auch Tidanum) waren ein Stamm der semitischen Nomaden, für die die sumerischen Texte die Sammelbezeichnung Martu gebrauchten. Wie unten zu zeigen sein wird, haben die Martu-Nomaden einen entscheidenden Anteil an der Vernichtung des Reiches von Ur III gehabt. Die Sperrmaßnahme Šūsîns konnte zunächst noch einen Aufschub erzielen.

Militärexpeditionen waren nicht das einzige Mittel der Staatsräson von Ur III. Man war auch bemüht, ausländische Fürsten durch Heirat zu binden. So wurde eine Tochter Šulgis »in die Stellung einer Königin von Marḫaši erhoben« (Datum Šulgi 18). Marḫaši, das Waraḫše der Akkade-Zeit, ist in Iran zu suchen, etwa nordwestlich von Elam und östlich der Dijāla. Der *ensi* von Anšan heiratete eine andere Königstochter (Datum Šulgi 31), was freilich nicht verhindern konnte, daß das Datum Šulgi 34 »die Zerstörung von Anšan« meldet. Unter Ibbisîn heiratete ein *ensi* von Zabšali eine Königstochter.

Über die militärische Organisation haben wir nur unklare Vorstellungen. Es bestand keine grundsätzliche Scheidung zwischen militärischer und ziviler Dienstleistung, und so decken sich Bezeichnungen für Angehörige der militärischen Hierarchie z. T. mit Bezeichnungen für Verwaltungsbeamte. Der sumerische Ausdruck *eren* bezeichnet den Dienstverpflichteten (konventionelle Übersetzung). Der *eren* gehörte der freien Bevölkerung an, die bei bestimmten Anlässen aufgeboten wurde: Bau und Pflege der Deiche und Kanäle, Tempelbau, Transport und Militärdienst. Der Fall, daß der Herrscher auf die wehrfähigen Männer der Stadt zurückgriff, spiegelt sich im Epos von Gilgameš und Ḫuwawa wider. Gilgameš fordert 50 Männer ohne Familienanhang auf, ihn auf seinem Zug zum Zedernbergland zu begleiten. Andererseits wissen wir aus einem Passus der Tempelbauhymne des Gudea von Lagaš, daß die Stadt dem *ensi* bei großen Bauvorhaben »wie ein Mann« Folge leistete. Neben den *eren* gab es den aus der anonymen Masse herausgehobenen *aga-uš*, etwa ›Gendarm‹, der von Berufs wegen Militärdienst leistete oder zur Beaufsichtigung öffentlicher Arbeiten eingesetzt war. Den obersten militärischen Rang hatte der *šagin* inne. Er war für die Sicherheit eines Bezirkes verantwortlich und möglicherweise dem *ensi* gleichgestellt. Eine Sonderstellung nahm er in einem Randbezirk wie Mari ein, wo bisher kein *ensi* belegt ist. Hier war er offenbar auch Oberhaupt der Zivilverwaltung. Für die Bedeutung des *šagin*-Amtes spricht, daß es ein Kronprinz wie Šūsîn vor seinem Regierungsantritt in Uruk ausübte.

c) Umfang des Reiches; Zentren.

Die genauen Grenzen des Reiches von Ur lassen sich schwer ermitteln. Gewiß war die Grenze in Gefahrenzonen wie dem Osten und Nordosten fließend, abhängig von zeitweiligem militärischem Erfolg. Auch ist der Titel *ensi* in Randgebieten zweideutig, da er sowohl einen Beamten des Reiches wie auch einen selbständigen ausländischen Fürsten meinen konnte. Zum dauerhaften Bestand von Ur III sind außer der Ebene Babyloniens das Dijāla-Gebiet, die Gebiete am mittleren Euphrat (Zentrum Mari) und am Mittellauf des Tigris (Zentrum Assur) zu rechnen. In Tell Brāk (Quellgebiet des Ḫābūr) bestand über dem Palast des Narāmsîn eine wohl ebenso große Anlage der Ur III-Zeit. Ein Tafelfragment enthält den Namen Urnammus. Die Siedlungsgebiete semitischer Bevölkerung wird man sich zur Ur III-Zeit bereits ähnlich wie im heutigen Staate Iraq vorstellen dürfen. Iraqisch-Kurdistan und das Gebiet um Kirkūk waren nach Ausweis der Namen von dort stammender Personen von nichtsemitischer Bevölkerung bewohnt. Wenn in der Akkade-Zeit Gaśur (das spätere Nuzi südlich von Kirkūk) durch ein umfangreiches Tontafelarchiv noch als akkadisches Sprach- und Siedlungsgebiet erkennbar ist, so muß dieses Gebiet kurz danach von der hurritischen Wanderung erfaßt worden sein. Es ist gegen Ende des 3. oder zu Beginn des 2. Jahrtausends dem semitischen Sprachraum für immer verlorengegangen. Das einzige nichtsemitische Sprachgebiet, das sich von Šulgi bis ins Jahr Ibbisîn 3 dauernd in der Hand der Könige von Ur befand, war die Ebene von Elam mit der Hauptstadt Sūsa. Der Herrschaftsbereich von Ur richtete sich weitgehend nach den geographischen Gegebenheiten. Die nicht von Wasserstraßen und von Landwegen in der Ebene erschlossenen Gebiete waren, soweit sie

nicht überhaupt außerhalb des Reiches lagen, Zonen der Unsicherheit: einerseits das Gebirge, andererseits die Wüste bzw. Steppe. Im übrigen waren Gebiete nördlich von Assur und Mari wohl auch zu weit von Babylonien entfernt, um in ein noch überschaubares Verwaltungssystem einbezogen zu werden.
War Ur als Königsresidenz die eigentliche Hauptstadt, so besaß das Reich in Uruk und in Nippur, dem traditionellen Kultzentrum Sumers, zwei weitere Mittelpunkte. Die Krönung Ibbisîns fand nacheinander in Ur, Uruk und Nippur statt. Wir haben oben schon auf die Bedeutung von Uruk als möglichem Ausgangsort der Urnammu-Dynastie und als Königinnenresidenz hingewiesen. Nippur war eines der Ensitümer, nahm aber in Babylonien dadurch eine Sonderstellung ein, daß es keine Abgaben leistete, sondern selbst Empfängerin von Abgaben der *ensis* aus dem babylonischen Raum war. Die *ensis* von Nippur zeigen am ehesten dynastisches Gepräge — ein Zug, den die Könige sonst gerade zu verhindern bestrebt waren. Die kultische Stellung Nippurs und die übergeordnete Rolle Enlils im sumerischen Pantheon blieben unangetastet, und man unternahm keinerlei Versuch, etwa den Mondgott Nanna von Ur im Pantheon zu ›erhöhen‹. Ein deutlicher Beweis für die Bedeutung Nippurs ist auch die sumerische Dichtung von der ›Reise Nannas nach Nippur‹. Der Stadtgott von Ur fuhr zu Schiffe nach Norden, begehrte Einlaß und wurde von Enlil empfangen und bewirtet. Nanna trug ihm seine Bitten um Segen für Königshaus, Landwirtschaft und Herdenreichtum vor, und Enlil gewährte sie. Hinter dem Text steht die Vorstellung, daß die Königsmacht von Enlil delegiert wurde und daß von seiner Gnade alles Gedeihen im Lande abhing. Durch kultisch richtiges Verhalten hatte sich der Herrscher um Aufrechterhaltung der Ordnung im Lande und in der Natur zu bemühen.

d) Die Zivilverwaltung in Ur III.

Oberhaupt eines Verwaltungsbezirkes war der *ensi*. Er war dem König zur Rechenschaft verpflichtet, wurde von ihm ernannt und hatte mit dem selbständigen ›Stadtfürsten‹ nur noch den Titel gemeinsam. Er hatte, wie der Beleg für einen Richterspruch des *ensi* in seinem ›Palast‹ erkennen läßt, auch die oberste richterliche Befugnis seiner Stadt. Die Zahl der Ensitümer lag etwas über 40. In den Randbezirken wechselte der Besitzstand häufiger, und die verwaltungsmäßige Angliederung war dort weniger straff als in Babylonien, wo, auf dichtem Raum beieinander, die Mehrzahl der Ensitümer lag. In Mari, Uruk, vielleicht auch in Dēr am Rande Irans nahm der *šagin* als Militärgouverneur auch die oberste zivile Verwaltung wahr. Die von Urnammu geschaffene Ordnung (Katastertext) hat, wie es

scheint, unter seinen Nachfolgern ihre Gültigkeit behalten. Jedenfalls gibt es keine Anzeichen für innerbabylonische Territorialveränderungen. Die Amtsdauer eines *ensi* fiel nicht mit der Regierungszeit eines Herrschers zusammen. Der Nachfolger übernahm ganz wie im modernen Staat das Beamtentum seines Vorgängers. Ob Nippur eine Sonderstellung einnahm, wo das Amt des *ensi* Lugalmelam genau mit den neun Regierungsjahren des Amarsu'ena (2045—2037) zusammenfiel, oder ob dies Zufall ist, wissen wir nicht. Es sind Fälle bekannt, in denen ein *ensi* ein- oder sogar zweimal aus einer Stadt in eine andere versetzt wurde. Hier mag man eine Vorbeugungsmaßnahme gegen die Ausbildung zu starker lokaler Macht sehen, doch können auch andere Gründe vorliegen, etwa die Bevorzugung eines besonders tüchtigen Beamten. In mehreren Städten gab es *ensis*, deren Väter ebenfalls schon *ensis* gewesen waren. Erblichkeit des Amtes geht daraus allerdings nicht hervor. Ämterkoppelung, d. h. die Betrauung eines *ensi* mit mehreren Bezirken, fand nicht statt. Der Fall des Urdunanna in der Zeit Šūsîns stellt mit seiner beeindruckenden Zahl von Würden (s. unten S. 149) eine Ausnahme dar und war vielleicht Symptom für die langsam abnehmende Autorität des Königs.
Mehrere *ensis* in Babylonien waren an regelmäßigen Opferlieferungen für die Heiligtümer in Nippur beteiligt. Dabei wechselten sie sich in monatlichem Turnus ab[69]. Ausgeschlossen waren von dieser Regelung *ensis*, deren Residenz zu weit von Nippur entfernt lag (z. B. Assur), so daß die Lieferung von Schlachtopfern nicht in Betracht kam.
Weniger klare Vorstellungen haben wir von der Verwaltung untergeordneter Bezirke, die jeweils zu einem Ensitum gehörten. Der aus dem Akkadischen entlehnte Titel *rabiānum* ›Bürgermeister‹ begegnet uns zuerst in Texten von Ur III. Vielleicht war ein *rabiānum* grundsätzlich das Oberhaupt kleinerer Städte ohne *ensi*. Kleine Siedlungen hatten einen ›Dorfschulzen‹ *(ḫazannum)*.
Die Verwaltung zerfiel im übrigen in zwei große Zweige: ›Palast‹ und Tempel. Unter dem Palast ist nicht nur die Königsresidenz zu verstehen. Es ist damit die Gesamtheit der zur Residenz (des Königs, aber auch des *ensi*) gehörenden Wirtschafts- und Verwaltungsgebäude gemeint, samt Werkstätten, Magazinen, Schatzhäusern.
Ein detailliertes Bild von der Verwaltung zu erhalten, ist trotz der Überfülle an Quellenmaterial[70] nicht leicht. Der Grund dafür ist die ungleichmäßige Streuung der Texte, sowohl in geographischer als auch in inhaltlicher Beziehung. So fehlen bisher Wirtschaftstexte aus Nordbabylonien fast ganz. Das ist auch insofern bedauerlich, als man gern wüßte, ob die sumerische

Sprache im ganzen Reich als Verwaltungssprache Geltung hatte. Die wenigen bisher bekannten akkadisch abgefaßten Texte lassen immerhin vermuten, daß der Durchbruch des Akkadischen zur Verwaltungssprache in den semitischen Provinzen des Sargonreiches keine ephemäre Erscheinung geblieben ist. Eine Anzahl akkadischer Königsinschriften spricht ebenfalls dafür, daß das Sumerische keine Monopolstellung in einem Staat mit semitischer Bevölkerungsmajorität einnahm. Übrigens läßt sich auch in einigen sumerischen Wendungen der wachsende akkadische Substrateinfluß erkennen: Die grammatische Konstruktion weist eine Reihe von ›Semitismen‹ auf.

Es fehlt zwar nicht an einzelnen wertvollen Voruntersuchungen, doch ist noch nie ein detailliertes Gesamtbild der Wirtschaftsverwaltung von Ur III entworfen worden. Auch eine Studie über die große Anzahl von Berufs- und Ämterbezeichnungen ist noch ein Desideratum. Unter diesem Mangel leidet auch die folgende eklektische Übersicht.

Eins der größten Ur III-Archive ist das von Puzrišdagan, einer Gründung aus dem Jahre Šulgi 39. Dieser nahe bei Nippur gelegene Ort beherbergte in seiner Umgebung einen riesigen Viehhof. Hier trafen aus Sumer und Akkad die letztlich für Opfer in Nippur bestimmten Herden ein. Über Ankunft und Ausgabe (Lieferung) wurde täglich Buch geführt, ebenso über Abgänge durch das Entlaufen oder Verenden von Tieren. Die Hirten waren dabei ersatzverpflichtet, wenn sie nicht ihre Unschuld am Verlust nachweisen konnten. Für jeden Vorgang wurden die mit ihm verbundenen Personen genannt: Einlieferung; Ausgabe (Abbuchung); Entgegennahme der Ausgabe. Dazu kommt oft ein Funktionär, der für den Gesamtvorgang verantwortlich zeichnete. Als ›Vorgänge‹ sind selbst so belanglos anmutende Vorfälle wie die Lieferung eines Schafskadavers als Hundefraß erfaßt. Die Tafeln wurden nach (Tag,) Monat und Jahr datiert.

Eine Erfindung der Schreiber von Ur III ist ein Formular, das Eingang und Ausgang in Kombination darstellt und mit einer Endsumme, sei es Restbestand, sei es Defizit, abschließt.

Eng an die Viehwirtschaft war eine umfangreiche Woll- und Lederindustrie angeschlossen. Die Ackerwirtschaft war, soweit es sich um Domänen handelte, die zu ›Palast‹ oder Tempel gehörten, ebenfalls genauester Verwaltung unterworfen: Posten von Saatgetreide, Höhe der Ernte, Einlagerung, Lagerverwaltung, Lieferung ab Lager – alles wurde registriert. Lieferungsempfänger waren etwa Mühlen, Viehmäster oder Personen, die zum Empfang von Naturalien berechtigt waren.

Obwohl Silber der Verrechnungsstandard war, wurde in der Praxis häufig in Naturalien gezahlt. Die ideale Relation war dabei 1 Schekel Silber (= 1/60 Mine, ca. 9 Gramm) = 1 Gur

Gerste (ca. 200 l). Hohlmaß war das von Šulgi eingeführte ›königliche Gur‹ zu 300 Sila. Wie stets in Perioden ruhiger innerer Entwicklung läßt sich in der Ur III-Zeit kein stärkeres Fluktuieren der Preise beobachten, wenn wir von der Teuerung in Südbabylonien nach dem Jahre Ibbisîn 4 absehen.
Ein eng mit dem Handel verbundener Wirtschaftszweig war die Metallurgie. Verarbeitet wurde das als Roherz, gewöhnlich aber des leichteren Transportes wegen in Barren oder Ringen eingeführte Metall zu Werkzeug, Prunkgerät und Schmuck. Da Metall im Lande selbst nicht vorkommt und rar war, stellte es einen hohen Wert dar. Das Gebrauchsmetall war Bronze im modernen Legierungsverhältnis. Kupfer wurde aus dem südlichen Magan bezogen, Zinn aus Kaukasien oder Belutschistan. Aus dem Einfuhrhafen Ur stammen bisher die umfangreichsten Metallarchive.
Das Transport- und Botenwesen war sorgfältig organisiert. Bei Schiffstransport wurde die Anzahl der Arbeitskräfte notiert, die die Fahrzeuge durch Staken oder Treideln zu ihrem Bestimmungsort beförderten. Über den Botenverkehr (Läufer, Reiter auf Eseln) unterrichten Tausende kleiner Tafeln, die die Verpflegung der Boten, Ausgangsort und Ziel vermerken. Die Verpflegung wurde nicht *in natura* mitgeführt; die Tafel war Nachweis für die Empfangsberechtigung am Rastort. Der Bote führte teils kurze, in Briefform gekleidete Anweisungen mit sich, teils umfangreiche Schriftstücke wie monatliche oder Jahresbilanzen bestimmter Wirtschaftszweige. Archiviert wurden die Tafeln in sog. ›Tafelkörben‹, an denen ein Etikett Tafelkategorie und Zeitspanne angab.
Bei der Frage, wieweit Tempel und ›Palast‹ in sich geschlossene Organisationen waren, sind Texte zu berücksichtigen, aus denen sich ergibt, daß Tempelland von Privatpersonen benutzt werden konnte, wofür der Tempel Gegenleistungen einstrich. Es handelt sich nicht um Tempelangehörige[71], so daß wir es nicht wie in der frühdynastischen Zeit mit Landzuweisungen an Personal zu tun haben. Landpacht vom Tempel bedeutete jedoch keinen Erwerb privaten Eigentums. Es ist zu betonen, daß es in Ur III – abgesehen von ganz wenigen Schenkungsvermerken – bisher keinerlei Hinweis auf Privateigentum an Ackerland gibt. Wir müssen dabei aber den Vorbehalt anmelden, daß wir die Verhältnisse in Nordbabylonien und im Dijāla-Gebiet noch nicht kennen. Ähnlich wie die Verpachtung bedeutete die Verleihung von Tempelpfründen durch den *ensi* – vereinzelt auch durch den König – nur die Übertragung eines zeitlich begrenzten Rechtes auf Niesbrauch, nicht aber, wie im Zuge der Säkularisierung der altbabylonischen Zeit, den Erwerb eines Verfügungsrechtes.

Für die Kenntnis der Rechtspraxis im Staate von Ur III sind wichtiger als das Fragment des Kodex Urnammu zahlreiche Gerichtsurkunden und Verträge. Die Gerichtsurkunden, Tafeln mit der Unterschrift *di-til-la* ›abgeschlossene Rechtssache‹, sind teils gerichtliche Beurkundungen (etwa einer Eheschließung, privaten Unterhaltsverpflichtung, eines Kaufes, einer Schenkung), teils Prozeßurkunden mit Urteil. Die Voruntersuchung der Verfahren leitete ein *maškim* ›Kommissionär‹ genannter Funktionär. Die Entscheidung fällte ein Richterkollegium von zwei bis sieben Richtern, selten ein Einzelrichter. Der Prozeßgegenstand betraf das Familienrecht (etwa Klage auf Erfüllung der Eheabsprache, Ehescheidung, Erbauseinandersetzung), bemerkenswert häufig die Anfechtung der Sklaveneigenschaft durch Einheimische, ferner die Anfechtung von Verträgen und Vindikationen. Im Strafrecht ist das Fehlen der Talio, d. h. der Vergeltung von Gleichem mit Gleichem, zu beachten, ein Merkmal, das auch noch den Kodex Lipitestar (s. unten S. 158) kennzeichnet. Aus den Texten, die sich auf das Eherecht beziehen, ergibt sich, daß die sumerische Frau eine dem Manne gleichberechtigte Stellung einnahm.
An Verträgen sind bezeugt oder aus dem Befund der Gerichtsurkunden zu rekonstruieren Kauf-, Schenkungs- und Darlehensurkunden. Kaufobjekt sind zumeist Immobilien und Sklaven. Als Sonderform des Kaufes ist der Kreditkauf bezeugt, bei dem die Zahlung des Kaufpreises später erfolgte als die Übernahme der Kaufsache. Es fällt auf, daß Verträge über den Kauf von Ackerland fehlen. Dies ist ein wichtiges *argumentum e silentio* für die Beurteilung der Landbesitzverhältnisse in Ur III.

e) Soziale Verhältnisse; Sumerer, Akkader, Amurrum.

Wir haben oben versucht (S. 80 f.), ein Bild von der sozialen Struktur der Bevölkerung in der frühdynastischen Zeit zu entwerfen. Dabei sind wir auf die Schwierigkeit gestoßen, daß sich die meisten Termini für Bevölkerungsklassen noch nicht scharf definieren lassen. Auch mußten wir auf die Relativität der Begriffe ›Freie‹, ›Minderfreie‹ hinweisen. Ebenso wie im präsargonischen Staate Lagaš vermittelt auch in Ur III ein imposantes, aber verhältnismäßig einseitiges Textmaterial die Vorstellung von der Übermächtigkeit des Staates und der sehr bescheidenen Rolle, die das Privatindividuum unabhängig vom Staat im Gemeinwesen spielte. Es besteht die grundsätzliche Frage, ob wir diesem Textbefund trauen dürfen.
Als Prüfstein mag die Frage nach dem Bestehen privaten Ackereigentums dienen. Läßt das Fehlen von Privatverträgen über den Kauf von Ackerland den Schluß zu, daß der größte Teil des Landes, ja das Land ausschließlich staatseigen war (wo-

bei hierunter wieder die Zweiheit ›Palast‹ und Tempel zu verstehen ist)? Stellen wir diese Frage nur für Mittel- und Südbabylonien, d. h. das eigentliche Sumer, so läßt sie sich mit einiger Sicherheit positiv beantworten. Wenn im akkadischen Sprachgebiet bereits in der frühdynastischen Zeit Verträge über Ackerkauf bestehen, so wäre es verwunderlich, wenn der sumerische Süden mit einer so hoch entwickelten Bürokratie den Schreiber nur im staatlichen Bereich hätte wirken lassen. Wichtiger als dieses eine *argumentum e silentio* ist ein zweites: Die Gerichtsurkunden von Ur III geben uns wichtige Einblicke nicht nur in die Gerichtsorganisation, sondern auch in die verschiedenen Rechtsanliegen der Bevölkerung. Unter den Streitfällen, über die es zum Prozeß kam, ist, wie wir gesehen haben, kein Fall bezeugt, der sich mit der Anfechtung von Ackerkauf befaßt. Wir dürfen daher vielleicht dem Befund, daß zwar Pachtverträge mit Privatpersonen, nicht aber Kaufverträge belegt sind, Vertrauen schenken. Es kann schließlich nicht nur Überlieferungszufall sein, daß in Südbabylonien nach der Zeit des Urninurta von Isin private Feldkaufverträge in größerer Zahl auftauchen.

Ist das Verhältnis zwischen Staat und Bevölkerung somit durch die Einbeziehung eines hohen Prozentsatzes der Bevölkerung in ein Dienstverhältnis zum Staate gekennzeichnet, so ist damit natürlich nichts über das Wohlergehen der Bevölkerung ausgesagt. Wir können nur vermuten, daß die gesicherten wirtschaftlichen Zustände in Ur III einen relativen Wohlstand beschert haben, wenn wir als solchen das Fehlen krasser sozialer Mißstände ansehen. Die Auswuchserscheinungen der altbabylonischen Zeit — ständig wiederkehrende Überschuldung des kleinen Mannes —, für die altbabylonische Verträge ein lebhaftes Zeugnis sind und denen die Schuldentilgungsedikte der Herrscher niemals auf die Dauer Einhalt gebieten konnten, haben in Ur III, soweit wir sehen, keine Parallele.

Ließ sich für die frühdynastische und die Akkade-Zeit nur wenig über die Stellung der Sklaven aussagen, so ist die Quellenlage für Ur III günstiger. Der Sklave ist zwar unfrei und Eigentum eines anderen, doch fällt als humaner Zug das Zugeständnis bestimmter persönlicher Rechte auf. Der Sklave konnte selbständig vor Gericht auftreten und hatte damit das Recht, seine Sklaveneigenschaft einzuklagen und gerichtlich nachprüfen zu lassen. Er konnte auch als Zeuge auftreten und hatte das Recht auf persönliches Eigentum. Allerdings handelt es sich bei der Sklavenschicht, für die wir dieses verhältnismäßig rosige Bild entwerfen, um Landeskinder, die wohl meist durch unglückliche finanzielle Umstände ihre Freiheit verloren hatten. Ganz anders dürfte die Stellung der Sklaven zu beurteilen sein, die als Kriegsgefangene oder durch Verschleppung nach Babylonien gelangten. Wir haben oben auf eine Inschrift Šūsîns hingewiesen, die von der Errichtung einer Gefangenensiedlung bei Nippur berichtet. Zwei Tafeln aus Umma aus dem Jahre Amarsu'ena 5 rechnen Lebensmittelrationen für fremdländische kriegsgefangene Frauen ab. Es sind 150 Namen aufgezählt, und die Vermutung ist geäußert worden, daß die Frauen in einer Art ›Lager‹ interniert waren. Für den fremdländischen Sklaven bestand selbstverständlich keine Möglichkeit, durch ein Gerichtsverfahren die Freiheit zu erlangen.

Von einer in sozialer Hinsicht verschiedenen Einstufung oder von irgendwelchen Gegensätzen zwischen Sumerern und Akkadern kann im Reich von Ur III keine Rede sein. Wieweit in der Tat der Verschmelzungsprozeß fortgeschritten war, zeigt die Tatsache, daß nicht nur Königinnen, sondern auch die letzten beiden Könige von Ur III, Šūsîn und Ibbisîn, akkadische Namen trugen. Auch die Beamtenschaft war zu einem hohen Prozentsatz mit Trägern akkadischer Namen durchsetzt. Ein Gegensatz bestand vielmehr noch weitgehend zu der zweiten semitischen Komponente im Reich, den Martu (akkad. Amurrum) genannten Nomaden. Sie stellten eine latente innere Bedrohung dar und haben den entscheidenden Anstoß zum Niedergang des Reiches gegeben. Aber es läßt sich in der Zeit, als das Reich noch intakt war, auch schon der Versuch erkennen, die unbequemen Neuankömmlinge einzugliedern. Martu-Leute hatten als Lehensträger des Königs Felder inne, und der Aufstieg in Vertrauensstellungen war ihnen nicht grundsätzlich verwehrt. So ist ein Martu als ›Königsbote‹ belegt. Am häufigsten sind Martu als Empfänger von Rationen oder als Einlieferer von Opfergaben genannt. Das Verhältnis des Staates zu der einsickernden Nomadenschicht haben wir uns wohl ähnlich vorzustellen wie in der altbabylonischen Zeit, wo die Archive von Mari, Uruk und aus der Umgebung von Sippar sehr genaue Auskünfte über die mannigfachen Beziehungen geben. Vor allem lehren die altbabylonischen Texte, daß wir keinen Widerspruch darin zu sehen brauchen, wenn sich ein Teil der Nomadenstämme in den Dienst der Seßhaften begeben und so weit assimiliert hatte, daß Martu-Leute bereits sumerische und akkadische Namen anzunehmen begannen, während andererseits das Gros der Stämme einen Unruheherd ersten Ranges darstellte.

Gegenüber der innenpolitisch so außerordentlich wechselvollen und von zersetzenden Kräften bedrohten Geschichte der Dynastie von Akkade bietet die III. Dynastie von Ur mit ihren ersten vier Königen – Urnammu, Šulgi, Amarsu'ena, Šūsîn – ein Muster an Dauer, Stabilität und Einheit, wie sie ihresgleichen in der älteren Geschichte Mesopotamiens suchen kann. Am Ausgang des Sumerertums steht, was die innerbabylonischen Verhältnisse angeht, eine *pax sumerica*.

Welches sind die Kräfte und Strömungen, die zum Sturz der III. Dynastie von Ur geführt haben? Einmal ist es die unvermeidliche und immer wiederkehrende Tendenz zum Partikularismus, der fehlende Wille, sich ein für allemal einer Zentralgewalt unterzuordnen. Sodann der immer stärker anwachsende Zustrom semitischer Nomaden, die ›amurritische‹ oder ›kanaanäische‹ Wanderung. Und schließlich das nie bereinigte Spannungsverhältnis zwischen Babylonien und Elam, dessen anderssprachige Bevölkerung zwar in der Schuld der babylonischen Kultur stand, jedoch nie zur Assimilierung bereit gewesen ist.

Für die Sicherung der Ostflanke Babyloniens war unter Šūsîn und wenigstens bis zum Jahre Ibbisîn 2 ein Mann verantwortlich, der bei der großen Zahl der in seiner Hand vereinigten hohen Ämter eine außerordentlich mächtige Persönlichkeit gewesen sein muß. Es ist Urdunanna, dessen Vater und Großvater unter Amarsu'ena und Šulgi als *sukkal-maḫ* ›Großwezire‹ gedient hatten und der selber dieses Amt innehatte. Nach einer Inschrift, die Urdunanna anläßlich der Errichtung eines Tempels für seinen Herrn Šūsîn verfaßte, war er 1. *sukkal-maḫ,* 2. *ensi* von Lagaš, 3. *sangu*-Priester des Gottes Enki von Eridu, 4. *ensi* von Sabum und dem ›Gutäerlande‹, von Āl-Šūsîn, Ḫamazi und Karaḫar sowie 5. Militärgouverneur von Uṣargaršana, Bašimi, Dīmat-Enlil, Urbilum, Išar, der Su-Leute und des Landes Kardak. Nicht alle diese Orte und Landschaften können wir genau lokalisieren. Doch besagt die Inschrift, daß Urdunannas Befugnisbereich vom nördlichen Erbil (Urbilum) bis an die Nordküste des Persischen Golfes reichte. Ob die Vertrauensstellung, die Urdunanna genoß – sonst war das System von Ur III ja gerade bemüht, Ämterkoppelung zu verhindern –, auf seiner starken Persönlichkeit beruhte oder andere Hintergründe hatte, wissen wir nicht. Der Mann konnte ebenso ein dem Königshause treu ergebener Diener sein wie ein potentiell mächtiger Gegner. Aber wenn Urdunanna in hochpolitischen Entscheidungen im Osten ein gewichtiges Wort zu sagen hatte, gibt es doch keinen Grund, ihn für den Abfall Elams im Jahre Ibbisîn 4 verantwortlich zu machen.

Der beginnende Verfall des Reiches von Ur meldet sich dadurch, daß in einer Stadt nach der anderen datierte Urkunden aussetzen. Das besagt, daß die *ensis* ihre Verbindung zur Hauptstadt — freiwillig oder notgedrungen — abbrechen ließen. In Ešnunna an der Dijāla ist das im Jahre Ibbisîn 3 der Fall, in Sūsa ein Jahr später. Angesichts des zu Anfang von Ibbisîns Regierung noch dichtgestreuten Urkundenbestandes müssen wir damit rechnen, daß diese Städte der Oberhoheit von Ur entglitten waren. Nach den Jahren Ibbisîn 5 und 7 fallen dann auch Urkunden aus Lagaš, Umma und Nippur aus. Dieser Befund ist auffällig; man denkt an eine ›Kettenreaktion‹. Die historische Erinnerung, die sich in der Omenliteratur der altbabylonischen Zeit niedergeschlagen hat, gedenkt des herannahenden Zusammenbruchs mit Wendungen wie »Als sich das Land gegen Ibbisîn erhob«. Genauere Vorstellungen erhalten wir aus der Königskorrespondenz. Es sind dies Briefe, die zwischen dem König und seinen *ensis* ausgetauscht wurden und die den kommenden Generationen denkwürdig genug erschienen, um sie abzuschreiben und als Literatur weiter zu überliefern.

Kernstück ist die Korrespondenz Ibbisîns mit Išbierra, einem aus Mari am Euphrat stammenden Heerführer. Išbierra erbat sich vom König Vollmachten, die ihn in die Lage setzen sollten, wirksam gegen die Martu-Nomaden vorzugehen, die die Martu-Mauer durchbrochen hatten und eine Festung des Landes nach der anderen eroberten. Ein altbabylonisches Omen: »Der aus der Steppe wird eindringen und den in der Stadt Sitzenden hinausgehen lassen« hat den Einbruch eines Nomadenstammes und die Entthronung eines Statthalters durch einen Scheich auf eine allgemeine Formel gebracht. Išbierras Bitte, die darauf hinauslief, mit der Kommandantur der Stadt Isin betraut zu werden, war nun alles andere als loyales Verhalten. Išbierra hat den König zu seiner Ernennung erpreßt. Er war dazu in der Lage, indem er den unglücklichen Umstand ausnutzte, daß Südbabylonien von einer Hungersnot bedroht war — sei es infolge von Mißernte, sei es infolge mangelnder Feldbestellung wegen der Unsicherheit, die die Martu-Nomaden auf dem flachen Lande verbreiteten. Es war in Ur bereits eine Teuerung ausgebrochen. Išbierra, zunächst mit der Beschaffung von Getreide in Mittelbabylonien betraut, hatte 72 000 Gur (d. h. 14 400 000 l) in Isin sichergestellt, angeblich, um es vor dem räuberischen Zugriff der Martu zu schützen. Er brachte das Getreide nicht von sich aus auf den Weg, sondern bat um Entsendung der nötigen 600 Transportschiffe. Dazu war der König nicht imstande. Er wies Išbierra an, sich bei anderen *ensis* nach Hilfe umzusehen. Išbierra nahm statt dessen die

Gelegenheit wahr, sich in Isin als selbständiger Herrscher festzusetzen. Vom Jahre Ibbisîn 10 oder 11 an datiert eine eigenständige Dynastie von Isin, die eigene Jahresdaten gebrauchte und bis ans Regierungsende Ibbisîns noch mit Ur konkurrierte; dann suchte sie unter Beibehaltung ihrer Residenz Isin die Nachfolge des Reiches von Ur anzutreten.

Išbierra ist sozusagen der Musterfall für die Rebellion eines Königsuntergebenen. Wenn wir versuchen, aus den verfügbaren Daten ein plausibles Gesamtbild herzustellen, ist aber zu bedenken, daß die Darstellung womöglich viel zu sehr vereinfacht ist. Die vielen Einzelheiten, die den vielleicht über Jahre sich erstreckenden Vorgang der Entzweiung Ibbisîns und Išbierras begleiteten, die Beweggründe Išbierras – abgesehen vom puren Machtstreben eines ehrgeizigen Mannes –, überhaupt die Persönlichkeiten der beiden Gegenspieler sind uns kaum bekannt.

Der Abfall Išbierras hatte seine Parallelen in anderen Städten des Reiches. Gelang es Išbierra, den größten Teil Babyloniens nach und nach in seine Gewalt zu bekommen – er hat dabei zum Teil ehemalige *ensis* von Ur in ihrem Amte belassen und neu bestätigt –, so schieden das nördliche Assur und Sūsa aus den babylonischen Staatenbildungen der folgenden Jahrhunderte aus.

Mit dem Verlust von Nippur war Ur auch die wichtigste ideelle Grundlage entzogen. Išbierra bemächtigte sich der Stadt und konnte sich nun der Gunst Enlils als des Verleihers der legitimen Königsherrschaft erfreuen. Unklar ist, wieweit Išbierra oder sonstige Beamte des Reiches vor dem Jahr Ibbisîn 10/11 mit Scheichen der Martu-Nomaden konspiriert haben. In einem Brief an Išbierra vermerkt es Ibbisîn dem Militärgouverneur der westlichen Grenzfestung Bad-Igiḫursanga übel, daß dieser sich den Martu nicht zum Kampf gestellt habe. Gegenseitige Anschuldigungen, wohl stets der Vorwand, eigenes unloyales Verhalten zu vertuschen, finden sich auch in noch anderen Briefen der Königskorrespondenz.

Hatte Ur nunmehr die Kontrolle über Mittel- und Nordbabylonien verloren, konnte Ibbisîn doch einen Restbestand des Reiches, Ur und seine nähere Umgebung, noch 13 oder 14 Jahre lang aufrechterhalten. An der endgültigen Katastrophe hat Išbierra keinen Anteil gehabt. Der Schlag kam aus dem Osten. Elam setzte zu einem vernichtenden Feldzug gegen Ur an und bediente sich dabei der ›Su-Leute‹ als Hilfsvölker. Su oder Sua ist eine Sammelbezeichnung für Völkerschaften im Zagros nördlich von Elam. Für den Kriegszug Elams gegen Ur ist unsere Hauptquelle ein berühmt gewordener, noch heute höchst ergreifend wirkender Bericht, die in elf lange Strophen aufgegliederte Klage um die Zerstörung von Ur. Hier klingt das schon aus der

Ibbisîn-Korrespondenz bekannte Motiv wieder auf, daß der Zorn Enlils die Katastrophe über Ur heraufbeschworen habe. Die Göttinnen verließen ihre Heiligtümer in Sumer. Ningal, Nannas Gemahlin, unternahm einen – wie der Topos es will – vergeblichen Bittgang zu Enlil. Aber das einmal in der Götterversammlung ausgesprochene »So sei es!« des obersten Gottes war unwiderruflich. Ur wurde samt seinen Heiligtümern völlig zerstört (der archäologische Befund hat dies bestätigt). Ibbisîn wurde gefangen nach Elam weggeführt – ein in der Geschichte Babyloniens einzigartiges Ereignis. Über das weitere Schicksal des Königs wissen wir nichts. Eine elamische Garnison blieb in Ur zurück. Sie wurde sechs oder sieben Jahre später durch Išbierra vertrieben. Es ist nicht klar, ob die elamische Invasion auch das Territorium Išbierras in Mittelbabylonien in Mitleidenschaft gezogen hat. Zwar heißt es in der Ur-Klage, daß auch mittelbabylonische Städte betroffen worden seien. Aber diese Aussage verträgt sich nicht mit den Nachrichten aus Isin, die auf einen ungestörten Fortbestand des neuen Staates schließen lassen. Hier findet sich kein Anzeichen für eine Beeinträchtigung des Landes im Norden von Ur.

DIE NACHFOLGER DES REICHES VON UR

Wir können die Selbsteinschätzung des Usurpators Išbierra (2017–1985) recht deutlich von seiner Titulatur ablesen. Ein Rollsiegel, das ein Beamter dem König widmete, trägt die Dedikationsinschrift: »Išbierra, mächtiger König, König der Vier Weltgegenden, Šū'erra, der Militärgouverneur *(šagin)*, der Sohn des Tūram'ilī, ist dein Sklave.« Der Abdruck des Siegels mit dieser Inschrift findet sich auf einer Tontafel mit dem Datum Išbierra 7. Daraus geht hervor, daß Išbierra noch zur Regierungszeit des Ibbisîn von Ur sich den Titel der Könige von Ur angemaßt und den Herrschaftsanspruch Ibbisîns ignoriert hat. Auch ließ er seinen Namen mit dem Gottesdeterminativ schreiben. Noch einen anderen Titel hat Išbierra von Ibbisîn übernommen. In einer anderen Siegelinschrift läßt er sich als »(Schutz)gott seines Landes« bezeichnen. Siegelinhaber ist ein gewisser Išbierra-mālik. Der Mann kann diesen Namen, der »Išbierra ist Berater« bedeutet, nicht schon von Geburt an geführt haben. Vielmehr hat er sich umbenannt, indem er sich einen Namen zulegte, der den Königsnamen enthielt. Solche Namen, die dem neuen Herrn schmeicheln sollten, begegnen uns unter Išbierra ziemlich oft: Išbierra-bāni »I. ist Schöpfer« [Parallelbildung zu einem Namen wie Adad-bāni »(der Gott) Adad ist Schöpfer«]; »Išbierra ist das Leben des Landes Sumer«

(vgl. oben »Šulgi ist das Leben des Landes Sumer«); »Preist Išbierra, den Starken!« und manche andere.
Išbierra hat die von Ibbisîn erpreßte Stadt Isin zu seiner Königsresidenz gemacht. Sie blieb bis zum Ende der Dynastie Hauptstadt. Vorher hatte Isin nur eine untergeordnete Rolle gespielt. Aber das Phänomen, daß Städte ohne große Vergangenheit zur Residenz erhoben wurden, begegnet uns seit Sargon von Akkade mehrfach. Auch Akkade, von dem das ›Land Akkad‹ und die *lišānum akkadītum* ›die akkadische Sprache‹ ihren Namen bezogen haben, war vor Sargon kein bedeutender Ort. Ähnliches gilt für Babylon, die Residenz der I. Dynastie von Babylon. Isin ist bisher nicht regulär ausgegraben worden. Die Stadt verbirgt sich unter dem Tell Išān Baḥrījāt, etwa 30 km südlich von Nippur. So haben wir von der Bautätigkeit der Könige von Isin in ihrer Residenz noch keine Anschauung. Isin war Kultort einer Göttin Nin-i(n)sina, der »Herrin von I(n)sin«, die in anderen Städten unter dem Namen Gula verehrt wurde. Es ist die »Heilgöttin« im sumerischen Pantheon, die »große Ärztin des Landes Sumer«. Besondere Verehrung genoß bei den Königen von Isin ferner Dagan, ein Gott aus dem semitischen Pantheon Syriens. Grund dafür ist die Herkunft Išbierras aus Mari am mittleren Euphrat. Der Dagan-Kult ist allerdings schon in der Ur III-Zeit in Babylonien heimisch geworden. So trägt die von Šulgi gegründete Stadt Puzrišdagan bei Nippur einen akkadischen Namen, der »im Schutze des Dagan« besagt.
Leider ist unsere Vorstellung, wieweit Išbierras Einfluß sich erstreckte, bei weitem nicht so klar wie beim Reich von Ur. Die Keilinschriftquellen sind für Isin sehr dürftig, wenn man sie mit der Masse der Ur III-Texte vergleicht. Außer den Bau- und Weihinschriften und einer nicht einmal vollständigen Reihe von Jahresdaten beruht unsere Kenntnis vor allem auf einem Archiv aus Isin, das die Lederindustrie zum Gegenstand hat, und das aus der Regierungszeit des Išbierra und den ersten Jahren des Šū'ilišu stammt. Išbierra hat nach einem schon zitierten Brief aus der Königskorrespondenz Ibbisîns die Ensitümer Babyloniens von Ur übernommen. Möglicherweise ist er dabei zunächst von Koalitionsverträgen ausgegangen und hat das Verhältnis der Gleichberechtigung dann in ein Abhängigkeitsverhältnis umgewandelt. So berichtet Puzurnumušda, der *ensi* von Kazallu, daß ihm Išbierra ein Bündnis angeboten habe. Išbierra konnte von dem gut ausgebauten Verwaltungssystem profitieren, das die Könige von Ur geschaffen hatten, und brauchte nicht wie Urnammu eine umfassende Neuorganisation vorzunehmen. Die Verwaltungstexte aus Isin ähneln in ihrem Formular genau den Texten des Reiches von Ur. Da mehrfach

auch Boten aus dem In- und Ausland erwähnt werden, sehen wir, daß Išbierra auch das System des Botenverkehrs von Ur übernommen hat. All dies zeigt, daß der Übergang der Herrschaft von Ibbisîn an Išbierra keine umwälzenden Neuerungen mit sich gebracht hat, was die Verwaltungsstruktur betrifft. Išbierra hat sich sehr eifrig für die militärische Sicherung seines Staates eingesetzt. Mehrere seiner Jahresdaten erwähnen den Bau von Festungen. Dazu war Grund genug vorhanden. Nach wie vor bestand die Gefahr der Amurrum-Nomaden; außerdem hatte sich Išbierra gegen Invasionen aus dem Süden zu sichern, solange Ur von den Elamitern besetzt war. In seinem Jahre 22 vertrieb er die Besatzung und wurde damit Herr über Mittel- und Südbabylonien.

Unklar ist, welche Stellung die südbabylonische Stadt Larsa in der Zeit der ersten vier Könige von Isin einnahm. Wenn wir einer kleinen Königsliste aus der Zeit von Hammurabis Nachfolger Samsuiluna Glauben schenken, hätte ein Mann amurritischer Herkunft, Naplānum (2025–2005), schon acht Jahre vor Išbierras Usurpation eine Dynastie in Larsa begründet. Tatsächlich aber liegen Inschriften und Jahresdaten selbständiger Herrscher von Larsa, die sich Könige nannten, erst seit Gungunum (1932–1906) vor, einem Zeitgenossen von Lipiteštar und Urninurta von Isin. Nicht von ungefähr beginnt wohl auch die große Datenliste von Larsa, die die Namen der Jahre bis zum Ende der Regierung Rīmsîns (1763) enthält, erst mit Gungunum, dem fünften ›Nachfolger‹ des Naplānum. Allerdings ist es nicht ganz ausgeschlossen, daß ein selbständiges Larsa auch neben einem Staat Isin bestehen konnte, der Ur, Eridu und Uruk einbezog. Larsa lag zwar am Iturungal-Kanal, unmittelbar an dessen Einmündung in den damaligen Euphratlauf, der die Verkehrsader Nippur-Uruk-Ur bildete. Aber die Expansionstendenz Larsas war, wie die Quellen lehren, zunächst immer nach Nordosten gegen Lagaš gerichtet, so daß sich ein unmittelbarer Interessenkonflikt vermeiden ließ. Ein Naplānum ist aus mehreren Verwaltungsurkunden vom Ende der III. Dynastie von Ur bekannt, in denen er regelmäßig als »Martu«, also als Angehöriger der Amurrum-Schicht, bezeichnet wird.

Eine Prozeßurkunde des 20. Jahrhunderts aus Girsu (Bezirk Lagaš) enthält einen Parteieneid, der bei einem Samium beschworen wird. Entsprechend dem Brauch, den Eid beim Stadtgott, beim Stadtoberhaupt oder auch bei beiden zu schwören, muß Samium eine gewichtige Stellung innegehabt haben. Falls er mit Samium, dem dritten ›Nachfolger‹ des Naplānum und dem Vater des Gungunum identisch war, der 1976–1942 regierte, würde das bedeuten, daß Larsa um diese Zeit selbständig war.

Außerhalb des Staates von Isin befand sich das Dijāla-Gebiet. Die Verbindung zwischen Ešnunna und Ur war, wie wir gesehen haben, schon im Jahre Ibbisîn 3 abgerissen. Der Abfall Ešnunnas erfolgte wahrscheinlich noch unter Itūria, einem *ensi* Ibbisîns. Itūrias Sohn Ilšuilija war zunächst ›Schreiber‹ im Dienste Ibbisîns. In einer späteren Inschrift nennt er sich »mächtiger König, König des Landes Warium«. Warium ist die einheimische Bezeichnung für den Bezirk, dessen Hauptstadt Ešnunna war. Die Nachfolger Ilšuilijas begnügten sich nur mehr mit dem Titel *ensi*, und erst Ipiqadad II. (um 1840) hat wieder den Königstitel angenommen. In einigen Rollsiegellegenden aus Ešnunna aus der Zeit des Ilšuilija ist die eben genannte Titulatur dagegen auf den Stadtgott von Ešnunna, Tišpak, übertragen. Auf einem der Siegel folgt noch ergänzend ›König der Vier Weltgegenden‹. Hier kommt, wenn auch unter dem Deckmantel des Gottes, der Anspruch Ešnunnas auf die ›universale‹ Herrschaft zum Ausdruck. Das war gewiß eine maßlose Übersteigerung, die durch die politische Realität nicht im geringsten gestützt war. Aber es ist ein bezeichnendes Symptom für das Selbständigkeitsbestreben, das beim herannahenden Zusammenbruch des Reiches von Ur an mehreren Orten gleichzeitig einsetzte. Unter Ilšuilijas Nachfolgern erwies sich dann, daß Ešnunna nicht gleichrangig neben Isin bestehen und sich nicht mehr als potentieller Nachfolger von Ur III gebärden konnte.

Selbständig wurde infolge der Machtschwächung Ibbisîns auch die Stadt Dēr in der Nähe des heutigen Bedre. Es ist der Kultort des Gottes Sataran, den wir schon als den Gott Mesalims von Kiš kennengelernt haben. Dēr nahm eine strategisch und handelspolitisch wichtige Stellung an der Grenze zwischen Elam und der Ebene Babyloniens ein. In der Ur III-Zeit war es eine jener Städte an der Peripherie, in denen ein *šagin* ›Militärgouverneur‹ regierte. Der Titel *šagin* hat sich in seiner akkadischen Lehnwortform *šakkanakkum* auf die selbständigen Herrscher von Dēr vererbt. Zu ihnen gehörte ein gewisser Nidnuša, der seinen Namen mit dem Gottesdeterminativ schreiben ließ. Neben Isin und Ešnunna hat also auch Dēr versucht, einen Abglanz der Könige von Ur zu erhaschen. Ein anderer *šakkanakkum* von Dēr, Anummuttabbil, rühmt sich eines Sieges über Elam, Anšan, Simaš und Baraḫši, alles iranische Nachbarlandschaften von Mesopotamien. Da Dēr noch nicht systematisch ausgegraben worden ist, fehlen uns die Quellen, die genauere Vorstellungen über diese bedeutende Stadt vermitteln könnten. Spätestens unter Iddindagan (1974–1954) ist Dēr unter die Herrschaft von Isin gefallen. Denn Išmedagan (1953–1935) war vor seiner Thronbesteigung *šakkanakkum* seines Vaters Iddindagan in Dēr.

Ein für allemal ist der assyrische Raum mit der Hauptstadt Assur aus dem Bereich babylonischer Staatenbildungen ausgeschieden. Der selbständig gewordene Herrscher nannte sich dort *iššiakkum*, d. i. eine akkadische Lehnwortform des sumerischen Titels *ensi*. Wie im Dijāla-Gebiet ist dieser Titel nach dem Ende von Ur III wieder zu dem eines unabhängigen Fürsten aufgewertet worden. Über die Geschichte Assyriens im 20. Jahrhundert ist kaum etwas bekannt. Erst der Bericht vom Zuge Ilušumas von Assur nach Babylonien gibt zu erkennen, daß auch am mittleren Tigris ein Staat mit expansiver Tendenz das Erbe von Ur angetreten hatte.

Die politische Entwicklung Isins ist bis zum Beginn der Regierung Išmedagans offensichtlich ohne erhebliche Störungen von außen verlaufen. Die Bautätigkeit konzentrierte sich auf die Restaurierung des von den Elamitern verheerten Ur. Šū'ilišu ist es gelungen – ob auf diplomatischem Wege oder im Verlauf eines Feldzuges, wissen wir nicht –, die von den Elamitern verschleppte Kultstatue des Mondgottes Nanna zurückzugewinnen. Für eine Periode ungestörter Entwicklung spricht auch die Tatsache, daß die Pflege der sumerischen Literatur, die unter den Königen von Ur III ihre erste Blütezeit erlebt hatte, in Isin eine würdige Fortsetzung fand. Es wurden zahlreiche Götter- und Königshymnen komponiert und andere sumerische Dichtungen in den Schreiberschulen abgeschrieben. Auch die schon erwähnte Klage über die Zerstörung von Ur entstand in dieser Zeit. Die Ur-Klage und die sog. Ibbisîn-Klage, Dichtwerke ein und desselben Zyklus', wurden Vorbild für eine oft variierte Literaturgattung. Unter Lipiteštar entstand das zweite große Gesetzeswerk Mesopotamiens, der sog. Kodex Lipiteštar. Anspielungen auf Ruhe und Frieden im Lande kommen öfters in den Königshymnen vor. Wenn auch manches literarischer Topos sein mag – das Motiv der Friedenszeit klingt schon in einer Hymne auf König Šulgi von Ur an –, verdient doch ein Passus aus einer Iddindagan-Hymne Erwähnung, da er gar zu sehr im Kontrast steht zu der Schilderung der politisch so überaus unruhigen altbabylonischen Zeit, wie wir sie aus den historischen Quellen, vor allem aus den altbabylonischen Omentexten kennen. Es heißt bei Iddindagan: »Weg und Steg hast du sicher gemacht, es dem Lande wohl ergehen lassen, Gerechtigkeit in aller Mund gelegt ... Du hast Terrassen aufgeschüttet, Grenzen gezogen ... oh Iddindagan, dein Vater Šū'ilišu, der König des Landes Sumer, hat dir das Fundament von Sumer und Akkad gefestigt. Auf das Geheiß des An und des Enlil hast du ihn noch übertroffen, hast alle Feinde ›eingeholt‹.«

Die ersten Anzeichen für eine Machteinbuße Isins und Vorboten der Aufsplitterung Babyloniens in zahllose kleine Fürstentümer melden sich unter dem vierten König von Isin, Išmedagan. Ein altbabylonisches Leberomen aus Mari hat die Erinnerung an eine Niederlage bewahrt, die Išmedagan vor den Toren von Kiš erlitt. Es ist dies die erste – wenn auch nicht authentisch-historische – Erwähnung einer Auseinandersetzung zwischen Isin und dem Norden Babyloniens, wo wieder einmal, so scheint es, die alte Stadt Kiš Vorkämpferin des ›Landes Akkad‹ war. Ein Klagelied, das unter Išmedagan entstanden ist, spricht von Unruhen, die die Amurrum-Nomaden verursachten. Die Schilderung der Verwüstungen, die vor allem die Stadt Nippur betrafen, ist in ihrer literarischen Form zwar deutlich von der Ur-Klage abhängig; doch spiegelt sie ohne Zweifel ein historisches Ereignis wider.

Problematisch ist die Ausdeutung des Berichtes, den der Stadtfürst *(iššiakkum)* Ilušuma von Assur über eine Expedition nach Babylonien gibt. Ilušuma war der Enkel eines Puzuraššur, der in Assur eine Dynastie begründet hatte (s. unten S. 178 f.). Chronologische Argumente sprechen dafür, daß Ilušuma etwa ein Zeitgenosse des Išmedagan war; aber ein eindeutiger Synchronismus liegt noch nicht vor. Es heißt in dem Bericht, der am Ende einer Bauinschrift steht: »Vom Sumpfgebiet(?)[72], von Ur und Nippur, von Awal, Kismar und Dēr, der Stadt des Sataran, bis hin zur ›Stadt‹ (= Assur) habe ich für die Akkader und ihre Kinder die Freiheit von Abgaben festgesetzt.« In den babylonischen Quellen findet sich nirgends ein Hinweis darauf, daß damals ein Herrscher von Assur in die Geschicke Babyloniens eingegriffen habe. Die Städte, die Ilušuma außer Ur und Nippur nennt, liegen im osttigridischen Gebiet. Das besagt vielleicht, daß es Ilušuma vornehmlich darum ging, die Handelswege östlich des Tigris in seine Einflußsphäre einzubeziehen. Wir haben bereits auf die Schlüsselstellung der Stadt Dēr hingewiesen. Es ist möglich, daß Ilušuma auch nach Babylonien vorgestoßen ist. Es dürfte aber kaum den Tatsachen entsprechen, daß er in einem »Reich«, daß sich von Ur bis nach Assur erstreckte, Abgabenfreiheit verfügt hätte.

In einer Hinsicht fügt sich allerdings Ilušumas Bericht in die Zeit Išmedagans und seiner Nachfolger. Zum ersten Male seit Urukagina von Lagaš hören wir wieder von Herrschern, die sich in ihren Inschriften rühmen, daß sie um die Beseitigung sozialer Mißstände bemüht waren. Hierzu gab es im Reiche von Ur kaum einen Anlaß, da eine gesicherte Staatswirtschaft den größeren Teil der Bevölkerung mit einem Einkommen versorgte. Išmedagan hat den »Tribut der Stadt Nippur gelöst und die Dienstverpflichteten vom Kriegsdienst ausgenommen«, oder – an anderer Stelle allgemeiner formuliert – er hat »den Zehnt von Sumer und Akkad gelöst«. In einem Išmedagan-Hymnus ist davon die Rede, daß der König die ›Dienstverpflichteten‹ *(eren)* Nippurs, die er vom Kriegsdienst befreite, für die Arbeit auf den Tempeldomänen der Götter von Nippur bereitstellte. Leider ist aber das Quellenmaterial viel zu dürftig, als daß wir genaue Kenntnis von den Maßnahmen des Königs gewinnen könnten. Vor allem sind unsere Vorstellungen vom Steuersystem im Staate Isin noch unzureichend.

Lipitеštar (1934–1924) war der letzte König aus dem Hause des Išbierra. Sein Nachfolger Urninurta (1923–1896) war ein Neuling in der Dynastie. Mehr noch als Išmedagan sticht Lipiteštar durch seine Rechtsmaßnahmen hervor. Der sog. Kodex Lipiteštar wurde in den Schreiberschulen häufig abgeschrieben und auf diese Weise zur ›Literatur‹ im engeren Sinne. Ein Exemplar des Kodex stammt aus dem nordbabylonischen Kiš. Das ist nicht ohne Belang, wenn wir an einzelne Berührungspunkte zwischen dem Kodex Lipiteštar und dem Kodex Hammurabi denken, der in der Kiš benachbarten Stadt Babylon entstand. Wie der Kodex Urnammu ist der Kodex Lipiteštar eine Sammlung von Rechtssätzen, für die sich die konventionelle Bezeichnung ›Gesetzbuch‹ eingebürgert hat. Voran geht ein Prolog, und ein Epilog beschließt das Werk. Der Aufbau entspricht dem des Kodex Hammurabi. In seinen Bauinschriften bezieht sich Lipiteštar mit der Phrase »als er gerechte Ordnung in Sumer und Akkad geschaffen hatte« regelmäßig auf seine Tätigkeit als Hüter des Rechts. Allerdings wissen wir nicht, ob er damit in erster Linie ein ›Edikt‹ im Auge hatte, das durch eben diesen Kodex verkörpert war. Der Kodex Lipiteštar ist – wenn auch noch nicht vollständig – sehr viel besser überliefert als der Kodex Urnammu. Er ist daher ein wertvolles Dokument für die Kenntnis des sumerischen Rechtes in seiner Spätzeit. War der Kodex Lipiteštar die erste Verordnung ihrer Art im Staate von Isin? Der Quellenbefund scheint immerhin anzudeuten, daß ›Vorläufer‹, falls es sie gab, in späteren Generationen nicht der Überlieferung durch die Schreiber für würdig befunden wurden. Der Prolog sagt, daß der König die »Söhne und Töchter« von Nippur, Ur, Isin, von Sumer und Akkad »befreite«. Mit dieser allgemeinen Phrase spielt der König möglicherweise auf einen Schuldenerlaß an, der der Ausbildung krasser sozialer Gegensätze und der zu starken Akkumulierung privaten Kapitals steuern sollte. Außerdem spricht der Prolog davon, daß Lipiteštar die Dienstleistungspflicht neu festsetzte. Je nach Familienstand (Familienvater, Mitglied einer Hausgemeinschaft von Brüdern oder Junggeselle) betrug die monatliche Dienstleistung 6 oder 10 Tage. Damit ist wohl, wenn es der Prolog auch nicht ausdrücklich sagt, eine Reduzierung gegenüber der Tageszahl früherer Jahre gemeint. Im einzelnen sind die Formulierungen

des Prologes leider nicht präzis genug, um uns von den Maßnahmen ein wirklich klares Bild zu vermitteln. Wenn wir fragen, wer nun eigentlich zur Dienstleistung herangezogen wurde — der Inhaber eines ›Lehens‹, das Gros der Bevölkerung mit Ausnahme der Priester- und Beamtenschaft oder mit Ausnahme einer sonstwie privilegierten Schicht? —, so könnte die aus Nippur stammende Abschrift eines anderen Ediktes Auskunft geben, in dem es heißt: »Den *maška'en* ließ ich vier Tage monatlich Dienst tun.« Aber diese Auskunft ist ebenfalls unbefriedigend. Wir wissen nicht genau, auf welche Bevölkerungsteile sich der Begriff *maška'en* (= akkad. *muškēnum*) erstreckte. Leider ist auch der Name des Herrschers nicht überliefert, von dem dieses zweite, nur bruchstückhaft erhaltene Edikt stammt. Vielleicht war es einer der Nachfolger Lipitеštars.
Eines aber können wir aus den sich seit Išmedagan häufenden Belegen für Rechtsmaßnahmen der Könige ablesen: Es galt nicht mehr als selbstverständlich, daß der Herrscher über weite Teile der Bevölkerung nach Belieben verfügte, wie es in der sumerischen ›Tempelstadt‹ die Regel war.
Trotzdem ist der Kodex Lipiteštar noch ein auf sumerischem Boden erwachsenes Dokument. Das zeigt sich beim Vergleich sowohl mit dem Kodex Hammurabi als auch mit den sumerischen Gerichtsurkunden von Ur III. In dem Abschnitt des Kodex, der sich mit Immobilien befaßt, fehlen Hinweise auf Ackerland. Das besagt wohl, daß nach wie vor das Privateigentum von Ackerland als Abweichung von einer Norm betrachtet wurde, nach der Tempel und Palast Haupteigentümer des Landes waren. Das Strafrecht des Kodex Lipiteštar kennt im Gegensatz zum Talionsrecht des Kodex Hammurabi nur die Wiedergutmachung eines Schadens durch Geldstrafe. Die Todesstrafe, die der Kodex Hammurabi so häufig verfügt, ist in den erhaltenen ›Paragraphen‹ des Kodex Lipiteštar nicht bezeugt. Auch den sumerischen Gerichtsurkunden von Ur III war, wie wir gesehen haben, die Talio unbekannt. Im Abschnitt über das Familien- und Eherecht begegnet der Terminus *ni-mi-usa*. Nach den Gerichtsurkunden, aber auch nach sumerischen literarischen Zeugnissen ist damit der Aufwand für das Hochzeitsmahl gemeint, den der Bräutigam oder dessen Vater zu tragen hatte. Die *ni-mi-usa* war nach sumerischem Recht integrierender Bestandteil der Eheschließung. Dem steht bei den Akkadern die *terḫatum* gegenüber, die einen regelrechten Brautpreis darstellt. Die Zahlung der *terḫatum*, für die der älteste Beleg aus der Akkade-Zeit stammt, gibt der akkadischen Ehe den Charakter einer ›Kaufehe‹. Es tritt also in der Form der Eheschließung ein wesentlicher Traditionsunterschied hervor, der Sumerer und Akkader voneinander trennte.

Gegen Ende der Regierung Lipiteštars hat sich Gungunum von Larsa der Stadt Ur bemächtigt. Damit ging der Süden Babyloniens dem Staate von Isin endgültig verloren. Wir befinden uns am Ende der Periode, in der Isin noch als Nachfolgestaat von Ur gelten konnte, und betreten einen Zeitraum, der wieder durch die Vielzahl rivalisierender Stadtstaaten gekennzeichnet ist. Die politische Struktur Babyloniens hat in der Zeit von Urninurta bis Hammurabi große Ähnlichkeit mit dem Bild, das wir von der frühdynastischen Zeit gewonnen haben. Aber die ethnischen Gegebenheiten haben sich grundlegend verändert. Den Weg dieser Zeit zu verfolgen, ist Aufgabe von Kapitel 5 des Bandes.

DER AUSSERBABYLONISCHE RAUM IM 20. JAHRHUNDERT V. CHR.

Auch im Jahrhundert nach der III. Dynastie von Ur steht uns für die Kenntnis des Geschichtsablaufes in den Ländern der näheren und ferneren Umgebung Babyloniens nur ein sehr beschränktes Quellenmaterial zur Verfügung. Wir haben auf die wachsende Bedeutung Assyriens hingewiesen, können aber noch keine kontinuierliche Geschichte des Landes schreiben, das in sumerischen Quellen Subur oder Subir, in akkadischem Kontext Subartu genannt wird[73]. Über die Geschichte Syriens und des Gebietes am mittleren Euphrat sind wir ebenfalls nur schlecht unterrichtet. Išbierra stammte aus Mari; aber wir wissen nicht, ob — und wie lange — diese Stadt zum Staat von Isin gehört hat. Wahrscheinlich ans Ende des 20. Jahrhunderts zu datieren sind eine Anzahl kurzer Verwaltungstexte aus Mari und einige Tonmodelle von Schafslebern mit Omenaufschriften. Sie sind in altakkadischer Sprache geschrieben. Über die politische Situation in Mari geben diese Texte keine Auskunft. Erst das einzigartige Briefarchiv von Mari aus dem Jahrhundert Hammurabis wirft mit einem Schlage Licht auf die komplizierten politischen und ethnischen Verhältnisse in Syrien. Wie in der Zeit von Ur III bleibt auch im 20. Jahrhundert Kleinasien noch außerhalb des Gesichtskreises des von Keilschriftquellen erhellten Vorderen Orients. Zu Beginn des 2. Jahrtausends hat die Einwanderung der indogermanischen Hethiter nach Kleinasien eingesetzt. Aber Texte, die Zeugnis von ihnen ablegen, stammen erst aus den folgenden Jahrhunderten. Wir werden in Kapitel 5 auf die Hethiter zurückkommen.

Etwas günstiger ist die Quellenlage in Elam und seinen Nachbarlandschaften. Elam entspricht in seinem Umfang etwa der späteren Landschaft Susiana. Nördlich von Elam lag das Gebirgsland Anšan, das im Gegensatz zu Elam in der Ur III-Zeit selbständig geblieben war. Die Landschaft Simaš, die möglicherweise in der Gegend des heutigen Ḫurramābād zu lokalisieren ist, hat einer in Sūsa gefundenen Königsliste zufolge eine Dynastie gestellt, die etwa von der Zeit Šūsîns von Ur (2036–2028) bis zu einem Herrscher names Eparti reichte, der um die Mitte des 19. Jahrhunderts regierte. Eparti selbst war Begründer einer neuen Dynastie, die bis ans Ende des 16. Jahrhunderts führt. Simaš war mit Elam föderativ vereinigt. Unter dem Namen Su oder Sua fassen die sumerischen Quellen eine Anzahl Landschaften im nördlichen Zagros, östlich von Assyrien, zusammen. Auch sie standen mit Elam in enger Verbindung. ›Su-Leute‹ waren ja zusammen mit den Elamitern an der Verwüstung von Ur beteiligt. Bisher ist nicht bekannt, welcher Herrscher von Simaš und Elam den Kriegszug gegen Ur geführt hat. Es könnte Ḫutrantemti aus der Simaš-Dynastie gewesen sein. Jedenfalls hat sich dieser Herrscher dem Gedächtnis der folgenden Jahrhunderte so stark eingeprägt, daß noch Silḫak-Inšušinak von Sūsa (12. Jahrhundert) ihn als seinen Ahnherrn aufführt. Über die politische Struktur des Verbandes Elam-Anšan-Simaš geben die Quellen des 19. und 18. Jahrhunderts Aufschluß (s. unten S. 191 f.), während wir über die Verhältnisse des 21. und 20. Jahrhunderts kaum Sicheres wissen.

Der Triumph Elams über Ibbisîn, die Verschleppung des letzten Königs von Ur nach Anšan und die Verdrängung der Elamiter vom Boden Babyloniens durch die Expansion Išbierras von Isin waren auf die Dauer keineswegs dazu angetan, das seit Jahrhunderten bestehende Spannungsverhältnis zu beseitigen. Išbierra hat zwar mit der Verheiratung einer seiner Töchter an den Sohn des Ḫubasimti, der Ḫutrantemti auf dem Thron von Simaš folgte, an die Heiratspolitik der Könige von Ur anzuknüpfen versucht. Ebenso hat Bilalama von Ešnunna, ein Zeitgenosse Šū'ilišus und Iddindagans von Isin, seine Tochter Mekubi dem dritten Nachfolger des Ḫubasimti zur Frau gegeben. Andererseits rühmt sich aber Anummuttabbil von Dēr, Zeitgenosse des Bilalama, des Sieges über die Länder Anšan, Elam, Simaš und Baraḫši (auch Marḫaši oder – altakkadisch – Waraḫše genannt). Es dürften im elamisch-babylonischen Grenzgebiet die bald auch wieder für Babylonien typischen Verhältnisse schnell wechselnder politischer Konstellationen geherrscht haben.

Einen eindeutigen und nachhaltigen Sieg hat die Herrschaft der Könige von Akkade und Ur mit der Übertragung der akkadischen Schriftsprache nach Elam davongetragen. Herrscher und Verwaltung in Elam bevorzugten während des gesamten 2. Jahrtausends das Akkadische. Elamisch geschriebene Texte sind sehr selten. Auch wurde in den Schreiberschulen von Susa ganz wie in Babylonien die sumerische und akkadische Literatur gepflegt. Davon zeugen u. a. Bruchstücke der sumerischen Königsliste aus Sūsa. Bei aller politischen Rivalität konnte sich Elam dem geistigen Einfluß Babyloniens nicht entziehen.

RÜCKBLICK

Die Sumerer haben seit ihrer Einwanderung nach Babylonien keinen ›Nachschub‹ durch neue Einwanderungen mehr erhalten. Die semitische Bevölkerung hat sich dagegen ständig durch den Zustrom von Nomadenstämmen ergänzen können, die bald in kleineren Schüben, bald in massiver, das Land überflutender Invasion nach Babylonien gelangten und dort ansässig wurden. Die Proportion von Sumerern und Semiten mußte sich auf diese Weise immer stärker zugunsten der semitischen Bevölkerung verlagern. Volk und Sprache der Sumerer sind von Jahrhundert zu Jahrhundert stärker dem Einfluß der Semiten erlegen. Die stetige und geradlinige Entwicklung ist zu Beginn des 2. Jahrtausends zum Abschluß gekommen. Das Sumerische ist als gesprochene Sprache ausgestorben. Die Akkader haben das Erbe der sumerischen Literatur übernommen.
In der politischen Entwicklung sieht das Bild auf den ersten Blick anders aus. Unter Sargon und seinen Nachfolgern ist ein großes, von den semitischen Akkadern getragenes Imperium entstanden, das auch den sumerischen Süden einschloß. Während der Periode der gutäischen Fremdherrschaft waren Mittelbabylonien und der akkadische Norden Babyloniens stärker als Südbabylonien beeinträchtigt, wo der Staat von Lagaš unter Gudea eine Zeit hoher Blüte erlebte. Die Reaktion Utuḫengals bahnte dem Reich von Ur III den Weg, das der Hegemonie der Sumerer über ganz Babylonien zum Durchbruch verhalf. Man hat die Periode zwischen Gudea und Ibbisîn als eine ›sumerische Renaissance‹ bezeichnet. Aber eine Beschreibung des Geschichtsablaufes in Babylonien als ein Sichablösen sumerischer und akkadischer ›Höhepunkte‹ würde das Bild zu stark vereinfachen und außer acht lassen, daß das Reich der Sargoniden ebensoviel den Errungenschaften der älteren sumerischen Zivilisation verdankt, wie das Reich von Ur III wieder dem von Akkade verpflichtet ist. Die Symbiose der Sumerer und Akkader, die sich in der frühdynastischen Zeit herausgebildet hat, würde dabei in ihrer Bedeutung unterschätzt werden.
Wir haben schon in Kapitel 2 die Frage nach Gegensätzen zwischen Sumerern und Semiten als ›Völkern‹ berührt. Gibt es eindeutige Zeugnisse dafür, daß die Sumerer als ›Volk‹ jemals

gegen die Akkader oder diese als ›Volk‹ bewußt gegen die Sumerer revoltiert oder sich einer Reaktion oder eines Sieges gerühmt haben? Sargon hat »in der Schlacht über Uruk die Oberhand gewonnen und 50 *ensis* ... niedergeworfen«. Aber was mit dieser Wendung beschrieben wird, ist der Kampf einer babylonischen Koalition gegen eine andere. Diesmal waren es zwar Akkader auf der einen, Sumerer unter Lugalzagesi auf der anderen Seite. Ebenso können wir aber den Inschriften der Könige von Akkade entnehmen, daß sie gewaltsam gegen in Aufruhr befindliche akkadische Städte vorgingen. Sargon sagt, daß sich die Ensitümer in der Hand von »Söhnen von Akkade« befunden hätten. Meint er damit die bewußte Ausschaltung sumerischer Interessen oder nur einen den Bestand seines Reiches sichernden Verwaltungsakt, die Besetzung der wichtigen Statthalterposten mit ihm loyal ergebenen Männern? Wir können, um es kurz zu sagen, keinen dauernden Antagonismus in dem Sinne feststellen, wie er unzweideutig zwischen Babylonien und Elam bestand. Immerhin läßt sich wenigstens *eine* sumerische Dichtung mit antiakkadischer Tendenz nennen, die Dichtung ›Fluch über Akkade‹, die durch den Sturz des Sargon-Reiches inspiriert worden ist.

Deutlicher läßt sich wohl ein gewisser geistiger Hochmut erkennen, den der ›sumerisch‹ Gebildete, vor allem der Schreiber, gegenüber dem des Sumerischen Unkundigen zur Schau trug. Dieses Überlegenheitsgefühl spricht vielleicht auch aus einem Wort des ›sumerischen‹ Königs Ibbisîn – Träger eines akkadischen Namens! –, der seinen Gegner, den Usurpator Išbierra von Mari, als einen »Mann nichtsumerischen Samens« apostrophiert. Aber auch da dürfen wir nicht verallgemeinern, indem wir etwa hier den hochzivilisierten Sumerer, dort den ungeschlachten Akkader sehen. Die Akkader haben im Reiche Sargons auf dem Gebiet der bildenden Kunst schlechthin Großartiges vollbracht, und die akkadische Literatur, die in der altbabylonischen Zeit in reicher Produktion niedergeschrieben wurde, hält ohne Bedenken den Vergleich mit der sumerischen aus.

Statt weiter nach Gegensätzen zu fragen, müssen wir vielmehr betonen, in wie beachtlicher Weise sich Sumerer und Akkader gemeinsam um die Bewahrung und Tradierung der sumerischen Sprache und Literatur bemüht haben. In der Zeit Gudeas und im Reiche von Ur III, d. h. am Ende der Zeit, da das Sumerische gesprochen wurde, setzt mit einemmal die Blüteperiode der sumerischen Literatur ein. Nicht nur alte mündliche Überlieferung wurde schriftlich aufgezeichnet, sondern man versuchte sich mit größtem Erfolg in neuschöpfender Komposition. Daß an diesem Prozeß Sumerer und Akkader – und in immer zunehmendem Maße Akkader – beteiligt waren, zeigt die sprachliche Form, die langsam steigende Durchsetzung des Sumerischen mit ›Akkadismen‹. In den Schreiberschulen von Nippur hat sich ›gutes Sumerisch‹ noch am längsten gehalten, während etwa sumerische Kompositionen, die in der Zeit Rīmsîns in Ur und Larsa entstanden, dem heutigen Interpreten große Schwierigkeiten bereiten, weil sich die Sprache ziemlich weit von der Norm der uns geläufigen klassischen sumerischen Grammatik entfernt hat.

Die ersten Könige von Isin haben sich bewußt in die Nachfolge des Reiches von Ur gestellt, obwohl die Dynastie – rein semitischen Ursprungs – keine verwandtschaftliche Bindung zum Sumerertum hatte. Es zeigt sich ein Verhaften an sumerischer Gesittung, das gerade nicht als Reaktion, sondern vielmehr als Pflege des vom Untergang Bedrohten erscheint. Die jahrhundertelang nachwirkende Geltung der sumerischen Sprache als Kulturgut Mesopotamiens ist denn auch dem Reiche von Ur III *und* den Königen von Isin zu verdanken.

Die Katastrophe unter Ibbisîn hat in der Geschichte Babyloniens zunächst keinen tiefgreifenden ›Bruch‹ zur Folge gehabt. Der Wendepunkt liegt ein Jahrhundert später, in der Regierungszeit des Urninurta von Isin und Gungunum von Larsa. Dies ist auch die Zeit, in der sich in der akkadischen Sprache (und Orthographie) die Wende vom Altakkadischen zum sog. altbabylonischen Dialekt feststellen läßt (s. unten S. 166). Bei der Wahl, in der Darstellung der mesopotamischen Geschichte entweder herkömmlich am Ende von Ur III einen Einschnitt zu machen oder erst innerhalb der sog. Isin-Larsa-Zeit, haben wir uns daher für die zweite Möglichkeit entschieden.

5. Die altbabylonische Zeit

EINLEITUNG

Als altbabylonische Zeit wird für gewöhnlich die Periode bezeichnet, die vom Ende des Reiches von Ur III bis zum Jahre 1594 reicht. Der Hethiterkönig Muršili I. hat in diesem Jahre auf einem Feldzug nach Babylonien die sog. I. Dynastie von Babylon entthront und den Kassiten zur Herrschaft verholfen. Den ersten Abschnitt dieser Periode bis zur Regierung des Lipiteštar von Isin (1934–1924) haben wir oben im Anschluß an die Geschichte des Staates von Ur III behandelt. Am Ende des 20., im 19. und zu Beginn des 18. Jahrhunderts ist das politische Bild Babyloniens durch eine Vielzahl lokaler Dynastien geprägt, unter denen Isin, Larsa, Babylon, zuzeiten auch Uruk und Ešnunna im Dijāla-Gebiet hervorragen. Eine neue Tendenz zur Ausbildung großräumiger politischer Verhältnisse setzt um die Wende vom 19. zum 18. Jahrhundert ein. Sie gipfelt im Reich Hammurabis von Babylon (1792–1750). Wenn wir aber sagen, das Hammurabi-Reich sei der Kulminationspunkt der Einwanderung der Amurrum-Nomaden, ähnlich wie das Reich von Akkade die erste große Realisierung akkadischer Herrschaft nach der Einwanderung der akkadischen Schicht in der frühdynastischen Zeit gewesen ist, so trifft der Vergleich nur sehr bedingt zu. Dem Jahrhundert von Akkade stehen nur zwei Jahrzehnte des Hammurabi-Reiches gegenüber. Und die Einwanderung der Amurrum-Schicht hat nicht wie bei den Akkadern einer neuen Sprache als Schrift- und Kultursprache zum Durchbruch verholfen. Unter Hammurabis Nachfolger Samsuiluna meldete sich bereits wieder die traditionelle Tendenz zum Partikularismus. Auch erstand Babylonien eine neue Gefahr: Die Einwanderung des Kassiten aus dem Osten.

In den gut drei Jahrhunderten von Lipiteštar bis zum Jahre 1594 ist die Quellenlage so beschaffen, daß wir historische Zusammenhänge in einem sehr viel größeren Raume erkennen können, als es in der frühdynastischen, Akkade- und Ur III-Zeit möglich war. Zum ersten Mal gewinnen wir einen Gesamteindruck vom Wechselspiel der Geschehnisse im Bereich des gesamten ›fruchtbaren Halbmondes‹, in Elam und in Anatolien. Weil aber die Quellenlage in Babylonien weiterhin am günstigsten ist, bleibt, wie auch schon der Ausdruck ›altbabylonische Zeit‹ andeutet, der Blickpunkt ›babylozentrisch‹. Das betrifft nicht nur die politischen Ereignisse, sondern auch die wirtschafts- und kulturgeschichtlichen Tatsachen. Wir haben das Ende der

Staatsform gesehen, die aus der sumerischen ›Tempelstadt‹ erwachsen war, und erleben den Übergang zu einem Staatswesen, in dem Privatwirtschaft, privates Feldeigentum und ein Bürgertum ebenbürtig neben ›Palast‹, Palastwirtschaft und Beamtentum treten und der Tempel weitgehend auf seine Funktion als Kultstätte beschränkt wird. Die Stellung des Herrschers erfährt einen tiefgreifenden Wandel. Den aus der Amurrum-Schicht hervorgegangenen Usurpatoren und ihren Dynastien ist die Idee des vergöttlichten Herrschers fremd. So finden sich außerhalb von Isin nur noch vereinzelte Beispiele für die Vergöttlichung eines Königs, und wo sie auftritt, erscheint sie eher als archaisierende Schablone denn als lebendig empfundener Brauch. Die Königshymne setzt sich zwar noch bis in die I. Dynastie von Babylon fort (Samsuiluna); aber sie zehrt von altüberlieferten Topoi und bietet nur einen schwachen Abglanz der älteren sumerischen Dichtung.

Der Begriff ›altbabylonisch‹, mit dem wir unsere Periode kennzeichnen, ist auch ein sprachlicher Begriff. Die akkadische Sprache, deren Entwicklung wir in ihren Schriftzeugnissen zweieinhalb Jahrtausende lang verfolgen können, läßt sich in mehrere Zeitstufen unterteilen. Auf die älteste, die ›altakkadische‹ Stufe folgt die ›altbabylonische‹. Die obere Grenze fällt etwa in die vierte Generation der Dynastie von Isin, die untere Grenze an den Anfang des 16. Jahrhunderts. Natürlich sind die Übergänge fließend. Analog zum ›Altbabylonischen‹ spricht man beim Akkadischen im assyrischen Raum vom ›Altassyrischen‹. Auf die altbabylonische und altassyrische Stufe folgen dann die ›mittelbabylonische‹ und ›mittelassyrische‹ Stufe in der zweiten Hälfte des 2. Jahrtausends.

Das chronologische Gerüst für die Geschichte der altbabylonischen Zeit liefern die Königslisten von Isin, Larsa und Babylon sowie Listen über die Jahresdaten der drei Dynastien. Auf Lipitеštar von Isin folgen zehn weitere Könige (1923–1794). Die Dynastie von Larsa setzt nominell mit Naplānum ein (2025); aber zur Bedeutung gelangte sie erst unter Gungunum (1932–1906), dem weitere neun Könige folgten (1894–1763). Die I. Dynastie von Babylon schließlich beginnt mit Sumuabum (1894–1881) und endet mit dem elften König, Samsuditana (1625–1594). In diesem Schema lassen sich durch Synchronismen zahlreiche Herrscher anderer Städte einfügen, wenn auch, wie etwa im Falle von Uruk oder Ešnunna, noch keine von Jahrzehnt zu Jahrzehnt gesicherte innere Chronologie vorliegt. Šamšiadad von Assyrien war ein älterer Zeitgenosse Hammurabis; er starb wahrscheinlich im Jahre Hammurabi 10 (1783). Die Regierungsdaten der älteren selbständigen Herrscher von Assur liegen dagegen noch nicht endgültig fest. Solange wir das Da-

tum des Ilušuma (s. oben S. 157) nicht sicher bestimmen können, bleibt auch die genaue Datierung der von seinem Großvater Puzuraššur begründeten Dynastie unklar. Zwei entscheidende Daten der altbabylonischen Zeit sind 1793 und 1762. Larsa hat unter Rīmsîn Isin entthront (1793) und Babylon unter Hammurabi der Selbständigkeit Larsas ein Ende gesetzt (1762).
Bevor wir uns mit der politischen Geschichte der altbabylonischen Zeit befassen, müssen wir auf eine Reihe von Fragen eingehen, die das Verhältnis der seßhaften Bevölkerung und der Nomaden betreffen. Denn in kaum sonst einer Periode der mesopotamischen Geschichte kommt die Bedeutung der nomadischen Komponente stärker in den Quellen zur Geltung als in der altbabylonischen Zeit. Auch kommt es mehr als auf eine detaillierte – und oft ermüdende – Darstellung der Geschichte einzelner lokaler Dynastien darauf an, ein plausibles Gesamtbild der politischen Zustände in Mesopotamien zu gewinnen. Aus diesem Grunde werden wir im übernächsten Abschnitt einen Exkurs über die altbabylonischen Leberomina mit ihren für die zeitgenössische Geschichte so bezeichnenden Aussagen vorausschicken.

DIE NOMADEN IN DER ALTBABYLONISCHEN ZEIT

Die Rolle der semitischen Nomaden in der mesopotamischen Geschichte kann man kaum hoch genug einschätzen, und wir haben schon mehrmals auf ihre Bedeutung hingewiesen. Die sumerischen Quellen fassen die Nomadenstämme unter dem Sammelnamen Martu zusammen; diesem Ausdruck entspricht Amurrum in den akkadischen Texten. Beide Ausdrücke sind historisch zu verstehen. Sie wurden von Generation zu Generation vererbt. Das bedeutet für uns, daß wir nicht damit rechnen können, daß mit Martu bzw. Amurrum immer ein und derselbe Stamm oder Stammesverband gemeint war. Vielleicht hat die seßhafte Bevölkerung einen Stammesnamen auf die Nomaden schlechthin übertragen. Für solche Bedeutungserweiterungen ethnischer Begriffe gibt es im Vorderen Orient wie in Europa zahlreiche Parallelen. Man denke an französisch *allemand* oder finnisch *saksa* für den Deutschen oder an syrisch *ṭayyāyā* (Araberstamm) für den Araber überhaupt.
Die ältesten Belege für Martu sind Himmelsrichtungsangaben in Immobilienkaufkontrakten der Periode Frühdynastisch III. Mit *tum-mar-tu* ›Wind(richtung) der Martu‹ ist der Westen gemeint oder genauer der Südwesten (die Windrose ist im Zweistromland ›überdeckt‹ orientiert[74]). Šarkališarrī von Akkade hat gegen die Amurrum-Nomaden im Gebirge Basar gekämpft, dem

heutigen Ǧebel Bišrī, das sich von Palmyra aus bis an den Euphrat erstreckt. Martu werden die Nomaden genannt, die einen entscheidenden Anteil am Sturz der III. Dynastie von Ur gehabt haben. In der altbabylonischen Zeit sehen wir in Mesopotamien allenthalben lokale Dynastien entstehen, deren Begründer – nach ihren Namen zu urteilen – keine Akkader sind, sondern Angehörige einer nichtakkadischen semitischen Schicht: Naplānum von Larsa, Sumuabum von Babylon, Ašduniarim von Kiš, Jaḫzir'el von Kazallu und viele andere. Das Edikt des Ammīṣaduqa von Babylon (1646–1626) faßt die Bevölkerung des Staates Babylon als »Akkader und Amurriter« zusammen.
Uns interessiert die Frage, wieweit die Nomaden des 3. und aus den ersten Jahrhunderten des 2. Jahrtausends eine ethnisch mehr oder weniger in sich geschlossene Gruppe bilden wie die Akkader, Aramäer oder Araber. Wir haben diese Frage schon oben (S. 62 f.) angedeutet, als davon die Rede war, daß die Einwanderung semitischer Nomaden in den ›fruchtbaren Halbmond‹ in einem gewissen zeitlichen Rhythmus erfolgte. Die Frage ist eine vorwiegend sprachliche. Wie fügt sich die Sprache der Amurrum-Nomaden in das Gesamtbild ein, das wir von den semitischen Sprachen besitzen? Die Untersuchung kann sich nur auf Personennamen und auf einige wenige Ausdrücke stützen, die in der altbabylonischen Zeit in das Akkadische eingedrungen sind. Texte in der Sprache der Nomaden gibt es nicht. Sie haben nach ihrer Seßhaftwerdung die akkadische Schriftsprache übernommen und vielleicht auch bald ihre Umgangssprache zugunsten des Akkadischen aufgegeben. Da aber Personennamen in Satzform (etwa der Typus »Gott NN hat gegeben«) in den älteren semitischen Sprachen häufig sind und gewöhnlich der zeitgenössischen Umgangssprache ziemlich nahestehen, besitzen wir in den Amurrum-Namen immerhin eine Ausgangsbasis für die sprachliche Untersuchung. Es zeigt sich, daß die Sprache der Amurrum im ersten Viertel des 2. Jahrtausends große Ähnlichkeit mit den Sprachen des sog. kanaanäischen Sprachzweiges hat, zu dem das Hebräische gehört, das Phönizische und vielleicht auch – die Frage ist noch umstritten – die Sprache von Ugarit. Es hat sich daher bei einer Reihe von Forschern die Bezeichnung ›Kanaanäer‹ für die Nomaden Mesopotamiens in der altbabylonischen Zeit eingebürgert. Zwar ist dieser Terminus mißverständlich, da er Assoziationen mit dem Lande Kanaan und seinen Bewohnern hervorruft; er läßt sich aber mit dem ausdrücklichen Hinweis darauf verwenden, daß ›kanaanäisch‹ hier im erweiterten und ausschließlich linguistischen Sinne gebraucht wird. Die Bezeichnung ›Amurriter‹ kann sich dagegen auf den einheimischen Sprachgebrauch berufen; sie ist allerdings linguistisch nicht relevant.

Die Argumente, die für eine Verbindung der Sprache der Nomaden des 20. bis zum 17. Jahrhundert mit dem ›kanaanäischen‹ Sprachzweig des Semitischen sprechen, treffen auch für die Nomaden der Ur III-Zeit zu. Allerdings ist die Forschung hier noch nicht einer Meinung. Einige glauben nachweisen zu können, daß die Sprache der Amurrum-Nomaden von Ur III vom kanaanäischen Sprachzweig zu trennen sei. ›Sprachzweig‹ impliziert aber stets eine Mehrzahl von Dialekten, die untereinander erheblich abweichen können. Das anschaulichste Bild für die dialektmäßige Vielfalt eines in sich doch wieder geschlossenen ›Sprachzweiges‹ bietet das heutige Arabisch. An diesem Muster gemessen, läßt sich ohne Schwierigkeit ein ›kanaanäischer‹ Sprachzweig des Semitischen vertreten, zu dem auch die Sprache der Amurrum-Nomaden gehörte. Die sprachliche Identität der Nomaden der Akkade- und der frühdynastischen Zeit können wir dagegen nicht mehr auf Grund von Personennamen ermitteln, da keine Namen bekannt sind.
Wir dürfen bei der Frage nach der Herkunft der Nomaden nicht die modernen Verhältnisse mit Arabien als großem Beduinenreservoir auf das hohe Altertum übertragen. Das Großnomadentum gibt es erst seit der Domestizierung des Kamels gegen Ende des 2. Jahrtausends. Der Kleinnomade konnte sich mit seinen Schaf- und Ziegenherden nicht länger als einen Tagesmarsch weit von einer Wasserstelle zur nächsten bewegen. Weidegebiet semitischer Nomaden des 3. und 2. Jahrtausends waren die Steppenzonen am inneren Rand des ›fruchtbaren Halbmonds‹ und die Steppen Syriens. Die Normalform der Wanderung war der regelmäßig wiederkehrende jahreszeitliche Weidewechsel, bei dem die Herden den günstigsten Vegetationsverhältnissen folgten. Der Weidewechsel hat ebenso wie der unerläßliche Besuch der Märkte (Eintauschen von Mehl, Haushalts- und Jagdgerät) von jeher zum Kontakt mit den Seßhaften geführt. Größere Wanderbewegungen aus der Steppenzone ins Innere Mesopotamiens verliefen gewöhnlich über zwei ›Einbruchstellen‹. Die eine liegt am mittleren Euphrat, die andere weiter im Süden, etwa auf der Höhe von Sippar. Im Norden führte der Weg über den Euphrat in das Gebiet des Ḫābūr und an den Südrand des ›Hochlandes‹ (s. oben S. 127). Die Gebirgszüge im Norden und Osten bildeten für die Nomadenwanderungen eine Sperre. Bis heute sind die Nomaden niemals in die Berglandschaften Anatoliens oder Irans eingedrungen. Andererseits übten die Völker der Gebirgsländer einen Gegendruck aus, so daß Nomadenstämme nach Südosten in Richtung auf Babylonien und das Dijāla-Gebiet abgedrängt werden konnten. Nach Überquerung von Euphrat und Tigris auf der Höhe von Sippar gelangten die Nomaden in das Land östlich des Tigris und südlich der Dijāla,

das im 2. Jahrtausend Jamutbal hieß. Hier waren sie eine ständige Bedrohung der Nordostflanke Babyloniens, aber auch der Städte des Dijāla-Gebietes.
Die Zuwanderung der Nomaden war nicht allein von der Suche nach Weideland bestimmt, auch wenn Übervölkerung in den Steppen, Überbeanspruchung der Wasserstellen und die Abdrängung schwächerer Stämme durch stärkere einer der Faktoren für die Wanderbewegungen sind und waren. Der Raubzug, die Ausplünderung der Siedlungen Seßhafter sind zu allen Zeiten das Ideal des Nomaden gewesen. Landhunger in dem Sinne, daß der Nomade nach dem Eigentum von Feld und Gartenland gestrebt hätte, kommt aber zunächst nicht in Betracht. Die Lebensweise des Seßhaften war ja mit ungewohnter Arbeitsleistung verbunden. So ist die eigentliche Seßhaftwerdung fast immer ein erzwungener Vorgang. Entweder brachte die Notlage Nomaden dazu, sich als Arbeiter zu verdingen, oder der seßhafte Herrscher warb Söldner, denen er als Entgelt neben dem Beuteanteil Land als Lehen zur Verfügung stellte. Der Übergang vom Nomadentum zur Seßhaftigkeit konnte innerhalb eines Stammes auf verschiedene Weise verlaufen. Bald geriet ein ganzer Stamm in den Sog der Seßhaftwerdung, bald teilte sich der Stamm, wobei ein Teil bei den Herden blieb, während sich der andere in den Dienst der Seßhaften begab.
Die altbabylonischen Texte sprechen nicht nur von den »Nomaden« allgemein, sondern führen auch die Namen einzelner Stämme an. Tragen wir die Stammesnamen nach ihren Belegen auf einer Landkarte Mesopotamiens ein, so ergibt sich ein Bild, das in seiner Vielfältigkeit an Karten erinnert, auf denen die Weidegebiete moderner arabischer Stämme angegeben sind. Einer der größeren Amurrum-Stämme, den die Mari-Archive nennen, heißt Amnānum. Dieselben Amnānum finden wir auch vor den Toren Uruks. König Sînkāšid von Uruk (um 1865–1835) nannte sich »König von Uruk, König der Amnānum«. Ein Brief des Anam von Uruk (um 1821–1817) spricht davon, daß Amnānum und Jaḫrurum (auch diese werden in Mari erwähnt) vor Uruk lagern. In der Zeit nach Hammurabi von Babylon wurden zwei Vororte von Sippar nach den Stämmen Amnānum und Jaḫrurum genannt.
Amnānum, Jaḫrurum und Ubrabûm gehörten zum großen Stammesverband der Mārū-Jamīna bzw. Binū-Jamīna, wie sie in ihrer eigenen Sprache hießen. Der Name bedeutet ›Söhne des Südens‹ und hängt sprachlich mit dem Namen Benjamin des Alten Testaments zusammen. Ein anderer Stammesverband, der vor allem in den Mari-Archiven genannt wird, waren die Ḫanäer (Ḫanû). Im Gegensatz zu den ›Benjaminiten‹ standen sie auf seiten der Seßhaften. Der enge Kontakt hat dazu geführt, daß »Ḫanäer«

im Sprachgebrauch von Mari häufig einen Angehörigen nomadischer Söldnertruppen bezeichnet, die im Dienst des Herrschers von Mari standen. Ebenso wie für die oben angeführte Bedeutungserweiterung (Amurrum → ›Nomade‹) gibt es auch für die Bedeutungseinengung eines Völkernamens (Ḫanäer → ›Söldner‹) Parallelen in zahlreichen Sprachen.
Die Stammesverfassung der Amurrum-Nomaden entsprach, soweit wir sehen, ziemlich genau der eines modernen Beduinenstammes. An der Spitze stand ein Scheich, der auf akkadisch *abum* ›Vater‹ genannt wird. Daneben begegnet uns häufig ein Wort aus der Sprache der Nomaden, *sugāgum*. Für die ›Stammesältesten‹ verwenden die akkadischen Texte dasselbe Wort, das auch die ›Ältesten‹ einer Stadt bezeichnet. Die Scheiche waren, sobald ein Stamm in ein Abhängigkeitsverhältnis zu einem seßhaften Herrscher getreten war, für Führung und Gebaren ihrer Untergebenen verantwortlich. Die Scheichfamilien standen in besonders engem Kontakt mit den Seßhaften und sammelten Erfahrungen, die ihnen bei möglicher späterer Usurpation zustatten kamen. Briefe aus Mari zeigen, daß es für den seßhaften Herrscher bisweilen ratsam war, in äußerst diplomatischer Weise mit einem Scheich zu verkehren, um keinen Stamm gegen sich in Aufruhr zu bringen.
Beredtes Zeugnis für die Bedeutung des Ḫanäerstammes am mittleren Euphrat ist ein Brief, der an den König von Mari, Zimrīlim (1782–1759), gerichtet ist. Darin heißt es: »Mein Herr wahre seine Königswürde. Bist du König der Ḫanäer, so bist du doch in zweiter Linie auch König der Akkader. Mein Herr fahre nicht mit Pferden, sondern in einem Wagen mit Mauleseln.« Hier kommt die Besorgnis, die Sitte der in die Minderheit geratenen akkadischen Schicht zu wahren, lebhaft zum Ausdruck. Zimrīlim gehörte selbst einem Hause an, das aus einem Nomadenstamm hervorgegangen war; aber von dem Absender des Briefes, dem Palastpräfekten Baḫdīlim, gilt das gleiche.
Der Aufstieg eines Usurpators nomadischer Abkunft zum Herrscher einer Stadt und Dynastiegründer läßt sich bisher noch in keinem Fall Schritt für Schritt verfolgen. Dazu bedürfte es ausführlicher biographischer Daten. Wir werden mit der Tatsache konfrontiert, daß ein Mann mit Amurrum-Namen in einer Stadt eigene Datenformeln prägen läßt und sich in seinen Bau- und Weihinschriften »König der Stadt X« nennt. Aber wir dürfen kaum damit rechnen, daß ein Nomadenscheich sich zum Herrscher aufschwang, ohne sich eine gehörige Kenntnis von Zivilisation und Lebensweise der Seßhaften angeeignet zu haben. Interessant ist die Gestalt des Kudurmabuk, der 1834 seinem Sohne Waradsîn auf den Thron von Larsa verhalf. Kudurmabuk trägt ebenso wie sein Vater Simtišilḫak einen elamischen Na-

men. Sein Titel »Scheich von Jamutbal« (daneben auch »Scheich der Amurrum«) verrät aber, daß er keinesfalls Elamiter war. Sein Sohn Waradsîn und dessen Bruder und Nachfolger Rīmsîn haben echt akkadische Namen. Kudurmabuk dürfte einer Scheichfamilie entstammen, die schon seit Generationen in Jamutbal lebte und dabei in die Dienste der benachbarten Elamiter getreten war, also in ein ähnliches Verhältnis wie die Ḫanäerscheiche in Mari. Wenn Kudurmabuk seine Tochter unter dem sumerischen Namen Eanedu zur *ēn*-Priesterin des Mondgottes weihen ließ und damit eine alte Königsprärogative beanspruchte, so spricht das dafür, daß er, obwohl nomadischer Herkunft, mit der Gesittung der Seßhaften wohl vertraut war.

Die Amurrum-Schicht hat sich in Mesopotamien bis zur Mitte des 2. Jahrtausends vollständig an die ältere semitische Bevölkerung assimiliert und deren Sprache angenommen. Ihr folgte in der zweiten Hälfte des 2. Jahrtausends die Einwanderung der Aramäer, die abermals den gesamten ›fruchtbaren Halbmond‹ ergriff. Anders ist die Entwicklung in Syrien und Palästina verlaufen. Hier ist das kanaanäische, später das aramäische Element zur herrschenden Schicht geworden.

DIE ALTBABYLONISCHEN OMINA ALS SPIEGEL IHRER ZEIT

Bereits im Zusammenhang mit den Quellen zur Geschichte des Reiches von Akkade wurde auf die Bedeutung der akkadischen Leberschautexte hingewiesen (s. oben S. 93). Dabei waren Omina gemeint, die einen Reflex bemerkenswerter Ereignisse der Vergangenheit darstellen, z. B. »Wenn das Fleisch durch das ›Palasttor‹ (= Teil der Schafsleber) hindurchgewachsen ist, dann ist es ein Omen des Šulgi, der den Tappadaraḫ gefangennahm.« Mehrere Omina deuten an, daß bestimmte Herrscher auf ungewöhnliche Weise ums Leben kamen; andere haben die Erinnerung an die Katastrophe von Ur unter Ibbisîn bewahrt. Noch aufschlußreicher als diese auf die Vergangenheit bezogenen Aussagen sind Omentexte mit einer allgemein formulierten, zukunftsbezogenen Aussage, z. B. »Wenn ... (es folgt der Leberschaubefund), dann wird der ›Fürst‹ von dem Feldzug, auf den er auszieht, nicht zurückkehren.« Aussagen dieser Art gehen in die Hunderte. Neben der Eingeweideschau gab es auch die Wahrsagung aus dem Verhalten des Öltropfens im Wasser oder aus der Bewegung der Weihrauchschwaden. Die Omina vermitteln ein höchst anschauliches Bild von den politischen, wirtschaftlichen, gelegentlich auch von den sozialen Zuständen der unruhigen altbabylonischen Zeit. Ihr Wert liegt gerade in der Verallgemeinerung — im Gegensatz zu den auf einen speziellen

Fall gemünzten Omina. Sie bestätigen in vieler Hinsicht die Erkenntnisse, die wir aus den lebendigsten, weil nicht tendenziös abgefaßten Dokumenten der altbabylonischen Zeit gewinnen, den Briefen.

Erstaunlich häufig ist das Thema der Ermordung oder Absetzung des Herrschers. Das altbabylonische Königtum, das oft genug seinem Machtumfang nach kaum noch dem Ensitum von Ur III entsprach, war außerordentlich gefährdet. So heißt es, daß »ein Würdenträger seinen König töten« oder »der Erbsohn des Königs seinen Vater töten und den Thron beherrschen wird«; oder »es wird der Wesir auf dem Throne seines Herrn sitzen«. Auch dem »Großwesir« oder den »Offizieren des Königs« traute man einen Königsmord zu. Bisweilen behauptet sich der Herrscher gegen seine inneren Feinde: »Man wird den König vertreiben; der aber wird in einem Distrikt (wieder) erstarken«; »über das Land, das sich gegen seinen ›Hirten‹ empört hat, wird sein ›Hirte‹ die Oberhand behalten«. Demgegenüber steht ein Omen »der König wird den Tod, den ihm sein Gott bestimmt hat, sterben und ein Würdenträger wird das Land lenken« als friedliche Ausnahme da, wenn es auf den natürlichen Tod des Herrschers anspielt. Auch im untergeordneten Bereich kam es zu Revolten: »Die Bewohner eines Distriktes werden ihren Bürgermeister verjagen.« Andererseits ließ der Herrscher die Untergebenen seine Macht kosten: »Der König wird seinen Großwesir absetzen«; »der König wird einem Palastangehörigen die Augen ausreißen lassen«.

Von den ständig wechselnden Koalitionen im Kriege sprechen Omina wie »den ›Fürsten‹ werden seine Hilfstruppen im Stich lassen«; »mein Bundesgenosse wird sich dem Feinde zuwenden«. Verrat ist allenthalben: »Der ›Große des Pflockes‹ wird dein Stadttor (dem Feinde) öffnen«; »ein Spion wird hinausgehen«; »einer, der vor dem König sitzt, wird das Geheimnis des Königs immer wieder zum Feinde hinausgehen lassen«; »ein Würdenträger wird entfliehen«. Typisch für den Kleinkrieg zweier Nachbarterritorien ist ein Satz wie »der Feind wird Gerste auf ein Schiff laden und als Beute wegführen«. Das ist nichts anderes als die Razzia des Nomaden, übertragen auf die Verhältnisse der Seßhaften. Wie schnell eine Stadt ihren Herrn wechseln konnte, zeigt sich daran, daß »die Statue, die der König hat verfertigen lassen, ein anderer (als Votivgabe in den Tempel) hineinbringen wird«. Es ist zugleich ein Hinweis auf die Denkmälerusurpation, d. h. den Fall, daß ein Fremder die magische Wirksamkeit einer von einem anderen gestifteten Weihgabe auf sich zu lenken versuchte.

Wurde angenommen, daß »zwei Länder einander auffressen«, so stellte man doch auch in Aussicht, daß »die verfeindeten Kö-

nige Frieden schließen und ihr Land in Sicherheit wohnen wird«. Man ersehnte die Friedenszeiten der Vergangenheit zurück, wenn es heißt: »Ein König von Sumer wird herrschen« oder »ein König der Gesamtheit wird im Lande auftreten«.
In den Omentexten kommt gelegentlich auch die *chronique scandaleuse* zu Worte: »Der *sangu*-Priester wird immer wieder Geschlechtsverkehr mit der *ēn*-Priesterin haben«; »eine *ēn*-Priesterin wird sich immer wieder heimlich am Tabu vergreifen; da wird man sie ertappen und sie verbrennen«; »eine Königstochter wird Prostituierte werden«.
Zahlreiche Omina sagen Naturerscheinungen und Katastrophen voraus: Sonnen- und Mondfinsternis, Hitze, Kälte, Schnee (!), Feuersbrunst, Deichbruch, Überschwemmung, Heuschreckeneinfall und deren Folgen für die Wirtschaft: Mißernte, Hungersnot, Teuerung. Neben Omina, die das Familienleben betreffen, sind verhältnismäßig selten Angaben, die die Beziehungen des Landesbewohners zu seiner Regierung zum Gegenstand haben: »Der Mann wird auf dem Wege zum Palast Freude erfahren«; »sein Prozeßgegner wird im Palast zu Fall kommen« (Hinweis auf die Gerichtsbarkeit des Königs oder Distriktsbeamten); »für den *muškēnum* (bedeutet das Omen): Über sein Haus und seinen Hausrat wird künftighin der Palast verfügen« (der *muškēnum* war in der altbabylonischen Zeit wahrscheinlich eine Art Palasthöriger[75]). Auf eine nicht näher bestimmbare, niedere soziale Klasse spielt schließlich das Omen »Epidemie unter den *ḫupšum*-Leuten« an.

LARSA, ISIN, URUK, BABYLON, EŠNUNNA IM 19. JAHRHUNDERT

Gungunum von Larsa (1932–1906), der Lipiteštar von Isin (1934–1924) die für den Südhandel so bedeutende Hafenstadt Ur abgenommen hat, ist der erste ›König‹ in der Dynastie seiner Stadt. Sein Aufstieg hat sich, soweit wir sehen, ohne ernsthafte Auseinandersetzung mit Isin abgespielt. Lipiteštar hat seine Tochter Enninsunzi noch in Ur durch das Leberomen zur *ēn*-Priesterin des Mondgottes erwählen lassen. Dieses Amt war ja seit den Tagen von Akkade mit Königstöchtern besetzt. Zwei Jahre darauf ließ Gungunum die Enninsunzi in ihr Amt einführen. Urninurta von Isin (1923–1896), der Nachfolger Lipiteštars, hat, wie wir aus einer Verwaltungsurkunde aus Ur wissen, eine Weihgabe in Ur gestiftet, sich also weiter dem Kult dieser seinem Staate verlorenen Stadt gewidmet. In ihrer Titulatur behielten die Könige von Isin fast noch ein Jahrhundert lang, bis zu Enlilbāni (1860–1837), die Fiktion aufrecht, daß Ur zu ihrem

Gebiet gehörte. Tatsächlich hat Isin nach Lipiteštar ein für allemal seine Bedeutung als zentraler Staat Babyloniens und Nachfolgestaat des Reiches von Ur III eingebüßt.
Urninurta war ein Neuling in der Isin-Dynastie, der genealogisch mit seinen Vorgängern nichts zu tun hatte. Allerdings sind die Umstände seines Regierungsantrittes nicht bekannt. Der Name Urninurta ist sumerisch; aber das sagt nichts über die ›Volkszugehörigkeit‹ des Königs aus. Das sumerische Onomastikon war seit Jahrhunderten auch in der akkadischen Schicht Babyloniens rezipiert worden. Über die 28 Regierungsjahre Urninurtas ist nur wenig bekannt. Von rechtsgeschichtlichem Belang ist eine Urkunde über einen Mordprozeß, der während Urninurtas Regierung vor dem obersten Richterkollegium von Nippur verhandelt wurde. Da der Text in mehreren Abschriften aus dem 18. Jahrhundert vorliegt, müssen wir annehmen, daß er in den Schreiberschulen literarisches Interesse gefunden hat.
Gungunum hat einen Feldzug gegen Anšan geführt, also die traditionelle Politik der Aggression gegen den elamischen Osten wieder aufgenommen. Eine Tafel aus Sūsa trägt das Datum Gungunum 16. Zumindest in diesem Jahr befand sich Susa also unter der Herrschaft Larsas. Wenn fünf von Gungunums Jahresdaten die Anlage und Erweiterung von Kanälen erwähnen, so spricht das für große organisatorische Leistungen, die Gungunum in seinem Gebiet unternahm. Auch seine Nachfolger haben sich eifrig um die Pflege und den Ausbau des Kanalnetzes bemüht.
Feindseligkeiten zwischen Isin und Larsa haben spätestens im Jahre Abisarē 8 (1898) eingesetzt, da das folgende Jahr nach einem Sieg Larsas über Isin benannt ist. Andererseits hat Būrsîn von Isin (1895–1874) im Jahre 1895 wenige Monate lang wieder Ur in seinem Besitz gehabt. Spricht das für eine auf beiden Seiten wenig gefestigte Situation, so zeichnet sich die Zeit doch im ganzen gesehen durch ein wachsendes Übergewicht Larsas aus. Unter Sumu'el (1894–1866) reichte der Staat von Larsa zeitweise bis nach Nordbabylonien, natürlich unter Umgehung des Territoriums von Isin. Unter Nūradad von Larsa (1865–1850) wurde die Literaturgattung der Königshymne, die in Isin unter Urninurta und seinen Nachfolgern weiter gepflegt wurde, auch in Larsa eingeführt. Diese Neuerung hängt vielleicht mit der Eroberung Nippurs durch Sumu'el in seinem vorletzten Regierungsjahr zusammen. Denn mit Nippur hatte Larsa den Kult des obersten Gottes Enlil in der Hand. Sumu'el ist auch der erste – allerdings vor Rīmsîn einzige – König von Larsa, der vergöttlicht wurde. Dauernder Besitz der Stadt Nippur war Larsa jedoch nicht beschieden. Bis in die Zeit Rīmsîns hinein wanderte Nippur als Zankapfel zwischen Isin und Larsa hin und her.

Trotz seiner relativ gewichtigen Stellung konnte Larsa – darüber darf auch Gungunums Expansion nach Elam nicht hinwegtäuschen – keine großräumige Politik betreiben. In Nordbabylonien bestand seit 1894 ein selbständiger Staat von Babylon, der bald auch das nördliche Sippar annektierte. Kiš, 15 km nordöstlich von Babylon, fiel unter Sumula'el (1880–1845) endgültig an Babylon. Daneben gab es selbständige Herrscher in Kazallu und Marad, in Malgium (am Tigris nahe der Dijāla-Mündung), in Kisurra, 30 km südlich von Isin und in noch weiteren Städten. Im Dijāla-Gebiet dominierte Ešnunna, aber in der Zeit Sumula'els hat sich Tutub (Ruine Ḫafāǧī D) selbständig gemacht, der Ort, der in der Periode Frühdynastisch II und III ein großes ›Tempeloval‹ beherbergt hatte. Die Karte Babyloniens nahm im 19. Jahrhundert immer mehr an Buntheit zu. Ein Staat allein konnte wenig ausrichten, solange es sich nicht nur um kurze Raubzüge ins Nachbarland handelte. Wie schon in der frühdynastischen Zeit war die Koalition das Mittel, größere Unternehmungen erfolgreich durchzuführen.

Kriterium für die unmittelbare Selbständigkeit eines ›Staates‹ war die Datierung der Urkunden nach eigenen Daten und der Urkundeneid beim eigenen Herrscher. Es gab daneben auch Fälle, in denen eine Rechtsurkunde bei einem lokalen Herrscher beschworen, aber mit der Datenformel des Nachbarstaates datiert, oder auch den umgekehrten Fall, in dem neben einer lokalen Datenformel und der Nennung des Lokalherrschers im Eid auch noch bei einem ›ausländischen‹ Herrscher geschworen wurde. In solchen Fällen war eine Stadt wohl nur mittelbar selbständig.

Uruk tritt seit etwa 1860 im Konzert der Staaten Babyloniens auf, nachdem es sich von Isin gelöst hatte. Sînkāšid, der »König der Amnānum-Nomaden«, hat eine Dynastie begründet, die bis zu Irdanene reicht, den Rīmsîn von Larsa 1809 besiegte. Sechs Jahre später fiel Uruk an Larsa. Das Territorium von Uruk hat nur einen bescheidenen Umfang gehabt, doch erfreute sich die Stadt anscheinend eines dauerhaften Bündnisses mit Babylon. Sumula'el von Babylon hat eine Tochter des Sînkāšid geheiratet, und ein Brief des Anam von Uruk (um 1821–1817) an den Kronprinzen Sînmuballiṭ von Babylon spricht von dem guten Einvernehmen, das »seit den Tagen des Sînkāšid« zwischen den beiden Städten bestand. Ein selbständiges Uruk konnte sich 30 km nordwestlich von Larsa nur halten, wenn die Expansionsrichtung Larsas nach Norden nicht euphrataufwärts führte, sondern entlang dem Tigris.

Allerdings haben wir keine klare Vorstellung vom Fluß- und Kanalsystem um die Mitte des 19. Jahrhunderts. Es gibt Anhaltspunkte für eine Flutkatastrophe, die zur Zeit des Nūradad von Larsa (1865–1850) das Bett des Tigris verlagerte. In einer Inschrift des Nūradad heißt es: »Als (Nūradad) es Ur hatte wohlergehen lassen, als er Böses und Wehgeschrei zum Sonnengott beseitigt, das Fundament des Thrones von Larsa gefestigt und (Larsas) zerstreute Bewohner wieder fest angesiedelt hatte«. Mit der »Zerstreuung« seßhafter Bevölkerung ist vermutlich darauf angespielt, daß sie von ihrer Wasserversorgung abgeschnitten und dadurch zur Abwanderung, womöglich auch zum Rückfall ins Nomadendasein gezwungen wurde. Ein ähnlicher Passus findet sich im Prolog des Kodex Hammurabi. Der König rühmt sich, »die zerstreuten Bewohner von Isin versammelt« zu haben. Wir kennen aus der iraqischen Geschichte des vorigen Jahrhunderts den Fall, daß die Bewohner von al-Ḥilla am Euphrat ihre Stadt verlassen mußten, als der Fluß nördlich der Stadt seinen Lauf geändert hatte. Eine Hochflut als die Folge besonders starker Schneeschmelze in den Quellgebieten von Euphrat und Tigris konnte solche Katastrophen verhältnismäßig leicht hervorrufen. Das antike Deichsystem war dem starken Wasserandrang nicht gewachsen. Dazu kommt, daß die beiden Flüsse bei ihrem minimalen Gefälle große Mengen von Sedimenten ablagern und folglich das Flußbett ständig anwächst. Die altbabylonischen Omina sprechen des öfteren von Deichbrüchen.

Bei Nūradads Nachfolger Sîniddinam (1849–1843) finden wir eine deutlichere Anspielung auf die vermutliche Flußbettverlagerung: »Den Tigris zu ›graben‹ und ihn ›wiederherzustellen‹ . . ., haben mir An und Enlil aufgetragen«. Wenn Sîniddinam den Tigris, der damals weiter westlich floß als heute, ›grub‹, so heißt das, daß er den Flußlauf wieder in sein altes Bett zurückzulenken versuchte. Das Vorhaben wird bestätigt durch das Datum Sîniddinam 2, »Jahr: der Tigris wurde gegraben«.

Schon eine Generation vor Sînkāšid von Uruk etablierte sich in Babylon eine Amurrum-Dynastie. Während die spätere Tradition Sumula'el (1880–1845) als den Begründer ansah, wurde sie in Wirklichkeit von Sumuabum (1894–1881) inauguriert. Über seine Ausgangsstellung und Stammeszugehörigkeit wissen wir nichts. Ebenso wenig ist über die Geschichte der Stadt Babylon in der Zeit von Ibbisîn bis Sumuabum bekannt. Unter der III. Dynastie von Ur war Babylon Sitz eines *ensi*. Danach hatte es wohl zunächst zum Staate von Isin gehört, später vielleicht zu Kiš. Unter allen Amurrum-Dynastien der altbabylonischen Zeit hat die I. Dynastie von Babylon am zähesten am ›kanaanäischen‹ Onomastikon festgehalten. Von ihren elf Königen haben nur der vierte und fünfte, Apilsîn und Sînmuballiṭ, akkadische Namen. Babylon war bis zur Zeit Hammurabis nur einer unter den nordbabylonischen Kleinstaaten, und auch in den ersten

30 Jahren Hammurabis war es noch auf die traditionelle Bündnispolitik angewiesen. Ähnlich wie Isin und Larsa und im Gegensatz zu Städten wie Kiš, Uruk und Ur konnte Babylon nicht auf eine große Vergangenheit zurückblicken. Aber ebensowenig wie Isin oder Larsa ihre Residenz in das altberühmte Ur verlegt haben, gaben die Könige von Babylon nach der Eroberung von Kiš ihre Hauptstadt auf.
Ein Nebeneinander kleiner Königtümer müssen wir im 19. Jahrhundert auch am mittleren Euphrat und in Syrien annehmen. Anders als für Assyrien stehen für Mari erst am Ende des 19. Jahrhunderts schriftliche Quellen zur Verfügung. Jaḫdunlim (um 1825–1810) war König von Mari, bevor Šamšīadad die Stadt einnahm. Er war der Vater des Zimrīlim, der später Šamšīadads Sohn Jasmaḫadad wieder aus Mari vertrieb. Jaḫdunlims Vater Jaggidlim war ein Zeitgenosse und zeitweilig ein Verbündeter von Šamšīadads Vater Ilakabkabuhu. Sowohl das Haus Jaggidlim wie das Haus Ilakabkabuhu stammen aus Amurrum-Milieu. Eine Inschrift, die Jaḫdunlim anläßlich der Erbauung des Šamaš-Tempels von Mari verfaßte, berichtet von einem Zug zum Mittelmeer und der Unterwerfung eines Landes an der Mittelmeerküste. Eigentlicher Zweck der Unternehmung, die in hochtrabenden Worten und in einem sehr eleganten Altbabylonisch beschrieben wird, war die Beschaffung von Bauholz aus dem Amanus-Gebirge. Es ist das typische Beispiel für einen Raubzug. Auf dem Rückmarsch wurde Jaḫdunlim von drei Amurrum-›Königen‹ überfallen (die Stämme Ubrabû, Amnānum und Rabbû), denen noch der Herrscher von Jamḫad (Königreich Aleppo) zuhilfe kam. Jaḫdunlim konnte sich der Koalition erwehren. Die Tendenz, verhältnismäßig wenig belangvolle Unternehmungen in den Inschriften großartig aufzubauschen, ist ein typisches Merkmal der Zeit. Man griff dabei gern auf die Terminologie der Inschriften aus der Akkade-Zeit zurück. Ein König von Kiš, Ašduniarim (wohl Anfang des 19. Jahrhunderts), spricht von einem achtjährigen Kampf, den er führte, als sich »die vier Weltgegenden« gegen ihn empört hatten.

ASSYRIEN UND KLEINASIEN

Ilušuma von Assyrien (s. oben S. 157) war der Enkel eines Puzuraššur und Sohn des Šalimaḫum. Mit der Puzuraššur-Dynastie setzt in Assyrien eine akkadische Herrscherreihe ein, die eine Generation vor Hammurabi durch Šamšīadad entthront wurde. Die Schwierigkeit, die Vorgänger des Šamšīadad in genaue zeitliche Beziehung zu Isin und Larsa zu setzen, vermag auch die große assyrische Königsliste nicht zu lösen. Diese

Liste wurde im 8. Jahrhundert v. Chr. kompiliert, und das recht unklare Bild, das sie von den Anfängen selbständiger Herrschaft in Assur vermittelt, zeigt, daß die Erinnerung an die Vorgänge nach dem Zusammenbruch des Reiches von Ur III (dreizehn Jahrhunderte vorher!) verlorengegangen war. Das ist nicht weiter verwunderlich. Zu Beginn der Liste ist eine Reihe von siebzehn »Königen« aufgezählt, die noch »in Zelten wohnten«. Das könnte eine Reminiszenz an die Einwanderung der Amurrum-Nomaden sein. In der Tat sind die Namen der ›Zeltkönige‹ zum Teil ›kanaanäisch‹. Die unmittelbaren Vorgänger des Puzuraššur haben dagegen Namen, die offenbar nicht semitisch sind. Diese Herrscher gehörten wohl der autochthonen vorsemitischen Bevölkerung Assyriens an, den Subaräern, d. h. Einwohnern Subartus. Subartu ist der alte Name für den assyrischen Raum. Wir kennen ihn allerdings nur aus babylonischen Quellen. Er wurde sowohl für die nichtsemitische als auch für die eigentliche assyrische, d. h. semitische Bevölkerung des Landes gebraucht. Subartu war im übrigen kein scharf umrissener geographischer Begriff. Von Puzuraššurs Vorgängern sind bisher keine Inschriften bekannt. Wir wissen daher nicht, wieweit die Angaben der assyrischen Königsliste zuverlässig sind. Išbierra von Isin hat mit einem »*ensi* von Subartu« gekämpft. Wer es war, bleibt unklar.

Šamšīadad (1815—1782) war, wie schon gesagt, der Sohn eines Ilakabkabuhu. Wenn dieser Name und eine Reihe von Vorfahren — sämtlich Träger ›kanaanäischer‹ Namen — ebenfalls in der assyrischen Königsliste erscheinen, so handelt es sich nur um einen Exkurs des Schreibers, eine Art Ahnentafel des Šamšīadad. Denn Ilakabkabuhu war ein unbedeutender Lokalfürst in der Nachbarschaft von Mari gewesen.

Die Inschrift Ilušumas enthält, wie wir gesehen haben, einen Passus, nach dem der König in einem Gebiet, das von Ur bis nach Assur reichte, Abgabenfreiheit für die Akkader verfügt hätte. Von seinem Vorgänger Šalimaḫum und seinen Nachfolgern sind Bauinschriften in altassyrischer Sprache überliefert. Šamšīadad schrieb als Nichtassyrer babylonisch. Am Ende der Regierung von Šamšīadads Sohn Išmedagan stehen Thronwirren in Assur. Aus ihnen ging ein gewisser Adasi hervor, den die spätere ›nationale‹ Tradition als den eigentlichen Ahnherrn des assyrischen Herrscherhauses ansah.

Weitaus ergiebiger als die Inschriften aus Assur sind für die Kenntnis der Assyrer im 19. Jahrhundert Texte, die in der assyrischen Handelskolonie Kaniš in Kappadokien, südlich des Halys (heute Kızıl Irmak) und etwa 20 km nordöstlich von Kayseri, gefunden wurden. Die Archive umfassen drei Generationen. Terminus post quem ist die Regierung des Ilušuma. Aus der Zeit seines Nachfolgers Irišum stammt die Kopie einer Inschrift aus Assur, die in Kaniš entdeckt wurde. Einen direkten Synchronismus bietet eine Tontafel mit einer Gerichtsentscheidung der Stadt Assur. Sie ist mit dem Siegel des Šarrumkēn, des Enkels des Irišum, versehen.

Kaniš (heutiger Ruinenname Kültepe) war das Zentrum der assyrischen Kaufleute in Kleinasien. Als Verkehrsknotenpunkt hatte die Stadt einen hervorragenden Rang unter den übrigen Städten des östlichen Kleinasiens. Von hier stammen mehrere 1000 Tontafeln (Geschäftsbriefe, Abrechnungen, Kontrakte, Gerichtsurkunden) in altassyrischer Sprache. Neben Kaniš bestanden mindestens neun weitere assyrische Niederlassungen, außerdem zehn oder mehr kleinere Zweigstellen, alle im Zentrum und Osten Kleinasiens. Die größeren Niederlassungen hießen auf akkadisch *kārum*. Dieses Wort bedeutete zunächst ›Ufermauer, Kai‹; es wurde dann für den Markt am Fluß gebraucht und nahm schließlich auch die Bedeutung ›Kaufmannschaft (einer Stadt)‹ an. Die Niederlassungen hatten ihre eigene assyrische Gerichtsbarkeit mit dem Zentralsitz in Kaniš. Entschieden wurden Streitigkeiten zwischen den Kaufleuten, bisweilen auch zwischen Assyrern und Einheimischen. Jedoch genossen die Assyrer keinen bevorzugten politischen Status in Kleinasien. Sie waren den heimischen Herrschern (assyrisch *rubā'um*, ›Fürst‹, genannt) zu Abgaben mannigfacher Art verpflichtet. Wie die Ausgrabung von Kaniš gezeigt hat, lag die Assyrersiedlung außerhalb der Stadtmauer. Da die einheimische Bevölkerung an dem assyrischen Handel lebhaft interessiert war, duldete man die Assyrer als wohlgelittene Fremde und Steuerzahler.

Die Institution der Fremdenkolonie war übrigens nicht auf Kleinasien beschränkt. Die Kaufleute der babylonischen Stadt Sippar hatten zur Zeit des Sumuabum und Sumula'el von Babylon eine Außenstelle in Mari. Das ist nur ein Einzelfall; wahrscheinlich gab es Parallelen an anderen Orten. Aber der besondere Charakter der assyrischen Handelsniederlassungen lag darin, daß sie sich auf außermesopotamischem Territorium und an Stellen befanden, an denen die zu exportierenden Produkte leicht zugänglich waren.

Hauptsächliche Einfuhrprodukte der Assyrer in Kleinasien waren Zinn, das die Einheimischen zum Bronzeguß benötigten, und Stoffe. Exportiert wurde nach Assyrien vor allem Kupfer. Handelsgeschichtlich sind die umfangreichen Archive von Kaniš – daneben wurden kleinere Archive in Boğazköy (alt Ḫattuša) und in Alişar (alt Ankuwa?), etwa 80 km südöstlich von Boğazköy, entdeckt – ein außerordentlich bedeutsames Material. Sie vermitteln uns die Kenntnis der Organisation und der Gepflogenheiten des assyrischen Handels: Transportwesen,

Warenumsatz, Warenpreise, Gewinnspannen, Einzel- und Gesellschaftsunternehmen, Abrechnungsverfahren, *clearing*, Kreditgeschäft. Entsprechend dem Inhalt der Texte finden sich verhältnismäßig wenig Hinweise auf die politischen Verhältnisse in Assur. Der Herrscher wird *rubā'um*, ›Fürst‹, genannt, während er in seinen Inschriften den auf sumerisch *ensi* zurückgehenden Titel *iššiakkum* führt. Mit am wichtigsten ist die Erkenntnis, daß es sich bei den assyrischen Kaufleuten um private Unternehmer handelt, die auf eigene Rechnung und Gefahr arbeiteten, und nicht, wie oft der babylonische Kaufmann, in staatlichem Auftrag.
Dagegen erhalten wir wichtige Einblicke in die politischen und ethnischen Verhältnisse Kleinasiens. Es gab vor der Hethiterzeit noch keine großräumigen Staatenbildungen. Wenn auch der *rubā'um* von Kaniš, bisweilen ›Groß—*rubā'um*‹ genannt, vielleicht eine rangmäßig überlegene Stellung einnahm, so bestand doch eine größere Anzahl selbständiger ›einheimischer‹ Staaten nebeneinander. Bemerkenswert ist, daß die mit den altassyrischen Handelsleuten gleichzeitigen Fürsten sich ebenso wie die sonstige einheimische Bevölkerung im Bedarfsfalle der assyrischen Schrift und Sprache bedienten, die allerdings stark mit Barbarismen durchsetzt war. Assyrien hat also auf Kleinasien zivilisatorisch gewirkt wie Babylonien auf Elam. Die Übertragung der Schrift war nicht ohne Schulbetrieb möglich. Es gab in Kaniš eine Schreiberschule. Das bezeugen einige wenige literarische Texte, die in Kaniš gefunden wurden. Mit dem Ende der assyrischen Handelskolonien (Zeit des Šamšīadad) verschwand die Schrift jedoch wieder aus Kleinasien. Als die Hethiter unter Ḫattušili I. (17. Jahrhundert) zu schreiben begannen, übernahmen sie einen Schriftduktus, der aller Wahrscheinlichkeit nach aus Syrien stammt und der auch Vorbild für die Schrift der Hurriter war. Die Hethiter konnten also nicht auf eine in Anatolien bereits vorhandene Schrift zurückgreifen, die das Vermächtnis der Assyrer gewesen wäre.
Unsere noch sehr beschränkte Kenntnis der altanatolischen Völker und Sprachen in der Zeit der assyrischen Handelskolonien beruht auf nichtakkadischen Personennamen, die in den assyrischen Urkunden vorkommen, und auf einer Reihe von Lehnwörtern aus den ›einheimischen‹ Sprachen. Einige der Personennamen lassen sich der sog. protohattischen Sprache zuordnen, die mit kultischen Texten in den Archiven von Ḫattuša aus der Hethiterzeit vertreten ist. Aus einem anderen Personennamentyp kann man eine zweite Sprache erschließen, die behelfsmäßig als ›südostanatolisch‹ bezeichnet wird[76]. Keine dieser Sprachen ist indogermanisch oder mit dem Hurritischen verwandt. Drittens finden sich unter den nichtakkadischen Personennamen

einige hethitische. Diese Namen sind ebenso wie zwei Lehnwörter aus dem Hethitischen das älteste Zeugnis für die Anwesenheit indogermanischer Stämme, die um die Wende vom 3. zum 2. Jahrtausend nach Kleinasien eingewandert sein dürften[77].

Die Tätigkeit assyrischer Kaufleute in Kaniš fand in der dritten Generation ein Ende. Den Grund dafür kennen wir nicht. Waren es politische Wirren in Kleinasien oder haben empfindliche Störungen in der Transitzone zwischen Assur und Kaniš den Karawanenverkehr lahmgelegt? Unter Šamšīadad erfolgte ein neuer Vorstoß. Aber das Archiv von Alişar, das das Wiederaufleben des Handels bezeugt, umfaßt nur eine Generation. Danach brachen Handelsbeziehungen, die durch die Ansässigkeit von Assyrern in Kleinasien zustande kamen, vollends ab.

DER WEG ZUM REICHE HAMMURABIS

Am Ende des 19. Jahrhunderts begann Mesopotamien, sich unter Rīmsîn von Larsa, Ipiqadad II. von Ešnunna und Šamšīadad von Assyrien von der äußersten politischen Zersplitterung wieder freizumachen, und es setzte eine etwa fünfzigjährige Periode ein, die durch das Gleichgewicht mehrerer größerer Staaten bestimmt ist. Die erneute Zusammenfassung ganz Babyloniens ließ aber noch bis zum Jahre 1763, dem 30. Jahr Hammurabis, auf sich warten. Das Hammurabi-Reich hat, wenn es auch nur von kurzer Dauer war, für die spätere Geschichte Mesopotamiens eine nachhaltige Bedeutung erlangt. Babylon wurde zur Metropole des nach dieser Stadt benannten Landes. »Land von Babylon« erscheint in der mittelbabylonischen Zeit erstmals als Landesname, parallel zu »Land von Assur«. Die akkadische Sprache wird in den hethitischen Archiven von Ḫattuša als »babylonisch« bezeichnet. Babylon war zur Repräsentantin des semitischen Volkes im Süden Mesopotamiens geworden.

Das Verhältnis von Isin und Larsa ist seit der Mitte des 19. Jahrhunderts durch den ständigen Wechsel des Besitzstandes in Nippur gekennzeichnet. Nach dem Befund datierter Urkunden gehörte Nippur in den Jahren 1838, 1835, 1832, 1828 zu Larsa, 1836, 1833, 1830 und noch ein letztes Mal einige Jahre zwischen 1813 und 1802 zu Isin. Nach einer kurzfristigen Besetzung Larsas durch Kazallu im Jahre 1835 (zwei Kontrakte aus Larsa tragen Jahresdaten des Herrschers von Kazallu) trat das Haus Kudurmabuk die Herrschaft in Larsa an. Der ›Jamutbal-Scheich‹ Kudurmabuk setzte seinen Sohn Waradsîn (1834–1823) als König ein. Ihm folgte sein Bruder Rīmsîn (1822–1763) mit der ungewöhnlich langen Regierungszeit von 60 Jahren. Hinter der

Usurpation Jamutbals standen möglicherweise Rivalitäten mit dem in Kazallu vertretenen oder mit Kazallu liierten Stamme Mutiabal. Die 72 Jahre der Kudurmabuk-Familie brachten für Larsa eine Periode verhältnismäßig ruhiger Entwicklung und reicher literarischer Produktion mit sich. Wie unter jeder ›starken‹ Regierung wurde viel gebaut, und man widmete sich mit ungeheurem Arbeitsaufwand dem Kanal- und Bewässerungssystem. Von mehreren Kanälen, die in dieser Zeit gegraben oder restauriert wurden, heißt es, daß sie »bis ans Meer führten«. Das kann zweierlei bedeuten: Einmal den Versuch, die Flußläufe des Euphrat und Tigris zu entlasten und auf diese Weise Überschwemmungskatastrophen zu verhindern. Dann aber auch die Erschließung neuen Ackerlandes in Küstennähe. Ein Rīmsîn-Datum weist ausdrücklich darauf hin. Das Bedürfnis hierzu ergab sich nicht in erster Linie aus der Übervölkerung des Landes, sondern aus dem Zwang, Ersatz für Land zu finden, das durch übermäßige Versalzung des Bodens an anderer Stelle verlorengangen war. Namentlich die Ertragsfähigkeit des Bezirkes von Lagaš war merklich zurückgegangen. Die Erkenntnis, daß sich in Babylonien die Siedlungs- und Ackerbaugebiete mehrfach verlagert haben, und daß ein empfindlicher Rückgang der Rentabilität des Bodens zu verzeichnen war, ist Forschungen des letzten Jahrzehntes zu verdanken[78]. Die aus Klimagründen notwendige intensive Bewässerung brachte mit dem Flußwasser auch schädliche Mineralien auf die Felder. Die geringe jährliche Regenmenge reichte nicht aus, diese Mineralien auszuwaschen. Auch wurde bei starker Bewässerung der Wasserspiegel relativ hoch gehalten, so daß die Mineralien dicht unter der Oberfläche blieben.

Rīmsîn hat in seinem 30. Jahr, 1793, Isin erobert und damit den alten mittelbabylonischen Staat ausgeschaltet. Ein wie großes Gewicht man diesem Ereignis beimaß, geht daraus hervor, daß Rīmsîn die nächsten 30 Jahre samt und sonders nach der Einnahme von Isin benannte. Es wurde eine regelrechte Ära, »Jahr 1: Isin wurde erobert« bis »Jahr 30: Isin wurde erobert«, eingeführt. Zuvor hatte Rīmsîn mit der Einnahme von Uruk (1803) den letzten südbabylonischen Staat annektiert. Es war die Folge eines Sieges über eine große Koalition, zu der sich Uruk, Isin, Babylon, Rapiqum (nördlich von Sippar am Euphrat) und die Sutäer-Nomaden zusammengefunden hatten. Isin hat unter Sînmāgir (1827—1817) und Damiqilišu (1816—1794) noch versucht, sich aus der Einengung zwischen den übrigen Kleinstaaten zu befreien, und seine Expansionsbemühungen nach Norden gerichtet.

Im Dijāla-Gebiet nahm um 1830 Ipiqadad II. von Ešnunna zum erstenmal seit Ilšuilija wieder den Königstitel an; er führte das altehrwürdige sumerische Epithet »Hirte der Schwarzköpfigen« (poetische Bezeichnung für die Menschen) und wurde vergöttlicht. Ipiqadad stieß in westlicher Richtung bis nach Rapiqum am Euphrat vor, schob sich also vor die Nordflanke von Babylon. Sein Sohn Narāmsîn hat den Einfluß Ešnunnas über Assur bis ins Gebiet des oberen Ḫābūr vorgetragen. Er ist identisch mit Narāmsîn von Assur, den die assyrische Königsliste als den zweiten Vorgänger des Šamšīadad nennt. Die ephemäre Expansion Ešnunnas nach Norden ist gleichsam die Umkehrung des Eroberungszuges, den mehr als ein Jahrhundert zuvor Ilušuma von Assur bis nach Dēr geführt hatte. Laut Königsliste war Narāmsîn zwar der Sohn Puzuraššurs II. Aber der Listenkompilator ist wohl dem Systemzwang erlegen, nach dem er bis zum Beweise des Gegenteils jeweils den Vorgänger als den Vater des Nachfolgers bezeichnete.

Narāmsîns Bruder Dāduša regierte bis kurz nach 1790. Wahrscheinlich aus seiner Regierungszeit stammt der ›Kodex von Ešnunna‹, eine Sammlung von Preisbestimmungen und Rechtsverordnungen. Zwei Exemplare dieses Kodex wurden in dem Städtchen Šaduppûm östlich von Baghdad entdeckt. Dāduša hat laut einem seiner Jahresdaten einen Sieg über Išmedagan, den in Ekallātum residierenden Sohn Šamšīadads, errungen. Auch unter seinem Nachfolger Ibalpiel II. blieb Ešnunna eine gewichtige Größe in der Staatenwelt Mesopotamiens. Mit einem Sieg über »Ḫana und Subartu« dürften Kämpfe gemeint sein, die er gegen Zimrīlim von Mari und Išmedagan von Assur führte. Ešnunnas Verbündeter war um diese Zeit gewöhnlich das benachbarte Elam.

Šamšīadad, der Sohn des Ilakabkabuhu von Terqa, ist auf dem Umweg über das Exil in Babylonien zur Macht gekommen, wenn wir einer Notiz in der assyrischen Königsliste Glauben schenken. Er eroberte Ekallātum und setzte sich von dort aus in Assur fest, wo er den letzten König der Puzuraššur-Dynastie vertrieb. Seine Regierungszeit (1815–1782) läuft etwa mit der des Dāduša von Ešnunna parallel. Šamšīadad hat neben Assur eine zweite Stadt als Regierungszentrum innegehabt, Šubat-Enlil ›Sitz des Enlil‹ im Quellgebiet des Ḫābūr. Möglicherweise ist diese Stadt mit der Ruine Šāġir-Bāzār identisch. Dort wurde ein Verwaltungsarchiv aus der Zeit des Šamšīadad gefunden. Šamšīadads älterer Sohn Išmedagan, der spätere König von Assyrien, war zunächst Statthalter seines Vaters in Ekallātum am Tigris. Der jüngere Sohn Jasmaḫadad wurde mit dem gleichen Posten in Mari betraut. Der dort heimische Jaḫdunlim, Vater des Zimrīlim, war ermordet worden – vielleicht ein Racheakt der Familie Šamšīadads für die Vertreibung des Ilakabkabuhu aus Terqa. An Energie und Verwaltungsgeschick war Jasmaḫadad seinem Bruder merklich unterlegen. Briefe seines Vaters sind von Besorgnis, väterlicher Ermahnung und ironischem Tadel erfüllt, in ihrem persönlichen Ton höchst aufschlußreiche und stellenweise auch recht ergötzliche Dokumente.

Die Persönlichkeit Šamšīadads hält durchaus den Vergleich mit dem jüngeren Zeitgenossen Hammurabi aus. Als erster König im Norden Mesopotamiens führte er den akkadischen Titel *šar kiššatim* »König der Gesamtheit«. Er knüpfte damit an den sumerischen Weltherrschaftstitel »König der Vier Weltgegenden« an. Aber zugleich dürfte ein reizvolles Wortspiel vorliegen, indem man *kiššatum* ›Gesamtheit‹ mit dem Städtenamen Kiš assoziierte und auf diese Weise den alten anspruchsvollen Titel »König von Kiš« gleichsam in volksetymologischer Spielerei wiederbelebte. Die Briefe Šamšīadads zeigen, daß der verantwortungsbewußte König der damaligen Zeit sich keineswegs mit der Stellung eines der Menge entrückten absoluten Monarchen begnügte. Er nahm genauesten Einblick in alle Verwaltungszweige seines Landes, steuerte dem stets unruhigen Verhältnis zwischen Seßhaften und Nomaden, sorgte für korrekte Amtsführung, Truppendisziplin und ließ sich auch über Einzelheiten der Landbestellung und des Bewässerungswesens auf dem laufenden halten. So etwa wandte er sich gegen den Mißbrauch im Heer, daß Soldaten bei der Verteilung der Beute durch ihre Offiziere benachteiligt wurden. Oder er propagierte die Einführung eines neuen, praktischeren Pfluges. Die Korrespondenz des 18. Jahrhunderts gehört denn überhaupt zum interessantesten Quellenmaterial, das sich denken läßt. Die Briefe sind unmittelbar aus der Situation des Tages geschrieben, in der Sprache und Phraseologie, in der sie dem Schreiber diktiert wurden. Sie sind insofern ungleich viel wertvoller und für uns mit größerer Sicherheit auszuwerten als etwa die nur in Abschriften erhaltene und literarisch ausgeformte Königskorrespondenz von Ur III.

Šamšīadad ist nach einer seiner Inschriften bis zum Mittelmeer vorgestoßen und hat dort »Stelen errichtet«. Ein König von Karkemiš am Euphrat war Vasall des Šamšīadad. Mit dem König von Qatna in der Ebene des heutigen Ḥoms verband er sich, indem er eine Heirat zwischen dessen Tochter und seinem Sohne Jasmaḫadad arrangierte. Im Osten reichte Šamšīadads Staat in das Vorland der iranischen Hochgebirgszüge hinein. In der Gegend südlich vom Urmiasee war der wohl hurritische Stamm der Turukkäer ein gefährlicher Gegner. Im Süden stieß assyrisches Einflußgebiet an die Staaten von Ešnunna und Babylon. Eine Urkunde aus Sippar nennt im Eid, den die beiden Parteien leisteten, Hammurabi und Šamšīadad. Entweder stammten die Parteien aus zwei verschiedenen Herrschaftsgebieten, Babylon

und Assur, oder das von Hammurabi verwaltete Sippar stand zeitweilig unter der Oberhoheit Šamšīadads. Die Frage läßt sich nicht entscheiden.
Nach assyrischem Brauch datierte man unter Šamšīadad nach Eponymen, nicht wie in Babylonien oder im selbständigen Mari nach Jahresnamen. Da die Reihenfolge der Eponymen noch nicht bekannt ist, bleibt die Chronologie der Geschehnisse während der Regierung des Šamšīadad unsicher, d. h. wenn ein bestimmtes Ereignis mit einem bestimmten Eponymen assoziiert wird, können wir es zeitlich nicht einordnen. Man darf daher nicht ohne weiteres von dem hier entworfenen Bild des Šamšīadad-Staates auf ein mehrere Jahrzehnte dauerndes, in seinen Grenzen festgefügtes Reich schließen. Vor allem aber wird man bei den Staaten ephemärer Expansion, die die altbabylonische Zeit vor Hammurabi hervorgebracht hat, nicht an gut durchorganisierte Gebilde vom Typ des Reiches von Ur III denken. Šamšīadads Staat und mancher andere standen und fielen mit der Persönlichkeit des Königs. Nach Šamšīadads Tod konnte sich Jasmaḫadad nicht länger in Mari halten. Zimrīlim kehrte aus dem Exil in Jamḫad zurück und wurde König in seiner Heimatstadt. Er herrschte dort von etwa 1782 bis 1759, dem Jahr der Eroberung Maris durch Hammurabi. Išmedagan folgte seinem Vater auf dem Thron; aber sein Einflußgebiet schrumpfte auf das eigentliche Assyrien zusammen.
Die entscheidenden strategischen Daten für den Aufstieg Babylons unter Hammurabi sind folgende: Befestigung mehrerer Städte Nordbabyloniens in den Jahren 1776—1768; Sieg über eine Koalition von Elam, ›Subartu‹, ›Gutäern‹, Ešnunna und Malgium 1764. Mit ›Subartu‹ ist Assyrien unter Išmedagan gemeint; die ›Gutäer‹ sind Gebirgsvölker in der Gegend zwischen dem heutigen Ḥamadān und dem Urmiasee; dabei ist nicht ganz klar, ob Nachfahren der einstigen Eroberer Babyloniens gemeint sind, oder ob es sich um einen historischen Gebrauch des Namens handelt, die Übertragung auf Völker, die jetzt im Gebiet der Gutäer saßen. Larsa wurde nach mehrmonatiger Belagerung 1763 eingenommen. 1762 siegte Hammurabi abermals über eine Koalition Ešnunna-Gutäer-Subartu. Diesmal vermerkt Hammurabi, daß er die Tigrisufer »bis hin nach Subartu« in Besitz nahm. Er hat also wohl Ekallātum endgültig zu seinem Staate geschlagen. Mari und Malgium wurden 1759 zerstört. Für die Jahre 1757 und 1755 werden noch wieder Subaräerkämpfe gemeldet. Soweit die Geschichte, wie sie sich in den Jahresdaten widerspiegelt. Wüßte man nicht mehr, könnte man an einen glorreichen Siegeszug denken. In erster Linie verdankte es Babylon aber der geschickten politischen Taktik des Königs, daß es als Sieger aus dem Spiel wechselnder Koalitionen hervorging.

Denn keineswegs ist es so, als habe Babylon gegen eine Übermacht von Feinden zu kämpfen gehabt. Die eigenen Verbündeten, die Jahr um Jahr ausgewechselt werden konnten, bleiben ungenannt. Die Verhältnisse hätten nicht besser formuliert werden können als in einem Brief an Zimrīlim von Mari: »Einen König, der für sich allein mächtig wäre, gibt es nicht. Hinter Hammurabi, dem ›Manne von Babylon‹, gehen 10, 15 Könige, ebensoviele hinter Rīmsîn, dem ›Manne von Larsa‹, Ibalpiel, dem ›Manne von Ešnunna‹, Amutpiel, dem ›Manne von Qatanum‹ (= Qatna), und hinter Jarimlim, dem ›Manne von Jamḫad‹, gehen 20 Könige.« Die Briefarchive von Mari zeigen deutlicher als Hammurabis eigene Daten, daß der ›Mann von Babylon‹ zunächst nur einer unter gleichen war. Ein Brief aus der Zeit kurz vor dem Entscheidungskampf gegen Larsa deutet an, daß sich Hammurabi ins Einvernehmen mit Ešnunna setzte, bevor er den Zug gegen Rīmsîn wagen konnte.
Die Idee der Herrschaft über ganz Babylonien kommt bei Hammurabi zum erstenmal im Jahresdatum 30 zum Ausdruck. Dort heißt es mit einer Phrase, die der sumerischen Königshymne entlehnt ist, daß Hammurabi »die Grundlagen von Sumer und Akkad« festigte. Im Prolog seines ›Kodex‹ führt Hammurabi die großen Städte samt ihren Hauptheiligtümern an, die ihm in den letzten Jahren seiner Regierung unterstanden. In Babylonien sind es – von Süden nach Norden – Eridu, Ur, Lagaš und Girsu, Zabalam, Larsa, Uruk, Adab, Isin, Nippur, Keši, Dilbat, Borsippa, Babylon, Kiš, Malgium, Maškanšapir, Kutha, Sippar; im Dijāla-Gebiet Ešnunna; am mittleren Euphrat Mari und Tuttul (am Unterlauf des Balīḫ) und am mittleren Tigris Assur und Ninive. Damit umfaßte Hammurabi, wenn wir Elam ausnehmen, annähernd ein Gebiet, wie es die Könige von Ur III beherrscht hatten. Aber das Reich war nur von kurzem Bestand. Nach den Jahresdaten zu urteilen, die von Kämpfen mit ›Subartu‹ sprechen, können sich Assur und Ninive nur wenige Jahre lang unter der Kontrolle von Babylon befunden haben. Babylonien selbst krankte weiter an seinem Erzübel, der jahrhundertelangen Uneinigkeit. Schon im zweiten Jahrzehnt Samsuilunas rebellierte der Süden Babyloniens gegen den Norden.
Bevor wir auf die Verwaltung Hammurabis, den Kodex Hammurabi und die soziale Struktur Babyloniens in der altbabylonischen Zeit eingehen, müssen wir den Überblick über die politischen Geschehnisse in Vorderasien mit dem Bild von Mari, dem syrischen Raum und Elam vervollständigen.

Die Palastarchive von Mari umfassen etwa die Zeit von 1810 bis 1760. Die Masse der Texte (bisher sind ca. 1600 Tafeln veröffentlicht) stammt aus der Zeit der Statthalterschaft des Jasmaḫ-adad und aus der Regierungszeit von König Zimrīlim. Neben den Briefen sind über 100 Rechtsurkunden und etwa 1000 Verwaltungsurkunden veröffentlicht. Bei den Briefen handelt es sich einmal um Schreiben, die von auswärts nach Mari gelangten, dann aber auch um Kopien von Briefen, die aus Mari abgesandt wurden.

Die Bedeutung von Mari, das schon in der Periode Frühdynastisch II eine Stadt mit semitischer Bevölkerung war, beruht vor allem auf der verkehrsgünstigen Lage. Mari war Zwischenstation des Karawanen- und Schiffahrtsverkehrs, der vom Mittelmeer und aus Syrien nach Babylonien, Elam und zum Persischen Golf führte. Auch endete hier der von Qatna über die Oase Palmyra in west-östlicher Richtung verlaufende Handelsweg. Das Territorium von Mari ist wie auch das der nördlicher gelegenen Städte wohl nie sehr umfangreich gewesen. Unter Zimrīlim umfaßte es das Euphrattal von der Mündung des Balīḫ flußabwärts bis etwa zur heutigen Stadt Ḥīt. Dazu kam das Gebiet am Unterlauf des Ḫābūr. Terqa, das 60 km flußaufwärts von Mari lag, war zur Zeit des Jaḫdunlim selbständig unter Ilakabkabuhu, dem Vater des Šamšīadad. Unter Zimrīlim war es ein Distrikt von Mari, dessen Gouverneur Kibrīdagan eine umfangreiche Korrespondenz mit dem König und dem Palast von Mari führte.

Die reichen Einnahmen, die Mari aus dem Handel zuflossen, trugen zur üppigen Ausstattung der Stadt mit Tempeln bei. Vor allem aber ist der Palast der altbabylonischen Zeit – das ausgegrabene Areal umfaßt auf einer Grundfläche von ca. 1 Hektar über 260 Höfe und Innenräume – das bisher größte Architekturdenkmal seiner Art, das wir kennen. Dafür, daß dieser Palast nicht etwa eine unter vielen gleichartigen Residenzen, sondern weithin berühmt war, spricht ein Brief des Königs von Jamḫad an Zimrīlim. Er vermittelt den Wunsch des Königs von Ugarit, den Palast von Mari besichtigen zu dürfen. Abgesehen von seinem Umfang mußte der Palast dem Besucher auch mit seinen großartigen Fresko-Wandmalereien als Sehenswürdigkeit erscheinen. Archive wie die von Mari – es sind bisher die umfangreichsten, die wir aus der altbabylonischen Zeit kennen – muß es dagegen an vielen Orten gegeben haben. Mari war ja nur eine der Städte, die in den täglichen Verkehr von Kurieren und Gesandtschaften einbezogen war, und alles Geschriebene wurde grundsätzlich in Archiven deponiert.

Der Horizont der Archive von Mari reicht westlich bis nach Kreta, nordwestlich bis nach Ḫattuša in Kleinasien, östlich bis nach ›Gutium‹, südöstlich bis nach Sūsa, Larsa und Tilmun, südwestlich schließlich bis nach Ḥaṣor in Galiläa. Teils wurden diese Orte durch die Boten erreicht, teils erscheinen sie als Herkunftsorte von Handelswaren. So ist in einem Brief Zimrīlims an Hammurabi von Geschenken aus Kreta die Rede. Die Wirtschaftsarchive erwähnen Kupfer aus Zypern. Das ›Gutäerland‹ ist mit der Königin von Nawar vertreten, von der es heißt, daß sie einmal 10 000 Mann zu einer Koalition aufbot. In der Gegend des heutigen Rānia, im Tal des Dōkān-Flusses, wird die Stadt Šušarrā, eine Hurritersiedlung, genannt. Eine Elamitergesandtschaft machte auf dem Wege nach Qatna in Mari Station. Häufig erscheint Elam als Verbündeter von Ešnunna. Korrespondenten in Babylonien bzw. Personen, über die aus Babylonien berichtet wird, sind in erster Linie Hammurabi und Rīmsîn. Höchst auffällig ist, daß jeglicher Hinweis auf Ägypten fehlt. Das läßt sich nur so erklären, daß zur Zeit der Mari-Archive die Einflußzonen Ägyptens und der mesopotamischen Staaten einander nicht berührten.

Die Sprache der Mari-Briefe ist das altbabylonische Akkadisch. Wenn auch in Briefen aus hurritischem Milieu Eigenarten der hurritischen Sprache hindurchschimmern und überhaupt die sprachliche Qualität jeweils von der Sprachbeherrschung des Diktierenden und des Schreibers abhing, so genügte sie doch vollauf für die internationale Verständigung. Im übrigen war der Gebrauch des Akkadischen nicht auf die Korrespondenz beschränkt. Rechts- und Verwaltungsurkunden aus Elam sind akkadisch abgefaßt, aber auch die Texte aus dem Archiv von Šušarrā.

Der Inhalt der Mari-Korrespondenz ist höchst mannigfaltig. Teils betrifft er interne Angelegenheiten der Provinz (Jasmaḫadad) bzw. des selbständigen Staates von Mari (Zimrīlim): das Verhältnis zu den Nomadenstämmen, Landwirtschaft, Bewässerung, Palastverwaltung, Hofintrigen, Rechtssachen, teils Fragen der internationalen Politik. Gemeldet wird regelmäßig die Ankunft und Abreise von Gesandtschaften, deren Bestimmungsort oder Durchgangsstation Mari war. Manche Städte unterhielten ständige Gesandtschaften an ›ausländischen‹ Höfen, um über Vorhaben der dortigen Herrscher auf dem laufenden zu bleiben. Auf diese Weise war rasche Reaktion auf fernab sich abspielende Ereignisse und Vorbereitung gegen Überraschungsangriffe möglich. Bundesgenossen setzten einander aber auch in direkten Schreiben von Herrscher zu Herrscher in Kenntnis über ihre Pläne. Gelang es, Boten abzufangen und die von ihnen mitgeführten Tafeln einzusehen, so war man auch gegen den Willen des Gegners unterrichtet. Die Truppenzahlen, die auf dem Wege von Koalitionen zusammenkamen, beliefen sich nicht selten auf mehrere Zehntausend. Wir haben keinen Grund, die sonst Zahlenangaben gegenüber ratsame Skepsis walten zu lassen. Denn die Briefe sind historische Dokumente aus erster Hand, die nicht der verfälschenden Phantasie oder irgendeiner Tendenz des Historiographen unterworfen waren. Die riesigen Truppenbewegungen müssen eine ungeheure Belastung für die Wirtschaft in den Staaten dargestellt haben, in denen sie sich bewegten, und es erforderte einen gut funktionierenden Verwaltungsapparat und eine reiche handwerkliche Produktion, um die Heere auszurüsten und zu verköstigen.

Einige Worte zu den Umgangsformen. Gleichgestellte redeten einander mit »Bruder« an, während gegenseitige Anrede als »Vater« und »Sohn« das Verhältnis zwischen Oberherrn und Vasallen kennzeichnet. Unmittelbar Untergebene gebrauchten die Selbstbezeichnung »Sklave« und die Anrede »Herr«. Knapper sachlicher Ton herrscht zumeist in der internen Verwaltungskorrespondenz, während sich die internationale Korrespondenz oft weitschweifigerer Redeweise bediente und auch unangenehme Dinge in möglichst gefälliger Form vorzutragen suchte. Es galt als höflich, die direkte Anrede in der zweiten Person zu vermeiden und statt dessen die Anrede »mein Herr«, »mein Bruder« öfters zu wiederholen und die dritte Person zu gebrauchen.

Die Mari-Archive zeigen, daß der syrische Raum im 18. Jahrhundert ganz wie Babylonien vor Hammurabi ein buntscheckiges Gebilde von Königtümern samt ihren Vasallenstaaten war. Der mächtigste Staat war Jamḫad mit der Hauptstadt Ḫalab (= Aleppo). Der Fürst von Alalaḫ am Orontes war Vasall von Jamḫad. Nordöstlich dieses Staates lag Karkemiš am Euphrat, eine blühende Handelsstadt an der Karawanenstraße, die in den Taurus und weiter auf die anatolische Hochebene führte. Aplaḫanda von Karkemiš war Vasall Šamšiadads; sein Sohn Jatarammī, der im Gegensatz zu seinem Vater einen semitischen, ›kanaanäischen‹, Namen hatte, schloß sich Zimrīlim von Mari an. Im Norden von Karkemiš lag eine Reihe hurritischer Staaten, u. a. Uršu und Ḫaššum. Weiter sind zu nennen Ugarit am Mittelmeer, Qatna in der Ebene des Orontes nahe dem heutigen Ḥoms und Byblos. Qatnas diplomatische Beziehungen reichten bis nach Babylon, Larsa, Ešnunna, Sūsa und Arrapḫa beim heutigen Kirkūk — ein weiteres Beispiel für die bedeutende Rolle Syriens in der Politik Vorderasiens im 18. Jahrhundert.

Waren die Hurriter in der Ur III-Zeit noch auf das Gebiet östlich vom Tigris beschränkt, so sind sie in der altbabylonischen Zeit weiter nach Westen vorgestoßen und haben den oberen Euphrat überschritten. Wir müssen in Nordmesopotamien und

Syrien mit einer Symbiose ›kanaanäischer‹ und hurritischer Bevölkerung rechnen, in der sich die hurritische Komponente immer stärker in den Vordergrund schob. In Šāgir-Bāzār sind die Personennamen zu einem Drittel hurritisch und häufiger als die ›kanaanäischen‹ Namen, während akkadische Namen die Majorität bilden. Zwar ist gerade in einem Gebiet mit starker Bevölkerungsmischung eine solche Statistik mit Vorsicht auszuwerten; aber der hurritische Anteil darf nicht unterschätzt werden. Auch in den altbabylonischen Texten von Alalaḫ findet sich bereits ein hoher Prozentsatz hurritischer Namen. Die örtliche Dynastie ist allerdings ›kanaanäisch‹. Im 15. Jahrhundert war Alalaḫ weitestgehend ›hurrisiert‹. Im übrigen ist unsere Kenntnis der Hurriter nicht auf die Personennamen beschränkt. In Mari wurden sechs literarische Texte, Ritualexzerpte, in hurritischer Sprache gefunden. Die Fähigkeit, ihre Sprache zu schreiben, hatten die Hurriter bereits am Ende der Akkade-Zeit erworben. Zeugnis hurritischer Religion ist u. a. die Anrufung der Göttin Ḫepat in einem Vertrag, den Abba'el von Jamḫad, ein Zeitgenosse Samsuilunas von Babylon, und Jarimlim von Alalaḫ abschlossen. Die Sprache der Hurriter gehört zum ›agglutinierenden‹ Typus. Sie ist mit dem Urartäischen verwandt, das wir aus Quellen vom 9. bis zum 7. Jahrhundert kennen. Sonst lassen sich keine Verwandtschaftsbeziehungen zwischen dem Hurritischen und anderen Sprachen des Alten Orients herstellen.
Für die Zeit nach den Mari-Archiven bis zum Beginn des 15. Jahrhunderts sind bisher nur ganz wenige Keilschriftquellen bekannt, die uns über die historische Entwicklung Syriens und der nordmesopotamischen Gebiete im Westen von Assyrien unterrichten könnten. Der Hethiterkönig Ḫattušili I. hat dem ›Großkönigtum‹ von Jamḫad ein Ende bereitet und Alalaḫ zerstört. Die Quellen nach der Mitte des 2. Jahrtausends führen ein vollkommen verändertes Bild vor Augen. Von der Mittelmeerküste bis nach Nuzi erstreckte sich das Mitanni-Reich, in dem eine indogermanische Oberschicht über eine vorwiegend hurritische Bevölkerung herrschte[79].

ELAM IN DER ALTBABYLONISCHEN ZEIT

Während wir aus der frühdynastischen, Akkade- und Ur III-Zeit nur verhältnismäßig spärliche Nachrichten über Elam und seine Nachbarländer besitzen, können wir uns in der altbabylonischen Zeit auf ein ziemlich dichtgestreutes Urkundenmaterial stützen. Neben Königsinschriften in akkadischer Sprache bestehen die Quellen aus Rechtsurkunden und Wirtschaftstexten (über 800 aus Sūsa; hinzu kommen einige Texte aus dem heutigen Mālamīr). Die Verfassung Elams war föderativ und umfaßte drei Instanzen: 1. Den *sukkal-maḫ* als den in Sūsa residierenden obersten Herrscher. Sein Titel geht auf die sumerische Amtsbezeichnung *sukkal-maḫ* der Ur III-Zeit zurück. 2. Den »*sukkal* vonElam und Simaš«. Er war gewöhnlich der jüngere Bruder des *sukkal-maḫ*. 3. Den *sukkal* (oder ›König‹) von Sūsa, gewöhnlich der Sohn des *sukkal-maḫ*, als Gouverneur der Provinz Sūsa. Beim Tode des *sukkal-maḫ* folgte sein Bruder, der *sukkal* von Elam und Simaš, auf dem Thron. Es bestand also Brudererbfolge gemäß der fratriarchalischen Familienstruktur bei den Elamitern.

Die Dynastie von Simaš (vgl. oben S. 124), die bis um die Mitte des 19. Jahrhunderts die Herrscher von Sūsa stellte, wurde von einem Herrscher namens Eparti abgelöst. Er nahm den Titel »König von Anšan und Sūsa« an. Über seine Herkunft und seine Beziehung zum älteren Königshaus wissen wir nichts. Sein Name wird in einem sumerisch abgefaßten Jahresdatum mit dem Gottesdeterminativ geschrieben. Das ist der einzige bekannte Fall für Vergöttlichung bei einem elamischen Herrscher. Epartis Nachfolger Šilḫaḫa regierte zusammen mit seiner Schwester, die den Posten des *sukkal* von Sūsa wahrnahm. Sie wurde die Ahnherrin der kommenden Herrschergenerationen; denn die Nachfolger des Šilḫaḫa nannten sich »Schwestersöhne des Šilḫaḫa«.

Elam hat häufig in das internationale Spiel mesopotamischer Koalitionen eingegriffen und war gewöhnlich mit Ešnunna verbündet. Das geht aus den Jahresdaten Hammurabis, aber auch aus der Mari-Korrespondenz hervor. Die diplomatischen Beziehungen Elams reichten bis nach Syrien. Erst das Hammurabi-Reich verbannte den Einfluß Elams aus Mesopotamien. Allerdings hat nach einem historischen Bericht aus der neuassyrischen Zeit der Elamiter Kutirnaḫunte I., ein Zeitgenosse Samsuilunas, erneut Babylonien angegriffen. Aus zeitgenössischen Quellen ist darüber bisher nichts bekannt. Aššurbānipal (668–662) berichtet, er habe die Statue der Göttin Nanāja (einer Ištargestalt), die die Elamiter aus Uruk verschleppt hatten, nach Uruk zurückgeführt. Möglicherweise fiel der Raub in die Zeit Samsuilunas. Die bei Aššurbānipal überlieferte Zahl von 1635 Jahren, während derer die Göttin im Exil gewesen wäre, ist unzuverlässig.

Dauernden Einfluß hat Elam niemals auf Babylonien ausgeübt. Dagegen haben wir schon öfters betont, daß Elam zivilisatorisch in der Schuld Babyloniens stand. Aus der Zeit zwischen 2250 und 1250 ist neben zahlreichen akkadischen Verträgen, Verwaltungsurkunden und Königsinschriften nur eine Inschrift in elamischer Sprache bezeugt. Erst am Ende des 2. Jahrtausends setzen elamische Texte in größerer Zahl ein. Grund für dieses Retardieren ist wohl die Tatsache, daß Elam in der Akkade-Zeit mit der Keilschrift, die die sog. ›protoelamische‹ einheimische Schrift verdrängte, auch die akkadische Sprache als Verwaltungssprache und damit eine festgefügte juristische und administrative Terminologie übernommen hatte. Beträchtlicher akkadischer Einfluß zeigt sich auch in der Übernahme akkadischer Personennamen. Wenn sich die Rechtsformen in Sūsa im allgemeinen an babylonische Vorbilder anschlossen, weisen sie doch mit bestimmten Strafklauseln und besonders in der Regelung der Erbfolge auch eigene Züge auf, die den einheimischen Gepflogenheiten entsprachen.

Ob und in welcher Form sich die Wanderung der Kassiten auf Elam ausgewirkt hat, ist noch nicht bekannt. Die wenigen kassitischen Personennamen, die belegt sind, dürften ebenso wie in Babylonien vor 1594 von zugewanderten Fremden stammen, die sich als Arbeitskräfte verdingten, nicht von Angehörigen einer Erobererschicht. Am Ende des 17. Jahrhunderts versiegen die Quellen aus Susa; damit endet die sog. altelamische Epoche als Abschnitt der Geschichte Elams.

SOZIALE STRUKTUR, ›PALAST‹ UND TEMPEL. DER KODEX HAMMURABI

Die Quellen, aus denen wir unsere Kenntnis der Verwaltung, des Rechtes und der sozialen Struktur des Hammurabi-Reiches oder auch sonst eines Staates der altbabylonischen Zeit schöpfen, unterscheiden sich in ihrer Art beträchtlich von den Quellen des Reiches von Ur III. Dort geben nahezu 20 000 Verwaltungsurkunden das Bild eines zentralisierten, bürokratisch bis ins kleinste durchorganisierten Staates zu erkennen, der von einer im vergöttlichten König gipfelnden ›Pyramide‹ der Beamtenhierarchie getragen und in dem die Versorgung der Tempel noch eines der Hauptanliegen war. In der altbabylonischen Zeit sind Urkunden der staatlichen Verwaltung viel seltener als sonstige nichtliterarische Zeugnisse: Privatverträge, Gerichtsurkunden, Abrechnungstafeln und kleine Notizen über die Verwaltung privater Wirtschaftsbetriebe und vor allem Briefe – durchweg in akkadischer Sprache –, teils aus der Korrespondenz des ›Palastes‹, teils von Privatperson an Privatperson gerichtet. Dieser Unterschied in der Quellenlage beruht nicht etwa auf dem Zufall der Funde. Er ist bezeichnend für den Wandel der sozialen Struktur Babyloniens. Es ist eine breite Schicht von freien Bürgern entstanden, die durch keinerlei Dienstverhältnis an den Tempel oder ›Palast‹ gebunden war, und von Staatspächtern, die Kronland innehatten, aber nur in einer verhältnismäßig losen Bindung an den König standen. Die private Wirtschaft ist in den

Vordergrund getreten, die sich auf weitverbreitetes Eigentum von Ackerland und auf die Ausnutzung und Ausbeutung der Arbeitskraft durch private Dienstmiete oder die Beschäftigung von Sklaven gründete. Urkunden der staatlichen Verwaltung zeigen, daß die in Ur III entwickelten Muster der ›Buchführung‹ in der Verwaltung des ›Palastes‹ mit gleicher Genauigkeit fortgesetzt wurden; aber auch der Privatmann übernahm sie, wenn es die Umstände erforderten, d. h. wenn die Größe des privaten Wirtschaftsbetriebes den schriftlichen Überblick über Einnahmen und Ausgaben aller Art verlangte.

Das *ensi*-System von Akkade und Ur III, das auch noch den Staat Išbierras von Isin und seiner Nachfolger bis etwa Lipitěštar kennzeichnet, ist in der Folgezeit außer Gebrauch gekommen. Das Wort *ensi* bzw. sein akkadisches Äquivalent *iššiakkum* bezeichnet auf der einen Seite wieder den selbständigen ›Stadtfürsten‹ (Ešnunna; Assur; Larsa, während eines halbjährigen Interregnums vor der Besetzung durch Kazallu); auf der anderen Seite finden wir es seit Hammurabi auf eine besondere Art von Landpächter angewandt, d. h. in seiner Bedeutung abgewertet. Grund für die Auflösung des *ensi*-Systems war die Aufspaltung Babyloniens in zahlreiche Staaten, die sich, wenn nicht überhaupt nur Stadtstaat im wörtlichsten Sinne, nur auf wenige Städte, meist kleine Landstädte, beschränkten. Wir werden uns bei den häufigen Territorialveränderungen die Situation wohl so vorzustellen haben, daß die lokale Verwaltung der einzelnen Städte vom jeweiligen Eroberer übernommen und nur die obersten Beamten ersetzt wurden. An der Spitze einer Stadt stand ein *rabiānum*, ›Bürgermeister‹ (das Wort hängt mit akkadisch *rabûm*, ›groß‹, zusammen), oder ein *ḫazannum*, etwa ›Ortsältester‹. Beide sind schon in Ur III bezeugt, wo sie dem *ensi* unterstanden. Auch der aus Ur III bekannte *šagin* (akkadisch *šakkanakkum*) findet sich in der altbabylonischen Zeit wieder. Hinzu kommen eine Reihe neuer akkadischer Bezeichnungen für Verwaltungsbeamte. Der Königstitel ist, da ihn in Babylonien anders als im Dijāla-Gebiet auch Herrscher sehr kleiner Territorien für sich beanspruchten, zum Teil stark abgewertet. Auch konnte, wie die Mari-Briefe zeigen, ein ›König‹ Vasall eines anderen sein.

Der Befugnisbereich der obersten Beamten dürfte je nach der Größe des Staates, aber wohl auch je nach der Persönlichkeit des Herrschers verschieden groß gewesen sein. Sîniddinam, den Hammurabi nach der Eroberung von Larsa als Statthalter dieser Stadt eingesetzt hatte, wandte sich in seinen Briefen oft auch in Fragen von anscheinend untergeordneter Bedeutung (Bewässerung, strittige Landzuweisung) an den König und wartete dessen Entscheidung ab. Offenbar genügte seine Autorität nicht, selbständig zu ent-

scheiden. Wir wissen nicht, ob dies grundsätzlich an seiner beschränkten Zuständigkeit lag oder an dem detaillierten Interesse des Königs, der an allen Verwaltungsfragen seines Reiches lebhaften Anteil nahm. Ganz allgemein gilt, daß neben geschickter Koalitionspolitik und erfolgreichem militärischem Vorgehen auch das Verwaltungsgeschick des Herrschers mitbestimmend für den Bestand seines Staates war. Wir haben in Šamšīadad einen anderen Herrscher der altbabylonischen Zeit kennengelernt, der sich in täglicher Korrespondenz um das Wohl seines Landes und um das gute Funktionieren der Verwaltung bemühte. Wenn mancherlei Bitten und Beschwerden unmittelbar an Hammurabi herangetragen wurden, ohne einen ›Instanzenweg‹ einzuhalten, und der König sich für eine gerechte Untersuchung der Fälle einsetzte, so bedeutet das, daß die Sorge des Königs für die Untertanen ein entsprechendes Vertrauen unter der Bevölkerung hervorrief. Sorge zu tragen, daß »der Starke den Schwachen nicht unterdrücke«, ist zumindest bei Hammurabi und Šamšīadad mehr als eine bloße literarische Phrase.
Neben den in privater Hand befindlichen Ländereien war der ›Palast‹ nach wie vor mächtiger Landeigentümer. Auch gebot er weiterhin über die Möglichkeit, bestimmte Bevölkerungskreise zu öffentlicher Dienstleistung heranzuziehen. Tempelbau, Mauerbau, Bewässerungssystem blieben unmittelbares Anliegen des Herrschers. Auf welche Bevölkerungsteile erstreckte sich — abgesehen von Kriegsgefangenen und Sklaven im Eigentum des ›Palastes‹ — die Verpflichtung zur öffentlichen Arbeit? Wenn der Begriff *muškēnum* als ›Palasthöriger‹ richtig gedeutet ist[80], dürfte die *muškēnum*-Schicht eines der Kontingente gestellt haben. Der Kodex Hammurabi unterscheidet drei Bevölkerungsgruppen, auf die er seine Vorschriften angewendet wissen will: Den *awīlum* (das Wort bedeutet sowohl allgemein ›Mann‹ als auch im sozial gehobenen Sinne ›Herr‹) als den freien Bürger in einer ganz und gar unabhängigen Oberschicht; den *muškēnum* und den *wardum* ›Sklaven‹. Dagegen berücksichtigt er nicht wie das Edikt Ammīṣaduqas (s. unten S. 204) den Unterschied zwischen der seßhaften ›akkadischen‹ und der Amurrum-Bevölkerung. Leider ist gerade über den prozentualen Anteil der *muškēnum*-Leute an der Gesamtbevölkerung nichts bekannt. Die Verpflichtung zur öffentlichen Arbeit muß auf jeden Fall von genau festliegenden Regeln bestimmt gewesen sein. Ein Brief an Hammurabi enthält die Beschwerde über unberechtigte Einberufung. Der König stellt den Beschwerdeführer frei und ordnet an, einen Ersatzmann zu stellen, der demnach wohl eindeutig der dienstverpflichteten Schicht angehörte.
Nicht sicher ist, ob Angehörige der Amurrum-Stämme, die in den Sog der Seßhaftwerdung geraten waren, außer zum Heeres-

dienst auch zu öffentlichen Arbeiten herangezogen wurden. Ein zunächst nur in Babylon, nach der Eroberung Larsas auch im Süden bezeugtes Amt ist *wakil amurrim,* ›Obmann der Amurrum‹. Der *wakil amurrim* war zunächst Anführer von Amurrum-Kontingenten im Heer; aber sein Bereich erstreckte sich auch auf Felder, die Amurrum-Leuten als Entschädigung für Heeresdienst zugewiesen waren. Der Titel wurde dann zur Bezeichnung einer militärischen Rangstufe, gleichgültig, ob die Untergebenen und mit Feldern Belehnten Amurrum waren oder nicht. Nach dem Kodex Hammurabi und sonstigen Dokumenten der Hammurabi-Zeit waren zwei Kategorien von Soldaten Staatspächter, und im Kriegsfall, beim »Feldzug des Königs«, zur Heeresfolge verpflichtet: *rēdûm,* konventionell ›Gendarm‹, und *bā'irum,* wörtlich ›Fänger‹. Die Lehen bestanden aus Haus, Feld und Garten. Obwohl nicht erblich und kein Privateigentum, war es doch üblich, daß sie vom Vater auf den Sohn übergingen, und die Witwe eines im Kriege gefallenen Lehnsträgers konnte das Lehen für ihre unmündigen Kinder verwalten.

Parallel zur Veränderung der gesellschaftlichen Verhältnisse in der altbabylonischen Zeit geht ein Wandel, den die Stellung des Tempels durchmachte. Er äußert sich auf zweierlei Weise. Der ›Palast‹ hatte Verfügungsgewalt über das Eigentum der Tempel. Das Verhältnis des Bürgers zum Tempel nahm individuelle Züge an. Die Einheit von Tempel und Staat war endgültig verlorengegangen; der Tempel war nur noch eine der verschiedenen Institutionen in Stadt und Staat; er stand Seite an Seite mit dem Palast und dem Wohnhaus des Bürgers. Tempel und Priestertum verquicken sich aufs engste mit den Interessen des Individuums[81].

Übergriffe des ›Palastes‹ auf die Tempel sind zwar nichts Neues in der Geschichte Babyloniens. In den Reformtexten Urukaginas von Lagaš wurden sie als Mißstand gerügt. König Ibbisîn von Ur war in der Krisenzeit seiner Regierung gezwungen, auf den Tempelschatz zurückzugreifen, um dringenden Lebensbedürfnissen seiner Stadt abzuhelfen. Aber das erscheint als Ausnahmesituation in der Staatswirtschaft von Ur III. Die Archive aus dem Königspalast von Uruk im 19. Jahrhundert zeigen, daß der Herrscher offiziell und ohne Not über Eigentum des Tempels verfügte, teils für Handelsunternehmungen, teils für die Ausstattung des Palastes. Es ist bezeichnend, daß ein großes Inventar des Nanāja-Tempels von Uruk im Königspalast aufbewahrt wurde. Grund für diese Entwicklung war ohne Zweifel die Tatsache, daß verhältnismäßig kleine Territorien wie Uruk ihren ›Staatshaushalt‹ nicht aus dem Steueraufkommen und aus Tributen allein, aber auch nicht aus Ländereien finanzieren konnten, die dem ›Palast‹ gehörten. Ein altbabylonisches Omen rügt Übergriffe des Herrschers zwar mit den Worten »Der König wird

Habe des Gotteshauses in den Palast schaffen; aber Šamaš wird es sehen« (der Sonnengott galt als der Garant der Rechtsordnung); aber das ist nur noch idealistische, moralisierende Betrachtungsweise. Das Omen hat wieder einmal die vollendete Tatsache auf eine allgemeine Formel gebracht.

Natürlich ist diese Entwicklung nicht so zu deuten, als sei der Tempel grundsätzlich zu einer willkommenen Einnahmequelle herabgewürdigt worden. Stiftungen für die Tempel durch den König finden sich bis in die Zeit der letzten Herrscher der I. Dynastie von Babylon. Auch blieben die Tempel durchaus eigenständige wirtschaftliche Faktoren, und sie waren, soweit wir sehen, dem ›Palast‹ gegenüber nicht zur Rechenschaft über ihre Geschäfte verpflichtet. Es gibt eine große Zahl von Darlehensverträgen, nach denen Gerste oder Silber »von Šamaš« oder »von Sîn« entliehen wurden. Auch gab es einen »Zins des Sonnengottes«, womit der beim Šamaš-Tempel übliche Zinssatz gemeint war. Der Tempel fungiert hier gleichsam als Bankinstitut. Daneben war er auch karitative Institution. Er vergab zinslose Darlehen an Bedürftige, und der Kodex Hammurabi sieht den Fall vor, daß Kriegsgefangene, die weder von ihrer Stadt noch vom ›Palast‹ ausgelöst werden konnten, durch den Tempel der Heimatstadt des Betreffenden freigekauft wurden.

Charakteristisch für die ›Säkularisierung‹ des Tempels ist die Tatsache, daß Einnahmen, die mit bestimmten Priesterämtern verbunden waren, sich in privater Hand befanden und Familieneigentum waren. Wir kennen seit dem Beginn der I. Dynastie von Babylon zahlreiche Kontrakte, die den Kauf oder die Schenkung von Tempelpfründen zum Gegenstand haben. Auch bei der Erbteilung wurden Pfründen berücksichtigt. In Ur III konnten der König oder die *ensis* Tempelpfründen verleihen und somit einer Privatperson eine Einnahmequelle verschaffen. Die Pfründen wurden aber kein Eigentum des Belehnten. Wie wir uns den Übergang zum Eigentum vorzustellen haben, ist nicht völlig klar. Vielleicht entwickelte sich, ähnlich wie wir es für den Übergang von Landlehen in privates Eigentum annehmen möchten, aus der Übertragung von einer Generation zur andern ein Eigentumsrecht an der Sache.

Besondere Erwähnung verdienen die *nadītum*-Priesterinnen des Šamaš von Sippar. Nicht daß auch sie an den Tempeleinkünften beteiligt gewesen wären, aber als Beispiel dafür, wie eng priesterlicher Dienst und privatwirtschaftliches Interesse miteinander verbunden sein konnten. Die *nadītum*-Priesterinnen[82] waren zur Ehelosigkeit verpflichtete Frauen, die durchweg aus begüterten Familien stammten. Die Hunderte von Urkunden, die *nadītum*-Priesterinnen erwähnen, verteilen sich fast auf die gesamte Zeit der I. Dynastie von Babylon. Es sind fast ausschließ-

Abb. 22: Stele mit dem Kodex Hammurabi

lich Darlehens- und Feldpachtverträge, in denen eine *nadītum* als Gläubigerin bzw. Verpächterin auftritt. Da es gleichzeitig stets mehrere Dutzend *nadītum* gab, stellten diese Frauen einen bedeutenden wirtschaftlichen Faktor im altbabylonischen Sippar dar. In ihrer Rolle als Kreditgeber sind sie gleichsam das weibliche Gegenstück zum altbabylonischen ›Kaufmann‹ *(tamkarum)*, dessen Geschäftstätigkeit ebenfalls zu einem Teil im Kreditgeschäft bestand[83].

Das bedeutendste Schriftzeugnis aus der Regierungszeit Hammurabis ist der berühmte Kodex Hammurabi (KH). Während wir vom Kodex Urnammu, Kodex Lipiteštar oder dem Kodex von Ešnunna nur die Ausfertigungen oder Abschriften auf Tontafeln kennen, ist vom KH die Originalstele erhalten. Aus anderen Texten wissen wir, daß Rechtsverordnungen wie die ›Kodizes‹ auch sonst auf Stelen geschrieben waren. Die KH-Stele wurde in Sūsa entdeckt. Sie gehört zu den zahlreichen Denkmälern, die der elamische König Šutruknaḫunte etwa zu Beginn des 12. Jahrhunderts bei einem Raubzug nach Babylonien entführt hatte. Die Literatur, die sich an die Erstveröffentlichung des KH angeschlossen hat, nimmt in der rechtshistorischen Forschung einen außerordentlich breiten Raum ein. Der KH ist aber auch das größte zusammenhängende Denkmal der altbabylonischen Literatur und insofern das Zeugnis *par excellence* für die ›klassische‹ altbabylonische Sprache. Wie Kodex Urnammu und Kodex Lipiteštar ist der KH von einem Prolog und einem Epilog eingefaßt. Im Gegensatz zum Mittelteil des KH, der die in der Kanzleisprache Hammurabis abgefaßten Rechtsverordnungen enthält, sind Prolog und Epilog in zum Teil archaisierendem hymnischem Stil komponiert.

Der KH umfaßt 280 ›Paragraphen‹. Diese Einteilung geht ebenso wie der Ausdruck ›Kodex‹ auf den ersten Herausgeber zurück. Auch wenn ein streng systematischer Aufbau wie in einem modernen Gesetzbuch fehlt, so sind doch bestimmte Rechtsmaterien im Zusammenhang behandelt, viel mehr jedenfalls als im Kodex von Ešnunna. Der Inhalt des KH erstreckt sich auf bürgerliches, Straf- und Verwaltungsrecht, ohne diese aber scharf zu trennen. Es würde auch anachronistischer Denkweise entsprechen, wenn wir moderne Rechtsbegriffe unbesehen auf ein Werk des 18. Jahrhunderts v. Chr. übertragen wollten. Daher verzichtet auch die unten gegebene knappe Inhaltsangabe auf den Versuch einer systematischen Aufschlüsselung. Von einem modernen Gesetzeswerk unterscheiden sich KH wie die übrigen ›Kodizes‹ auch dadurch, daß sie keineswegs alle möglichen Rechtssituationen auszuschöpfen suchen. Schon ein flüchtiger Vergleich des KH mit dem sehr umfangreichen Bestand altbabylonischer Vertrags- und Gerichtsurkunden lehrt, daß der KH ›lückenhaft‹ war.

Behandelt werden im KH (die Aufzählung hält sich nicht streng an die Reihenfolge der ›Paragraphen‹): Verleumdung; korrupte Rechtsprechung; Diebstahl, Hehlerei, Raub, Plünderung, Einbruch; Mord, fahrlässige Tötung, Körperverletzung; Entführung. Rechtsverhältnisse der Staatspächter; Haftung für fahrlässig verursachte Schäden in der Felderwirtschaft, durch Weidevieh verursachter Flurschaden; unerlaubtes Fällen von Palmbäumen. Rechtsverhältnisse bei Handelsunternehmungen, besonders die Stellung des Kaufherrn und des über Land reisenden ›Handelsgehilfen‹ zueinander; Veruntreuung von Handelsware; Depositum; Darlehens- und Zinsverhältnisse. Rechtsstellung der Schankwirtin. Sklaverei und Auslösung, Pfandsklaverei, Entlaufen von Sklaven, Sklavenkauf und -vindikation, Ableugnung der Sklaveneigenschaft. Personen-, Tier- und Schiffsmiete mit Miettarif; Rechtsverstöße des Mietlings. Stößiger Stier. Familienrecht: Brautpreis, Mitgift, Eigentum der Ehefrau; Haupt- und Nebenfrau, Rechtsstellung von deren Kindern; Scheidung; Adoption; Ammenvertrag; Erbschaftsregelung. Rechtsverhältnisse bestimmter Priesterinnen.

Der nur wenige Jahrzehnte ältere Kodex von Ešnunna ist weniger umfangreich (60 ›Paragraphen‹). Er behandelt in der Hauptsache Warenpreise (Idealtarif!); Personen-, Tier-, Schiffs- und Wagenmiete; Handelsgesellschaft; Depositum; Einbruch, Diebstahl; widerrechtliche Verpfändung von Personen; Brautpreis, Verlöbnis, Ehe, Scheidung; Defloration einer Sklavin; Entlaufen von Sklaven; Geschäftsfähigkeit des Sklaven; Kindesaufziehung durch Fremde; Körperverletzung; stößiger Stier; bissiger Hund; fahrlässige Tötung durch herabfallendes Mauerwerk.

Die Diskussion darüber, was der KH bezweckte und welche Rolle er in der zeitgenössischen Rechtspraxis spielte, ist noch bei weitem nicht abgeschlossen. Dabei sind Ausdrücke wie »Rechtsreform«, »Kodifizierung des Rechts« gefallen, ohne daß man ihre Berechtigung schon hätte eindeutig nachweisen können. Hammurabi selbst bezeichnet sein Werk im Epilog als *dīnāt mīšarim,* »Rechtssprüche der gerechten Ordnung«[84]. Mit dem Satz »ein unterdrückter Mann, der eine Rechtssache hat, soll vor meine Statue, die des Königs der gerechten Ordnung, hingehen, meine geschriebene Stele sich vorlesen lassen und meine hochzuschätzenden Worte anhören; meine Stele soll ihm seine Rechtssache aufhellen, so daß er sein Recht sieht« weist Hammurabi unzweideutig darauf hin, daß er sein Werk als Belehrung für den Rechtsuchenden verstanden wissen wollte. Aber worauf gründet sich die Formulierung der Rechtssätze, worauf die Festsetzung des Strafmaßes? Es gibt hier keine eindeutige Antwort. Teils möchte man an die Niederschrift von Gewohnheitsrecht denken, teils an markante Richtsprüche der Vergangenheit, gleichsam Präzedenzfälle, in vielen Fällen auch an bewußte Neuerung. Schließlich ist auch Theorie mit im Spiel, der Analogieschluß vom vorgekommenen Fall auf den als möglich gedachten. Die Zahl der ›Paragraphen‹, für die wir Vorbilder im sumerischen Kodex Lipitešstar nachweisen können, ist ziemlich klein. Sie wird sich vermutlich noch erhöhen, wenn die noch fehlenden Partien des Kodex Lipitešstar bekannt werden. Oben wurde erwogen, daß die Tradierung des Kodex Lipitešstar im Babylon benachbarten Kiš nicht ohne Einfluß auf den Redakteur des KH geblieben sei. Jedoch darf der KH nicht im entferntesten als eine bloße Weiterbildung des Kodex Lipitešstar aufgefaßt werden. Denn mit seinen Neuerungen hebt sich der KH grundsätzlich von seinen sumerischen Vorläufern ab. Neu ist die empfindliche Schärfe der Strafbestimmungen, die häufig verhängte Todesstrafe (Erschlagen, Ertränken, Verbrennen, vom Turm Hinabstürzen) oder Körperverstümmelung. Neu ist das Talionsrecht, die Vergeltung von Gleichem mit Gleichem bei Körperverletzung oder fahrlässiger Tötung. Man mag bezweifeln, ob in der Praxis jemand, der »Silber, Gold, Sklaven, Sklavin, Stier, Schaf, Esel oder sonst irgend etwas ohne Zeugen und ohne Vertrag aus der Hand eines Angehörigen der *awīlum*-Schicht oder eines Sklaven kaufte oder als Depositum in Empfang nahm«, stets als Dieb betrachtet und getötet worden ist, wie es § 7 des KH verlangt. Aber die hier geschilderten Neuerungen sind nicht auf den KH beschränkt. Schon ein Jahrhundert vor Hammurabi finden wir Verträge, in denen eine besondere Klausel für den Fall des Vertragsbruches körperliche Strafen androht. Blutige Strafklauseln und Talion sind ein Zug des Rechtes der altbabylonischen Zeit, der es grundsätzlich von der Rechtspraxis unterscheidet, die wir bei den Sumerern und in der sumerisch bestimmten Tradition des Kodex Lipitešstar antreffen. Über die Herkunft dieser Neuerungen dürfte es keinen Zweifel geben. Sie sind der ›kanaanäischen‹ Schicht zuzuschreiben.

Schwierig ist die Frage nach der Geltung des KH im Recht der Zeit Hammurabis und seiner Nachfolger. Seine Allgemeingültigkeit oder zumindest die längere Dauer seiner Gültigkeit ist bezweifelt worden. Ein die Felderbewirtschaftung betreffender Kontrakt aus Ur aus dem Jahre Samsuiluna 5 sieht für den Vertragsbruch vor, daß der Vertragsnehmer »nach dem Wortlaut der Stele« behandelt werde. Hier dürfte die Stele Hammurabis gemeint sein. Merkwürdigerweise ist dies aber der einzige sichere Fall[85] in der Menge der Verträge und Gerichtsurkunden aus der altbabylonischen Zeit nach Hammurabi, der uns zu der Annahme berechtigt, daß man sich bei einem Rechtsstreit auf das ›Gesetz‹ berief[86].

Wie immer es um die Gültigkeit des KH bestellt sein mag, als Literaturwerk wurde der KH so hoch geschätzt, daß man ihn in den Schreiberschulen bis ins 1. Jahrtausend hinein tradierte. Mehrere Tontafeln mit Auszügen aus dem KH wurden in der Bibliothek Aššurbānipals in Ninive gefunden. So hat sich ein König, der sogar selber der Schrift kundig war, eines der großartigsten Denkmäler des vorderasiatischen Altertums gesetzt.

DIE NACHFOLGER HAMMURABIS UND DIE ANKUNFT DER KASSITEN

Unter Samsuiluna (1749–1712) wurden die Erwerbungen seines Vaters Hammurabi wieder in Frage gestellt. Die Gefahr kam aus zwei Richtungen: Rebellion in Mittel- und Südbabylonien und Einbruch der Kassiten. In Larsa und Ur machte sich auf kurze Zeit ein Mann namens Rīmsîn (II.) selbständig, wahrscheinlich ein Nachkomme des Hauses Kudurmabuk. Die Jahre Samsuiluna 11 und 14 sind nach der Zerstörung der Mauern von Ur und Uruk (11) sowie Isin (14) benannt. Das bedeutet, daß Samsuiluna gewaltsam gegen Rebellen vorging. Das Jahr Samsuiluna 20 erwähnt einen Sieg über Ešnunna. Schließlich sind gegen Ende der Regierung Samsuilunas einige Urkunden aus Nippur nach einem König Ilīman datiert. Sie sind bisher das einzige authentische Zeugnis für eine südbabylonische Dynastie, die in der späteren Historiographie als Dynastie des »Meerlandes« bezeichnet wird. Nach der ›babylonischen Chronik‹ hat auch Samsuilunas Nachfolger Abī'ešuḫ gegen Ilīman gekämpft. Wo er seine Residenz hatte, ist nicht bekannt. Mittel- und Südbabylonien haben also nach Hammurabi nicht mehr zum dauernden Bestand Babyloniens gehört, auch wenn Abī'ešuḫ Ur zeitweise wieder in der Hand hatte und der vorletzte König der I. Dynastie von Babylon, Ammīṣaduqa, in seinem Edikt (s. unten S. 204) Uruk und Kisurra zu seinen Gebieten zählt.
Von größerer Tragweite für die Zukunft war der Einbruch eines neuen Volkes aus dem Osten, der Kassiten (akkadisch *Kaššû*). Wir hören von ihnen zum erstenmal im Jahresdatum Samsuiluna 9, das wir allerdings nur in seiner Kurzfom »Jahr: das Heer der Kassiten« kennen. Gemeint ist wohl ein Sieg über die Eindringlinge. Im Jahre Samsuiluna 24 wurde im Dijāla-Gebiet nahe der Einmündung in den Tigris ein Sperrfort Dūr-Samsuiluna, »Samsuiluna-Burg«, errichtet, etwa auf der gleichen Höhe, auf der Šūsîn von Ur die Sperrmauer gegen die Amurrum-Nomaden gebaut hatte. Der König hatte damit Erfolg. Wenn wir in der Zeit bis Samsuditana Kassiten in Texten aus Babylonien finden, so handelt es sich um Personen, die auf fried-

lichem Wege ins Land gekommen waren und sich als Arbeitskräfte verdingt hatten.

Über die Heimat der Kassiten ist wie bei allen Völkern, die aus dem Osten einwanderten, nichts bekannt; die Transitzonen der kassitischen Wanderung entziehen sich den historischen Quellen. Wahrscheinlich geht der heutige Landschaftsname Ḫūzistān auf den Völkernamen ›Kassiten‹ zurück (griechische Autoren nennen einen iranischen Gebirgsstamm Kossaioi, d. h. Kossäer). Daraus wäre zu schließen, daß ein Teil der kassitischen Bevölkerung in Iran verblieben ist. Die Kassiten haben die iranisch-mesopotamische Grenzzone erst im 2. Jahrtausend erreicht und befanden sich in der Ur III-Zeit vermutlich noch weit von Mesopotamien entfernt. Jedenfalls treten in den ›Botentexten‹ von Ur III unter den zahlreichen Namen von Personen, die aus Iran stammten, noch keine kassitischen Namen auf. Die neuassyrische Abschrift einer langen Inschrift des Kassitenkönigs Agum II. – ihre Authentizität ist allerdings zweifelhaft – nennt als Herrschertitel u. a. »König von Alman und Padan«. Alman oder Ḫalman ist der iranische Distrikt Ḥolwān in der Gegend von Sār-i-Pūl auf der Paßstraße von Kermānšāh. Hier erhalten wir einen Hinweis auf den Einwanderungsweg der Kassiten. Sie haben den Zagros sehr viel weiter südlich überschritten als die Hurriter und sind bei ihrer Einwanderung in die Ebene Mesopotamiens wohl dem Flußlauf des Dijāla gefolgt.

Von der Sprache der Kassiten haben wir nur eine sehr unklare Vorstellung. Es sind Personennamen bekannt, Pferdenamen und die Namen einiger kassitischer Götter; daneben gibt es kassitische Lehnwörter im Akkadischen. Schreiber haben versucht, die Kompositionsglieder bestimmter kassitischer Namen ins Akkadische zu übersetzen. Aber aus diesem spärlichen Material ergibt sich nur ein negativer Befund: Die Kassitensprache war weder indogermanisch noch hatte sie etwas mit dem Sumerischen, Elamischen oder Hurritischen zu tun. Die Kassiten haben nach ihrer Einwanderung die akkadische Sprache angenommen und, soweit bisher bekannt, niemals versucht, ihre eigene Sprache zu schreiben. Darin unterscheiden sie sich von den Hurritern. Die Folge ihrer Adaptationswilligkeit war, daß man die Herrschaft der Kassiten nie als eine lästige Fremdherrschaft angesehen hat, wie es bei den Gutäern der Fall war.

Die Abwehrkämpfe des Samsuiluna und Abī'ešuḫ hatten zur Folge, daß sich die Kassiten zunächst nach Nordwesten abdrängen ließen. Sie schlugen ihre Wohnsitze nördlich der babylonischen Provinz Suḫum am Euphrat auf, in dem Mari und Terqa umfassenden Lande Ḫana. Aus der Zeit der Nachfolger des Abī'ešuḫ sind einige Kontrakte aus Terqa bekannt, die mit Jahresnamen von »Königen von Ḫana« datiert sind. Die Könige ha-

ben ›kanaanäische‹ Namen bis auf einen Kaštiliašu, der seinem Namen nach Kassite war. Unter den Kontrahenten und Zeugen erscheinen keine Kassiten. Ein altbabylonischer Brief vom Ende der I. Dynastie (Adressat und Absender nicht erhalten) meldet eine Gesandtschaft des Herrschers von Ḫalab (Aleppo) nach Babylon, die sich in »den Häusern des Agum« aufhält. Agum wird als *bukāšum*, etwa »Herzog«, betitelt[87]. Auch an zwei anderen Stellen ist von »Häusern« der Kassiten die Rede. Vielleicht waren es eine Art Militärlager.
Agum und Kaštiliašu sind die Namen des zweiten und dritten Kassitenkönigs in der babylonischen Königsliste und in der sog. ›synchronistischen Königsliste‹, einem Werk, das die babylonischen und assyrischen Könige in zeitliche Beziehung zueinander setzt. Es erheben sich zwei Fragen: 1. Sind Agum und Kaštiliašu identisch mit den »Königen von Babylon«, so daß die babylonische Liste wie im Fall der assyrischen Königsliste Herrscher eingefügt hätte, die noch gar nicht in Babylon (bzw. Assur) residierten, oder 2. besteht keine Identität und beginnt die Reihe der Kassitenherrscher, deren erster ein Mann namens Gandaš oder Gandiš war, erst nach der Intervention des Hethiters Muršili in Babylonien? Es ist dies eines der Kernprobleme der mesopotamischen Chronologie in der Mitte des 2. Jahrtausends.
Wie dem auch sei, die Kassiten kamen in Babylonien – direkt oder indirekt – durch Muršilis Raubzug zur Regierung. Für das Verhältnis zwischen Babylonien und dem Hethiterreich blieb das Ereignis ohne Folgen. Fraglich ist, ob Muršili sich auf dem Wege nach Babylon mit den Kassiten, die vom Euphrat her seine Flanke bedrohten, arrangiert und ihnen etwa Zugeständnisse gemacht hat, die zur Kassitenherrschaft in Babylonien führten. Der Gang der Ereignisse liegt noch im Dunkel.
Zurück zu Babylon. Das wichtigste historische Dokument aus der Endzeit der I. Dynastie ist ein Edikt des Königs Ammīṣaduqa (1646–1626) aus dessen erstem Regierungsjahr. Es enthält, soweit der Text vollständig oder zu ergänzen ist, folgende Bestimmungen: Tilgung privater Silber- und Gersteschulden, die aus Darlehen (nicht aus andersartigen Geschäften) resultierten; Tilgung von Steuerrückständen, die bestimmte Funktionäre dem ›Palaste‹ schuldeten; Verzicht des Königs auf die Eintreibung von Gersterückständen aus der Provinz Suḫum und von Silber- und Gersterückständen der Schankwirtin auf dem flachen Lande; Verzicht der Schankwirtin auf den Rückerhalt ausgeliehener Posten Bier und Gerste; Reduzierung der Pachtabgaben des *rēdûm* und *bā'irum* (s. oben. 196); Auslösung von Familienangehörigen, die ein Schuldner seinem Gläubiger in ein Pfändlings- oder sonstiges Gewaltverhältnis hatte überlassen müssen (von der Regelung blieben Sklaven ausgenom-

men); Verbot für hohe Beamte – bei Androhung der Todesstrafe –, Lehensinhaber gewaltsam durch Lohnvorauszahlung zur Ernte- oder sonstigen Arbeit zu pressen.
Eine Reihe dieser Maßnahmen werden begründet mit der Formel »weil der König dem Lande gerechte Ordnung geschaffen hat«. Das Edikt des Ammīṣaduqa ist, da es auf diese Weise den Sinn von »gerechte Ordnung schaffen« erhellt, Schlüsseldokument für das Verständnis der zahlreichen älteren königlichen Erlasse, die ebenfalls – sumerisch oder akkadisch – mit »gerechte Ordnung schaffen« umschrieben werden, deren Inhalt uns aber nicht bekannt ist. Wenn der König auf diese Art in die bestehenden wirtschaftlichen Verhältnisse eingriff, private Schulden annullierte und vorübergehend bestimmte öffentliche Abgaben aufhob, so bezweckte er damit zweierlei: einmal das Land vor massenhafter Verschuldung zu bewahren (der normale Zinssatz für Gerste betrug $33^1/_3$, für Silber 20 Prozent); auf der anderen Seite zu verhindern, daß sich Reichtümer in der Hand weniger anhäuften. Wenn wir bei den ›Kodizes‹ vor der schwierigen Frage stehen, wieweit sie allgemeinverbindliche Gültigkeit hatten, so lassen die ›Edikte‹ keinen Zweifel daran, daß sie rechtskräftig waren. Anspielungen auf Edikte finden sich in zahlreichen altbabylonischen Rechtsurkunden.
Aus den im Edikt Ammīṣaduqas erwähnten Städte- und Landschaftsnamen können wir den Umfang des Staates Babylon um die Mitte des 17. Jahrhunderts ablesen: Babylon, Borsippa, Larsa, Uruk, Isin, Kisurra, Malgium, Emutbal (= Jamutbal) und zwei weitere, wohl osttigridische Provinzen, ferner die Provinz Suḫum am Euphrat. Die Jahresdaten von Babylon aus dem letzten Jahrhundert der Dynastie beziehen sich, soweit wir sie kennen, nicht mehr auf kriegerische Ereignisse (eine Ausnahme bildet das – allerdings unklare – Datum Ammīditana 17). Es entsteht der Eindruck einer ruhigen und gesicherten Periode. Sowohl die Kassitengefahr scheint zunächst gedämmt als auch die Bedrohung durch das »Meerland«. Aber da wir nur Urkunden aus Sippar und seiner Umgebung besitzen, kann das Bild trügen. Unsere Kenntnis der Geschichte Mesopotamiens am Ausgang der altbabylonischen Zeit bedarf noch der ausführlichen Ergänzung durch neues Quellenmaterial. Vor allem aber gilt es, das »dunkle Zeitalter« zu überbrücken, das zwischen dem Jahr 1594 und dem 15. Jahrhundert liegt.

LITERATUR UND GEISTIGE LEISTUNG IN DER ALTBABYLONISCHEN ZEIT

Die babylonischen Schreiberschulen des 19., 18. und 17. Jahrhunderts haben uns – neben den literarischen Bibliotheken von Assur und Ninive (12.–7. Jahrhundert) – den bedeutendsten Schatz sumerischer und akkadischer Literatur überliefert. Was die sumerische Literatur angeht, so stammt die große Mehrzahl der Texte, ob nun zeitgenössische Komposition oder Abschrift von Texten aus älteren Perioden, aus diesen drei Jahrhunderten. Sumerische Literatur aus der Zeit vor Ur III, von Ur III selbst und aus dem 20. Jahrhundert kennen wir erst in verhältnismäßig wenigen Originalen. Die meisten Texte stammen also aus zweiter Hand. Allerdings ist die Überlieferungsform recht zuverlässig. Das umfangreichste literarische Dokument vor Ur III ist die Tempelbauhymne Gudeas von Lagaš. Die ältesten überhaupt als literarisch identifizierten Texte stammen aus den Archiven von Šuruppak (26. Jh.). Literarische Kataloge der altbabylonischen Zeit zeigen uns, daß wir erst einen Teil der sumerischen Literatur erschlossen haben und vieles noch der Entdeckung harrt. In diesen Katalogen wird jeweils der Anfang der Eingangszeile einer Dichtung aufgeführt (z. B. »Vom großen ›Oben‹ zum großen ›Unten‹« für den Anfang des Mythos von Inannas Gang zur Unterwelt).

Der Eifer, mit dem sich der akkadische Schreiber des Sumerischen annahm, ist die Frucht der in der frühdynastischen Zeit angebahnten sumerisch-akkadischen Symbiose mit ihren mannigfachen gegenseitigen Beeinflussungen. Die Akkader haben zahlreiche Gottheiten des sumerischen Pantheons übernommen, oder sie haben versucht, sumerische Gottheiten mit semitischen gleichzusetzen (Inanna = Ištar, Wettergott Iškur = Adad, Mondgott Nanna = Su'en bzw. Sîn u. a. m.). Daher das gemeinsame Interesse am sumerischen Mythos. Gilgameš von Uruk ist zum Heros aller Babylonier geworden. Diese faszinierende Gestalt hat aber nicht nur die akkadische Epik bereichert; sie ist weitergewandert zu den Hurritern und Hethitern. Aber neben dem Interesse des Akkaders an der gemeinsamen Vergangenheit müssen wir auch die Prestigewirkung des Sumerischen in Rechnung stellen, die höhere und ältere kulturelle Geltung dieser Sprache, die der Akkader neidlos anerkannt hat. Wenn sich in der Praxis des täglichen Lebens der altbabylonischen Zeit – im Briefverkehr völlig und im Recht und in der Verwaltung in immer stärker anwachsendem Maße – die akkadische Sprache durchgesetzt hat, und zwar schon deshalb, weil das Sumerische als gesprochene Sprache ausgestorben war, so haben doch zahlreiche Herrscher immer wieder versucht, ihre Bau- und Weihinschriften sumerisch abzufassen. Freilich ging das Verständnis des Sumerischen mit seinen dem Semiten fremden grammatischen Kategorien zurück. Das sehen wir an der sprachlichen Qualität sumerischer Kompositionen, die nach 1850 entstanden, aber auch an der nicht immer korrekten sprachlichen ›Modernisierung‹ altüberlieferter Texte. Aber man war sich der Tatsache auch bewußt, daß das Sumerische in Vergessenheit zu geraten drohte. Daher bemühte man sich, sein Verständnis zu wahren. Es entstand eine zweisprachige Literatur[88]. Ausgehend von der akkadischen Glossierung einzelner sumerischer Ausdrücke führt der Weg zur regelrechten Bilingue. Sie kommt in zweierlei Form vor. Meist wird jeder sumerischen Textzeile, die eine Sinneseinheit darstellte, eine akkadische Interlinearversion beigefügt. Seltener sind sumerische und akkadische Version auf die Vorder- und Rückseite einer Tontafel verteilt. Neben der literarischen Bilingue gibt es eine Reihe von Königsinschriften des Hammurabi und Samsuiluna, die — auf getrennten Tafeln — in sumerischer und akkadischer Fassung niedergeschrieben wurden. Zweisprachig ausgegeben wurden in der Zeit nach Samsuiluna (ältere Beispiele sind nicht bezeugt) auch die Jahresdatenformeln. In der Praxis verwandte man allerdings überwiegend die sumerische Formel, oft in abgekürzter Form.

Vor allem aber hat die altbabylonische Zeit die zweisprachige, sumerisch-akkadische Wortliste hervorgebracht. Die einsprachig-sumerische Wortliste ist so alt wie die sumerische Schrift selbst. Sie ist ein Produkt der Schule. Sie verfolgte einmal einen didaktischen Zweck, diente der Erlernung der Hunderte von Schriftzeichen und Tausende von Zeichenverbindungen. Dann aber stellt sie auch mehr dar als ein bloßes Unterrichtsmittel. Der Schreiber bediente sich der Wortliste, um die Welt in ihren Begriffen namentlich zu erfassen und zu ordnen. So finden wir Tier-, Pflanzen- und Steinlisten, Listen von Götternamen, Menschenklassen u. a. m. Die zweisprachige Liste setzt nun neben die sumerische ›Spalte‹ eine zweite, die die akkadischen Äquivalente der sumerischen Ausdrücke wiederzugeben versuchte. Dieser Listentyp bestand so lange, wie man Keilschrift schrieb. Die Listen sind freilich keine eigentlichen Wörterbücher. Es fehlt ihnen ein klares Anordnungsprinzip. Ein Begriff zieht, oft ohne inneren logischen Zusammenhang, assoziativ den nächsten nach sich. Von den zweisprachigen Listen aus entstand nach 1500 die sumerisch-akkadisch-hethitische Wortliste und — in Ugarit bezeugt — die sumerisch-akkadisch-hurritisch-ugaritische Quadrilingue. Wenn sich auch in die zwei- und mehrsprachigen Wortlisten mancherlei fehlerhafte ›Gleichungen‹ eingeschlichen haben, bleibt doch ihr hoher Wert für die Erschließung vor allem des Sumerischen durch den heutigen Forscher voll und ganz bestehen.

Eine neue akkadische Literaturgattung, die zum erstenmal in der altbabylonischen Zeit auftritt, ist das Omen. Wir haben öfters auf die Bedeutung der Omina als historische Quellen hingewiesen (vgl. vor allem S. 172 ff.). Zwar läßt sich die Praxis der Eingeweideschau auch bei den Sumerern nachweisen. Aber die schriftliche Fixierung des Omenbefundes und seiner Ausdeutung ist akkadischer Initiative entsprungen. Ebensowenig wie die ›Philologie‹ der altbabylonischen Zeit über die Wortliste hinaus gedieh, ist man in der ›Wissenschaft‹ vom Omen über die Sammlung und Aneinanderreihung von Einzelsätzen zur allgemeinen Aussage, zur Darstellung des Systems vorgedrungen. Wenn wir ›Wissenschaft‹ sagen, meinen wir damit also nicht die Formulierung eines ›Forschungsergebnisses‹ in logisch zusammenhängendem Traktat. Es fehlt die vom Einzelbefund abstrahierende allgemeingültige Aussage. Natürlich darf uns dieser Tatbestand nicht dazu verleiten, ein abwertendes Urteil über die geistige Leistung der altbabylonischen Zeit zu fällen, den Sumerern und Akkadern gleichsam vorzuwerfen, sie seien keine Griechen gewesen. So kennt denn auch ein weiterer Zweig altbabylonischer ›Wissenschaft‹, die erstaunlich hochentwickelte Mathematik, kein Formelgerüst. Zwar lesen wir zwischen den Zeilen, daß man mit der quadratischen Gleichung, dem Rechnen mit Unbekannten, mit dem euklidischen Lehrsatz irgendwie vertraut war; aber ausdrücklich formuliert ist ein ›Lehrsatz‹ nirgends.
Neben dem sumerischen Mythos, Epos, Lehrgedicht, Streitgespräch, Klagelied, der Hymne auf Götter, auf den vergöttlichten König, auf Tempel, neben Beschwörungen und Sammlungen von ›Sprichwörtern‹, um die wichtigsten Gattungen zu nennen, entfaltete sich eine reiche akkadische Literatur und erlebte ihre erste Blüte. Hatte das Reich von Akkade der akkadischen Sprache endgültig zum Durchbruch als Schriftsprache verholfen, so ist es die altbabylonische Zeit, die das Akkadische zur Literatursprache erhob, die ebenbürtig neben dem Sumerischen bestehen konnte. An wichtigeren literarischen Gattungen sind zu nennen wiederum der Mythos, das Epos, das Götterlied (es fehlt aber die Königshymne!), der hymnische Prolog und Epilog des Kodex Hammurabi, die Omenliteratur. Dabei müssen wir unterscheiden zwischen Literatur, die auf die mündliche Tradition der Akkader zurückgeht, Nachdichtung auf Grund einer sumerischen Vorlage und der Übersetzungsliteratur. Die Gilgameš-Dichtung ist das beste Beispiel für die Neuschöpfung nach einer sumerischen Vorform. Die Sumerer kannten eine Reihe selbständiger Dichtungen, die um den Heroen von Uruk kreisten: Gilgameš und Ḫuwawa (der Zug zum Zedernbergland, die Tötung des wilden Ḫuwawa, das Fällen der Enlil heiligen Zeder); Gilgameš,

Enkidu und die Unterwelt (Gilgameš wird mit dem Todesgeschick konfrontiert); Gilgameš und der Himmelsstier; das Epos vom Kampf zwischen Gilgameš und dem König Aka von Kiš. Die Akkader haben diesen vielfältigen und in der sumerischen Überlieferung zweifellos auch vielschichtigen Stoff neu konzipiert und die Suche nach dem ewigen Leben als zentrales Thema gestellt. Sind aus der altbabylonischen Zeit erst einzelne Teile des Zyklus bekannt, so hat die mittelbabylonische Zeit diese Teile zu dem großartigen Gilgameš-Epos zusammengefügt[89].
So wie die Darstellung des Geschichtsablaufes in Babylonien im Jahrhundert nach Samsuditana von Babylon, d. h. zu Beginn der Kassitenherrschaft in Babylonien noch stark im argen liegt, ist es auch mit der Literaturgeschichte bestellt. Zwischen der altbabylonischen Überlieferungsstufe und der Literatur aus der zweiten Hälfte des II. Jahrtausends klafft für uns noch die Lücke des ›Dunklen Zeitalters‹.

AUSBLICK

Wir stellen fest, daß sich das Bild Babyloniens im 15. Jahrhundert und danach von dem der altbabylonischen Zeit in so starkem Maße unterscheidet, daß wir mit erheblichen politischen und geistigen Umwälzungen zu rechnen haben, Umwälzungen, die mindestens so einschneidend gewesen sein müssen wie die durch den Einbruch der ›kanaanäischen‹ Schicht hervorgerufenen. Auf diese Umwälzungen einzugehen, ist Aufgabe des folgenden Bandes. Hier sei nur eines betont: Das Bild des internationalen Zusammenspiels im gesamten ›Fruchtbaren Halbmond‹, wie es sich vor allem aus den Briefarchiven von Mari ergeben hat, bestimmt mehr denn je die zweite Hälfte des 2. Jahrtausends. Babylonien, Elam, Assyrien, Hurriterstaaten, das Hethiterreich stehen als gleichwertige Faktoren nebeneinander. Und vor allem: Ägypten wird in die Geschichte Vorderasiens einbezogen. Der Historiker ist fortan nicht mehr gehalten, ein ›babylozentrisches‹ Geschichtsbild zu entwerfen, wie er es in der frühdynastischen, Akkade-, Ur III- und in der altbabylonischen Zeit getan hat.

6. Die Anfänge Ägyptens

(VOM JUNG-PALÄOLITHIKUM BIS ZUM ENDE DER PRÄDYNASTISCHEN EPOCHE, ±8000—±3000 V. CHR.)

Als am Ende des 4. oder zu Beginn des 3. Jahrtausends v. Chr. ihre ersten Schriftdenkmäler auftauchen, scheint die ägyptische Zivilisation sich bereits so konstituiert zu haben, wie sie während drei Jahrtausenden bleiben wird. Man begreift also die Bedeutung der Entstehungsperiode dieser Kultur für den Historiker, der sich mit der Geschichte Ägyptens befaßt, denn in ihrem Verlauf entwickelten sich die Sprache, die Schrift, die Religion, die Institutionen und die Kunst, und es bereitete sich schließlich die politische Einheit des Landes vor.

Leider ist die Entstehungsperiode der ägyptischen Zivilisation ebenso dunkel, wie sie wichtig ist. Wir sind kaum über die großen Linien ihres Verlaufs unterrichtet. Zwei Kategorien von Quellen haben es ermöglicht, Licht auf das Ende dieser Epoche zu werfen. Es sind einmal und vor allem die archäologischen, aus Grabungen gewonnenen Quellen und dann die von den Ägyptern in einer von den Ereignissen sehr weit entfernten Epoche, gegen 2300 v. Chr., gesammelten Texte.

Man kann die Geschichte der Anfänge Ägyptens in drei große Epochen einteilen: das Ende des Paläolithikums und das Mesolithikum (±8000—±5000 v. Chr.), das Neolithikum (±5000 bis ±3800 v. Chr.), die prädynastische Epoche (±3800—±3000 v. Chr.).

ÄGYPTEN IM AUSGEHENDEN PALÄOLITHIKUM UND IM MESOLITHIKUM

Wir gehen rasch hinweg über die ferne Vorgeschichte, die in einem andern Band dieser Sammlung behandelt wird (vergl. Bd. 1). Es mag sein, daß es eine Lücke zwischen der paläolithischen Bevölkerung des Niltals und dem Auftauchen der Menschen des Neolithikums gibt, doch es ist vor allem die Nutzbarmachung des Niltals durch Ackerkultur und Bewässerung, die den Anfang der ägyptischen Zivilisation markiert. Nun ist es unbestreitbar, daß die neolithischen Stämme diese Nutzbarmachung begonnen haben, und so beginnt denn auch mit ihren Gesellschaften eigentlich die Geschichte des alten Ägypten.

Das Niltal hat die gleichen verschiedenen Phasen des Paläolithikums durchgemacht, wie die europäische prähistorische Archäo-

logie sie bestimmen konnte. So hat man auf den hohen, vom Nil zurückgelassenen Terrassen die auf das Altpaläolithikum und das Mittelpaläolithikum zurückgehenden Stufen in Oberägypten, besonders in der Gegend von Theben, ebenso entdecken können wie im Delta, vor allem an seiner Südspitze in den dicken und reichen Ablagerungen der Abassia in der Nähe von Kairo oder auch in den westlichen Oasen, wie bei Khargeh. Man hat im Niltal Werkzeuge des *Prächelléen*, des *Chelléen* und des *Acheuléen* ebenso wie solche des *Levalloisien* (des frühen *Moustérien*) aus dem Mittelpaläolithikum gefunden. Diese verschiedenen Industrien erstrecken sich über eine gewaltige Zeitspanne wie ihre europäischen Entsprechungen, obwohl sie chronologisch vielleicht nicht streng zeitgleich sind mit diesen.
Die verschiedenen Aspekte des Jung-Paläolithikums, der letzten Phase des Paläolithikums, sind in Ägypten ebenso gut bekannt in ihren alten Fazies (*Atérien* und *Sébilien*) in Oberägypten, im Fayum und im Süddelta wie in ihren jüngeren Fazies des *Aurignacien*, des *Solutréen* und des *Magdalénien* Europas, die, so scheint es, dem *Sébilien II* und dem *Capsien* in Ägypten entsprechen. Sie setzen sich fort in der Industrie von Heluan, die bereits an das Mesolithikum grenzt. Das Klima des Tals tritt dann in eine Phase der Dürre. Die Techniken des Steinbehauens, die bis jetzt die gleichen waren wie in Europa, haben begonnen, sich in Afrika zu individualisieren, und Kôm Ombo in Oberägypten hat schöne Serien des Sébilien geliefert, die wie diejenigen der Industrie von Heluan bei Kairo trotz ihrer Verwandtschaft mit den zeitgenössischen Industrien Europas besondere Züge aufweisen. Man hat, mit Vorsicht, die Idee vorgebracht, das *Sébilien* sei in Ägypten gegen 8000 v. Chr. zu Ende gegangen (J. Ball).
Wenn dies wirklich der Fall wäre, dann trennten noch fast drei Jahrtausende das Ende des Jung-Paläolithikums von den Anfängen des ägyptischen Neolithikums. Diese Jahrtausende müßten ausgefüllt sein vom Mesolithikum, doch dieses ist wenig bekannt in Ägypten (Ablagerungen von Kôm Ombo, Heluan und des Wadi Angabiyeh). Dieses Fehlen von Siedlungen des Mesolithikums hat seine Ursache vielleicht im Zufall der Grabungen. So hat man in der Tat kürzlich entdeckt, daß Bevölkerungsgruppen mit mesolithischer Industrie gegen 7500 v. Chr. am zweiten Nilkatarakt siedelten (O. H. Myers). Wenn diese schwer zugängliche Gegend damals bewohnt war, dann bestehen große Chancen, daß man eines Tages die Spuren von zeitgenössischen Bevölkerungsgruppen findet, die das leichter zugängliche Gebiet des unteren Nil bewohnten.
Die Menschen des ägyptischen Paläolithikum sind vor allem bekannt durch ihre Steinindustrie: Faustkeile, Messer, Kratzer,

Meißel. Ihre Werkzeuge sind sehr schön dank der ungewöhnlichen Qualität des ägyptischen Feuersteins *(Silex)*, den man in großen Mengen in den Kreideklippen der Libyschen Kette findet. Einige Überreste von Lagerplätzen sind gefunden und untersucht worden. Sie stammen aus dem Anfang des Jung-Paläolithikums. Die ausgegrabenen ›Küchenabfälle‹ zeigen, daß die Bewohner Ägyptens sich in dieser Epoche von Weichtieren, Fischen und Wildbret nährten. Doch wenn sie auch noch nicht Ackerbau betrieben, so müssen sie zumindest bestimmte Körner wilder Getreidearten gesammelt haben, wie das Vorhandensein von Mühlsteinen an den Lagerplätzen beweist. Sie kannten den Bogen, was die große Anzahl von gefundenen Pfeilspitzen zeigt.

DAS NEOLITHISCHE ÄGYPTEN

Mit der neolithischen Epoche, im 5. Jahrtausend v. Chr., vollziehen sich große Veränderungen im Niltal. Das Klima, weiterhin trockener werdend, nähert sich dem heutigen. Die Bevölkerung widmet sich dem Ackerbau und der Viehzucht, ohne jedoch die Betätigungen ihrer mesolithischen Vorgänger aufzugeben: Angelgerät und Jagdwaffen erscheinen in ihren Siedlungen neben Sicheln und Hacken. Schließlich entdeckt der Mensch die Töpferei und die Weberei. Und dies ist der Beginn der kontinuierlichen Evolution, die das Ägypten der am Ufer des Fayum-Sees, im Niltal und in den Oasen gefährlich lebenden Stämme schrittweise zur schöpferischen Zentralmonarchie der großen Pyramiden führen wird. Gewiß, die neolithische ›Revolution‹ Ägyptens unterscheidet sich nicht von derjenigen der gesamten Menschheit, doch sobald sie sich einmal vollzogen hat, gegen 4500 v. Chr., kann man in Ägypten keinen Bruch mehr in der Entwicklung der Gesellschaft feststellen, und der erste thinitische Pharao ist, so scheint es, ebenso legitim der Nachkomme der neolithischen Stammesführer, wie die großen thebanischen Pharaonen die Nachkommen der memphitischen Könige sein werden.

In das Neolithikum gehen zweifellos die ersten Bemühungen zur Gestaltung des Niltals durch den Menschen zurück. Diese Bemühungen werden während der ganzen prädynastischen und frühdynastischen Periode fortgesetzt, und sie sind es, die entscheidend dazu beigetragen haben, die Stämme des ausgehenden Mesolithikums und des beginnenden Neolithikums in einer zivilisierten Gesellschaft zu vereinen. Die Urbarmachung des Bodens im Niltal konnte in der Tat nur unter zwei Voraussetzungen erfolgen: Man mußte zunächst die Sumpfgebiete am Rande des Flußbetts trockenlegen und hierzu das Gelände so einebnen, daß das Wasser nach Beendigung der Überschwemmung nicht auf ihm stehenbleiben konnte, und dann mußte man die Felder bewässern. Ägypten liegt in der Wüstenklimazone, die Niederschläge sind hier praktisch bedeutungslos, und Ackerbau ist nur dank der jährlichen Überschwemmung des Nils möglich. Doch der sich selbst überlassene Nil bewässert in ausreichendem Maße nur einen kleinen Teil des Tals. Wenn die ersten Bauern sich mit diesen schmalen Landstreifen am Rande des Flusses begnügen konnten und mußten, mit dem Anwachsen der Bevölkerung wurden die natürlichen Felder jedoch unzureichend. So wurde allmählich das System der Staudämme und der Wehre, der Becken und der Kanäle entwickelt, das Ägypten in eine riesige und fruchtbare Oase verwandelte. Es scheint, daß dieses Unternehmen im Neolithikum begonnen wurde, und man darf daher die Bedeutung dieser Epoche für die Geschichte Ägyptens nicht unterschätzen.

Die neolithische Kultur in Ägypten ist nur durch eine sehr kleine Zahl von Siedlungen bekannt, die zudem über das ganze Land verstreut sind und schließlich nicht aus der gleichen Zeit stammen. Die ältesten dieser Siedlungen scheinen jene zu sein, die am alten Ufer der Senke des Fayum-Sees im Westen Mittelägyptens liegen. Hier wurde mehrere Meter über dem Niveau des heutigen Sees eine Reihe menschlicher Niederlassungen gefunden, die das darstellen, was man die Kultur des Fayum A nennt, um sie von der des Fayum B zu unterscheiden, die durch auf einem niedrigeren Niveau und näher am heutigen See gelegene Niederlassungen bekannt ist.

Dann muß man sich zum westlichen Delta wenden, mehrere hundert Kilometer vom Fayum entfernt, um eine weitere neolithische Kultur, die von Merimde-Beni-Salame, zu finden. An der Südspitze des Deltas, nicht weit vom heutigen Kairo, liegt die neolithische Siedlung von El Omari, nahe der mesolithischen Siedlung von Heluan. Das Neolithikum Oberägyptens ist nur bekannt durch das große Zentrum von Deir Tasa (gelegen in Mittelägypten) und durch die kleinen Stationen des Wadi es-Sheikh, Tukh und Armant-Gebelen (etwas südlich von Luksor). Viel weiter im Süden, bei Khartum, ist eine ganze Reihe von neolithischen Siedlungen lokalisiert worden. Sie gehören der sog. Kultur von Shaheinab an, so benannt nach dem einzigen erschöpfend ausgewerteten Fundort (A. J. Arkell).

Dank der vor nicht allzulanger Zeit erfolgten Entdeckung des Kohlenstoff 14-Verfahrens (oder Radiokarbonmethode), das auf dem progressiven Zerfall eines Teils des Kohlenstoffs in allen bei Grabungen gesammelten organischen Stoffen beruht, wurde ein grobes, manchmal anfechtbares chronologisches Schema des ägyptischen Neolithikums aufgestellt. Die Siedlungen des Fayum A sind die ältesten und stammen aus der Zeit um 4440 v. Chr., ± 180 Jahre. Merimde-Beni-Salame scheint ein wenig später zu sein. Dann kommen Shaheinab (3490, ± 380) und El Omari (3300, ± 230). Das Zentrum von Tasa ist etwas jünger als das von El Omari. Das Fayum B beginnt mit dem Ende der neolithischen Besiedlung von Tasa, erstreckt sich jedoch vor allem über die prädynastische Periode. Wenn man die Unsicherheit der Datierung, die sich zwischen vier und anderthalb Jahrhunderten bewegt, berücksichtigt, kann man annehmen, daß das ägyptische Neolithikum etwa von 4500–3500, also ungefähr ein Jahrtausend, gedauert hat, was durch die Dicke der Schlammschichten, die sich während dieser Periode abgesetzt haben (10 m in Oberägypten, 30 m im Delta), bestätigt wird. Auf Grund ihrer Streuung im Raum wie ihrer Verteilung in der Zeit ermöglichen die bekannten Kulturzentren nur eine schematische Untersuchung der Entwicklung Ägyptens in dieser Epoche.

Die Menschengruppen des Fayum A, wie die von Merimde-Beni-Salame, widmen einen großen Teil ihrer Tätigkeit dem Ackerbau und der Viehzucht. Man hat Feuersteinsicheln gefunden mit Schneiden, die vom Gebrauch gleichsam glasiert waren, und Silos, von denen einige noch Körner enthielten. Diese Silos bestanden aus mit Lehm überzogenen Körben, die in den Boden eingelassen waren. Dieser Fund hat die Feststellung erlaubt, daß die Ägypter des frühesten Neolithikums bereits den Weizen, die Gerste, den Buchweizen und den Flachs kannten, was eine landwirtschaftliche Erfahrung vor den Anfängen des Neolithikums verrät. Es wird allgemein Viehzucht betrieben, denn es wurden Knochen von Rindern, Ziegen, Schafen, Schweinen und Hunden an den Siedlungsplätzen gefunden. Auch die Weberei ist bekannt, was die im Fayum und in Merimde-Beni-Salame gefundenen Spinnwirteln aus Ton und Stoffstücke beweisen. Lederarbeiten ergänzen die Webkunst. Die noch grobe Keramik ist überall gebräuchlich geworden.

Obwohl bereits Bauern geworden, verzichteten die Dorfbewohner nicht auf die Tätigkeit, der sich die mesolithischen Stämme gewidmet hatten; Fischfang und Jagd ergänzen glücklich die landwirtschaftliche Arbeit, wie in den Hütten gefundene Harpunenspitzen aus Knochen und Pfeilspitzen aus Feuerstein beweisen. Die Jagd auf das Nilpferd dürfte eine besondere Bedeutung gehabt haben; vielleicht war sie ebenso rituell wie nützlich.

Die Menschen lebten in runden oder ovalen Hütten, die manchmal ein Stück in den Boden eingegraben und zu Dörfern gruppiert waren. In Merimde-Beni-Salame wie in den Dörfern des Fayum A wurden die Toten innerhalb der Siedlungen bestattet, als ob das tote Individuum fortführe, sich an den Betätigungen

der Gruppe zu beteiligen; neben dem Kopf deponierte Körner bestätigen die Existenz eines Glaubens an ein Leben nach dem Tode.
Man würde die Entwicklung dieser Stämme des frühen Neolithikums gerne ausführlicher verfolgen, doch um diese Zeit erlebt der Nil eine Phase der Verschlammung, sein Lehm bedeckt nach und nach die Niederungen des Tals, so daß die neolithischen Siedlungen, die auf den Kuppen in der Nähe des Flusses gelegen haben müssen, jetzt mit dicken Schwemmschichten bedeckt sind, und selten sind diejenigen, die erforscht werden konnten. Diese letzteren gehören in der Hauptsache dem Ende der neolithischen Periode an und zeigen klar, daß es damals in Ägypten zwei Zivilisationszentren gab, eins im Süden, das andere im Norden.
Die Kulturen des ausgehenden Neolithikum sind vor allem bekannt durch die Siedlungen Oberägyptens. Deir Tasa ist unter ihnen die charakteristischste, und nach ihr hat man diese Kultur benannt, das *Tasien.* Ungefähr zur gleichen Zeit erlebte der Norden, so scheint es, eine andere Kultur, die nur durch die einzige Siedlung El Omari bekannt ist. Man nennt diese Zivilisation oft die Kultur von Heluan, denn die zuletzt entdeckten Fundstellen liegen in diesem Dorf. Wir ziehen es vor, ihr den Namen El Omari-Heluan zu geben, um Verwechslungen mit der mesolithischen Kultur von Heluan zu vermeiden.
Die Gesellschaften des Neolithikums von Tasa und El Omari-Heluan erfuhren eine merkliche Entwicklung gegenüber jenen des beginnenden Neolithikums. In Deir Tasa bestattet man die Toten nicht mehr in den Dörfern, sondern in Nekropolen am Rande der Wüste, und diesem Umstand verdanken wir es, daß wir diese alten Gesellschaften besser kennen. Der Leichnam wird nun in Embryohaltung auf den Boden einer ovalen Grube gelegt. Er ist manchmal mit einer Tierhaut oder einer Matte bedeckt und umgeben von Gegenständen, die ihm gehörten, oder die er im Jenseits benötigen könnte. Dies alles zeigt, daß es nicht nur einen Glauben an ein Weiterleben nach dem Tode gibt, sondern auch wohl etablierte Bestattungsriten. Im Zentrum des Nordens beobachten wir die gleiche Entwicklung, nur ist sie etwas langsamer. Zu Beginn fahren die Menschen von El Omari-Heluan wie die von Merimde-Beni-Salame fort, ihre Toten im Dorf selbst in den Häusern zu bestatten. Doch bald werden sie auf richtigen Friedhöfen abseits der Wohnstätten beerdigt. Sie liegen auf der linken Seite, gekrümmt wie ein Embryo, den Kopf nach Süden, das Gesicht nach Westen. Diese Orientierung zeigt ebenfalls einen Glauben an ein Weiterleben an und beweist uns die Existenz von Bestattungsriten, die im übrigen durch das Vorhandensein von Grabausstattungen bestätigt werden.

Technisch scheint das Zentrum des Nordens von El Omari-Heluan, wenigstens in bestimmten Punkten, der südlichen Gruppe voraus zu sein. Die Steinwerkzeuge sind besser behauen. Die Lanzenspitzen aus Feuerstein in Form von Lorbeerblättern sind wahre Meisterwerke. Die Handwerker versuchen sich auch in der Herstellung von Steingefäßen und leiten so eine der typischen Industrien des pharaonischen Ägypten ein, aber der Süden kennt das Schleifen solcher Vasen noch nicht. Die Viehzüchter des Nordens kennen das Schwein, das in Oberägypten nicht erscheint. Schließlich sind die Dörfer in El Omari-Heluan vielleicht besser gruppiert, während der Süden seine Behausungen in mehr verstreuter Anordnung errichtet.
In der Töpferei dagegen holt der Süden auf; wenn der Norden vielfältigere Formen kennt, so besitzt der Süden eine überlegene Herstellungstechnik. Er hat schon schwarze Gefäße mit weißen Einlagen und vor allem die bewundernswerten roten Gefäße mit schwarzem Rand, die charakteristisch bleiben werden für die prädynastischen ägyptischen Kulturen. Der Norden dagegen kennt nur einfarbig rote oder schwarze Gefäße.
Während es evident ist, daß die Kultur von El Omari-Heluan die direkte Erbin des frühen Neolithikums des Fayum und von Merimde ist, kennt man den Vorfahren der südlichen Zentren noch nicht. Es muß jedoch vermerkt werden, daß diese viele Gemeinsamkeiten aufweisen mit der neolithischen Kultur von Shaheinab, vor allem die schöne glattpolierte rote Töpferware *(rippled ware)*, sowie die Paletten, die zum Verreiben der Schminke dienten. Diese beiden charakteristischen Elemente finden sich sowohl in Shaheinab als auch im Tasien. Man könnte sich fast fragen, ob es gegen 3500 v. Chr. nicht eine große Zivilisationssphäre gegeben hat, die das ganze obere Niltal umfaßte, von Mittelägypten bis zum sechsten Katarakt und vielleicht noch darüber hinaus.

DAS PRÄDYNASTISCHE ÄGYPTEN

Das prädynastische Ägypten wird oft die äneolithische oder chalkolithische Periode genannt. Der Gebrauch dieser Ausdrücke, die der Terminologie der europäischen Vorgeschichte entnommen sind, läuft Gefahr, einen falschen Eindruck zu erwekken: Er verleitet zu der Annahme, die Einführung des Metalls habe in Ägypten eine größere Revolution dargestellt. Doch dem war nicht so, denn es gibt keinen Bruch zwischen dem Neolithikum und dem Äneolithikum. Im Gegenteil, man muß die Kontinuität der Entwicklung der menschlichen Gesellschaften von einem Stadium zum andern betonen, und dies ist der Grund, weshalb wir es vorziehen, diese Bezeichnungen aufzugeben, um nur den Ausdruck ›prädynastisch‹ zu benutzen.

Ebenso wie das Tasien die Fortsetzung der neolithischen Kultur am Oberlauf des Nils und die Kultur von El Omari-Heluan die der Kulturen des Fayum A und von Merimde-Beni-Salame waren, so werden wir auch im prädynastischen Ägypten zwei Gruppen von Kulturen finden, eine im Norden und eine zweite im Süden. Dem südlichen Tasien werden das *Badarien* und das *Amratien* folgen, während der Norden in der Tradition der Kultur von El Omari-Heluan nacheinander die Kultur des Fayum B und dann das *Gerzéen* und das *Meadien* erleben wird. Die beiden Kulturgruppen werden sich zunächst parallel entwickeln, nicht ohne Kontakte untereinander zu haben; dann, um die Mitte der prädynastischen Periode, werden sie in eine einzige materielle Zivilisation verschmelzen, aus der das geeinte Ägypten hervorgehen wird.

Die prädynastische Periode ist noch ungenügend bekannt. Es besteht ein gewisses Mißverhältnis in unseren Informationsquellen; wir sind besser orientiert über das, was sich während dieser Epoche in Oberägypten ereignet, als über die zeitgenössischen Kulturen Unterägyptens. Das im Süden des Fayums vor dem jährlichen Hochwasser geschützt liegende Wüstenhochland ist immer nahe den Dörfern des Tals und aus diesem Grund der gegebene Ort zur Anlage von Friedhöfen. Dies erklärt, warum Oberägypten viel mehr Spuren der prädynastischen Kulturen bewahrt hat als Unterägypten, wo die Siedlungen dieser Epoche mit Ausnahme derjenigen an den Rändern oder an der Spitze des Deltas entweder von dicken Schlammschichten bedeckt sind oder sich unter den heutigen Dörfern befinden.

Wir unterscheiden vier Perioden innerhalb der prädynastischen Epoche: die frühprädynastische, die altprädynastische, die mittelprädynastische und die jungprädynastische.

Das Frühprädynastische ist im Süden bekannt durch das, was man das Badarien nennt, nach dem Namen der bedeutendsten Siedlung El Badari (andere Siedlungen dieser Epoche bei Hemamiyeh und in Nubien), und im Norden durch die Kultur des Fayum B (Siedlungen von Demeh, Kasr Karun, Khasmet-ed-Dib). Das Badarien ist dem Neolithikum noch so nahe, daß man sich fragt, ob man das Recht hat, aus ihm eine neue Kultur zu machen anstatt in ihm eine lokale Form des Tasien zu sehen. Es genügt zu sagen, daß es keinen Schnitt zwischen den beiden Kulturen gibt, und daß das Auftreten des Metalls keine bemerkenswerte Veränderung im Alltagsleben mit sich bringt.

Die Ägypter lebten damals in ovalen Hütten und begannen, sich mit einem relativen Komfort zu umgeben: Sie besaßen geflochtene Matten, Lederkissen und sogar Holzbetten. Physisch ist der

Badarien-Mensch sehr nahe den Ägyptern verwandt, die heute in dieser Gegend leben. Der Totenkult ist in Weiterentwicklung begriffen: Der Leichnam wird immer noch in eine ovale Grube gelegt, doch man begnügt sich nicht mehr mit einer Tierhaut, um ihn zu schützen, oft isoliert ihn ein Holzrahmen von den Wänden des Grabes. Neben ihm liegen Gebrauchsgegenstände und die Lebensmittelbeigaben. In dieser Epoche entsteht auch, so scheint es, der Tierkult, der die griechischen Reisenden der Spätepoche so sehr beeindrucken sollte.
Obwohl das Metall bekannt ist, werden die gebräuchlichen Werkzeuge immer noch aus Feuerstein hergestellt. Das seltene Kupfer wird einfach gehämmert, niemals gegossen. Schließlich versteht der Mensch von El Badari zu weben; er kultiviert und bearbeitet den Flachs wie sein neolithischer Vorgänger, obwohl er fortfährt, das Leder für zahlreiche Zwecke zu verwenden. Letzteres liefern ihm reichlich die immer noch stark betriebene Jagd und die Viehzucht. Man stellt her und benutzt auch weiterhin die rote Töpferware mit schwarzem Rand oder die glattpolierte rote, die bereits der Mensch des Tasien benutzte.
Auch Schmuckgegenstände fehlen nicht. Die Perlen sind oft mit glasierten Farben überzogen, was zeigt, daß eine der charakteristischen Techniken Ägyptens, die Emailleglasur, bis in seine fernste Vergangenheit zurückgeht. Manche Perlen sind sogar ganz aus undurchsichtiger Glaspaste gemacht, ein Grund, der ägyptischen Zivilisation die Erfindung des Glases zuzuschreiben. Schließlich werden die schon im Neolithikum bekannten Schminkpaletten aus Schiefer geschnitten, wie es bis zu den ersten Dynastien geschehen wird.
Die Kunst beschränkt sich jedoch nicht auf die kleinen Schmuckgegenstände. Der Künstler des Badarien versteht es auch, aus Elfenbein oder Ton weibliche Figürchen in einem naturalistischen Stil zu schaffen, und er verziert mit Tieren die seltsamen Elfenbeinkämme oder die Stiele der Parfümlöffel, die man in den Gräbern findet.
Wenn man von der ›Badari-Kultur‹ spricht, dann handelt es sich nicht um eine ›Zivilisation‹ im eigentlichen Sinne des Wortes, sondern vielmehr um eine Phase in der Entstehung und Entwicklung der ägyptischen Zivilisation. Nichts wäre falscher, als sich diese Kulturen, die wir das Tasien, das Badarien oder das Amratien nennen, als in sich geschlossene Zivilisationen vorzustellen, die ohne Nachkommenschaft verschwunden sind. Im Gegenteil, sie bilden die Glieder einer kontinuierlichen Kette, und jede von ihnen erbt von der durch die vorangegangenen Kulturen etablierten Tradition und gibt sie, bereichert um ihre eigenen Erwerbungen, weiter an die ihr nachfolgende Gesellschaft.

Die Badari-Kultur erstreckt sich über einen großen geographischen Raum. Im Norden an Mittelägypten grenzend, findet man sie nicht nur in Oberägypten, sondern auch in Nubien.
Während das Badarien sich in Oberägypten verbreitete und entfaltete, erlebte Unterägypten einen anderen Aspekt der frühprädynastischen Zeit, eine einfache Fortsetzung des Neolithikums des nördlichen Zentrums. An den Ufern des Fayum-Sees hat man die Überreste dieser Etappe der ägyptischen Zivilisation gefunden. Man bezeichnet sie als die Kultur des Fayum B, um sie vom frühen neolithischen Fayum A zu unterscheiden, das auf einem im Vergleich zum heutigen See höheren Niveau liegt.
Wie die Menschen des Badarien, verwenden auch die des Fayum B noch den Feuerstein mehr als das Metall. Ihre Keramik kennt vielfältigere Formen als die des Badarien, doch die Technik ist weniger gut. Dagegen setzen die Steinschneider die in Merimde-Beni-Salame entstandene Tradition fort und stellen sehr schöne Steingefäße her. Es ist wahrscheinlich, daß die Kultur des Fayum B auch die des Deltas war, obwohl dort keine Siedlung dieser Epoche entdeckt worden ist.
Auf das Frühprädynastische des Badarien und des Fayum B, das dem Neolithikum noch sehr nahe ist, folgt das Altprädynastische, bekannt durch eine ziemlich große Anzahl von Siedlungen, die alle in Oberägypten und in Mittelägypten liegen, so daß diese sehr wichtige Etappe der prähistorischen Zivilisation Ägyptens nur durch das südliche Kulturzentrum bekannt ist. Bis jetzt ist keine Siedlung dieser Epoche in Unterägypten entdeckt worden. Nach dem heutigen Stand unserer Kenntnisse besteht also das Altprädynastische in der Hauptsache in der sogenannten Amrah-Kultur, benannt nach der Siedlung El Amrah bei Abydos an der Grenze zwischen Oberägypten und Mittelägypten. Hier hat man es mit Sicherheit sowohl vom Badarien, das ihm vorangeht, als auch vom Gerzéen, das ihm folgen wird, unterscheiden können.
Man bezeichnete sie früher mit dem Namen Negade I oder auch erste prädynastische Kultur, da Negade die erste Siedlung war, in der man dieser Kultur begegnete. Hier wurde von Flinders Petrie das unter dem Namen *Sequence Dates* (abgekürzt: S. D.) bekannte Datierungssystem aufgestellt, das sich auf die Form der Gefäße und bestimmte Elemente ihres Dekors gründet. Mit diesem System konnte Petrie den Rahmen einer relativen Chronologie erstellen, d. h. das zeitliche Verhältnis der einzelnen Gräbergruppen zueinander bestimmen. Er ließ die S. D 1 bis 30 ohne Zuschreibung für den Fall, daß prädynastische Kulturen entdeckt würden, die älter sind als die von Negade. Nach der Entdeckung des Badarien sind die großen relativen chronologischen Einteilungen die folgenden:

S. D. 21–29	Badarien
S. D. 30–39	Amratien (Negade I Petries)
S. D. 40–62	Mittelprädynastische Epoche oder Gerzéen (Negade II)
S. D. 63–76	Jungprädynastische Epoche oder Junggerzéen
S. D. 77–	Beginn der historischen Epoche.

Diese Chronologie, obwohl unvollkommen, ist berufen, große Dienste zu leisten, wenn man sie in einer genügenden Anzahl von Punkten mit der absoluten Chronologie der Kohlenstoff 14-Analyse wird verbinden können, und wenn die von dieser Methode gelieferten Daten genauer geworden sind.

Das Amratien setzt ohne Unterbrechung die Tradition des Badarien fort, genau wie dieses dem Tasien gefolgt war. Man hat an einigen Orten die untere Schicht des Amratien in direkter Verbindung mit dem oberen Niveau des Badarien gefunden, was zeigt, daß es keinen Einschnitt zwischen diesen beiden Aspekten der ägyptischen Zivilisation gegeben hat. Die gleichen Gefäße, die roten mit schwarzem Rand vor allem, werden in beiden Kulturen verwendet. Höchstens im Amratien kann man das Auftauchen neuer Gefäßformen feststellen. Neben der einfarbigen oder zweifarbigen Keramik erscheinen verzierte Töpfereierzeugnisse. Die einen sind dekoriert mit geometrischen oder naturalistischen Mustern, gemalt in stumpfem Weiß auf dem roten oder braunroten Grund der Keramik; die anderen, selteneren, sind schwarz mit einem weiß ausgelegten Ritzornament. Der schöpferische Geist der ägyptischen Künstler im Amratien beschränkt sich nicht auf die Verzierung der Gefäße, er manifestiert sich auch in ihren Formen, wo er glückliche Lösungen findet, so bei bestimmten Gefäßen in Tierform oder bei einem bestimmten Becher, dem der Künstler, nicht ohne Humor, Menschenfüße gegeben hat. Man erkennt in dem Repertoire des naturalistischen Dekors zahlreiche Themen, die der Jagd und vor allem der Jagd auf das Nilpferd entnommen sind.

Die Ägypter hingen während des Amratien in ihrer Ernährung noch sehr stark vom Fischfang und von der Jagd ab. Die Urbarmachung des Tals durch Planierung und Bewässerung war noch nicht beendet. Das klassische Ägypten wird diese Jagdmotive in seiner Totenikonographie beibehalten, vor allem das der Nilpferdjagd, und ihnen eine religiöse Bedeutung verleihen. Es ist nicht ausgeschlossen, daß die gleichen Motive des Amratien eine ähnliche Bedeutung haben.

Das Amratien wie das Badarien macht starken Gebrauch von den Paletten, die benutzt wurden, um die zum Färben der Augenlider dienende Schminke aus Bleiglanz und Malachit anzureiben. Auf diesen Paletten werden die ersten Zeichen der

Hieroglyphenschrift erscheinen, und manche Anzeichen deuten darauf hin, daß das Hieroglyphen-System sich während des Amratien zu entwickeln begann. So ist z. B. die Keule mit kegelstumpfförmigem Kopf die typische Waffe des Ägypten dieser Epoche. Doch diese nach dem Amratien aufgegebene Waffe wird sich als phonetisches Zeichen im Hieroglyphen-System erhalten.

Wie in der vorangegangenen Epoche wird der Feuerstein weiterhin viel häufiger verwendet als das Metall, und das Amratien hat wunderbare Messer mit zahlreichen Verbesserungen hervorgebracht. Neben Stücken aus Feuerstein, einem in Ägypten sehr häufigen Material, hat man in den Zentren des Amratien Gegenstände aus Obsidian gefunden. Da dieses natürliche Glas vulkanischen Ursprungs in Ägypten nicht vorkommt, setzt seine Anwesenheit Beziehungen mit fernen Ländern, ohne Zweifel der Mittelmeerwelt (A. Lucas), voraus, vielleicht aber auch mit südlichen, am Oberlauf des Nils gelegenen Gebieten.

Die Kunst setzt ihre Entwicklung fort; unter den charakteristischsten Arbeiten der Epoche sind bemerkenswert die Statuetten bärtiger Männer mit Vorderlatz, was auf eine Verwandtschaft mit den Libyern hinweist.

Die Amrah-Kultur erscheint in zahlreichen Siedlungen: Negade, Ballas, Huh, Abydos, Mahasna, Hemamiyeh usw.; sie gruppiert sich um den mittleren Teil Oberägyptens, und in dieser Hinsicht ist sie weniger weit verbreitet als die Badari-Kultur, die sich bis nach Nordnubien erstreckte.

Das Fehlen von Informationen über die Siedlungen des altprädynastischen Unterägypten ist um so bedauerlicher, als es in dieser Epoche Verbindungen zwischen dem Süden und dem Norden gegeben zu haben scheint, was man aus dem Auftauchen einiger charakteristischer Gegenstände des Nordens, wie der Steingefäße, im Mobiliar des Amratien schließen kann.

DIE MITTELPRÄDYNASTISCHE EPOCHE (GERZÉEN)

Nachdem es ein Jahrhundert, vielleicht weniger, gedauert hat, wird das Amratien nach und nach von einer neuen Kultur absorbiert, die teilweise aus ihm selbst, teilweise aus dem nördlichen Zivilisationszentrum Ägyptens hervorgegangen war. So beginnt mit S. D. 40 das, was wir das Mittelprädynastische nennen werden, und das man früher Negade II oder Zweite prädynastische Kultur nannte und heute mit dem Wort Gerzéen zu bezeichnen pflegt, nach dem Namen einer Siedlung Unterägyptens, Gerzeh in der Nähe des Fayum, wo es am reinsten erscheint.

Vom Gerzéen an kann man von neuem die beiden Zentren der ägyptischen Zivilisation, das des Südens und das des Nordens, gleichzeitig beobachten. Das letztere, das eine bedeutende Rolle in der Entwicklung der prädynastischen Kultur spielen wird, hat seinen Schwerpunkt nicht im Delta, das für unsere Forschungsmethoden unzugänglich bleibt, sondern in der Umgebung des Fayum und von Memphis, dem heutigen Kairo. Es ist also ziemlich weit von den Siedlungen des Amratien entfernt, die sich um Abydos gruppieren.

Einer der bemerkenswerten Züge des Gerzéen ist die Entwicklung des Totenkults. Die Gräber, hierin zweifellos der Entwicklung der menschlichen Behausung folgend, hören allmählich auf, oval zu sein, werden rechtwinklig und umfassen mehrere Räume. Die Veränderungen in der Stellung des Toten scheinen eine Entwicklung in den religiösen Glaubensvorstellungen anzuzeigen: Von nun an ist der Leichnam meistens mit dem Kopf nach Norden bestattet, das Gesicht nach Osten gewandt und nicht mehr nach Westen.

Die Unterschiede zwischen dem Amratien und dem Gerzéen manifestieren sich auch in der Keramik. Während das Amratien in der Hauptsache mit zwei Grundfarben, dem Schwarz und dem Rot, arbeitet, zu denen das stumpfe Weiß des Dekors kommt, verwendet das Gerzéen auf seiner Töpferware einen weniger widerstandsfähigen, nicht aus dem Lehm des Nils, sondern aus einem Tonmergel gewonnenen Farbstoff, der seinen Erzeugnissen eine charakteristische hellgraue, ins Chamois spielende Färbung verleiht. Der Dekor ist naturalistisch, doch sehr verschieden von dem des Amratien; er ist in einem ziemlich dunklen Ockerrot gezeichnet. Er ist stark stilisiert und zeigt Berge, Steinböcke (Gemsen), Flamingos, Aloepflanzen und vor allem Schiffe, auf denen an der Spitze einer Art Fahnenstange Tiere, Gegenstände und Pflanzen dargestellt sind, ähnlich den Symbolen, die ein wenig später dazu dienen, die ägyptischen Gaue oder Provinzen zu bezeichnen. Neben den naturalistischen Ornamenten sieht man manchmal Muster, die die Gefäße aus hartem Stein nachahmen. Diese sind bemerkenswert, sowohl in der Form als auch im Material. Die Künstler verwenden jetzt widerspenstigere Stoffe: Bruchstein, Basalt, Diorit, Schlangenstein usw. Schließlich ist, so wie die charakteristische Waffe des Amratien die kegelstumpfförmige Keule war, die des Gerzéen die birnenförmige Keule, die ebenfalls im Hieroglyphen-System erscheinen wird.

Neben den Unterschieden zwischen Gerzéen und Amratien gibt es jedoch auch Gemeinsamkeiten: Die beiden Kulturen benutzen die gleichen Gegenstände, vor allem die Schminkpaletten, und die Werkzeuge aus Feuerstein und aus Knochen sind die gleichen in beiden Gruppen.

Der Schmuck bereichert sich ebenso durch neue Formen wie

durch die Verwendung kostbarerer Materialien wie Chalzedon, Karneol, Türkis, Achat, Lapislazuli, Kupfer und Elfenbein. Das Gold ist häufiger, und die Metallurgie im allgemeinen entwikkelt sich weiter, wie die große Anzahl von in den Gräbern gefundenen Gegenständen aus reinem Kupfer zeigt: Harpunen, Dolche und vor allem Meißel, die das Formen der Gefäße ermöglichten. Dieser technische Fortschritt erklärt die Entwicklung der Steinbildhauerei, die uns ihrerseits über die Anfänge der Religion unterrichtet, denn es ist in der Tat schwer, in einem solchen Steinfalken nicht einen Vorfahren des Gottes Horus, der ältesten der ägyptischen Gottheiten, zu sehen und in einem Kuhkopf die erste bekannte Darstellung der Göttin Hathor.
Die Gerzeh-Kultur stand gewiß in Kontakt mit den benachbarten Zivilisationen. In diesem Sinne wird man das Auftauchen bestimmter Krüge deuten, die in Palästina wie in Gerzeh gefunden wurden; so muß auch der Lapislazuli vom Sinai gekommen sein. Für den Obsidian war, wie wir gesehen haben, eine südliche Herkunft nicht ausgeschlossen.

DIE JUNGPRÄDYNASTISCHE EPOCHE ODER DAS JUNGGERZÉEN (MANCHMAL SÉMAÏNIEN GENANNT)

Von dem Augenblick an, da sich das Gerzéen im Norden entfaltet, dehnt sich sein Einfluß gleichzeitig im Süden aus, und wir sehen die Amrah-Kultur im Süden langsam verschwinden, um einer gemischten Kultur Platz zu machen, die aus dem Amratien stammende Züge mit reinen Zügen des Gerzéen kombiniert. So geben die Ägypter des Südens ihre zweifarbige Töpferware auf, um die ihrer nördlichen Nachbarn zu übernehmen. Diese Ablösung vollzieht sich allmählich, was anzeigt, daß kein plötzlicher Kulturwechsel stattfand. Man muß vielmehr von einer Durchdringung und Vermischung sprechen, die sich nicht nur in der Töpferei äußern, sondern sich auch auf andere charakteristische Gegenstände erstrecken. So ersetzt die für das Nordzentrum typische Keule mit birnenförmigem Kopf nach und nach in Oberägypten die Keule mit kegelstumpfförmigem Kopf.
Wir gelangen endlich zu einem Zeitpunkt, an dem die schriftlichen Quellen es bis zu einem gewissen Grad erlauben, die archäologischen Quellen zu ergänzen. Verfaßt in einer Epoche, die viel jünger ist als die Ereignisse, auf die sie hinweisen, vermitteln sie zwar eine Vorstellung von der politischen Organisation zu Beginn des Gerzéen, doch man darf nicht vergessen, daß diese Rekonstruktion hypothetisch ist.
Nach den Texten scheint ganz zu Beginn der jungprädynastischen, vielleicht schon am Ende der mittelprädynastischen Epoche, die

mächtigste Stadt des Südens, Ombos (auf ägyptisch Nubet) bei Negade, d. h. im Herzen der Amrah-Kultur, gewesen zu sein. Ihr Gott ist Seth. Die gleichen Texte lassen annehmen, daß ein Kampf diesen Gott Seth dem Horus, dem im Norden in Behedet, also im Zentrum der Gerzeh-Kultur verehrten Falkengott gegenüberstellt. Am Ende des Amratien war Ägypten demnach in zwei Zonen geteilt – was im übrigen die Archäologie bestätigt –, von denen die eine im Süden von Ombos und seinem Gott Seth, die andere im Norden von Behedet und seinem Gott Horus beherrscht wurde.

Indem man sich auf verschiedene Anzeichen stützte, hat man vorgeschlagen anzunehmen, der Kampf zwischen Seth und Horus, also zwischen Ombos und Behedet, habe mit dem Sieg des Nordens geendet, und es sei damals ein erstes geeintes Königreich gegründet worden mit Heliopolis, in der Nähe des heutigen Kairo, als Hauptstadt. Diese Vereinigung finde ihren archäologischen Ausdruck in der Expansion des Gerzéen, vor allem seiner Töpferware, im Bereich des Amratien, doch sie habe politisch nur sehr kurze Zeit gewährt. Der Süden habe seine Freiheit wiedergewonnen und sich, nachdem er die Kultur seines nördlichen Feindes assimiliert habe, sich gegen ihn gewandt. Dieser Kampf wird einen großen Teil der prädynastischen Epoche einnehmen.

Dann habe sich ein Wandel in der politischen Führung dieser beiden rivalisierenden Königreiche oder Konföderationen vollzogen. Die Hauptstadt des Nordens sei nicht mehr Behedet, sondern Buto im westlichen Delta gewesen, und die des Südens sei von Ombos nach El Kab verlegt worden. Diese neue Machtverteilung kennzeichnet den Beginn des traditionellen pharaonischen Königtums: Noch in der klassischen Epoche werden die Pharaonen in ihrer Titulatur den Namen der beiden Göttinnen beibehalten, die damals Ägypten beherrschten, die Schlangengöttin Uadjet von Buto und die Geiergöttin Nechbet von El Kab, als deren legitime Erben sie sich betrachten.

Ein leider fragmentarisches Denkmal, bekannt unter dem Namen ›Palermo-Stein‹ – der größere Teil dieses Dokuments wird in dieser Stadt aufbewahrt –, gibt einige Auskünfte über diese Periode. Es handelt sich um die auf einer Tafel aus schwarzem Diorit eingravierten Annalen der ägyptischen Könige. Sie sind verfaßt worden unter der V. Dynastie, etwa sieben Jahrhunderte nach dem Beginn der zentralisierten Monarchie. Sie stellen vor den Namen der Pharaonen des geeinten Ägyptens zwei Reihen von Personen dar; die einen tragen die rote Krone, die andern die weiße Krone. In der klassischen Epoche symbolisiert die erstere Unterägypten, die zweite Oberägypten. Die Verfasser der Annalen von Palermo kannten also noch, gegen 2500 v. Chr., die Namen der Souveräne, die über das geteilte Ägypten des Jungprädynastischen geherrscht hatten. Das Unglück will, daß der Teil des Denkmals, der diese Namen trug, stark gelitten hat: Von den Namen der Herrscher Unterägyptens sind nur sieben erhalten, von einer Reihe, die intakt zumindest fünfzehn zählen müßte; von den zeitgenössischen Königen Oberägyptens haben nur fünf Namen überlebt. Auf welche Dokumente haben sich die Annalisten der V. Dynastie gestützt, um diese Liste der prädynastischen Könige aufzustellen? Wir wissen es nicht. Haben sie eine mündliche Überlieferung übernommen, oder haben sie noch ältere Listen oder Annalen benutzt? Dies würde voraussetzen, daß die Schrift bereits zu Beginn des Jungprädynastischen existierte, was nicht *a priori* unmöglich ist.

In der jungprädynastischen Epoche gibt es, obwohl Ägypten politisch geteilt ist, materiell eine offensichtliche Einheit der Zivilisation, aber auch in geistiger Hinsicht. Der Gott Horus wird auf beiden Seiten der Grenze verehrt, und die Könige des Nordens wie die des Südens betrachten sich als seine ›Diener‹ oder seine ›Begleiter‹ *(Schemsu Hor)*.

Obwohl das materielle Leben sich zwischen dem Mittelprädynastischen und dem Jungprädynastischen kaum ändert, machen Kunst und Technik weitere Fortschritte. Die menschliche Gestalt, die nur schüchtern in der Kunst aufgetreten war, wird jetzt ein häufiges Thema. Die Wandmalerei erscheint in Hierakonpolis, die Schminkpaletten aus Schiefer werden jetzt verziert. Die ebenfalls jetzt auftauchende Reliefgravierung scheint ihren Ursprung in der Elfenbeinarbeit gehabt zu haben, von der man die ersten Versuche im Badarien findet. Während die materielle Zivilisation im Jungprädynastischen ziemlich gut bekannt ist, weiß man hingegen nichts über die Dauer und die Wechselfälle des damaligen Kampfes zwischen dem Süden und dem Norden. Nur der Ausgang dieses Kampfes, der Sieg des Südens, ist durch eine Reihe von Dokumenten bekannt, die auf das Ende des Jungprädynastischen zurückgehen.

DAS ENDE DER JUNGPRÄDYNASTISCHEN EPOCHE UND DIE EINIGUNG ÄGYPTENS (PRÄTHINITISCHE EPOCHE)

Die Chronologie des Jungprädynastischen ist noch nicht etabliert. Man schätzt die Zeit, die zwischen dem Ende dieser Epoche und dem Beginn der historischen Epoche verging, auf 50 bis 250 Jahre. Das einzige zeitgenössische Zivilisationszentrum dieser Periode im Norden ist in Meadi, etwas südlich von Kairo, gefunden worden. Das *Meadien* unterscheidet sich unerwarteterweise stark vom Jungprädynastischen, das zur gleichen Zeit im Süden herrscht. Die Töpferware trägt nicht mehr das charakteristische Dekor des Gerzéen. Es handelt sich um eine im Verhältnis zur übrigen prädynastischen Epoche rückschrittliche Zivilisation.

Wenn es schwer ist zu bestimmen, wann die Elemente des Amratien und des Gerzéen aufhörten, sich miteinander zu verschmelzen, um die Kultur des Jungprädynastischen hervorzubringen (gegen 3400?), so ist es auch nicht leichter festzustellen, wann der Kampf zwischen dem Süden und dem Norden endete. Der Sieg des Südens ist nur durch einige, alle im Süden gefundene Denkmäler bekannt. Es sind dies entweder auf großen Schieferpaletten oder auf birnenförmigen Keulen dargestellte Szenen, deren genaue Datierung unmöglich ist. Sie dürften auf die allerletzten, der Errichtung der ersten Thinitendynastie vorangehenden Jahre des Jungprädynastischen zurückgehen. Deshalb wird dieses äußerste Ende des Prädynastischen manchmal die präthinitische Epoche genannt.

Es sind Keulen und Paletten in dem ursprünglichen Tempel von Hierakonpolis gefunden worden, was besagt, daß die Hauptstadt des Südens kurz vor der Einigung von El Kab, wo sie sich zu Beginn des Jungprädynastischen befand, nach Hierakonpolis verlegt wurde, das übrigens ganz nahe bei El Kab auf der andern Seite des Nils lag. Hierakonpolis, auf ägyptisch Nechen, ist durch klassische Texte bekannt als Ursprungsort der ›Seelen von Nechen‹, die nichts anderes sind als die vergöttlichten Könige Oberägyptens, während die des Nordens ›Seelen von Pê‹ (Pê = Buto) genannt wurden, was zeigt, daß die Hauptstadt in Buto geblieben war. Nechen wurde von den Griechen Hierakonpolis getauft, weil der lokale Gott von Nechen ein Falke war und die ersten Ausgräber ihm seinen hellenischen Namen beließen.

Eins der wichtigsten im Tempel von Nechen gefundenen Zeugnisse ist eine birnenförmige Keule, auf der ein mit der Krone Oberägyptens gekrönter und mit einem Gründungsritus beschäftigter König dargestellt ist. Über dieser Szene steht eine Art von Galgen, gekrönt von Symbolen, die, wie wir wissen, Gaue oder Provinzen bezeichnen. An den Galgen hängen bald Kiebitze, bald Bogen. Nun wissen wir durch spätere Monumente, daß die Kiebitze eine Klasse der ägyptischen Bevölkerung symbolisieren und die Bogen die Ägypten umgebenden fremden Länder. Man schloß daher aus dem Denkmal, daß die Gaue des Südens, dargestellt durch die Symbole über den Galgen, eine Koalition von Ägyptern und Fremden, dargestellt durch die an dem Galgen hängenden Kiebitze und Bogen, besiegt hatten. Sie waren geführt worden von einem König des Südens, dessen Name durch das Bild eines Skorpions ausgedrückt wurde.

Der Sieg des Königs Skorpion über andere Ägypter, die nur Ägypter des Nordens gewesen sein können, ist bestätigt wor-

den durch ein zweites Denkmal aus Hierakonpolis, eine wunderbare Schieferpalette, auf der ein König namens Narmer dargestellt ist, auf der einen Seite mit der Krone Oberägyptens, auf der andern mit der Unterägyptens, wie er die Feinde des Nordens schlägt und wie er ihre enthaupteten Leichen besichtigt.
Auf Grund dieser beiden Zeugnisse, der ›Keule des Königs Skorpion‹ und der ›Palette des Königs Narmer‹, schien es leicht, die Folge der Ereignisse zu rekonstruieren: Der vorletzte König des Südens der prädynastischen Epoche, der König Skorpion, begann die Eroberung des Königreiches Buto, beendete sie aber nicht. Sein Nachfolger, König Narmer, vollendete das Werk und setzte sich die Doppelkrone des Nordens und des Südens auf und markierte so das Ende der ägyptischen Vorgeschichte.
Eine erst kürzlich gemachte Entdeckung stellt diese Rekonstruktion wieder in Frage. Beim Studium der aus Hierakonpolis stammenden Gegenstände fand und veröffentlichte (Antiquity 37 [1963], S. 31–35) A. J. Arkell das Fragment einer Votivkeule, die den König Skorpion mit der ›Krone Unterägyptens‹ zeigt. Somit können die Bemühungen um eine Eroberung des Nordens durch den Süden nicht mehr Narmer allein zugeschrieben werden. Es ist also möglich und sogar wahrscheinlich, daß der Sieg des Südens über den Norden nicht auf einmal errungen werden konnte, und es muß bei dieser Gelegenheit daran erinnert werden, daß der ›Palermo-Stein‹ zwischen die Darstellungen der prädynastischen Könige des Südens und des Nordens einige Herrschergestalten einschiebt, die bereits die Doppelkrone Ober- und Unterägyptens tragen. Sind Narmer und der König Skorpion unter diesen Königen, die vorübergehend über das gesamte Ägypten geherrscht haben? Ein Schluß drängt sich auf: Wir können kein festes Datum mehr für das Ende der prädynastischen Epoche annehmen, das Ereignis muß sich über mehrere Generationen erstreckt haben.

SCHLÜSSE AUF DIE ANFÄNGE ÄGYPTENS

Vom Ende des Jung-Paläolithikums sehen wir die Steinindustrien Ägyptens sich von den zeitgenössischen europäischen Industrien differenzieren. Mit dem Mesolithikum und der Industrie von Heluan scheinen bereits zwei Kulturzentren im Niltal existiert zu haben, eins im Norden, das andere im Süden. Diese Tendenz festigt sich offenbar im Neolithikum und wird eine unbestreitbare Tatsache im Frühdynastischen. Von nun an entwickeln sich die beiden Zentren nebeneinander, bis sich im Mittelprädynastischen eine einheitliche, aber in zwei Königreiche geteilte Zivilisation in Ägypten konstituiert. Am Ende der jungprädynastischen Epoche gewinnt der Süden die Oberhand und einigt Ägypten unter seinem Zepter. In kaum anderthalb Jahrtausenden, wenn man vom Beginn des Neolithikums an rechnet, verwandelt sich so Ägypten aus einer primitiven Gesellschaft von Jägern und Sammlern wildwachsender Körner in einen zentralisierten monarchischen Staat.

Die Schnelligkeit dieser Entwicklung, besonders seit dem Mittelprädynastischen, hat mehrere Historiker angeregt, die ägyptische Zivilisation durch das Eindringen fremder Völkerschaften in das Niltal zu ›erklären‹. Diese hätten zu verschiedenen Zeiten bessere Techniken und eine höhere Kultur nach Ägypten gebracht. Ich glaube nicht an diese Erklärungen, doch ich muß betonen, daß es sich hier um eine persönliche Einstellung handelt, und daß bei der Unzulänglichkeit der uns zum Studium dieser frühen Epochen zur Verfügung stehenden Quellen die Theorien, die sich auf Invasionen berufen, um die Entfaltung der ägyptischen Zivilisation zu erklären, nicht vernachlässigt werden dürfen.

Nach einigen Autoren ist bereits die neolithische Kultur aus Asien gekommen. Die mesolithische Industrie von Heluan verrate die Existenz von Beziehungen zwischen Ägypten und Palästina (das palästinensische Natoufien ist mit der Industrie von Heluan verglichen worden). Bestimmte in den mesolithischen Siedlungen Ägyptens gefundene Getreidekörner stammten aus Asien, ebenso die Haustiere, vor allem der Hammel. Dieser Theorie einer asiatischen Invasion hat man einen afrikanischen Ursprung des ägyptischen Neolithikums entgegengestellt (A. J. Arkell), und das Neolithikum von Shaheinab kann mit dem des Fayum verglichen werden. Man kann nicht leugnen, daß das ägyptische Neolithikum noch zahlreiche Probleme stellt, deren Lösung beim augenblicklichen Stand unserer Kenntnisse unmöglich ist. Ich für meinen Teil frage mich, ob Ägypten nicht einfach seiner geographischen Lage zwischen Asien und Afrika eine gemischte neolithische Kultur verdankt, in der asiatische Elemente sich mit einem afrikanischen Komplex verschmolzen haben. Dies würde das Auftauchen von Getreidearten und Tieren orientalischen Ursprungs neben Gegenständen erklären, die durch aus Afrika übernommene Techniken beeinflußt sind.

Das Erscheinen des Metalls zu Beginn des Prädynastischen wirft neue Probleme auf: Die Metallurgie ist bestimmt nicht in Ägypten entstanden, wo das Metall eine sekundäre Rolle spielt, zumindest bis zum Mittelprädynastischen und zum Jungprädynastischen, wo die größere Verbreitung der Steinvasen und das Auftauchen der Bildhauerei es unerläßlich machen. Woher kam es? Man hat lange den Sinai als den einzigen Ursprungsort des prädynastischen Kupfers betrachtet. Neue Funde im sudanesischen Nubien zeigen, daß der Süden nicht *a priori* ausgeschlossen werden darf. Die Analysen von Holz, das auf den Grabungsstätten gefunden wurde, haben bewiesen, daß der Libanon seit dem Altprädynastischen Bretter lieferte. Der Obsidian schließlich erscheint seit dem Amratien, doch es gibt keine Obsidianlager in Ägypten. Man hat geglaubt, die Herkunft des ägyptischen Obsidian auf den griechischen Inseln, besonders auf Melos, lokalisieren zu können, oder in Armenien (A. Lucas); dies wäre ein europäischer oder asiatischer Import. Doch man vergißt, daß man ihn auch in Abessinien findet und, noch näher bei Ägypten, im sudanesischen Darfur und in den ›Red Sea Hills‹ der Arabischen Wüste, so daß auch hier die Möglichkeit einer Herkunft aus dem Süden in Betracht gezogen werden kann und muß.

Vor allem seit der mittelprädynastischen und jungprädynastischen Epoche (Gerzéen und Junggerzéen) will man im Übergang einer Kultur, »die kaum weiter fortgeschritten ist als im Neolithikum«, zu einer zivilisierten und in zwei rivalisierenden Monarchien organisierten Gesellschaft das Resultat einer fremden Invasion sehen. Diese Invasion sei aus Asien, genauer aus Mesopotamien, gekommen, entweder über Palästina und das Delta oder über das Rote Meer, das Wadi Hammamat und Koptos. Die mesopotamischen Eindringlinge hätten mit den Fortschritten der Kunst die Architektur und die Schrift nach Ägypten gebracht. Diese Theorie beruht auf vier Beobachtungen: a) In den ägyptischen Nekropolen des beginnenden Gerzéen stellt man zwischen den langköpfigen Skeletten das Auftauchen von kurzköpfigen Typen fest, und letztere seien die Repräsentanten der neuen ›dynastischen‹ Erobererrasse (Derry); b) eine prädynastische Elfenbeinarbeit (Messergriff vom Ǧebel el Arak) zeigt typisch ›mesopotamische‹ Szenen und Gegenstände (Schiffe); c) die Rohziegelbauten der ausgehenden jungprädynastischen Zeit seien inspiriert von zeitgenössischen sumerischen Bauwerken; d) das Erscheinen der ägyptischen Schrift in der gleichen Epoche lasse sich nur erklären durch eine Nachahmung der damals in Mesopotamien existierenden Schrift.

Es ist hier nicht der Ort, Kritik an diesen im übrigen sehr ungleichwertigen Beobachtungen zu üben. Der Haupteinwand ist, daß die Theorie der Kontinuität der Entwicklung der ägyptischen prädynastischen Kulturen nicht genügend Rechnung trägt. Im Süden geht man vom Tasien zum Badarien über, dann zum Amratien, von hier zum Gerzéen-Amratien und schließlich zum Junggerzéen, ohne daß es an irgendeiner Stelle der Kurve einen unbestreitbaren Bruch gibt. Das, was man die ›Revolution‹ des Gerzéen genannt hat, d. h. das Erscheinen der chamoisfarbenen Töpferware mit rotem Dekor, unterbricht nicht die innere Entwicklung des Amratien, und wenn sie uns als Revolution er-

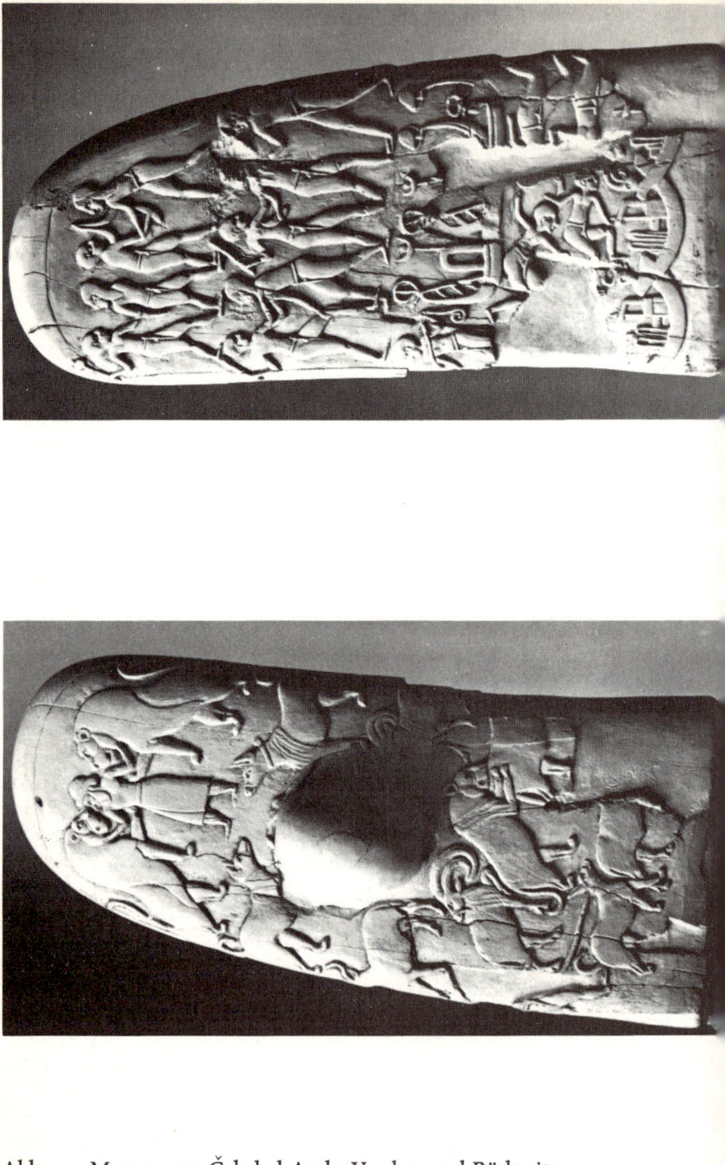

Abb. 23: Messer vom Ǧebel el Arak; Vorder- und Rückseite

scheint, so zweifellos deshalb, weil wir im Delta keine zeitgenössische Siedlung des südlichen Amratien kennen. Kann man nicht annehmen, daß die charakteristischen Dekors des Gerzéen im Norden in dem Augenblick zum erstenmal auftraten, da die dekorierte Töpferware im Süden in Erscheinung trat? Ist es unerläßlich, hierin das Resultat einer fremden Invasion zu sehen, die sich um so weniger erklären läßt, als das Meadien, eine für die Bewahrung ihrer Spuren geographisch am besten plazierte Kultur, davon keine zeigt. In Wirklichkeit vollzieht sich alles, als ob die Entfaltung der ägyptischen Zivilisation aus der Konfrontation des nördlichen Gerzéen mit dem südlichen Amratien resultierte, indem das eine der gemeinsamen Zivilisation ebensoviele Züge verlieh wie das andere.

Daß keine gewaltsame Invasion stattgefunden hat, bedeutet nicht, daß Ägypten in Abgeschlossenheit lebte. Es gibt zahlreiche Beweise des Gegenteils wie den Import von Holz, Metall, Obsidian, sogar von Fertigfabrikaten wie bestimmten palästinensischen Töpferwaren und mesopotamischen Rollsiegeln der sog. Ǧemdet-Naṣr-Epoche. Gelegentlich dieses Warenaustausches mit den benachbarten Völkern konnten und mußten sich im Niltal Ideen und Techniken um so leichter verbreiten, als das Klima während eines großen Teiles dieser Epoche nicht das gleiche war wie heute. Die östlichen und westlichen Wüsten waren damals bewohnt, was den kulturellen Austausch wesentlich erleichterte. Wir finden hier also wieder, was wir über das ägyptische Neolithikum gesagt haben: Durch seine geographische Lage war Ägypten bestens plaziert, um Nutzen aus den Neuerungen sowohl des einen wie des anderen zu ziehen. Seine straffe politische Organisation, die aus den durch die Urbarmachung des Tales geschaffenen Bedingungen resultierte, versetzte es in die Lage, die Erfindungen der anderen zu vervollkommnen und selbst zahlreiche Entdeckungen zu machen. Schließlich muß man auch die Möglichkeit der Konvergenz in Rechnung stellen: Nicht weil die Sumerer die Schrift etwas früher als die Ägypter kannten, was man angesichts der unsicheren Chronologie nicht mit Gewißheit behaupten kann, haben die Bewohner des Niltals notwendigerweise das Prinzip der Schrift von Mesopotamien übernommen. Im Gegenteil, alles scheint darauf hinzuweisen, daß die Ägypter und die Sumerer die Schrift jeder für sich erfunden haben.

Am Ende des Jungprädynastischen ist Ägypten, wie die Keule des Königs Skorpion und die Palette des Königs Narmer bezeugen, im Besitz eines Schriftsystems und einer starken politischen Organisation. Die bleibende Vereinigung des Südens und des Nordens markiert das Ende der prähistorischen Zeit und den Beginn der eigentlichen ägyptischen Geschichte, mit der wir uns nun beschäftigen wollen.

7. Das archaische Ägypten (I. und II. thinitische Dynastie)

Mit der Regierung Narmers endet die lange Periode der Entstehung des pharaonischen Ägyptens. Von nun an besitzt dieses seine in einem Schriftsystem fixierte Sprache, die sich nicht mehr ändern wird, und eine zentralisierte monarchische Organisation. Während etwa zwei Jahrhunderten wird Ägypten von zwei Dynastien regiert werden, die beide aus dem Süden stammen, aus der bei Abydos gelegenen Stadt Thinis, von deren Namen man das Adjektivum ›thinitisch‹ abgeleitet hat. Die thinitischen Dynastien haben im übrigen ihre Verwaltungshauptstadt in Memphis an der Südspitze des Deltas, von wo aus sie die Königreiche des Südens und des Nordens regieren können, denn die Einheit Ägyptens besteht nur in der Person des Königs, eine Einheit, die als ziemlich unsicher empfunden wird.

QUELLEN UND CHRONOLOGIE

Von der thinitischen Epoche an werden die Quellen der ägyptischen Geschichte reicher, als sie es in der prädynastischen Epoche gewesen waren. Während die Archäologie fortfährt, zahlreiche und wichtige Informationen zu liefern, werden diese nun auch von literarischen Quellen ergänzt. So führten bestimmte Tempel Königsannalen, in denen die Ereignisse Jahr für Jahr eingetragen wurden. Von diesen Dokumenten ist nur ein einziges auf uns gelangt, das unter dem Namen ›Palermo-Stein‹ (vgl. oben Kap. 6, S. 224) bekannt ist, doch es genügt, die Existenz solcher Annalen zu beweisen. Diese haben es den Schreibern der verschiedenen Epochen ermöglicht, ›Königslisten‹ aufzustellen, Aufzählungen der verstorbenen Könige, denen man zu bestimmten Zeiten des Jahres einen Totenkult darbrachte in bestimmten Heiligtümern, auf deren Wänden diese Listen eingraviert oder aufgemalt waren. Die heute bekannten Listen sind: die Liste von Karnak, die 62 Pharaonen, von der I. Dynastie bis zu Thutmosis III., aufzählt und gegen 1500 v. Chr. zusammengestellt wurde; die Liste von Abydos, die 76 Königsnamen, von der I. bis zur XIX. Dynastie, enthält und aus dem Jahre 1300 v. Chr. stammt; schließlich die Liste von Sakkara mit 47 Herrschernamen, beginnend mit dem sechsten König der I. Dynastie bis Ramses II., zusammengestellt gegen 1250 v. Chr. Zu den sog. Annalen von Palermo und den verschiedenen soeben aufgezählten Listen muß man den Turiner Königspapyrus hinzufügen. Dieser hat uns eine Königsliste erhalten, die im Charakter von den Listen der Steindenkmäler verschieden ist. Sie beginnt zunächst mit der Aufzählung der Götterdynastien, die Ägypten vor den Menschendynastien regiert haben sollen, dann nennt sie für jeden König die Dauer seiner Regierung in Jahren, Monaten und Tagen. Verfaßt zwischen 1300 und 1200 v. Chr., nannte dieser Papyrus die Namen aller ägyptischen Könige von der I. bis zur XIX. Dynastie, stellte also eine unvergleichliche historische Quelle dar. Intakt zu Beginn des 19. Jahrhunderts in einem Grab wiedergefunden, wurde er leider von seinen ersten Besitzern so schlecht behandelt, daß er in unzählige Fragmente zerbrach, die man noch nicht alle wieder an ihrem richtigen Platz unterbringen konnte. Es bestehen noch bedeutende Lücken.

Zu den Königsannalen und den Königslisten, die in der pharaonischen Epoche von den Ägyptern verfaßt wurden, kommt das Werk des Manetho hinzu, eines ägyptischen Priesters in Heliopolis, der im 3. Jahrhundert vor unserer Zeitrechnung lebte. Auf Verlangen von Ptolemaios II. schrieb er eine Geschichte Ägyptens und bediente sich dabei alter Dokumente zweifellos von der Art des ›Palermo-Steines‹ und des Turiner Papyrus. Leider ist uns sein Werk, die *Aegyptiaca*, das bei dem Brand der Bibliothek von Alexandria vernichtet wurde, nur bekannt durch die Auszüge, die die christlichen Historiker aus ihm gemacht hatten. Diese haben uns wenigstens die Liste Manethos der ägyptischen Könige mit der Dauer ihrer Regierung erhalten. Sie sind in 31 Dynastien eingeteilt. Dies ist der noch heute für die Geschichte Ägyptens gebräuchliche Rahmen.

So besitzen wir dank den schriftlichen Quellen, die aus der Zeit nach der archaischen Epoche stammen, die Namen der Könige der I. und der II. Dynastie in chronologischer Reihenfolge. Die archäologischen Quellen ihrerseits haben für jede der Regierungen Inschriftendokumente geliefert. Das Problem besteht nur darin, die Äquivalenz zwischen den durch die späteren Listen erhaltenen Namen und jenen zu finden, die auf den Originaldenkmälern stehen. Jeder ägyptische Pharao hatte seit der thinitischen Epoche mehrere Namen, die zusammen die offizielle königliche Titulatur darstellen. Nun haben aus Gründen, die wir nicht kennen, die Listen des Neuen Reiches, um einen Pharao zu bezeichnen, nicht den von ihm auf seinen eigenen Denkmälern benutzten Namen festgehalten. Die heutigen Historiker sind so zu einer schwierigen Identifizierungsarbeit gezwungen, deren Resultat nicht immer sicher ist.

Die absolute Chronologie ihrerseits stellt weitere Probleme. Manetho lieferte eine relative Chronologie mit der Hinzufügung der Dauer der von ihm aufgezählten Regierungen. Man kommt so, wenn man den verschiedenen Quellen folgt, die uns sein Werk überliefert haben, auf eine Totaldauer von 253 bis 252 Jahren für die I. und von 302 bis 297 Jahren für die II. Dynastie, also 555 oder 549 Jahren für die gesamte thinitische Epoche. Doch der ›Palermo-Stein‹ erlaubt trotz seiner Lücken, diese Dauer auf etwa 450 Jahre zu schätzen. Selbst wenn man diese Zahl der Manethos vorzieht, erscheint eine Dauer von viereinhalb Jahrhunderten den Historikern zu lang für die thinitische Epoche, um sie im Rahmen der allgemeinen Chronologie Ägyptens (vgl. oben S. 232) unterzubringen, und man reduziert sie im allgemeinen auf zwei Jahrhunderte. Andererseits hatten die ersten kritischen Studien der absoluten Chronologie den Anfang der thinitischen Monarchie in das Jahr 3200 v. Chr. datiert (Eduard Meyer). Aus verschiedenen Gründen tendiert man heute dazu, dieses Datum um mindestens zwei Jahrhunderte vorzuverlegen. Der erste Pharao wäre demnach gegen 3000 v. Chr. oder nach bestimmten Autoren erst gegen 2850 zur Macht gelangt (A. Scharff und A. Moortgart, 1950). Wenn man die mittleren Daten annimmt, läge die thinitische Epoche also zwischen 3000 und 2800. Man hat im übrigen darauf aufmerksam gemacht, daß die Zeitspanne zu kurz sei, um die festgestellten Ereignisse und vor allem den vollständigen Zerfall der Königsgräber der I. Dynastie schon vor dem Ende der thinitischen Epoche zu erklären (W. B. Emery). Wir sehen also, daß die Chronologie dieser Epochen noch sehr unsicher bleibt.

MENES UND DAS PROBLEM DES ERSTEN PHARAO

Manetho, der Turiner Papyrus und die Königsliste von Abydos stimmen darin überein, daß der erste ägyptische Pharao Menes hieß. Doch keines der bis heute wiedergefundenen Dokumente trägt diesen Namen in unbestreitbarer Weise. Auf Grund der auf der Votivpalette des Königs Narmer (vgl. oben S. 227) dargestellten Szene nahm man allgemein an, daß letzterer der erste König Ägyptens war, der die Doppelkrone von Oberägypten und Unterägypten trug und somit die Monarchie einleitete. Mit andern Worten, man hatte zwei verschiedene Namen für eine einzige Persönlichkeit: der eine, Narmer, angegeben in einem mit den Ereignissen zeitgleichen Dokument, der andere, Menes, geliefert von um mindestens 1700 Jahre jüngeren Quellen. Dieser Widerspruch ist auf verschiedene Weise erklärt worden: Narmer sei einer der Namen des Menes, und die beiden Namen bezeichneten die gleiche Persönlichkeit (vgl. B. Grdseloff, 1944, und A. H. Gardiner, 1961); Narmer sei der Vorgänger des

Menes, den man mit dem König Aha identifizieren müsse (vgl. W. B. Emery, 1963); Narmer schließlich sei zwar Menes, habe aber nach seinem Sieg über den Norden den Namen Aha angenommen (J. Vandier, 1962).

Die Tatsache, daß der König Skorpion ebenfalls die Doppelkrone von Ober- und Unterägypten getragen hat (vgl. oben S. 227) kompliziert das Problem von neuem. Muß man annehmen, daß der König Skorpion identisch war mit Menes (A. J. Arkell)? Daraus ergäbe sich die Schwierigkeit, die Namen der durch die Denkmäler bekannten Herrscher der I. Dynastie auf neun zu erhöhen, während Manetho deren nur acht erwähnt.

Das Problem kann auch unter einem andern Gesichtswinkel angegangen werden. Nach einer von Herodot (II, 99) und Manetho berichteten Überlieferung sei der erste Pharao der Thiniten-Monarchie auch der Gründer von Memphis gewesen. Nun hat man vorgeschlagen, in der Darstellung auf der Keule des Königs Skorpion die Gründungsszene der Stadt zu sehen, was die Identifikation des Menes mit König Skorpion bestätigen würde (A. J. Arkell); doch andererseits hat man geltend gemacht, daß das älteste bekannte große Bauwerk in Sakkara, die Nekropole von Memphis, auf König Aha zurückgeht, was wieder für die Identifikation dieses Königs mit Menes sprechen würde (W. B. Emery).

Man sieht, diese sehr komplexe Frage kann nicht mit Sicherheit beantwortet werden. Wenn die Identifikation Narmers mit Menes unter sonst gleichen Umständen als die beste Lösung erscheint, so können die andern Identifikationen nicht voreilig ausgeschlossen werden.

Manetho bezeichnet die beiden ersten Dynastien als ›thinitische‹. Dies kann man auf zweifache Weise verstehen: Entweder stammten beide regierenden Familien aus der Gegend von Abydos, oder ihre Verwaltungshauptstadt war Thinis. Nun hat man einerseits in einer großen archaischen Nekropole von Abydos unbestreitbar königliche Gräber wiedergefunden, und andererseits hat W. B. Emery in Sakkara eine Reihe von großen Gräbern der gleichen Epoche, beginnend mit Horus Aha, entdeckt. Es war bei den ägyptischen Königen stets Brauch, sich in der Nähe ihrer Residenz bestatten zu lassen. Und hieraus ergibt sich das Dilemma: Wenn die königliche Nekropole in Abydos war, dann befand sich die Hauptstadt in der Nähe; doch was stellen dann die großen Gräber in Sakkara dar? Gräber von hohen Beamten? In diesem Falle ließen ihre Dimensionen glauben, daß in der thinitischen Epoche die Beamten mächtiger waren als die Könige. Und wenn die Nekropole sich in Sakkara befand, dann mußte Memphis die Hauptstadt gewesen sein, was durch die Größe der kürzlich in Sakkara und Heluan wiederentdeckten privaten archaischen Nekropolen bestätigt erscheint; doch warum dann Königsgräber in Abydos? Man hat angenommen, daß der König, weil er zugleich König von Oberägypten und von Unterägypten war, zwei Gräber haben mußte, eins als Pharao des Südens, das andere als Herrscher des Nordens; eine der beiden Grabstätten wäre dann ein Kenotaph. Da die Gräber sowohl in Sakkara wie in Abydos geplündert wurden, ist das Dilemma schwer zu lösen. Ein in Abydos wiedergefundener Mumienarm und die große Zahl der in dieser Stadt entdeckten königlichen Stelen sprechen vielleicht dafür, daß Abydos die wirkliche Totenstadt war. Doch hier, wie für die Identifikation des Menes, gibt es keine endgültige Lösung, und die Diskussion bleibt offen.

DIE I. DYNASTIE

Um die Geschichte der I. Dynastie zu rekonstruieren, verfügen wir einerseits über die Hinweise Manethos und andererseits über die in den Nekropolen von Abydos und von Sakkara gefundenen Denkmäler, die vor allem aus kleinen Elfenbein- und Ebenholztäfelchen bestehen. Diese sind wichtig, denn sie geben piktographisch das markanteste Ereignis aus dem Jahre ihrer Abfassung wieder. Dank diesen beiden Kategorien von Quellen konnte man die Aufeinanderfolge der Könige bestimmen und sich eine Vorstellung von dem, was während ihrer Regierung geschah, machen.

Um diese Geschichte nachzuzeichnen, werden wir uns der den Königen auf den Denkmälern gegebenen Namen bedienen, statt der von Manetho und den Königlisten benutzten. Diese sind:

Narmer (Menes?)
Aha
Djer (oder Chent)
Meryt-Neit (Königin)
Uadjy (oder Djet)
Udimu (oder Den)
Adj-ib-Miebis
Semerchet
Ka-a

Narmer, wenn er wirklich Menes ist, soll Memphis gegründet haben, doch mit Ausnahme einiger in Abydos gefundener Gegenstände stammen die Denkmäler, durch die wir ihn kennen, alle aus Hierakonpolis. Nach Manetho hat Menes 62 Jahre regiert und ist von einem Nilpferd entführt worden. *Aha* dagegen ist durch zahlreiche Denkmäler bekannt, die auf Siege über die

Abb. 24: Schminkpalette des Königs Narmer; Vorder- und Rückseite

Nubier, über die Libyer und vielleicht über die Ägypter des Nordens anspielen, was zu besagen scheint, daß die Einigung noch unsicher war. Die gleichen Quellen erwähnen zahlreiche religiöse Feste und die Gründung eines Tempels in Saïs für die Göttin Neit. Nach Manetho regierte der Sohn des Menes 47 Jahre und baute den Königspalast in Memphis, was durch die bedeutenden, aus seiner Regierungszeit stammenden, in Sakkara gefundenen Denkmäler bestätigt sein könnte. Aha soll Arzt gewesen sein und Werke über Medizin geschrieben haben.
Djer (oder Chent): Ein Grab in Abydos hat zahlreiche Gegenstände geliefert und vor allem ein aus vielfarbigen Türkis-, Amethyst- und Lapislazuliperlen bestehendes Armband, sowie Amulette auf seinen Namen. Ein Täfelchen aus Abydos mit seinem Namen spielt vielleicht auf den Frühaufgang der Sothis an. Wenn diese Interpretation richtig ist, dann wäre unter Djer der Sonnenkalender eingeführt worden, und seine Regierungszeit umfaßte in absoluter Chronologie die Jahre von 2785 bis 2782 v. Chr. Nach der Überlieferung Manethos hat er 31 Jahre regiert. Man hat angenommen, daß eine Königin, *Meryt-Neit*, auf Djer gefolgt ist (W. B. Emery, 1963), doch Manetho erwähnt sie nicht, sondern geht direkt von Djer auf *Uadjy* (oder Djet) über, der auch unter dem Namen König Schlange bekannt ist. Wie Djer unternahm er Feldzüge außerhalb Ägyptens, und man hat Spuren seines Durchzugs durch die Arabische Wüste auf der Straße zum Roten Meer gefunden. Von den Kompilatoren Manethos gibt ihm der eine 23, der andere 42 Jahre Regierungszeit; sie fügen hinzu, daß unter seiner Regierung eine große Hungersnot in Ägypten wütete, und daß er ›die Pyramiden bei Kokome‹, das mit Sakkara identifiziert worden ist, baute.
Auf Uadjy folgt *Udimu* oder Den (die Lesung Udimu ist nicht sicher), der durch zahlreiche in seinem Grab in Abydos gefundene Gegenstände bekannt ist. Unter ihnen ist einer der wichtigsten ein Täfelchen, das den König bei der Vollziehung der Riten des Sed-Festes darstellt, das in der Hauptsache dazu bestimmt war, die Krönung zu wiederholen und die Zauberkraft des Königs zu erneuern. Wie seine Vorgänger führte Udimu auch Kriege; ein anderes Täfelchen zeigt ihn, wie er seine östlichen Feinde schlägt. Der ›Palermo-Stein‹ erwähnt unter seiner Regierung eine Volkszählung und zahlreiche religiöse Feste. Er soll 20 Jahre regiert haben; ihm folgte *Adj-ib-Miebis*, dem Manetho 26 Jahre Regierungszeit zuschreibt. Sein Name ist oft von den Denkmälern entfernt worden, was anzeigt, daß es damals zu politischen Wirren kam. Der ›Palermo-Stein‹ erwähnt eine militärische Expedition gegen die Nomaden und die Gründung von Städten. Die Auslöschung von Adj-ib-Miebis' Namen auf bestimmten Denkmälern war zweifellos das Werk seines Nach-

Abb. 25: Stele des Königs Schlange

folgers *Semerchet*, von dem man angenommen hat, daß er ein Usurpator war; dies bestätigt vielleicht die rätselhafte Bemerkung Manethos: »Unter seiner Regierung ereigneten sich zahlreiche Wunder, und ein großes Unglück kam über Ägypten.« Er regierte nur 18 Jahre, und ihm folgte *Ka-a*, der letzte König der Dynastie, der den Denkmälern Semerchets das gleiche Schicksal bereitete, das dieser den Denkmälern des Adj-ib zugedacht hatte. Wir besitzen keine Informationen über seine Regierung, außer daß er ebenfalls ein Sed-Fest feierte.
Mit der Regierung des Ka-a endet die I. Dynastie, die nach Manetho zweieinhalb Jahrhunderte an der Macht geblieben war. Man kennt nicht die Gründe ihres Erlöschens.

DIE II. DYNASTIE

Während man nicht mit Sicherheit entscheiden kann, welches die Verwaltungshauptstadt Ägyptens unter der I. Dynastie war, so besteht kein Zweifel mehr, daß es seit der II. Dynastie Memphis ist. In der Tat gibt es mit dem Beginn dieser Dynastie keine Königsgräber mehr in Abydos, und diese Tatsache rechtfertigt den von Manetho berichteten Dynastiewechsel. Die II. Dynastie zählt nach Manetho neun Pharaonen, doch die Denkmäler haben bis jetzt nur sieben, vielleicht acht, enthüllt, nämlich:

Hetepsechemui
Nebre (oder Ra-neb)
Ni-neter (oder Neterimu)
Uneg
Senedj
Sechemib-Peribsen
Cha-sechem
Cha-sechemui

Hetepsechemui ist der erste König der Dynastie. Sein Name, der ›die doppelte Macht ist befriedet‹ bedeutet, scheint auf die Wirren zwischen dem Norden und dem Süden anzuspielen, die mit dem Regierungsantritt des Herrschers beigelegt wurden. Leider sind seit Beginn seiner Regierung die eponymen Täfelchen der I. Dynastie nicht mehr in Gebrauch; sie werden ersetzt durch die Rollsiegelabdrücke, die uns die Namen der Beamten liefern und uns über die Entwicklung der Verwaltung informieren, jedoch keine Angaben über die politischen oder religiösen Ereignisse machen. Da der ›Palermo-Stein‹ für diese Epoche sehr viele Lücken aufweist, besitzen wir nur sehr wenige Quellen, um abgesehen von der Aufeinanderfolge der ersten fünf Könige

die Geschichte nachzuzeichnen. Manetho berichtet, daß »unter der Regierung des Hetepsechemui sich in Bubastis im Erdboden eine Spalte öffnete und viele Personen umkamen«. Auf Hetepsechemui, der 38 Jahre regiert haben soll, folgte *Nebre,* der 39 Jahre regiert haben soll, und Manetho fügt hinzu, daß unter seiner Regierung »die Stiere Apis in Memphis, Mnevis in Heliopolis und der Ziegenbock von Mendes als Götter verehrt wurden«. In Wirklichkeit gehen diese Kulte, zumindest der des Apis, auf den Beginn der I. Dynastie zurück. Auf Nebre folgt *Ni-neter* (oder Neterimu). Der ›Palermo-Stein‹ erwähnt die Feier von religiösen Festen und die Durchführung der Volkszählung. Manetho gibt ihm 47 Regierungsjahre und fügt hinzu, daß man damals »beschloß, daß die Frauen die königliche Gewalt ausüben könnten«. Die Nachfolger Nineters sind wenig bekannt: Der erste, *Uneg,* dessen Name sich nur auf den in der Stufenpyramide von Sakkara gefundenen Gefäßen findet, soll 17 Jahre regiert haben, wenn er dem Tlas des Manetho entspricht; *Senedj,* der Sethenes des Manetho, folgte ihm auf dem Thron und regierte nach letzterem 41 Jahre.
Schon vor der Einigung des Landes stand das Königtum unter der Schutzherrschaft des Falkengottes Horus, und ›Horus X‹ war eine der Arten, den König zu bezeichnen. Alles schien anzuzeigen, daß Oberägypten die Erinnerung an den Gott Seth, der in der Amrah-Epoche der Gott der südlichen Hauptstadt Ombos gewesen war, nicht bewahrt hatte. Der Nachfolger des Senedj tauscht, nachdem er unter dem Namen Horus *Sechemib* inthronisiert worden war, diesen Namen gegen den Namen Seth-Peribsen ein. Die Gründe für diesen Wechsel sind wenig bekannt; man neigt dazu, ihn durch eine allgemeine Erhebung des Nordens gegen den Süden zu erklären. In Wirklichkeit soll ›Seth‹-Peribsen Memphis aufgegeben haben; jedenfalls ließ er sich in Abydos bestatten. Nach seiner Regierung scheint die Einheit schnell wiederhergestellt worden zu sein, und die Dynastie endet mit zwei Königen so ähnlichen Namens, daß man sich gefragt hat, ob es sich nicht um dieselbe Persönlichkeit gehandelt hat. Der erste, *Cha-sechem,* ist nur durch in Hierakonpolis gefundene Denkmäler bekannt. Er soll es gewesen sein, der vom Süden aus die Einheit des Landes wiederherstellte. Nach diesem Sieg habe Cha-sechem den Namen *Chasechemui* angenommen, doch einige Autoren ziehen es vor, im letzteren einen anderen Herrscher zu sehen.
So endet auf für unsere Sicht noch unklare Weise die II. Dynastie und mit ihr die thinitische Periode.

Wenn die Hauptzüge der ägyptischen Zivilisation sich bereits in den letzten Jahren des Jungprädynastischen herausgebildet haben, so wird die thinitische Epoche sie verschärfen und weiterentwickeln. Die unter den letzten prädynastischen Königen vorbereitete Einheit des Landes mußte konsolidiert werden. Es scheint, daß die thinitischen Pharaonen sich zu diesem Zweck zweier Mittel bedienten: Einmal der Waffengewalt, um die Revolten zu unterdrücken, und dann einer Bündnispolitik durch Heirat, was man den Namen der Königinnen der I. Dynastie entnehmen zu können glaubt, wie dem der Her-neit, der Merytneit und der Neit-hotep, die alle mit dem Namen der Göttin Neit, der Schutzherrin von Saïs und von Nordägypten gebildet sind. Diese Politik war begleitet von einer Tätigkeit, die man als Diplomatie bezeichnen könnte: Horus Aha ließ den Tempel der Neit bauen oder wiederaufbauen, und Djer besuchte die Heiligtümer von Buto und von Saïs. Die Einrichtung der Zentralverwaltung in Memphis, im Herzen des Königreichs Unterägypten – denn dieses erstreckte sich in der prädynastischen Epoche vom Fayum bis zu den Sümpfen des Deltas – entsprang dem gleichen Bedürfnis nach Anwesenheit und vielleicht nach Aussöhnung. Schließlich zeigt der Name der letzten Königin der thinitischen Epoche, Nimaat-Hapi, der den Namen des Apis, des populärsten Gottes von Memphis, enthält, daß die Pharaonen der II. Dynastie dem Beispiel der I. Dynastie folgten und ihre Macht festigten, indem sie sich mit den Familien des Nordens verbündeten. Diese gleichzeitig Krieg führende und diplomatische Politik der thinitischen Monarchie trägt ihre Früchte, denn der geeinte Staat überwindet die Krise der Epoche des Peribsen und rekonstituiert sich leicht am Ende der II. Dynastie.

Den inneren Frieden nutzend, kann die thinitische Dynastie sich nach außen wenden. Djer dringt in Nubien ein, zumindest bis zum zweiten Katarakt, wo man ein Relief mit seinem Namen gefunden hat, das an einen Sieg über die südlichen Völker erinnert. Aha und Djer kämpfen gegen die von den Reichtümern des Tales angelockten Nomaden der angrenzenden Wüsten, vor allem gegen die Libyer. Udimu vertreibt die Beduinen des Ostens, und Adj-ib-Miebis erwähnt einen Sieg über die Iuntiu, die Nomaden der Wüsten des Südens, des Südostens und des Ostens. Mit inneren Unruhen beschäftigt, scheinen die Pharaonen der II. Dynastie sich nicht nach außen gewandt zu haben, zumindest sind uns keine entsprechenden Spuren erhalten.

Abgesehen vom Süden, in den die Pharaonen der I. Dynastie tief eindringen, ist die Militärpolitik der Thiniten vor allem defensiver Natur. Es handelt sich darum, die Begehrlichkeit der Beduinen zu entmutigen, vielleicht diejenigen unter ihnen zu bestrafen, die sich wie die Libyer mit den Aufständischen des Nordens verbunden zu haben scheinen. Die Beziehungen zum Ausland sind nicht immer kriegerisch. Seit der prädynastischen Epoche trieb das Tal Handel mit den benachbarten Völkern, besonders mit Palästina. In der thinitischen Epoche verstärkt sich dieser Handel. Juweliere und Hersteller von Gefäßen lassen ihre Steine aus manchmal sehr weit entfernten Brüchen in den Wüsten des Ostens, Westens, und Südens kommen. Das Holz wird von der syrisch-palästinensischen Küste importiert, wo man den Namen Narmers auf einer Tonscherbe wiederentdeckt hat. Der Fund von syrisch-palästinensischen Töpfereiwaren in Ägypten und der von ägyptischen Gefäßen in Byblos und in Palästina bestätigen die Handelsbeziehungen zwischen Ägypten und Phönizien seit fernster Zeit. Man hat den Namen Uadjy auf der Straße der östlichen Wüste gefunden, die über das Küstenmassiv das Niltal mit dem Roten Meer verbindet, und den Namen Nebre auf einer östlichen Wüstenstraße. Schließlich kamen das Elfenbein, das Ebenholz und vielleicht auch der Obsidian aus dem fernen Süden durch das obere Niltal nach Äypten.

Die thinitische Epoche erlebt die Errichtung einer zentralisierten Monarchie mit Hilfe einer sich nach und nach organisierenden Verwaltung. Die Einheit Ägyptens beruht auf der Person des Königs, die Beamten unterstehen ihm unmittelbar. Diejenigen, die die öffentlichen Arbeiten überwachen, zählen zu den wichtigsten, vor allem der *adj-mer* (wörtlich ›Gräber von Kanälen‹), der das Oberhaupt der Provinz, der *Nomarch*, wird. Es ist nicht sicher, obwohl möglich, daß es bereits einen Wesir gab. Der Kanzler, einer der höchsten Beamten, befaßt sich mit der Zählung, die alle zwei Jahre stattfindet und sich vor allem auf das Vieh zu erstrecken scheint, doch auch Liegenschaften und Möbel werden nicht vergessen. Die Schatzkammer umfaßt auch Speicher zur Lagerung der Naturalabgaben, denn eine Hauptaufgabe der Monarchie war die Vorsorge für den Fall unzureichender Nilüberschwemmungen; deshalb gibt es eine Wasserverwaltung *(per mu)*, die zweifellos damit beauftragt ist, den König über die Ernteaussichten zu informieren. Insgesamt beruht die thinitische Verwaltung auf der landwirtschaftlichen Nutzung des Landes, die ihrerseits von dem guten Funktionieren des Bewässerungssystems abhängt. Diese Verwaltung, unterstützt durch die Entfaltung der Schrift, zeitigt große Erfolge: Neue Städte werden gegründet, Weinberge geschaffen, der Wüste und den Sümpfen Land abgewonnen. Das Verwaltungszentrum etabliert sich in Memphis, das für viele Jahrhunderte die Hauptstadt Ägyptens bleiben wird.

Die Monarchie selbst organisiert sich: Die Inthronisationszeremonien werden genau festgelegt, das Sed-Fest, eng verbunden mit der königlichen Macht, wird immer regelmäßiger gefeiert, um die Person des Königs bildet sich ein Hofstaat mit seinen Titeln. Der Pharao, Vertreter und Abkömmling des Gottes Horus, strebt danach, als Gott betrachtet zu werden.
Die dem thinitischen Ägypten durch die prädynastischen Kulturen übermittelten Techniken werden verbessert: Es ist die große Epoche der skulpierten Steingefäße, verbunden mit der allmählichen Aufgabe der dekorierten Töpferware. Die Bildhauer meistern die härtesten Steine und schaffen die ersten Meisterwerke der ägyptischen Kunst, wie die Stele des Königs Schlange (Uadjy) und die Statue des Cha-sechem. In den Gräbern erscheinen die Relief-Totenstelen. Die Metallhandwerker verstehen es, Statuen aus Kupfer zu fertigen, und die Goldschmiede stellen wundervolle Schmuckstücke her, wie die des Königs Djer. Die Vervollkommnung der Techniken zieht die der Architektur nach sich: Die Gräber werden immer größer, immer komplexer. Zu Beginn der I. Dynastie sind sie ganz aus Rohziegeln; dann erscheint zunächst der gewölbte Überbau, und später werden zunehmend behauene Steine und Holz verwendet.
Wir wissen wenig über die Götterreligion, da nur ein einziges Heiligtum in Abydos entdeckt worden ist. Doch wir wissen durch den ›Palermo-Stein‹ und die Grabungen, daß von den thinitischen Königen Tempel gebaut oder wiederaufgebaut wurden, in denen die großen Gottheiten wie Horus, Re, Osiris, Isis, Min, Anubis, Neit und Sokaris verehrt wurden. Der Kult der heiligen Tiere spielte bereits eine gewichtige Rolle. Das Grab wird als die ständige Wohnung des Toten betrachtet. Man stopft es voll mit Lebensmitteln, Möbeln und Gegenständen aller Art. Diener werden rings um das Grab bestattet, und man hat sich gefragt, ob sie nicht beim Tode ihres Gebieters geopfert wurden, um ihm im Jenseits weiterzudienen (W. B. Emery). Dieser Brauch, wenn er existiert hat, verschwindet gegen Ende der I. Dynastie. Der Glaube an ein Weiterleben nach dem Tode im Himmel scheint durch das Vorhandensein von Booten nachgewiesen, die neben dem Toten vergraben waren und es ihm ermöglichen sollten, der Sonnenbarke zu folgen oder nach Belieben zu reisen.
So ist mit dem Ende der thinitischen Periode des pharaonische Königtum fest etabliert. Der Herrscher leitet eine stark zentralisierte und bereits hierarchisierte Verwaltung. Das gut bewässerte Land gedeiht. Künstler und Handwerker besitzen die Techniken, die sich nun entfalten werden.

8. Das Alte Reich

Als die III. Dynastie das einleitet, was man das Alte Reich nennt, dessen Macht von etwa 2700 bis 2300 v. Chr. währen wird, ist Ägypten geeint. Vom 1. Katarakt bis zum Mittelmeer gibt es nur noch eine einzige Nation, obwohl die Pharaonen fortfahren, sich ›König von Oberägypten und Unterägypten‹ zu nennen. Die Institutionen sind auf der Basis einer Monarchie göttlichen Rechts etabliert. Das Landschaftsgebiet hat sich konstituiert, die Religion ist in ihren großen Linien fixiert. Die Techniken, einschließlich der höheren wie Schrift, Kunst oder Architektur, sind erarbeitet.
Bevor wir die Geschichte des Alten Reiches darstellen, empfiehlt es sich, einen Gesamtblick auf die festen Gegebenheiten dieser soeben entstandenen Zivilisation zu werfen.

DER NATÜRLICHE RAHMEN

Die ägyptische Zivilisation verdankt viel dem natürlichen Rahmen, in dem sie entstanden ist; sie existiert nur dank dem Niltal, und dessen Geschichte hat eine große Rolle in ihrer Entwicklung gespielt. Am Ende des Tertiärs wurde das untere Niltal von der heutigen Küste des Mittelmeeres bis etwa El Kab infolge eines Einbruchs zu einem Meerbusen (vgl. Karte). Während des ganzen Pliozäns füllen große Ablagerungen von Meerkalk allmählich diesen Busen aus, dann trägt eine allgemeine Hebung den Kalk bis 180—200 m über das Niveau des Meeres. Durch diese Ablagerungen gräbt sich der Nil von neuem sein Bett. Viel mächtiger, als er heute ist, schafft er hier ein sehr breites Tal, das die Anschwemmung zunehmend in dem Maße mit Schlamm füllen wird, in dem seine Wasserführung zurückgeht und sich verlangsamt. Es ist dieser Schlamm, der den Reichtum des Tales ausmacht, während die Kalkfelsen den Feuerstein in Reichweite bringen, den sie ebenso enthalten wie ein ausgezeichnetes Baumaterial.
Geographisch besteht Ägypten aus zwei sehr unterschiedlichen Teilen, aus dem Delta, in dem das Alluvialtal sehr breit ist, und, vom Fayum an, aus einem gewissermaßen zwischen zwei Wüsten eingeklemmten Gang kultivierbaren Bodens, der Oberägypten bildet. So steht dem reichen, am Meer gelegenen Delta der ärmere, wie von der Wüste erstickte Said gegenüber. Das

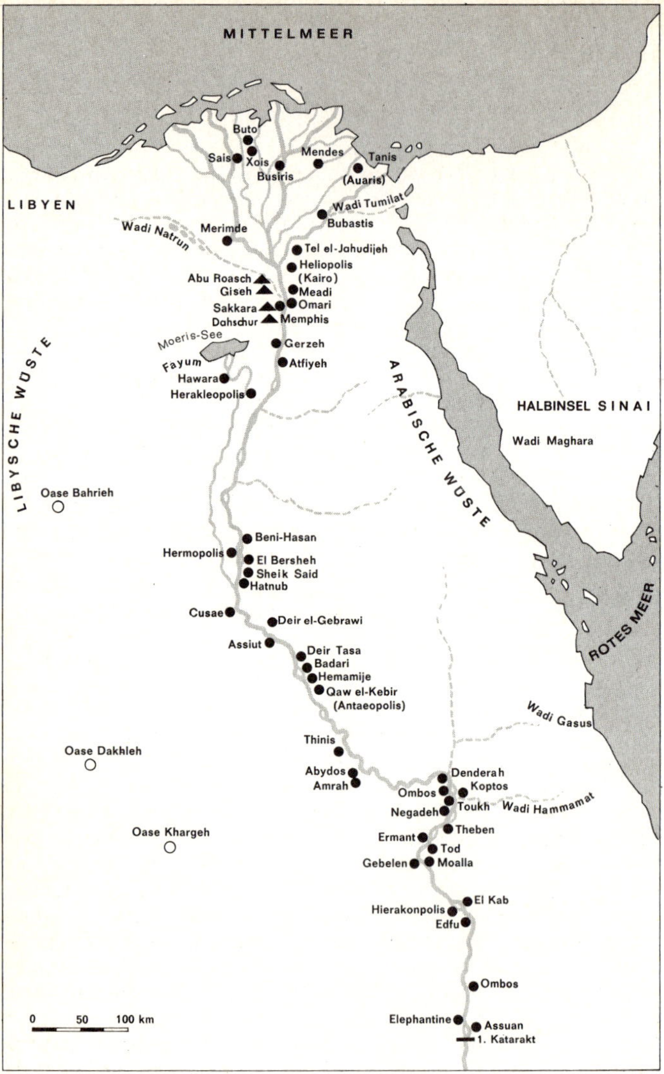

Abb. 26: Ägypten zur Zeit des Alten und Mittleren Reiches

einzige Band zwischen den beiden Gebieten sind der Nil und seine Wasserverhältnisse.
Seit Herodot ist es ein Gemeinplatz, zu sagen, Ägypten sei ein ›Geschenk des Nils‹, doch dies entspricht der Wahrheit. Das Klima Ägyptens ist trocken, die jährlichen Niederschläge sind geringfügig, und wenn es den Nil nicht gäbe, wäre Ägypten eine Wüste wie die Sahara und der Nedjed, die auf dem gleichen Breitengrad liegen. Wenn der Strom schließlich nicht sehr spezielle Wasserverhältnisse hätte, wären nur wenige Äcker am Rand seines Laufes kultivierbar gewesen. Denn was den Reichtum Ägyptens ausmacht, das ist nicht so sehr der Nil als die Nilschwelle, die ihm das Wasser und den Schlamm heranbringt, ohne die es nicht existieren könnte.
Das Phänomen der Überschwemmung ist sehr komplex. Ihr wesentliches Element sind die Monsunregen des Frühlings, die, auf das äthiopische Gebirgsmassiv niedergehend, das Ansteigen der äthiopischen Nebenflüsse des Nils, des Blauen Nils und des Atbaras, bewirken. Von Anfang August bis Ende Oktober ist Ägypten von Wasser bedeckt. Sein Boden saugt sich voll mit Feuchtigkeit und nimmt den der vulkanischen Erde Abessiniens entrissenen Schlamm auf. Doch wie die Überschwemmung eine wohltätige Wirkung hat, so kann sie auch Katastrophen mit sich bringen: Das Wasser steigt sehr plötzlich, und sich selbst überlassen würde die starke Strömung alles mit sich reißen; schließlich und vor allem spielt hier in hohem Maße die Launenhaftigkeit der Natur eine Rolle. Von zehn aufeinanderfolgenden Überschwemmungen sind kaum drei befriedigend, die sieben andern sind entweder zu schwach oder zu stark.
So ist es kein Paradoxon, zu sagen, der wirkliche Ursprung der ägyptischen Zivilisation beruhe auf der Meisterung der Überschwemmung. Der Mensch hat zu diesem Zweck mehrere Mittel angewandt. Er hat zunächst entlang den Ufern des Stromes Schutzdeiche errichtet. Dann hat er ein komplexes System von Kanälen und Staudämmen angelegt, das es ihm erlaubte, die Überschwemmungen zu kontrollieren. Da der Nil so gezwungen war, durch die von Assuan bis zum Delta hintereinander angelegten Becken zu fließen, wurde einerseits die Gewalt der Strömung gebrochen, andererseits blieb das verlangsamte Wasser länger auf den Feldern stehen und setzte auf ihnen den sich senkenden Schlamm ab. Schließlich gelang es den Ägyptern durch eine konsequente Planierung des Tales und die Anlage eines Netzes von Zuführungskanälen, das Wasser nach und nach auf Ländereien zu leiten, die normalerweise außerhalb der Reichweite der Überschwemmung lagen. Während der Nil und seine Schwelle Naturphänomene sind, ist Ägypten hingegen eine Schöpfung des Menschen.

Um dieses außerordentliche Ergebnis zu erzielen, das die ägyptische Oase darstellt, bedurfte es einer straffen Organisation. Diese Notwendigkeit erklärt zu einem großen Teil die rasche Entwicklung der Zivilisation in Ägypten. Die in der thinitischen Verwaltung dem Kanalbau und der Wasserregulierung beigemessene Bedeutung (s. oben S. 243) bezeugt, daß in dieser Epoche die Organisation des Landes vollendet wurde.
Das zweite Mittel, das der Mensch anwandte, um das Versagen des Nils wettzumachen, war die systematische Anlage von Reserven in den fruchtbaren Jahren, um den Bedarf zu befriedigen, wenn die Überschwemmung unbefriedigend sein sollte. Der ›königliche Schatz‹ ist daher in Wirklichkeit ein Speicher, jede Provinz hat den ihren, und es ist die doppelte Aufgabe einer guten Verwaltung, Deiche und Kanäle in gutem Zustand zu erhalten und dafür zu sorgen, daß die Speicher immer voll sind. Diese Notwendigkeit hat zweifellos in hohem Maße zur Errichtung eines zentralisierten autoritären Regimes und zur Entwicklung einer leistungsfähigen Verwaltung beigetragen.
Doch während die physikalischen Bedingungen eine starke Autorität erfordern, begünstigt die Geographie die Zersplitterung der Macht. Ägypten ist ungefähr 35mal länger als breit. Wo die Zentralmacht sich auch installiert, sie ist immer mehr oder weniger weit entfernt von den kleinen Verwaltungsstellen, die sich in winzigen Landwirtschaftsgebieten entlang dem Nil staffeln. Daher die Versuchung für jeden dieser Provinzhauptorte, sich zu unabhängigen Fürstentümern zu machen, sobald die königliche Macht schwach wird oder den Fehler begeht, ihr zuviel Freiheiten zu gewähren. So ist die Geschichte Ägyptens eine Folge von Perioden starker Zentralisation (Altes Reich, Mittleres Reich, Neues Reich), unterbrochen von Perioden der Dezentralisation (Erste und Zweite Zwischenzeit). Die letzteren Perioden sind auch Epochen des Hungers und der Wirren, denn die Aufrechterhaltung der systematischen Kontrolle des Stromes ist so kategorisch, daß die geringste Schwäche der Zentralmacht wirtschaftliche Katastrophen zur Folge haben muß. Und diese wiederum erleichtern die Rückkehr zu einer stark zentralisierten Macht.

CHRONOLOGIE

Die Ägypter verdanken der Nilschwelle nicht nur die Fruchtbarkeit ihres Landes, sondern auch den besten Kalender aller Völker des Altertums. Entsprechend den Erfordernissen der Landwirtschaft war ihr Jahr ursprünglich in drei Jahreszeiten eingeteilt: Die Jahreszeit *Achet*, während der die Felder vom Wasser der Überschwemmung bedeckt waren, die Jahreszeit *Peret*, die

Periode der Aussaat, des Keimens und der Reife der Pflanzen, und die Jahreszeit *Schemu,* in der die Ernte und die Speicherung erfolgte.
Das Jahr begann also mit der Überschwemmung, und lange Zeit fiel der erste Tag des Jahres mit dem Beginn des Steigens des Wassers zusammen. Zu einem bestimmten Zeitpunkt beobachteten die Ägypter, daß dieses Phänomen zeitlich zusammenfiel mit dem Erscheinen des Sternes Sothis (ägyptisch: Sepedet), unseres Sirius, am Horizont kurz vor dem Sonnenaufgang. In diesem ›Frühaufgang der Sothis‹ müssen sie die Ursache der Überschwemmung gesehen haben und machten ihn zum ersten Tag des Jahres. Von nun an war das ägyptische Jahr in drei Jahreszeiten von je vier Monaten zu dreißig Tagen eingeteilt, zusammen 360 Tage, zu denen fünf zusätzliche Tage hinzukamen (die die Griechen *›epagomenai‹* nannten), was ein Jahr von 365 Tagen ergab. Dieses allen auf den Mondphasen beruhenden Kalenderberechnungen weit überlegene Sonnenjahr war jedoch nicht vollkommen. Das wirkliche Sonnenjahr ist 365¼ Tage lang und nicht 365, so daß das offizielle ägyptische Jahr alle vier Jahre dem astronomischen Jahr gegenüber einen Rückstand von einem Tag erhielt. Nach 120 Jahren betrug dieser Rückstand einen Monat und mehr als vier Monate nach fünf Jahrhunderten. Die wirklichen Jahreszeiten waren dann vollkommen verschoben. Erst nach 1460 Jahren fiel der erste Tag des astronomischen Jahres wieder mit dem ersten Tag des offiziellen Kalenders zusammen. Diese Zeitspanne von 1460 Jahren nennt man eine *Sothis-Periode.* Natürlich entdeckten die Ägypter bald, daß zum Beispiel die wirkliche Jahreszeit *Peret,* in der sie pflanzten, sich mit der Jahreszeit der Ernte *(Schemu)* des offiziellen Kalenders deckte, und sie verfehlten es nicht, die Tatsache zu vermerken. So notierte Censorinus im Jahre 139 unserer Zeitrechnung ein Zusammenfallen des Frühaufgangs der Sothis mit dem ersten Tag des ägyptischen Kalenders. Dies hat den modernen Astronomen erlaubt auszurechnen, daß das gleiche Phänomen auch in den Jahren 2773 und 1317 v. Chr. eingetreten sein muß. Nun besagen verschiedene hieroglyphische Inschriften, daß der Frühaufgang der Sothis sich unter Thutmosis III. am 28. Tage des 3. Monats des Schemu vollzogen hatte, daß der gleiche Aufgang am 9. Tage des gleichen Monats unter Amenophis I. beobachtet worden war, und daß schließlich unter Sesostris III. die Sothis im Jahre 7 am 16. Tage des vierten Monats des Peret erschienen war. Diese Beobachtungen ermöglichten die Festsetzung dreier zuverlässiger chronologischer Anhaltspunkte: Das Jahr 7 Sesostris' III. fiel auf 1877 ± 2 Jahre, das Jahr 9 Amenophis' I. auf 1536, und die Regierung Thumosis' III. muß das Jahr 1469 einschließen.

Auf Grund dieser Daten konnte man dank Manetho, dem Turiner Papyrus und den Denkmälern selbst eine Chronologie der Herrscher Ägyptens aufstellen, die gewiß nicht ohne Fehler, jedoch befriedigend ist. Ein Punkt bleibt allerdings dunkel: Wir kennen nicht das sothiakische Datum für die Regierungen vor der Sesostris' III., und infolgedessen bleibt die vor dieser Regierung liegende Chronologie ungewiß. Doch wir wissen, daß die Übernahme des Kalenders nur zu Beginn einer Sothis-Periode, mit andern Worten entweder im Jahre 2773 oder im Jahre 4233, stattfand. Man hat lange Zeit geglaubt, sie sei im Jahre 4233 erfolgt, doch die durch die Kohlenstoff-14-Analyse erlangten Daten haben gezeigt, daß Ägypten sich zu jener Zeit noch mitten im Neolithikum befand. Heute nimmt man an, daß der Sonnenkalender gegen 2773 eingeführt wurde. Es ist möglich, daß dieses Datum in die Regierungszeit des Königs Djer fällt, doch es ist auch wahrscheinlich, daß dieses Ereignis sich im Alten Reich während der Regierung Djosers in der III. Dynastie zutrug.

DIE III. DYNASTIE

Die Gründe, die Manetho dazu veranlaßten, die III. Dynastie nach dem Tode Cha-sechemuis beginnen zu lassen, sind nicht bekannt. Eins ist jedoch gewiß: Djoser, dessen Gestalt die Dynastie beherrscht, war mit Cha-sechemui verwandt durch seine Mutter Nimaat-Hapi, die des letzteren Frau war. Man hat sich gefragt, ob diese nicht eine Nebenfrau des letzten Königs der II. Dynastie gewesen sein könnte. Vielleicht hatte die Hauptgattin nur Töchter oder überhaupt keine Kinder gehabt, und so waren die Söhne der Nebenfrau ihrem Vater auf dem Thron gefolgt.
Die Geschichte der III. Dynastie birgt noch zahlreiche Probleme: Weder die Zahl noch die Reihenfolge ihrer Könige stehen fest. Man hat lange geglaubt, Djoser sei, weil er der Sohn des Chasechemui war, der erste König der Dynastie gewesen. Neue Funde haben gezeigt, daß seiner Regierung zweifellos die des Horus *Sanacht*, der aller Wahrscheinlichkeit nach sein Bruder war, vorangegangen war. Von diesem Sanacht weiß man nichts, außer daß sein Grabmal zweifellos der Ausgangspunkt der Stufenpyramide war.
Der Name Djosers, seines Nachfolgers, ist nur bekannt durch spätere Denkmäler. In der III. Dynastie wie während der thinitischen Epoche benutzten die Pharaonen auf ihren Denkmälern ihren Horus-Namen. So ist der einzige in der Stufenpyramide bezeugte Name der des Neterychet, und erst durch die Graffiti des Neuen Reiches und die Inschriften noch jüngerer

Abb. 27: Hesire; Holztafel aus seinem Grab bei Sakkara

Epochen wissen wir, daß *Neterychet* und *Djoser* eine einzige Persönlichkeit sind.

Das Hauptereignis unter der Regierung Djosers ist die Errichtung des großen Bauwerks, das man die Stufenpyramide nennt. Diese erhebt sich am Rande der Wüste bei Sakkara, etwas südlich von den großen Pyramiden. Sie ist das Werk Imhoteps, des Architekten, Arztes, Priesters, Magiers und Beamten Djosers. Sie ist das erste ganz in Stein ausgeführte Gebäude, das uns die ägyptische Zivilisation hinterlassen hat, und sie verschaffte ihrem Schöpfer Imhotep ein so großes Ansehen, daß er später als Gott verehrt wurde. Die Griechen identifizierten ihn sogar mit Asklepios, dem Gott der Heilkunde, und verehrten ihn unter dem Namen Imuthes.

Die eigentliche Stufenpyramide mit ihren sechs Etagen, die das Plateau und das Tal um etwa 63 Meter überragten, ist nur ein Teil des großen von Imhotep geschaffenen Komplexes. Man hat angenommen, daß zumindest ein Teil dieser Anlage, der Totentempel, die Steinreplik des von Djoser in Memphis aus Ziegeln errichteten Königspalastes war. Die Pyramide in ihrem jetzigen Zustand ist das Resultat zahlreicher Veränderungen. Sie begann mit einer einfachen Mastaba, d. h. mit einem Parallelepiped des gleichen Typs wie die königlichen und bürgerlichen Grabstätten der ersten beiden Dynastien. Das Netz von unterirdischen, in den Fels gehauenen Gängen und Räumen, das gedeckt wird von dem massiven Mauerwerk der Pyramide, enthält nicht weniger als 11 Grabkammern, von denen man annimmt, daß sie für die Familie Djosers bestimmt waren. An der Nordfront der Pyramide erhob sich ein Tempel, in dem der tote König verehrt wurde; in diesem Tempel hat man eine lebensgroße Statue des Königs wiedergefunden.

Doch der bemerkenswerteste Baukomplex erstreckt sich im Süden der Pyramide. In der Mitte liegt ein riesiger rechteckiger Hof, im Osten und Süden flankiert von Kapellen und Nebenkammern, von denen zwei große Pavillons die beiden Königreiche des Südens und des Nordens zu symbolisieren scheinen, während dreizehn kleinere Gebäude vielleicht Heiligtümer von Göttern der verschiedenen Gaue waren. Man nimmt an, daß Hof und Gebäude für die Feier des Sed-Festes bestimmt waren. Die Anlage von Sakkara ist umgeben von einer gewaltigen Mauer mit Rücksprüngen und Bastionen, die eine Fläche von mehr als 600 m mal 300 m umschließt und in Quaderwerk die gegliederten Fassaden der Gräber und Paläste der thinitischen Epoche nachahmt. Es ist eins der Charakteristika der Stufenpyramide, daß sie eine genaue Imitation einer Rohziegel- und Holzarchitektur darstellt. So sind z. B. die Türen der Heiligtümer aus zugerichteten Steinen gefertigt, wobei die Türe halb-

Abb. 28: Stufenpyramide des Djoser

offen dargestellt wird und Riegel, Angeln, Füllungen, Träger und Rahmen, alles, was in Sakkara offenbar aus Holz war, aus schönem weißem Kalkstein bestehen. Imhotep verwendet zum erstenmal die Säule, wagt aber noch nicht, sie frei aufzustellen, sie bleibt in die Wand eingelassen. Man bemerkt bereits die papyrusförmige Säule, deren Schaft ebenfalls eine getreue und übergroße Kopie eines Papyrusstengels ist; schließlich erscheint auch die kannelierte Säule. In den unterirdischen Kammern, von denen einige mit dekorierten Platten aus blauer Fayence und fein reliefverzierten Kalkstein-Paneelen verkleidet sind, hat man mehrere tausend Gefäße und Schüsseln aus Alabaster, Schiefer, Porphyr, Bruchstein, Quarz, Bergkristall, Schlangenstein usw. gefunden. Auf manchen von ihnen waren die Namen der Pharaonen der I. und der II. Dynastie eingraviert.
Eine im Jahre 1951 entdeckte unvollendete Stufenpyramide hat uns den Namen des Nachfolgers von Djoser, *Sechemchet*, geliefert. Dieser soll nur sechs Jahre regiert haben, was die Nichtvollendung seiner Pyramide, die in der Nähe der seines Vorgängers steht, erklären würde. Das Kellergeschoß umfaßte 132 Räume; in der Grabkammer befand sich ein, leider leerer, monolithischer Sarkophag aus Alabaster.
Die Auffindung der Stufenpyramide des Sechemchet hat es ermöglicht, durch Vergleiche der III. Dynastie eine andere, ebenfalls unvollendete Stufenpyramide zuzuschreiben, deren Datum nicht sicher ist, nämlich die von Zawiet-el-Aryan im Süden von Giseh. Es ist wahrscheinlich, daß sie Cha-ba zugeschrieben werden muß, was erlaubt, die Reihenfolge der Könige der III. Dynastie aufzustellen:

1 — Horus Sanacht, vielleicht der Nebka des Papyrus Westcar;
2 — Horus Neterychet, Djoser, Erbauer der Stufenpyramide;
3 — Horus Sechemchet, Djoser-Teti (?), Erbauer der unvollendeten Pyramide von Sakkara;
4 — Horus Cha-ba, Erbauer der unvollendeten Pyramide von Zawiet el-Aryan;
5 — Horus X ..., vielleicht der Nebkare der Königsliste von Sakkara (Černý, 1958);
6 — Horus Huni, Erbauer der Stufenpyramide von Meidum.

Cha-ba ist nur bekannt durch einige Becher aus Hartstein mit seinem eingravierten Namen. Er soll nur einige Monate regiert und zum Nachfolger den König Nebkare gehabt haben, von dem man nur weiß, daß seine Regierung die vorletzte der Dynastie war. Der letzte König, Huni, bekannt durch ein in Elephantine gefundenes Stück Granit, soll die Pyramide von Meidum be-

gonnen haben, die von Snofru, dem ersten König der IV. Dynastie, beendet worden sein soll.
Man sieht, der Ablauf der Geschichte der III. Dynastie ist noch ungewiß, lediglich die Existenz von sechs Königen ist sicher. Doch Manetho zählt deren neun auf, die 214 Jahre regiert haben sollen. Die unerwartete Entdeckung der unvollendeten Pyramide des Sechemchet zeigt, daß die Grabungen noch Überraschungen in der Geschichte dieser Dynastie bringen können.
Da die Namen von dreien der Könige der Dynastie (Sanacht, Djoser, Sechemchet) im Wadi Maghara gefunden wurden, muß man in diese Epoche die ersten militärischen Expeditionen der Ägypter auf die Sinaihalbinsel, die zweifellos dazu bestimmt waren, von dort die Türkise herbeizuschaffen, datieren. Man hat angenommen, daß Huni Elephantine befestigte, und, auf Grund eines sehr viel späteren, aus der ptolemäischen Epoche stammenden Dokuments, daß Djoser Ägypten das zwischen Assuan und Takompso (Kasr Ibrim) gelegene Gebiet, d. h. ganz Nordnubien, einverleibte. Wie dem auch sei, auf Grund der Anlage der Stufenpyramide in Sakkara kann man das Werk der III. Dynastie noch am besten beurteilen. Sie bringt die Bedeutung der religiösen Riten bei der Inthronisation des Königs zur Geltung. Die ägyptische Kunst ist nun im vollen Besitz ihrer Mittel, und das Land erlebt eine Periode bemerkenswerten Reichtums. Dies kann man schließen aus den etwa 30 000 Gefäßen, die in der Pyramide von Sakkara gefunden wurden, und aus der Schönheit der Gräber, die Privatpersonen sich jetzt leisten können, wie z. B. das des Hesire, eines Zeitgenossen Djosers, dessen geschnitzte Holzpaneele zu den Meisterwerken der ägyptischen Kunst zählen. Und während der III. Dynastie bereitet sich die Periode vor, die manche, und das mit gutem Recht, als die größte Epoche der ägyptischen Zivilisation betrachten: die der IV. Dynastie.

DIE IV. DYNASTIE

Es gibt keine vom Menschen errichteten Bauwerke, die universalere Berühmtheit besitzen als die Großen Pyramiden von Giseh, und doch sind ihre Erbauer weit davon entfernt, so gut bekannt zu sein, wie die Bedeutung dieser Denkmäler glauben lassen könnte. Die Zahl und vor allem die Reihenfolge der Regierungen der IV. Dynastie sind keineswegs sicher. Während Manetho für die ersten vier Pharaonen die Reihenfolge Snofru, Cheops, Chephren, Mykerinos angibt, schieben die älteren Quellen, wie der Turiner Papyrus, zwischen Cheops und Chefren Dedefre, oder Radjedef, ein und einen bzw. zwei Pharaonen zwi-

schen Chephren und Mykerinos. Nach Mykerinos zählt Manetho vier Pharaonen auf, während der Turiner Papyrus nur zwei angibt. Den gleichen Widerspruch stellt man für die Dauer der Regierungen fest: Manetho läßt Cheops und Mykerinos je 63 Jahre regieren, während der Turiner Papyrus ihnen nur 23 bzw. 18 Regierungsjahre zubilligt. Die archäologischen Quellen bringen leider kaum Licht in die Angelegenheit.
Während wir für die IV. Dynastie einige private Zeugnisse besitzen, die uns bereits über das Alltagsleben dieser Epoche informieren, geben uns die königlichen Denkmäler hingegen kaum Auskünfte, und besonders die Großen Pyramiden haben uns praktisch kein geschriebenes Dokument über ihre Erbauer geliefert. Nur die Kunst ist gut bekannt. Doch hätte die IV. Dynastie nichts anderes beigetragen als die Vollkommenheit ihrer Monumente und ihrer Statuen, so verdiente sie trotzdem einen Platz erster Ordnung in der Geschichte der Menschheit.
Zur Darstellung der Ereignisse folgen wir der Ordnung der Pharaonen, wie sie an Hand der Denkmäler erstellt werden konnte, nämlich:

1 — Snofru (24 Regierungsjahre nach dem Turiner Papyrus)
2 — Cheops (Chufu — 23 Regierungsjahre nach dem Turiner Papyrus)
3 — Dedefre (Radjedef — 8 Regierungsjahre)
4 — Chephren (Chaefre — Regierungsdauer unbekannt)
5 — Mykerinos (Menkaure — 18 Regierungsjahre)
6 — Schepseskaf (im Turiner Papyrus nicht erwähnt)

In Ermangelung sicherer Dokumente ist es unmöglich, für jede der Regierungen die Daten genau anzugeben; die Dynastie bleibt etwa von 2700 bis 2500 an der Macht.
Snofru. Wie es oft beim Wechsel der Dynastien des Manetho vorkommt, gibt es auch keine klare Unterbrechung zwischen der III. und der IV. Dynastie. Snofru ist wahrscheinlich ein Sohn des Huni. Doch als Sohn einer Nebenfrau, Meresanch, scheint er seine Rechte auf die Krone gesichert zu haben, indem er zu Lebzeiten seines Vaters seine Halbschwester Hetepheres, die direkte Erbin Hunis, heiratete. Dieses Verfahren wird sich in der Geschichte Ägyptens oft wiederholen.
Dank dem ›Palermo-Stein‹ ist die Regierung Snofrus die am besten bekannte der Dynastie. Er unternahm eine militärische Expedition nach Nubien, von der er mit 7000 Gefangenen und 200 000 Stück Vieh zurückkam, was, wenn die Zahlen zutreffen, ein tiefes Eindringen nach Afrika voraussetzt. Dann wandte er sich gegen die Libyer, die er besiegte, wobei er 11 000 Gefangene machte und 131 000 Stück Vieh erbeutete. Die Reliefs des Wadi Maghara berichten uns, daß er mehrere Expeditionen nach dem

Sinai schickte. Der ›Palermo-Stein‹ erwähnt schließlich den Bau von zahlreichen Tempeln, Forts und Palästen in ganz Ägypten, was zweifellos erklärt, warum er Expeditionsflotten (eine davon umfaßte 40 Hochseeschiffe) nach dem Libanon entsandte, nämlich um von dort Bauholz, Zedern und Tannen, herbeischaffen zu lassen.
Snofru vollendete die Pyramide seines Vaters bei Meidum und ließ dann für sich selbst bei Dahschur, 7 km südlich von Sakkara, zwei Pyramiden bauen. Die eine von ihnen ist bekannt unter dem Namen Knick-Pyramide (Rhombische Pyramide), denn sie hat eine doppelte Schräge; die andere, von quadratischem Grundriß und 93 m hoch, ist die erste echte Pyramide Ägyptens, und sie wird von den andern Pharaonen der Dynastie nachgeahmt werden.
Von der Regierung Snofrus an hat die königliche Grabstätte des Alten Reiches ihre endgültige Form. Die Pyramide ist nur ein Teil eines Komplexes, der einen kleinen im Tal gelegenen Tempel einschließt, zu dem man vom Fluß her durch einen Kanal Zugang hat. Hier landet bei der Bestattung des Königs das Totenschiff, weshalb die Ägyptologen ihn den ›Taltempel‹ nennen. Eine bedeckte Rampe, der ›Aufweg‹, führt von diesem Heiligtum zum eigentlichen Totentempel, der vor der Ostfront der Pyramide errichtet ist. In ihm finden die Feiern zum Gedächtnis des verstorbenen Königs statt. Die Seitenflächen der Pyramide sind den vier Himmelsrichtungen zugewandt. Die Grabkammer ist unter der Pyramide in den Felsen gehauen, nur Cheops läßt diese Kammer im Innern des Monuments anlegen. Eine Umfassungsmauer umgibt die Pyramide; zwischen dieser Mauer und der Pyramide sind länglichrunde Gruben ausgeworfen, in denen die Schiffe für den König untergebracht sind. Alle Pyramiden werden in Zukunft diese vier Elemente enthalten, nur die Ausschmückung ändert sich von Dynastie zu Dynastie.
Cheops, ägyptisch Chufu, ist der Sohn des Snofru und der Hetepheres. Er trat die Nachfolge seines Vaters unter normalen Umständen an. Da der ›Palermo-Stein‹ nach der Regierung Snofrus verstümmelt wurde, weiß man nichts über die Geschehnisse während der Regierung des Cheops, deren Dauer ungewiß ist und nach dem Turiner Papyrus 23, nach Manetho 63 Jahre betrug. Und dennoch verdanken wir ihm das größte Baudenkmal, das je von Menschenhand errichtet wurde. Es ist unmöglich, sich eine Vorstellung von den Ausmaßen der Großen Pyramide von Giseh zu machen, die Cheops in der Nähe des heutigen Kairo errichten ließ, ohne seine Zuflucht zu Vergleichen zu nehmen. Man hat hervorgehoben, daß sie neu eine Höhe von 144 m (138 m heute) erreichte, daß ihr Grundriß, ein fast vollkommenes Quadrat, mehr als 227 m Seitenlänge hat, was einer

Abb. 29: Die Cheops-Pyramide von Giseh

Fläche von 51 529 qm, also mehr als 5 Hektar entspricht, doch das sagt dem Verstand wenig. Aber man hat ausgerechnet, daß zu ihrem Bau ungefähr 2 300 000 Kalksteinquader nötig waren, deren Gewicht im Durchschnitt zweieinhalb Tonnen, bei manchen 15 Tonnen betrug, daß man auf ihrer Grundfläche die Kathedralen von Florenz und Mailand, St. Peter in Rom, die Westminsterabtei und die St.-Pauls-Kathedrale in London unterbringen könnte, daß die Steinblöcke, aus denen sie besteht, in Würfel von 30 cm Seitenlänge zersägt und aneinandergelegt, eine Distanz von 2/3 der Äquatorlänge ergeben würden. Nur diese Vergleiche ermöglichen es, sich der ungeheuren Masse bewußt zu werden, die die Cheopspyramide, eins der sieben Weltwunder der Alten Welt, darstellt.
Doch die Masse selbst ist nichts im Vergleich zur Vollkommenheit ihrer Konstruktion. Die Seiten sind streng nach den vier Himmelsrichtungen orientiert; die stärkste Abweichung überschreitet kaum 5 Bogenminuten. Die Winkel messen fast genau 90 Grad. Schließlich sind die Satzsteine ohne Mörtel übereinandergeschichtet, und dennoch ist es unmöglich, die berühmte Messerklinge zwischen sie zu schieben, so eng schließen sie.
Wenn Cheops, was wahrscheinlich ist, nur 23 Jahre regiert hat, mußten die ägyptischen Handlanger, Steinbrucharbeiter, Handwerker und Maurer, damit die Pyramide bei seinem Tod fertig wurde, an jedem Tag seiner Regierung mehr als 300 Kalksteinquader, etwa 800 Tonnen insgesamt, aus dem Berg brechen, behauen, heranschaffen und verlegen, was, so glaubt man, 100 000 Mann erforderte. Dies nur für die Pyramide, denn zur gleichen Zeit wurden der Totentempel mit seinen Basaltfliesen und Granitsäulen, der ›Aufweg‹ und der ›Taltempel‹ gebaut und rund um die Pyramide fünf 43 m lange Gruben für die Boote des Königs ausgeworfen.
Doch Cheops hat sich, was auch Herodot darüber sagt, nicht damit begnügt, seine Pyramide bauen zu lassen, er hat in Ägypten so viele Tempel neu errichtet und restauriert, daß diese Bautätigkeit nicht nur einen Beweis für die gute Verwaltung des Landes unter seiner Regierung, sondern auch für die wirtschaftliche Blüte Ägyptens darstellt.
Dedefre (Radjedef). Auf die glorreiche Regierung des Cheops folgte die des wenig bekannten Dedefre, der für den Bau seiner Pyramide Abu Roasch, nordwestlich von Giseh, wählte. Man hat seinen Namen auf einer der Deckplatten der Grube entdeckt, in der 1954 eins der Boote seines Vaters Cheops wiedergefunden wurde. Seine unvollendet gebliebene Pyramide scheint anzuzeigen, daß Dedefre nur kurze Zeit regierte, was mit der Tatsache übereinstimmt, daß der Turiner Papyrus ihm nur 8 Jahre Regierungszeit zuschreibt.

Abb. 30: Chephren

Chephren, ägyptisch Chaefre. So glanzlos wie die Regierung des Dedefre, so ruhmvoll ist die seines jüngeren Bruders Chephren. Manetho schreibt ihm eine Regierungsdauer von 63 Jahren zu. Diese Zeit ist gewiß zu lang; Chephren dürfte ungefähr 25 Jahre regiert haben und ließ seine Pyramide neben der des Cheops errichten.

Obwohl etwas kleiner als die letztere, erscheint die Pyramide des Chephren, da sie auf einem Vorsprung des Wüstenplateaus errichtet ist, ebenso groß wie, wenn nicht größer als die Große Pyramide. Die Grabanlage ist viel besser erhalten. Der aus massiven Granitblöcken errichtete ›Taltempel‹ ist eins der Meisterwerke der ägyptischen Architektur. In diesem Tempel wurde die berühmte Dioritstatue des Chephren, eins der Kleinodien des Museums von Kairo, gefunden. Neben diesem Heiligtum erhob sich ein natürlicher Kalksteinhügel, den die Architekten des Chephren benutzten, um aus ihm eine Sphinx, ein Fabeltier mit Löwenleib und Menschenkopf, zu machen. Die Große Sphinx von Giseh, gestaltet nach dem Bild des Chephren, wurde ebenso berühmt wie die Großen Pyramiden. Die Generationen nach dem Alten Reich sahen in ihr einen Gott ›Horus des Horizonts‹ (aus dem die Griechen Harmachis machten) und stellten zu seinen Füßen Votivstelen auf, die kürzlich durch Grabungen zutage gefördert wurden. Mit ihren 72 m Länge und 20 m Höhe bleibt die Große Sphinx trotz der ungeschickten Restaurationen der Spätzeit eins der eindrucksvollsten Denkmäler der ägyptischen Kunst.

Die Nachfolge des Chephren wirft ein Problem auf: Hinter seinem Namen weist der Turiner Papyrus eine Lücke auf, läßt jedoch genügend Platz, um zumindest einen Namen zwischen Chephren und Mykerinos, den Erbauer der dritten großen Pyramide, zu schieben. Erst kürzlich (Debono, 1949) hat man auf einem Felsblock des Wadi Hammamat eine Inschrift des Mittleren Reiches gefunden, die eine Königsliste mit den Namen Cheops, Dedefre, Chephren, Hordjedef und Bau-ef-re wiedergibt; die beiden letzten Namen sind die von aus andern Quellen bekannten Prinzen, Söhnen des Cheops wie Dedefre und Chephren. Die Inschrift des Wadi Hammamat ließe demnach vermuten, daß diese tatsächlich regiert haben, und daß einer von ihnen, wenn nicht beide, auf dem Turiner Papyrus erscheinen müßten. Wie dem auch sei, die Regierungen des Hordjedef und des Bau-ef-re, wenn diese wirklich regiert haben, müssen sehr kurz gewesen sein, vielleicht nur einige Monate gedauert haben.

Mykerinos, ägyptisch Menkaure, Sohn des Chephren, heiratete nach dem ägyptischen Brauch seine ältere Schwester. Der älteste Sohn des Paares scheint vor dem Ende der Regierung seines Vaters gestorben zu sein.

Abb. 31: Mykerinos zwischen der Göttin Hathor und der Gaugöttin von Diospolis Parva

Mykerinos ließ seine Pyramide neben denen des Cheops und des Chephren errichten. Kleiner als diese, wäre sie ihnen jedoch an Schönheit gleichgekommen, wenn Mykerinos seinen Plan, sie mit roten Granitblöcken zu verblenden, hätte durchführen können, doch wegen seines Todes blieb die Arbeit unvollendet. Der Totentempel des Mykerinos hat zahlreiche Statuen und Statuetten aus Schiefer geliefert, die den König entweder allein, mit der Königin oder mit Göttinnen der Gaue darstellen.

Schepseskaf folgt Mykerinos, dessen Sohn er war, jedoch nicht der der Hauptgattin; um seine Rechte auf den Thron zu sichern, scheint er seine Halbschwester, eine Tochter des legitimen Königspaares, geheiratet zu haben.

Mit seiner Regierung wird der Verfall der Dynastie offenbar. Schepseskaf ist nicht nur unfähig, die Grabbauten seines Vaters in Stein zu vollenden, und benutzt hierfür Ziegel, er verzichtet auch darauf, für sich selbst eine Pyramide errichten zu lassen. Sein Grab im Süden von Sakkara hat die Form eines riesigen Sarkophags; die Araber nennen es die *Mastaba el-Faraun*. Obwohl sein Mauerwerk noch ausgezeichnet ist, läßt sich dieses Grab nicht mit den bemerkenswerten Bauten der großen Könige der Dynastie Snofru und Mykerinos vergleichen. Die Regierung des Schepseskaf war kurz und dauerte zweifellos nicht länger als 7 Jahre.

Die Geschichte des Endes der Dynastie ist verworren. Manetho zählt noch 4 Könige nach Mykerinos auf, von denen einer, der dritte, Sebercheres, Schepseskaf sein muß; er ist gefolgt von einem gewissen Thamphthis, der neun Jahre regiert haben soll. Von diesen manethonischen Pharaonen berichten die Denkmäler nichts, und man kann sich fragen, ob sie wirklich regiert oder überhaupt gelebt haben. Der Sohn des Schepseskaf und der Königin Bau-nefer trägt nicht einmal die Titel eines Prinzen, und die Macht geht über an eine neue Dynastie.

So weiß man wenig über die Ereignisse, die sich während der etwa zwei Jahrhunderte, die die IV. Dynastie an der Macht blieb, abspielten. Die vor kurzem (1962) im sudanesischen Nubien gemachten Entdeckungen zeigen, daß die unmittelbaren Nachfolger des Snofru sich ebenfalls für den tiefen Süden interessierten. Sie nahmen Buhen, in der Nähe des heutigen Wadi Halfa, in Besitz. Es ist wahrscheinlich, daß sie sich nicht weniger für Asien interessierten, das sie, mehr als Snofru vielleicht, zur Lieferung des für ihre gigantischen Bauunternehmen unerläßlichen Holzes brauchten. Ein Teil zumindest des für die große Barke des Cheops (entdeckt 1954) verwendeten Holzes stammt von den Zedern des Libanon. Die Sinaihalbinsel und die Wüsten des Ostens und des Westens wurden regelmäßig von den Expeditionen durchstreift, die auf der Suche nach Rohstoffen, me-

tallhaltigen Erzen und Steinen für die königlichen Werkstätten waren. So wurde die sitzende Statue des Chephren in Kairo aus einem Dioritgneisblock gehauen, der aus einem in der westlichen Wüste etwa 65 km nordwestlich von Abu Simbel gelegenen Steinbruch stammte. Welches war die Haltung der Dynastie gegenüber den Libyern? Man weiß es nicht, doch es ist wahrscheinlich, daß sie sie in Schranken zu halten, wenn nicht gar ihr Gebiet zu kontrollieren vermochte.
Die beiden wesentlichen Leistungen der IV. Dynastie sind einerseits die Entwicklung und die Vervollkommnung der königlichen Verwaltung und andrerseits die Fortschritte der Kunst. Neben den im Verlauf der Darstellung der einzelnen Regierungen erwähnten königlichen Denkmälern erscheinen Privatdenkmäler, Statuen von Prinzen, Prinzessinnen und hohen Beamten. Diese beschränken sich oft noch auf die Darstellung der Opfergaben und des Totenmahls, doch auch die Szenen aus dem Privatleben, die den Reichtum der ›Mastabas‹ der V. Dynastie ausmachen werden, beginnen zu erscheinen. Schließlich bezeugt das Kunsthandwerk, wie es sich uns in dem Mobiliar der Königin Hetepheres, der Gattin des Snofru und Mutter des Cheops, offenbart, einen vollendeten Geschmack und eine technische Perfektion, die in der Folge wieder erreicht, doch niemals übertroffen werden.

DIE V. DYNASTIE

Während die Dynastie der Pyramidenerbauer noch zahlreiche Fragen offenläßt hinsichtlich der Reihenfolge und Dauer der Regierungen und selbst der Zahl der Pharaonen, die ihr angehörten, sind die 9 Herrscher, die die V. Dynastie bilden, gut bekannt, zumindest was ihre Namen und die Dauer ihrer Regierungszeit angeht. Die Dynastie stellt sich dar wie folgt:

	Regierungsdauer nach: Turiner Papyrus	Manetho
1. Userkaf	7 Jahre	28 Jahre
2. Sahure	12–14 Jahre	13 Jahre
3. Neferirkare-Kakai	über 10 Jahre	20 Jahre
4. Schepseskare-Izi	7 Jahre	7 Jahre
5. Neferefre-Raneferre	über 1 Jahr	20 Jahre
6. Niuserre-Ini	11 Jahre	44 Jahre
7. Menkauhor	8 Jahre	9 Jahre
8. Djedkare-Isesi	28 oder 39 Jahre	44 Jahre
9. Unas	30 Jahre	33 Jahre
	114–127 Jahre	218 Jahre

Die von Manetho angegebenen Zahlen erscheinen ein wenig zu hoch, wie diejenigen des Turiner Papyrus und die der früheren durch die Denkmäler bekannten Daten zeigen. Wenn man in Rechnung stellt, daß zwei der Zahlen des Turiner Papyrus verlorengegangen und einige zu niedrig sind, kann man annehmen, daß die Dynastie etwa 130 Jahre an der Macht war (2480 bis 2350).

Nach den uns zur Verfügung stehenden Denkmälern und Quellen gab es keinen Bruch zwischen der IV. und der V. Dynastie. Es scheint, daß Userkaf, der erste König der V. Dynastie, ein Abkömmling einer jüngeren Linie der Familie des Cheops, ein Enkel des Dedefre war. Gemäß dem Brauch sicherte er seine Rechte auf die Krone, indem er eine Angehörige der älteren Linie, die Tochter des Mykerinos, heiratete. So folgt die V. Dynastie der IV. auf die gleiche Weise, wie diese auf die III. gefolgt war, doch ein Volksmärchen des ausgehenden Mittleren Reiches *(Papyrus Westcar)* stellt seinen Regierungsantritt vollkommen anders dar: Unter der Regierung des Cheops habe der Gott Re persönlich die ersten drei Könige der V. Dynastie gezeugt; ihre Mutter sei Redjedet, die Gattin eines Oberpriesters von Heliopolis, gewesen. Obwohl erdichtet, ist die Geschichte interessant, denn sie offenbart den besonderen Charakter der Geschichte der V. Dynastie, nämlich die große Bedeutung des Gottes Re von Heliopolis und seiner Tochter Hathor, sowie vielleicht auch ihrer Priesterschaft. Von der V. Dynastie an erscheint der Titel ›Sohn des Re‹ regelmäßig in der Königstitulatur. Das Volksmärchen tut also nichts anderes, als auf seine Weise den Ursprung des Königstitels zu interpretieren. Der ›Palermo-Stein‹ erwähnt zahlreiche Tempelbauten und fromme Stiftungen der Dynastie, und Herodot berichtet von dem religiösen Eifer, der die Könige der V. Dynastie auszeichnete.

Userkaf ließ seine Pyramide in Sakkara, neben der Stufenpyramide, errichten; man hat hier einen wunderbaren Königskopf gefunden, der zu einer Kolossalstatue gehört hatte. Die Totenpyramide Userkafs ist wie alle andern der Dynastie kleiner als die von Giseh, doch vor allem bestehen sie, anstatt wie letztere ganz aus zugerichteten Quadern gebaut zu sein, aus einem ›Kern‹ von losem Mauerwerk, also einer einfachen, mit behauenen Steinen verkleideten Füllung. So haben auch nur sehr wenige von ihnen der Zeit widerstanden und stellen jetzt nur noch Haufen unförmiger Steine dar. Doch während Userkaf und seine Nachfolger bis Isesi einen geringeren Teil ihrer Mittel für die Errichtung ihrer Grabstätten verwenden, bauen sie dafür alle dem Gott Re Tempel. Man hat noch keine befriedigende Erklärung dafür gefunden, daß jeder von ihnen der Schutzgottheit einen persönlichen Tempel weihte. Dieser Brauch verschwindet im übrigen vor dem Ende der Dynastie, und Djedkare-Isesi und Unas brechen endgültig mit dieser Tradition.

Obwohl die Texte bezeugen, daß es sechs Tempel des Re gab, sind nur zwei wiedergefunden und ausgegraben worden, die von Userkaf und Niuserre. Sie umfassen einen in einem großen Hof auf einer breiten, einem Pyramidenstumpf ähnlichen Basis errichteten Obelisk, zweifellos Symbol des aus dem Urchaos emporgestiegenen ersten Hügels, vor ihm stand ein sehr großer Opferaltar. Man hatte Zutritt zu dem Tempel über eine vom Tal aufsteigende gedeckte Rampe. Den ganzen Mittelhof umstanden Nebengebäude für die Unterkunft der Priester und die Vorbereitung der Opfer. Außerhalb der Umfassungsmauer, auf der Südseite, war eine riesige Barke gebaut worden, eine Darstellung der Barke, in der die Sonne angeblich ihre tägliche Himmelsreise machte. Diese Tempel waren mit Reliefszenen, einer Art Bildhymnen zu Ehren des Re, geschmückt. Auf ihnen sind die Jahreszeiten dargestellt sowie die von dem Gott geschaffene Flora und Fauna.

Über die Regierung des Userkaf weiß man nur, daß die großen Provinzfamilien, vielleicht in Reaktion auf die Autokratie der großen Pharaonen der IV. Dynastie oder aus andern nicht bekannten Gründen, an Macht gewannen. Userkaf regierte nach dem Turiner Papyrus nur sieben Jahre.

Sahure war der legitime Nachfolger Userkafs. Obwohl der Turiner Papyrus ihm nur 12 Regierungsjahre zuschreibt, ist er zweifellos vierzehn Jahre an der Macht geblieben, wenn man dem ›Palermo-Stein‹ Glauben schenkt. Er gründete die Königsnekropole von Abusir, etwas nördlich von Sakkara, die der ganzen Dynastie als Grabstätte dienen sollte. Die Wände der Totentempel werden von nun an mit Reliefs geschmückt, und diese sind es, die uns einige Auskünfte über die Regierung des Sahure geben.

Wir wissen, daß er Feldzüge gegen die Libyer unternommen hat — er nahm die Frau und die Kinder ihres Königs gefangen — und gegen die Beduinen des Nordostens. Die Darstellung syrischer Bären auf einer Wand und vor allem die ägyptischer, mit bärtigen Fremden besetzter Hochseeschiffe zeigen, daß Sahure die Tradition der IV. Dynastie fortsetzte und Beziehungen mit der syrisch-palästinensischen Küste unterhielt. Der ›Palermo-Stein‹ schließlich informiert uns, daß er eine Expedition in das ferne Land Punt an der Somaliküste schickte, und eine Stele mit seinem Namen hat enthüllt, daß auch er den Dioritgneis-Steinbruch im Nordwesten von Abu Simbel benutzt hat, aus dem die Chephren-Statue in Kairo stammt, was die Kontrolle Nordnubiens, wenn nicht gar Südnubiens, voraussetzt.

Kakai (Neferirkare) war der Bruder Sahures. Seine Regierung dauerte nach dem ›Palermo-Stein‹ mindestens 10 Jahre. Manetho schreibt ihm eine Regierungsdauer von 20 Jahren zu, und doch hatte Kakai nicht die Zeit, die Tempel seiner Pyramide zu vollenden, was seine Nachfolger taten. Unter seiner Regierung wurde zweifellos der ›Palermo-Stein‹ beschriftet, und man besitzt gegen Ende der Dynastie verfaßte Papyrus-Urkunden, die sich auf die Verwaltung seines Totentempels beziehen.
Die unmittelbaren Nachfolger des Neferirkare-Kakai, *Schepseskare-Izi* und *Neferefre* (Raneferre), haben uns kaum mehr hinterlassen als ihre Namen und die Dauer ihrer Regierung; der erste blieb 7 Jahre an der Macht, der zweite, bekannt durch Manetho, regierte 20 Jahre. Diesen praktisch unbekannten Herrschern folgt *Niuserre-Ini,* der dank der Ruinen seiner Grabanlage von Abusir etwas besser bekannt ist. Er regierte zweifellos etwa 30 Jahre, und seine Denkmäler informieren uns, daß er wie Sahure militärische Expeditionen, vor allem zum Sinai, entsandte.
Der siebente Herrscher der Dynastie, *Menkauhor,* der 8 Jahre regierte, hat nur seinen auf einem Felsen des Sinai eingravierten Namen hinterlassen. Doch *Djedkare-Isesi,* der auf ihn folgte, hatte die längste Regierungszeit der Dynastie. Die Archive des Tempels des Kakai, die aus seiner Regierungszeit stammen, erwähnen die zwanzigste Viehzählung. Da diese alle zwei Jahre stattfand, muß Isesi mindestens 39 Jahre an der Macht gewesen sein. Man findet Spuren von Expeditionen seiner Epoche in Sinai, im Wadi Hammamat und in den Steinbrüchen bei Abu Simbel. Durch einen seiner Beamten erfahren wir, daß er aus dem Land Punt einen Zwerg nach Ägypten mitgebracht hat. Schließlich hat man Gegenstände mit dem Namen des Isesi in Byblos gefunden.
Unas, der letzte König der V. Dynastie, hatte wie sein Vorgänger eine lange Regierungszeit von mindestens 30 Jahren (Turiner Papyrus). Er ist der erste Pharao, der in den unterirdischen Kammern seiner Pyramide lange religiöse Texte anbringen ließ. Es sind diese ›Pyramidentexte‹, die uns am besten über die königliche Totenreligion in sehr früher Zeit unterrichten. Zusammenstellungen sehr alter Quellen, werfen sie manchmal Lichter auf die Zustände im prädynastischen Ägypten. Auf die Wände des zum Totentempel führenden Aufwegs gravierte Szenen stellen unter anderem dar: eine Giraffe, Asiaten auf Hochseeschiffen, eine Schlacht zwischen Ägyptern und Fremden und schließlich infolge einer Hungersnot abgemagerte Ägypter. Die künstlerisch bemerkenswerten Szenen unterrichten uns über die Regierung des Unas weniger, als man erhoffen könnte, denn die Legenden, die sie erklären, sind zerstört; sie genügen jedoch, um

zu zeigen, daß Unas den Nachbarvölkern Ägyptens gegenüber eine aktive Politik betrieb.
Mit Unas erlischt die V. Dynastie. Diese hat uns weniger königliche Denkmäler hinterlassen als die der Erbauer der Großen Pyramiden; dagegen haben unter ihrer Regierung die Privatleute nach und nach die Gewohnheit angenommen, ihre Gräber oder Mastabas (von einem arabischen Wort, das auf die äußere Form dieser Bauwerke anspielt) mit Szenen aus dem Alltagsleben auszuschmücken. Diese Szenen, bei denen die Künstler des Alten Reiches ihrer Verve und schöpferischen Phantasie freien Lauf gelassen haben, stellen eine unvergleichliche Quelle für die Kenntnis nicht nur der Kunst, sondern auch der Zivilisation des Ägypten dieser Epoche dar. Außerdem zeigt ihr Reichtum selbst zur Genüge, daß die königliche Macht zu zerbröckeln begonnen hat. Es ist ein weiter Abstand von dem in seiner riesigen Pyramide, die die sich um sie drängenden Gräber seiner Beamten weit überragt, prächtig beigesetzten Cheops bis zu Unas, dessen Grabmonument sich von den Gräbern seiner Beamten nur noch durch die Form der im übrigen stark verkleinerten Pyramide unterscheidet.
Die Ausschmückung der zeitgenössischen Gräber der V. Dynastie, des eines Ti, eines Mereruka, eines Ptahhotep und anderer, kann den Vergleich mit den Reliefs der königlichen Aufwege bestehen. Diese Schwächung der königlichen Macht beschleunigt sich noch unter der folgenden Dynastie und verändert bereits den Charakter der Zivilisation des Alten Reiches. Deshalb ist es angebracht, jetzt einen Blick rückwärts auf das zu werfen, was die ägyptische Zivilisation in der Epoche der III., IV. und V. Dynastie, dem Höhepunkt des Alten Reiches, war.

DIE ÄGYPTISCHE ZIVILISATION IM ALTEN REICH

Im Alten Reich ist Ägypten eine der großen Zivilisationen des vorklassischen Altertums geworden. Der Pharao herrscht über ein Land, das sich mindestens vom 2. Katarakt bis zur Küste des Mittelmeers erstreckt. In seiner Ausdehnung ist Ägypten also einer der mächtigsten, wenn nicht der mächtigste Staat dieser Zivilisationen; durch seine Kunst ist es einer der bedeutendsten. Deshalb ist es auch notwendig, einen Gesamtüberblick über dieses Ägypten des Alten Reiches zu gewinnen.

a) *Die politische und administrative Organisation*

Wie wir bereits Gelegenheit hatten zu zeigen (vgl. oben S. 247 f.), kann Ägypten nur prosperieren, wenn die für die Nutzung und die Zähmung der Nilschwelle erforderlichen Arbeiten im ganzen

Land rechtzeitig durchgeführt werden. Diese Arbeiten setzen eine fähige Verwaltung voraus. Im Alten Reich, wie in der archaischen Epoche, ist der ›Leiter des Kanalbaus‹ *(adj-mer)* das Oberhaupt der Provinz, des ›Gaues‹. Er untersteht unmittelbar der königlichen Autorität. Zu dem alten Titel *adj-mer* erhält er die Titel ›Herr der Festung‹ und ›Lenker des Landes‹. Er ist verantwortlich für die Zählung, die alle zwei Jahre durchgeführt wird, und für das Gerichtswesen. Ja, es ist wahrscheinlich, daß der Nomarch in seiner Person und für den Bereich seiner Provinz alle Gewalten vereinigt, die der König über das gesamte Land besitzt.

Es ist möglich, daß die ungewöhnlich große Autorität des Provinzoberhauptes durch eine Kontrolle der Zentralverwaltung eingeschränkt wurde, doch wir sind sehr schlecht über die wirkliche administrative Organisation Ägyptens im Alten Reich informiert. Die einzige Quelle, über die wir verfügen, um sie zu studieren, sind die auf den Wänden der Beamtengräber eingravierten Titelaufzählungen. Doch diese Titel haben offensichtlich einen sehr ungleichen Wert, einige von ihnen sind nur Ehrentitel, alte Titel der archaischen Epoche, ihres Inhalts entleert, wie: ›Einziger Gefährte‹, ›Bekannter des Königs‹, ›Vorsteher von Hierakonpolis‹ usw., Titel, die erfunden sind, um die Eitelkeit des Verstorbenen zu befriedigen, solche, die hinter dem Ausdruck ›Herr der Geheimnisse‹ stehen, wie ›Herr der Geheimnisse der Dinge, die nur ein einziger Mensch sieht‹, ›Herr der Geheimnisse des Königs an allen Orten‹ usw. Die Titel, die sich auf den persönlichen Dienst für den König beziehen, besitzen zweifellos mehr Realität. Bestimmte Beamte sind Vorsteher der königlichen Garderobe: Schurze, Kronen, Perücken, Sandalen; andere sind verantwortlich für deren Pflege, wie die Wäscher. Zu dieser Kategorie von Beamten gehörten die Ärzte und zweifellos auch die mit der Leitung der Werkstätten für Weberei, Metallurgie, Holzverarbeitung usw. beauftragten Handwerksmeister, die die königliche Domäne und den Hof mit allen für das tägliche Leben benötigten Gegenständen versorgten. Die Titellisten erwähnen schließlich zahlreiche Priester, die den Kult in den Göttertempeln oder in den Totentempeln der Pharaonen versahen. Man bemerkt übrigens, daß der Priesterstand kein spezialisierter Beruf ist: Priestertitel werden häufig auch von Zivilbeamten getragen.

Alle Autorität kommt tatsächlich vom König, der wirklicher Leiter der gesamten Verwaltungsorganisation des Landes ist. Wenn man die Beinamen, die er führt, wörtlich nähme, müßte man in ihm einen wahrhaften Gott auf Erden sehen: Als ›Sohn des Re‹ und Abkömmling des Horus ist er der ›gute Gott‹ *(neter nefer)* par excellence, von dem die Ordnung des Universums abhängt. Die Schnur, oder ›Kartusche‹, die seinen Namen einrahmt und im Alten Reich erscheint, ist vielleicht ein Symbol des Laufs der Sonne um die Erde. Wie das himmlische Gestirn war demnach der Pharao der Herr des Universums. Die Wirklichkeit ist viel bescheidener, und G. Posener hat gezeigt, daß der Pharao, weit davon entfernt, allmächtig zu sein, nicht zögerte, seine Zuflucht zu den Ärzten zu nehmen, um seine eigenen Diener kurieren zu lassen. Doch, wenn der König auch nicht ein ›Gott‹ ist in dem Sinne, den wir diesem Wort geben, hat er dennoch teil an der göttlichen ›Natur‹. Nach dem Volksglauben hat der Gott Re persönlich sich mit einer Frau vereint, um die ersten Könige der V. Dynastie zu zeugen (vgl. oben S. 265), die königliche Macht ist also göttlichen Ursprungs, und hierauf beruht die Bedeutung des Blutes bei der Übertragung der Autorität, eine Bedeutung, die bei jedem Dynastiewechsel zutage tritt. Im Alten Reich stammt der erste Herrscher einer neuen dynastischen Linie immer von einer jüngeren Linie der vorangegangenen Dynastie ab, und oft bekräftigt er seine Autorität durch die Vereinigung mit einer aus der älteren Linie hervorgegangenen Halbschwester.

Monarch göttlichen Rechts, besitzt der König alle Gewalten, die administrative, die richterliche, die militärische und die religiöse; da es ihm unmöglich ist, sie persönlich über das ganze Land auszuüben, läßt er sich helfen. In der archaischen Epoche und noch unter der III. Dynastie scheint es der ›Kanzler Unterägyptens‹ zu sein, der die Zentralverwaltung leitet. Unter der IV. Dynastie und seit Snofru ist es der Wesir (*tjaty*), der die höchste Stellung einnimmt. Es ist wahrscheinlich, daß dieses Amt bereits unter der III. Dynastie existierte: Imhotep z. B. (vgl. oben S. 252) spielte die Rolle eines Wesirs, doch der Titel ist erst unter der folgenden Dynastie mit Sicherheit bezeugt. Im gleichen Augenblick kommt der Titel ›Kanzler Unterägyptens‹ außer Gebrauch und wird durch den Titel ›Kanzler des Gottes‹ ersetzt, wobei hier ›Gott‹ den regierenden Pharao bezeichnet. Die ›Kanzler des Gottes‹ sind sehr häufig mit der Leitung der königlichen Expeditionen in die Minen, Steinbrüche und ins Ausland beauftragt.

Der Wesir ist das wahrhafte *alter ego* des Königs, und deshalb scheint er meistens der Königsfamilie anzugehören. So scheint Nefermaat, der erste bekannte Wesir, ein Sohn des Huni, also ein Halbbruder, wenn nicht ein Bruder des Snofru zu sein. Das Gleiche ist unter Cheops und unter Chephren der Fall. Unter den vielfältigen Amtsbereichen des Wesirs ist das Gerichtswesen zu nennen: Er ist der Großmeister der ›Sechs Tribunale‹, und in dieser Eigenschaft ist er von der V. Dynastie an auch Priester der Maat, der Göttin der Wahrheit, der Gerechtigkeit und der Welt-

ordnung. Der Wesir überwacht faktisch die gesamte Verwaltung, ebenso die des Schatzamtes, des Arsenals, der landwirtschaftlichen und der öffentlichen Arbeiten wie die der Hofdienste. Er wird von den Abteilungsleitern unterstützt, und man kann annehmen, daß diese die Kontrolle über die Provinzialverwaltung ausübten und die Verbindung mit ihr aufrechterhielten.
Von den Verwaltungs-›Abteilungen‹ ist das Schatzamt eine der wichtigsten. Im Anfang setzte es sich zusammen aus einem ›Weißen Haus‹ und einem ›Roten Haus‹, doch im Alten Reich ist es geeint unter dem Namen ›Doppeltes Weißes Haus‹. Es nimmt das Getreide, den Flachs, die Felle und das Tauwerk in Empfang, die als Abgaben erhoben werden. Diese Waren werden in dem ›Doppelten Speicher‹ gelagert, der von einem ›Vorsteher des Doppelten Speichers‹ geleitet wird. Jeder Gau besitzt seinen ›Doppelten Speicher‹, der unentbehrlich ist für die Entlohnung des Verwaltungspersonals der Provinz und die Organisation der Arbeiten von allgemeinem Interesse: Deiche, Kanäle usw. Ägypten hat das Geld erst am äußersten Ende seiner Geschichte gekannt, und deshalb wurde jeder Dienst in Naturalien bezahlt: Die hohen Beamten erhielten die Einkünfte der Privatdomänen, die ihnen zugeteilt waren, die kleinen Beamten und die Arbeiter Zuteilungen der notwendigsten Lebensmittel, Brot, Getränke, Kleidung. Der alte Titel *imachu* (wörtlich ›ernährt‹) spielt auf dieses System an, in dem der Diener und der Beamte tatsächlich die vom König ›Ernährten‹ sind.
Um gut zu funktionieren, bedarf diese Organisation einer äußersten Dezentralisation: Die Schatzkammer muß in der Lage sein, die Reserven, die sie für das gesamte Territorium in Verwahrung hält, schnellstens zu verteilen. Die in der Hauptstadt — im Alten Reich Memphis — gelegene ›Hauptschatzkammer‹ durfte also an Naturalien nur das lagern, was für die Hauptstadt selbst, für den Hof und die Armee der Beamten der Residenz notwendig war; der Rest der Vorräte war auf die Provinzspeicher verteilt. Doch damit das Land zufriedenstellend verwaltet werden konnte, mußte das Schatzamt genau seine Reserven in den verschiedenen Provinzdepots kennen, woraus die Notwendigkeit einer umfangreichen Verwaltungskorrespondenz resultierte. Eine der Hauptaufgaben des Wesirs ist auch die Betreuung der Archive, in denen königliche Dekrete, Besitztitel, Verträge und Testamente aufbewahrt wurden, die unter anderem die Kontrolle der dem Schatzamt geschuldeten Abgaben ermöglichten.
Letzten Endes ist es nicht übertrieben zu behaupten, daß die Verwaltungsorganisation Ägyptens auf dem ›Schreiber‹ ruht. Er ist es in der Tat, der auf Provinzebene die Bestände aufnimmt und die Eingänge kontrolliert und auf zentraler Ebene die aus

den Provinzen gekommene Dokumentation zusammenfaßt und klassifiziert, eine Dokumentation, die ihrerseits der eigentlichen, von dem Wesir und seinen Assistenten geleiteten Verwaltung als Grundlage dient. Seit der I. Dynastie zumindest verfügten die ägyptischen Ämter über ein unvergleichliches Schreibmaterial, den Papyrus. Hergestellt aus den inneren Fasern der Stengel des *cyperus papyrus*, waren die Papyrus›rollen‹ leicht, geschmeidig und handlich. Sie ermöglichten es den ›Schreibern‹, alle für die Verwaltung unerläßlichen Operationen durchzuführen: Erfassung des Personals und des Materials, Buchhaltung, Registrierung der Dekrete und der Akten, Führung des Grundbuches usw. Sein einziger Mangel ist seine Empfindlichkeit gegen Feuchtigkeit und vor allem gegen Feuer, was für den Historiker die tragische Konsequenz hat, daß die auf Papyrus geschriebenen Dokumente, die das Studium der Verwaltung des Alten Reiches ermöglicht hätten, mit sehr wenigen Ausnahmen seit langem verschwunden sind.

Eins der häufigsten Motive der ägyptischen Kunst des Alten Reiches ist die Darstellung des ›Schreibers‹: Auf einer Matte hockend, die Papyrusrolle in der linken Hand, das laufende ›Blatt‹ flach zwischen den Knien, wachen Auges, scheint er ewig bereit zu sein, entweder auf Diktat zu schreiben oder den letzten Satz zu überlegen, den er soeben mit seinem Pinsel, einem einfachen, am Ende zerquetschten Stück Schilfrohr, gemalt hat. Er ist der Hauptförderer der gesamten ägyptischen Organisation, und man wünschte, besser zu wissen, wie er sich auf die vielfältigen Aufgaben vorbereitete, die ihm oblagen. In späterer Zeit scheint jede Stadt ihr ›Lebenshaus‹ (*per-anch*) besessen zu haben, in dem die Schreiber ausgebildet wurden. Es ist nicht unmöglich, daß es im Alten Reich ähnliche Zentren gab.

Die ›Schreiber‹ rekrutieren sich zweifellos vor allem aus den Kindern von Beamten. Doch es gab keine Kasten, und es war, so scheint es, nicht unmöglich, daß der Sohn eines Bauern ›Schreiber‹ wurde, da alle Untertanen vor dem König gleich waren. Es ist wahrscheinlich, daß Zufall oder Protektion eine ebenso große Rolle bei der Beförderung eines Beamten spielten wie seine persönlichen Fähigkeiten.

Das im Prinzip vom König geführte Heer scheint im Alten Reich keine spezielle Organisation gehabt zu haben. Die Gaue mußten im Bedarfsfalle die unter den jungen Männern eines gewissen Alters ausgehobenen Kontingente stellen. Der Pharao bestimmte dann die Abteilungsleiter, die die Führung der Kontingente übernahmen und bei dieser Gelegenheit einen militärischen Titel erhielten, den man mit ›Truppenführer‹ oder ›General‹ übersetzen kann. Dieser Titel wurde einfach ihren ständigen zivilen Titeln hinzugefügt. Die Grundeinheit der militärischen Organisation scheint das ›Schiff‹ zu sein, das dazu diente, das Heer zu seinen Ausgangsbasen zu bringen.

b) *Das Wirtschaftsleben*

Die wirtschaftliche Organisation Ägyptens basiert ganz auf der Landwirtschaft, und die Grundzelle des ägyptischen Lebens ist die landwirtschaftliche Domäne. Das Problem des Eigentums an Boden ist jedoch ein noch umstrittenes Thema. Auf Grund dessen, was in der ptolemäischen Epoche geschah, hat man lange Zeit angenommen, daß der König rechtlich der einzige Eigentümer des Bodens in Ägypten war. Aber zahlreiche Tatsachen widersprechen dieser Ansicht (J. Pirenne): So besitzt Meten, ein hoher Beamter am Ende der III. oder zu Beginn der IV. Dynastie, eigene Domänen, die er kaufte, und wir besitzen Urkunden über den Verkauf von Grundbesitz. Dieser scheint also veräußerlich zu sein und kann nach dem ausschließlichen Willen des Eigentümers mit ständigen Dienstleistungen belastet werden; dies geschieht vor allem bei Schenkungen, die dazu bestimmt sind, eine ständige Totenverehrung zu sichern. Schließlich kann der Besitz beim Tode der Eltern unter die Kinder verteilt werden. Dies alles, muß man zugeben, drängt zu dem Schluß, daß das Eigentumsrecht an Boden nicht dem König vorbehalten war. Einer der charakteristischen Züge des ägyptischen Grundbesitzes ist seine Zerstückelung und seine geringe Ausdehnung: Meten, den man als einen Großgrundbesitzer betrachten kann, hat nur 125 Hektar (75 als Eigentum, 50 in Verbindung mit seinem Amt), die über verschiedene Gaue verstreut sind.

Neben dem Land, das man als dem allgemeinen Recht unterworfen bezeichnen kann, gibt es unbestreitbar königliche Ländereien, *chentiu-sche* genannt, die an besondere Beamte verpachtet werden. Es scheint, daß viele von ihnen am Rand der Wüste liegen. Es sind also die Ländereien, die der Wüste durch die Verbesserung des Bewässerungssystems und die Vergrößerung des Kanalnetzes abgewonnen wurden, denn sie können zum Gemüseanbau und als Weideland benutzt werden. Auf diese Ländereien greift der König für die Schenkungen zurück, die er den Tempeln oder Privatleuten macht, um die zur Unterhaltung des Totenkults bestimmten Renten auszusetzen.

Die ägyptische Landwirtschaft, Quelle allen Reichtums, erhält ihren festen Rhythmus durch den Nil, entsprechend dem Abfluß der Überschwemmung. Ab Ende September nutzt der Bauer die lockere, noch halbflüssige Erde, um auszusäen; anschließend genügt es, eine Herde über den Acker zu treiben, um von ihr die Körner einstampfen zu lassen. Wenn der Boden ungenügend durchfeuchtet oder schon trocken ist, streut der Bauer die Körner

auf dem Acker aus und vergräbt sie mit Hilfe einer Hacke oder eines Pfluges.
Die beiden Hauptkulturen sind der harte Weizen oder Spelz und der Flachs; doch auch der Hafer und die Hirse sind bekannt. Der Weizen liefert die Grundlage der Ernährung. In Brot verwandelt und über das Brot in Bier, bildet er in so umfassendem Sinne die Nahrung, daß der Ausdruck ›ein Brot-Bier‹ gleichbedeutend ist mit Mahlzeit. Wenn die Felder besät sind, widmet der Bauer zweifellos einen großen Teil seiner Zeit dem Gemüsebau: Zwiebeln, Gurken, Knoblauch, Salat, Lauch. Während die Hauptkulturen keine oder nur geringe Bewässerung brauchten, da Getreide und Flachs dank der während der Überschwemmung im Boden angesammelten Feuchtigkeit allein wuchsen, scheinen die Gemüsepflanzen einer regelmäßigen Bewässerung bedurft zu haben. Es sieht nicht so aus, als habe das Alte Reich den ›Schaduf‹ bereits gekannt. Der Bauer mußte also sein Wasser für die am Ufer gelegenen Kulturen aus dem Fluß oder aus dem in jedem Garten angelegten Becken schöpfen.
Vier oder fünf Monate nach der Aussaat, die während der Jahreszeit *Peret* stattfand, begann die Ernte, die den größten Teil der Jahreszeit *Schemu* einnahm. Der Weizen wurde mittels einer Sichel in halber Höhe des Halms geschnitten, der Flachs wurde ausgerissen und dann entkörnt. Das Getreide wurde auf der Tenne durch eine im Kreis laufende Herde ausgestampft, geworfelt und unter den wachsamen Augen der Schreiber, die jeden von den Bauern in die Silos entleerten Sack zählten, in die zylindrischen Silos geschüttet. War dies geschehen, dann brauchte man nur zu warten, bis die neue Überschwemmung in der Jahreszeit *Achet* die durch die glühende Juni- und Julisonne ausgetrockneten Felder wiederum mit Wasser bedeckte.
Doch das Ägypten des Alten Reiches war für seinen Unterhalt nicht nur von der Landwirtschaft abhängig. Die Viehzucht, die Jagd und der Fischfang spielten noch eine große Rolle im Wirtschaftsleben des Landes. Man weiß, daß die Ägypter in der prädynastischen und in der archaischen Epoche vielfältige Domestizierungsversuche gemacht haben; sie gingen sogar so weit, die Hyäne zur Jagd abzurichten und als Schlachtvieh zu züchten. Im Alten Reich wurden die Versuche fortgesetzt: bestimmte Antilopen, vor allem der Oryx, wurden immer gezüchtet und lieferten Fleisch im gleichen Umfang wie das Rind. An Geflügel wurden neben den zahlreichen Rassen von zahmen Enten und Gänsen auch Kraniche und Pelikane in den Geflügelhöfen der großen Domänen gehalten.
Die Viehzucht, die einen großen Teil der Bevölkerung beschäftigt haben muß, geschieht in zwei Phasen. In der ersten leben die Herden in absoluter Freiheit auf großen natürlichen Weiden, die

zweifellos in der Nähe des Stromes in noch nicht drainierten Teilen des Tales lagen. Die Hirten leben mit ihrer Herde und folgen ihr auf ihren Wanderungen. Sie melken die Kühe, entbinden sie, kümmern sich um die Kälber, wenn ein Flußarm oder ein tiefer Sumpf durchquert werden muß. In einer zweiten Phase wählen die Züchter bestimmte Tiere aus, die auf richtige Zuchtgüter gebracht werden, wo man sie anbindet und mit Gewalt mästet. Dies sind die Tiere, die das Fleisch für die Tafel des Königs und für die Altäre der Götter liefern. Ein besonderer Beamter, der *heri-udjeb*, war mit der Überwachung dieser Arbeiten beauftragt. Für die Feldarbeit benutzten die Bauern des Alten Reiches den Esel, der ihnen als Saumtier beim Säen, für den Transport und vor allem für das Ausstampfen des Weizens diente. Die Kuh wird zweifellos nur selten zum Ziehen des Pfluges benutzt. Das Pferd erscheint erst gegen 1700, und das Dromedar noch später.

Die Aufzucht des Geflügels erfolgt ebenfalls in zwei Phasen. Die Tiere werden zunächst in verhältnismäßig großer Freiheit belassen, in einem mit einem Wasserbecken und reichlich mit Körnerfutter versehenen großen Schlag. Dann werden die Hühner, Gänse oder Kraniche mit Futterklößen gestopft, bis sie reif für den Bratspieß sind. Mit der Geflügelhaltung befassen sich spezielle Landgüter, und zahlreiche ›Schreiber‹ sind beauftragt, ihren Betrieb zu überwachen.

Die hohen Beamten lieben es, sich auf der Jagd, entweder in der Wüste oder in der Sümpfen, darstellen zu lassen. Die Jagd in der Wüste hat, so scheint es, einen doppelten Zweck. Einerseits liefert sie einen ergänzenden Beitrag zur Fleischversorgung und auch neue Versuchsobjekte für die Züchter; deshalb erscheint neben der Jagd mit Pfeil und Bogen auch die mit dem Lasso, die es erlaubt, die Tiere lebend zu fangen. Hierbei werden die Jäger von Slughi-Hunden unterstützt. Außerdem hatte die Jagd neben diesem nützlichen Zweck zweifellos einen religiösen Charakter: Die Tiere, die in der Wüste leben, sind auf Grund der Tatsache schädlich, daß sie dem Gott Seth, dem feindlichen Bruder des Osiris, unterstehen, und deshalb müssen sie getötet werden. Diese Rolle eines religiösen Ritus, die man in der Jagd auf Wüstentiere vermutet, findet sich auch wieder in der Jagd auf das Nilpferd, deren religiöser Charakter bis in die prädynastische Epoche zurückgeht (vgl. oben, S. 220). Die Jagd wird nicht ausschließlich von den Begüterten betrieben; eine Spezialtruppe, die *nuu*-Jäger, die diese Tätigkeit mit der von Grenzwächtern zu vereinigen scheinen, sind mit ihr beauftragt.

Ägypten zog schließlich großen Nutzen aus den Sümpfen, die ihm den für die Verwaltung unentbehrlichen Papyrus lieferten, der auch zur Herstellung von Schnüren und Tauen und zum Bau von leichten Fahrzeugen für den Fischfang und die Jagd im Sumpfdickicht diente. Auch der Fisch ist eine der Grundlagen der Ernährung. Ihn zu fangen, sind alle Mittel recht: die große Reuse, die eine starke Besatzung von Fischern erfordert, Reusen aller Größen, Einzelangeln mit Haken, und schließlich Harpunen für die größeren Arten. Der Fisch wird an Ort und Stelle verarbeitet, in zwei Hälften gespalten und zum Trocknen ausgelegt. Der Sumpf ist auch der Zufluchtsort zahlreicher Zugvögel, und die Ägypter nutzen dies, um ihre Geflügelhöfe neu zu bevölkern: riesige Netze werden über dem Sumpf ausgespannt, die sich auf das Zeichen eines Wächters über ihrem Fang schließen.

Mit ihren Bauern, die den Ackerbau und die Gärtnerei betreiben, ihren Hirten und ihren Züchtern, die den Viehbestand vermehren, ihren Jägern und ihren Fischern bildet die ägyptische Domäne eine Wirtschaftseinheit, die um so mehr autark ist, als sie durch Werkstätten ergänzt wird, in denen Handwerker die zum Betrieb erforderlichen Geräte herstellen und die Rohstoffe in Endprodukte verwandeln. Wir kennen die Domänen zwar nur durch die Darstellungen der Mastabas, doch ist es offensichtlich, daß es neben den Privatbesitzungen auch königliche Domänen und solche der Tempel gab.

Die Gesamtheit der Domänen, private und solche in Tempelbesitz, war zu Abgaben an den Staatsschatz verpflichtet. Doch von der V. Dynastie an nimmt der König die Gewohnheit an, einerseits den Tempeln wie den Privatleuten Steuerfreiheit zu gewähren und andererseits manche königliche Domänen Privatleuten zu schenken, vor allem, um ihnen den Totenkult zu ermöglichen, oder den Tempeln, um den Dienst der Götteropfer zu unterhalten. Diese beiden Bräuche tragen dazu bei, die Einnahmen des Staates zu verringern, und gehören zu den Ursachen des Verfalls des Alten Reiches.

Wenn die Landwirtschaft auch die Basis der ägyptischen Wirtschaft ist, so ist sie dennoch nicht in der Lage, manche der zur Entfaltung der Zivilisation erforderlichen Produkte zu liefern. Ägypten mangelt es an dem Bauholz, das es einerseits für seine Schiffsbauten benötigte, die äußerst wichtig waren, da alle Transporte zu Wasser durchgeführt werden, und andererseits für die Errichtung der Tempel und Paläste. Ferner besitzt das eigentliche Niltal keine Erzvorkommen; diese liegen an der Peripherie, vor allem in dem Bergmassiv der Arabischen Wüste und manchmal ziemlich weit von dem Strom entfernt. Nun erfordert die Entwicklung seiner Wirtschaft, daß Ägypten über eine ständig wachsende Menge Metall verfügt. Es muß sich also Holz und Kupfer, zu denen die von den Juwelieren und Herstellern von Gefäßen verarbeiteten seltenen Steine und Halbedelsteine hinzukamen, anderswo besorgen, wie auch den für den täglichen Gottesdienst unentbehrlichen Weihrauch.

Was man auch darüber gesagt hat, in der frühen Epoche und im Alten Reich scheint es keine privaten Kaufleute oder Händler gegeben zu haben, die ins Ausland reisten, um die ägyptischen Produkte gegen die im Niltal fehlenden Rohstoffe einzutauschen. Die Handelsexpeditionen sind im wesentlichen Sache des Königs, und sie können sehr stark sein: Snofru entsandte, wie wir gesehen haben, eine richtige Flotte von 40 Schiffen zur syrisch-palästinensischen Küste, und Sahure schickte zumindest eine Expedition an die Somaliküste, um Weihrauch zu beschaffen. Die Sinaihalbinsel wird regelmäßig von den Ägyptern aufgesucht, um Türkise und vielleicht auch Kupfer zu holen. Letzteres kam auch aus den Minen der östlichen Wüste, vielleicht auch aus Nubien. Die gewonnene Menge Kupfer ist beachtlich, denn Sahure kann für seine Pyramide entlang dem Aufweg auf einer Distanz von mehr als 300 m ein Abflußrohr aus Kupfer verlegen lassen. Das Gold wird in den östlichen Minen gefördert, und es ist häufig genug geworden, um als Währungsgrundlage zu dienen: Die Einheit ist der *Schat* von etwa sieben Gramm. Zahlreich sind schließlich die königlichen Expeditionen in die Wüsten des Ostens, des Westens und des Südens, die die von den Architekten, Bildhauern und Herstellern von Gefäßen begehrten harten Steine liefern.

Neben diesem ganz in den Händen des Königs befindlichen Großhandel scheint der Kleinhandel nicht die Existenz einer speziellen Bevölkerungsklasse erfordert zu haben. Die Dienstleistungen werden in Naturalien bezahlt, und die unteren Klassen begnügen sich, wie es scheint, damit, das, wovon sie zuviel haben, gegen Dinge einzutauschen, die sie brauchen. Einige wenige Darstellungen sind auf uns gekommen, bei denen man einen Gemüsebauern Gemüse gegen einen Fächer eintauschen sieht oder einen Bauern eine Flüssigkeit, vielleicht Bier, gegen Sandalen. Die Goldwährung ermöglichte größere Transaktionen; so verkauft zum Beispiel ein Beamter ein Haus gegen Möbel, die auf 10 ›Schats‹ Gold geschätzt werden. Desgleichen bewerten die Schreiber der V. Dynastie, um ihre Buchhaltung zu vereinfachen, die verschiedenen, beim Schatzamt als Abgaben eingelieferten Waren in ›Schats‹. Doch dieses Bewertungssystem findet keinen materiellen Ausdruck in einem richtigen Geld, und wenn es bestehen will, kann sich das Individuum nur auf seine Stellung in der sozialen Organisation des Landes verlassen, ob es nun Beamter ist, als Bauer oder Handwerker zu einer Domäne gehört, oder von seinen Eltern genügend Land geerbt hat, um von dessen Ertrag leben zu können.

c) *Die soziale Organisation*

An der Spitze der sozialen Leiter stehen der König und die königliche Familie, die sehr groß sein kann, da der Herrscher zum Unterschied von seinen Untertanen, so scheint es, mehrere legitime Frauen haben kann, wobei jedoch die erste die rechtmäßige Königin bleibt. Außer der königlichen Familie hat es offenbar keinen wirklichen Erbadel gegeben. Der Hof wird von den hohen Beamten und den persönlichen Dienern des Königs gebildet. Doch die Notwendigkeiten des Totenkults führen dazu, die Ämter erblich zu machen, so daß sich im Alten Reich eine erbliche Führerschicht bildet, aber dieser Prozeß ist noch nicht vollendet.

Die Beamten sind im wesentlichen die Schreiber. Lesen, schreiben und rechnen können genügt, ist aber unerläßlich, um in der Verwaltung Karriere zu machen. Vom Mittleren Reich an ist das Lieblingsthema der ägyptischen Literatur der Gegensatz zwischen dem leichten Leben des ›Schreibers‹ und der harten Arbeit der andern Klassen. Wir haben gesehen (S. 272), daß man nicht von einer eigentlichen Kaste der ›Schreiber‹ sprechen kann, daß diese sich jedoch vornehmlich aus den Beamtenfamilien rekrutieren.

Das öffentliche Amt wird, wenn es die oberen Stufen erreicht, zur Quelle des Reichtums, und die hohen Beamten nutzen diesen Wohlstand, um Domänen als Eigentum zu erwerben, die den Kindern vermacht werden. Es ist also möglich, daß eine Klasse von Großgrundbesitzern im Entstehen begriffen ist, die vom Ertrag ihrer Ländereien lebt. Doch die Einrichtung einer solchen Klasse wird stark gehemmt durch den ägyptischen Brauch, der verlangt, daß das Familienvermögen beim Tode der Eltern gleichmäßig unter die Kinder verteilt wird mit Ausnahme des als unerläßlich festgelegten Teils, der dazu bestimmt ist, die Totenehrung des Vaters zu sichern. So neigt das Privateigentum manchmal dazu, sich in Besitz der Toten Hand zu verwandeln.

Unter den ›Schreibern‹ stehen die Bauern und die Handwerker. Man kann auf den Domänen eine ziemlich weit vorangetriebene Spezialisierung der Arbeitskräfte beobachten; der eigentliche Bauer befaßt sich nur mit dem Großanbau von Getreide und Flachs, die Hirten sind für das Vieh verantwortlich, und die Fischer und Jäger sind in Mannschaften zusammengefaßt, von denen die einen sich dem Fischfang, die andern der Jagd widmen. Das gleiche gilt für alle Handwerker, für Schreiner, Zimmerleute, Töpfer, Steinmetze, Steinbrucharbeiter, Gießer, Goldschmiede usw. Die Großbauten wurden vermittels eines Frondienstes ausgeführt, der sich wahrscheinlich vor allem aus den Bauern rekrutierte; doch nach eingebrachter Ernte waren diese Arbeitskräfte zumindest während eines Teils der Jahreszeit des

Sommers (*Schemu*) für die Unterhaltung der Deiche und Kanäle im Hinblick auf die nächste Überschwemmung frei. Während der fast drei Monate, die Ägypten unter Wasser steht, war wiederum ein großer Teil dieser Arbeitskräfte frei, und zweifellos in dieser Zeit wurden in der Wüste, also sicher vor der Überschwemmung, die Pyramiden und die Baudenkmäler errichtet. Übrigens erleichterte die Überschwemmung die Transporte, die mit Barken durchgeführt wurden, wobei z. B. die Entfernungen von den Steinbrüchen zu den Baustellen erheblich abgekürzt wurden.

Da Dokumente fehlen, kennt man die rechtliche Stellung der einzelnen Bevölkerungsklassen nur wenig. Es ist wahrscheinlich, daß die Landbevölkerung mehr oder weniger an den Boden gebunden war, obwohl gewisse Dienstverträge für die Existenz einer von den Domänen unabhängigen Arbeitergruppe sprechen. Der Sklave, wie ihn das klassische Altertum kennen wird, existierte bestimmt nicht; wenn auch einige Gerichtsakten Übereignungen von Ländereien einschließlich der Bauern, die sie bearbeiten, erwähnen, so hat man jedoch in den Testamenten *(imyt-per)* keine Legate gefunden, die den Erben Diener oder Dienerinnen vermachten. Übrigens verlieren unsere Auffassungen von Freiheit und Sklaverei viel von ihrem Sinn, wenn man sie auf eine Gesellschaft anwendet, in der man, um leben zu können, an eine Domäne oder an ein Amt gebunden sein mußte, die beim Fehlen jeglicher Tauschmedien die einzigen Möglichkeiten darstellten, sich Nahrung und Kleidung zu beschaffen.

d) *Die Religion.*

Bereits Herodot stellte fest, daß »die Ägypter die frommsten der Menschen sind«, und tatsächlich nimmt die Religion einen breiten Raum in der pharaonischen Zivilisation ein. Man kann sie unter zwei Aspekten betrachten: die eigentliche Götterverehrung und der Totenkult. Seit dem Alten Reich gewinnt letzterer immer mehr an Bedeutung, bis er etwas von der eigentlichen Religion gewissermaßen Verschiedenes bildet, obwohl sich in den beiden Kulten die gleichen Götter finden. Während die eigentliche Religion lokal ist und jede Provinz ihren Hauptgott und ihre Nebengötter hat, zeichnet sich der Totenkult durch seine Universalität aus: Die Götter, die den Totenkult beherrschen, sind die gleichen für ganz Ägypten, und die Bestattungsriten sind, zumindest in der historischen Epoche, identisch vom 1. Katarakt bis zum Mittelmeer.

Man kennt wenige Tempel des Alten Reiches außer den Sonnentempeln der V. Dynastie. Die meisten Heiligtümer dieser Epoche wurden, wenn sie nicht bereits verfallen waren, im Verlauf der Ersten Zwischenzeit zerstört. Es ist daher schwer, den Provinzialkult, der sich in diesen Gebäuden abspielte, zu erforschen. Doch die großen religiösen Zentren entwickelten im Alten Reich eine lebhafte Tätigkeit. Hier entstanden die großen mythologischen Erzählungen, die die Erschaffung der Welt erklären. Es gibt fast ebenso viele Versionen, wie es große Städte gibt. Die bemerkenswertesten sind die von Heliopolis, Hermopolis und Memphis, die die Schöpfung durch das sukzessive Auftreten der die großen Naturkräfte symbolisierenden Götterpaare erklären. Die Namen und die Zahl dieser Paare variieren mit den Göttersystemen. Neben dieser von der Priesterschaft der großen Tempel erarbeiteten gelehrten Religion scheint die schwer zu erforschende Volksreligion dem Kult der heiligen Tiere anzuhängen, dessen Ursprung in das Prädynastische zurückgeht; der Apisstier, einer der populärsten dieser Götter, ist seit der I. Dynastie bekannt. Diese scheint auch die großen Legenden geschaffen zu haben, die wir im übrigen nur durch spätere Beurteilungen kennen. Der Sonnenzyklus und der Zyklus des Osiris stellen das Hauptelement dieser an pittoresken Zügen reichen Legenden dar.

Die großen Götter des Alten Reiches sind: Atum-Re in Heliopolis, Ptah in Memphis, Thot in Hermopolis und Min in Koptos, einer der am frühesten bekannten Götter; Osiris, der Urgott des Deltas, dessen Existenz seit der archaischen Epoche bezeugt ist, gewinnt zunehmend an Bedeutung und assoziiert sich allmählich mit den sehr alten Göttern wie Horus, dem an zahlreichen Orten verehrten Falkengott, und Anubis, dem Hundegott von Assiut. Von den Göttinnen seien genannt Hathor, die Göttin von Denderah, Isis, Urgottheit des Deltas wie Osiris, die schon früh als dessen Gemahlin betrachtet wird, Neith von Saïs und Nechbet, die Geiergöttin von El Kab. Jeder dieser Götter und jede dieser Göttinnen wird mit vielen andern in einer oder in mehreren Provinzen verehrt, wo er oder sie sich zu andern Gottheiten gesellt, um Götterfamilien zu bilden. Schließlich huldigen die Theologen seit dem Alten Reich einem starken Synkretismus; so assimilieren die von Heliopolis fast alle Provinzgötter ihrem Re, und in gleicher Weise identifizieren die von Memphis die großen Götter mit ihrem Ptah. Diese Tendenz verstärkt sich im Laufe der Jahrhunderte, um in der ptolemäischen Epoche ihren Höhepunkt zu erleben.

Der Totenkult stellt wahrscheinlich den charakteristischsten Aspekt der ägyptischen Glaubensvorstellungen dar, und die Vielfalt seiner Ursprünge macht ihn höchst komplex. So besitzt er einmal einen unterirdischen Aspekt, der auf die älteste Epoche zurückgeht, da die Ägypter des Neolithikums und des Prädynastischen glaubten, ihre Toten lebten in dem Boden weiter, in dem sie, umgeben von ihren Waffen und Proviant, beigesetzt wur-

den, zweitens einen stellaren Aspekt, der im Verlauf des Prädynastischen aufzutauchen scheint, da manche Teile der Bevölkerung glaubten, die sich vom Körper lösende Seele suche Zuflucht in den Sternen des Nordhimmels, und schließlich einen solaren Aspekt, vorbehalten dem königlichen Toten, der die Barke des Sonnengottes bestieg und die Ewigkeit in der Gesellschaft des letzteren verbrachte.
Gegen Ende des Alten Reiches tendieren die drei Aspekte dazu, sich in einer einzigen Lehre zu verschmelzen, die aus diesem Grunde voller Widersprüche ist. Der Tote lebt in einer unterirdischen Welt, die von Osiris beherrscht wird, doch gleichzeitig kann er, vor allem dank magischer Künste, die Sonne auf ihrem Tages- und Nachtlauf begleiten oder auf den himmlischen Gefilden leben. Doch eine Bedingung scheint für das Weiterleben nach dem Tode wesentlich zu sein: die ständige Anwesenheit eines Trägers, in dem die Seele (oder die Seelen) des Verstorbenen sich integrieren kann. Der beste Träger ist der Körper selbst, und aus diesem Grund erscheinen seit dem Alten Reich die komplizierten Riten der Mumifizierung, die dazu bestimmt sind, den Leib unverweslich zu machen. Doch trotz dieser Vorsichtsmaßnahmen kann der Leib verschwinden, und so sieht man Statuen vor, ihn zu ersetzen. Diesem Glauben verdanken unsere Museen ihren Reichtum an ägyptischen Statuen.
Parallel zur Entwicklung der Glaubensvorstellungen über das Weiterleben nach dem Tode komplizierten sich die Bestattungsbräuche immer mehr. An die Stelle der ovalen Grube des anfänglichen Grabes treten die immer zahlreicher werdenden Kammern der Gräber des ausgehenden Prädynastischen, dann die Paläste der Königsgräber der ersten zwei Dynastien und schließlich die Großanlagen der Pyramiden. Im Alten Reich haben die Privatleute bereits Ewigkeitswohnungen, die ›Mastabas‹, die zahlreiche Statuen enthalten und vor allem immer stärker ausgearbeitete Wandmalereien, die, indem sie die verschiedenen Phasen der Herstellung der Nahrung und der dringendsten Gebrauchsgegenstände, wie der Getreideernte oder der Abfüllung des Bieres oder des Weins darstellen, dem glücklichen Besitzer eines solchen Grabes die Gewißheit geben, daß er auf ewig mit den Gütern dieser Welt versorgt ist.
Es ist die Notwendigkeit, den Totenkult zu unterhalten, die die rasche Entwicklung und dann den Niedergang des Alten Reiches bestimmt. Um im Leben nach dem Tode bestehen zu können, brauchen die Toten Opfergaben, die einerseits aufgebracht werden dank der Kindesliebe der Familie, die von nun an die Erblichkeit des Amtes fordert, um dem Sohn den Totenkult für den Vater zu ermöglichen, und andererseits durch die für diesen Kult bestimmten Einkünfte. Das memphitische Königtum ver-

armt durch die ständige Verteilung von königlichen Ländereien, deren Erträge der Versorgung der Gräber dienen, an seine Beamten und an die Tempel.
Der größte Teil unserer Kenntnisse über die Religion, speziell über den Totenglauben der Ägypter im Alten Reich entstammt den sog. ›Pyramidentexten‹. Diese Texte stellen eine Sammlung von Formeln dar, die dazu bestimmt sind, dem Toten die Überwindung aller ihm eventuell im Jenseits begegnenden Schwierigkeiten zu ermöglichen. Sie sind eigentlich dem Königsgrab vorbehalten, spiegeln jedoch die Vorstellungen wider, die sich bereits im ganzen Volk verbreiten. Sie erscheinen zum erstenmal auf den Wänden der Pyramide des Unas, und man findet sie dann in allen Pyramiden der VI. Dynastie, was ihnen ihren Namen gab. Diese Formeln stammen aus verschiedenen Epochen, einige gehen zweifellos auf die prädynastische Zeit zurück und spielen manchmal auf die politischen Ereignisse dieser Periode an. Man unterscheidet bei ihnen zwei Strömungen, eine, die ihren Ursprung in der Priesterschaft von Heliopolis haben muß, und in der der Sonnengott Re eine wesentliche Rolle spielt, in der andern ist es Osiris, der Gott der Toten, der den ersten Platz einnimmt. Viele Formeln der Pyramidentexte werden zunächst in die ›Sargtexte‹ des Mittleren Reiches übernommen und gelangen durch sie in das ›Totenbuch‹ des Neuen Reiches.

e) *Die Kunst*

In vielfacher Hinsicht kann die Kunst des Alten Reiches als die vollendetste der gesamten ägyptischen Zivilisation betrachtet werden, und unter ihren Meisterwerken werden die Künstler während der saïtischen Renaissance ihre Vorbilder wählen. In der III. Dynastie hat die Architektur den entscheidenden Schritt getan, sie hat, wenigstens was die großen Monumente betrifft, den Rohziegel aufgegeben, um den Stein zu verwenden. Dieser, vor allem der Kalkstein von Tura, einem Steinbruch im Süden von Kairo, wird zunächst im kleinen Mauerverband benutzt, als ob der Architekt die Ziegelbauweise in Stein nachahmen wollte, doch sehr bald erkannten die Architekten die Möglichkeiten des neuen Materials und verwendeten immer größere Blöcke.
Wir haben gesehen, daß die Fortschritte der Architektur sich am deutlichsten im Bau der Pyramiden bemerkbar machten. Der von der eigentlichen Pyramide und ihren Nebenbauten gebildete Komplex (vgl. oben S. 252) stellt für die Architekten und ihre Gehilfen eine gute Schule dar. Da mit jeder Regierung ein neues Grabmal in Angriff genommen wurde, ging die beim Bau des vorangegangenen gewonnene Erfahrung nicht verloren. Ja, in vielen Fällen waren es die gleichen Handwerker, die ein Bau-

werk vollendeten und das der folgenden Regierung begannen. Dies genügt, die raschen Fortschritte in der Baukunst nach Djoser zu erklären.
Während die Stufenpyramide z. B. teilweise noch in die Wand eingelassene Säulen hat, verwenden die Architekten von der folgenden Dynastie an den Pfeiler und zweifellos auch die polygonale oder die runde Säule, um Architrave freistehend zu stützen. Der Säulenhof wird eines der charakteristischsten Elemente des Repertoires der ägyptischen Architektur. Die Architekten lernen es auch, das gewaltige Gewicht des Mauerwerks abzufangen, das auf den Grabkammern der Pyramide ruht, indem sie Entlastungsgewölbe über diese bauen.
Mit fortschreitender Entwicklung der Baudetails erscheint auch der Bauschmuck in der Architektur. Bereits Imhotep hatte in Sakkara kannelierte und bündelförmige Säulenschäfte verwendet, wie auch Pflanzenkapitelle, das Lilienkapitell und das Papyruskapitell. Während die IV. Dynastie die nüchternen und geraden Linien des quadratischen Pfeilers zu bevorzugen scheint, verschwindet die Säule mit Pflanzenkapitell dennoch nicht; sie wird von neuem eins der charakteristischen Merkmale der ägyptischen Architektur unter der V. Dynastie.
Der Verfeinerung der Formen entspricht eine Bereicherung des verwendeten Materials. Der Granit, mit dem man die Böden der königlichen Grabkammern der II. Dynastie pflasterte, wird nun beim Oberbau der Monumente verwendet. Der ›Taltempel‹ des Chephren verdankt seine Schönheit größtenteils der Verwendung von Monolithen für die Wände wie für die Pfeiler und die Architrave. Der Alabaster wird nicht nur für die Sarkophage verwendet, man findet ihn auch in der Pflasterung der Tempel.
Bildhauer und Maler werden ebenso geschickt wie die Architekten. Sie haben oft Gelegenheit, ihre Fähigkeiten zu nutzen, sowohl für den König und seine Familie als auch für die Privatleute. Allein der Totentempel des Chephren hatte nicht weniger als 17 Statuen des Königs in Überlebensgröße, und der des Mykerinos muß ebenso viele Statuengruppen des Königs und verschiedener Gottheiten gehabt haben, wie es Gaue in Ägypten gab, also etwa vierzig. Für die Königsstatuen wurden oft die härtesten Steine verwendet, und die Chephren-Statue aus Diorit in Kairo zeigt zur Genüge, daß die Härte des Materials die Geschicklichkeit des Künstlers keineswegs behinderte. Wenn die Statuen von Privatleuten auch kleiner und aus weniger widerstandsfähigem Material sind, so zeugen sie doch nicht weniger von der unvergleichlichen Meisterschaft der Künstler des Alten Reichs. Ich will hier nur den ›hockenden Schreiber‹ im Louvre und den *Scheich el-Beled* in Kairo nennen. Die Bildhauer schaffen nicht nur Werke in Rundplastik, sie sind auch geschickt im Re-

lief. Seit der IV. Dynastie, besonders aber in der V., sind die Gräber der Privatleute, die Aufwege der Pyramiden und die Wände der Sonnentempel mit Reliefszenen von bemerkenswerwerter Qualität geschmückt.
Statuen und Reliefs waren mit lebhaften, aber harmonischen Farben bemalt. Der Maler begnügte sich jedoch nicht damit, der Gehilfe des Architekten oder des Bildhauers zu sein, die Fresken, die wir ihm verdanken, erreichen an künstlerischer Qualität die besten Werke der Bildhauer. Da die Fresken leider empfindlicher sind als die Statuen, selbst die aus Holz, ist die Malerei nur durch allzu seltene Denkmäler bekannt. Die berühmten gemalten ›Gänse von Meidum‹ des Snofru-Tempels lassen ahnen, was die Kunstgeschichte durch das Verschwinden der Malerei des Alten Reiches verloren hat.
Die Kleinkunst ist ebensowenig bekannt wie die Malerei. Die Grabplünderungen haben nur sehr wenig von den Gegenständen, deren Herstellung in den Grabmalereien dargestellt wird, übriggelassen. Die Auffindung des Grabes der Hetepheres, der Mutter des Cheops, zeigt, daß die Juweliere und Kunsttischler nicht hinter den Malern und Bildhauern zurückstanden.
Nichts ist von den Metallarbeiten aus der Zeit vor der VI. Dynastie auf uns gelangt, doch die Texte belehren uns, daß die Kunsthandwerker Statuen gießen oder hämmern konnten. Der Falkenkopf aus Gold in Hierakonpolis beweist, daß auch hier die Leistungen denen der andern Künstler gleichkamen.
Trotz des unvermeidlichen Verlustes unzähliger Objekte im Laufe der Jahrtausende zeigen die Kunsterzeugnisse des Alten Reiches, die auf uns gekommen sind, daß diese Kunst damals eine Vollkommenheit erreicht hatte, die nie übertroffen werden wird.

f) *Die Literatur*
Außer durch die ›Pyramidentexte‹ ist uns die Literatur von der III. bis zur V. Dynastie nur noch durch sehr kurze autobiographische Texte und durch ein Fragment der ›Lehre des Königs Hordjedef‹ bekannt. Man muß bis zur VI. Dynastie warten, um höherentwickelte Texte des Alten Reiches zu finden. Doch die Pyramidentexte allein, die zweifellos von der II. bis zur V. Dynastie entstanden sind, genügen, um uns eine Vorstellung von der Literatur dieser Epoche zu vermitteln. Die Ägypter zeigen hier bereits ihren Sinn für die ausgewogenen Doppelsätze, in denen die zweite Aussage die durch die erste ausgedrückte Idee mit andern Worten wiederholt.
Die ›Weisheitslehren‹, vor allem die unter dem Namen ›Lehre des Kagemni‹ und ›Maximen des Ptahhotep‹ bekannten, enthalten wahrscheinlich viele Redensarten und Sprichwörter des

Alten Reiches. Die erstere dürfte aus den frühen Anfängen dieser Epoche stammen, da Kagemni unter dem König Huni der III. Dynastie lebte, die letztere aus der V. Dynastie, da Ptahotep Wesir in der Zeit Isesis war. Beide sind Folgen praktischer Ratschläge, dazu bestimmt, den jungen Leuten zu helfen, im Leben ›Erfolg‹ zu haben. Es sind eher Ratschläge der guten Erziehung als moralische Vorschriften. Sie empfehlen in der Hauptsache Gehorsam gegenüber dem Vater und dem Vorgesetzten, die Tugend des Schweigens und gute Manieren in der Gesellschaft und schließlich Treue und Wohlwollen gegenüber den Untergebenen.

g) *Wissenschaft und Technik*

Als die Ägypter der Epochen nach dem Alten Reich ihren belehrenden Werken Autorität verleihen wollten, bestätigten sie bereitwilligst, daß diese von einem Manuskript abgeschrieben waren, das auf einen der großen Pharaonen der memphitischen Epoche, auf Snofru oder auf Isesi zurückging. Was ist Wahres an diesen Behauptungen? Es ist unmöglich, dies festzustellen, da kein wissenschaftliches Werk des Alten Reiches auf uns gelangt ist. Doch man hat mit Recht bemerkt, daß die Sprache des *Papyrus Smith,* der besten ägyptischen medizinischen Abhandlung, die wir besitzen, in einigen Vorschriften auf das Alte Reich zurückgeht. Wenn man sich erinnert, daß Imhotep unter anderm als geschickter Arzt betrachtet wurde, ist es möglich, daß zu jener Zeit tatsächlich wissenschaftliche Arbeiten existierten. Wie dem auch sei, die Arbeiten, die namentlich unter der IV. Dynastie durchgeführt wurden, zeigen, daß die mathematischen Kenntnisse der Ägypter dieser Epoche zumindest denen ihrer Nachfolger des Mittleren Reiches gleichkamen, die den *Mathematischen Papyrus Rhind* verfaßten (vgl. S. 343).
Die Techniken der Handwerker wurden von der III. Dynastie an noch verbessert. Die Vollkommenheit einer Statue wie der des Chephren im Museum von Kairo genügt, um zu beweisen, daß die Bildhauer die härtesten Steine meisterten. Diese Technik hat einige Autoren zu der Annahme veranlaßt, die Ägypter des Alten Reiches hätten nicht nur das Eisen, sondern auch den Stahl gekannt. Andere waren der Ansicht, die Handwerker hätten es verstanden, das Kupfer durch heute verlorengegangene Verfahren zu härten. Alle diese Behauptungen entstammten der Phantasie, denn kürzlich ist der Beweis erbracht worden, daß die Bildhauer keine metallenen Werkzeuge benutzten, um die harten Steine zu bearbeiten. Sie bedienten sich ausschließlich der Steinmeißel. Die Kupfermeißel wurden nur für die Bearbeitung des Holzes, des Elfenbeins und der weichen Steine wie des Schiefers und des Kalksteins verwendet.

Die Metallarbeiter verstanden das Metall ebenso zu gießen und zu schweißen wie zu hämmern, zu gravieren, zu treiben und zu vernieten. Schreiner und Zimmerleute konnten mit Hilfe von Zapfen, Zapfenlöchern und Schwalbenschwänzen Barken und Hochseeschiffe bauen, ohne praktisch Nägel zu benutzen. Die ›Steingutarbeiter‹ schließlich wußten die Technik der Herstellung der unter dem unrichtigen Namen ›ägyptische Fayence‹ bekannten Glasurmasse zu bewahren und zu vervollkommnen. Eine unterirdische Kammer der Stufenpyramide des Djoser war ganz mit blauen glasierten Kacheln von zauberhafter Wirkung verkleidet.

So hat Ägypten zwischen der III. und der V. Dynastie einen bemerkenswerten Zivilisationsgrad erreicht. Es ist schwer, dieser Leistung mit der Feder gerecht zu werden. Ein Besuch in den großen europäischen oder amerikanischen Museen oder im Museum von Kairo zeigt besser die Größe und den Adel dieser Zivilisation.

9. Das Ende des Alten Reiches und die Erste Zwischenzeit

Als die Pharaonen der VI. Dynastie die der V. ablösen, steht das Alte Reich auf seinem Höhepunkt. Keine Anzeichen deuten darauf hin, daß es zusammenbrechen könnte. Doch vier Regierungen werden genügen, um Ägypten von einer stabilen und starken Ordnung in einen Zustand vollkommener Anarchie absinken zu lassen. Die Ägypter selbst haben gespürt, daß der Beginn der VI. Dynastie, wenn man so sagen kann, einen »Wendepunkt der Geschichte« markierte. Der Turiner Papyrus, bei der Regierung des Unas, des letzten Königs der V. Dynastie, angekommen, verhält, um die Bilanz aller Regierungen von Menes bis Unas zu ziehen, als ginge mit dem Tode des letzteren eine Epoche zu Ende.

DIE VI. DYNASTIE

Doch, wie es oft der Fall ist, gibt es keinen klaren Schnitt zwischen der Regierung des Unas und der des Teti, des ersten Königs der VI. Dynastie. Die gleichen Beamten gehen vom Dienst des Unas über in den des Teti, namentlich der berühmte Kagemni. Eine der Frauen des Teti, Iput, die Mutter des späteren Pepi I., war vielleicht die Tochter des Unas. Es wäre also wiederum zu einem Dynastiewechsel gekommen auf Grund der Tatsache, daß das Recht auf die Macht, da Unas keinen männlichen Erben in direkter Linie hatte, durch die älteste Tochter auf ihren Gatten übertragen wurde, gleichgültig, ob dieser mit seinem Vorgänger verwandt war oder nicht.

Die VI. Dynastie zählt sechs oder sieben an Länge und Bedeutung sehr ungleiche Regierungen. Sie bleibt fast anderthalb Jahrhunderte an der Macht, von ungefähr 2350 bis ungefähr 2200 v. Chr., doch die Regierung des Pepi II. nimmt fast zwei Drittel dieser Periode ein.

1. Teti (Seheteptaui)
2. Userkare
3. Pepi I.
4. Merienre I.
5. Pepi II.
6. Merienre II. (Antyemsaf)
7. Nitokris

Teti regierte etwa ein Dutzend Jahre lang. Nach Manetho wurde er von seiner Leibgarde ermordet, doch in Wirklichkeit besitzen wir nur sehr wenige Auskünfte über ihn. Sein Name wurde auf Vasen in Byblos wiedergefunden, und es ist möglich, daß er eine militärische Expedition nach Nubien entsandte. Es ist symptomatisch, daß eins der seltenen auf uns gelangten Dokumente ein Dekret ist, das den zu dem Tempel von Abydos gehörigen Domänen Steuerfreiheit gewährte. Es ist diese Praxis der Freigebigkeit zu Lasten des Königsschatzes, die allmählich die Macht der Monarchie des Alten Reiches unterhöhlen wird.
Userkare hatte eine sehr kurze Regierung. Man kennt ihn nur durch die Königslisten, die zeitgenössischen Denkmäler scheinen sein Andenken nicht bewahrt zu haben. Man hat sich gefragt, ob er nicht nur der Königin Iput geholfen hat, die Regentschaft zu Beginn der Regierung Pepis I. zu führen, da dieser beim Tod des Teti noch sehr jung war.
Pepi I. regierte mindestens vierzig, vielleicht neunundvierzig Jahre. Er nahm die Politik der vorangegangenen Dynastien wieder auf und schickte Expeditionen nach Asien und nach Nubien. Er feierte ein Sed-Fest. Die wichtigste Tat seiner Regierung ist durch ihre politischen Konsequenzen seine Heirat mit den zwei Töchtern eines Provinzadligen, Chui, die die Mütter der beiden folgenden Pharaonen sein werden. Diese Vereinigung ist ein Anzeichen für die Bedeutung, die die Provinzfamilien jetzt zum Schaden einer Monarchie gewinnen, die schwach zu werden beginnt. Pepi I. ließ seine Pyramide etwas südlich von der des Isesi errichten. In dem Namen dieses Monuments, Mennefer, so glaubt man, habe der Name der ägyptischen Hauptstadt Memphis in seiner hellenistischen Form seinen Ursprung.
Merienre I., der älteste Sohn des Pepi, regiert nur kurze Zeit; es ist möglich, daß er während etwa 9 Jahren dem Thron als Mitregent beigegeben war und nur 5 Jahre allein regiert hat. Vielleicht unter dem Einfluß seiner Mutter, oder um die Politik seines Vaters weiterzuverfolgen, oder aus Notwendigkeit, scheint er den Provinzadel begünstigt zu haben; so setzt er Ibi, den Sohn eines Onkels mütterlicherseits, als Gouverneur des 12. Gaues Oberägyptens ein. Dies ist der Beginn eines Geschlechts großer Lehnsfürsten, deren in die Felswand von *Deir el-Gebrawi* gehauene Gräber zahlreiche Dokumente für die Geschichte des ausgehenden Alten Reiches liefern.
Pepi II., der Sohn Pepis I., folgt auf seinen Bruder und Vetter, denn Merienre I. war ein Sohn der Schwester seiner Mutter. Er hatte die längste Regierungszeit der ägyptischen Geschichte und zweifellos auch der Weltgeschichte. Nach Manetho war er nämlich beim Tod des Merienre erst 6 Jahre alt und ist nach einer Regierung von 94 Jahren als Hundertjähriger gestorben. Das jüngste durch

ein Dokument bestätigte Datum ist das des Jahres 65, und man kann also die Behauptung des Manetho nicht direkt prüfen. Es steht jedoch außer Zweifel, daß er eine sehr lange Regierung hatte, denn er feierte zwei Sed-Feste, und nach dem Turiner Papyrus soll er mindestens 90 Jahre regiert haben und vielleicht noch länger, da das Ende der Zahl fehlt. Während seiner Minderjährigkeit wurde die Regentschaft von Merireanchnes, der Mutter des Königs, und von deren Bruder *Djau,* dem Nomarchen von Thinis, ausgeübt. Djau blieb später Wesir. Während seines langen Daseins heiratete Pepi II. zumindest vier Königinnen, doch er scheint die Mehrzahl seiner Kinder überlebt zu haben.

Die Liste von Abydos unterrichtet uns, daß der Nachfolger Pepis II. Merienre II. Antyemsaf war. Nach dem Turiner Papyrus soll er nur ein Jahr regiert haben. Eins ist gewiß: Mit dem Tode Pepis II. beginnt eine dunkle Periode. Wir befinden uns bereits in der unruhigen Zeit, die von den Historikern die ›Erste Zwischenzeit‹ genannt wird, obwohl die literarischen Quellen, vor allem der Turiner Papyrus, noch zwei Regierungen der VI. Dynastie aufzählen, von denen die letzte die einer Königin Nitokris ist. Kein Dokument ist gefunden worden, das die Existenz dieser Königin bestätigt, die Manetho als »die edelste und schönste der Frauen« bezeichnet. Herodot seinerseits behauptet, sie habe Selbstmord begangen, nachdem sie sich an dem Mörder ihres Bruders Merienre II. gerächt hatte, doch man weiß nicht, woher Herodot diese Informationen hat. Eine Tatsache jedoch, die auf verblüffende Weise mit dem Bericht Herodots übereinstimmt, erscheint sicher, nämlich, daß die Wirren, dynastischer oder anderer Natur, nach dem Tode Pepis II. begannen.

a) *Politische Entwicklung Ägyptens unter der VI. Dynastie*

Die VI. Dynastie erlebt große Veränderungen in der Organisation des Staates. Von der III. bis zur V. Dynastie hatte die Zentralisation der Macht nicht zu wachsen aufgehört; mit der VI. Dynastie verläuft der Prozeß umgekehrt: Die Macht dezentralisiert sich bis zum Verfall in Anarchie.

Dieses Phänomen ist leicht zu erklären. Einerseits verminderte sich das königliche Vermögen zunehmend um sämtliche Schenkungen an die Tempel und Privatleute. In Wirklichkeit war die Praxis der Schenkungen, die mit der IV. Dynastie begonnen hatte, unter der V. bereits beträchtlich geworden, doch die VI. Dynastie verstärkt sie noch, so daß der König nicht mehr die einzige Macht in Ägypten ist. Neben ihm gewinnen die großen Tempel und vor allem die Provinzfamilien an Bedeutung.

Andererseits war der Provinzadel der Hauptnutznießer dieser Freigebigkeit des Königs gewesen. Dies wiederum erklärt sich zunächst aus der Notwendigkeit, zur Gewährleistung einer guten Verwaltung des Landes in jeder Provinz einen mit ausgedehnten Vollmachten versehenen Vertreter des Königs zu haben (vgl. oben S. 270 f.), und dann durch die auf den tiefverwurzelten religiösen Vorstellungen der Ägypter beruhende Tendenz jedes Beamten, die Übertragung seines Amtes auf seinen ältesten Sohn, der den Totenkult für den Vater sichern soll, zu fordern und zu erhalten. Wenn die Erblichkeit der Funktionen bei den subalternen Posten nur geringe Nachteile mit sich bringt, so ist dies bei den Provinzoberhäuptern nicht der Fall. Ein solcher besaß als Vertreter des Königs fast alle Macht: Er verfügte über die Truppen der Provinz, leitete die öffentlichen Arbeiten, war für die königlichen Speicher verantwortlich, hatte die Gerichtsgewalt inne und mußte mehr oder weniger die Tempel seines Gaues und dessen Domänen überwachen. Das einzige Mittel für den König, solche Macht zu beschränken, hätte darin bestanden, die Nomarchen von Zeit zu Zeit die Posten wechseln zu lassen. Ein Versuch in diesem Sinne scheint unter Merienre I. gemacht worden zu sein, doch er hatte keine Wirkung. Indem sie die Gouverneure ständig an der Spitze des gleichen Gaues beließen und später ihr Amt auf deren Söhne übertrugen, verursachten die Könige der VI. Dynastie den Sturz des Alten Reiches.

Die Entwicklung, die wir soeben beschrieben haben, war progressiv; sie beschleunigte sich unter der sehr langen Regierung Pepis II. Trotz ihrer Schwächung war die königliche Macht bis etwa 2260 immer noch stark genug, die Einheit des Landes aufrechtzuerhalten. Teti wie Pepi I. gehören noch zu den großen Pharaonen Ägyptens; sie haben zahlreiche Tempel und Denkmäler hinterlassen, so daß das Werk der VI. Dynastie weit davon entfernt ist, nicht beachtenswert zu sein. Es scheint sogar, daß die Rolle des Provinzadels im Anfang positiv war: Der Nomarch von Thinis, Djau, der Onkel Pepis II., trug während der Minderjährigkeit des Königs zur Stabilität des Landes bei, und die Gouverneure von Elephantine spielten eine ausschlaggebende Rolle in der Außenpolitik Ägyptens.

Die ägyptische Expansion in Nubien und in Asien bleibt gewiß das charakteristische Ereignis der Dynastie. Zum erstenmal dringen die Ägypter mit Gewalt in die angrenzenden Territorien ein. Sie nehmen direkte oder indirekte Handelsverbindungen mit Asien, Arabien (Punt), dem fernen Afrika und vielleicht sogar mit Kreta auf. Eine ganze Reihe von Texten klärt uns über diese ägyptische Expansion auf. Am wichtigsten sind die autobiographischen Berichte aus den Regierungszeiten Pepis I., Merienres I. und Pepis II. Die ältesten verdanken wir: Uni, der unter Teti, Pepi I. und Merienre I. lebte, und dessen in seine

Mastaba in Abydos eingravierter Bericht jetzt im Museum in Kairo aufbewahrt wird, Horchuf, der durch eine Inschrift auf seinem Grab in Assuan bekannt ist und unter Merienre I. und Pepi II. lebte, und schließlich Pepinacht, einem Zeitgenossen Pepis II., dessen Bericht ebenfalls in seinem Grab in Assuan wiedergefunden wurde.

Der Bericht des Uni ist umfangreich genug, um wichtige Auskünfte über die königliche Verwaltung in der Zeit der VI. Dynastie zu geben. Kleiner Beamter des Teti, wird er durch die Gunst Pepis I. eine große Persönlichkeit im Staat. Aus Gründen, die er nicht erklärt, mußte Uni Gericht über eine Verschwörung im königlichen Harem halten; dies war der Anfang seines sozialen Aufstiegs. Pepi I. machte ihn zu seinem Sonderbeauftragten beim Heer, das an einem Feldzug in Asien, zweifellos in Südpalästina, teilnahm. Das Heer umfaßte neben den von den Gauen gestellten Kontingenten in Nubien und in Lybien rekrutierte Elemente. Es scheint die Rolle Unis gewesen zu sein, für ein gutes Einvernehmen zwischen den verschiedenen Truppenführern zu sorgen und darüber zu wachen, daß das Heer keine Übergriffe beging: »Niemand nahm dem Reisenden auch nur eine Sandale, niemand stahl auch nur ein Brot in irgendeiner Stadt.« Nach der Rückkehr von der Expedition nach Asien, die mehr ein Überfall als ein Eroberungsfeldzug war, denn die Ägypter kehrten nach Hause zurück, nachdem sie einige befestigte Plätze zerstört und »die Feigenbäume und Weinreben umgehauen« hatten, nahm Uni an fünf weiteren derartigen Unternehmen teil. Man nimmt allgemein an, daß diese Expeditionen bis zum Berg Karmel in Palästina vordrangen.

Nachdem er Pepi I. gedient hat, setzt Uni seine Karriere unter Merienre fort, der ihn zum ›Gouverneur des Südens‹, vom 1. Katarakt bis zum Fayum, ernennt. Vielleicht muß man in dieser Ernennung einen Versuch der Zentralregierung sehen, die Oberhäupter der Gaue zu kontrollieren, die zunehmend an Unabhängigkeit gewinnen. Tatsächlich kontrolliert Uni »die für den Hof bestimmten Steuern«, was einschließt, daß der König nur einen Teil der Einkünfte erhielt, es seinem Vertreter jedoch ermöglichte, zu überwachen, was im Gau geschah. Uni war weiterhin damit beauftragt, die Expeditionen zu organisieren, die zur Herbeischaffung der für die königlichen Bauten, Pyramiden, Göttertempel und Totentempel benötigten Steine in die Steinbrüche entsandt wurden. In dieser Eigenschaft begab er sich auch nach Assuan, um die Granitblöcke für den Sarkophag Merienres I., und in die südliche Wüste nach Hatnub, um Alabaster zu holen. Im Verlauf dieser Arbeiten muß Uni fünf Übergänge über die Stromschnellen des 1. Katarakts bauen, die dazu dienten, die Verbindungen mit dem Süden zu erleichtern, wo Uni sich Holz für die königlichen Werkstätten beschafft.

Horchuf, Fürst von Elephantine, gehört der Generation an, die auf die Unis folgt. Der größte Teil seiner Laufbahn fällt in die Regierungszeit Pepis II. Er war einer der Agenten der Außenpolitik der VI. Dynastie im Süden. Schon zu Lebzeiten seines Vaters hatte er an einer siebenmonatigen Expedition in das Gebiet südlich des 2. Kataraktes teilgenommen. Allein, macht er sich wieder auf den Weg durch die Wüste, um eine Erkundungsreise zu unternehmen, die dieses Mal acht Monate dauert und wiederum in das Gebiet südlich des 2. Kataraktes führt. Im Verlauf einer dritten und vierten Expedition dringt er tief in die südwestliche Wüste ein und kehrt auf dem Nil zurück; sein Schiff ist mit Weihrauch, Ebenholz, Pantherfellen und Elfenbein beladen; er bringt auch einen Zwerg mit, zweifellos einen Pygmäen, was den noch sehr jungen König mit Freude erfüllt. Diese ägyptische Durchdringung Afrikas am Ende der Regierung Merienres I. und zu Beginn der Regierung Pepis II. ist noch friedlich. Horchuf, vielleicht ein Halbnubier, spricht die Sprache der Führer des Landes, das er erforscht.

Mit den Expeditionen des Pepinacht, der ebenfalls unter Pepi II. lebte, doch später in dessen Regierungszeit, scheint sich die politische Atmosphäre in Afrika geändert zu haben; schon bei seiner ersten Expedition führt Pepinacht Krieg und massakriert die Bevölkerung Nordnubiens, von der zweiten kommt er mit Geiseln, Führern, Kindern von Führern und Herden zurück. Nicht weniger unruhig als im Süden war die Situation im Osten, wohin Pepinacht nach seiner Rückkehr aus dem Süden eine Strafexpedition gegen die Beduinen führen mußte, von denen er eine oder mehrere Banden vernichtete.

Die Lage scheint sich in der Folge nicht zu verbessern, und am Ende der Regierung bricht ein vierter Beamter von Assuan, Sabni, ›Gouverneur des Südens‹ wie Uni, in den Süden auf, um die Leiche seines im Verlauf einer früheren Expedition nach Südnubien gestorbenen Vaters zu bergen. Es gelingt ihm, die Leiche heimzuholen und das Land zu befrieden. Als Belohnung erhält Sabni neben Geschenken in Naturalien 30 ›Aruren‹ Land, etwa 8 Hektar, die im Süden und im Norden des Landes verteilt waren. So entstehen die Privatdomänen und vergrößern sich. Was bei den Adligen von Assuan geschieht, vollzieht sich auch anderswo in Ägypten; Ibi konnte, nachdem er zum Gouverneur des Gaues der Gazelle ernannt worden war, auf Grund der Geschenke, die er erhalten hatte, seinen Totendienst organisieren, zu dem die Einkünfte von elf Dörfern und Gemarkungen verwendet wurden.

b) *Zusammenfassende Betrachtung über die Regierung der VI. Dynastie*

Allein schon die Zahl der gefundenen autobiographischen Inschriften, die aus der VI. Dynastie stammen, zeigt, bis zu welchem Punkt sich während ihrer Regierung die politische Situation in Ägypten entwickelt hat.

Während sich unter der IV. und der V. Dynastie alles um die Person des Königs konzentrierte — einschließlich des Lebens nach dem Tode, denn die einzigen größeren Friedhöfe sind diejenigen im Umkreis der königlichen Pyramide, deren Priester auch für die Totenopfer sorgen — erlebt man hingegen unter der VI. Dynastie eine Umkehrung der Situation; die Provinzen erlangen die gleiche Bedeutung wie die Hauptstadt. Die Ämter der Zentralverwaltung vermehren sich auf beunruhigende Weise; so scheint es mehrere Wesire zur gleichen Zeit gegeben zu haben. Es kommt also zu einer gewissen Schwächung der Zentralmacht, doch am folgenreichsten für diese ist die Tatsache, daß die Beamten in zunehmendem Maße vom König die Erlaubnis erhalten, ihre Stellung auf ihre Söhne zu übertragen. So werden die Gaufürsten unabhängig; was zuerst eine königliche Gunst war, wird ein Recht. Als es beim Tode Pepis II. aus uns unbekannten Gründen zu einer dynastischen Krise kommt, bricht die Zentralverwaltung von Memphis, wie es scheint, unter der Erschütterung einer sozialen Revolution zusammen. Es beginnt das, was man nach allgemeiner Übereinkunft die ›Erste Zwischenzeit‹ nennt.

DIE ERSTE ZWISCHENZEIT

Diese Periode, die das Alte Reich vom Mittleren Reich trennt, ist zweifellos die dunkelste und verworrenste der Geschichte Ägyptens. Sie währt etwa von 2200 bis 2040 v. Chr. und umfaßt die VII. bis X. und einen Teil der XI. Dynastie. Man kann der bequemeren Darstellung halber in ihr drei verschiedene Epochen unterscheiden. Die erste, die man die Epoche des raschen Verfalls dessen nennen könnte, was vom Alten Reich übriggeblieben ist, ist von sozialen Wirren und Invasionen fremder Völkerschaften erfüllt. Sie fällt mit der VII. und VIII. Dynastie zusammen, deren Hauptstadt Memphis bleibt, und dauert insgesamt nicht länger als etwa vierzig Jahre.

Im Verlauf der zweiten Epoche gelingt es den Fürsten von Herakleopolis, sich zumindest teilweise in den Besitz der Macht zu setzen. Es kommt zu einer kurzen Periode der Ruhe während der IX. Dynastie, doch mit der X. flackern die inneren Kämpfe wieder auf. Als ein Teil des Landes von Fremden besetzt wird,

kämpfen die unabhängig gebliebenen Gaue gegeneinander, wobei die einen die Autorität von Theben, die anderen die von Herakleopolis anerkennen.
Die dritte und letzte Epoche, die manche Autoren bereits zum Mittleren Reich rechnen, erlebt den Triumph der Fürsten von Theben und die Errichtung einer neuen Dynastie, der XI., die, nachdem sie zunächst über die südliche Hälfte Ägyptens geherrscht hat, das ganze Land regiert, dabei jedoch als Hauptstadt die ursprüngliche Provinzhauptstadt der Dynastie beibehält.

a) *Die VII. und die VIII. Dynastie und die soziale Revolution*
Dies ist die dunkelste Epoche der gesamten Ersten Zwischenzeit, und die Spezialisten sind noch weit davon entfernt, mit ihren Ansichten über den Ablauf ihrer Ereignisse und über ihre Dauer übereinzustimmen. Nachdem man ihr früher eine Dauer von 40 oder 50 Jahren zugeschrieben hat, schlägt man neuerdings vor, diese auf 21 Jahre zu reduzieren (W. C. Hayes). Sie ist wesentlich eine Periode dynastischer Anarchie.
Die VII. Dynastie, die auf die VI. folgt, zählt offenbar noch einige mit der vorangegangenen Dynastie verwandte Könige, wie Neferkare II., dessen Name sich auf einer in der Nähe der Königinnengräber der VI. Dynastie entdeckten Stele findet. Er scheint der Sohn der vierten und letzten Gemahlin Pepis II., der Pepianchnes, gewesen zu sein. Die Geschichte dieser Dynastie ist so verworren, daß Manetho ihr 70 Könige zuschreibt, die 70 Tage regiert haben sollen. Sie hat lange als erfunden gegolten. Nach den letzten Untersuchungen (W. C. Hayes) soll sie trotzdem 9 Könige gezählt haben, aber nur 8 Jahre, das sind im Durchschnitt etwa 10 Monate pro Herrscher, an der Macht geblieben sein.
Zweifellos kam es während dieser Epoche zu den revolutionsähnlichen Unruhen, die, so scheint es, das Prinzip der Monarchie in Frage stellten. Leider sind diese Ereignisse nur durch einen einzigen Text bekannt, und nach kritischen historischen Maßstäben wäre man berechtigt, diesen nicht zu berücksichtigen, wenn nicht das, was er berichtet, von ausschlaggebender Bedeutung für die Geschichte der Ersten Zwischenzeit wäre.
Dieser durch einen in Leyden aufbewahrten Papyrus bekannte Text trägt immer noch den Titel, den ihm sein erster Herausgeber (A. H. Gardiner) gab: ›Ermahnungen eines ägyptischen Weisen‹. Er ist in ziemlich schlechtem Zustand und nur eine späte Kopie (XIX. Dynastie) eines älteren Originals. Wie viele ägyptische Texte scheint er keiner logischen Ordnung in der Darstellung der Ereignisse, die er beschreibt, zu folgen. Doch die Auskünfte, die er liefert, können als solche klassifiziert werden, als solche, die die äußeren Ereignisse, und solche, die die innere

Situation betreffen, wobei die letzteren viel zahlreicher sind. Die Aussagen über die äußeren Ereignisse sind vage, doch sie erlauben den Schluß, daß Stämme asiatischer Nomaden in Ägypten eingesickert sind und das Delta mit Gewalt besetzt halten. Im übrigen muß die von der VI. Dynastie eingeleitete ägyptische Expansionspolitik in Asien und zweifellos auch in Afrika aufgegeben worden sein: »Man setzt keine Segel mehr nach Byblos heute, was werden wir tun, um die Zedern für unsere Toten zu ersetzen? Das Gold fehlt.« Die Zentralmacht scheint also nicht mehr in der Lage zu sein, die für den Wohlstand des Landes erforderlichen Expeditionen ins Ausland zu schicken.
Dieser Abbruch der wirtschaftlichen Beziehungen mit dem Ausland erklärt sich durch die inneren Unruhen, die die ›Ermahnungen‹ lang und ausführlich beschreiben. Diese Unruhen manifestieren sich vor allem in einer sozialen Erschütterung. »Der Pförtner sagt: ›Gehen wir hinaus und plündern wir!‹ . . . Die Armen sind Besitzer der guten Sachen geworden . . . Wer sich nicht einmal ein Paar Sandalen machen konnte, ist jetzt Eigentümer großer Reichtümer . . . Die ganze Stadt sagt: ›Unterdrükken wir die Mächtigen unter uns!‹ . . . Tore, Säulen und Mauern stehen in Flammen . . . Das Gold und der Lapislazuli, das Silber und der Türkis, der Karneol und die Bronze schmücken den Hals der Diener, während die Herrinnen des Hauses (sagen): ›Ach, wenn wir nur etwas zu essen hätten!‹«
Die ›Ermahnungen‹ verbreiten sich ausgiebig über diese soziale Umwälzung, doch der Text über die Ursachen der Revolution ist weniger ausführlich. Gewiß, er beschreibt die Desorganisation des Verwaltungssystems: »Der Saal des Gerichts, seine Archive sind entführt, die öffentlichen Ämter sind erbrochen und die Zählungslisten herausgerissen . . . Die Beamten sind getötet worden und ihre Papiere entwendet«, doch die Angaben über den politischen Aspekt der Ereignisse sind vieldeutig: Einerseits scheint der König selbst zur Verantwortung gezogen worden zu sein: »Der König ist durch den Pöbel entthront worden . . . Einer Handvoll gesetzloser Menschen ist es gelungen, das Land des Königtums zu berauben . . . Die königliche Residenz ist in einem Augenblick überrannt worden«, doch nach anderen Stellen scheint der König noch im Amt zu sein, denn der Autor kritisiert ihn: »Die Gerechtigkeit ist mit dir, doch was du unter dem Grollen der Revolte im Land verbreitest, das ist die Verwirrung«, und beschwört ihn schließlich: »Befiehl doch, daß man dir Rechenschaft ablegt.« Um diesen Widerspruch, nämlich die Beschreibung der Zerstörung der Monarchie einerseits und die Darstellung des noch an der Macht befindlichen Pharao andererseits, zu erklären, hat man angenommen, der legitime König sei von einem idealistischen reformatorischen König gestürzt und

abgelöst worden, der vergeblich versucht habe, die Ordnung durch Milde wiederherzustellen (J. Spiegel, 1960). Der Text zeige nach der Beschreibung des Sturzes des Königtums die aus der Regierung eines gutwilligen, aber schwachen Pharao resultierende Anarchie. Diese sehr verlockende Erklärung gründet sich leider nur auf eine einzige Quelle und deren problematische Interpretation. Spiegel nimmt an, der entthronte König sei Merienre II. gewesen, der ihm nachfolgende schwache König ein Pharao der VIII. Dynastie, und die VII. Dynastie sei demnach fiktiv oder entspreche der Epoche, in der die Macht in den Händen einer Oligarchie war, einer Epoche, die sich deckt mit der in den ›Ermahnungen‹ beschriebenen, zweifellos sehr kurzen Periode der Verwirrung und der Anarchie nach dem Sturz des Königs. Wir haben gesehen, daß es wahrscheinlich ist, daß die Regierung der VII. Dynastie, so verworren sie auch war, tatsächlich existiert hat.

Der Text der ›Ermahnungen‹ ist in Sakkara gefunden worden, und er scheint aus Memphis zu stammen; auch nimmt man allgemein an, daß die Ereignisse, die er berichtet, sich auf die Hauptstadt und ihre Umgebung beschränkten. Dem Königtum gelang es schlecht und recht, sich zu halten, und die VIII. Dynastie, die auf die VII. folgte, blieb in Memphis, obwohl man manchmal glaubte, sie wäre nach Koptos übergesiedelt (K. Sethe). Eine Pyramide eines Königs dieser Dynastie ist in der Nähe von der Pepis II. wiedergefunden worden. Die zunehmende Schwäche der memphitischen Monarchie wird in einer Reihe von königlichen Dekreten bezeugt, die man auf den Wänden des Tempels von Koptos eingraviert entdeckt hat. Diese von den letzten Königen der Dynastie erlassenen Dekrete bestätigen klar das Bündnis mit einem gewissen Schemay und dessen Sohn Idi, die nacheinander Nomarchen von Koptos, Gouverneure von Oberägypten und Wesire waren. Dies ist ein Beweis dafür, daß sich von der VII. bis zur VIII. Dynastie jene Entwicklung vollzog, die das Amt des Nomarchen aus einem widerrufbaren königlichen Auftrag in ein gleichsam feudales, vom Vater auf den Sohn übertragbares Lehen verwandelte. Indem er das Bündnis mit solchen Fürsten suchte, erkannte der König den Tatbestand an. Die Monarchie des Alten Reiches ist tot, und Ägypten ist zu dem zurückgekehrt, was es vor der Einigung des Landes durch die thinitischen Pharaonen gewesen war.

b) *Die IX. oder Herakleopoliten-Dynastie (etwa 2160–2130)*

Soweit die seltenen Quellen erkennen lassen, war die Macht der letzten Könige der VIII. Dynastie äußerst begrenzt. Das von Fremden besetzte Delta unterstand nicht ihrer Herrschaft, im Süden sind die thinitischen Gaue mit der durch ihre religiöse

Rolle wichtigen Stadt Abydos sowie der Gau von Elephantine, der Schlüssel zu Nubien, unabhängig, obwohl sie die königliche Autorität anerkennen. Es verblieb dem Pharao nur eine schwache Autorität über das memphitische Gebiet und das teuer bezahlte Wohlwollen des koptitischen Gaues.
Diese Scheinmacht wird schließlich Demdj-ib-Taui, dem letzten König der Dynastie, durch die Revolte des Fürsten von Herakleopolis entrissen. Dieser nahm eine Schlüsselstellung ein; seine Hauptstadt Nen-Nesut (heute Ahnas el-Medineh) lag im Herzen einer der reichsten Provinzen Mittelägyptens, in der Höhe des Fayum, wo er in der Lage war, die Verbindungen zwischen dem König in Memphis und dessen südlichem Verbündeten, dem Fürsten von Koptos, zu unterbinden. Gegen 2160 erhebt sich Meribre-Cheti offen und nimmt die vollständige Königstitulatur eines Königs von Oberägypten und Unterägypten an. Er ist der Cheti I. der modernen Historiker, der Achtoes der griechischen Schriftsteller.
Die Hauptstadt des Pharao, mit dem die neue Dynastie beginnt, das Herakleopolis der griechischen Epoche, ist bereits ein wichtiges Zentrum in der prädynastischen Zeit. Der ›Palermo-Stein‹ bringt sie in Verbindung mit dem Königtum auf Grund ihres Namens, denn Nen-Nesut heißt ›das königliche Kind‹; die Ägypter verehrten hier einen Widdergott, Harsaphes (wörtlich ›derjenige, der auf seinem See ist‹), dessen Kult seit der thinitischen Epoche bezeugt ist. Der Nomarch genoß also das mit der Hauptstadt verbundene religiöse und politische Prestige. Auch vom strategischen Standpunkt ist die Lage von Nen-Nesut ausgezeichnet; am Ausgang des Fayum gelegen, besitzt es ein äußerst fruchtbares landwirtschaftliches Hinterland; nahe bei Memphis, ist es durch die Entfernung vor den Asiaten des Deltas geschützt, und schließlich ist es genügend weit vom Süden entfernt, um nicht, zumindest gegen 2160, die kriegerischen Nomarchen von Theben und von Elephantine fürchten zu müssen.
Die Geschichte der IX. Dynastie ist wenig bekannt. Sie hat kaum Denkmäler hinterlassen; die Hauptquellen bleiben Manetho und der Turiner Papyrus; doch von den dreizehn Königen, die damals regiert haben sollen, sind im ganzen nur vier Namen überliefert:

1. Meribre-Cheti I.
2. . . . (Name verlorengegangen)
3. Neferirkare I.
4. Nebkaure-Cheti II.
5. Setut

6.–13. . . . (Namen verlorengegangen oder unvollständig).

Die Namen Neferirkare I. und Nebkaure zeigen an, daß die Dynastie sich an die memphitische monarchische Tradition anschließen will. Doch während Herakleopolis die königliche Residenz ist, scheint Memphis das Verwaltungszentrum des Königreichs geblieben zu sein.
Der Gründer der Dynastie, Cheti I., ist der am besten bekannte der Dynastie, obwohl wir nur sehr wenig über ihn wissen. Manetho behauptet, daß »er grausamer handelte als seine Vorgänger«, Eusebius erklärt, daß »er verrückt wurde und von einem Krokodil getötet wurde«. Eine Tatsache steht fest: Seine Macht wird vom ganzen freien Ägypten anerkannt, von Assuan bis nördlich von Memphis. Die Quellen lassen nicht erkennen, was im Delta, wo die Asiaten sich festgesetzt hatten, geschah.
Die von Cheti I. wiederhergestellte monarchische Einheit scheint sehr schnell, wenn nicht bestritten, so doch zumindest durch Streitigkeiten der Gaue untereinander gestört worden zu sein. Die zeitgenössischen Texte der IX. Dynastie sprechen von Kriegen und Hungersnöten seit der Regierung Neferirkares I. Die Dynastie endet im tiefsten Dunkel; man nimmt an, daß sie die Macht infolge der thebanischen Revolution verlor.

c) *Die X. Dynastie (2130—2040) und der Kampf mit Theben (Beginn der XI. Dynastie)*

Seit der Machtübernahme der X. Dynastie befinden wir uns auf einem etwas sichereren Terrain. Obwohl unsere Kenntnisse weit davon entfernt sind, befriedigend zu sein, blieben uns zumindest die Namen der Pharaonen erhalten. Seit dem Ende der IX. Dynastie hat Theben sich unter der Autorität von Fürsten konsolidiert, die den Namen Antef tragen. Es ist eine der mächtigsten Provinzen des Südens geworden. Im Anfang erkannten die thebanischen Fürsten die Autorität des Pharao von Herakleopolis an, doch kurz vor 2130 erhoben sie sich gegen die Zentralmacht und nannten sich Könige Oberägyptens und Unterägyptens, so daß während einer ziemlich langen Zeit die X. Herakleopoliten-Dynastie und die XI. thebanische Dynastie, die eine im Süden, die andere im Norden, gleichzeitig regieren:

X. Dynastie (2130—2040)	*XI. Dynastie* (2133—2040)
Meryt Hathor, Neferkare II. } (2130)	Sehertaui-Antef I. (2133)
	Uahanch-Antef II. (2117)
Uahkare-Cheti III. (2120)	Nebtepnefer-Antef III. (2068)
Merikare (2070)	
X . . . (einige Monate)	Seanchibtaui Mentuhotep (2060—2040)
	(Die Dynastie regiert von nun an allein.)

(Chronologie nach W. C. Hayes und J. Vandier.)

Die Machtübernahme durch Sehertaui-Antef oder durch seinen unmittelbaren Vorgänger Mentuhotep, den einige Autoren als den ersten König der Dynastie unter dem Namen Tepy(a) Mentuhotep I. betrachten (W. C. Hayes), legitimiert das Auftreten einer ganz neuen Kraft in Ägypten, nämlich der von Theben.
Im Alten Reich ist Theben in der Tat kaum mehr als die Vereinigung zweier kleiner Dörfer auf dem rechten Ufer des Nils, von denen das eine später Luksor sein wird, das andere das heutige Karnak. Die Hauptstadt des Gebietes ist zu jener Zeit Armant, das Hermonthis der Griechen, ägyptisch Junu-Resyt, wo der Haupttempel des Gaugottes Monthu steht, der übrigens auch der Gott des frühen Theben ist. Denn erst nach 2130 ist Amon, später einer der größten ägyptischen Götter, in Theben, dessen Hauptgott er erst unter der XII. Dynastie wird, bezeugt.
Im Verlauf der IX. Dynastie haben die Fürsten von Theben allmählich ihre Macht gefestigt. Unter der VIII. Dynastie, wenn nicht schon unter der VII., sind die Fürsten, die Provinzgouverneure, unabhängig geworden. Sie besaßen ihr eigenes Heer, ihre eigene Schatzkammer, und viele von ihnen hatten, selbst während sie noch die Autorität des memphitischen Königs anerkannten, die Gewohnheit angenommen, die Ereignisse nach den Jahren ihrer persönlichen Verwaltung zu datieren. Von den mächtigsten dieser Nomarchen seien die von Koptos genannt, die, wie wir gesehen haben (vgl. oben S. 296), lange Zeit Verbündete der memphitischen Könige waren, die von Assiut, die auch den Namen Cheti tragen und die Nomarchen von Herakleopolis, mit denen sie vielleicht verwandt waren, unterstützen, die von Chmunu (das Hermopolis der Griechen und heutige Aschmunein), die sich in Scheich Said und in El Berscheh bestatten lassen, und schließlich die des Oryxgaues, deren Gräber sich in Beni-Hasan befinden. Diese Gaue Mittelägyptens beteiligen sich oft, bald auf der einen Seite, bald auf der anderen, entsprechend ihren eigenen Interessen, an den Kämpfen zwischen Herakleopoliten und Thebanern. Im Süden ist die Situation übrigens ähnlich. Im Verlauf der IX. Dynastie ist es Theben gelungen, die Hauptstadt des vierten Gaues Oberägyptens zu werden, und man begreift, daß Armant, die alte Hauptstadt, ihm feindlich gesinnt ist. Der Gau von Hierakonpolis (Edfu) verdankt seiner religiösen Bedeutung eine ausschlaggebende Rolle im Süden. Das gleiche war bei dem Gau von Thinis der Fall, wo Abydos, das Zentrum des Osiris-Kultes, immer mehr an Bedeutung gewinnt. Diese beiden Gaue sahen zweifellos mit Unruhe die thebanischen Fürsten ihre Macht festigen. Theben war also vor der Machtergreifung gezwungen, zunächst die Gaue des Südens, die ihm feindlich gesinnt waren und sich

unter der Autorität von Hierakonpolis zusammengeschlossen hatten, zu unterwerfen.
Das Grab des Nomarchen dieser Stadt, Anchtifi, ist in Moalla wiedergefunden worden; die in ihm eingravierten Texte schildern die vorletzte Etappe der Machtübernahme durch Theben (J. Vandier). Bis kurz vor der Regierung des Sehertaui-Antef bleibt Hierakonpolis Herakleopolis treu und bedroht durch seine Lage im Süden von Theben letzteres um so mehr, als Anchtifi sich mit dem Nomarchen von Elephantine verbündet, um einem dritten Verbündeten, dem damals von Theben belagerten Armant, zu Hilfe zu kommen, und in das thebanische Gebiet einfällt. Trotz dieser starken Opposition, deren Erfolg nur vorübergehend ist, gelingt es Theben, die Gaue des Südens zu unterwerfen, und es wird unbestrittene Herrin des ›Kopfes des Südens‹, von Elephantine bis Thinis.
Gegen 2120 ist die Situation folgende: Die Gaue des Südens bis nach Thinis gehorchen Theben, die Mittelägyptens Herakleopolis. Nördlich von Memphis ist die Lage verworren, und man hat nur einen ungenauen Einblick in die Beziehungen zwischen den ägyptischen Nomarchen und den Asiaten, die das Delta besetzt halten. Die Regierungen der ersten Könige der X. Dynastie wie auch diejenigen der XI. widmen sich dem Kampf um die Hegemonie. Abydos bildet allmählich die Grenze zwischen den beiden Konföderationen. Uahkare-Cheti III. gelingt es, sich ihrer für eine Weile zu bemächtigen, doch bald muß er seine Eroberung aufgeben. Herakleopolis scheint dann auf die Wiedergewinnung des Südens durch Waffengewalt zu verzichten und akzeptiert die Teilung des Landes in zwei unabhängige Königreiche. Dieser Verzicht ist durch einen bemerkenswerten Text bekannt, durch die ›Unterweisungen für Merikare‹, die gewissermaßen das politische Vermächtnis Chetis III. an seinen Sohn, den vorletzten König der Herakleopoliten-Dynastie, darstellen.
Der Text ist uns durch einen Papyrus der XVIII. Dynastie übermittelt worden. Neben sehr allgemeinen Ratschlägen über Politik und Verwaltung enthält er klare Hinweise auf zeitgenössische Ereignisse: »Sei gut mit dem Süden ... Zerstöre nicht die Denkmäler eines anderen ... Wenn du diese Ratschläge befolgst und fortsetzest, was ich getan habe, wirst du keine Feinde innerhalb deiner Grenzen haben.« Diese durchsichtigen Ratschläge, sich nicht mit den unruhigen Nachbarn des Südens zu überwerfen, sind, vielleicht zum Trost, von Anregungen hinsichtlich des Nordens begleitet. Cheti spielt in der Tat auf seine Politik gegenüber dem Delta an, wo er die zentrale Autorität bis zur Grenze am pelusischen Arm wiedererrichtet, die Asiaten vertrieben, befestigte Städte gebaut und in ihnen ägyptische

Kolonisten angesiedelt hat, um die Rückkehr der Eindringlinge zu verhindern. Schließlich beschwört er seinen Sohn von neuem, die gleiche Politik zu verfolgen und aus diesem Grund mit Theben Frieden zu halten.

Die Quellen, über die wir verfügen, erlauben uns nicht, festzustellen, ob Merikare die Ratschläge seines Vaters befolgte. Selbst wenn es ein *De facto*-Einverständnis zwischen dem Süden und dem Norden gegeben hat, war es von kurzer Dauer, und nach dem Tode des Merikare oder kurz vorher nehmen die Könige von Theben die Offensive wieder auf. Der letzte König der Herakleopoliten-Dynastie, von dem wir nicht einmal den Namen kennen, wurde von der Niederlage hinweggefegt und dürfte nur wenige Monate regiert haben.

Der Sieg des Seanchibtaui-Mentuhotep kennzeichnet für uns das Ende der Ersten Zwischenzeit. So wie es den ersten thinitischen Königen gelungen war, das Land zu einigen, so errichtet die neue thebanische Dynastie unter ihrem Zepter wieder eine einheitliche Autorität für das gesamte Ägypten. Das Jahr 2040 markiert also den Beginn einer neuen Periode der ägyptischen Geschichte.

Dank den ziemlich zahlreichen, in den Nekropolen Mittelägyptens und Oberägyptens wiedergefundenen biographischen Texten kann man sich eine Vorstellung davon machen, wie sich die Wiedervereinigung Ägyptens vollzog. Die inneren Streitigkeiten zwischen den einzelnen Provinzen verwandelten sich zunächst in Kämpfe zwischen Konföderationen der Gaue. Die Gruppierungen dürften entsprechend den Sympathien und Interessen der einzelnen Nomarchen oft gewechselt haben. Wir haben gesehen, daß manche Gaue des Südens nicht zögerten, die Herakleopoliten zu unterstützen, um sich besser der thebanischen Hegemonie wiedersetzen zu können. Andere, die vorsichtiger waren, hüteten sich, Partei zu ergreifen; sie wurden dafür durch die Anerkennung ihrer Rechte bei der Machtübernahme durch Theben belohnt. Die Texte spiegeln diese politische Unsicherheit deutlich wider. So erklärt einer der Fürsten des hermopolitanischen Gaues: »Ich bewaffnete meine Ersatztruppen und zog in den Kampf, begleitet von meiner Stadt, ich bildete die Nachhut bei Schedyetscha (Gemarkung). Es war niemand mit mir außer meinen eigenen Truppen, als die Medjai und die Männer von Uauat, Nubier und Asiaten, Oberägypten und Unterägypten gegen mich vereinigt waren. Ich kehrte siegreich heim, meine ganze Stadt mit mir, ohne Verluste.« Wie man sieht, mußte der Fürst gegen die Ägypter des Nordens kämpfen, also gegen die Herakleopoliten, wie auch gegen die des Südens, die Thebaner. Man wird feststellen, daß die Gegner Söldner verwendeten. Die Medjais, wie die Leute von Uauat, sind

Stämme Südnubiens, und oft reproduzierte ›Modelle‹ von Assiut zeigen uns eine dieser nubischen Truppen, bewaffnet mit Pfeil und Bogen. Die gleichen Truppen sind dargestellt in einer Kriegsszene in Beni-Hasan, wo sie eine von Ägyptern verteidigte Festung mit Pfeilen beschießen. Nach und nach stabilisieren sich die Konföderationen, die eine im Süden unter der Autorität Thebens, die andere im Norden, geführt von Herakleopolis, und so blieb die Situation bis zum Siege Thebens. Es besteht kein Zweifel, daß die lange Periode innerer Kriege, die sich von 2130 bis 2040 erstreckt, die Feudalherren selbst um so mehr erschöpfte, als die politische Anarchie einen schlechten Allgemeinzustand zur Folge hatte. Die Texte dieser Epoche hören nicht auf, auf Mißernten und Hungersnöte hinzuweisen, die ihre Ursache in dem Bürgerkrieg hatten. So erwähnt z. B. Anchtifi von Hierakonpolis die entsetzliche Hungersnot, die in Oberägypten seinerzeit wütete und, wenn man ihm glauben darf, zu Fällen von Kannibalismus führte. Zahlreiche andere Texte berichten über ähnliche Hungersnöte. Diese Erschöpfung mußte auf die Dauer die Machtübernahme durch die thebanischen Könige erleichtern.

Die Rolle Thebens bei der Wiedervereinigung Ägyptens ist gewiß ausschlaggebend, aber auch die Herakleopoliten haben, so scheint es, einen nicht zu unterschätzenden Anteil an ihr gehabt, indem sie die Wiedereroberung der Gaue des Deltas sicherten. Die ›Unterweisungen für Merikare‹ geben es trotz der Schwierigkeiten des Textes zu verstehen. Sich an seinen Sohn wendend, erklärt Cheti III.: »Ich habe den ganzen Westen befriedet (Libyen), bis in die Nähe des Sees. Auch im Osten ging alles schlecht: (er) war in Bezirke und Städte geteilt, und die Autorität, die einem einzigen gehören sollte, war in den Händen von Dutzenden. Doch jetzt bringen diese gleichen Länder ihre Steuern, der Tribut wird bezahlt, und du erhältst die Erzeugnisse des Deltas. An der Grenze . . . sind Städte gebaut und mit Einwohnern gefüllt worden, die aus dem besten Teil des ganzen Landes kamen, um die Asiaten verjagen zu können . . . Ich habe erreicht, daß das Delta diese schlägt, ich habe ihr Volk gefangengenommen, ihr Vieh geraubt. (Jetzt) brauchst du dir über den Asiaten keine Sorge mehr zu machen . . . er kann noch eine einsame Siedlung überfallen, er vermag nichts mehr gegen die volkreichen Städte.«

So konnte Seanchibtaui-Mentuhotep zweifellos dank der von den Pharaonen der X. Dynastie im Norden geleisteten Arbeit, indem er sich des herakleopolitischen Königreichs bemächtigte, seine Macht mit einem Schlag bis zu den Ufern des Mittelmeers ausdehnen. Die Situation im Süden ist wenig bekannt. Vor der Wiedervereinigung des Landes muß Nordnubien mehr oder weniger durch die Konföderation der Gaue des Südens beherrscht worden sein. Anchtifi z. B. behauptet, er habe Getreide bis nach Nubien geschickt. Kurz vor dem Fall von Herakleopolis kontrollierte Theben Nordnubien; einer seiner Heerführer erklärt, er habe das Land Uauat unterworfen, und wir haben gesehen, daß das thebanische Heer nubische Truppen verwendete. Kurz, im Jahr 2040 v. Chr. erstreckte sich Ägypten von Nordnubien bis zum Mittelmeer. Libyer, Nubier und Asiaten werden in Schach gehalten; das Land kann sich nun von der langen Periode der Wirren und der Zwietracht erholen. Die Pharaonen der XI. Dynastie werden festigen, was erworben ist, doch ihr Werk gehört nicht mehr zu der Ersten Zwischenzeit, es ist bereits ein Teil des Mittleren Reiches.

DIE ZIVILISATION UNTER DER VI. DYNASTIE UND WÄHREND DER ERSTEN ZWISCHENZEIT

Unter der VI. Dynastie strahlte die ägyptische Zivilisation noch in lebhaftem Glanz. Sie bewahrt alle Qualitäten, die die Größe des Alten Reiches, zu dem sie vom künstlerischen Standpunkt gehört, ausmachten. Die Künstler wahren die Traditionen der V. Dynastie, doch man bemerkt Unterschiede, die für die politische Entwicklung zeugen.

Memphis bleibt während der ersten Hälfte der Dynastie das künstlerische Zentrum des Landes, doch während im Alten Reich die königlichen Denkmäler den privaten unvergleichlich überlegen waren, können sich von Teti an die letzteren mit jenen der Herrscher messen. Unter der Regierung Merienres II. ist Memphis nicht mehr der künstlerische Mittelpunkt Ägyptens. Die Provinzstädte besitzen nun ihre eigenen Nekropolen, in denen die Gräber verschwenderisch geschmückt sind. Der Stil dieser Arbeiten ist weit davon entfernt, die Vollkommenheit derjenigen der V. Dynastie zu erreichen, doch sie gewinnen oft an pittoresken Zügen, was sie anderswo verlieren. Wir nennen von den Arbeiten der VI. Dynastie, die uns überliefert sind, eine zauberhafte Alabasterstatuette von Pepi II. als Kind und vor allem die große Kupferstatue von Pepi I. Diese, in Hierakonpolis gefunden, war auf einem Holzkern gehämmert und mit aufgesetzten Elementen, Schurz aus Gold, Perücke aus Lapislazuli, verziert.

Die mit der Regierung des Merienre begonnene ›Provinzialisierung‹ der Kunst verstärkte sich noch während der Ersten Zwischenzeit. Nun hat jeder größere Gau sozusagen seine ›künstlerische Schule‹. Die an diesen kleinen Provinzhöfen herangebildeten Kunsthandwerker sind weit davon entfernt, die Virtuosität der großen memphitischen Künstler zu besitzen, doch ihre Arbeiten, vor allem Malereien, die man in bestimmten Gräbern (Nekropolen von Scheich Said, Deir el-Gebrawi, Deschascheh, Beni-Hasan, El Berscheh, Moalla, Theben, Assuan und Assiut sehen kann, verraten trotz ihrer Unbeholfenheit eine Spontaneität, die den Werken des Alten Reiches allzu oft fehlt. Es ist eine Volkskunst, gewiß, doch sie hat ihren Charme.

Die Erste Zwischenzeit hat sehr wenige königliche Denkmäler geliefert, doch dank einem neuen Bestattungsbrauch hinterließ sie uns eine Menge Menschen- oder Tierfiguren voller Leben. Der Brauch, die auf den Wänden der Mastabas dargestellten Szenen des Alltagslebens durch kleine Statuen zu ersetzen, geht auf das Ende des Alten Reiches zurück und wird in der Ersten Zwischenzeit allgemein üblich. Diese Statuen oder ›Modelle‹ sind aus Stein (Alabaster und Kalkstein) oder meistens aus stuckiertem und bemaltem Holz. Sie sind wie die in den Gräbern des Alten Reiches dargestellten Personen dazu bestimmt, dem Toten den Besitz aller im Leben jenseits des Grabes notwendigen – oder einfach angenehmen – Güter zu sichern. Deshalb findet man in der Hauptsache Dienerinnen, die damit beschäftigt sind, das Getreide zu mahlen, das Bier zu bereiten, Metzger, die das Vieh schlachten, Fischer, Weber, Schreiner und Opfergabenträgerinnen. Die damalige politische Situation in Ägypten wird durch die Anwesenheit von Fußsoldaten, bewaffnet mit Speer und Schild, Bogenschützen mit Pfeil und Bogen, illustriert. Oft zeichnen sich diese Statuetten durch nichts anderes aus als durch die Richtigkeit ihrer Haltung, manchmal aber sind sie wahre Kunstwerke wie die in einem Grab von Assiut gefundene Opferträgerin des Louvre. Wenn die Ägypter nicht genügend Mittel besaßen, um die Modelle zu beschaffen, ließen sie zumindest im Inneren des damals verwendeten rechteckigen Holzsarkophags die verschiedenen Gegenstände aufmalen, deren sie im Jenseits zu bedürfen glaubten. Diese ›Gerätefriese‹ sind oft mit großer Kunst gemalt.

Schließlich erscheint im Süden in der Ersten Zwischenzeit ein neuer Typ von Gegenständen, die gemalten oder Reliefstelen. Stelen. Wie die Bildszenen der Mastabas und die ›Modelle‹ hat die Stele den Zweck, dem Verstorbenen das ›Existenzminimum‹ zu gewährleisten; man findet den Toten, oft mit erstaunlicher Ungeschicklichkeit, an einem mit Opfergaben aller Art gedeckten Tisch sitzend dargestellt.

Die wenigen Statuen dieser Epoche, die uns erhalten blieben, sind aus Holz und meistens von kleinen Dimensionen. Der Künstler hat seine ganze Anstrengung auf den Ausdruck des Gesichts konzentriert, doch der Körper bleibt steif.

Während das Ende des Alten Reiches und vor allem die Erste Zwischenzeit unter sonst gleichen Umständen Epochen waren, in denen das künstlerische Leben nachläßt, erleben sie hingegen eine starke literarische Aktivität, die die große Epoche der ägyptischen Literatur im Mittleren Reich ankündigt. Die ›Lebensweisheiten des Hordjedef‹ und die des ›Ptahhotep‹ gehen zweifellos auf die V. Dynastie zurück, doch die ›Ermahnungen‹ und vor allem die ›Erzählungen des Bauern‹ (oder des ›Oasenbewohners‹), wie auch die ›Unterweisungen für Merikare‹, gehören unbestreitbar der Ersten Zwischenzeit an, und es ist wahrscheinlich, daß ein anderer berühmter Text, der ›Menschenfeind‹ oder das ›Zwiegespräch des Lebensmüden mit seiner Seele‹ aus der gleichen Epoche stammen.

Das Manuskript, das uns die ›Ermahnungen‹ erhalten hat, ist in zu schlechtem Zustand, als daß man den literarischen Wert des Werkes beurteilen könnte. Das gleiche gilt nicht für die ›Erzählung des Bauern‹, von der mehrere Manuskripte einen viel befriedigenderen Text erhalten haben, der eine Vorstellung von dem literarischen Geschmack der Ägypter unter den Herakleopoliten-Dynastien vermittelt. Das Thema ist einfach: Ein Bauer des Wadi Natrun »steigt hinab« nach Ägypten, um die Produkte der Oase zu verkaufen. Auf der Höhe von Herakleopolis angekommen, reizt seine kleine Eselskarawane und deren Ladung die Begehrlichkeit des Verwalters einer großen Domäne, der sich ihrer durch eine unehrliche List bemächtigt. Der unglückliche, beraubte ›Oasenbewohner‹ trägt seine Klage verschiedenen Beamten und schließlich dem König vor. Das Thema erlaubt dem Autor, Beredsamkeit zu zeigen; es ist übrigens nicht ausgeschlossen, daß er seinem Bauern einige amüsante Ungeschicklichkeiten oder eine Pseudoeleganz der Rede in den Mund gelegt hat, doch unsere Kenntnis der Sprache reicht nicht aus, uns einen solchen ›Humor‹ spüren zu lassen, und wir sehen oft in den langen Tiraden des Unglücklichen nur Stilübungen. Im übrigen benutzt der Autor diese Reden, um die Korruption und die Ungerechtigkeit, die in dieser Epoche in Ägypten herrschen, zu kritisieren.

Die ›Unterweisungen für Merikare‹ sind, wie wir gesehen haben, wertvoll für die politische Geschichte der X. Dynastie, doch sie sind es nicht weniger hinsichtlich der Literatur, vor allem durch die Bedeutung, die sie der literarischen Bildung des Menschen und des Königs beimessen: »Sei geschickt mit Worten, so daß du herrschen kannst. Denn die Macht des Menschen ist die Sprache. Eine Rede ist mächtiger als irgendein Kampf.« Es ist bedauerlich, daß, wie bei den ›Ermahnungen‹, die Manuskripte, die uns den Text übermittelt haben, so verdorben sind. Das ›Zwiegespräch des Lebensmüden‹ (Menschenfeind) nimmt durch seine philosophischen Tendenzen einen ganz besonderen Platz in der ägyptischen Literatur ein. Das Thema ist das eines enttäuschten Menschen, der versucht ist, einem Leben ein Ende zu machen, das er für verabscheuenswert hält. Seine Seele lehnt sich zunächst in einem ergreifenden Zwiegespräch gegen diese Entscheidung auf, stimmt ihr dann aber zu. Trotz seiner Schwierigkeiten hat der Text noch etwas von seinem melancholischen Zauber bewahrt.

»Mit wem soll ich heute sprechen? Niemand erinnert sich der Vergangenheit.
Niemand gibt heute das Gute dem zurück, der gut zu ihm war.
Mit wem soll ich heute sprechen? Es gibt keine Gerechten mehr,
die Erde ist den Ungerechten ausgeliefert . . .
Mit wem soll ich heute sprechen? Ich beuge mich unter dem Elend.
Ich habe keinen Freund, dem ich mich anvertrauen könnte.

. . . .

Der Tod ist heute vor mir, wie wenn ein Kranker sich wohl fühlt,
wie wenn man nach einer Krankheit auf die Straße geht.
Der Tod ist heute vor mir wie der Duft des Weihrauchs,
wie man sich bei gutem Wind am Steuer eines Schiffes fühlt.

. . . .

Der Tod ist heute vor mir wie ein Lichtblick im Himmel,
wie wenn ein Mensch sich nach seinem Zuhause sehnt nach vielen Jahren der Gefangenschaft.«

Der Zusammenbruch des Alten Reiches hatte starke Rückwirkungen auf die Religion, von denen die bemerkenswerteste zweifellos das war, was man die ›Demokratisierung‹ der Totenreligion genannt hat. Die ›Pyramidentexte‹ betreffen in Wirklichkeit nur den König, nichts in ihnen zeigt an, daß eine andere Persönlichkeit Zutritt zu einem Weiterleben nach dem Tode in Gesellschaft des Gottes Re hat. In der Ersten Zwischenzeit sehen wir die Privatleute sich allmählich die königlichen Vorrechte aneignen und ihrerseits im Jenseits mächtige Könige werden. Es sind in der Tat die gleichen Pyramidentexte, die man auf den Innenwänden der Holzsarkophage findet. In diesen Texten setzt sich die Osiris-Religion immer stärker durch.

Die zweite Folge des Untergangs des memphitischen Reiches auf dem Gebiet der Religion war die Rückkehr zu den Provinzkulten. So gewinnen die unbekannten oder kaum bekannten Götter des Alten Reiches unerwartet an Bedeutung, solche wie Upuaut von Assiut, Chnum von Elephantine und vor allem Monthu von Theben, der mit dem Siege des Südens über Herakleopolis einer der großen Götter Ägyptens wird. Monthu, der Falkengott, wird mehr oder weniger dem Gott Re angeglichen. Er ist in der Hauptsache ein Kriegsgott.

Doch die Demokratisierung der Religion und der Bestattungsriten wie auch die Rückkehr zu den Provinzkulten sind weniger charakteristisch für die religiösen Vorstellungen der Ersten Zwischenzeit als die Expansion, die damals die Osiris-Religion erfährt.

Der Kult des Osiris in Ägypten ist seit der archaischen Epoche bezeugt, und in den großen kosmogonischen Lehren des Alten Reiches erscheint Osiris mit Isis unter den Götterpaaren des Weltanfangs. Er war ein vergöttlichter Heros; sein tragischer Tod und seine Wiederauferstehung in der unterirdischen Welt des Jenseits haben aus ihm den Gott der Toten *par excellence* gemacht, und in dieser Eigenschaft nimmt er in den ›Pyramidentexten‹ einen beachtlichen Platz ein. Doch in den Augen der memphitischen und der heliopolitanischen Theologen läßt sich seine Bedeutung nicht mit der des Sonnengottes Re vergleichen. Mit dem Ende der herakleopolitanischen Epoche wird Osiris allmählich ›der große Gott‹, und die Pilgerfahrten werden jetzt nicht mehr nach Heliopolis gemacht, sondern nach Abydos, wo Osiris sein Hauptgrab gehabt haben soll. Jeder Ägypter wünscht jetzt in der Nähe des Tempels des Gottes bestattet zu werden oder, wenn dieser Wunsch unerfüllbar ist, zumindest eine Spur seiner Anwesenheit in Abydos zu hinterlassen. Dies ist der Ursprung der unzähligen in dem heiligen Bezirk wiedergefundenen Stelen. So wird Abydos das große religiöse Zentrum Ägyptens, was die Verbissenheit der Herakleopoliten und der Thebaner, sich seinen Besitz zu sichern, erklärt.

Der Platz, den Osiris seit dem Ende des Alten Reiches in der ägyptischen Religion einnimmt, wäre, obwohl bedeutend, doch nur ein sekundäres Phänomen geblieben, wenn nicht eine parallele Entwicklung in der ägyptischen Moral stattgefunden hätte. Mit der Osiris-Religion verbreiten sich die Gedanken der Gerechtigkeit und der Barmherzigkeit in Ägypten und vor allem, so verschwommen und mit Magie durchsetzt sie auch war, die Vorstellung, daß unsere Taten auf dieser Erde nach dem Tode gerichtet werden. Gewiß, das Gericht des Königs erscheint bereits in den ›Pyramidentexten‹. Um in die Sonnenbarke des Gottes Re zugelassen zu werden, muß der König rein sein, d. h. sich den Riten der Reinigung unterzogen haben; er muß gerecht sein, doch dieses Wort wird mehr in seinem juristischen als in seinem moralischen Sinne verstanden; schließlich muß er vollständig, d. h. sein Körper muß unversehrt sein. Ein ›Fährmann‹, der die Toten über den See am Eingang zum Jenseits bringt, stellt dem König Fragen über seine Reinheit, seine Gerechtigkeit und seine Integrität. Theoretisch kann der König nicht passieren, wenn seine Antworten unbefriedigend sind.

Mit der Ersten Zwischenzeit wird nicht mehr der König allein gerichtet, sondern alle Menschen. In einem Kristallisationsprozeß führen diese Vorstellungen schließlich in der ägyptischen

Religion zur Entstehung eines richtigen ›Totengerichts‹ unter dem Vorsitz des von den Göttern der Gaue assistierten Osiris, vor dem der Verstorbene erscheint; sein Herz wird auf die eine Schale einer Waage gelegt, auf die andere eine Feder, das Symbol der Göttin Maat, der Göttin der Gerechtigkeit und der Wahrheit; Thot, der Gott der Schrift, und Horus und Anubis, Anhänger des Osiris in der Osiris-Religion, sorgen dafür, daß das Wägen gerecht ist und die Schalen sich im Gleichgewicht befinden. Wenn dies der Fall ist, wird der Tote für ›gerechtfertigt‹ erklärt, wenn nicht, wird er der ›Großen Verschlingerin‹ ausgeliefert, einem Ungeheuer mit Krokodilskopf und Nilpferdleib, das die Illustrationen der Totenpapyri des Neuen Reiches neben der Waage, bereit zum Eingreifen, darstellen.
Das osirianische Beiwort ›gerechtfertigt‹, das auf den Stelen dem Namen der Stifter folgt, erscheint erst in der Mitte der XI. Dynastie nach dem Fall von Herakleopolis, doch es besteht kein Zweifel, daß die Vorstellungen, die zu dieser bemerkenswerten Versicherung führten, sich im Verlauf der Periode herausgebildet haben, die vom Ende der VI. bis zum Ende der X. Dynastie währte. Um ›gerecht‹ zu sein, muß der Ägypter vor allem Barmherzigkeit üben. Daher die Versicherungen, die auf den Totenstelen so zahlreich werden, daß sie auf den modernen Leser ermüdend wirken: »Ich habe dem Brot gegeben, der Hunger hatte, Wasser dem, der Durst hatte, ein Kleid dem, der nackt war, ich habe die Witwe und die Waise beschützt.« Diese Haltung gegenüber dem Nächsten findet sich auch wieder in den ›Unterweisungen für Merikare‹: »Sei nicht böse, es ist gut, wohlwollend zu sein. Handle so, daß dein Andenken dauert dank der Liebe, die du einflößest . . . Übe Gerechtigkeit, solange du auf Erden bist. Tröste den Betrübten, unterdrücke nicht die Witwe, beraube keinen Menschen des Gutes seines Vaters.« Dies sind, weiterentwickelt, die Formeln, die sich bis zum Überdruß auf den ägyptischen Stelen wiederholen. Diese Formeln werden sich verbreiten, gewiß, vor allem am Ende der XI. und unter der XII. Dynastie, doch die Ideen der Gerechtigkeit und der Menschlichkeit, die sie ausdrücken, sind überall in den Texten der Ersten Zwischenzeit vorhanden. Anchtifi (vgl. oben S. 303) rühmt sich, in Zeiten der Hungersnot nicht nur die Menschen seines Gaues, sondern auch die der benachbarten Gaue ernährt zu haben, und Cheti rät, wie wir gesehen haben, seinem Sohn, Gerechtigkeit zu üben.
Diese Verfeinerung der Moral, in der Ägypten den andern Zivilisationen des Altertums weit voraus ist, ist das unmittelbare Resultat der Religiosität der Ägypter dieser Epoche. Es sind wiederum die ›Unterweisungen für Merikare‹, die uns die Existenz dieser religiösen Empfindungen und deren Intensität be-

weisen: »Errichte Denkmäler für die Götter. Sie sichern das Weiterleben des Namens dessen, der für sie baut. Ein Mensch soll das tun, was seiner Seele nützt ... Besuche die Tempel, vollziehe die Mysterien, betritt Heiligtümer ... Sei fromm. Vergewissere dich, daß die Opfer dargebracht werden ... Gott kennt den, der für ihn wirkt.«

Wenn die Wiedervereinigung Ägyptens sich auch mit der Einigung des Tals durch die thinitischen Könige vergleichen läßt, so gibt es hier doch beachtliche Unterschiede. Einerseits hat das Alte Reich in den Geistern die Erinnerung an eine Periode der Ordnung und der Größe hinterlassen, die gerne beschworen wird, eine Periode, die den nachfolgenden Generationen als Vorbild dienen wird. Andererseits war die Oberherrschaft des Südens nur mit Gewalt erreicht worden. Die thebanischen Könige waren oft gezwungen gewesen, mit den Oberhäuptern der Provinzen einen Kompromiß zu schließen, und in vielen Fällen behalten die Nomarchen der XI. Dynastie die Macht, die sie seit dem Ende der VI. Dynastie erworben hatten. Erst in der Mitte der XII. Dynastie wird die königliche Macht ihre ganze Autorität über die Gaue wiedererlangen.

Schließlich wird das Heer, das bis jetzt nur eine bescheidene Rolle spielte, eine der Sorgen der ägyptischen Macht. Um sich eine Vorstellung von dessen Bedeutung zu machen, braucht man nur die Ratschläge zu lesen, die Cheti dem Merikare gibt: »Kümmere dich um deine jungen Truppen ... und daß du ein ausreichendes Gefolge hast ... die junge Generation ist glücklich, ihrer Neigung zu folgen (die Fortsetzung des Textes ist verlorengegangen, doch die Neigungen der Jugend sind sicherlich der Geschmack an der Tat und an der Gewalt) ... Vermehre also die Zahl deiner jungen Getreuen ... schenke ihnen Äcker, belohne sie, indem du ihnen Vieh schenkst.«

Jeder Gau besaß solche in den Kämpfen des Endes der Ersten Zwischenzeit wohlerprobte ›Altersklassen‹. Wenn man zu dieser Masse der einheimischen Truppen die nubischen und die libyschen hinzurechnet, dann sieht man, welche Streitmacht einem Nomarchen des wiedervereinten Ägyptens zur Verfügung stand. Sie war es, die es dem Nebhepetre ermöglichte, die Macht zu erobern, und sie wird die Basis der ägyptischen Expansion unter seinen Nachfolgern sein.

So geht Ägypten mit der Machtübernahme durch Nebhepetre-Mentuhotep verwandelt aus den Prüfungen hervor, die es in der Ersten Zwischenzeit erleiden mußte. Die thebanischen Pharaonen besitzen die militärische und politische Macht, die es ihnen ermöglichen wird, ihre Herrschaft über Ägypten zu festigen und dann die ägyptische Hegemonie über einen Teil der angrenzenden Länder zu errichten.

10. Das Mittlere Reich

(ZWEITE HÄLFTE DER XI. UND XII. DYNASTIE)

Eine Inschrift der XIX. Dynastie erwähnt die Namen Menes, Nebhepetre und Ahmose im Zusammenhang. Die Ägypter waren also der Ansicht, daß die Regierungen dieser drei Pharaonen die wesentlichen Daten der ägyptischen Geschichte darstellen, und in der Tat kann Menes, der erste König der I. Dynastie, als der Begründer des Alten Reiches betrachtet werden wie Ahmose, der erste Pharao der XVIII. Dynastie, als der des Neuen Reiches. Daraus folgt also, daß die Ägypter selbst Nebhepetre-Mentuhotep an den Anfang dessen setzten, was man nach allgemeiner Übereinkunft das Mittlere Reich nennt.
Die Anfänge der Geschichte des Mittleren Reiches sind für uns noch dunkel. Erst vor wenigen Jahren konnte man die Reihenfolge und die Chronologie der Könige der XI. Dynastie aufstellen, doch sie werden noch von einigen Forschern bestritten. Die Aufgabe der Historiker wurde erschwert durch die Tatsache, daß der Begründer der Dynastie nacheinander mehrere Horus-Namen getragen hat (vgl. unten S. 311), was sie natürlich dazu verleitete, die Existenz dreier verschiedener Könige, die den Namen Mentuhotep trugen, anzunehmen. So findet man in den alten Arbeiten fünf dieser Pharaonen. Jetzt nimmt man an, daß nach der Regierung Antefs III. nur drei Pharaonen über das geeinte Ägypten geherrscht haben, so daß die Reihenfolge der Könige der XI. Dynastie sich folgendermaßen darstellt:

Mentuhotep I., 2060–2010
  regiert unter den Horus-Namen
  Seanchibtaui, 2060–2040
  Netery-hedjet, 2040–? (gegen 2025)
  Semataui, ?–2010
Mentuhotep II.-Seanchtauief, 2009–1998
Mentuhotep III.-Nebtaui, 1997–1991

In einigen Arbeiten (W. C. Hayes) wird der Name Mentuhotep dem ersten Thebaner zu Beginn der Dynastie zugeschrieben, während diese erst den Süden des Landes beherrschte. Er trug den Horus-Namen Tepya. Infolgedessen wird Mentuhotep-Nebhepetre in diesen Arbeiten Mentuhotep II. usw. für seine Nachfolger.

MENTUHOTEP I. (2060–2010)

Die von Mentuhotep I. nacheinander getragenen Horus-Namen drücken auf anschauliche Weise die Etappen seiner Regierung aus. Beim Tode seines Vaters Antef III. nahm er den Horus-Namen Seanchibtaui, »derjenige, der das Herz der Beiden Länder (d. i. Ägypten) leben macht«, an. Unter diesem Namen führt er seine Truppen bei der Eroberung des nördlichen Teils des Landes. Er trug ihn noch im vierzehnten Jahr seiner Regierung, gegen 2046, als es den Parteigängern der Herakleopoliten-Könige gelang, das neue Joch Thebens abzuschütteln und Thinis wiedereinzunehmen. Dies war der Anfang eines neuen und kurzen Krieges zwischen dem Süden und dem Norden, der zum endgültigen Sturz von Herakleopolis führte. Um dieses Ereignis, das ihn zum Herrscher ganz Ägyptens machte, zu kennzeichnen, nahm Mentuhotep den Horus-Namen Netery-hedjet an.
Nach diesem Sieg kam es im Norden des Landes zweifellos immer wieder zu sporadischen Kämpfen, die von dem neuen Herrscher Befriedungsmaßnahmen forderten. Als diese Bemühungen ihre Früchte getragen hatten, wechselte Mentuhotep seinen Horus-Namen wieder, um den charakteristischen Titel Semataui, »derjenige, der die Beiden Länder geeinigt hat«, anzunehmen.
Die Art und Weise, wie es Mentuhotep gelang, Ägypten zu befrieden, ist nicht bekannt. Man kann annehmen, daß er sich ebensosehr der Gewalt bediente, denn er verfügte über das siegreiche Heer, wie der Diplomatie, denn die Nomarchen, besonders die Mittelägyptens, waren noch mächtig, und er war klug genug, sie durch Konzessionen zu gewinnen. Man glaubt, in den uns zur Verfügung stehenden Dokumenten einige Anzeichen für die Anwendung beider Methoden erkennen zu können. Der Nomarch von Assiut wird einfach abgesetzt, doch die von Beni-Hasan und Hermopolis behalten ihre Privilegien. Um die Zentralautorität wiederherzustellen, scheint Mentuhotep I. eine einfache Methode angewandt zu haben: Da Theben die Hauptstadt war, nimmt er als oberste Beamte der Dynastie treue Thebaner. So sind die drei Wesire, die sich unter seiner Regierung ablösen, alle Thebaner, ebenso die vier ›Kanzler‹, ein wichtiger und neugeschaffener Posten. Es ist symptomatisch, daß der ›Gouverneur von Unterägypten‹ ebenfalls ein Thebaner ist, wie auch der Inspektor des XIII. Gaues Unterägyptens und der Nomarch von Herakleopolis. Durch die Schaffung dieser neuen Posten stellte Mentuhotep in dem durch den allzu langen Bürgerkrieg desorganisierten Land die Ordnung wieder her, und indem er für diese Posten sichere Männer ernannte, gewährleistete er eine Kontrolle der Lehnsherren, ohne auf Abset-

zungen zurückzugreifen, die vielleicht neue Unruhen verursacht hätten.

Die Folgen dieser Wiederherstellung der Ordnung in der Verwaltung machten sich denn auch bald bemerkbar, sowohl außerhalb als auch innerhalb des Landes. Ein charakteristischer Zug der Ersten Zwischenzeit war die Unterbrechung der Beziehungen Ägyptens zu den Nachbarländern gewesen. Sofort nach vollzogener Befriedung nimmt Mentuhotep die Kontakte mit dem Ausland wieder auf. Im Jahre 39 seiner Regierung, gegen 2020, etwa in dem Augenblick des Falls von Herakleopolis, dringt eine Expedition in Uauat (Nordnubien) ein; sie wird von mehreren andern gefolgt. Vielleicht sind diese Überfälle eine Rache an den Nubiern, die als Söldner in dem Heer der Herakleopoliten gedient hatten, doch sie leiten vor allem eine Expansionspolitik gegenüber dem Süden ein, die von der XII. Dynastie weiterverfolgt werden wird. Diese Expansion war für Ägypten nötig. Unter Ausnutzung der Wirren der Ersten Zwischenzeit hatte sich Nordnubien in einem unabhängigen Königreich organisiert, dessen Herrscher zwischen Umbarakab und Abu Simbel einige Inschriften hinterlassen haben (W. C. Hayes). Dieses Reich stört Ägypten, ohne eine große Gefahr darzustellen, in seinem Handel mit dem Süden. Deshalb unternehmen Mentuhotep I. und seine Nachfolger die Eroberung des Südens. Unter Mentuhotep wird Nordnubien (Uauat) nicht ganz besetzt, doch es zahlt bereits einen Tribut, widersetzt sich nicht mehr dem Durchzug der ägyptischen Expeditionen und stellt jetzt für das thebanische Heer Söldner.

Im Osten nimmt Ägypten seine Aktivität in den an das Tal angrenzenden Wüsten wieder auf. Nach Hammamat schickt Mentuhotep bereits im Jahr 2 seiner Regierung eine Expedition. Man besitzt keine zeitgenössischen Inschriften des Königs im Sinai, doch die Tatsache, daß Sesostris I. Mentuhotep im Tempel von Serabit el-Chadim eine Statue geweiht hat, legt nahe, daß er der Herrscher war, der die Straße zu den Türkisminen wiedereröffnete, was im übrigen durch die Inschriften eines Beamten des Mentuhotep namens Achtoy bestätigt wird, der behauptet, »die Schatzkammern in diesem Tempel des Horus der Türkis-Terrassen genannten Gebirge versiegelt zu haben«, was sich nur auf den Sinai beziehen kann. Die Tatsache der Wiederinbetriebnahme der Minen des Sinai setzt die Kontrolle über die Nomadenstämme des Gebietes voraus; gewisse Anzeichen lassen sogar vermuten, daß die ägyptischen Truppen noch tiefer in asiatisches Gebiet vordrangen, ohne allerdings so weit zu kommen wie unter der VI. Dynastie.

Nach Libyen schickt Mentuhotep Expeditionen, die anscheinend dazu bestimmt waren, diese westlichen Nachbarn in Schach zu

halten, die seit dem Alten Reich eine ständige Bedrohung für Ägypten darstellen. Einer der Führer der Tehenu-Libyer wird im Verlauf eines dieser Feldzüge getötet. Schließlich werden die Oasen der westlichen Wüste von bewaffneten Abteilungen besucht, und Mentuhotep I. bemüht sich, die südwestlichen und südöstlichen Wüsten zu beiden Seiten Nordnubiens zu kontrollieren, die von den Medjai, kriegerischen Nomaden, bevölkert waren. Er schmeichelt sich, diese besiegt zu haben.
Ägypten, reich im Innern und stark nach außen, wird wieder ein aktives künstlerisches Zentrum, obwohl das Interesse Mentuhoteps I. sich vor allem in Oberägypten manifestiert, wo er die Tempel von Elephantine, El Kab, Tod, Denderah und Abydos vergrößert. In Theben selbst errichtet er für seinen eigenen Totenkult ein majestätisches Denkmal, die erste bedeutende königliche Begräbnisstätte seit der Regierung Pepis II. Für dieses Grab wählt er das herrlich gelegene Deir el-Bahari und übernimmt als Plan den einer auf einem Sockel stehenden und von einem Säulengang umgebenen Pyramide. Die Allee, die zu dem Denkmal führte, war gesäumt von Statuen aus bemaltem Sandstein, die ihn sitzend und mit dem Schmuck des Sed-Festes darstellten. Rings um sein Grab wurden die Königinnen beigesetzt, und in der Felsklippe im Norden des Königsgrabes, die die Ebene beherrschte, die hohen Beamten seines Hofes.

MENTUHOTEP II. — HORUS SEANCHTAUIEF (2009—1998)

Da der älteste Sohn Mentuhoteps I., Antef, vor seinem Vater starb, folgte ein jüngerer Sohn dem großen Mentuhotep auf dem Thron. Er war anscheinend bereits betagt, als er die Macht übernahm, mindestens 50 Jahre alt, und seine Regierung war kurz.
Die Regierungszeit wurde vor allem auf Bauten verwandt, und zahlreich sind die Tempel Oberägyptens, die Reliefs dieser Regierung von einem in seiner Nüchternheit bewundernswerten Stil lieferten. Aus unbekannten Gründen ließ dieser baufreudige König sein eigenes Grab und seinen Totentempel unvollendet.
Die Geschichte dieser Regierung wird von der Gestalt eines hohen Beamten beherrscht, der bereits unter Mentuhotep I. gedient hatte. Henu, der Siegelbewahrer, organisierte im Jahre 8 der Regierung eine Expedition von 3000 Mann, die von Koptos ausging, die Wüste in Richtung zum Roten Meer durchquerte und bis in das Land Punt an der Küste Arabiens gelangte. Eine auf einem Felsen des Wadi Hammamat eingravierte Inschrift hat einen Bericht über diese Expedition bewahrt. Die von Henu befehligte Truppe begann mit der Säuberung der Straße von den Feinden des Königs; dabei wurde sie, so scheint es, von

nomadischen Kundschaftern unterstützt, die sie beschützten und informierten. Jeder Mann war mit einem Lederschlauch versehen und erhielt jeden Tag »zwei Krüge Wasser und zwanzig Brote«; Esel trugen das Marschgepäck. Im Verlauf des Marsches zum Roten Meer ließ Henu zwölf Brunnen graben oder anlegen. An der Küste angekommen, »baute« er Schiffe. Angesichts des wüstenartigen Charakters der Küste am Ende der Straße von Hammamat muß man dies ohne Zweifel so verstehen, daß das Heer die Schiffe, die zum Transport einer Abteilung in das Land Punt dienen sollten, in Einzelteilen mitgebracht hatte. Der ägyptische Schiffsbau, der sich im wesentlichen der Montage vermittels Zapfen, Zapfenlöchern und Klammern bedient, erleichtert die Demontage der Fahrzeuge und infolgedessen bei Bedarf ihren Transport über Land.
Während die Schiffe im Land Punt Weihrauch holten, beschäftigten sich die in Hammamat verbliebenen Männer damit, Quader aus grünem Bruchstein zu hauen, die für die Statuen des Tempels bestimmt waren. Nach der Rückkehr von Punt machte sich Henu mit Männern und Blöcken wieder auf den Heimweg und erreichte Koptos ohne Zwischenfälle.
Die Wiedereröffnung der Steinbrüche des Wadi Hammamat war von einer starken Aktivität in den Minen des Sinai begleitet. Die Lebensbedingungen in Ägypten unter Mentuhotep II. sind durch seltsame, in einem thebanischen Grab, in das sie geworfen worden waren und in dem sie sich wunderbar erhielten, gefundene Dokumente bekannt. Es handelt sich um Briefe, die ein gewisser Hekanacht im Verlauf einer Reise in den Süden an seinen ältesten Sohn schrieb. Hekanacht war Totenpriester des Grabes eines Wesirs Mentuhoteps I. und besaß ein Landgut. In seiner Abwesenheit ist sein Sohn beauftragt, sowohl die Pflichten seines Vaters an dem Grab des Wesirs zu erfüllen als auch sich um die Besitzung zu kümmern. Vor seiner Abreise hinterläßt Hekanacht seinem Sohn ein Inventar der Produkte des Landgutes für das laufende Jahr, und dann schreibt er ihm zwei lange Briefe, in denen er ihm seine Anordnungen für die Arbeit gibt und darüber, was er den einzelnen Mitgliedern der Familie geben soll. Das Gut des Hekanacht besteht aus Ländereien, die ihm gehören, und solchen, die er in Pacht hat; die Pacht für die letzteren wird mit Stoffen und mit Getreide bezahlt. Die Briefe enthalten zahlreiche scharfe Ermahnungen für die Haltung gegenüber der Familie und den Dienern. Einer von ihnen spielt auf eine Hungersnot im Süden von Theben an, wo, nach Hekanacht, »man anfängt, vom Menschen zu essen«.

Abb. 32: Mentuhotep I.

MENTUHOTEP III. UND DAS ENDE DER XI. DYNASTIE (1997–1991)

Der Turiner Papyrus läßt die XI. Dynastie mit der Regierung Mentuhoteps II. enden, doch in einer Anmerkung scheint der Kompilator der Turiner Königsliste angedeutet zu haben, daß sich eine Lücke in dem Dokument befand, dessen er sich bediente, um seine Liste zusammenzustellen, und daß zwischen dem Ende der Regierung dieses Königs und der Thronbesteigung Amenemhets I. 7 Jahre vergingen. In diese Periode fiel die Regierung Mentuhoteps III., des Horus Nebtaui. Wenn sein Fehlen in dem Turiner Papyrus, worauf alles hindeutet, nur auf eine Lücke in den Quellen zurückzuführen ist, deren der Verfasser dieses Dokumentes sich bediente, dann ist es unnötig, Mentuhotep III. als einen Usurpator zu betrachten.

Die Regierung Mentuhoteps III. war kurz; das letzte bekannte Datum seiner Regierung ist das des Jahres 2 (im Wadi el-Hudi). Er ist vor allem bekannt durch die Inschriften des Wadi Hammamat, wohin er als Beauftragten einen Wesir namens Amenemhet mit einer Truppe von 10000 Mann »aus den Gauen des Südens, Mittelägyptens und von Oxyrhynchos« (dem XVI. Gau Unterägyptens, dessen Hauptstadt Mendes war), also aus ganz Ägypten, schickte. Die Expedition, die damit beauftragt war, einen Quader zur Herstellung des königlichen Sarkophags zu holen, kehrte nach Erfüllung dieses Auftrages zurück, wie Amenemhet erklärt: »Meine Männer kehrten ohne Verluste heim, kein Mann ging zugrunde, keine Patrouille verschwand, kein Esel starb, kein Handwerker war krank.« Doch das Interessanteste an dieser Expedition ist die Persönlichkeit ihres Führers, der sich bescheiden tituliert: »Der Erbfürst, der Graf, Gouverneur von Theben und Wesir, Führer aller Adligen, der Inspektor alles dessen, was der Himmel gibt, die Erde schafft und der Nil heranträgt, der Inspektor von allem in diesem ganzen Land, Amenemhet.«

Die Expedition nach Punt und nach dem Wadi Hammamat scheint eine äußerst wichtige Rolle im Leben des Wesirs Amenemhet gespielt zu haben. Er widmet ihr vier verschiedene Inschriften, in denen er berichtet, »daß die Tiere der Wüste zu ihm kamen, und unter ihnen eine Gazelle, die im Begriff war, zu kalben. Sie kam auf die Truppe zu, floh nicht, und als sie zu dem Steinblock kam, der der Deckel des Sarkophags werden sollte, gebar sie ihr Kalb, während das Heer ihr zuschaute«. Diesem ersten Wunder folgte bald ein zweites: »Als man in diesem Gebirge an dem für den Sarkophag bestimmten Steinblock arbeitete, geschah ein neues Wunder: Es regnete, der Gott erschien, sein Ruhm offenbarte sich den Männern, die Wüste wurde ein

See, und das Wasser stieg bis zur Höhe des Steins. Schließlich fand man in der Mitte des Tales einen Brunnen von 12 Ellen auf 12 Ellen (6,30 m x 6,30 m), bis zum Rand gefüllt mit frischem, reinem Wasser, sicher vor den Tieren und verborgen den Nomaden.«

Hier, wo wir nur ein seltsames Zusammentreffen von Umständen sehen, sahen die Ägypter vielleicht eine Manifestation des göttlichen Willens. Die Inschrift erklärt: »Die in Ägypten waren, hörten hierüber sprechen. Vom Süden bis zum Norden warfen sie sich nieder und rühmten die Tugend seiner Majestät auf ewig, auf ewig.« Wenn in dieser Inschrift auch der König der Nutznießer der göttlichen Intervention ist, so kann man annehmen, daß der Führer der Expedition ebenfalls reichlich von ihr profitierte. Wäre es übereilt, hierin einen der Gründe, vielleicht den Hauptgrund, für die Machtergreifung durch Amenemhet etwa fünf Jahre nach diesen Ereignissen zu sehen? Wir glauben es nicht; als Instrument des göttlichen Willens ist Amenemhet vielleicht von Mentuhotep selbst zu seinem Nachfolger erwählt worden. Dies würde erklären, daß man auf einer Schieferschale die königlichen Kartuschen Mentuhoteps III. der XI. und Amenemhets I. der XII. Dynastie vereinigt findet.

Was es mit dieser Hypothese auch auf sich haben mag, die Tatsache bleibt bestehen, das Ende der Regierung Mentuhoteps III. und der XI. Dynastie bleibt in tiefstes Dunkel gehüllt. Bei dem augenblicklichen Stand unserer Kenntnisse erlaubt nichts anzunehmen, daß der Staatsstreich, wenn überhaupt einer stattfand, der Amenemhet I. an die Macht brachte, gewalttätig war. Wir werden jedoch sehen, daß er keineswegs allgemeine Billigung fand.

AMENEMHET I. UND DER BEGINN DER XII. DYNASTIE

Gegen 1990 v. Chr. (1991 nach Hayes) bestieg der Wesir Amenemhet den Thron unter dem Namen Horus Sehetepibre; er ist Amenemhet I. der XII. Dynastie. Wir haben gesehen, daß die Umstände seiner Thronbesteigung unbekannt sind. Es scheint gewiß, daß er einer starken Opposition begegnete, die vielleicht die Aspekte eines Bürgerkrieges annahm. Dies erklärt sich durch die Tatsache, daß der Wesir nicht von königlichem Blut war, obwohl es nicht ausgeschlossen ist, daß er mit Mentuhotep III. — dessen Mutter, so scheint es, ebenfalls nicht der königlichen Familie angehörte — verwandt war. Man muß sich daran erinnern, daß im Alten Reich der Wesir häufig ein Verwandter des Königs war, und es ist möglich, daß dies bei Amenemhet zutraf, was gleichzeitig die Gunst, deren er sich unter dem letz-

ten Mentuhotep erfreute, und seine Machtergreifung erklären würde.
Wie dem auch sei, sicher ist, daß Amenemhet nicht in direkter Linie von den Pharaonen der XI. Dynastie abstammte. Dies geht klar aus einem von ihm inspirierten Text hervor, der uns über die Familie und die Herkunft des Königs informiert. Es handelt sich um die ›Prophezeiung *(post eventum)* des Neferty‹, einen Text, der sehr populär in Ägypten war, denn man kennt von ihm zwei Kopien der XVIII. Dynastie und achtzehn der Ramessidenzeit. Um seiner Arbeit mehr Gewicht zu verleihen, stellt der Autor, ein Ägypter aus Unterägypten, seinen Propheten Neferty als einen Priester von Bubastis dar, der unter der Regierung des Snofru, des ersten Königs der IV. Dynastie, gelebt hatte. An letzteren wendet er sich.
In einer ersten Prophezeiung beschreibt Neferty die Mißgeschicke, die über Ägypten kommen werden. Dieser Teil des Textes, der mehr als die Hälfte des Dokumentes einnahm, gleicht sehr der ›pessimistischen‹ Literatur der Ersten Zwischenzeit, z. B. dem Text der ›Ermahnungen‹. In einer zweiten Prophezeiung kündigt Neferty an, daß ein König des Südens Ordnung und Wohlstand wiederbringen werde. Er enthüllt sogar den Namen dieses Pharaonen, Ameny, ein Name, der nur ein Deckname für Amenemhet ist und gewiß Amenemhet I. bezeichnet.
In der Beschreibung der Situation von der Thronbesteigung des Ameny spielt Neferty auf einen Einfall der Asiaten in das Delta an; dann kommt er auf die Zwietracht unter den Bürgern zu sprechen: »Das Land wird in Unordnung leben. Ich zeige dir einen Sohn als Feind, einen Bruder als Gegner, einen Mann, der seinen Vater ermordet . . . Das Land ist verarmt, doch seine Führer sind zahlreich.« All dies gleicht so sehr den ›Ermahnungen‹, daß man manchmal geglaubt hat, die beiden Texte meinen die gleichen Ereignisse. Doch die zweite Prophezeiung zerstreut alle Zweifel, denn Neferty fährt fort: »Doch siehe, ein neuer König namens Ameny wird aus dem Süden kommen. Er ist der Sohn einer Frau aus Ta-Seti (Name von Elephantine). Er ist ein Sohn Oberägyptens, er wird die Weiße Krone nehmen, er wird die Rote Krone tragen . . . das Recht wird auf seinen Platz zurückkehren, nachdem die Ungerechtigkeit hinausgejagt sein wird.«
So sucht der Autor einerseits nicht, die nichtkönigliche Herkunft seines Helden zu verbergen – er scheint im Gegenteil diesen Punkt zu betonen –, und andererseits macht dieser Retterkönig einer Periode der Unruhe ein Ende. Es ist offensichtlich, daß der Autor sich in seiner Beschreibung von älteren Texten inspirieren ließ. Doch dies will nicht heißen, daß es keine Wirren gab, man

hat vielmehr festgestellt (G. Posener), daß andere Texte der XI. Dynastie auf die gleichen Wirren hinweisen. Alles spielt sich ab, als habe der Autor der Prophezeiung mit Absicht die Ereignisse des Endes der XI. Dynastie mit denen der Ersten Zwischenzeit verwechselt, um die Rolle des Ameny-Amenemhet besser zur Geltung zu bringen. Wenn der Text auch keine Klarheit über die Art und Weise bringt, in der Amenemhet I. die Macht ergriffen hat, so bestätigt er doch einerseits die Existenz einer unruhigen Periode, die kurz nach dem Jahre 2 der Regierung Mentuhoteps III. begonnen haben dürfte und in deren Verlauf die XI. Dynastie erlosch, und andererseits die nichtkönigliche Herkunft des Begründers der XII. Dynastie, dessen Vater ein von den Ägyptern des Neuen Reiches als Ahne der neuen Dynastie betrachteter Sesostris gewesen zu sein scheint.

Amenemhet I. reorganisierte Ägypten nach den Unruhen des Endes der Regierung Mentuhoteps III. Zunächst stellt er, wie ein Text von Beni-Hasan ausdrücklich besagt, die Grenzen zwischen den Gauen wieder her: »Er machte, daß eine Stadt ihre Grenze mit einer andern Stadt kannte, daß die richtigen Grenzen so fest wiederhergestellt wurden wie der Himmel.« Dann machte er Memphis wieder zur Verwaltungshauptstadt. Die Gründe, die ihn zu dieser wichtigen Entscheidung veranlaßten, sind zweifellos komplexer Natur. Es ist wahrscheinlich, daß einerseits die von der Macht verdrängte Familie des Mentuhotep in Theben noch sehr einflußreich war, und daß das thebanische Gebiet, obwohl Amenemhet sich als legitimer Nachfolger Mentuhoteps III. ausgab, zweifellos für den neuen Herrscher wenig sicher war. Andererseits ist das im Herzen Oberägyptens gelegene Theben geographisch als Hauptstadt wenig geeignet; Memphis an der Südspitze des Deltas liegt viel zentraler. Schließlich war Theben niemals Hauptstadt gewesen, während Memphis dank den dort ansässigen ›Schreibern‹ über eine jahrhundertealte Tradition der Verwaltung verfügte. Aus all diesen und andern uns nicht bekannten Gründen verlegte Amenemhet die Hauptstadt von Theben nach Itsch-taui in der Nähe von Memphis. Der Name dieser neuen Hauptstadt ist charakteristisch: »Die die Beiden Länder erobert hat«; Amenemhet konnte von seiner Residenz aus seine Untertanen sehr gut überwachen und sie, wenn nötig, mit Gewalt zum Gehorsam zwingen.

Die Texte der Ersten Zwischenzeit lehren uns, daß der gesamte Verwaltungsapparat des Alten Reiches zerstört war (›Ermahnungen‹). Hauptspeicher, Gerichtshöfe, Grundbuchämter, geschriebene Gesetze und Gewohnheitsgesetze, alles war verschwunden, und die Beamten waren verstreut. Es scheint nicht, daß die Pharaonen der XI. Dynastie diesem Übel abgeholfen haben. Amenemhet I. dagegen wollte offensichtlich die administrativen Kader und Dienste wiederherstellen. Die Wahl von Itsch-taui als Hauptstadt sollte ihm hierbei dienlich sein, denn in diesem Gebiet Ägyptens, in der Nähe von Memphis, der Hauptstadt des Alten Reiches, und von Herakleopolis, der Hauptstadt der IX. und der X. Dynastie, hatten sich die wenigen Beamten, die den Sturm überlebten, angesiedelt. Auch Cheti III. war sich dessen bewußt, als er, von Sakkara-Memphis sprechend, erklärte: »Es gibt dort Beamte aus den Zeiten der königlichen Residenz.«

Doch mehr als ein halbes Jahrhundert war zwischen dem Erlöschen der Herakleopoliten-Monarchie und der Machtübernahme durch Amenemhet I. vergangen, und die erfahrenen Beamten, die letzterer in der neuen Hauptstadt versammeln konnte, waren nicht zahlreich genug für die Aufgaben der neuen Zentralverwaltung. Amenemhet nahm seine Zuflucht zu einer richtigen Propaganda, um Beamtenberufungen zu wecken (G. Posener). So wurden unter seiner Regierung zwei Werke geschrieben mit dem Ziel, die Ägypter dazu zu ermuntern, Beamte zu werden, und sie in dieser Laufbahn zu lenken. Das erste dieser Werke, ›Kemyt‹ (›Die Summe‹), wurde zu Beginn der Regierung von dem Autor der ›Prophezeiung des Neferty‹ verfaßt. Es enthält einen praktischen Teil: Wahl der Briefform, fertige Sätze für die Verwaltungskorrespondenz, und einen allgemeinen Teil: weise Ratschläge, Vorteile des Studiums usw. . . . Es endet mit einem Satz, der seinen Zweck verrät: »Der Schreiber jedoch ist in keiner seiner Stellungen in der Residenz unglücklich.« Die Absichten des zweiten Werkes, das man die ›Satire der Berufe‹ zu nennen pflegt, sind noch eindeutiger. Der Schriftsteller wendet sich über seinen Sohn, dem er angeblich Ratschläge erteilt, an die künftigen Beamten, die, so belehrt er uns, in einer in dem Verwaltungszentrum Ägyptens errichteten Spezialschule ausgebildet werden. Er rühmt auf allgemeine Art das Studium und den Beruf des Beamten und zeigt dann, daß der Beruf des ›Schreibers‹, indem er ihn mit den verschiedenen andern vergleicht, diesen allen sehr weit überlegen ist, selbst dem des Priesters, der trotz seines Standes zum Frondienst eingezogen werden kann, während der Beamte als einziger ihm entgeht. Es ist bedauerlich, daß der Text oft fehlerhaft ist, denn indem er den Beruf des ›Schreibers‹ rühmt, teilt der Autor uns vieles über die Zivilisation und die sozialen Verhältnisse Ägyptens mit.

Amenemhet hatte nicht nur ein Land zu reorganisieren, das soeben der Anarchie entronnen war, er mußte auch das Prestige der Monarchie wiederherstellen, das sehr unter den inneren Kämpfen der Ersten Zwischenzeit, in der die Könige der VII., der VIII., der IX. und der X. Dynastie kaum mächtiger waren als die Nomarchen, im Prinzip ihre Vasallen, in Wirklichkeit ihre

Rivalen, gelitten hatte. Dieser Prestigeverlust des Königs betrifft nicht nur die Politik, sondern auch die Moral. Der König des Alten Reiches wird als der göttlichen Natur teilhaftig betrachtet; selbst wenn diese Auffassung nuanciert werden muß (vgl. oben S. 270), so ist der König dennoch sehr von den Menschen verschieden. In der Ersten Zwischenzeit zögern die Erzähler nicht, den König in demütigenden Situationen zu zeigen. So stellt der Autor in der ›Erzählung von Neferkare und dem General Sisene‹ (G. Posener), die ganz am Ende der VI. oder unter der VIII. Dynastie spielt, den König dar, wie er mit einem General und hohen Beamten gegen einen »prozeßsüchtigen Menschen in Memphis eine Kabale anzettelt«. Dieser läßt den König bespitzeln und entdeckt, daß die Beziehungen des letzteren zu dem General sehr spezieller Natur sind: »Der König kam zu dem Haus des Generals Sisene. Er warf einen Ziegelstein und klopfte mit dem Fuß. Darauf ließ man ihm eine Leiter herunter. Er stieg hinauf ... Nachdem Ihre Majestät getan hatte, was sie von ihm (dem General) gewünscht hatte, begab sie sich wieder in ihren Palast. Doch ... sie hatte vier Stunden in dem Haus des Generals Sisene zugebracht.« Die Fortsetzung der Erzählung ist verlorengegangen, doch der erhaltene Teil ist klar genug, um den König in einer anstößigen Situation zu zeigen, denn der Ausdruck »tun, was man von einem wünscht« hat im Ägyptischen einen eindeutig sexuellen Sinn. Man sieht hier, bis zu welchem Grad das Ansehen des Königtums erschüttert war.

Wenn auch weniger anstößig, so stellen andere Erzählungen aus dem Anfang des Mittleren Reiches gewisse Könige dennoch in einem mißfälligen, wenn nicht gehässigen Licht dar, und alles deutet darauf hin, daß damals eine dem Königtum übelgesonnene Meinungsströmung existierte. Um gegen diese Entwicklung anzukämpfen, sucht Amenemhet durch die in seinen Diensten stehenden Schriftsteller wieder an das Königtum der Anfänge des memphitischen Reiches anzuknüpfen, vor allem an das des Snofru, der das Prestige, das seine in stärkerem Maße als er autoritären Vorgänger verloren hatten, bewahrt zu haben scheint. So hat er sich offenbar, vielleicht unter dem Einfluß der osirianischen Religion und Moral, bemüht, das Königtum humaner zu machen. Sein Sohn wird im folgende Worte in den Mund legen: »Ich habe den Armen gegeben und die Waisen ernährt. Ich habe so gehandelt, daß der Mensch von niedriger Herkunft ebensogut vorwärtskommen konnte wie derjenige, der Gewicht hatte.«

Die uns zur Verfügung stehenden Dokumente erlauben uns nicht, festzustellen, ob die Bemühungen Amenemhets I. von Erfolg gekrönt wurden. Man bemerkt jedoch, daß die literarischen Werke von seiner Regierung an keine, selbst verschleierte Kritik mehr an der Person des Königs üben, wie dies

bei den Schriften der vorangegangenen Periode der Fall gewesen war. Um das königliche Prestige vollkommen wiederherzustellen, mußte Amenemhet auch die Provinzoberhäupter wieder unter seine direkte und absolute Autorität bringen. Doch die politische Situation ist noch zu unsicher, um eine solche Wiedererlangung der Macht über Lehnsherren zu ermöglichen, die mächtig geblieben waren, und man muß die Regierung Sesostris' III. abwarten, um zu erleben, daß die absolute Monarchie nach dem Ebenbild der des Alten Reiches wiederhergestellt wurde.
Doch wenn auch Amenemhet I. nichts an der Organisation der Gaue ändert und die Erblichkeit des Nomarchenamtes respektiert, so sucht er trotzdem die Provinzialverwaltung zu kontrollieren und bemüht sich, um im Augenblick seiner Nachfolge Anfechtungen zu vermeiden, die Kontinuität der Monarchie in seiner Linie zu sichern. Dieses doppelte Ziel wird durch zwei Maßnahmen erreicht: einmal durch die Einsetzung von königlichen Kontrolleuren bei den Nomarchen und dann durch die Einführung der Mitregentschaft des ältesten Prinzen zu Lebzeiten seines Vaters.
Die königliche Kontrolle in den Provinzen erstreckt sich vor allem auf die Steuern, zu deren Zahlung an die Zentralverwaltung die Gaue verpflichtet sind. Eine gute Verwaltung des Landes erfordert eine genaue Kenntnis der wirtschaftlichen Situation Ägyptens. Es ist nicht unerläßlich, daß die königlichen Einkünfte in der Hauptstadt konzentriert werden, doch es ist notwendig, daß alle Reserven bekannt sind, damit die Zentralverwaltung im Interesse der Allgemeinheit über sie verfügen kann. Aus dieser Sachlage resultiert, zumindest während der ersten Hälfte der Dynastie, eine faktische Zusammenarbeit zwischen der königlichen Verwaltung und der des Nomarchen, ohne daß man sagen kann, daß sie von Amenemhet gewollt war. Wir besitzen einige, allzu wenige, Hinweise über die Art, wie die königlichen Beamten und die Nomarchen gemeinsam die Güter der staatlichen Domäne verwalteten. Der ausführlichste Text geht auf die Regierung Sesostris' I. zurück, doch alles deutet darauf hin, daß die Dinge unter Amenemhet I. ebenso gehandhabt wurden. »Alle dem König geschuldeten Steuern gingen durch meine Hände (es ist ein Nomarch, der spricht). Die Oberaufseher der königlichen Landgüter für das Vieh vertrauten mir 3000 Zugstiere an . . . und ich zahlte regelmäßig die Bezüge der Gespanne, und es gab niemals einen Rückstand zu meinen Lasten in irgendeinem königlichen Amt.«
So erlangte Amenemhet I. durch den Fiskus wieder eine königliche Kontrolle über die Provinzen, wobei er deren Erb-Gouverneuren große Freiheit und Autorität beließ. Die Festlegung der Grenzen und die Wiedereinführung des Katasters, die nach dem

›Journal‹ auf Papyrus eines Angestellten des zentralen Grundbuchamtes schon im Jahre 2 der Regierung vollzogen wurde, stellten bereits eine Einmischung des Königs in die Zentralverwaltung dar. Diese Kontrolle wird von Jahr zu Jahr durch die Überwachung des Personals, der Ländereien und der Herden, die dem König in den verschiedenen Gauen gehören, weitergeführt.
Das königliche Schatzamt ist daher eins der wichtigsten Organe der XII. Dynastie. Es besitzt seine eigene Flotte und ist vollkommen in den Händen der hohen Beamten, die am Hof residieren und daher von den Nomarchen unabhängig sind.
Um neue Konföderationen zu verhüten, ähnlich jenen, die sich am Ende der Ersten Zwischenzeit gebildet hatten und bei einem Königswechsel wieder entstehen konnten, wie dies beim Tode Mentuhoteps III. der Fall gewesen zu sein scheint, sucht Amenemhet die Kontinuität der königlichen Gewalt zu sichern, indem er alle Vorwände zu einer Anfechtung beseitigt. Zu diesem Zweck bindet er im Jahre 20 seiner Regierung, wie uns eine Stele von Abydos verrät, seinen Sohn Sesostris I. an den Thron. So kann dieser, da er bereits Teil an der Macht hatte, eventuellen Prätendenten besser widerstehen. Diese Vorsicht war klug, denn die Nachfolge des Amenemhet war, wie wir sehen werden, schwierig.
Die Mitregentschaft Sesostris' I. fällt mit einer lebhaften Aktivität Ägyptens in der Außenpolitik zusammen, als ob der König, der zu alt war, um noch an militärischen Expeditionen teilzunehmen, das Heer jüngeren Händen anvertraut hätte.
Wenn man der ›Prophezeiung des Neferty‹ Glauben schenkt, dann hat sich Amenemhet während der ersten Hälfte seiner Regierung damit begnügt, die Ausländer zu vernichten, die gelegentlich der Unruhen am Ende der XI. Dynastie in das Delta eingesickert waren, und baute, um die Wiederholung solcher Einfälle zu verhindern, Forts, das eine, die ›Fürstenmauer‹, an der am stärksten bedrohten Ostgrenze gegen die Asiaten, das andere an der Westgrenze gegen die Libyer. Trotz der Bezeichnung ›Fürstenmauer‹ handelt es sich sicherlich nicht um durchgehende Mauern, sondern eher um Forts, die die obligaten Durchgänge beherrschten, wie der berühmte Text des Sinuhe (vgl. unten S. 325) zeigt: Der Flüchtling, der es vermeiden wollte, beim Grenzübertritt in der Nähe der ›Fürstenmauer‹ verhaftet zu werden, erklärt: »Ich kauerte mich in ein Gebüsch aus Angst, daß der Wachtposten, der an diesem Tag Dienst tat auf der Mauer, zu mir hinschauen werde.« Das Fort nimmt also eine Schlüsselstellung ein, durch die Sinuhe hindurch muß, aber es genügt, daß er die Nacht abwartet, um zu vermeiden, daß er gesehen wird. Man hat dieses Fort nicht wie-

dergefunden, das aller Wahrscheinlichkeit nach am Eingang des Wadi Tumilat gestanden haben muß.

Nichts zeigt jedoch an, daß Amenemhet I. Expeditionen außerhalb Ägyptens während der ersten Hälfte seiner Regierung geführt hat. Die Situation ändert sich, als Sesostris I. an den Thron gebunden wird. Im Jahre 24 Amenemhets I., dem vierten Jahr der Mitregentschaft, scheint das ägyptische Heer in Palästina eingedrungen zu sein (Stele des Nesumonthu). Im Süden beobachten wir die gleiche aggressive Tätigkeit: Sesostris I. gründet im Jahre 25 Amenemhets I. Buhen, und letzterer rühmt sich, »die Bewohner des Landes Uauat bezwungen ... und die Medjai (Beduinen des Südostens) gefangengenommen« zu haben (Unterweisungen Amenemhets I.). Im Jahre 29 wird eine neue Expedition in Nubien unternommen, und zur gleichen Zeit ist Ägypten sehr aktiv in den Wüsten des Ostens, des Südwestens und des Südostens.

Wie tief die Ägypter in den Süden vorgedrungen sind, ist noch eine Streitfrage. Man hat in Kerma südlich des 3. Kataraktes zwei große Rohziegelbauten gefunden und in der Nähe einen Friedhof mit Hügelgräbern, in denen die Statuen eines gewissen Hapidjefai und seiner Frau entdeckt wurden. Hapidjefai, Nomarch von Assiut, ist ein Zeitgenosse Sesostris' I. Man hatte diesem Fund geschlossen, daß Hapidjefai Gouverneur des Sudans gewesen und hier bestattet worden war (Reisner). Dieser Schluß ist lebhaft bekämpft worden (Junker, Säve-Söderbergh), denn einerseits betrachteten die Ägypter es als eine Schande, außerhalb Ägyptens bestattet zu werden, und es ist um so unwahrscheinlicher, daß eine so wichtige Persönlichkeit wie Hapidjefai sich damit beschieden hat, als er ein Grab in Assiut besaß. Andererseits hat die Nekropole von Kerma zahlreiche Gegenstände geliefert, die aus der Zeit nach der XII. Dynastie stammen, und man fragt sich heute, ob sie nicht eher mit der XIII. Dynastie zeitgleich ist (Säve-Söderbergh, Hintze); die älteren dort gefundenen Gegenstände, vor allem die vom Ende des Alten Reichs, stammten dann aus Plünderungen während der Kriege der Zweiten Zwischenzeit, in die die Sudanesen stark verwickelt waren.

Wenn dies wirklich der Fall ist, dann war zu Lebzeiten Amenemhets I. nur das Gebiet zwischen Assuan und dem Nordrand des 2. Kataraktes erobert worden. Sesostris I. wird, nachdem er Alleinherrscher geworden ist, die ägyptische Invasion im Sudan viel weiter vorantreiben.

Im Alten Reich war der Hauptfeind Ägyptens Libyen, wo die Tehenu wohnten. Von der VI. Dynastie an erscheinen in dem gleichen Gebiet die Temehu; die beiden Völker werden in der Folge oft in den ägyptischen Texten verwechselt. Im Mittleren

Reich stellen die Libyer immer noch eine Gefahr dar, und Amenemhet läßt, um Ägypten gegen ihre Einfälle zu schützen, ein Fort im Wadi Natrun bauen. Im Jahre 30 der Regierung, nachdem Nordnubien erobert war, führt Sesostris I. eine Expedition in das Gebiet der Temehu. Bei seiner Rückkehr von diesem Feldzug, der siegreich gewesen war, kam es in Itsch-taui zu einer Palastrevolution, in deren Verlauf Amenemhet I. ermordet wurde. Der Text des Sinuhe unterrichtet uns, daß dieses Ereignis »im Jahre 30, im 3. Monat der Überschwemmung, am 7. Tage« stattfand, also etwa am 15. Februar 1962 v. Chr. (W. C. Hayes). Sesostris I. war etwas länger als neun Jahre Mitregent.

Die tragischen Ereignisse, die der Regierung Amenemhets I. ein Ende machten, sind durch einen bemerkenswerten Text bekannt, ›Die Lehre des Amenemhet‹. In diesem Dokument wendet sich der tote König aus dem Jenseits an seinen Sohn Sesostris I. und berichtet ihm das Attentat, das seinem Leben ein Ende gesetzt hatte: »Es war nach dem Abendessen, die Nacht war gekommen, ich hatte mich zurückgezogen und lag ausgestreckt auf meinem Bett. Ich war müde und versank in Schlaf. (Plötzlich) entstand ein (fernes) Geräusch von Waffen, und es war, als ob man meinen Namen riefe. Ich erwachte vom Lärm des Kampfes. Ich war allein und sah, daß die Wachen sich schlugen. Wenn ich mich (sofort) beeilt hätte, die Waffe in der Hand, hätte ich die Feiglinge in die Flucht geschlagen, doch keiner ist mutig in der Nacht, keiner kann sich allein schlagen, keiner siegt ohne Verbündeten. Leider fand der Angriff statt, als ich ohne dich war ...«

In dem Augenblick, da Amenemhet I. in der Nähe von Memphis starb, befand sich Sesostris I., der aus Libyen zurückkehrte, tatsächlich noch an der Grenze im westlichen Delta. Die Geschichte des Sinuhe hat uns den Bericht über das, was dann geschah, erhalten: »Die Freunde des Palastes schickten Botschafter ... um dem Sohn des Königs die Ereignisse am Hof mitzuteilen. Die Botschafter fanden ihn auf dem Wege; sie erreichten ihn in der Nacht. Er zögerte keinen Augenblick. Der Falke (Symbol des neuen Königs) flog davon mit seinem Gefolge, ohne sein Heer zu unterrichten.«

Das Geheimnis und die Schnelligkeit der Abreise Sesostris' I. werden von Sinuhe selbst erklärt: »(aber) man hatte (auch) nach den königlichen Kindern geschickt, die sich im Gefolge dieses Heeres befanden, und an eines von ihnen einen Appell gerichtet ...« So war das Komplott, wie der Text der Unterweisungen übrigens zu verstehen gibt, in der Umgebung des alten Königs angezettelt worden, der seinem Sohn anvertraut: »Ich hatte nichts vorausgesehen, ich hatte kein Mißtrauen gehegt ... Aber haben Frauen je die Waffen ergriffen? Hatte man je gesehen, daß Verräter am Busen des Palastes erzogen wurden?«, und an einer andern Stelle: »Derjenige, der mein Brot gegessen hat, hat die Aufrührer angeworben, derjenige, dem ich die Arme entgegengestreckt hatte, hat die Revolte angestiftet.« So fehlt also trotz der von Amenemhet I. getroffenen Vorsichtsmaßnahme, Sesostris I. zum Mitregenten zu ernennen, nicht viel, daß Unruhen ausbrechen, und die Lage ist so unsicher, daß Sinuhe es vorzieht, nach Asien zu flüchten aus Furcht, in den Konflikt verwickelt zu werden, wie er unbefangen sagt: »Ich dachte nicht daran, mich an diesen Hof zu begeben, wo ich glaubte, daß es zu Kämpfen kommen würde.«

SESOSTRIS I. (1971–1928)

Man weiß nicht, wie Sesostris I. mit der Verschwörung fertig wurde, jedenfalls gelang es ihm, und nachdem er schnell wieder alleiniger Herr Ägyptens geworden war, regierte er noch 38 Jahre. Erst zwei Jahre vor seinem Tode machte er seinen Sohn Amenemhet II. zu seinem Mitregenten. Trotz der dynastischen Krise im Jahre 1962 scheint die innere Ordnung weder ernsthaft noch lange gestört gewesen zu sein, und die Regierung Sesostris' I. ist eine Regierung der Expansion im Innern wie nach außen. Die Durchdringung Nubiens war bereits am Ende der Regierung Amenemhets I. dank den von Sesostris I. selbst geleiteten Expeditionen begonnen worden. Während seiner eigenen Regierung begnügt sich letzterer damit, sein Werk durch Nomarchen fortsetzen zu lassen. Diese sind beauftragt, die ägyptische Anwesenheit in Nubien zu sichern und für ein weiteres Vorrücken zu sorgen. Im Jahre 18, gegen 1954 v. Chr., ist man über das Königreich Kusch hinausgelangt. Wenn dieses, wie alles vermuten läßt, wirklich etwas südlich von Semne liegt, hätten die ägyptischen Heere also die Hindernisse des 2. Kataraktes überwunden. Es ist möglich, daß Sesostris I., um seine Eroberung zu sichern, damals dem Nil entlang Forts errichten ließ, so wie sein Vater die Grenzen im Osten und Westen befestigt hatte. Die heutige Rettungsaktion in Nubien (1964) wird vielleicht die Feststellung ermöglichen, ob den großen von Sesostris III. errichteten Befestigungen keine Bauten Sesostris' I. vorausgegangen waren. Dies ist bereits sicher für Buhen, und es handelt sich hier zweifellos nicht um einen isolierten Fall.
Im Alten Reich war die ägyptische Politik in Nubien vor allem durch die Sorge um Schutz und zusätzlich durch den Wunsch, sich gewisse exotische Produkte zu verschaffen, bestimmt. Mit dem Mittleren Reich taucht ein neues Motiv auf: die Suche nach Gold. Seit Sesostris I. werden die Goldminen des Sudan für

Ägypten ausgebeutet, und allmählich wird der Abbau des Golderzes die Haupteinnahmequelle Nubiens.
Wenn die Beziehungen zwischen Ägypten und den Bewohnern des Südens manchmal stürmisch sind, so ist dies nicht der Fall bei Asien, wo Sesostris I. eine Politik betrieben zu haben scheint, die man fast mit dem Ausdruck ›*entente cordiale*‹ charakterisieren könnte. Diese Haltung wird sowohl durch die ›Inschriften des Sinai‹ als auch durch die ›Geschichte des Sinuhe‹ bezeugt.
Das ägyptische Vordringen in den Sinai zum Zwecke der Ausbeutung der Vorkommen von Türkisen und zweifellos auch von Kupfer geht auf die Anfänge des Alten Reichs zurück. Doch nach Pepi II. hören die Expeditionen auf und beginnen erst wieder mit dem Anfang der XII. Dynastie. Während im Alten Reich die Beziehungen zwischen den Ägyptern und den Asiaten des Sinai schlecht waren, wie die zahlreichen auf die Felsen der Halbinsel gravierten Kriegsszenen zeigen, ändert sich dieses Verhältnis mit der XII. Dynastie; man hat vermerken können, daß »die Inschriften keine einzige Anspielung auf die Feinde enthalten, die Asiaten des Sinai oder der angrenzenden Gebiete hingegen die ägyptischen Expeditionen oft, wenn nicht regelmäßig begleiteten« (J. Černý, 1955), und ziemlich zahlreich sind in der Tat die von den Asiaten neben denen der Ägypter eingravierten Inschriften.
Die berühmte Geschichte des Sinuhe bestätigt, daß die Beziehungen zwischen Asiaten und Ägyptern unter der Regierung Sesostris' I. friedlich waren. Sinuhe flieht, um nicht in die Verschwörung des Jahres 1962 verwickelt zu werden, nach Asien; er bleibt dort mehr als zwanzig Jahre. Doch in seinem ganzen Bericht über seinen Aufenthalt in Asien, der sich über den größten Teil der persönlichen Regierung Sesostris' I. hinzog, ist einerseits niemals die Rede von Krieg zwischen Ägypten und einem asiatischen Königreich, und andererseits sind die asiatischen Fürstentümer in dieser Zeit offenbar von Ägypten, mit dem sie jedoch ausgezeichnete Beziehungen unterhalten, unabhängig. Ägypter haben sich, wie Sinuhe, hier niedergelassen, und die Botschafter des Pharao durchreisen ständig die Länder, ohne belästigt zu werden. Nach dem Feldzug, der etwa sechs Jahre vor dem Tode Amenemhets I. stattfand, und während der ganzen Regierung Sesostris' I. kommt es zu keiner militärischen Expedition der Ägypter nach Asien. Außerdem muß betont werden, daß der Feldzug im Jahre 4 der Regentschaft Amenemhets I.–Sesostris' I. nicht über die ersten Städte des südlichen Palästina am Rand der Wüste von Suez hinausging.
Man hat bei Grabungen in Palästina und in Syrien zahlreiche ägyptische Gegenstände des Mittleren Reiches gefunden. Da die Texte die Möglichkeit siegreicher Kriege der Asiaten in Ägypten

ausschließen, können diese Gegenstände nur im Frieden hierher gelangt sein. Mit andern Worten, sie erbringen den Beweis entweder für einen Handelsverkehr zwischen Ägypten und Asien oder für eine systematische Politik des Pharao. Man weiß in der Tat durch die Briefe von Tell el-Amarna, daß der ägyptische Hof im Neuen Reich den Fürsten und Königen Asiens als Gegenleistung für ihre Allianz Geschenke zu machen pflegte, und alles läßt darauf schließen, daß dieser Brauch bereits von Sesostris I. geübt wurde. Man hat in Ugarit (Rās Šamra) ein Halsband von Amuletten und Perlen mit der Kartusche Sesostris' I. wiedergefunden, und zahlreiche Skarabäen mit dem gleichen Namen wurden in Palästina (Gaza, Lachisch, Gezer, Beisan, Megiddo) geborgen. Eine Stelle der Erzählung des Sinuhe erwähnt übrigens den Brauch unter Sesostris I., den ausländischen Fürsten Geschenke zu machen: Nachdem er um die Erlaubnis ersucht hatte, nach Ägypten zurückkehren zu dürfen, beschreibt Sinuhe die günstige Antwort des Pharao folgendermaßen: »Dann ließ Ihre Majestät mir königliche Geschenke schicken, sie erfreute das Herz dieses demütigen Dieners (als handelte es sich um) den Fürsten eines fremden Landes.«

Diese von Sesostris I. eingeleitete Politik, die man als eine ›Politik der Geschenke‹ bezeichnen könnte, wurde von seinen Nachfolgern weiterverfolgt, und ihr verdanken wir die nicht nur in Asien, sondern auch sogar auf Kreta und in Nubien wiedergefundenen Statuen des Mittleren Reiches. Die Anwesenheit ägyptischer Gegenstände auf Kreta und die minoischer in Ägypten hat Historiker veranlaßt, die Existenz von direkten Beziehungen zwischen der großen Insel des Minos und Ägypten seit der Regierung Mentuhoteps II. anzunehmen. Diese Anschauung beruht, unabhängig von ihrer archäologischen Basis, auf einer falschen Übersetzung des ägyptischen Wortes *Hau-nebut,* das, glaubte man, die vorhellenischen Ägäer bezeichnete. Ich habe gezeigt (1953), daß hier ein Irrtum vorlag, da der Name Kretas *Keftiu* lautete, und die direkten Beziehungen zwischen den beiden Zivilisationen in Wirklichkeit erst mit der XVIII. Dynastie begannen. Jedoch es ist unbestreitbar, daß die indirekten Beziehungen zwischen Kreta und Ägypten schon im Mittleren Reich hergestellt wurden. Sie waren lockerer, als man glaubte, und gingen über Syrien und Zypern. Rās Šamra, wohin Sesostris Geschenke schickte, war ein Handelszentrum, in das ägäische Gegenstände importiert wurden (vgl. F. A. Schaeffer); von hier aus konnten sie nach Ägypten exportiert werden. Auf dem gleichen Wege konnten ägyptische Gegenstände, die in Palästina und an der syrischen Küste zahlreich waren, nach Kreta gelangen.

Die Ausstrahlung Ägyptens nach außen beschränkt sich nicht auf Nubien und Asien. Den Feldzügen im Süden unter der Mitregentschaft war eine Wiederinbesitznahme der östlichen und westlichen Wüsten vorausgegangen. Der Druck läßt unter der persönlichen Regierung Sesostris' I. nicht nach, und die Dokumente informieren uns, daß die Ägypter nun bis zu den großen westlichen Oasen vordringen. Das thebanische Gebiet war der Ausgangspunkt dieser Expeditionen in die westliche Wüste. Der Führer einer dieser Expeditionen schreibt: »Ich habe die westlichen Oasen erreicht. Ich habe alle ihre Zugangsstraßen entdeckt und die Flüchtlinge mit zurückgebracht, die ich dort fand. Mein Heer blieb heil und ohne Verluste« (Stele des Kai in Kamula). Der Feldzug nach dem eigentlichen Libyen, nordwestlich von Ägypten, der kurz vor der Ermordung Amenemhets I. stattfand, scheint Ägypten Ruhe verschafft zu haben, denn in den Texten aus der Zeit der Regierung Sesostris' I. ist nicht mehr von den Temehu die Rede.

Als die Regierung Sesostris' I. endet, ist Nordnubien vom 1. bis zum 2. Katarakt unter ägyptischer Kontrolle, Asien ist für einen friedlichen Einfluß Ägyptens erschlossen, durch die Wüsten des Ostens und des Westens ziehen die ägyptischen Expeditionen zu den verschiedenen Erzvorkommen, die besiegten Libyer stellen keine Gefahr mehr für das Niltal dar. Diese Ausstrahlung und Expansion Ägyptens über seine Grenzen hinaus sind das unmittelbare Resultat der inneren Entwicklung des Landes.

Die Innenpolitik Sesostris' I. sicherte die materielle Prosperität des ganzen Landes, eine Prosperität, die sich in der Bautätigkeit in Oberägypten wie in Unterägypten manifestiert. Es gibt wenige ägyptische Siedlungen, die keine Denkmäler aus dieser Regierungszeit geliefert haben.

Sesostris I. scheint nichts an der Politik seines Vaters gegenüber den Nomarchen geändert zu haben. Diese sind zum größten Teil die Söhne derjenigen, die von Amenemhet I. ernannt worden waren. Sie sichern Ägypten eine gute Provinzialverwaltung, ohne, wie es scheint, die Unabhängigkeit, die ihnen die Erblichkeit ihres Amtes und ihr persönliches Vermögen verleihen, zu mißbrauchen. Sie waren Sesostris I. bei der Ermordung Amenemhets I. treu geblieben und stellen die für das königliche Heer erforderlichen Truppenkontingente.

Die Politik der, wenn man so sagen kann, ›Wiederaufwertung‹ des Königtums, die Amenemhet eingeleitet hatte, trägt ihre Früchte unter Sesostris I. Man braucht nur das Lob Sesostris' I. in der Erzählung des Sinuhe zu lesen, um sich davon zu überzeugen: »Er ist gewiß ein Gott, der nicht seinesgleichen hat, vor dem kein anderer (so wie er) existiert hat. Er ist ein Meister der Weisheit mit vollkommenen Plänen und hervorragenden Befehlen ...« Während der Text des Sinuhe ständig das Wort ›Gott‹ benutzt, um den König zu bezeichnen, sind die Eigenschaften, die er ihm zuschreibt, nämlich Treue, Weisheit, Mut und Liebenswürdigkeit, menschliche Eigenschaften; man erkennt hier die Entwicklung, die sich in der Auffassung vom Königtum zwischen der IV. und der VI. Dynastie vollzogen hat. Wenn der König auch noch das Epitheton *neter nefer*, ›der gute Gott‹, trägt, so ist er eher ein Übermensch als ein Gott, und der menschliche Charakter seiner Autorität kontrastiert, vielleicht unter dem Einfluß der Osiris-Religion, stark mit der unmenschlichen Autorität der Monarchie des Alten Reiches.

Um die Kontinuität der legitimen Macht zu sichern, bindet Sesostris I. seinen Sohn Amenemhet an den Thron, doch weil er sich vielleicht der Gefahren einer zu langen Mitregentschaft bewußt war, macht er seinen Sohn erst am Ende seines Lebens zum Mitregenten, so daß sie nur zwei Jahre gemeinsam regierten, vom Jahre 42 bis zum Jahre 44 seiner Regierung. Um sich in der Zentralverwaltung unterstützen zu lassen, verfügt Sesostris I. über Wesire. Sei es, daß Amenemhet I. der dem Wesir zufallenden großen Autorität mißtraute, sei es, daß durch Zufall kein Text über die Tätigkeit des Wesirs unter seiner Regierung auf uns gelangt ist, ganz zu Beginn der XII. Dynastie scheinen die Wesire nur eine zweitrangige Rolle gespielt zu haben. Unter Sesostris I. folgten zumindest fünf Wesire aufeinander. Man hat sich gefragt, ob der König nicht in Verfolgung der Politik seines Vaters die Gefahr der Usurpation dadurch einzudämmen suchte, daß er die Funktion des Wesirs zweiteilte: Demnach hätte es zwei Wesire gegeben, einen für den Norden und einen für den Süden.

Wie weit auch seine Jurisdiktion reichte, unter Sesostris I. bleibt der Wesir der Leiter des Gerichtswesens und der Verwaltung insgesamt. Er ist es, der die Gesetze verkündet und die Archive verwahrt. Seine Titel ›Leiter der königlichen Arbeiten‹ und ›Oberschatzkämmerer‹ kennzeichnen ihn als Leiter der Wirtschaft des Königreichs. Er besitzt alle Gewalten, außer der über das Heer und die Polizei.

Mit Hilfe der Erbnomarchen und der Wesire hat Sesostris I. die von seinem Vater begonnene Reorganisation der Verwaltung fortgesetzt. Diese trägt sehr bald ihre Früchte, und die Regierung Sesostris' I. ist für Ägypten eine Periode starker wirtschaftlicher Entwicklung. Die Provinznekropolen im ganzen Land zeigen deutlich den Reichtum der Gaue jener Zeit. Doch das Werk der Pharaonen der XII. Dynastie beschränkt sich nicht auf die Wiederherstellung des allgemeinen Wohlstands, wie er in den schönen Tagen des memphitischen Königtums geherrscht haben mußte, es sucht auch neue Hilfsquellen zu erschließen, vor allem durch die Urbarmachung des Fayum. Wenn auch vornehmlich der Name Amenemhets II. mit der landwirtschaftlichen

Entwicklung dieser Provinz verbunden ist, so war es doch Sesostris I., der diese politische Expansion begonnen hat.
Wenn man das Delta verläßt, ist das Niltal nur noch eine Folge von kleinen, zwischen den libyschen und den arabischen Felswänden eingeklemmten Landwirtschaftsgebieten. Diese Gebiete sind niemals von großer Bedeutung, ausgenommen im Fayum, wo seit dem Neolithikum ein See existiert. Eine der Sorgen der XII. Dynastie wird es sein, diese Bodensenkung, die die Anschwemmungen des prähistorischen Sees sehr fruchtbar machen, wieder mit Wasser zu versorgen. Die Nähe von Memphis erhöht noch die Bedeutung dieses Landwirtschaftszentrums, das dank Amenemhet und Sesostris eine der reichsten ägyptischen Provinzen wird.
Der beste Beweis, den wir für die wirtschaftliche Entwicklung Ägyptens unter Sesostris I. besitzen, ist die Zahl der Bauwerke, die unter seiner Regierung errichtet oder restauriert wurden. Mindestens fünfunddreißig Fundstellen haben auf Sesostris I. zurückgehende bauliche Reste geliefert, und von Alexandria bis Assuan gibt es keine größere Siedlung, die nicht Spuren seiner Tätigkeit aufweist. Dies setzt eine blühende Wirtschaft voraus, in der die für die Sicherung des täglichen Bedarfs des Landes bestimmten Dienste genügend Hände für die königlichen Bauten frei lassen. Die zweifellos bedeutendste der Unternehmungen Sesostris' I. war die Restauration des Tempels in Heliopolis. Sicher war diese gleichzeitig durch religiöse und durch politische Gründe bestimmt. Religiöse Gründe: Heliopolis, ägyptisch *Iunu*, Hauptstadt des XIII. Gaues Unterägyptens, ist die Residenz des Sonnengottes Re, eines der ältesten Götter Ägyptens; also hat die Dynastie ein Interesse daran, zu ihrem Nutzen den Einfluß eines Kults und einer Priesterschaft wiederzubeleben, die vom ganzen Land akzeptiert werden können. Politische Gründe: Der Gott von Heliopolis war der Beschützer *par excellence* der Pharaonen des Alten Reiches, die den Titel ›Sohn des Re‹ annahmen; indem er den Tempel dieses Gottes restaurierte, wollte Sesostris wieder an die Tradition des Alten Reiches anknüpfen und sich als legitimer Nachkomme dieser Pharaonen bestätigen. Schließlich liegt der Tempel am Eingang des Deltas, und dies ist eins der großen Wallfahrtszentren der Bewohner Unterägyptens; indem Sesostris ihn verschönert, erwirbt er die Wertschätzung dieser Pilger, was für ihn, der aus dem Süden stammt, von großer Bedeutung ist. Die Restauration von Heliopolis kann also in gewissem Sinne als ein Unterpfand der Versöhnung zwischen dem Norden und dem Süden, die dem brudermörderischen Kampf zwischen den beiden Teilen Ägyptens ein Ende macht, angesehen werden.
So wird trotz der anfänglichen, aus dem Attentat auf Amenemhet I. resultierenden Schwierigkeiten die Regierung Seso-

stris' I. eine der großartigsten Ägyptens. Dank ihm hat das Königtum sein ganzes Ansehen und seine ganze Macht wiedergewonnen; und so ist es auch nicht erstaunlich, daß er nach seinem Tode als Gott verehrt wurde, und daß die ›Geschichte des Sesostris‹, die uns das klassische Altertum, vor allem Diodor, überliefert hat, das Echo seiner Leistungen bewahrte.

DIE NACHFOLGER SESOSTRIS' I.: AMENEMHET II. UND SESOSTRIS II. (1929–1878)

Das von Sesostris I. vollbrachte Werk erklärt zum großen Teil die Regierung seiner unmittelbaren Nachfolger; sie brauchten nur zu erhalten, was von ihrem Vater und von ihrem Großvater geschaffen worden war.

a) *Amenemhet II. (1929–1895)*

Amenemhet II. war, wie wir gesehen haben, Mitregent seines Vaters während etwas mehr als zwei Jahren. Er setzte dessen Politik gegenüber den Nomarchen, die er in der Erblichkeit ihres Amtes bestätigt, fort (Text des Chnumhotep II. in Beni-Hasan). Nach außen war die Position Ägyptens dank der Politik Amenemhets I. und Sesostris' I. stark genug, um eine Bekräftigung seiner Macht durch Waffen überflüssig zu machen; denn kein Text ist uns überliefert, der ein militärisches Unternehmen unter Amenemhet II. erwähnt. Nubien wird regelmäßig von den königlichen Schatzmeistern durchreist; Asien bleibt weiterhin für ägyptische Einflüsse offen, wie die Zahl der Gegenstände mit dem Namen des Königs und der Mitglieder seiner Familie beweist (Sphinx von Qatne, Statue von Rās Šamra). Die Minen des Sinai werden erforscht und neue Vorkommen erschlossen. Ein in den Fundamenten des Tempels in Tod in Oberägypten gefundener Schatz zeigt, daß Amenemhet II. es verstand, sich *ad maiorem dei gloriam* die asiatischen Erzeugnisse zu verschaffen. Man hat, eingeschlossen in vier mit seiner Kartusche gekennzeichneten Bronzetruhen, Goldschmiedearbeiten, Gold- und Silberbarren, babylonische ›Rollsiegel‹, Becher und Lapislazuli wiedergefunden. Nichts berechtigt zu der Annahme, daß dieser Schatz aus Kriegsbeutestücken besteht, er kann durch Tauschgeschäfte mit den asiatischen Herrschern zusammengetragen worden sein.

Die Handelsbeziehungen dehnen sich auch nach Südosten aus. In Sau am Roten Meer wurde an der Mündung des Wadi Gasus (s. Karte S. 246) ein Hafen angelegt, und zumindest im Jahre 28 der Regierung Amenemhets II. ist hier eine Flotte auf dem Rückweg von einer Expedition in das Land Punt eingelaufen. Diese Expeditionen nach Punt sind immer Anzeichen für den Wohlstand in Ägypten, und dies trifft, nach dem Reichtum der Provinzgräber wie nach der Größe der in Dahschur aus Stein errichteten Königspyramide und dem Reichtum des in den benachbarten Gräbern der Königsfamilie gefundenen Mobiliars zu urteilen, besonders unter der Regierung Amenemhets II. zu. Die Schmuckgegenstände, die man dort geborgen hat, gehören zu den schönsten Erzeugnissen der ägyptischen Kunst.

b) *Sesostris II. (1897–1878)*
Sesostris II., Sohn Amenemhets II., wurde um 1897 zum Mitregenten ernannt; während drei Jahren teilte er also die königliche Macht mit seinem im Jahre 1895 verstorbenen Vater, bevor er allein regierte. Er hält sich strikt an die Politik seiner Vorgänger und respektiert die Erblichkeit des Nomarchenamtes. Den von den beiden ersten Pharaonen der Dynastie begründeten ›ägyptischen Frieden‹ nutzend, scheint er weder in Asien noch in Afrika Krieg geführt zu haben. Er begnügt sich damit, die nubischen Befestigungen zu inspizieren, die die Südgrenze schützen. Die Ausbeutung der Minen und der Steinbrüche sowohl im Sinai wie im Wadi Hammamat bleibt sehr intensiv und zeugt so für die wirtschaftliche Blüte Ägyptens, die im übrigen durch die Zahl der von Sesostris II. errichteten Bauwerke bestätigt wird. Dieser interessiert sich wie sein Großvater besonders für die Entwicklung des Fayum.
Mit dem Tod Sesostris' II. gegen 1878 endet eine bemerkenswerte Periode der Geschichte Ägyptens. Den vier ersten Pharaonen der XII. Dynastie ist es, nachdem sie Ägypten wiedervereinigt und befriedet und die königliche Autorität wiederhergestellt haben, gelungen, dem Land den wirtschaftlichen Wohlstand wiederzugeben. Indem sie nach Möglichkeit Kriege mit dem Ausland vermieden, ließen sie den Einfluß Ägyptens über die Grenzen ausstrahlen; im Innern verstanden sie es, die Achtung vor der Autorität der Krone zu sichern, ohne jedoch die Rechte des Provinzadels anzutasten.
Mit der Regierung Sesostris' III. ändert sich die ägyptische Politik sowohl im Innern als auch nach außen.

SESOSTRIS III. (1878–1843)

Die Regierung Sesostris' III. ist zweifellos die ruhmreichste der XII. Dynastie. Es scheint, daß die starke Persönlichkeit des Königs, die man in dem energischen Gesicht seiner Statuen zu erraten glaubt, in der Erinnerung der Menschen die der andern Pharaonen der Dynastie verdunkelt hat; gewiß zu Unrecht, denn in Wirklichkeit zeigt nichts an, daß ein Amenemhet I. oder ein

Sesostris I. ihm nicht ebenbürtig waren. Im übrigen sind viele der in der ›Geschichte des Sesostris‹ dem legendären Pharao von den hellenistischen Schriftstellern verliehenen Züge nicht nur dem Bild Ramses' III., sondern auch dem Sesostris' I., ja sogar dem Amenemhets I., ebensosehr entnommen wie dem Sesostris' III. Wie dem auch sei, unter seiner Regierung erreicht das Ägypten des Mittleren Reiches seinen Höhepunkt (seine *akme*).

Während die ersten Pharaonen der Dynastie, die mit der Hilfe der Lehnsherren an die Macht gekommen war, sich hüteten, die Vorrechte der Provinzoberhäupter anzutasten, ist es eine der ersten Handlungen des Chakaure-Sesostris III., das Amt der Nomarchen abzuschaffen. Man weiß nicht, warum diese Reform durchgeführt wurde: War sie durch Auflehnungsversuche der Gaufürsten notwendig geworden, oder hatte der autoritäre Charakter des neuen Herrschers nicht länger die Unabhängigkeit der großen Lehnsherren ertragen können? Die Quellen geben keine Möglichkeit, die Frage zu beantworten; man stellt nur fest, daß seit etwa 1860, gegen Mitte der Regierungszeit, die Texte keine Nomarchen mehr erwähnen. Die Dynastien der großen Feudalbarone, die die Gewohnheit angenommen hatten, nach den Ereignissen ihrer eigenen Regierung zu datieren und nicht nach denen der Regierung des Königs, und so weit gegangen waren, in den Tempeln Kolossalstatuen nach ihrem Ebenbild aufzustellen, die ebenso groß waren wie die königlichen Denkmäler, diese Dynastien verschwinden plötzlich von der politischen Bühne Ägyptens. Nunmehr werden die Provinzen direkt von der königlichen Residenz aus verwaltet, und zwar durch drei Spezialbüros (äg. *uaret*), eins für den Norden (*uaret des Nordens*), das zweite für Mittelägypten (*uaret des Südens*), das dritte für Oberägypten (*uaret der Südspitze*). Jedes dieser Büros wird von einem hohen Beamten geleitet, der von einem Subdirektor, einem Rat *(djadjat)* und subalternen Beamten unterstützt wird. Der Gesamtapparat dieser Provinzialverwaltung untersteht dem Befehl des Wesirs.

Es ist möglich, daß die Ausschaltung der Nomarchen schrittweise vor sich ging; vielleicht war sie sogar nicht total und erfaßte vor allem die allmächtigen Fürsten Mittelägyptens, diejenigen der Gaue der Oryx und des Hasen zum Beispiel, denn man bemerkt, daß der Gau Anteopolis (Qaw-el-Kebir, 10. Gau Oberägyptens) seinen Nomarchen bis zur Regierung Amenemhets III. behält. Nichtsdestoweniger ist Sesostris III. mit dieser Maßnahme zu einem Typus stark zentralisierter Verwaltung zurückgekehrt, ähnlich jener des Alten Reiches. Auch ist es nicht erstaunlich, unter seiner Regierung eine neue Klasse entstehen zu sehen, die man ›Mittelstand‹ nennen könnte (W. C. Hayes), mittlere Beamte, Handwerker, kleine Grundbesitzer, die ihre

neuerworbene Wohlhabenheit dazu verwenden, in den Heiligtümern des Osiris in Abydos Stelen mit ihrem Namen oder Statuetten nach ihrem Ebenbild zu weihen.
Die zweite Tat Sesostris' III. ist die gewaltsame Wiederbesetzung Nubiens. Ursprung und Gründe dieser Maßnahme sind, ehrlich gesagt, ebenso dunkel wie diejenigen, die ihn zur Abschaffung des Nomarchenamtes veranlaßten. Nubien scheint unter der Regierung Sesostris' III. nicht besonders unruhig gewesen noch plötzlich zur Bedrohung geworden zu sein, doch wir müssen zugeben, daß wir schlecht über das informiert sind, was zwischen 1930 und 1880 v. Chr. hier vor sich ging. Wenn man das Netz von während des Mittleren Reiches gebauten Befestigungen am 2. Katarakt, von Semne im Süden bis Buhen im Norden, betrachtet, kann man nicht umhin, sich von ihrer Zahl, ihrer Komplexität und ihrer Stärke beeindrucken zu lassen. Sie lassen sich nur dadurch erklären, daß die Ägypter in diesem Gebiet einen aggressiven, mächtigen und gut organisierten Feind vor sich hatten; sie wären nicht gerechtfertigt, wenn die Ägypter sich in Nubien nur der Überfälle der wenigen, in der östlichen Wüste verstreuten Nomaden zu erwehren gehabt hätten. Der Bau dieses gewaltigen Verteidigungssystems ist vielmehr mit dem Problem von Kerma (vgl. oben S. 324) verknüpft. Alles deutet darauf hin, daß Südnubien zu Beginn des 2. Jahrtausends in eine Periode beschleunigter Entwicklung eintritt, sei es, daß es von aus dem Süden oder aus dem Südwesten gekommenen Hirten überflutet wurde, sei es, daß die Nachkommen der Stämme der Gruppen A und B vielleicht unter dem Einfluß Ägyptens im Verlauf der Ersten Zwischenzeit gleichzeitig eine kulturelle Entfaltung und einen starken Bevölkerungszuwachs erlebten. Das Zentrum dieser ›Gärung‹ scheint das Gebiet zwischen dem 2. und dem 4. Katarakt gewesen zu sein, doch Nordnubien wurde von ihr nicht verschont, wie die Feldzüge Mentuhoteps I. und Amenemhets I. nach Uauat beweisen. Das wahrscheinlichste Zentrum dieser neuen nubischen Macht ist Kerma. Es scheint, daß man die Möglichkeit einer ägyptischen Inbesitznahme dieses Zentrums zu Anfang der XII. Dynastie ausschließen muß, und man kann annehmen, daß die Beziehungen zwischen den beiden Mächten, den Ägyptern einerseits und den Nubiern von Kerma andererseits zu dieser Zeit nicht von Grund aus feindselig waren. Ägypten begnügt sich damit, in das Grenzgebiet des neuen Staates einzudringen, der sehr wahrscheinlich nicht geeinigt war. Daß jedoch bereits Sesostris I. das Bedürfnis empfindet, den 2. Katarakt zu befestigen, deutet unserer Ansicht nach darauf hin, daß Ägypten sich der Gefahr, die diese neue nubische Macht an seiner Südgrenze darstellt, sehr bewußt ist. Was geschah dann? Haben sich die Beziehungen guter Nachbarschaft zwischen Kerma und Ägyp-

tern durch Verschulden des ersteren oder der letzteren verschlechtert? Wir wissen es nicht. Soviel steht fest, daß Sesostris III. energisch eingriff. Er führte mindestens vier Feldzüge im Süden.

Sesostris III. beginnt damit, daß er die Ausgangsbasen der Expeditionen sichert, indem er die Fahrrinnen anlegen oder säubern läßt, die den ägyptischen Schiffen erlauben, die Stromschnellen des 1. Kataraktes zu überwinden. Eine dieser Fahrrinnen war nicht weniger als 80 Meter lang, 10 Meter breit und 8 Meter tief. Als im Jahre 8 diese Arbeiten beendet sind, rückt der König zu dem ersten Feldzug aus, »um das niederträchtige Kusch zu stürzen«. Diese Expedition genügte nicht, denn sie wurde von drei andern in den Jahren 10, 16 und 19 gefolgt. Im Verlauf des Feldzuges des Jahres 16 scheint Sesostris tief in das feindliche Gebiet einzudringen, wo er die Dörfer plündert, die Brunnen zerstört, die Frauen entführt und die Felder in Brand setzt. Die Expedition des Jahres 19, die im Augenblick des höchsten Wasserstandes ausrückt, da die Stromschnellen leichter überwunden werden können, spätestens im September, Anfang Oktober, kehrt erst beim niedrigsten Wasserstand im April-Mai, d. h. nach mindestens sieben bis acht Monaten, nach Ägypten zurück.

Trotz dieser Kriege im Innern ihres Gebietes wird Sesostris III. nicht mit der latenten Gefahr, die die Nubier darstellten, fertig. Er ließ auch die Grenze da befestigen, wo die Verteidigung am leichtesten war, d. h. zwischen Semne und Buhen, und außerdem erließ er strenge Vorschriften, um jede Infiltration von Nubiern nach Ägypten zu verhindern. Die Stele des Jahres 8 seiner Regierung, die in Semne wiedergefunden wurde, ist in dieser Hinsicht höchst charakteristisch: »Südgrenze befestigt im Jahre 8 unter der Majestät des Königs von Ober- und Unterägypten Chakaure (Sesostris III.) . . . um zu verhindern, daß ein Nehesy (Nubier) sie überschreitet, indem er den Strom herunter kommt auf dem Landweg oder zu Schiff, noch eine Herde der Nehesiu, ausgenommen ein Nehesy, der, um in Iken Handel zu treiben, oder in offizieller Mission kommt . . .« (Stele in Berlin, 14935, nach einer Übersetzung aus dem Ägyptischen ins Französische von G. Posener.)

Einige der von den Fortkommandanten abgesandten Depeschen, die uns überliefert sind, zeigen, daß diese Instruktionen noch unter den Nachfolgern Sesostris' III. wörtlich befolgt wurden. Die Befestigungen verhinderten also, daß nubische Truppen das Gebiet der Katarakte passierten. So hat Sesostris III., wenn es ihm auch nicht gelang, die nubische Macht vollkommen zu vernichten, zumindest Ägypten vor der Gefahr geschützt, die sie darstellte, und dies erklärt, warum er in der Zone der Katarakte als Gott verehrt wurde. Noch im Neuen Reich wird sein Kult in den Forts von Semne gefeiert werden.

Auf asiatischer Seite bricht Sesostris III. mit der Politik seiner Vorgänger. Die friedliche Koexistenz der Ägypter und der Asiaten im Sinai hört auf, und die Erzexpeditionen müssen militärisch gedeckt werden. Zu Beginn der Regierung betritt ein vom König persönlich befehligtes Heer asiatisches Gebiet und dringt bis nach Sekmem in Palästina (wahrscheinlich Sichem, 50 km nördlich von Jerusalem) vor. Wir besitzen keine anderen Hinweise auf die asiatischen Feldzüge Sesostris' III., doch die ›Ächtungstexte‹ auf Tonscherben *(Textes d'envoutement, Execration Texts)*, die in Oberägypten und in Mirgissa wiedergefunden wurden, geben eine Liste der asiatischen Fürsten und Völker wieder, die einerseits eine richtige Kenntnis der politischen Situation im syrisch-palästinensischen Korridor bezeugen, und andererseits zeigen, daß diese Völker als mächtige Feinde Ägyptens betrachtet werden mußten, da die Ägypter es für notwendig erachteten, sie unschädlich zu machen.

Als Sesostris III. stirbt, ist die königliche Macht auf ihrem Höhepunkt. Ägypten ist sicher vor feindlichen Einfällen geschützt, sowohl im Süden wie im Osten, die Abschaffung des Nomarchenamtes hat alle Macht wieder in die Hände des Herrschers zurückgelegt, wirtschaftlich blüht Ägypten, wie die Zahl der Statuen des ›Mittelstandes‹ sowie die der königlichen Denkmäler bezeugt.

AMENEMHET III. (1842–1797)

Dank dem tatkräftigen Handeln seines Vaters sowohl im Innern wie im Ausland scheint Amenemhet III. eine friedliche Regierung gehabt zu haben. Er blieb 45 Jahre an der Macht; da sein Vater selbst 35 Jahre regiert hatte, muß er bei dessen Tod bereits betagt gewesen sein. Diese lange Regierung war der wirtschaftlichen Entwicklung des Landes gewidmet.

Diese Entwicklung wird in der intensiven Ausbeutung der Erzvorkommen des Sinai deutlich, wo man mindestens 59 aus der Regierungszeit Amenemhets III. stammende Inschriften gezählt hat. Hier wurden die Einrichtungen verbessert und der Hathortempel beträchtlich vergrößert. Die andern Bergbaugebiete im Hammamat und im Süden scheinen die gleiche Aktivität gekannt zu haben wie der Sinai, doch es ist vor allem die Durchführung der Urbarmachung des Fayum, die den Ruhm Amenemhets III. begründete. In der griechischen Epoche schreibt man ihm allein die Vaterschaft an einem Werk zu, das in Wirklichkeit schon unter der Regierung Sesostris' II., wenn nicht gar schon

Abb. 33: Amenemhet III.

Abb. 34: Hieroglyphen-Inschrift des Königs Amenemhet III. aus einem Tempel des Gottes Sobek in Krokodilopolis

vorher, begonnen worden war. Doch es war zweifellos Amenemhet III., der den Bau des Systems von Dämmen und Kanälen vollendete, das durch Regulierung und Kontrolle des Zuflusses des Nilwassers durch den Bahr Youssef ermöglichte, eine große Fläche Boden in der Senke des Fayum, die bei den Griechen unter dem Namen Moeris-See bekannt war, urbar zu machen. Man hat das so kultivierte Land auf fast 7000 Hektar geschätzt.

Der Reichtum Ägyptens erlaubte es Amenemhet III., die Bauunternehmen zu vervielfachen. Die Griechen betrachteten das ›Labyrinth‹ nach dem Ausdruck Herodots als »oberhalb dessen, was man sagen kann«. Doch dieses Bauwerk ist nichts anderes als der Totentempel Amenemhets III. in Hawara und vielleicht gleichzeitig sein Palast und Verwaltungszentrum; leider ist es vollkommen zerstört, und es ist unmöglich, sich eine Vorstellung von diesem Monument zu machen, das nach Herodot die großen Pyramiden an Schönheit übertraf.

DER KÖNIG HOR UND AMENEMHET IV. (1798–1790)

Beim Tode Amenemhets III. war Ägypten während eines Jahrhunderts von nur zwei Herrschern, Sesostris III. und Amenemhet III., regiert worden, und es war daher unvermeidlich, daß ihr Nachfolger selbst sehr betagt war. Es ist möglich, daß einer der Söhne Amenemhets III., nachdem er einige Jahre mit seinem Vater zusammen regiert hatte, vor diesem starb. So erklärt man in der Tat die Denkmäler eines gewissen Königs Hor, die man in der Pyramide Amenemhets III. gefunden hat. Doch ein kürzlich in Tanis gemachter Fund spricht dafür, die Regierung dieses Königs der XIII. Dynastie zuzuschreiben (P. Montet und H. Kees).

Wie dem auch sei, Amenemhet IV., der nach den Denkmälern und den Königslisten unmittelbar auf seinen Vater Amenemhet III. folgt, regiert nur 9 Jahre, 3 Monate und 27 Tage (Turiner Papyrus), wobei man in diese Zeitspanne noch die Dauer seiner Mitregentschaft neben seinem Vorgänger einbeziehen muß. Obwohl nur kurz, scheint die Regierung Amenemhets IV. gesegnet gewesen zu sein, wenn man sie nach der Zahl und Qualität ihrer Denkmäler beurteilt. Unter seiner Regierung dehnte sich der Einfluß Ägyptens in Asien noch weiter aus, denn man hat Gegenstände mit seinem Namen in einem Fürstengrab in Byblos wiedergefunden.

SEBEKNEFERU (1789—1786)

Der letzte Herrscher der XII. Dynastie war eine Frau: Sebekneferu. Sie war zweifellos eine Tochter Amenemhets III. und eine Schwester oder Halbschwester Amenemhets IV. Sie regierte nur etwas länger als 3 Jahre (3 Jahre, 10 Monate und 24 Tage nach dem Turiner Papyrus). Man hat jedoch eine ziemlich große Anzahl von Denkmälern mit ihrem Namen wiedergefunden. Die Tatsache, daß es eine Frau war, die die Macht übernahm, scheint anzuzeigen, daß die lange Linie der Sesostris und der Amenemhet an ihrem Ende angelangt war und keinen männlichen Erben mehr hatte. Dies erklärt, daß die Dynastie mit dieser Herrscherin erlischt.

DIE ÄGYPTISCHE ZIVILISATION IM MITTLEREN REICH

Wenn das Mittlere Reich Ägyptens keine den großen Pyramiden des memphitischen Reiches vergleichbaren Bauwerke hinterlassen hat, so ist dies zum großen Teil auf die Tatsache zurückzuführen, daß es für seine Bauten Materialien verwendet hat, die weniger widerstandsfähig waren als die riesigen Kalksteinblöcke der Steinbrüche von Tura. Doch wir haben das Zeugnis der griechischen Reisenden des 5. Jahrhunderts v. Chr., daß seine Bauten denen des Alten Reiches gleichkamen, wenn sie sie nicht sogar übertrafen.
Die ägyptische Zivilisation hat in der Tat im Mittleren Reich eine ihrer glänzendsten Epochen erlebt. Die unter Sesostris III. vollkommen restaurierte königliche Macht hat die ägyptische Kultur nicht nur innerhalb der Grenzen zur Entfaltung gebracht, sondern ihren Einfluß auch über die Grenzen hinaus ausgedehnt. Nunmehr werden der syrisch-palästinensische Korridor wie Südnubien, ohne der direkten Autorität des Pharao zu unterstehen, immer mehr von der ägyptischen Kunst und zweifellos auch von der ägyptischen Literatur befruchtet. Diese Ausstrahlung geht sogar über die angrenzenden Länder hinaus, und das vorhellenische Europa beginnt, zweifellos durch die Vermittlung Syriens, ägyptische Gegenstände aufzunehmen. Man hat die Enge der Beziehungen, die so die ägäische Welt mit Ägypten verbanden, vielleicht übertrieben, doch die Realität dieser Beziehungen wird durch ägyptische Gegenstände auf Kreta und minoische Gefäße in Ägypten einwandfrei bezeugt. Am ägyptischen Horizont zeichnet sich nun der Schatten Europas ab. Wenn es auch falsch ist, von einem ägyptischen Imperium unter der XII. Dynastie zu sprechen — dieses hätte im Nordosten nicht über die Südgrenze Palästinas, im Süden nicht über die Strom-

schnellen des 2. Kataraktes hinausgereicht –, so ist es doch nicht weniger wahr, daß das Ägypten des Sesostris alle es umgebenden Länder kulturell beeinflußt hat. Diese Ausstrahlung verdankt es in der Hauptsache der Vollkommenheit seiner Kunst.

Die Tempel des Mittleren Reiches, in der Mehrzahl aus kleinen Kalksteinblöcken gebaut, sind seit langem in den Kalköfen des modernen und selbst des zeitgenössischen Ägypten verschwunden. Wenn sie wie durch ein Wunder erhalten geblieben sind, wie in Medinet el-Maadi und in Karnak in den Fundamenten des Tempels des Neuen Reiches, so ermißt man um so besser den unersetzlichen Verlust, den die universale Kunst durch ihr Verschwinden erlitten hat. Die Reliefs ihrer Wände, die auf uns gelangt sind, kommen denen des Alten Reiches an Perfektion gleich. Die Juwelierkunst und Goldschmiedekunst, wie sie die Funde in Lahun und in Dahschur uns offenbart haben, zeigen, daß die Kunsthandwerker des Mittleren Reiches ebenso geschickt waren wie die des Neuen Reiches und oft mehr Geschmack besaßen als die des Tutanchamum. Doch vor allem in der Bildhauerei hat die XII. Dynastie ihre höchste Vollkommenheit erreicht. Das heitere und leidenschaftslose Bild des Pharao, das uns das Alte Reich hinterlassen hat, ersetzen die Künstler des Mittleren Reichs durch das eines Menschen, doch eines Menschen, dessen Gesicht die Wechselfälle des Lebens und der Macht geformt und ihm oft tragische und gequälte Züge verliehen haben. Die realistische Kraft der Bildnisse Sesostris' III. und Amenemhets III., die sie uns hinterlassen haben, ist das beste Zeugnis für die Vollkommenheit und den Universalismus der ägyptischen Kunst.

Die ägyptische Literatur erlebt ihr goldenes Zeitalter. Den Texten des Mittleren Reiches werden die Ägypter der nachfolgenden Epochen ihre Vorbilder entnehmen. Die Literatur des Mittleren Reiches ist das klassische Literaturzeitalter des Alten Ägypten *par excellence*. Man hat kürzlich gezeigt (G. Posener), daß sie weitgehend von den Herrschern selbst um politischer Wirkungen willen inspiriert wurde, doch sie verliert hierdurch nichts, weder an ihrer Kraft noch an ihrem Zauber. Die ›Abenteuer des Sinuhe‹ zum Beispiel sind noch nach vier Jahrtausenden »eins der Meisterwerke der Weltliteratur«; man hat nachgewiesen, daß die ›Geschichte des Schiffbrüchigen‹ und die wunderbare Geschichte des ›Papyrus Westcar‹ einigen Erzählungen von ›Tausend und eine Nacht‹ zugrunde liegen, was zur Genüge beweist, daß sie Generation auf Generation zu bezaubern wußten.

Doch das Schrifttum des Mittleren Reiches beschränkt sich nicht auf die eigentliche Literatur, in dieser Epoche wurden auch wissenschaftliche Werke verfaßt, wie die zahlreichen ›Medizinischen Papyri‹ (Papyrus Hearst, Papyrus Ebers und Papyrus in Berlin). Sie sind zwar in den Papyri des Neuen Reiches erhalten, doch geschrieben wurden sie im Mittleren Reich, wie die Textkritik beweisen konnte. Das gleiche gilt für die ›Mathematischen Papyri‹ (Papyrus Rhind und Papyrus in Moskau). Schließlich hat ein in Ramesseum gefundener Papyrus, der Listen von geographischen, technischen, anatomischen, zoologischen, botanischen und Berufsbezeichnungen wiedergibt, bewiesen, daß die Ägypter des Mittleren Reiches bereits ein genügend hohes Kulturniveau erreicht hatten, um das Bedürfnis nach einer Enzyklopädie zu empfinden.

So haben es die Pharaonen der ausgehenden XI. und der XII. Dynastie verstanden, Ägypten nach der Finsternis der Ersten Zwischenzeit wieder einer unvergleichlichen Blüte zuzuführen, die sich in einer Entfaltung der Zivilisation auf allen Gebieten auswirkte.

11. Die Zweite Zwischenzeit und die Invasion der Hyksos in Ägypten

In der ganzen Geschichte Ägyptens gibt es keine dunklere Periode als jene, die vom Ende der XII. Dynastie (gegen 1785 v. Chr.) bis zum Beginn der XVIII. Dynastie (gegen 1570) dauert. Es ist ein großes Glück, daß die Daten des Todes der Sebekneferu und der Machtübernahme durch Ahmose I., den Begründer des Neuen Reiches, dank der Sothis-Chronologie für das erstere und auf Grund anderer zuverlässiger Kriterien für das zweite genau bestimmt werden konnten, denn ohne dies hätten wir keine Anhaltspunkte, um die Zeitspanne abzuschätzen, die vom Ende des Mittleren Reiches bis zum Beginn des Neuen Reiches verfloß, eine Epoche, die nach allgemeiner Übereinkunft die Zweite Zwischenzeit genannt wird in Analogie zur Ersten Zwischenzeit, die zwischen dem Alten und dem Mittleren Reich liegt.

Wenn man der Chronologie gefolgt wäre, die uns Manetho übermittelt hat, wäre man versucht gewesen, der Zweiten Zwischenzeit eine Dauer von 1590 Jahren zuzuschreiben — was gerechtfertigt erschiene durch die hohe Zahl der Könige, mehr als zweihundert, die während dieser Epoche regiert haben.

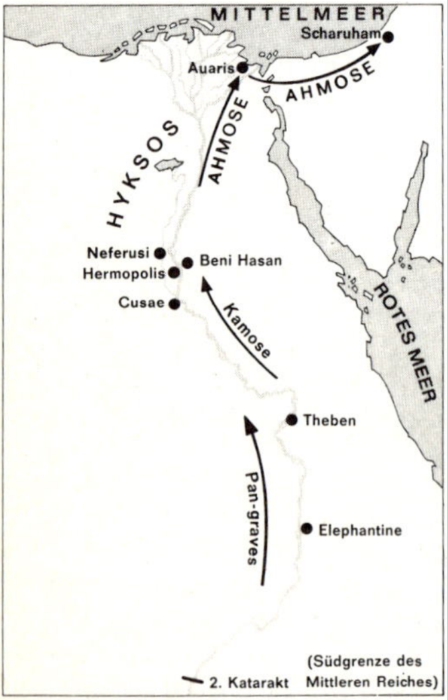

Abb. 35: Ägypten unter der Herrschaft der Hyksos

Die Zahl von etwa 217 Pharaonen, die mit Bestimmtheit während der Zweiten Zwischenzeit regiert haben, wird durch die alten ägyptischen Königslisten bestätigt, vor allem und besonders durch den Turiner Papyrus, unseren sichersten Führer, der die Erinnerung und die Namen von mindestens 123 Königen bewahrt hat, zu denen man diejenigen hinzuzählen muß, die er mit Schweigen übergeht, die uns jedoch durch die andern Königslisten, vor allem durch die von Karnak, oder durch die Dokumente bekannt sind.
Da der Tod der Sebekneferu mit Sicherheit in das Jahr 1786 und die Thronbesteigung Ahmoses I. in das Jahr 1567 v. Chr. datiert werden können, konnte sich die Zweite Zwischenzeit nur über 220 Jahre erstrecken. Um in diesem begrenzten Zeitraum fast 220 Könige unterzubringen, müßte man annehmen, daß jeder von ihnen kaum mehr als ein Jahr regiert hat. Hatten auch einige von ihnen in Wirklichkeit, wie uns die alten Quellen belehren, die Macht nur einige Monate inne, wie Renseneb in der XIII. Dynastie oder Antef VI. in der XVII., so haben andere viele Jahre regiert, wie Merneferre, der den Thron länger als 23 Jahre behielt, oder wie Apophis, der mehr als vierzig Jahre regierte. Wenn man außerdem bedenkt, daß die Durchschnittsdauer der Regierungszeiten der Pharaonen in den Perioden, in denen die Aufeinanderfolge und die Chronologie ziemlich sicher bestimmt sind, nämlich für das Alte Reich 17 Jahre und für das Mittlere 25 Jahre beträgt – ein sehr hoher Durchschnitt infolge der ungewöhnlichen Dauer der Regierungen Sesostris' III. und Amenemhets III. – und 16 Jahre für das Neue Reich (XVIII. und XIX. Dynastie), so kann man die äußerst kurze Dauer der Regierungen der Zweiten Zwischenzeit nur durch eine politisch sehr unruhige Situation erklären, in der Staatsstreich auf Staatsstreich folgte, oder durch die gleichzeitige Existenz mehrerer Dynastien als Folge der Aufteilung des Landes in eine große Zahl kleiner Königreiche, oder schließlich durch eine tiefgehende Veränderung des monarchistischen Systems (W. C. Hayes). Zahlreiche Hypothesen, die sich auf eine oder mehrere dieser Möglichkeiten stützen, sind in dem Bemühen, Ordnung in die Reihenfolge der Könige oder der Dynastien zu bringen und die Geschichte dieser Periode zu rekonstruieren, erwogen worden. Keine dieser Hypothesen jedoch wirkt überzeugend, und wir müssen die Entdeckung neuer Quellen abwarten, die uns vielleicht eines Tages erlauben werden, eine Geschichte Ägyptens in der Zweiten Zwischenzeit zu schreiben.
In der Tat sind die Quellen, über die wir für diese Epoche verfügen, im Augenblick höchst mager: Manetho, so wertvoll er auch ist, kann nicht akzeptiert werden, so wie die Kopisten uns seine Chronologie übermittelt haben, und wir müssen die Zah-

len, die er angibt, korrigieren; schließlich hat er uns nur die Gesamtzahl der Könige (217) und die Gesamtdauer ihrer Regierungen (1590 Jahre) erhalten, ohne uns ihre Namen zu übermitteln. Der Turiner Papyrus gibt uns zwar einige Namen, läßt aber andere aus; die gleiche Ungewißheit herrscht in der Königsliste von Karnak, und die Listen von Abydos und von Sakkara ignorieren die gesamte Periode vollkommen. Die zeitgenössischen Denkmäler endlich, die gewöhnlich eine Kontrolle und eine Ergänzung der ungenügenden historischen schriftlichen Quellen ermöglichen, sind entweder selten oder nur von geringer Hilfe. Dies erklärt, warum man versucht hat, ein Maximum von Auskünften aus einer Kategorie von Gegenständen zu gewinnen, die im allgemeinen von den Historikern verschmäht werden, in der Zweiten Zwischenzeit jedoch sehr zahlreich sind: den Skarabäen. Diese winzigen Denkmäler geben oft die Namen von Königen, die man anderswo vergebens suchen würde. Leider sind diese Stücke oft schwer genau zu datieren, so daß die Angaben, die sie liefern, nur mit größter Vorsicht aufgenommen werden können und dürfen.

Wenn wir die verschiedenen, soeben aufgezählten Quellen vereinigen, ist es möglich, drei Phasen in der Geschichte der Zweiten Zwischenzeit zu unterscheiden (J. Vandier):

Ägypten vor den Hyksos (XIII. und XIV. Dynastie, 1786–1603 v. Chr.)
Die Hyksos (XV. und XVI. Dynastie, 1674–1567 v. Chr.)
Das Königreich Theben und die Vertreibung der Hyksos (XVII. Dynastie, ± 1650–1567 v. Chr.),

wobei es sich von selbst versteht, daß die Geschehnisse sich nicht immer genau in diesen starren Rahmen einfügen, und daß es, wie es im übrigen die Chronologie zeigt, zahlreiche Fälle des Übergreifens von einer Phase in die andere gibt. So sickern die Hyksos schon während der XIII. Dynastie in Ägypten ein, und ihre Vertreibung hat eine sehr lange Zeitspanne erfordert und in Wirklichkeit schon in der XVI. Dynastie begonnen. Doch dieser Rahmen ermöglicht eine bedeutend leichtere Darstellung der Ereignisse, die sich in dieser Epoche abgespielt haben.

ÄGYPTEN VOR DEN HYKSOS (XIII. UND XIV. DYNASTIE)

Wie oft bei einem Dynastiewechsel in der Chronologie des Manetho ist es nicht sicher, ob es zwischen der XII. und der XIII. Dynastie einen scharfen Bruch gab. Es ist sogar möglich – und dies ist eine der zahlreichen nicht überprüfbaren Hypothesen, die aufgestellt wurden –, daß der erste Pharao der XIII. Dynastie, Sechemre-Chutaui-Amenemhet-Sobekhotep (= Sobekhotep I.), durch das Blut oder durch Ehe mit den letzten Pharaonen der XII. Dynastie verwandt war.

Die XIII. Dynastie, die mit der Regierung des Sobekhotep I. beginnt, blieb etwas länger als 150 Jahre an der Macht (1786–1633 v. Chr.). Diese Zahl erhielt man, indem man die 453, die Manetho angibt, in 153 änderte und damit einen Irrtum korrigierte, den die griechischen Kopisten begangen hatten, indem sie ein P lasen, wo im Manuskript ein Y stand. Während dieser Zeit folgten 50 bis 60 Könige einander auf dem Thron, wenn man die vom Turiner Papyrus wiedergegebene Liste akzeptiert, doch dieser hat, wie die Königsliste von Karnak zeigt, eine bestimmte Anzahl von Namen ausgelassen, so daß 60 Herrscher für die Dynastie ein Minimum zu sein scheinen. Jeder von ihnen hätte demnach im Durchschnitt nur zweieinhalb Jahre regiert und oft viel weniger, einige Monate, ja sogar nur einige Wochen, denn die Denkmäler und der Turiner Papyrus stimmen darin überein, daß einige Könige der Dynastie 3, 4, 7, 8, 10 und sogar 23 Jahre regiert haben, was die Durchschnittsdauer der andern Regierungen entsprechend reduziert. Dieser ephemere Charakter der Königsmacht hatte zu der Annahme geführt, daß die XIII. Dynastie eine Epoche der Anarchie und des Chaos war.

Neuere Entdeckungen sind dazu angetan, ein etwas differenzierteres Bild zu liefern. Man hat sich gefragt (W. C. Hayes), ob die Kürze der Regierungen und die offensichtlich mangelnde Kontinuität der Dynastie ihren Grund nicht in der Tatsache hatten, daß die Herrscher nur, vielleicht durch Wahl, für eine beschränkte Zeit bestimmte »Marionetten« waren, während die wirkliche Macht von den Wesiren ausgeübt wurde. Diese sehr verführerische Hypothese ist leider unmöglich zu beweisen. Eins ist gewiß: Die Unbeständigkeit der Macht zerstörte allmählich den von den Pharaonen der XII. Dynastie wiederhergestellten wirtschaftlichen Wohlstand, ohne jedoch, zumindest während etwa eines Jahrhunderts, das Prinzip der Einheit des Landes in Frage zu stellen, das weiterhin von einem einzigen Pharao, so schwach er auch war, regiert wurde.

Die Könige der XIII. Dynastie scheinen thebanischer Herkunft gewesen zu sein, und ihre Sorge, ihre Rechte auf die Krone zu legitimieren, ist spürbar in der Wahl ihrer Namen: Amenemhet, Antef, Sesostris und Mentuhotep figurieren in den ›Protokollen‹ mehrerer von ihnen, obwohl der am häufigsten vorkommende Name Sobekhotep ist.

Unter Sobekhotep I. fährt Ägypten fort, Nubien zu beherrschen bis nach Semne, wo der Name des Pharao neben dem Amenemhets III. in den Felsen eingraviert ist. Der Nachfolger des Sobekhotep I., Sechemkare-Amenemhet-Senbuf, herrscht über

das gesamte Ägypten, denn man hat Denkmäler mit seinem Namen sowohl in Unterägypten als auch in Oberägypten gefunden. Doch es ist möglich, daß die Macht Ägyptens im fernen Süden zu sinken begann: Der Name des Pharao findet sich nicht mehr in Semne selbst, sondern in Askut, etwa dreißig Kilometer nördlich der von Sesostris III. festgelegten Grenze. Der ägyptische Einfluß außerhalb der Grenzen macht sich noch unter dem zweiten Nachfolger des Amenemhet-Senbuf, Sehetepibre II., bemerkbar, denn der Fürst von Byblos anerkennt um diese Zeit noch die Oberherrschaft Ägyptens. Die Nachfolger des Sehetepibre, Hetepibre, Sobekhotep II., Renseneb, Au-ib-re Hor, Kai-Amenemhet, Ugaf und Seneferibre-Sesostris IV., sind kaum mehr als Namen, obwohl die Denkmäler ihre Existenz bestätigen. Die Pyramide des Userkare-Chendjer, des Nachfolgers Sesostris' IV., ist in Sakkara wiedergefunden worden, was zeigt, daß unter diesem Souverän der Pharao noch über das ganze Ägypten herrschte. Auf Chendjer folgt ein General, Semenkare, der noch das Delta beherrscht, denn man hat auf dem Gebiet von Tanis zwei Kolosse mit seinem Namen entdeckt.
Trotz des Dunkels, das uns die Ereignisse verbirgt, fährt die XIII. Dynastie fort, unter Sebekemsaf I., Sobekhotep III., Neferhotep und Sobekhotep IV. wirksam zu regieren. Diese vier Könige sind nicht nur durch die Schriftquellen, sondern auch durch die Denkmäler bekannt. Den letzteren verdanken wir unser Wissen, daß diese Herrscher oft nicht königlicher Herkunft waren. So war z. B. Sobekhotep III., wie uns die Denkmäler enthüllen, der Sohn zweier unbekannter Ägypter, des Mentuhotep und der Jauhejebu.
Dagegen lassen uns mehrere Papyri vermuten, daß die Wesire, während die Könige nur kurze Zeit regierten, ihr Amt für die Dauer von mehreren Regierungen behalten konnten, wie ein gewisser Anchu, der, so scheint es, von der Regierung des Userkare-Chendjer bis zu der Sobekhoteps III. auf seinem Posten blieb. Von hier bis zur Annahme, daß die wirkliche Macht dem Wesir und nicht dem König gehörte, ist nur ein Schritt, den zu tun um so verlockender erscheint, als die Kontinuität der Macht des Wesirs erklären würde, warum die XIII. Dynastie sich trotz des häufigen Wechsels der Herrscher so lange halten konnte.
Der mangelnden Stabilität der königlichen Person steht die Kontinuität der Verwaltung gegenüber, wie es die Existenz der Archive beweist, die uns über die Tätigkeit von Ämtern wie des Schatzamtes oder der ›Arbeitsbehörde‹ informieren. Es sind im übrigen die gleichen Archive, aus denen wir erfahren, was damals in Ägypten geschah. So berichtet uns ein Papyrus des Museums in Brooklyn, der eine lange Liste von Dienern aufführt, daß unter Sobekhotep III. sehr zahlreiche Asiaten im Dienst der Beamten Ober-

ägyptens standen (W. C. Hayes). Es ist unmöglich, die Anwesenheit dieser Asiaten im oberen Niltal nicht mit dem Eindringen der Hyksos in Ägypten in Verbindung zu bringen, sei es daß diese orientalischen Diener Kriegsgefangene aus den Scharmützeln zwischen dem ägyptischen Heer und den Nomaden waren, die bereits damals in das Delta einzusickern versuchten, sei es, daß es sich um Arbeitskräfte handelte, die freiwillig gekommen waren, um sich in den Dienst Ägyptens zu stellen. In beiden Fällen muß die Anwesenheit dieser Asiaten im ganzen Niltal die spätere endgültige Machtübernahme durch die Hyksos erleichtert haben.
Indem man die verschiedenen, sowohl durch die schriftlichen Quellen als auch durch die Denkmäler gelieferten Elemente sorgfältig prüfte, konnte man die Regierung des Chasechemre-Neferhotep I. in die Jahre 1740–1730 v. Chr. datieren. In dieser Epoche übte Ägypten noch eine Kontrolle über Syrien aus, was vermuten läßt, daß die Macht des Pharao sich noch über das Delta erstreckte. Im Süden blieben Elephantine und Assuan, wo man eine Statue und Inschriften mit dem Namen Neferhoteps I. wiedergefunden hat, unter der zentralen Macht, deren Hauptstadt in Fortsetzung der durch die Pharaonen der XII. Dynastie begründeten Tradition immer in der Umgebung von Itsch-taui gelegen zu haben scheint.
Mit den Nachfolgern Neferhoteps I., Sihathor und Sobekhotep IV., beginnt die Macht der XIII. Dynastie in Ägypten selbst zu zerbröckeln. Sehr bald nach der Thronbesteigung Sobekhoteps IV. wird die Stadt Auaris durch die Hyksos besetzt, und Asiaten überschwemmen das Delta. Schrittweise wird die Autorität der Herrscher der XIII. Dynastie, Sobekhotep V., Mersechemre-Neferhotep II. und Sechemre-Seanchtaui-Neferhotep III., auf den unteren Teil des Landes beschränkt. Neferhotep III. soll sogar nach einer Stele in Karnak gezwungen gewesen sein, Theben gegen Angreifer zu verteidigen, die zweifellos aus dem Norden kamen. Mit Uahibre-Jajebi und Merneferre-Iy beschleunigte sich der Abstieg der Dynastie. Nur wenige Denkmäler aus dieser Epoche sind auf uns gelangt, obwohl Jajebi fast 11 Jahre und Merneferre-Iy mehr als 23 Jahre regierten. Letzterer übernahm die Macht gegen 1700. Er könnte bereits ein Vasall der Hyksos gewesen sein, denn man hat in der Nähe von Auaris ein Denkmal mit seinem Namen gefunden, und diese Stadt war bereits etwa zwanzig Jahre in der Gewalt der Hyksos.
Die Nachfolger des Merneferre-Iy sind für uns nur Namen, und zwar diejenigen, die der Turiner Papyrus uns erhalten hat. Man hat mit großer Glaubwürdigkeit vorgeschlagen, den Pharao Djedneferre-Didumes mit dem König ›Tutimaios‹, der nach Manetho die Invasion der Hyksos in Ägypten erlebt ha-

ben soll, zu identifizieren. Diese besetzten das Delta bereits gegen 1720, und daher ist es wahrscheinlich, daß die ›Invasion‹, die Manetho erwähnt, die Eroberung von Memphis war (W. C. Hayes). In Wirklichkeit kann Didumes auch nicht vor 1674 v. Chr., d. h. fast ein halbes Jahrhundert nach der Einnahme von Auaris durch die fremden Eindringlinge, regiert haben.
Der Fall von Memphis bedeutet faktisch das Ende der XIII. Dynastie. Obwohl der Turiner Papyrus noch die Namen von sechs Pharaonen aufzählt, sind diese in Wirklichkeit nur kleine Fürsten, Vasallen der Hyksos in Unterägypten, und regieren in Oberägypten nur kleine Territorien, manchmal nur eine Stadt (W. C. Hayes).
Gegen 1650 v. Chr. ist der Zerfall der XIII. Dynastie so weit fortgeschritten, selbst im Gebiet von Theben, daß eine Dynastie versucht, die Unabhängigkeit dessen zu bewahren, was von dem nationalen Territorium übriggeblieben ist. Es ist die XIV. Dynastie, der es, nachdem sie lange die Schutzherrschaft der Hyksosherrscher anerkannt hat, gelingt, das fremde Joch abzuschütteln. Doch Manetho, ebenso wie der Turiner Papyrus, fährt fort, die XIII. Dynastie bis zum Jahre 1633 als die legitime Macht zu betrachten, obwohl aller Wahrscheinlichkeit nach von 1650 bis 1633 die Könige, von denen diese Quellen sprechen, nur Lokalfürsten waren, Verbündete oder Vasallen der damals in Theben regierenden Führer.
Während der ganzen XIII. Dynastie und noch einige Jahre nach ihrem Sturz bleiben die sumpfigen Gebiete des Deltas, die abseits von der Einfallstraße der Hyksos liegen, mehr oder weniger unabhängig. Dieses Gebiet wird in dieser Zeit von den Fürsten oder Königen von Xois, auf ägyptisch Ka-suut, heute Sakka, regiert, die die XIV. Dynastie des Manetho bilden. Manetho schreibt ihr 76 Könige und eine Gesamtregierungsdauer von 184 Jahren zu. Mit andern Worten, sie soll abseits von Oberägypten im Delta von 1786 bis 1603 regiert haben, doch wir wissen nichts über ihre Geschichte. Nur die Namen ihrer Herrscher sind uns durch den Turiner Papyrus erhalten worden, der so die Glaubwürdigkeit des Manetho bestätigt.

DIE HYKSOS (XV. UND XVI. DYNASTIE)

Josephus, der jüdische Historiker des ersten Jahrhunderts unserer Zeitrechnung, hat uns in seiner Geschichte Judäas die Stelle erhalten, in der Manetho die Invasion der Hyksos in Ägypten erwähnt: »Unvorhergesehen hatten Menschen einer unbekannten Rasse, die aus dem Orient kamen, die Kühnheit, unser Land zu überfallen (Ägypten), und eroberten es ohne Schwierigkeiten und ohne Kampf mit Gewalt. Man nannte dieses ganze Volk ›Hyksos‹, was ›Hirtenkönige‹ bedeutet, denn ›Hyk‹ bedeutet in der heiligen Sprache ›Könige‹ und ›sos‹ in der gemeinen Sprache ›Hirten‹. Die Vereinigung dieser beiden Worte ergibt Hyksos.« Man hat seit langem nachgewiesen, daß die Etymologie des Manetho nur teilweise richtig ist. *Hyk* kommt zwar von *Heka*, Führer, Fürst, *sos* bedeutet aber nicht *schasu*, ›Nomade‹, sondern es ist eine Abkürzung von *chasut*, ›Fremde‹, und der Ausdruck, der Hyksos ergab, erscheint in Ägypten seit der XII. Dynastie, wo er die Führer der Nomadenstämme bezeichnete, die die syrisch-palästinensischen Wüsten und im Alten Reich sogar die nubischen Wüsten durchstreiften.

Der Einfall der Hyksos in Ägypten hat sicherlich nicht den brutalen Charakter gehabt, den ihm Manetho zuschreibt, und man nimmt jetzt an, daß es richtiger ist, eher von einer progressiven Infiltration als von einer eigentlichen Invasion zu sprechen. Auch gehörten die Eindringlinge nicht einer einheitlichen Rasse an: Es handelt sich um eine heterogene Vereinigung von Bewohnern Westasiens — größtenteils Semiten, doch nicht alle — die durch die indo-europäischen Völkerwanderungen in Anatolien und am oberen Euphrat von ihren Territorien vertrieben worden waren. Die Ägypter selbst nannten sie bald Amu, bald Setjetiu, oder Mentju von Setjet, ›Menschen von Retenu‹, d. h. sie gaben ihnen alle Namen, die seit dem Alten und dem Mittleren Reich benutzt worden waren, um die an Ägypten grenzenden asiatischen Völker zu benennen; dies zeigt, daß sie sie im Gegensatz zu dem, was Manetho schrieb, nicht als eine andere Rasse betrachteten.

Man hat sich manchmal gefragt, ob die Infiltration der Hyksos in Ägypten nicht bereits in der XII. Dynastie begonnen hat. Man nimmt jetzt an (T. Säve-Söderbergh), daß, wenn es auch stimmt, daß zwischen dem Ende der XII. und der Mittte der XIII. Dynastie zahlreiche Asiaten in Ägypten wohnten, die eigentliche Infiltration der Hyksos vor allem erst nach den Regierungen des Neferhotep-Sobekhotep IV., d. h. etwa zwischen 1720 und 1700 begann. Mit andern Worten, die Infiltration der Hyksos hat sich über die Regierungen Sobekhoteps V., Neferhoteps II., Sobekhoteps VI., Neferhoteps III. und des Uahibre-Jajebi erstreckt. Die Hauptetappe dieser Infiltration vor der totalen Machtübernahme durch die Hyksospharaonen ist die Einnahme von Auaris.

Das Datum dieses wichtigen Ereignisses hat bestimmt werden können durch ein als ›Stele des Jahres 400‹ bekanntes Denkmal, das so genannt wurde, weil es an die Feier des 400. Jahrestages des Wiederaufbaus des Tempels des Gottes Seth in Auaris erinnert. Doch der Kult des Gottes Seth in Auaris war von den Hyksos entwickelt worden, die zweifellos in diesem alten ägyptischen Gott – er ist seit der I. Dynastie bezeugt – eine Hypostase des semitischen Baal oder Reschef sahen. Der Wiederaufbau und die Vergrößerung des Tempels sind ohne Zweifel das Resultat des Interesses, das diese fremden Eindringlinge Seth, dem feindlichen Bruder des Osiris, entgegenbrachten. Die Vierhundertjahrfeier dieses Wiederaufbaus fand erst gegen 1320 unter der Regierung des Pharao Haremheb der XVIII. Dynastie statt, wie es die Stele bezeugt, die Ramses II. in Auaris aufstellen ließ. Eine schnelle Berechnung zeigt, daß das Ereignis selbst, wenn seine Vierhundertjahrfeier 1320 stattgefunden haben soll, sich im Jahre 1720 v. Chr. abgespielt haben muß, was das Datum des Auftauchens der Hyksos im östlichen Delta, wo nahe an der Ostgrenze Ägyptens Auaris liegt, auf befriedigende Weise fixiert.

Nachdem sie sich im Jahre 1720 v. Chr. im Delta fest installiert hatten, brauchten die Hyksos noch sechsundvierzig Jahre, um bis Memphis zu gelangen. Diese Zeitspanne ist ausgefüllt durch die Inbesitznahme der Gaue des Deltas mit Ausnahme derjenigen des Westens, die, wie wir gesehen haben, unter der Autorität der Pharaonen der XIV. Dynastie verbleiben. Nachdem es ihnen gelungen ist, sich Memphis' zu bemächtigen, fühlen sich die Hyksos als die legitimen Herrscher des gesamten Ägypten, und dies ist der Beginn der XV. Dynastie. Manetho, wie Josephus ihn uns in seinem Buch *Contra Apionem* übermittelt, hat uns folgenden Bericht über die Machtergreifung bewahrt: »Schließlich ernannten sie (die Hyksos) einen der Ihren zum König, dessen Name Salitis war. Er hatte seinen Regierungssitz in Memphis und erhob Tribut sowohl von Oberägypten wie von Unterägypten. Er ließ immer Garnisonen hinter sich zurück in den vorteilhaftesten Stellungen. Überdies befestigte er die östliche Zone, voraussehend, daß die Assyrer, stärker geworden, dieses Reich eines Tages begehren und angreifen würden. Im saitischen Gau (Sethroites) gründete er eine im Westen des Bubastis-Armes des Nil gelegene und nach einer sehr alten Tradition Auaris genannte Stadt. Diese Stadt baute er wieder auf, befestigte sie mit massiven Mauern und legte in sie eine starke Garnison von 240000 gut bewaffneten Männern, um seine Grenze zu schützen. Er kam im Sommer hierher zurück, teils um die Rationen zu verteilen und seine Truppen zu bezahlen, teils um sie durch Manöver auszubilden und so unter den fremden Stämmen Schrecken zu verbreiten. Nachdem er 19 Jahre lang regiert hatte, starb Salitis, und ihm folgte ein zweiter König namens Bnon, der 44 Jahre regierte.« (Text zitiert nach W. C. Hayes.)

Aus dem Text des Manetho geht hervor, daß Auaris der befestigte Ort war, auf den die Hyksoskönige ihre Macht stützten. In der

XVI. Dynastie, als der Kampf mit dem Süden beginnt, ist es ihre Hauptstadt. Man hat früher geglaubt, in den seltsamen Denkmälern, die den Herrscher mit einer wahren Löwenmähne zeigten, eine Darstellung von Hyksoskönigen wiederzufinden. Wir wissen heute, daß diese Sphingen in Wirklichkeit aus der XII. Dynastie stammen. Trotz ihrer zahlreichen Bauten in Ägypten haben uns die Hyksospharaonen ihre Bildnisse nicht hinterlassen.

Der Salitis des Manetho dürfte wahrscheinlich der König Scharek oder Schalek sein, den eine genealogische Liste von Memphis erwähnt. Dieser soll eine Generation vor dem berühmten Apophis I. und zwei Generationen vor Ahmose, dem Begründer der XVIII. Dynastie, gelebt haben (W. C. Hayes). Es ist ebenfalls möglich, daß er identisch ist mit dem Pharao Maibre-Scheschi, der durch zahlreiche Skarabäen und Siegelabdrücke bekannt ist.

Die Nachfolger des Salitis müssen ganz Ägypten, wenn nicht vollkommen beherrscht, doch zumindest kontrolliert haben, und zwar von Gebelen, etwas südlich von Theben, an bis zu den Grenzen des Deltas. Ihre Macht konnte sich selbst bis zum 1. Katarakt ausdehnen. Südlich desselben beginnt das Königreich Kusch, das im Augenblick des Freiheitskrieges vollkommen unabhängig ist. Wann hat es diese Unabhängigkeit erlangt? Es ist schwer, dies zu bestimmen. Es scheint festzustehen, daß Nubien während des größten Teils der XIII. Dynastie, zumindest bis zum 2. Katarakt, im ägyptischen Machtbereich blieb. Man hat in Semne wie in Uronarti Siegelabdrücke mit Namen von Herrschern dieser Dynastie wiedergefunden, was zu beweisen scheint, daß das von Sesostris I. und vor allem von Sesostris III. zwischen Buhen und Semne angelegte Verteidigungssystem noch in den Händen der Ägypter war. Doch die im sudanesischen Nubien im Gang befindlichen Grabungen können vielleicht noch genaue Auskünfte über diesen Punkt liefern.

Die Gewißheit der Existenz von engen Bindungen zwischen den Forts des 2. Kataraktes und den Herrschern der XIII. Dynastie beweißt jedoch nicht unbedingt, daß diese Anlagen von den Pharaonen unmittelbar kontrolliert wurden; sie können auch von ägyptisierten Bevölkerungsgruppen besetzt gewesen sein, die Freunde Ägyptens waren, ohne Vasallen zu sein. Die Erforschung von Mirgissa – aller Wahrscheinlichkeit nach das Iken der Stele Sesostris' III. in Semne – scheint zu zeigen, daß die Bewohner der Stadt während der XIII. Dynastie, obwohl stark von Ägypten beeinflußt, in der Mehrzahl keine Ägypter waren. Mit fortschreitender Zeit macht sich zunehmend der Einfluß der rein sudanesischen Kultur von Kerma spürbar, ohne jedoch den ägyptischen Beitrag zu schmälern. Das an dem 3. Katarakt ge-

legene Zentrum Kerma scheint rege Beziehungen zu den Hyksoskönigen unterhalten zu haben; man hat hier Skarabäen und Siegelabdrücke mit den Namen des Scheschi und anderer Hyksosherrscher wiedergefunden.
Die Regierung des Salitis – ob er nun Schechi ist oder nicht – leitet die XV. Dynastie ein. Für die Nachfolger des ersten Hyksoskönigs, der 19 Jahre an der Macht blieb, ist der Turiner Papyrus in schlechtem Zustand an der Stelle, wo ihre Regierungszeiten erwähnt werden, nur ihre Zahl, nämlich sechs, und die Gesamtdauer ihrer Regierungen, 108 Jahre, sind leserlich. Nach Salitis kam Meruserre-Jack-Baal, aus dem die Ägypter Jakub-Her machten. Es ist schwer zu erklären, wie der Name Jacob-El (Jakub-Her) bei Manetho Bnon oder Beon ergeben konnte. Es scheint jedoch, daß er der zweite Hyksospharao war. Die ägyptische Verwaltung stand, nach den Inschriften zu urteilen, den fremden Beamten offen; einer der bedeutendsten von ihnen war der ›Schatzmeister‹ mit dem typisch semitischen Namen Hur, den die Ägypter Har nannten. Seine Tätigkeit erstreckte sich von Gaza in Palästina bis nach Kerma im Herzen des Sudan. Doch neben den fremden Beamten blieben die ägyptischen im Dienst, wie der echt ägyptische Name eines gewissen Peremuah beweist, der den gleichen Posten innehatte wie Hur.
Der König Chian, der Iannas (var. Staan) des Manetho, folgte auf Jakub-Her. Er muß lange regiert haben, doch leider ist die Dauer seiner Regierung auf dem Turiner Papyrus unleserlich und erlaubt daher nicht, die Zahl des Manetho zu überprüfen, der ihm 50 Jahre zuschreibt. Man hat zahlreiche Denkmäler mit dem Namen Chian gefunden, sowohl in Ägypten von Gebelen in Oberägypten bis nach Bubastis im Delta als auch außerhalb Ägyptens; ein in Knossos entdeckter Gefäßdeckel trägt seine vollständige Kartusche »Der gute Gott, Seuserenre, der Sohn des Re, Chian«, und ein kleiner Granitlöwe mit seinem Namen wurde in Baghdad wiedergefunden. Man hatte aus dieser breiten Verteilung von Denkmälern mit dem Namen Chian geschlossen, er habe ein großes Reich beherrscht, das den ganzen Mittleren Orient umfaßte. Inzwischen hat man diese Hypothese aufgegeben. Es erscheint in der Tat zweifelhaft, daß die Macht der Hyksosherrscher sich außerhalb Ägyptens weiter ausdehnte als bis zur Südgrenze Palästinas. Während die Handelsbeziehungen zwischen dem Hyksos-Ägypten des Chian und den Ländern des Mittelmeers sehr eng sind, erscheinen die mit dem Süden um so lockerer, und man findet in Kerma weder Skarabäen noch Siegelabdrücke mit dem Namen des großen Hyksosherrschers. Man hat daraus gefolgert, daß sich in dieser Epoche in Nordnubien ein unabhängiges nubisches Königreich gebildet hatte, das das Land von Elephantine bis Semne beherrschte. Mit Herrschern

wie Nedjeh, Freunden Südägyptens, das seit damals seine Unabhängigkeit wiederzuerlangen sucht, und unter Verwendung ägyptischer Beamter hätten diese Königreiche die Verbindung zwischen dem unter der Kontrolle der Hyksos befindlichen Ägypten und dem Königreich Kerma unterbrochen (T. Säve-Söderbergh und W. C. Hayes).

Auf Chian folgt Aa-user-re Apophis I., der nach dem Turiner Papyrus mehr als vierzig Jahre regiert haben soll. Der übersetzte Name Apophis ist ein ägyptischer Name, Ipepi, der im Niltal seit der XII. Dynastie nachgewiesen ist. Dies zeigt an, daß die Hyksosherrscher im Begriff sind, sich immer mehr zu ägyptisieren. Eine Vase mit dem Namen der Tochter des Apophis, der Prinzessin Herit, wurde in dem Grab Amenophis' I. wiedergefunden, und man hat sich gefragt, ob diese Prinzessin nicht einen thebanischen Prinzen geheiratet und so den großen Pharaonen des Neuen Reiches etwas Hyksosblut übermittelt hat (W. C. Hayes).

Was es mit dieser Hypothese auch auf sich hat, Ägypter von Theben und Hyksos scheinen unter der Regierung Apophis' I. in gutem Einvernehmen geblieben zu sein; erst am Ende dieser Regierungszeit beginnt Südägypten sich gegen seine asiatischen Schutzherren aufzulehnen. Ein leider fragmentarischer literarischer Text hat uns die Erinnerung an die Eröffnung der Feindseligkeiten bewahrt, die unter der Regierung des Sekenenre in der XVII. Dynastie erfolgte. Der Text sagt: »Sekenenre war damals Regent der Stadt des Südens« (=Theben), während »der Fürst Apophis in Auaris war« und Tribute von ganz Ägypten erhielt. Nach Beratung mit den Ratgebern des Königreiches bat Apopi (=Apophis) Sekenenre um Intervention (der unklare Text erlaubt nicht zu sagen, auf welche Weise), weil an einem bestimmten Ort des thebanischen Territoriums die Nilpferde ihn am Schlafen hinderten. Da die Entfernung zwischen Theben und Auaris etliche 800 Kilometer beträgt, wurde diese Stelle als eine nicht erfüllbare Bitte ausgelegt, die bewußt mit der Absicht ausgesprochen wurde, die Eröffnung der Feindseligkeiten zu rechtfertigen; doch T. Säve-Söderbergh hat nachgewiesen, daß Apophis, Anbeter des Gottes Seth, die Nilpferde, die eine der Hypostasen dieses Gottes, die die Ägypter nach einer ritualen Tradition jagten und zu bestimmten Zeiten opferten, schützen wollte. Sekenenre versammelt nach Erhalt der Botschaft seinerseits seine Ratgeber. Hier bricht der Text ab, doch man errät die Fortsetzung: Sekenenre wird das Ultimatum des Apophis zurückweisen, was den Beginn des Befreiungskrieges bedeutet.

Die Mumie des Sekenenre ist in dem berühmten ›Versteck‹ von Deir el-Bahari wiedergefunden worden, wo die Priester der XXI. Dynastie die von der Plünderung bedrohten königlichen

Mumien untergebracht hatten. Sie trug zahlreiche Spuren von durch Waffen verursachten Verletzungen, und man nahm an, der König sei im Verlauf eines Kampfes gegen die Hyksos getötet worden. Doch dies ist natürlich nur eine Hypothese, und die Verletzungen können auch auf ganz andere Weise erklärt werden; so hat man sich namentlich gefragt, ob sie nicht von einem im Palast selbst begangenen Attentat herrührten (H. E. Winlock). Welche Hypothese man auch annimmt, die Regierung des Sekenenre markiert den Beginn der Vertreibung der Hyksos vom ägyptischen Territorium. Dieser Kampf, den wir später im einzelnen verfolgen werden, dauerte eine gewisse Zeit, und andere Hyksosherrscher folgten auf Apophis, obwohl dieser bereits einen großen Teil des ägyptischen Territoriums verloren hatte; die Grenze verlief jetzt bei Atfih, in der Nähe des südlichen Zugangs zum Fayum, und den Thebanern gelang es, tiefe Vorstöße in das Gebiet der Hyksos und sogar bis nach Auaris durchzuführen. Erst unter Ahmose, dem zweiten Nachfolger des Sekenenre, werden die Hyksos endgültig vertrieben. Zwei Hyksoskönige, Aakenenre-Apophis II. und Aasehre-Chamudy, folgen noch auf Apophis, obwohl ihre Regierungen sehr kurz gewesen sein müssen.

Neben den sechs Hyksoskönigen, die die XV. Dynastie bilden und manchmal »die großen Hyksos« genannt werden, haben in der gleichen Epoche noch andere fremde Herrscher in Ägypten regiert; es sind die »kleinen Hyksos«, die man in der XVI. Dynastie zusammenfaßt. Es scheint, daß ihre Macht sich auf Gebiete von nur geringer Ausdehnung erstreckte; ihre Namen sind uns zum größten Teil unbekannt, nur die Könige Aaken, Anather – ein von dem der asiatischen Göttin abgeleiteter Name – und Semken verdienen, genannt zu werden. Dem letzten König dieser XVI. Dynastie Nebchepeschre-Apophis III. gehörte ein sehr schöner Dolch aus damaszierter Bronze, der in Sakkara wiedergefunden wurde. Die Könige der XVI. Dynastie scheinen Zeitgenossen der XV. Dynastie gewesen zu sein, doch sie sind eher Lokalfürsten als wirkliche Herrscher, und man fragt sich, warum Manetho ihnen die Ehre einer Dynastie zugeschrieben hat. Man hat im übrigen kürzlich vorgeschlagen, diese aus der Liste der historisch nachgewiesenen Dynastien zu streichen (A. H. Gardiner).

Die ägyptischen Autoren, von dem Schreiber der XVIII. Dynastie bis zu Manetho, stimmen darin überein, daß sie die Hyksoszeit zu einer Epoche der Greuel machen. Die Tatsachen scheinen dieses strenge Urteil nicht zu rechtfertigen. Es ist offensichtlich, daß die Hyksos die ägyptische Zivilisation respektierten. Im übrigen hatte ihre Invasion bestimmt nicht den Charakter, den Manetho ihr verleiht; sie war weder ethnisch einheitlich noch so gewaltsam, wie Josephus berichtet. Man hat seit langem darauf verzichtet, sie als eine militärische Invasion zu sehen, durchgeführt von gut organisierten und überlegen bewaffneten Truppen, vor denen die Ägypter, ohne Wagen und Pferd und nur über Kupferdolche gegenüber den Bronzewaffen ihrer Gegner verfügend, zusammengebrochen seien. Ebenso glaubt man heute nicht mehr an die angeblichen ›Forts‹ der Hyksos im Delta und im Nahen Osten. Die beiden oft erwähnten Denkmäler von Tell el-Jahudijeh und von Heliopolis sind zweifellos keine Befestigungen, sondern Fundamente von Tempeln (Ricke, zitiert nach T. Säve-Söderbergh). In Wirklichkeit führten die Hyksos erst am Ende ihrer Besetzung in das Niltal den Streitwagen, neue Typen von Dolchen und Schwertern, die Bronze und den gefürchteten ›zusammengesetzten‹ Bogen asiatischer Herkunft ein. Die Hyksos bedienten sich dieser Neuerungen, um ihre politische Macht gegenüber der wachsenden Unruhe ihrer ägyptischen Untertanen zu behaupten, und nicht, um ihre Herrschaft aufzurichten. Diese scheint sich schrittweise etabliert zu haben; man kann sich leicht vorstellen, wie kleine bewaffnete Gruppen von Beduinen, die an das harte Leben in der Wüste gewöhnt waren, in das damals schlecht verteidigte ägyptische Territorium eindrangen und jeweils an einzelnen Orten erschreckten und wehrlosen Bauern ihre Autorität aufzwangen. Ewiger Kampf des Nomaden gegen den Seßhaften, in dem eine streitbare und zu allem bereite Minderheit einer friedlichen Menge ihren Willen aufzwingt.

Dies ist nur eine Hypothese, die jedoch durch die archäologische Evidenz bestätigt zu sein scheint. Die zahlreichen Gräber der Hyksoszeit, die in Ägypten entdeckt wurden, vermitteln nicht den Eindruck eines brutalen Eindringens von Fremden: Es gibt keine abrupte Änderung in den Bestattungsbräuchen, und die Leichname, die ausländischer, vor allem semitischer Herkunft sein könnten, sind wenig zahlreich (T. Säve-Söderbergh). Die sog. Keramik von Tell el-Jahudijeh, die man lange mit der Hyksos-Invasion in Ägypten in Verbindung gebracht hat, ist dort schon im Mittleren Reich aufgetaucht; es handelt sich um eine importierte Töpferware, die, so scheint es, nichts den Eindringlingen verdankt (T. Säve-Söderbergh). Das gleiche gilt für andere Arten von Töpfereierzeugnissen.

Die Hyksos werden von Josephus, der Manetho wiedergibt, als Angehörige einer einheitlichen neuen Rasse dargestellt. Auch hier scheint der weise Priester von Sebennytos durch die von ihm benutzten, den Hyksos feindlichen Quellen getäuscht worden zu sein. Man hat manchmal geglaubt, daß sich unter den Hyksos Hurriter und arische Elemente befanden, doch in Wirklichkeit ist die Mehrzahl der Hyksosnamen, die auf uns gelangten, rein semitisch, und wenn es unter den Eindringlingen nicht-semitische Elemente gegeben hat, können diese weder zahlreich noch dominierend gewesen sein.

Kurz, man sieht, daß die Herrschaft der Hyksos mehr in einer Änderung der politischen Richtung bestand, bei der die Neuangekommenen sich der auf die XII. Dynastie folgenden politischen Schwäche bedienten, um eine schlecht regierte Mehrheit zu unterjochen, als um eine Invasion einer ethnisch einheitlichen, zahlenmäßig überlegenen und besser als die Ägypter bewaffneten Gruppe. In dieser Hinsicht resümiert der Text des Manetho die Fakten treffend: »Schließlich gaben sie sich als König einen der Ihren«, woraus man schließen kann, daß es vor der politischen Machtübernahme durch einen einzigen Hyksosherrscher eine Periode gegeben hat, in der Ägypten von einer bestimmten Anzahl von lokalen Führern besetzt war.

Nachdem sie sich in Ägypten angesiedelt hatten, übernahmen die Hyksos vieles von denen, die sie politisch beherrschten. Ihre Herrscher benutzten die Hieroglyphenschrift; es ist in dieser Hinsicht symptomatisch, daß man bis jetzt in Ägypten keine Inschrift in Keilschrift gefunden hat, die in die Hyksoszeit datiert werden kann. Die Hyksos übernahmen die ägyptischen Götter. Wenn sie eine Vorliebe für Seth hatten, den sie Baal oder Reschef assimilierten, so hinderte dies sie nicht daran, Re anzubeten, im Widerspruch zu dem, was der im übrigen spätere Bericht über den Streit zwischen Sekenenre und Apopi sagt. In seiner Kartusche nennt sich Chian nicht nur »Sohn des Re«, sondern Aa-user-re Apophis geht sogar noch weiter und erklärt sich zum »leiblichen Sohn des Re« und »Lebendigen Bild des Re auf Erden«. Außerdem verbanden zahlreiche Hyksoskönige ihren Namen mit Re, wie z. B. in »Groß ist die Stärke des Re« oder »Re ist der Herr des Sichelschwertes«.

Die Hyksos waren zweifellos nicht zahlreich genug oder verfügten nicht über eine ausreichende Anzahl qualifizierter Beamter, um das Land selbst verwalten zu können, und es ist sicher — wie wir es im übrigen aus den ägyptischen Berichten über den Befreiungskrieg ersehen werden —, daß Ägypter ihnen treu dienten. Es ist leicht zu erraten, daß die Herrschaft der Hyksos über Ägypten nicht so verhaßt war, wie die spätere Literatur vermuten lassen könnte. Wir haben gesehen, daß ein thebanischer Fürst nicht zögerte, eine Hyksosprinzessin zu heiraten, und man muß betonen, daß die Hyksos, weit davon entfernt, die durch ägyptische Quellen beschriebenen Barbaren zu sein, den Bau von Tempeln und andern Gebäuden unternahmen. Die Statuen, Stelen und die anderen Kunstwerke ihrer Epoche besitzen nicht die Schönheit der Meisterwerke des Mittleren Reiches, sind jedoch künstlerisch keineswegs minderwertig. Die Kunst der Zweiten Zwischenzeit kannte nicht den starken Niedergang, der

die Kunst der Ersten Zwischenzeit kennzeichnet. Schließlich und vielleicht vor allem verdanken wir der Hyksoszeit einige der besten Kopien literarischer und wissenschaftlicher Werke, wie z. B. den ›Mathematischen Papyrus Rhind‹, der in das Jahr 33 des Apophis datiert wird, oder den berühmten ›Papyrus Westcar‹, oder auch die ›Hymne auf das Diadem‹ (Papyrus Golenischeff). Es scheint demnach, daß die Hyksoskönige das geistige Leben eher förderten.
Wenn die Hyksos den Ägyptern auch viel nahmen, so brachten sie ihnen doch zwei wesentliche Dinge, wie W. C. Hayes es mit Nachdruck unterstreicht: Sie befreiten sie endgültig von dem Überwertigkeitskomplex, der sie dazu veranlaßte, sich in ihrem Tal sicher und ihren Nachbarn überlegen zu fühlen, und außerdem brachten sie sie in engen Kontakt mit den Asiaten, zu denen sie selbst gehörten. Dank den Hyksos bildeten sich unzählige Bande des Blutes, der Kultur, selbst der Philosophie zwischen dem Niltal und dem asiatischen Nahen Osten, Bande, die von den Pharaonen des Neuen Reiches nicht abgeschnitten, sondern im Gegenteil verstärkt wurden. Andere mehr praktische Neuerungen begleiteten die Hyksosherrschaft in Ägypten: Das Pferd war in Mesopotamien und vielleicht auch in Ägypten vor der Hyksoszeit bekannt, doch die Hyksos waren es, die seine Verwendung mit einer stärkeren Rüstung verbreiteten. Weit davon entfernt, ein Unglück ohne Beispiel zu sein, war die Invasion der Hyksos in gewissem Sinne eine Quelle der Bereicherung für Ägypten, dem sie die materiellen Mittel verschafft hat, das zu erobern, was das Ägypten des Neuen Reiches sein wird (W. C. Hayes).

DAS KÖNIGREICH THEBEN UND DIE VERTREIBUNG DER HYKSOS (XVII. DYNASTIE, 1650–1567)

Die XVII. Dynastie, der es gelingen wird, das Hyksosjoch endgültig abzuschütteln, besaß wirkliche Unabhängigkeit und Autorität über den größeren Teil Ägyptens erst unter ihren drei letzten Herrschern. Man versteht daher, daß ein so berühmter Ägyptologe wie A. H. Gardiner ganz kürzlich hat vorschlagen können, diese Dynastie, obwohl sie mehr als 16 Pharaonen umfaßte, einfach aus den Registern der ägyptischen Geschichte zu streichen. Es wäre jedoch ungerecht, dies zu tun. Selbst wenn sie in der Mehrzahl Vasallen waren und sogar den Hyksoskönigen treue Vasallen, so haben die Könige von Theben es dennoch verstanden, indem sie um sich die Gaue Oberägyptens reorganisierten, die ägyptische Lebenskraft zu katalysieren und so die nationale Wiedereroberung vorzubereiten.

Man sieht die ersten thebanischen Fürsten etwa um 1650 v. Chr. in Erscheinung treten, also während der Regierung eines der ersten Hyksospharaonen und als, nach Manetho und dem Turiner Papyrus, die XIII. Dynastie theoretisch noch an der Macht war. Dies zeigt zur Genüge, wie verworren die Situation damals in Oberägypten war, wo drei Mächte einander überlagerten.

Der Turiner Papyrus hatte uns, als er intakt war, die Namen von fünfzehn thebanischen Königen der XVII. Dynastie erhalten. Neun von diesen finden sich wieder in der Liste von Karnak und in andern Listen des Neuen Reiches. Die Denkmäler ihrerseits haben uns die Namen von sieben von ihnen übermittelt. Schließlich sind in der Nekropole von Theben die Gräber von sieben dieser Fürsten sowie das eines achten, den der Turiner Papyrus nicht erwähnt (W. C. Hayes), wirklich wiedergefunden worden, oder man hat ihre Existenz mit Sicherheit durch den Fund von Gegenständen oder ihre Erwähnung in den Inspektionsprotokollen der Priester der XX. Dynastie nachgewiesen. Diese Dokumente insgesamt haben es ermöglicht, die Reihenfolge der Könige der Dynastie festzulegen. Nach einem der Kompilatoren des Manetho bildeten die fünf ersten Pharaonen der Dynastie die XVI. Dynastie; diese Überlieferung ist in einigen Fällen von modernen Historikern beibehalten worden (H. E. Winlock), wir tun es nicht.

Der Turiner Papyrus hat die Herrscher der Dynastie in zwei Gruppen eingeteilt. Die erste umfaßt elf Könige. Die fünf ersten sind wahrscheinlich: Sechemre-Uahkau-Rahotep, Sechemre-Upmaat-Antef V., Sechemre-Heruhermaat-Antef VI., Sechemre-Schedtaui-Sebekemsaf II. und Sechemre-Sementauri-Djehuti (von W. C. Hayes aufgestellte Reihenfolge). Nach Djehuti zählt der Turiner Papyrus sechs weitere Könige auf, die die erste Gruppe vervollständigen; von diesen letzten sechs sind nur drei durch unabhängige Quellen bekannt. Die gesamte Gruppe scheint etwa 45 Jahre regiert zu haben, wobei die letzte Regierungszeit gegen 1605 v. Chr., zu Beginn der Regierung des Aa-user-re Apophis I., endete (W. C. Hayes).

Es ist wahrscheinlich, daß das von den thebanischen Königen beherrschte Territorium nicht über die ersten acht Gaue Oberägyptens, von Elephantine bis nach Abydos, hinausging. Die andern Gaue wurden von den Nachfolgern der XIII. Dynastie regiert. Nordnubien ist von nun an, obwohl es mit Südägypten gute Beziehungen unterhält, unabhängig und bildet das von einer sudanesischen Familie, zu der ein gewisser Nedjeh gehört, regierte Königreich Kusch. Die Hauptstadt dieses neuen Königreichs ist Buhen. Es unterliegt dem Einfluß der Zivilisation von Kerma. Dieses hat sich südlich des 2. Kataraktes ausgedehnt; doch man weiß nicht, ob es ein politisch geeintes Königreich darstellt oder eine einfache Vereinigung von Fürstentümern. Der Norden Ägyptens wird direkt von den Hyksospharaonen verwaltet, die dem gesamten Land Steuern auferlegen, das sich so als vollkommen abhängig von der Hyksosmacht bekennt.

Innerhalb der Grenzen der Gaue, die sie kontrollieren, organisieren sich die thebanischen Fürsten, um den Schwierigkeiten zu begegnen, die ihnen die asiatische Macht im Norden und die der neuen Herrscher von Kusch im Süden bereiten. Wenn die Existenz der letzteren auch nicht die für das Wirtschaftsleben des thebanischen Gebiets unerläßlichen Lieferungen an Holz vom Libanon, an Kalkstein aus der Region von Kairo, von Ebenholz, Elfenbein und Gold aus dem Süden unterbindet, so wird der Transport dieser Produkte zumindest scharf überwacht. Auch verwenden die Thebaner soweit wie möglich die ihnen zur Verfügung stehenden Stoffe, und es gelingt ihnen so, einen in der Tradition der XII. Dynastie gewiß provinziellen, aber kraftvolleren Stil zu entwickeln, in dem man die Energie zu spüren glaubt, die die Wiedereroberung des nationalen Territoriums ermöglichen wird.

Die Gräber dieser Könige ahmten noch die Form der Pyramiden nach, wie es das Inspektionsprotokoll der XX. Dynastie zeigt, einer Zeit, da diese Pyramiden noch existierten. Sie scheinen aus Rohziegeln erbaut zu sein, über einer in den Felsen gehauenen Grabkammer. Die Königssarkophage sind aus Holz – oft aus Sykomorenholz – und von einem sehr speziellen Typus (*rishi*-Sarkophage, wörtlich »mit Federn«, wegen eines charakteristischen Elements ihrer Verzierung). Das geistige Leben scheint sehr aktiv gewesen zu sein, zumindest jenem ebenbürtig, das die Hyksos im nördlichen Teil Ägyptens protegierten. So hat man aller Wahrscheinlichkeit nach in dem Sarkophag Antefs V. den berühmten Papyrus Prisse gefunden, der sich heute in der Nationalbibliothek Paris befindet. Die Maximen des Ptahhotep, die das Thema dieses Papyrus bilden, scheinen sehr populär gewesen zu sein unter der XVIII. Dynastie, wie es die übrigen in zeitgenössischen Gräbern gefundenen Kopien zeigen.

Wie alle Ägypter waren die Pharaonen der XVII. Dynastie sehr religiös: Rahotep nahm Reparaturen im Tempel des Min in Koptos, einem der ältesten ägyptischen Heiligtümer, vor, ebenso in dem des Osiris in Abydos.

Sechemre-Upmaat-Antef V. wird manchmal Antef der Ältere genannt. Antef I. und Antef III. haben unter der XI. Dynastie giert, und Antef VI. (Sechemre-Heruhermaat-Antef) wird heute als Nachfolger Antefs des Älteren betrachtet, daher seine Nummer Antef VI. in der Liste von Hayes. Antef V. regierte nur 3 Jahre, sein Bruder Antef VI., der ihm folgte, blieb seinerseits

nur einige Monate auf dem Thron, was erklärt, warum der Turiner Papyrus ihn nicht erwähnt.
Sebekemsaf blieb sechzehn Jahre an der Macht. Dies ist die längste Regierung der Dynastie, und das Inspektionsprotokoll seines Grabes, das unter Ramses IX. geplündert wurde, nennt ihn den »großen Herrscher«. Man hat behauptet, er sei es gewesen, der die Hyksos im Norden von Cusae zurückschlug (J. Yoyotte), doch dem wird widersprochen durch den Titel des Papyrus Rhind selbst, der besagt, daß die Souveränität des Hyksoskönigs in Theben noch bis zum Jahre 33 des Auserre-Apophis anerkannt wurde (W. C. Hayes), d. h. bis zu der Regierung des elften Nachfolgers des Sebekemsaf.
Auf Sebekemsaf folgt, so scheint es, Djehuti. Sein Name ist in Deir, nördlich von El Ballas, wiedergefunden worden. Er wird in der Liste von Karnak erwähnt, obwohl er nur ein Jahr regiert hat. Er wurde gefolgt von Mentuhotep VI. (die Mentuhotep I. bis V. sind Herrscher der XI. Dynastie; in Wirklichkeit waren es nur drei, doch um Verwirrung zu vermeiden, sind die Zahlen IV und V von den modernen Historikern nicht wiederaufgenommen worden).
Mentuhotep VI. regierte nur ein Jahr und wurde abgelöst von Seuadjenre-Nebirieraut I., der sechs Jahre regierte. Er ist besonders bekannt durch ein wichtiges Denkmal, das in dem von Säulen getragenen Saal des Tempels von Karnak wiedergefunden wurde. Es handelt sich um ein juristisches Dokument, das im Jahre 1 des Herrschers von einem gewissen Kebsy für einen seiner Verwandten aufgesetzt wurde. Durch schriftliche Schenkung übereignet Kebsy sein Nomarchenamt von El Kab, um eine Schuld von 60 ›Deben‹ Gold (etwa 5,5 kg) abzutragen. Der Text informiert uns über die Verwaltungsorganisation des thebanischen Königreiches, in dem der Wesir weiter eine wichtige Rolle spielt. Er unterrichtet uns vor allem, daß die Regierung des Nebirieraut etwa drei Generationen nach der des Merhetpre-Ini der XIII. Dynastie liegt, der gegen 1680 regiert haben muß; das würde die Regierung des Nebirieraut I. um das Jahr 1620 v. Chr., also etwa fünfzig Jahre vor das Ende der Dynastie legen.
Die erste Herrschergruppe der XVII. Dynastie endet mit den Regierungen der vier Pharaonen, von denen wir durch den Turiner Papyrus kaum mehr als die Namen kennen.
Die zweite Gruppe umfaßt fünf Herrscher, deren Namen auf dem Turiner Papyrus fehlen, doch es besteht kein Zweifel, daß die letzten drei die »Befreier« Ägyptens waren: Sekenenre-Taa I. »der Ältere« oder »der Große«, Sekenenre-Taa II., »der Tapfere«, und Uadjcheperre-Kamose. Es müssen also nur noch die beiden ersten Herrscher der Gruppe in eine chronologische Rei-

henfolge gebracht werden. Es scheint, daß man an die erste Stelle Nub (oder Neb)cheperre-Antef VII. setzen muß, dem ein gewisser in der Liste von Karnak erwähnter Senachtenre folgt. Die Reihenfolge der letzten drei Könige, die wir oben aufgezählt haben, wird bestätigt durch die Denkmäler.

Man hat lange geglaubt, die in einem Dekret von Koptos, datiert mit dem Jahr 3 Antefs VII., erwähnten »Feinde« bezeichneten die Hyksos, und daß infolgedessen der Befreiungskrieg unter diesem Pharao begonnen habe. Man weiß jetzt, daß diese Feinde nur Zauberstatuetten waren, die im Tempel von Koptos von einem gewissen Teti gestohlen wurden. Der Text bleibt jedoch wichtig durch das Bild, das er uns von den politischen Verhältnissen in Oberägypten unter der Regierung Antefs VII. vermittelt. »Jeder König von Oberägypten und jeder Führer, der sich ihm (dem Schuldigen, Teti) gegenüber mitleidig zeigt, wird nicht die weiße Krone (von Oberägypten) erhalten, noch die rote Krone (von Unterägypten) aufsetzen können; er wird sich nicht auf den Thron des Horus der Lebenden setzen können, und die beiden Göttinnen (Uadjet und Nechbet) werden ihnen nicht gnädig sein wie jenen, die sie lieben. Und jeder Offizier und jeder Beamte, der zu seinen Gunsten beim König sprechen wird, dessen Leute, Güter und Felder werden meinem Vater Min, dem Herrn von Koptos, als Eigentum gegeben werden.« (Zitiert nach J. Vandier.) Dieser an den Bürgermeister-Nomarchen von Koptos, der auch Befehlshaber des Heeres ist, und an den Schreiber des Tempels sowie an die gesamte Garnison der Stadt und an die gesamte Priesterschaft des Tempels gerichtete Text scheint zu zeigen, daß es unter Antef VII. noch lokale ›Könige‹ und ›Potentaten‹ gab. Diese Dynasten, ob sie nun gewählt worden waren oder ob sie sich selbst ernannt hatten, besaßen gewiß nicht die Unabhängigkeit, die man ihnen oft zuschrieb. Der König von Theben mischte sich in ihre Angelegenheiten ein, wie das Dekret beweist. Dies zeigt, wie die Macht Thebens sich allmählich festigte. Oberflächlich gesehen, erinnert die Situation in Oberägypten ein wenig an das, was in der Ersten Zwischenzeit geschah, als die ›Nomarchen‹ praktisch unabhängig waren und sich untereinander als Gleichgestellte verbünden konnten, um einen Prätendenten zurückzuweisen oder zu begünstigen. Unter Antef VII. ist die Macht ebenfalls zerstückelt, doch die Nomarchen haben nicht mehr die Möglichkeit, sich miteinander zu verbünden, sie werden von den Fürsten von Theben beherrscht, und sie schließen sich ihnen an, als der Krieg mit den Hyksos in Unterägypten ausbricht (J. Vandier).

Nebcheperre-Antef VII. ist bekannt durch die Monumente, die er sowohl in Koptos wie in Abydos und in El Kab errichtete. Sein Grab ist in Dra-Abul'Nagga, im Nordteil der thebanischen

Nekropole, wiedergefunden worden. Ein Inspektionsprotokoll der XX. Dynastie informiert uns, daß es noch unter Ramses II. intakt war. Später wurde es geplündert; doch als man die Grabhöhle säuberte, fand man nahe dem Ort, an dem die königliche Mumie sich befand, zwei Bogen und sechs Pfeile, stumme Zeugen der kriegerischen Betätigung des Königs, an die in Karnak durch die Darstellung von nubischen und asiatischen Gefangenen mit seinem Namen erinnert wird. Neue Funde in Mirgissa zeigen, daß er in Beziehungen zu der Bevölkerung Südnubiens (Kerma) stand, ob er sie nun besiegt oder als Söldner gedungen hatte. Wahrscheinlich unter seiner Regierung wurde jener unter dem Namen ›Harfnerlied‹ bekannte Text endgültig fixiert, dessen ferner Ursprung zweifellos in die Erste Zwischenzeit zurückgeht und der in der Folge berühmt wurde. Eine alte Quelle nennt ihn den Gesang, der in dem Grab des Königs Antef ist, vor dem Harfensänger (Text zitiert nach W. C. Hayes) und schreibt so Antef VII., wenn es sich nicht um einen Antef der XI. Dynastie handelt, die Vaterschaft an dem Werk mit seinen trotz ihres Hedonismus noch heute bewegenden Akzenten zu:

»Die Generationen folgen einander und andere erscheinen seit der Zeit der Vorfahren.
Die Götter, die einstmals lebten, ruhen (jetzt) in ihren Pyramiden . . .
Und diejenigen, die Häuser bauten, ihr Platz existiert nicht mehr.
Sieh, was aus ihnen geworden ist.
Ich habe die Worte des Imhotep und des Hordjedef gehört, deren Menschen soviel Gutes sagen.
Wo sind sie (jetzt)?
Ihre Häuser sind zerstört und ihre Gräber sind nicht mehr, als hätten sie nie existiert.
Niemand kommt von dort zurück,
Um uns zu sagen, was aus ihnen geworden ist,
Um uns zu sagen, was sie nötig haben,
Um unsere Herzen zu beruhigen,
Bis zu dem Tage, an dem wir aufbrechen nach dort,
wohin sie gegangen sind . . .
Tu, was du wünschst, solange du lebst . . .
Refrain: Feire Feste und werde dessen nicht müde.
Gewiß, niemand nimmt seine Güter mit sich,
Gewiß, niemand, der geht, kommt zurück.«

Senachtenre ist nur bekannt durch die Königslisten, kein Denkmal hat sein Andenken bewahrt, obwohl seine Existenz und sein Platz in der Reihenfolge der Könige sicher sind.

Die Existenz der beiden Könige, die den gleichen Namen Sekenenre-Taa trugen, ist durch den Papyrus Abbot nachgewiesen, der das Inspektionsprotokoll ihrer Gräber erhalten hat und hinter dem Namen des zweiten sagt: »was einen zweiten König Taa ergibt.« Sekenenre-Taa II. wird in der Reihe von Dokumenten gleichzeitig mit seinem vollständigen Namen und mit seinem Beinamen »der Tapfere« benannt. Wenn andere Texte ihn einfach Sekenenre nennen, so ist dies die von dem Papyrus Sallier I in dem Bericht über den ›Streit zwischen Apophis und Sekenenre‹ verwendete Form. Die Präambel dieses berühmten Textes informiert uns über die Situation Ägyptens in jener Zeit: »Doch es geschah, daß das Land Ägypten im Elend war, und es gab keinen Herrn als König d(ies)er Zeit. Und es geschah, daß dann der König Sekenenre Regent der Stadt des Südens (Theben) wurde. Doch das Elend herrschte in der Stadt der Asiaten, während der Fürst Apophis in Auaris war. Das ganze Land machte ihm Opfergeschenke mit seinen Tributen ...« (Nach Übers. G. Lefebvre). Wenn die Erwähnung des Elends im Delta vielleicht nur Übelwollen des Autors der Erzählung gegenüber den Hyksoskönigen bezeugt, so beläßt die beschriebene Situation dennoch keinen Zweifel darüber, daß Sekenenre im Süden nur ein Vasall des Hyksoskönigs war, der von Auaris aus zumindest nominell das ganze Land regierte, das ihm Tribut zahlte. Diese Vasallenschaft wird bestätigt am Ende des Berichts durch die Haltung des Sekenenre gegenüber dem Botschafter des Apophis, dem er »alle guten Sachen, Fleisch, Kuchen« geben läßt und zu dem er sagt: »Kehre zurück zu dem König Apophis. ›Was du ihm (für: mir) sagst, ich werde es tun.‹ So wirst du sagen.«
Die Feindseligkeiten zwischen thebanischen Fürsten und Hyksoskönigen können erst während der Regierung des Sekenenre-Taa II. begonnen haben. Dieser hatte seine Schwester Ahhotep geheiratet. Beide waren Kinder des Sekenenre-Taa I. und seiner Gattin Teti-Scheri, die bis zu Anfang der XVIII. Dynastie gelebt zu haben scheint, denn ihr Urenkel Ahmose ließ ihr bei ihrem Tode eine Totenkapelle erbauen, die er mit den Hyksos in Unterägypten wiederabgenommenen Domänen dotierte. Ahhotep überlebte, wie Teti-Sheri, ihren Gatten. Auch sie starb unter der Regierung ihres Sohnes Ahmose. In ihrem Grab sind Prunkwaffen von ausgezeichneter Arbeit gefunden worden. Taa II., der »Tapfere«, starb im Alter von etwa dreißig Jahren, wie die Autopsie seiner von Degenstichen durchbohrten, in Deir el-Bahari wiedergefundenen Mumie beweist. Ihm folgte auf dem Thron sein Sohn Kamose, der den Kampf gegen die Hyksos fortsetzte.
Die Wechselfälle dieses Kampfes sind gut überliefert durch zwei ägyptische Texte, oder richtiger durch einen einzigen in zwei

Teile geteilten, von denen der erste seit langem bekannt ist, der zweite erst vor einigen Jahren entdeckt und noch nicht ganz veröffentlicht wurde.
Der erste Teil des Textes ist durch zwei Versionen bekannt: Die eine, in Hieroglyphen auf einer im Jahre 1935 gefundenen Stele im dritten Pylon von Karnak eingemeißelt, ist zeitgleich mit Kamose und stammt aus dem Jahre 3 seiner Regierung; die andere, hieratisch geschrieben auf einem Holztäfelchen (Täfelchen Carnavon Nr. I) und entdeckt 1908 bei Deir el-Bahari, stammt aus einem Grab der XVII. Dynastie. Palaeographisch geht das Carnavon-Täfelchen auf ein Datum zurück, das den von ihm beschriebenen Ereignissen sehr nahe ist; es kann gewiß nicht mehr als 50 Jahre später geschrieben worden sein (A. H. Gardiner). Wir besitzen also, ein sehr seltener Fall in der Ägyptologie, zwei literarische Dokumente, die zeitgleich sind mit den Ereignissen, die sie beschreiben. Der Text ist von hoher historischer Bedeutung und verdient, zitiert zu werden.
Nach dem Datum, ›das Jahr 3 des Kamose‹, und der Aufzählung aller Titel (Protokoll) dieses Königs, fährt er fort: »Der König, Mächtiger in Theben, Kamose, er sei mit Leben begnadet auf immer, war ein hervorragender König; (auch) Re (machte) ihn zum wahrhaften König und gab ihm in Wahrheit die Macht. Da sprach Seine Majestät in seinem Palast zu dem Rat der Großen, die zu seinem Gefolge gehören: ›Ich möchte wissen, wozu meine Stärke dient, wenn ein Fürst in Auaris ist und ein anderer in Kusch und ich gebunden bin an einen Asiaten und an einen Nubier, von denen jeder sein Stück dieses Ägypten hält? Ich kann ihn sogar nicht übergehen (um zu gehen) bis nach Memphis, das zu Ägypten gehört, weil er Hermopolis hält. Niemand ist ruhig, (jeder) erschöpft sich im Dienst für die Asiaten. Ich werde mich mit ihm messen und ihm den Bauch öffnen, (denn) es ist mein Wille, Ägypten zu befreien und die Asiaten zu schlagen.‹
(Aber) die Großen seines Rates erwiderten: ›Siehe, alle sind den Asiaten treugesinnt bis nach Cusae‹, (dann) verstärkten sie ihre Stimmen und fuhren im Chor fort: ›Wir sind ruhig in unserem Teil Ägyptens. Elephantine ist mächtig, und der mittlere Teil (Ägyptens) gehört uns bis nach Cusae. Die Menschen bebauen für uns das beste ihres Landes, unser Vieh (kann) in den Sümpfen des Deltas weiden. Man schickt uns Gerste für unsere Schweine. Unser Vieh wird nicht entführt und es gibt keinen Angriff gegen . . . Er hält das Land der Asiaten, und wir halten Ägypten. Doch (wer) zu uns käme (uns anzugreifen), wir würden uns gegen ihn erheben.‹ Doch sie mißfielen dem Herzen Seiner Majestät« (zitiert nach T. Säve-Söderbergh und A. H. Gardiner). Der Rest des Textes ist fragmentarisch. Der König

berichtet jedoch den Beginn des Kampfes zur Vertreibung aus Ägypten dessen, der das Land mit ihm teilt. Im Verlauf dieses Vorrückens gegen Norden erreicht Kamose Neferusi, das er dem Erdboden gleichmacht.

Man hat gezeigt (A. de Buck), daß die Versammlung des Rates, die sich allgemein den Wünschen des Herrschers widersetzt, ein von den ägyptischen Schreibern sehr geschätzter literarischer Kunstgriff ist. Er dient dazu, den Mut und den Scharfblick des Herrschers zur Geltung zu bringen durch Gegenüberstellung mit der Schlaffheit und Blindheit seiner Ratgeber. Selbst wenn man dieser Tatsache Rechnung trägt, sieht man, daß zu Beginn seiner Regierung Kamose wie sein Vater Sekenenre erst einen Teil Ägyptens regiert, und daß das Land immer noch großenteils unter der Autorität der Könige von Auaris steht, denn nicht nur das Delta, sondern fast ganz Mittelägypten sind in ihrer Gewalt von Memphis bis nach Cusae (ein wenig nördlich des heutigen Manfalut). Im Süden ist Nordnubien, das unter der XII. Dynastie und zweifellos auch unter der XIII. zu Ägypten gehörte, von nun an unabhängig unter dem Zepter des Königs von Kusch. Schließlich wäre die Rede des Rates nicht zu erklären, wenn sie nicht den geheimen Gedanken zahlreicher Ägypter ausdrückte. Wir haben gesehen, daß die Herrschaft der Hyksos den Ägyptern wahrscheinlich nicht so verhaßt gewesen ist, wie die Texte der XVIII. Dynastie verlauten lassen; und man hat bemerkt, daß Kamose nicht sagt, die Ägypter von Unterägypten würden von den Hyksos schlecht behandelt (T. Säve-Söderbergh).

Zu Beginn der Befreiungskriege ist zumindest ein Teil der Ägypter den Hyksos gegen die Thebaner treu geblieben. Dies wird bewiesen durch die Tatsache, daß der erste Feind, der Kamose angreift, ein Teti, Sohn des Pepi, ist, also ein Ägypter, der die Stadt Neferusi beherrscht, aus der er ein »Nest der Asiaten« gemacht hat. Die lokalen Dynastien verschwinden mit dem Vorrücken der Thebaner, und es ist wahrscheinlich, daß sie den Truppen des Südens einen gewissen Widerstand entgegensetzten, doch ein offizieller Text wie die Stele des Kamose mußte über solche Tatsachen mit Schweigen hinweggehen und dagegen nur die Begeisterung der befreiten Bevölkerung erwähnen (T. Säve-Söderbergh), obwohl es, wie wir sehen werden, einige versteckte Anspielungen auf diesen ägyptischen Widerstand gibt.

Der Text der Stele und des Carnavon-Täfelchens bricht ab, nachdem er den Beginn des Krieges gegen die Hyksos beschrieben hat, an dem auf thebanischer Seite Truppen der Medjai, d. h. Nubier, teilnahmen. Für den weiteren Verlauf der Operationen nach der Einnahme von Neferusi, etwas nördlich von Hermopolis, war man auf Mutmaßungen angewiesen, bis im Jahre 1954

die Fortsetzung des Textes des Carnavon-Täfelchens unter den Steinblöcken gefunden wurde, die als Fundament einer neben dem zweiten Pylon des Tempels von Karnak stehenden Statue Ramses' II. gedient hatten. Dieses Dokument ist in eine große, oben abgerundete Stele eingemeißelt, und man stellte nun fest, daß der Bericht über die Befreiung Ägyptens zu lang war, um auf einer einzigen Stele untergebracht werden zu können, und deshalb auf zwei Monumente verteilt worden war. Das erste war die Stele, deren Fragmente in den Jahren 1932 und 1935 wiedergefunden wurden, das zweite, in weit besserem Zustand, die 1954 entdeckte Stele, die 38 Zeilen Hieroglyphentext trägt. Dieses für die Geschichte Ägyptens so wichtige Dokument ist noch nicht ganz veröffentlicht. Im ersten Teil, nach den Beschimpfungen des Kamose gegen Apophis, die etwas an diejenigen erinnern, die die homerischen Helden vor dem Kampf austauschten, beschreibt der Text die thebanische Flotte auf der Fahrt gegen Norden und beim Erreichen der Gegend von Auaris. Kamose versichert: »Ich werde den Wein eurer Reben trinken, den die Asiaten, meine Gefangenen, für mich pressen werden.« Dies ist das Resultat eines Angriffs auf Auaris selbst, das jedoch Widerstand leistet, denn Kamose muß sich damit begnügen, sich an die Frauen zu wenden, die »von der Höhe des Palastes des Apophis die Schlacht beobachten, er versichert ihnen, daß er das Haus des Apophis zerstören, seine Bäume umhauen, seine Frauen in Gefangenschaft führen und seine Wagen in Besitz nehmen wird«. Dann zählt Kamose die Beute auf, die er im Verlauf des Angriffs gemacht hat, und endet, indem er sagt: »Ich habe ihre Städte zerstört und Feuer an ihre Behausungen gelegt, so daß sie für immer Hügel roter Erde bleiben werden, wegen des Schadens, den sie Ägypten zufügten, als sie sich, Ägypten, ihre Herrin, verstoßend, in den Dienst der Asiaten stellten« (zitiert nach Säve-Söderbergh und A. H. Gardiner).
Dies bestätigt voll die Anwesenheit von Ägyptern auf der Seite der Hyksos, doch die Stelle, die folgt, ist noch wichtiger für die politische Geschichte Ägyptens am Ende der Hyksosherrschaft (es ist wiederum Kamose, der angeblich spricht): »Ich habe einen seiner Botschafter auf der Piste oberhalb der Oase gefangen genommen, der unterwegs war nach Süden, nach Kusch, um eine (geschriebene) Botschaft abzuliefern. Darin habe ich das Folgende gefunden, geschrieben von dem Herrscher von Auaris: ›Aa-user-re, der Sohn des Re, Apophis, grüßt meinen Sohn, den Herrscher von Kusch. Siehst du nicht, was Ägypten gegen mich getan hat? Sein Herrscher Kamose der Mächtige greift mich auf meinem Territorium an, (obwohl) ich ihn nicht angegriffen habe, noch all das getan habe, was er gegen mich getan hat. Er wählte diese zwei Länder, um sie zu verwüsten, mein Land

und das deinige, (und) er hat sie zerstört. Komme, marschiere sofort nach Norden. Sei nicht entsetzt! Sieh, er ist hier bei mir, und es gibt niemand, der sich dir hier in Ägypten widersetzen kann, und (außerdem) werde ich ihn nicht gehen lassen, bevor du ankommst. Dann werden wir (uns) die Städte Ägyptens teilen und unsere (beiden) Länder werden jubeln.‹« Kamose nimmt dann, nachdem er den Inhalt der Botschaft des Apophis an den Herrscher von Kusch enthüllt hat, den Bericht wieder auf: »Er war entsetzt von mir, als ich nach Norden vorrückte, noch bevor wir uns geschlagen hatten, noch bevor ich ihn erreicht hatte. Als er mein Feuer sah, schickte er nach Kusch, jemand zu holen, der ihn retten könne. Aber ich habe sie (die Botschaft) unterwegs erwischt und abgefangen. Ich habe sie ihm zurückgeschickt, indem ich sie auf den Berg östlich gegen Atfih legte.«
In dem letzten Teil des Textes beschreibt Kamose den Schrecken, der Apophis bei der Nachricht von dem ägyptischen Feldzug erfaßte. Bevor es zu seiner Ausgangsstellung zurückkehrte, machte das Heer des Kamose noch einen Überfall auf die Oase Bahria. Es scheint, daß unter Kamose wie im Alten und im Mittleren Reich die Oasen der traditionelle Zufluchtsort der ägyptischen Rebellen waren, und dies könnte genügen, die Intervention des Kamose zu erklären; doch ein weiterer Grund könnte der Wunsch des thebanischen Fürsten gewesen sein, einen neuen Nachrichtenaustausch zwischen Kusch und Auaris zu verhindern, oder sogar eine der Zugangsstraßen zwischen dem oberen Tal des sudanesischen Nil und dem eigentlichen Ägypten zu blockieren. Die Straße der Oasen war in der Tat, noch im Mittelalter, einer der von den Nubiern benutzten Einfallswege, wenn sie in Ägypten intervenieren wollten.
Man sieht, daß die zweite Stele noch wichtiger ist als die erste. Sie zeigt die Gefahr, die für die Ägypter die Existenz einer gut organisierten Macht im Süden Ägyptens darstellte. In dieser Hinsicht wird die Lektion für die Thebaner nicht fruchtlos gewesen sein, und das Neue Reich wird nicht eher ruhen, bis Südnubien erobert und vollständig ›kolonisiert‹ ist. Der Text spielt auf einen Konflikt an, der vor dem Feldzug nach Norden zwischen Kamose und dem Herrscher von Kusch ausgebrochen sein soll. Man erkennt, ehrlich gesagt, schlecht, worauf das ägyptische Dokument anspielt. Die erste Stele von Karnak scheint, nach der Rede der Ratgeber zu urteilen, die Situation südlich von Elephantine als friedlich zu betrachten. Außerdem waren die Feldzüge gegen die Hyksos von ägyptischer Seite nur mit der Hilfe nubischer Söldner möglich, die im Heer des Kamose zahlreich waren. Man kann sich schlecht vorstellen, daß der König von Kusch seine Untertanen sich in den Dienst eines ihm feindselig gesinnten Herrschers begeben läßt. Muß man annehmen, daß

Apophis, wenn er von »allem, was er gegen dich getan hat« spricht, nur die nubischen Feldzüge der Vorgänger des Kamose unter der XII. Dynastie meint? Die im sudanesischen Nubien im Gang befindlichen Grabungen werden vielleicht eine Antwort auf diese Frage geben. Bei dem augenblicklichen Stand unserer Kenntnisse sind die Beweise für einen Konflikt zwischen Kamose und dem Herrscher von Kusch höchst schwach.

Der kürzlich in Karnak entdeckte Text enthüllt uns einen zweiten wichtigen Punkt: Es ist die Fortsetzung des Berichts über den Feldzug, der in dem ersten Text mit dem Erreichen von Neferusi abgebrochen war. Die Ägypter drangen tief in das Territorium der Hyksos ein, denn sie gelangten bis vor die Mauern von Auaris. Doch die Thebaner waren noch nicht stark genug, um sich in dieser Region zu behaupten, und das Heer zog sich auf seine Ausgangsbasis zurück. Immerhin ist die Nordgrenze vorgeschoben, sie scheint jetzt durch Atfih, am Zugang zum Fayum in der Nähe von Memphis, zu verlaufen, wie die Stelle des Textes besagt, an der der Botschafter des Apophis an den König von Kusch zum Hohn auf der Grenze der beiden Staaten ausgesetzt wird. Von hier aus werden zweifellos die Feldzüge des Nachfolgers des Kamose, Ahmose, ihren Ausgang nehmen, wie die Biographie des Ahmose, des Sohns des Abana, uns vermuten läßt. Diese Feldzüge dauerten lange, und noch während mehrerer Jahre spielten sich die Kämpfe zwischen Hyksos und Thebanern auf ägyptischem Territorium ab, doch hier treten wir in die Geschichte des Neuen Reiches ein.

Die zweite Stele von Karnak hat schließlich das immense Verdienst, unsere historischen Kenntnisse über das Ende der Zweiten Zwischenzeit zu erhellen. Bis zum Beginn der Regierung des Apophis ist Ägypten ganz in den Händen der Hyksos. Sekenenre-Taa II., der »Tapfere«, bleibt während seiner ganzen Regierung Vasall des Apophis, denn sein Sohn befindet sich zu Beginn seiner eigenen Regierung in der gleichen Situation wie er. Also erst nach dem Jahr 3 und nach der Wiedereroberung Ägyptens bis Atfih wird Kamose wirklich König von Ägypten, und von diesem Zeitpunkt an anerkennt Apophis selbst seine Unabhängigkeit.

Als die Zweite Zwischenzeit mit dem Verschwinden des Kamose und mit der Thronbesteigung des Ahmose endet, ist das ägyptische Territorium noch nicht ganz befreit, doch die Autorität des Pharao ist in ihm genügend gefestigt, um die Titel des Kamose zu rechtfertigen, der die vollständige Titulatur der großen Pharaonen der XII. Dynastie wieder annimmt. Er hat einiges Recht, so scheint es, sich sein eigenes Lob zu singen, wie wir es in einem seiner Protokolle lesen können: »Der gute Gott, der Herr der Riten, Uadjcheperre. Ich bin ein tapferer Fürst, Liebling des Re, der Sohn des Iah (Mondgott); das Kind des Thot und der Sohn des Re, Kamose, ewiger Sieger.« Sein auf dem Stiel eines Ebenholzfächers eingeschnitzter Horus-Name spielt auf die Wiedereroberung Ägyptens an; er nennt sich hier »Der Horus, der Ernährer des Doppellandes«. Man weiß nicht, wie er starb, und selbst die Dauer seiner Regierung ist nicht bekannt. Sein Grab war noch unversehrt unter Ramses IX., als das Inspektionsprotokoll auf dem Papyrus Abbot eingetragen wurde, doch es wurde kurze Zeit darauf bedroht, denn die Totenpriester entführten aus Furcht vor einer Schändung des Königsgrabes den Sarkophag und vergruben ihn in der thebanischen Ebene in der Nähe der Gräber der Ahhotep, seiner Mutter, und der beiden Antef. Hier wurde er im Jahre 1857 wiedergefunden. Leider zerfiel die in einem schlechten Zustand befindliche Mumie zu Staub, bevor sie von einem Archäologen untersucht werden konnte, so daß man nicht weiß, wie Kamose starb, noch das annähernde Datum seines Todes kennt. Es ist jedoch wahrscheinlich, daß seine Regierung wie die seines Vaters Sekenenre-Taa II. ziemlich kurz war. Dies scheint die Tatsache anzuzeigen, daß er von seinem Nachfolger Ahmose, seinem Sohn oder Bruder, in einem sehr einfachen Sarg beigesetzt wurde, da die Zeit zur Vorbereitung eines feierlichen Begräbnisses und zur Erstellung eines prunkvollen Grabmobiliars fehlte. Man darf nicht vergessen, daß die ägyptischen Herrscher sich noch mitten im Krieg gegen die Hyksos befanden.

Als Ägypten wiedervereinigt aus der langen, noch so wenig bekannten Krise, die wir die Zweite Zwischenzeit nennen, hervorgeht, ist die Situation nicht mehr die gleiche und wird es nicht mehr sein, wie sie im Alten und im Mittleren Reich war.
Im Süden haben sich neue Völker festgesetzt, oder die alten Bewohner haben sich organisiert und bilden eine Bedrohung für Ägypten. Im Osten hat sich das alte Gleichgewicht der Kräfte tiefgehend verändert, neue Reiche sind entstanden, der ganze Mittlere Osten ist in Gärung. Ägypten ist durch sein Delta diesem unruhigen Asien zu nahe, um sich nicht mehr für das zu interessieren, was dort geschieht. Im übrigen hat die Besetzung durch die Hyksos es bitter erfahren lassen, daß es nicht sicher war vor den ethnischen Bewegungen, und daß es nicht genügte, wie die Pharaonen der XII. Dynastie es getan hatten, Forts entlang der Grenze zu bauen, um diese vor fremder Begehrlichkeit zu schützen. Notwendigerweise wird auf den autarken, selbstgenügsamen Charakter des Alten und des Mittleren Reiches der aggressive, man ist versucht zu sagen, imperialistische des Neuen Reiches folgen. Doch um eine Rolle im Norden zu spielen, genügen die Reserven an Menschen wie an Rohstoffen des ägyp-

tischen Niltals allein nicht mehr. Die Hyksos benutzten am Ende ihrer Besetzung gegen die Ägypter alle ihnen zur Verfügung stehenden neuen Hilfsmittel, Streitwagen sowie zahlreiche tödlichere Waffen, und die thebanischen Herrscher konnten mit ihnen nur fertig werden, indem sie in großem Maßstab afrikanische Söldnertruppen verwendeten.
Um diese Zeit tauchen in Ägypten, zwischen Assiut und Assuan, also im Herzen des von den thebanischen Fürsten kontrollierten Gebietes, neue Bevölkerungsgruppen auf, die aus mit negroiden Elementen vermischten Hamiten zu bestehen scheinen. An mehr als fünfzehn Orten Oberägyptens hat man für diese Bevölkerungsgruppen charakteristische Friedhöfe wiedergefunden. Die Gräber sind rund oder oval und flach ausgeworfen; sie haben diesen Menschen den Namen des Volkes der *Pan-graves* eingebracht, da diese Gräber die Form eines Bratpfannenbodens haben (englisch: *pan*).
Die Kultur dieser Völker war, nach dem in den Gräbern gefundenen Mobiliar, eng verwandt mit der von Kerma und der Gruppe C. Der manchmal mit Lederkleidung bedeckte Leichnam liegt in gekrümmter Haltung auf der rechten Seite, mit dem Kopf nach Norden und den Blick nach Westen gewandt. Die Töpferware besteht fast ausschließlich aus tiefen, roten oder schwarzen Schalen, oder vor allem aus schwarzen mit rotem Rand und manchmal mit eingeritztem Dekor. Um das Grab herum waren mit schwarzen, roten oder blauen Farbtupfen verzierte Schädel von Hammeln oder Ziegen vergraben. Unter den dem Leichnam beigegebenen Gegenständen befinden sich zahlreiche Waffen: Äxte, Dolche, Pfeile usw. ... und manchmal ägyptische Schmuckstücke aus Gold und Silber. Man nimmt an, daß es sich in der Hauptsache um Berufssoldaten handelt, vielleicht um die Medjai, von denen die Stele des Kamose spricht: »Truppen der Medjai wachten auf dem Dach der Kabinen (der Schiffe), um die Asiaten zu erspähen und ihre Anlagen zu zerstören.« Diese Söldner erscheinen in Ägypten gegen Ende der XIII. Dynastie. Man hat lange geglaubt, die Völker der Pan-graves seien die Nomaden der östlichen Wüste, verwandt mit der seßhaften Bevölkerung des oberen Niltals, doch verschieden von ihr. Man nahm auch an, daß vor allem ihre Töpferware und ihre Bestattungsriten, obwohl mit denen der Gruppe C verwandt, von ihnen verschieden waren. Die neuesten im sudanesischen Nubien durchgeführten Grabungsarbeiten scheinen, wenn nicht diese Ansichten zu widerlegen, so doch mindestens eine neue Betrachtung des Problems zu fordern. Die gravierte Töpferware der Pan-graves scheint in der Tat viel mehr, als man glaubte, der jener Gräber verwandt zu sein, die auf das Ende der Gruppe C zurückgehen, und man hat auch in der Um-

gebung der nubischen Gräber dieser Epoche bemalte Tierschädel gefunden, die den in Ägypten gefundenen der Pan-graves ähneln. Es ist also nicht ausgeschlossen, daß die Bevölkerungsgruppen der Pan-graves, die am Ende der XIII. Dynastie in Ägypten erscheinen, Nachkommen der Bevölkerung der nubischen Gruppe C und der XII. Dynastie sind. Wenn diese Tatsache sich bestätigt, bestanden die von den thebanischen Herrschern verwendeten Söldner nicht ausschließlich aus Medjai, Nomaden der Wüste, sondern auch aus Nehesiu des Tales. Das Problem berührt sich so mit dem der Beziehungen zwischen dem unabhängigen Königreich Kusch und dem Fürstentum Theben. Wenn der König von Kusch zweifellos nur wenig Autorität über die Medjai-Nomaden der umliegenden Wüsten besaß, so traf das nicht für die Seßhaften des Tales zu. Die Anwesenheit von kuschitischen Söldnern in Ägypten könnte auf gute Beziehungen zwischen Kusch und dem thebanischen Ägypten schließen lassen.
Wie es auch mit diesem wichtigen Problem, das die alte Geschichte Afrikas berührt, bestellt sein mag, es ist offensichtlich, daß die Ägypter, um mit den Hyksos, die ihre technische Kraft aus Asien schöpften, fertig zu werden, weitgehend auf das afrikanische Hinterland zurückgriffen, und so kam es, daß »der Befreiungskrieg den Eindruck eines Kampfes zwischen Asien und Afrika vermittelt« (Säve-Söderbergh). Dieses Ereignis ist höchst folgenschwer: Es wird den Verlauf der ägyptischen Geschichte vollkommen ändern.
Als sie im Jahre 2000 v. Chr. die Macht übernahmen, richteten die thebanischen Herrscher der XII. Dynastie ihre Hauptstadt sehr nahe dem Delta ein, um das gesamte Ägypten beherrschen zu können. Die Herscher der XVIII. Dynastie werden, nachdem sie das ganze Niltal wiedererobert haben, Theben als Hauptstadt behalten. Hierfür gibt es einen offensichtlichen Grund: Nur die Hilfsquellen des oberen afrikanischen Niltals konnten es den Ägyptern ermöglichen, die Rolle einer Großmacht zu spielen, denn hier konnten sie Holz, Kupfer, Gold und vor allem unerschöpfliche Menschenreserven finden. Doch um zu erobern, zu kolonisieren und diese Gebiete zu beherrschen, mußte die Hauptstadt der Grenze am 1. Katarakt so nahe wie möglich sein; das Delta ist zu weit entfernt. Es ist kein Zufall, wenn der Wahl Thebens als Hauptstadt die Eroberung des Sudan bis zum 4. Katarakt entspricht: Aus diesem Gebiet schöpfte Ägypten den Hauptteil seiner wirtschaftlichen und militärischen Stärke. Von nun an steht Ägypten vor einem Dilemma. Um seine Besitzungen im Delta und im Nahen Osten zu verteidigen, die ständig durch die asiatischen Reiche bedroht waren, mußte es hier seine Kräfte massieren und seine Hauptstadt nach

Unterägypten verlegen, doch indem es dies tat, entfernte es sich von seinen Südprovinzen und lief Gefahr, diese Gebiete zu verlieren, die ihm doch die Elemente seiner Stärke lieferten. Während rund drei Jahrhunderten wird es den Pharaonen gelingen, die faktische Einheit eines Reiches zu erhalten, das sich vom Libanon bis zum Sudan erstreckt, dann wird das Gebäude zusammenstürzen, und die Macht wird sich von neuem spalten. Unterägypten wird Dynastien erleben, ähnlich jenen Oberägyptens und des Sudans. Die Geschichte der Zweiten Zwischenzeit ist im Grunde die Geschichte des Zerfalls der ägyptischen Macht; der Unterschied zu späteren Epochen liegt jedoch darin, daß Ägypten nach der XVIII. Dynastie eine neue *Akme* erlebt, während es nach der XXV. und der XXVI. Dynastie zum endgültigen Zusammenbruch einer großen Zivilisation kommt.

Anmerkungen

1 Als Chalkolithikum bezeichnet man eine Entwicklungsstufe, in der neben überwiegender Verwendung von Steinwerkzeugen auch schon Metallgeräte benutzt worden sind.

2 Hohe Beamte, nach denen in Assyrien, nicht dagegen in Babylonien, die Jahre benannt wurden. Ursprünglich durch das Los bestimmt, wurden die Eponymen später in einer bestimmten Reihenfolge ernannt. Auch die Könige bekleideten das Eponymat.

3 Höhere Zeitansätze als die der ›Mittleren Chronologie‹, die für Hammurabi von Babylon bis 1930–1888 v. Chr. hinaufgehen, kommen wohl in Konflikt mit den Daten, die für die ur- und frühgeschichtliche Zeit nahegelegt werden.

4 Die ›C^{14}-Methode‹ berechnet aus der Menge des radioaktiven Kohlenstoff-Isotops C^{14}, die in den alten Resten von Holz, Holzkohle und sonstigen organischen Materialien erhalten ist, deren Alter. Die C^{14}-Daten haben zum Teil eine erhebliche Erniedrigung der Datierung ur- und frühgeschichtlicher Funde gegenüber früheren Ansätzen gebracht.

5 R. S. Solecki, *Three Adult Neanderthal Skeletons from Shanidar Cave*, Northern Iraq = Sumer, Vol. XVII, 71–96. Baghdad 1961.

6 E. Anati, *Palestine Before the Hebrews*, S. 245.

7 K. Kenyon, *Digging up Jericho*, Pl. 20–22.

8 Cl. F. A. Schaeffer, *Ugaritica* IV, 157 ff. Paris 1962.

9 J. Mellaart, *Excavations at Çatalhüyük* = Anatolian Studies, Vol. XI, 57–65; Pl. XIV–XVIII. London 1962.

10 A. J. Tobler, *Excavations at Tepe Gawra.* Vol. II, 41 ff. Philadelphia 1950; M. E. L. Mallowan und J. C. Rose, *Excavations at Tell Arpachiyah* = Iraq, Vol. II, 22 ff. London 1935; S. Lloyd und F. Safar, *Tell Hassuna* = Journal of Near Eastern Studies, Vol. IV, 272; fig. 28. Chicago 1945; C. L. Woolley, *Prehistoric Pottery of Carchemish* = Iraq, Vol. I, 147 ff.; fig. 1. London 1934.

11 Plinius, *Naturalis Historia* (Editio Teubneriana) VI, 26, 122; vgl. XVIII 162.

12 Befestigter Wohnsitz arabischer Stammesführer.

13 D. Stronach, *Excavations at Ras al 'Amiya* = Iraq, Vol. XXIII, 95 ff. London 1961.

14 P. Delougaz, *Pottery from the Diyala Region* = University of Chicago Oriental Institute Publications, Vol. LXIII, 23. Chicago 1952.

15 S. N. Kramer, *Sumerische Literarische Texte aus Nippur* = Texte und Materialien der Hilprecht-Sammlung, Neue Folge Bd. III, 10 f. Berlin 1961.

16 H. Helbaek, *Ecological Effects of Irrigation in Ancient Mesopotamia* = Iraq, Vol. XXII, 186–196. London 1960.

17 Im Akkadischen heißt der Rohasphalt *ittû,* das ist ›das aus Hīt kommende (Material)‹.

18 S. Lloyd und F. Safar, *Eridu* = Sumer, Vol. IV, 118; Pl. V. Baghdad 1948.

19 H. Lenzen, *XIV. Vorläufiger Bericht über die ... Ausgrabungen in Uruk-Warka,* 26; Tf. XLIII a. Berlin 1958.

20 S. Lloyd und F. Safar, *Eridu* = Sumer, Vol. IV, 118; Pl. IV, Baghdad 1948.

21 Ch. M. Otten, *Note on the Cemetery of Eridu* = Sumer, Vol. IV, 125–127. Baghdad 1948.

22 C. S. Coon, *The Eridu Crania. A Preliminary Report* = Sumer, Vol. V, 103–106. Baghdad 1949.

23 L. Le Breton, *The Early Periods at Susa, Mesopotamian Relations* = Iraq, Vol.. XIX, 81 ff. London 1957.

24 A. Moortgat, *Entstehung der sumerischen Hochkultur* = Der Alte Orient, Bd. XLIII, 37 ff. Leipzig 1945; A. L. Perkins, *The Comparative Archaeology of Early Mesopotamia* = Studies in Ancient Oriental Civilization, Nr. 25, 46 ff. Chicago 1949.

25 S. Lloyd, *Tell Uqair* = Journal of Near Eastern Studies, Vol. II, 135 ff. Chicago 1943.

26 E. Heinrich, *Kleinfunde aus den Archaischen Tempelschichten in Uruk,* 15–28; Tf. II–XIV. Leipzig 1936.

27 H. Lenzen, *XIV. Vorläufiger Bericht über die ... Ausgrabungen in Uruk-Warka,* 37; Tf. XLII a. Berlin 1958; ders., *XVI. Vorläufiger Bericht über die ... Ausgrabungen in Uruk-Warka,* 37 ff.; Tf. XVII bis XVIII. Berlin 1960.

28 H. Lenzen, *Ein Marmorkopf der Dschemdet Nasr-Zeit aus Uruk* = Zeitschrift für Assyriologie und Vorderasiatische Archäologie, Neue Folge Bd. XI, 85–87. Berlin 1939.

29 E. Heinrich, *Kleinfunde aus den Archaischen Tempelschichten in Uruk,* 17 ff.; Tf. IV b–XIII. Leipzig 1936.

30 E. Heinrich, a. a. O., 15–17; Tf. II–IV a; XXXVIII.

31 A. Falkenstein, *La cité-temple sumérienne* = Cahiers d'histoire mondiale I (1954), S. 748–814.

32 H. Frankfort, *Cylinder Seals,* Pl. III d. London 1939.

33 E. A. Speiser, *Excavations at Tepe Gawra.* Vol. I, 145 ff. Philadelphia 1935.

34 M. E. L. Mallowan, *Excavations at Brak and Chagar Bazar* = Iraq, Vol. IX, 31 ff. London 1947.

35 Th. Jacobsen, *The Sumerian King List* = Assyriological Studies, No. 11, 76. Chicago 1939.

36 Diese Dreiteilung geht ebenso wie der Ausdruck ›frühdynastisch‹ *(Early Dynastic)* auf Henri Frankfort zurück.

37 Diese Datierung ist Arbeitshypothese. Die Möglichkeit, statt dessen nach der sog. Kurzchronologie das Hammurabi-Datum als 1728 bis 1687 anzusetzen, steht nach wie vor offen.

38 Die Diskussion der Chronologie der Dynastie von Akkade s. unten S. 95 ff.

39 Zur Diskussion der Terminologie s. unten S. 168.

40 Die meisten Geschichtsdarstellungen vertreten als konventionelle Lesung des Namens die Form Mesilim.

41 Lesung des Namens nicht ganz sicher.

42 Das Sumerische kennt kein grammatisches Mittel, den Genusunterschied von Maskulinum und Femininum auszudrücken.

43 Th. Jacobsen, Zeitschr. f. Assyriologie, NF 18 (1957), S. 120 ff.

44 Vgl. Anna Schneider, *Die Anfänge der Kulturwirtschaft* = J. Plenge, Staatswiss. Beiträge. Heft IV. Essen 1920; A. Falkenstein, *La cité-temple sumérienne* = Cahiers d'histoire mondiale I (1954), S. 784–814.

45 Vgl. zuletzt die Diskussion bei I. M. Diakonov, *Die gesellschaftliche und staatliche Struktur des alten Zweistromlandes: Sumer.* Moskau 1959, S. 291 f. (engl. Resümee).

46 Th. Jacobsen, Zeitschr. f. Assyriologie, Neue Folge 18 (1957), S. 100, Anm. 11

47 Vgl. den alttestamentlichen Bericht von Rehabeam, I. Könige 12,6 bis 17.

48 *Eden* = sumerisch ›Steppe‹. Das ›Hoch-*Eden*‹ *(an-edena)* war ein höher gelegener Landstrich, den die Städte Uruk, Larsa, Badtibira, Umma und Zabalam umschlossen.

49 Vgl. W. F. Leemans, *Foreign Trade in Old Babylonian Times.* Leiden 1960, S. 159–166; Journal of the Economic and Social History of the Orient 3 (1960), S. 23–30.

50 Akkade ist der Name der Hauptstadt Sargons. Der nördliche Teil Mesopotamiens, dem die Stadt ihren Namen gegeben hat, heißt »Land Akkad«.

51 Die Lesung der beiden letzten Silben dieses Namens ist nicht sicher.

52 Dieser König dürfte Erridupizir oder Erriduwazir sein.

53 Siehe Th. Jacobsen, *The Sumerian King List*, S. 110 ff., Kol. VI 28 bis VIII 3.

54 Die historischen Daten über die II. Dynastie von Lagaš (s. a. oben S. 92) stammen von A. Falkenstein, der dem Autor in sehr großherziger Weise das Manuskript der Einleitung seiner kritischen Ausgabe der Dokumente dieser Epoche zur Verfügung stellte und ihm erlaubte, sie hier zu verwenden.

55 Ich behalte diese Übersetzung bei, obwohl man ›Glänzende Berge‹ vorgeschlagen hat, was mir weniger sicher erscheint.

56 Über den Bedeutungswandel des Titels *Ensi* in der Akkade-Zeit siehe oben S. 108.

57 Die akkadischen Schreiber haben neue Monatsnamen eingeführt, die die Könige von Akkade, so scheint es, in dem gesamten von ihnen kontrollierten Gebiet, zumindest in Mesopotamien, durchsetzten.

58 A. Falkenstein, *Zur Chronologie der sumerischen Literatur*, in: Compte rendu de la Seconde Rencontre Assyriologique Internationale, Leiden 1952, S. 19.

59 So ist die im Archiv für Orientforschung 10, S. 281 veröffentlichte Inschrift zu lesen, zu der es neuerdings ein Duplikat gibt (Iranica Antiqua 2, S. 163 Nr. 29); KAL ist das Sumerogramm für *dannum*; es darf nicht an den Namen angehängt werden, der Elul lautet (Variante von Elulu in der Königsliste).

60 Dies ist vielleicht die elamitische Lesung des Namens, den man auf akkadisch *Puzurinšušinak* schrieb.

61 Lullu, Lullubu/Lullubi, später auch Lullume (und selbst Nullu) sind Varianten ein und desselben einheimischen Völkernamens.

62 Th. Jacobsen, Journal of the Am. Oriental Society 59 (1939), S. 495, Anm. 26.

63 Im Reich von Akkade ist der Brauch aufgekommen, Jahre nach einem markanten Ereignis des laufenden oder vorhergehenden Jahres zu benennen, um bei der Datierung von Urkunden einen zeitlichen Fixpunkt zu gewinnen. Die Jahresdaten einzelner Herrscher oder ganzer Dynastien wurden zu Listen zusammengefaßt. Jahresdaten hat man in Babylonien, im Dijāla-Gebiet und am mittleren Euphrat bis etwa Ende der I. Dynastie von Babylon verwandt. Später datierte man nach Regierungsjahren nach dem Muster ›Jahr 1, König NN‹. Zur Eponymendatierung in Assyrien s. oben S. 19 und Anm. 2.

64 Lesung des Namens *Šid-tab* nicht ganz sicher.

65 Vgl. H. J. Lenzen, *Die Entwicklung der Zikurrat von ihren Anfängen bis zur Zeit der III. Dynastie von Ur* = Ausgrabungen der Deutschen Forschungsgemeinschaft in Uruk-Warka 4. Leipzig 1941.

66 Das Gottesdeterminativ ist das Keilschriftzeichen für ›Gott‹, das man vor Götternamen schrieb. Steht das Determinativ vor einem Herrschernamen, so ist es Indiz für die Vergöttlichung des Herrschers.

67 Zur Dumuzi-Frage vgl. A. Falkenstein, Compte rendu de la IIIe Rencontre assyriologique internationale. Leiden 1954, S. 41–65.

68 Vgl. R. D. Barnett, Journal of Hellenic Studies 83 (1963), S. 20 f.

69 Vgl. W. W. Hallo, *A Sumerian Amphictyony*, in: Journal of Cuneiform Studies 14 (1960), S. 88–114.

70 Bisher sind an die 18 000 Tontafeln aus der Ur III-Zeit veröffentlicht. Die Zahl unveröffentlichter Tafeln in den Museumsmagazinen beträgt das Mehrfache.

71 Vgl. T. B. Johns – J. W. Snyder, *Sumerian Economic Texts from the Third Dynasty of Ur*. Minneapolis 1961, S. 249–279.

72 Geratene Übersetzung des akkadischen Wortes.

73 Die ältesten Belege für die Übertragung des Stadtnamens Assur auf die umliegende Landschaft, akkadisch ›Land Assur‹, stammen erst aus dem 14. Jahrhundert.

74 Vgl. G. Martiny, *Die Kultrichtung in Babylonien*. 1934.

75 Zu *muškenum* vgl. unten Anmerkung 80.

76 Vgl. Annelies Kammenhuber, Zeitschr. f. vergleichende Sprachforschung (Kuhns Zeitschr.) 77 (1961), S. 162.

77 Näheres zur Einwanderung der Hethiter und den Anfängen ihrer Geschichte s. Bd. 3 der ›Fischer Weltgeschichte‹.

78 Th. Jacobsen und R. M. Adams, *Salt and Silt in Ancient Mesopotamian Agriculture*, in: Science 128 No. 3334 (1958), S. 1251–1258.

79 Für das Mitanni-Reich vgl. im einzelnen Bd. 3 der ›Fischer Weltgeschichte‹.

80 So W. von Soden, Zeitschr. f. Assyriologie Neue Folge 22 (1964), S. 133 ff. Anders F. R. Kraus, *Ein Edikt des Königs Ammi-ṣaduqa von Babylon*. Leiden 1958, S. 144–155: der *muškenum* stellt in der altbabylonischen Zeit das Gros der freien Bevölkerung dar, mit Ausnahme einer *awilum* genannten Oberschicht.

81 Vgl. hierzu F. R. Kraus, *Le rôle des temples depuis la IIIe dynastie d'Ur jusqu'à la Ire dynastie de Babylone*, in: Cahiers d'histoire mondiale I (1954), S. 518–545.

82 Wenn wir hier und früher das Wort ›Priester(in)‹ gebrauchen, ist zu betonen, daß das Sumerische und Akkadische zwar eine große Anzahl von Ausdrücken für Angehörige des Kultpersonals kennen, jedoch kein allgemeines Wort ›Priester‹.

83 W. F. Leemans, *The Old Babylonian Merchant*. Leiden 1950, S. 11 bis 21, 96, 118 f.

84 Die Übersetzung gibt den Inhalt des akkadischen Ausdrucks nur annähernd wieder. Vgl. F. R. Kraus, Genava Nouv. série 8 (1960), S. 285 f.

85 Einen weiteren, unsicheren, Fall nennt F. R. Kraus, a. a. O., S. 292.

86 Es handelt sich wohlgemerkt um die Bezugnahme auf ein für die Dauer bestimmtes Werk wie den KH, nicht um den Bezug auf königliche Rechtsverordnungen, die nur vorübergehend in Kraft waren.

87 Kassitisches Fremdwort im Akkadischen.

88 Vgl. allgemein W. VON SODEN, *Zweisprachigkeit in der geistigen Kultur Babyloniens* = Österr. Akademie der Wiss., Phil.-Hist. Klasse, Sitzungsberichte 235/1 (1960).

89 Neueste deutsche Übersetzung des Gilgameš-Epos von A. SCHOTT – W. VON SODEN (Reclam, 1958); englische Übersetzung von E. A. SPEISER in J. B. PRITCHARD (Hg.), *Ancient Near Eastern Texts Relating to the Old Testament.* 2. Aufl. Princeton 1955, S. 72–99. Zum Gilgameš-Komplex im allgemeinen s. P. GARELLI (Hg.), *Gilgameš et sa légende.* Paris 1960. Eine zusammenfassende sumerische und akkadische Literaturgeschichte steht noch aus. Für die Mythologie der Sumerer und Akkader vgl. zuletzt D. O. EDZARD, *Mesopotamien,* in: H. W. HAUSSIG (Hg.), *Wörterbuch der Mythologie.* Bd. I/1, S. 19–139.

Literaturverzeichnis

1. DIE UR- UND FRÜHGESCHICHTE DES ALTEN VORDERASIEN

a. Quellen

BRAIDWOOD, R. J. Mounds in the Plain of Antioch = University of Chicago Oriental Institute Publications. Vol. XLVIII. Chicago 1937

BRAIDWOOD, R. J. und L. S. Excavations in the Plain of Antioch. Vol. I: The Earlier Assemblages = University of Chicago Oriental Institute Publications. Vol. LXI. Chicago 1960

BRAIDWOOD, R. J. und B. HOWE. Prehistoric Investigations in Iraqi Kurdistan = Studies in Ancient Oriental Civilization. No. 31. Chicago 1960

DELOUGAZ, P. und S. LLOYD. Pre-Sargonid Temples in the Diyala Region = University of Chicago Oriental Institute Publications. Vol. LXIII. Chicago 1942

DELOUGAZ, P. Pottery from the Diyala Region = University of Chicago Oriental Institute Publications. Vol. LXIII. Chicago 1952

DU MESNIL DU BUISSON, Le Comte. Baghouz = Documenta et Monumenta Orientis Antiqui. Vol. III. Leiden 1948

EGAMI, N. The Tokyo Iraq-Iran Expedition Report 1: Telul eth-Thalathat. Vol. I. Tokyo 1958

EGAMI, N. und S. MASUDA. The Tokyo University Iraq-Iran Archaeological Expedition Report 2: Marv-Dasht I: The Excavations at Tall-i-Bakun. Tokyo 1962

EGAMI, D. und T. SONO. The Tokyo University Iraq-Iran Archaeological Expedition Report 3: Marv-Dasht II: The Excavations at Tall-i-Gap. Tokyo 1962

FALKENSTEIN, A. Archaische Texte aus Uruk. Leipzig 1936

FRANKFORT, H. Stratified Cylinder Seals from the Diyala Region = University of Chicago Oriental Institute Publications. Vol. LXXII. Chicago 1955

GARROD, D. A. E. und D. M. A. BATE. The Stone Age of Mount Carmel. London 1937

GARSTANG, J. Prehistoric Mersin – Yümük Tepe in Southern Turkey. Oxford 1953

GENOUILLAC, H. de. Fouilles de Telloh. Vol. I. Paris 1934

GHIRSHMAN, R. Fouilles de Sialk près de Kashan. Vol. I–II. Paris 1938–39

GOLDMAN, H. Excavations at Gözlü Kule, Tarsus. Vol. II. Princeton 1956

HERZFELD, E. Die vorgeschichtlichen Töpfereien von Samarra. Berlin 1930

JACOBSEN, Th. The Sumerian King List = Assyriological Studies. No. 11. Chicago 1939
JORDAN, J., NÖLDEKE, A., HEINRICH, E. und H. LENZEN. Vorläufiger Bericht über die ... in Uruk-Warka unternommenen Ausgrabungen. Bd. I–XIX. Berlin 1930–63
KOEPPEL, R. Teleilāt Ghassūl. Vol. II. Rom 1940
LANGDON, St. Pictographic Inscriptions from Jemdet Nasr = Oxford Editions of Cuneiform Texts. Vol. VII. Oxford 1928
LANGSDORFF, A. und D. E. McCOWN. Tall-i-Bakun A = University of Chicago Oriental Institute Publications. Vol. LIX. Chicago 1942
MACKAY, E. J. H. Report on Excavations at Jemdet Nasr, Iraq = Field Museum of Natural History. Anthropology Memoirs. No. III. Chicago 1931
MALLON, A., KOEPPEL, R. und NEUVILLE, R. Teleilāt Ghassūl. Vol. I. Rom 1934
MALLOWAN, M. E. L. Excavations at Brak and Chagar Bazar = Iraq. Vol. IX. London 1947
MOORTGAT, A. Vorderasiatische Rollsiegel. Berlin 1940
PARROT, A. Tello. Paris 1948
ROTHERT, H. Transjordanien, Vorgeschichtliche Forschungen. Stuttgart 1938
SCHMIDT, H. Tell Halaf, Die prähistorischen Funde. Berlin 1943
SPEISER, E. A. Excavations at Tepe Gawra. Vol. I. Philadelphia 1935
TOBLER, A. J. Excavations at Tepe Gawra. Vol. II. Philadelphia 1950
WOOLLEY, C. L. Ur Excavations. Vol. IV: The Early Periods. London 1955
ZIEGLER, Ch. Die Keramik von der Qal'a des Ḥağği Moḥammed. Berlin 1953

b. Zusammenfassende Darstellungen

ALBRIGHT, W. F. The Archaeology of Palestine = Pelican Books A 199. Harmondsworth 1949
ANATI, E. Palestine before the Hebrews. New York 1963
BITTEL, K. Grundzüge der Vor- und Frühgeschichte Kleinasiens. 2. Aufl. Tübingen 1950
BRAIDWOOD, R. J. Prehistoric Man. 5. Aufl. Chicago 1961
BRAIDWOOD, R. J. und G. R. WILLEY (Hg). Courses toward Urban Life. Chicago 1962
CHILDE, V. G. Man Makes Himself. London 1941; 1955
–, What Happened in History. Harmondsworth 1952; 1954
–, Stufen der Kultur. Von der Urzeit zur Antike (Übersetzung von What Happened in History). Stuttgart 1952
CHRISTIAN, V. Altertumskunde des Zweistromlandes. Bd. I. Leipzig 1940
EHRICH, R. W. u. a. Relative Chronologies in Old World Archaeology. Chicago 1954

FRANKFORT, H. Cylinder Seals. London 1939
GHIRSHMAN, R. Iran. Harmondsworth 1954
JIRKU, A. Die Ausgrabungen in Palästina und Syrien. Halle 1956
KENYON, K. Digging up Jericho. New York 1957
–, Archeology in the Holy Land. London 1960
LLOYD, S. Early Anatolia, The Archaeology of Asia Minor before the Greeks = Pelican Book A 354. Harmondsworth 1956
McCOWN, D. E. Comparative Stratigraphy of Early Iran = Studies in Ancient Oriental Civilization. No. XXIII. Chicago 1942; 2. Aufl. 1959
MOORTGAT, A. Frühe Bildkunst in Sumer = Mitteilungen der Vorderasiatisch-Ägyptischen Gesellschaft. Bd. XL 3. Leipzig 1935
–, Entstehung der sumerischen Hochkultur = Alter Orient. Bd. XLIII. Leipzig 1945
PARROT, A. Archéologie mésopotamienne. Vol. I–II. Paris 1946; 1953
–, Sumer. Die mesopotamische Kunst von den Anfängen bis zum XII. vorchristlichen Jahrhundert. München 1960
PERKINS, A. L. The Comparative Archaeology of Early Mesopotamia = Studies in Ancient Oriental Civilization. No. XXV. Chicago 1949
SCHARFF, A. und A. MOORTGAT. Ägypten und Vorderasien im Altertum. München 1950
SCHMIDTKE, F. Der Aufbau der babylonischen Chronologie. Münster 1952
SODEN, W. v. Sumer, Babylon und Hethiter bis zur Mitte des zweiten Jahrtausends v. Chr. = Propyläen-Weltgeschichte. Bd. I. Berlin 1962
STROMMENGER, E. und M. HIRMER. Fünf Jahrtausende Mesopotamien. München 1962
VAN DEN BERGHE, L'Archéologie de l'Irān ancien = Documenta et Monumenta Orientis Antiqui. Vol. VI. Leiden 1959
WESTPHAL-HELLBUSCH, S. und H. WESTPHAL. Die Ma'dan, Kultur und Geschichte der Marschenbewohner im Süd-Iraq. Berlin 1962
WIRTH, E. Agrargeographie des Iraq. Berlin 1963

c. Aufsätze

ADAMS, R. M. Agriculture and Urban Life in Early Southwestern Iran = Science. Vol. 136. S. 109–22. 1962
BRAIDWOOD, R. J. Near Eastern Prehistory = Science. Vol. 127, 1419–30. 1958
BRAIDWOOD, R. J. und BRAIDWOOD, L. S. The Earliest Village Communities of Southwestern Asia = Journal of World History. Vol. I, 278–310. Paris 1953
BRAIDWOOD, R. J. und REED, Ch. A. The Achievement and Early Consequences of Food-Production: A Consideration of the Archaeological and Natural-Historical Evidences = Cold Spring Harbor Symposia on Quantitative Biology. Vol. XXII, 19–31. 1957

HELBAEK, H. Ecological Effects of Irrigation in Ancient Mesopotamia = Iraq. Vol. XXII, 186–96. London 1960

LE BRETON, L. The Early Periods at Susa, Mesopotamian Relations = Iraq. Vol. XIX, 79–124. London 1957

MALLOWAN, M. E. L. und ROSE, J. C. Excavations at Tell Arpachiyah 1933 = Iraq. Vol. II, 1–178. London 1935

MELLAART, J. Excavations at Hacılar = Anatolian Studies. Vol. VIII, 127 ff.; IX, 51 ff.; X, 83 ff.; XI, 39 ff. London 1958–60

–, Excavations at Çatalhüyük = Anatolian Studies. Vol. XI. London 1962

NAGEL, W. Zum neuen Bild des vordynastischen Keramikums in Vorderasien = Berliner Jahrbuch für Vor- und Frühgeschichte. Bd. I, 1–125; II, 111–153; III, 155–215. Berlin 1961–63

2. DIE FRÜHDYNASTISCHE ZEIT

CAMERON, G. G. History of Early Iran. Chicago 1936

DIAKONOV, I. M. Some Remarks on the ›Reforms‹ of Urukagina, in: Revue d'Assyriologie 52 (1958), S. 1 ff.

–, Obščestvennij i gosudarstvennij stroj drevnego dvurec'ja: Sumer (Wirtschaftliche und gesellschaftliche Struktur des alten Zweistromlandes: Sumer). Moskau 1959

EDZARD, D. O. Enmebaragesi von Kiš, in: Zeitschr. für Assyriologie. NF 19 (1959), S. 9–26

–, Sumerer und Semiten in der frühen Geschichte Mesopotamiens, in: Genava. NS 8 (1960), S. 242–258

FALKENSTEIN, A. La cité-temple sumérienne, in: Cahiers d'histoire mondiale I (1954), S. 784–814

FRANKFORT, H. und H. A., WILSON, J. A., JACOBSEN, Th. und W. A. IRWIN. The Intellectual Adventure of Ancient Man. Chicago 1946 (deutsch: Frühlicht des Geistes. Stuttgart 1954)

GADD, C. J. Ideas of Divine Rule in the Ancient East. London 1948

–, The Cities of Babylonia, in: Cambridge Ancient History. Neuaufl. Bd. I, Kap. XIII (1962)

HINZ, W. Persia c. 2400–1800, in: Cambridge Ancient History. Neuaufl. Bd. I, Kap. XXIII (1963)

JACOBSEN, Th. Early Political Development in Mesopotamia, in: Zeitschrift für Assyriologie. NF 18 (1957), S. 91–140

LE BRETON, L. The Early Periods at Susa; Mesopotamian Relations, in: Iraq 29 (1957), S. 79 ff.

LENZEN, H. J. Mesopotamische Tempelanlagen von der Frühzeit bis zum zweiten Jahrtausend, in: Zeitschr. für Assyriologie. NF 17 (1955), S. 1–36

3. Das erste semitische Grossreich

Die wichtigsten Quellen sind bearbeitet in:

Thureau-Dangin, F. Die sumerischen und akkadischen Königsinschriften. Leipzig 1907

Barton, G. A. The Royal Inscriptions of Sumer and Accad. New Haven 1929

Hirsch, H. Die Inschriften der Könige von Agade, in: Archiv für Orientforschung XX (1963), S. 1–82

Siehe auch eine ausgezeichnete Behandlung der historischen Tradition in:

Güterbock, H. G. Die historische Tradition und ihre literarische Gestaltung bei Babyloniern und Hethitern, in: Zeitschrift für Assyriologie. NF 8 (1934), S. 1–91 und 10 (1938), S. 45–149

Eine ausreichende ikonographische und archäologische Dokumentation findet man auch in:

Strommenger, E. und H. Hirmer. Fünf Jahrtausende Mesopotamien. München 1962

Die zuletzt veröffentlichte Geschichtsdarstellung außer der von

Schmökel, H. Geschichte des alten Vorderasien, Leiden 1957,

ist die von:

Gadd, C. J. The Dynasty of Agade and the Gutian Invasion, in: Cambridge Ancient History. Neuaufl. Bd. I, Kap. XIX (1963),

wo man eine detaillierte Bibliographie findet.

Siehe auch in der gleichen Sammlung:

Hinz, W. Persia, c. 2400-1800 B. C. (ebenda, Kap. XXIII)

4. Das Reich der III. Dynastie von Ur und seine Nachfolgestaaten

Edzard, D. O. Die ›zweite Zwischenzeit‹ Babyloniens. Wiesbaden 1957.

Falkenstein, A. Zur Chronologie der sumerischen Literatur, in: Comptes rendus de la Seconde Rencontre assyriologique internationale. Paris 1951, S. 12–28

Falkenstein, A. und W. v. Soden, Sumerische und akkadische Hymnen und Gebete. Zürich – Stuttgart 1953

Gelb, I. J. Hurrians and Subarians. Chicago 1944

Jacobsen, Th. The Assumed Conflict between Sumerians and Semites, in: Journal of the Am. Oriental Society 59 (1939), S. 485–495

Jacobsen, Th. The Waters of Ur, in: Iraq 22 (1960), S. 174–185

Kramer, S. N. The Lamentation over the Destruction of Ur = Assyriological Studies 12, Chicago 1940

Kraus, F. R. Le rôle des temples depuis la troisième Dynastie d'Ur jusqu'à la première dynastie de Babylone, in: Cahiers d'histoire mondiale I (1954), S. 518–545

Kodex Lipiteštar, Übersetzung von S. N. KRAMER in:
PRITCHARD, J. B. (Hg.) Ancient Near Eastern Texts Relating to the Old Testament 2. Aufl. Princeton (N. J.) 1955, S. 159–161
Kodex Urnamu, Edition und Übers. von S. N. KRAMER (Appendix von A. FALKENSTEIN), Orientalia NS 23 (1954), S. 40–51
SOLLBERGER, E. Sur la chronologie des rois d'Ur et quelques problèmes connexes, in: Archiv für Orientforschung 17 (1954/56), S. 10–48
SPEISER, E. A. The Hurrian Participation in the Civilisations of Mesopotamia, Syria and Palestine, in: Cahiers d'histoire mondiale I (1954), S. 311–327

5. DIE ALTBABYLONISCHE ZEIT

BOTTÉRO, J. Désordre économique et annullation des dettes en Mésopotamie à l'époque paléo-babylonienne, in: Journ. of Economic and Social Hist. of the Orient 4 (1961), S. 113–164
DRIVER, G. und J. MILES. The Babylonian Laws, Bd. I, Oxford 1952, Bd. II, Oxford 1955
FALKENSTEIN, A. Zu den Inschriftenfunden der Grabung in Uruk-Warka 1960–1961, in: Baghdader Mitteil. 2 (1963), S. 1–82
GARELLI, P. Les assyriens en Cappadoce, Paris 1963
GELB, I. J. Two Assyrian King Lists, in: Journ. of Near Eastern Studies 13 (1954), S. 209–230
–, The Early History of the West Semitic Peoples, in: Journ. of Cuneiform Studies 15 (1961), S. 27–47
GOETZE, A. The Laws of Eshnunna = Annual of the Am. Schools of Oriental Research 31 (1956)
HARRIS, R. The Organisation and Administration of the Cloister in Ancient Babylonia, in: Journ. of Economic and Social History of the Orient 6 (1963), S. 121–157
HINZ, W. Persia, c. 1800–1550, in: Cambridge Ancient History. Neuaufl. Bd. II, Kap. VII (1964)
EILERS, W. Die Gesetzesstele Hammurabis = Alter Orient 30/3–4. (Leipzig 1932)
KRAUS, F. R. Isin und Nippur nach altbabylonischen Rechtsurkunden = Journal of Cuneiform Studies 3 (1951)
–, Ein Edikt des Königs Ammi-ṣaduqa von Babylon. Leiden 1958
–, Ein zentrales Problem des altmesopotamischen Rechtes: Was ist der Codex Hammurabi? in: Genava. NS 8 (1960), S. 283–296
KUPPER, J.-R. Les nomades en Mésopotamie au temps des rois de Mari. Paris 1957
–, Northern Mesopotamia and Syria, in: Cambridge Ancient History. Neuaufl. Bd. II, Kap. II (1963)

LANDSBERGER, B. Assyrische Königsliste und ›Dunkles Zeitalter‹, in: Journal of Cuneiform Studies 8 (1954), S. 31–73 und 106–133
–, Remarks on the Archives of the Soldier Ubarum, in: Journal of Cuneiform Studies 9 (1955), S. 121–131; 10 (1956), S. 39
LEEMANS, W. F. The Old-Babylonian Merchant. Leiden 1950
–, Foreign Trade in Old-Babylonian Times. Leiden 1960
SAN NICOLÒ, M. Beiträge zur Rechtsgeschichte im Bereich der keilschriftlichen Rechtsquellen. Oslo 1931
WALTHER, A. Das altbabylonische Gerichtswesen = Leipziger Semitistische Studien 6/4–6 (1917)

6. ÄGYPTEN

Alle Quellen und eine detaillierte Bibliographie zur altägyptischen Geschichte werden am Ende der einzelnen Kapitel des Werkes von:
DRIOTON, E. und J. VANDIER. L'Egypte (Clio, Introduction aux Etudes Historiques, Les Peuples de l'Orient Méditerranéen, II) 4. Aufl. Paris 1962 gegeben
Siehe auch die jüngsten Werke von:
GARDINER, A. H. Egypt of the Pharaohs. Oxford 1961 (dt. Übers. Stuttgart 1965)
HAYES, W. C. The Scepter of Egypt. Teil I: From the earliest times to the end of the Middle Kingdom. New York 1953
SMITH, W. St. und W. C. HAYES in: Cambridge Ancient History. Revised Edition. Cambridge 1961: Bd. I, Kap. XIV: The Old Kingdom in Egypt (W. S. Smith); ebenda Kap. XX: The Middle Kingdom in Egypt (W. C. Hayes); ebenda Bd. II, Kap. II: Egypt, from the death of Ammenemes III to Seqenenre II (W. C. Hayes)
Für die Zivilisation, die Kunst und die Religion sind folgende Werke grundlegend:
ERMAN, A. und H. RANKE. Ägypten und ägyptisches Leben im Altertum. Tübingen 1923
KEES, H. Totenglaube und Jenseitsvorstellungen der alten Ägypter. Grundlagen und Entwicklung bis zum Ende des mittleren Reiches. Leipzig 1926
SMITH, W. St. A History of Egyptian Sculpture and Painting in the Old Kingdom. 2. Aufl. Oxford 1949
VANDIER, J. Manuel d'Archéologie Egyptienne. 4 Bde. in 8 Bänden. Paris 1952–1964

Verzeichnis und Nachweis der Abbildungen

1 *Vorderasien in der vor- und frühgeschichtlichen Zeit (bis ca. 28. Jahrhundert):* nach einer Vorlage von Herrn Prof. Falkenstein

2 *Tongefäße der Tell Halaf-Stufe:* a) nach H. Schmidt, Tell Halaf I, W. de Gruyter, Berlin; b) nach M. E. L. Mallowan, Iraq II, fig. 53,1 (British School of Archeology in Iraq, London)

3 *Tonschale der Sāmarrā-Stufe:* nach E. Herzfeld, Ausgrabungen in Sāmarrā. Bd. V. Abb. 23, Nr. 23

4 *Tonschale der Eridu-Stufe:* nach C. H. Ziegler, Die Keramik von der Qal'a des Haggi Mohammed. Tf. 14 (Gebr. Mann Verlag, Berlin)

5 *Tongefäße der 'Obed-Stufe:* a) nach M. E. L. Mallowan, Iraq II, fig. 28,2 (British School of Archeology in Iraq, London); b) nach Journal of Near Eastern Studies. Bd. II, Tf. 19,6 (University of Chicago Press, Chicago); c) nach H. de Genouillac, Fouilles de Telloh. Bd. I, Tf. 2A, TG. 5440 (Paul Geuthner Verlag, Paris); d) nach A. J. Tobler, Excavations at Tepe Gawra. Bd. II, Tf. 126, 152 (University Museum of Pennsylvania, Philadelphia); e) nach A. J. Tobler, a. a. O. 135, 265; f) nach A. J. Tobler. a. a. O. 134, 252

6 *Tongefäße der Uruk-Stufe:* a) nach A. Nöldeke, 4. Vorläufiger Bericht ... Uruk. Tf. 18 Dg, (W. de Gruyter, Berlin); b) nach A. Nöldeke, a. a. O. Tf. 18 Di; c) nach A. Nöldeke, a. a. O. Tf. 18 Dv; d) nach A. Nöldeke, a. a. O. Tf. 18 Cp; e) nach Sumer IV, Tf. 3,14 (Directorate General of Antiquities, Baghdad, Iraq); f) nach A. Nöldeke, a. a. O. Tf. 19 Bg

7 *Tempel in Eridu Schicht VII:* nach E. Douglas Van Buren, Orientalia Nova Series. Bd. XVII, Tf. 3 (Pontificio Istituto Biblico, Roma)

8 *Männliche und weibliche Terrakotte der 'Obed-Stufe:* Hirmer Fotoarchiv, München

9 *Tempel in Uruk Schicht V–IV:* nach H. Lenzen, Zeitschrift für Assyriologie, NF Bd. XV, Tf. 1 (W. de Gruyter, Berlin)

10 *Tempel in Uruk Schicht IVa:* nach H. Lenzen, a. a. O. Tf. 2

11 *Rekonstruktion der Anu-Ziqqurrat in Uruk:* nach A. Nöldeke, 4. Vorläufiger Bericht ... Uruk. S. 46, Abb. 5 (W. de Gruyter, Berlin)

12 *Frühgeschichtliche Rollsiegel:* a) nach H. Lenzen, a. a. O., Tf. 3,1; b) nach A. Nöldeke, 5. Vorläufiger Bericht ... Uruk. Tf. 26 b (W. de Gruyter, Berlin); c) nach A. Nöldeke, 5. Vorläufiger Bericht ... Uruk. Tf. 27 a (W. de Gruyter, Berlin); d) nach H. Frankfort, Stratified Cylinder Seals from the Diyala Region. Tf. 11,94 (University of Chicago Press, Chicago)

13 *Tontafeln der Schicht Uruk IVa als Zeugnisse der frühgeschichtlichen Schrift:* nach Baghdader Mitteilungen II (Gebr. Mann Verlag Berlin)

14 *Das Gebiet des ›Fruchtbaren Halbmondes‹ in der frühdynastischen, Akkade-, Ur III- und altbabylonischen Zeit (ca. 27. bis 17. Jahrhundert):* nach einer Vorlage von Herrn Prof. Edzard

15 *Standarte von Ur: ›Friedensseite‹:* Foto British Museum, London

16 *Urnanše-Relief:* Foto TELL, Paris

17 *Narāmsîn-Stele:* Hirmer Fotoarchiv, München

18 *Gudea von Lagaš:* Louvre, Paris; Foto Giraudon, Paris

19 *›Zylinder‹ des Gudea von Lagaš:* Louvre, Paris; Foto Maurice Chuzerville, Paris

20 *Mittel- und Südbabylonien Ende des 3. und Anfang des 2. Jahrtausends:* nach einer Vorlage von Herrn Prof. Edzard

21 *Urnammu-Ziqqurrat in Ur nach der Rekonstruktion:* Foto Iraq Museum, Baghdad

22 *Stele mit dem Kodex Hammurabi:* Foto TELL, Paris

23 *Messer vom Gebel el Arak; Vorder- und Rückseite:* Louvre, Paris; Foto Marburg

24 *Schminkpalette des Königs Narmer; Vorder- und Rückseite:* Museum, Kairo; Foto Marburg

25 *Stele des Königs Schlange:* Louvre, Paris; Foto Marburg

26 *Ägypten zur Zeit des Alten und Mittleren Reiches:* nach einer Vorlage von Herrn Prof. Vercoutter

27 *Hesire; Holztafel aus seinem Grab bei Sakkara:* Museum Kairo; Foto Marburg

28 *Stufenpyramide des Djoser:* Foto Marburg

29 *Die Cheops-Pyramide von Giseh:* Foto Marburg

30 *Chephren:* Museum, Kairo; Foto Marburg

31 *Mykerinos zwischen der Göttin Hathor und der Gaugöttin von Diospolis Parva:* Museum, Kairo; Foto Marburg

32 *Mentuhotep I.:* Museum, Kairo; Foto Marburg

33 *Amenemhet III.:* Museum Kairo; Foto Marburg

34 *Hieroglyphen-Inschrift des Königs Amenemhet III. aus einem Tempel des Gottes Sobek in Krokodilopolis:* Neues Museum, Berlin; Foto Marburg

35 *Ägypten unter der Herrschaft der Hyksos:* nach einer Vorlage von Herrn Prof. Vercoutter

Register

Die Bearbeitung des Registers erfolgte durch die Redaktion der Fischer Weltgeschichte.

a) ALTER ORIENT

b) ÄGYPTEN

Sekmem 337
Semerchet 236, 240